国家自然科学基金重点项目

2014
中国绿色发展指数报告
——区域比较

北京师范大学经济与资源管理研究院
西南财经大学发展研究院　著
国家统计局中国经济景气监测中心

科学出版社
北京

内 容 简 介

《2014中国绿色发展指数报告——区域比较》是本系列年度报告的第五本，现为"国家自然科学基金"重点项目。本报告全面分析和测度了我国30个省份和100个城市的绿色发展程度，并通过"绿色体检"表的形式展示了省市绿色发展的进展与变化，同时针对38个重点城市的绿色发展现状，进行了居民问卷调查，统计分析与问卷调查的双维度对比有助于我们辩证地看待城市绿色发展的客观情况。本报告从基础性和理论性方面增加了新的内容，探索了绿色发展的实现路径与所需政策。本报告在关注我国各省市绿色发展的同时，也逐步增加了对全球绿色发展的研究和介绍。

本书适合于政府和企业相关人员、大专院校师生，以及关心绿色发展和可持续发展研究的广大读者阅读与参考。

图书在版编目(CIP)数据

2014中国绿色发展指数报告：区域比较 / 北京师范大学经济与资源管理研究院，西南财经大学发展研究院，国家统计局中国经济景气监测中心著. --北京：科学出版社，2014
ISBN 978-7-03-042134-0

Ⅰ.①2… Ⅱ.①北…②西…③国… Ⅲ.①区域经济发展—对比研究—研究报告—中国—2014 Ⅳ.①F127

中国版本图书馆CIP数据核字(2014)第233080号

责任编辑：马　跃　李　莉／责任校对：贾如想　刘文娟
责任印制：霍　兵／封面设计：无极书装

科学出版社 出版
北京东黄城根北街16号
邮政编码：100717
http://www.sciencep.com

中国科学院印刷厂 印刷
科学出版社发行　各地新华书店经销

*

2014年10月第 一 版　　开本：890×1240 1/16
2014年10月第一次印刷　　印张：31 3/4
字数：1 074 000

定价：152.00元

(如有印装质量问题，我社负责调换)

课题负责人
李晓西（北京师范大学经济与资源管理研究院名誉院长、西南财经大学发展研究院院长）
潘建成（国家统计局中国经济景气监测中心副主任）

协作与支持单位
国家统计局中国经济景气监测中心及相关研究处所
中国科学院预测科学研究中心
环境保护部环境与经济政策研究中心
北京师范大学城市绿色发展科技战略研究北京市重点实验室
北京师范大学经济与工商管理学院
北京师范大学政府管理学院
北京师范大学资源学院
北京师范大学地理学与遥感科学学院
北京师范大学环境学院
北京师范大学生命科学学院
北京师范大学水科学研究院
北京师范大学国民核算研究院
北京师范大学中国公益研究院
西南财经大学经济与管理研究院
西南财经大学经济学院
西南财经大学公共管理学院
西南财经大学能源经济研究所
首都科技发展战略研究院

课题协调人
赵军利　赵　峥　林永生

课题联系人
刘　杨　石翊龙

评审专家

厉以宁　北京大学光华管理学院名誉院长
张卓元　中国社会科学院学部委员
魏礼群　中国行政体制改革研究会会长
陈锡文　中央财经领导小组办公室副主任
刘世锦　国务院发展研究中心副主任
卢中原　全国政协委员、国务院发展研究中心原副主任
辜胜阻　第十二届全国人民代表大会财政经济委员会副主任委员
潘　岳　环境保护部副部长
徐庆华　中国环境与发展国际合作委员会副秘书长
周宏仁　国务院信息化专家咨询委员会常务副主任
甘藏春　国务院法制办公室党组成员、副主任、机关党委书记
卢　迈　中国发展研究基金会秘书长
刘　伟　北京大学副校长
葛剑平　北京师范大学副校长
边慧敏　西南财经大学副校长
许宪春　国家统计局副局长
牛文元　国务院参事、中国科学院研究员
王　毅　中国科学院可持续发展战略研究组组长
魏　杰　清华大学中国经济研究中心主任
潘家华　中国社会科学院可持续发展研究中心主任
范恒山　国家发展和改革委员会副秘书长
夏　光　环境保护部环境与经济政策研究中心主任
苏　伟　国家发展和改革委员会气候司司长
贾　康　财政部财政科学研究所所长
邱　东　北京师范大学长江学者特聘教授

序一

2014年5月，习近平总书记在河南考察时指出，要从当前我国经济发展阶段性特征出发，适应新常态，保持战略上的平常心态。适应新常态，就要彻底告别过去付出较大资源环境代价的粗放增长模式，代之以尊重自然规律、实现绿色可持续发展的新模式。

冰冻三尺非一日之寒。旧有粗放模式的形成与长期以来在资源环境保护方面的软约束有关。一些地方之所以习惯通过不惜牺牲环境、损害生态来片面追求经济增长，很大程度上是因为对地方政府政绩考核过多关注国内生产总值这一流量增长速度，对社会财富这一存量增长及其增长效率没有给予足够考虑，对资源消耗和环境损耗的约束也不够强。因此，加强资源环境保护方面的硬约束，对于推动绿色发展，促进经济提质增效、转型升级，具有十分重要的意义。

要形成硬约束，需要有硬手段。硬手段中很重要的一条，就是充分发挥统计指标体系和评价体系的监督引导作用。通过科学确定评价标准，合理设置评价指标，客观定量评估各地绿色发展水平，真实准确反映各地推动绿色发展取得的实实在在的成绩，对不顾生态环境、不顾子孙后代的短期行为和黑色产出及时予以揭示，形成有力推动生态文明建设的强大舆论导向和良好社会氛围。2009年，北京师范大学、西南财经大学和国家统计局中国经济景气监测中心组成联合课题组，旨在共同研究中国绿色发展指数，探索对地区绿色发展水平进行定量评估。5年来，课题组认真开展调研与试点，广泛征求专家学者意见，充分考虑各地在绿色发展方面的共性和差异性，形成了绿色发展立体评价指标体系。该体系既有反映绿色发展客观状况的定量指标，又有老百姓对各地绿色发展成效主观评价的定性调查，实现了综合评估系统性与针对性、科学性与可行性的较好平衡，绿色发展指数日益成为反映各地绿色发展水平的知名品牌。2014年的《中国绿色发展指数报告——区域比较》在对各地绿色发展各项指标逐项"体检"的同时，还通过数量分析方法对影响绿色发展的因素进行了更为深入精准的归纳梳理，并据此提出针对性较强的建议，进一步提升了绿色发展指数报告的决策咨询价值，对社会各界了解评价我国绿色发展进程、推动各地科学发展转型发展，都将起到十分重要的作用。

建设天蓝、地绿、山青、水净的美丽中国，是全面建设小康社会的重要目标，是实现"中国梦"的有机组成。希望课题组的同志们继续努力，不断创新，为更加有效保护弥足珍贵的绿水青山做出新的贡献。也希望通过这一报告，使越来越多的人更加关心关注绿色发展，践行绿色发展理念，为营造宜居安康环境、保护美好家园共同努力行动！

国家统计局局长 马建堂

序二

放眼世界，资源耗竭与生态失衡已成为当前人类社会发展所面临的重大挑战。如何在资源与环境的双重压力下实现经济社会的可持续发展成为世界各国所面临的重要问题。目前，一系列具有里程碑意义的纲领性文件和国际公约相继问世，绿色发展作为协调经济社会与资源环境、实现人与自然和谐相处的根本途径，已成为人类未来发展方式的明确选择。

中国经济正处于增长速度换挡期、结构调整阵痛期叠加阶段。党中央、国务院站在中国特色社会主义事业"五位一体"总布局的战略高度，把握规律，审时度势，把加快生态文明制度建设作为当前亟待解决的重大问题和全面深化改革的主要任务，积极推动中国经济实现绿色转型，探索具有中国特色的绿色发展道路，对中国未来发展具有重大的现实意义和深远的历史意义。

由李晓西教授和潘建成先生领衔编著的《中国绿色发展指数报告——区域比较》时至今日，已连续出版发布5年。2014年，李晓西教授及其所带领的研究团队，通过整合多方资源、认真细致研究，再一次对我国30个省份和100个城市进行了跟踪调查，在绿色发展研究领域又取得了积极的进展，值得祝贺。

特别值得一提的是，应哈佛大学邀请，2014年，李晓西教授专门前往美国进行访学交流，将中国的绿色发展理念、研究成果、实践经验与海外官产学各界学者进行交流与分享，在推动中国绿色发展研究国际化方面做出了积极有益的探索。我们衷心希望中国绿色发展指数研究团队能够再接再厉，立足本土、放眼全球，为中国乃至世界绿色发展的理论与实践做出更多贡献。

北京师范大学党委书记 刘川生

北京师范大学校长 董奇

序三

绿色发展是一种智慧，更是一种大爱。面对新形势、新任务，党的十八届三中全会指出，全面建设小康社会，进而建成富强、民主、文明、和谐的社会主义现代化国家，实现中华民族伟大复兴的中国梦，因此，必须在新的历史起点上全面深化改革，推进经济建设、政治建设、文化建设、社会建设、生态文明建设，努力开拓中国特色社会主义事业更加广阔的前景。党的十八届三中全会吹响了全面深化改革的历史号角，为实现中国梦进行了全面部署。实现伟大中国梦的道路，必然是一条绿色发展的道路，是一条凝聚可持续发展智慧的道路，是一条对地球、对人类富有大爱精神的道路。

李晓西教授和潘建成先生共同领衔，联合北京师范大学经济与资源管理研究院、西南财经大学发展研究院和国家统计局中国经济景气监测中心三家单位共同攻关，自 2010 年以来坚持不懈，不断完善，连续五年推出《中国绿色发展指数报告——区域比较》，该报告是学者们多年来研究的延续和最新成果，在中国提出生态文明建设的背景下，尤其具有重要的意义。

绿色发展理念与西南财经大学的育人思想在"精神底色"上高度一致，作为大学，就是要培养大气做人、大智做事、大爱行天下的人。西南财经大学作为教育部直属的国家"211 工程"和"985 工程"优势学科创新平台建设的全国重点大学，将继续与各方大力开展协同创新，推动绿色发展方面的理论与实践研究，为实现中华民族伟大复兴的中国梦贡献自己的力量。

西南财经大学党委书记 赵海武

西南财经大学校长 张宗益

专家评议[①]

厉以宁：由李晓西、潘建成两位课题负责人领衔主编的《2014 中国绿色发展指数报告——区域比较》已拜读，深感这一报告不但继承了以往各册年度报告的长处，而且在原有成绩的基础上有新的内容。这是可喜可贺的。2014 年报告新增内容之一：课题组根据国家自然科学基金要求，新增"中国省际绿色发展的实现路径与政策研究"（第四章）和"中国城市绿色发展的实现路径与政策研究"（第八章），开始对中国省际和城市绿色发展的动态变化和主要因素进行分析，这对于提高报告的质量很有好处。报告新增内容之二：课题组对北京市密云县、延庆县和顺义区进行调研，在了解北京在"美丽乡村"建设方面的进展之后写成"北京农村地区绿色发展调研报告"（第十五章）。这是可供其他地区在绿色发展研究方面借鉴的。报告新增内容之三：课题组对国际组织推进绿色发展的最新措施进行了分析，对我国 30 个省份的工业节能减排效率和 285 个城市的工业集聚与绿色发展的关系进行了实证研究（第十三章、第十四章），得出的结论（中国工业节能减排效率呈现东部最高，中部次之，西部最低的态势，以及从发展态势看，中国城市的绿色发展水平呈上升趋势等）可供决策部门参考。

总之，我认为这本《2014 中国绿色发展指数报告——区域比较》是有成绩的，资料翔实，数据可靠，有重要的参考价值。

张卓元：《2014 中国绿色发展指数报告——区域比较》有新的进步，主要是增加了"中国省际和城市绿色发展的实现路径与政策研究"，所提政策建议有较强的针对性和可操作性。拟可加一条，即按照十八届三中全会决定真正转换政府的职能。

现在看来，比较大的问题是城市绿色发展公众满意度排名与绿色发展指数排名有较大差异，从而影响了绿色发展指数的说服力与影响力。就我个人感觉而言，在城市排名中，把北京、石家庄、唐山排在珠海和杭州前面，也很难理解。

我还考虑，将来测评城市绿色发展指数时要加上周围环境影响的因素。例如，北京空气污染如此严重，与其东边和南边有大量钢铁厂和煤电厂很有关系。

魏礼群：《2014 中国绿色发展指数报告——区域比较》主题鲜明，主线清晰，重点突出，框架合理，图文并茂，对照鲜明，自主创新多，是一份有重要价值和较高质量的科研成果。

该报告新增加的三方面内容很有必要，调研也比较深入，更好地反映了该项目研究的宗旨，体现了理论联系实际的学风，对推进绿色发展的理论创新和实践创新具有重要意义。报告中对绿色发展指数指标体系做出的某些调整、改进，对完善、深化、推进绿色发展理念、政策和措施也有启迪作用。希望其坚持做好区域绿色发展比较研究，不断完善内容、指标体系和相关措施。为此，提出如下建议。

（1）紧紧围绕建设美丽中国、美丽城市、美丽乡村，全面加强生态文明建设，逐步拓宽研究地域、城市、乡村，不断丰富调研对象、内容、做法。可以逐步增加投资、消费、金融、财政投向绿

[①] 为体现专家意见的全貌，以飨读者，这里全文照登。专家们的热情肯定与宝贵建议使我们受益颇多，推动了报告的不断进步与完善，我们将在明年的报告中消化吸收。再次感谢专家们对我们研究成果的肯定，感谢专家们提出的宝贵意见。

色发展的政策内容。

（2）努力提高调研设计的科学性、可视性和可对比性。例如，在城市对比方面，可按地区分布，也可按人口规模大小，进行不同层面和角度对比。北京、天津、上海、重庆四个直辖市在省际之间和城市之间作对比时应考虑不同的因素和作必要的技术处理。

以上仅供参考。

陈锡文：经过多年的探索，该项研究的分析方式方法日臻完善，对能够掌握的资料和数据已利用得比较充分。总体而言，研究结论比较可信，并得到社会广泛认可。在生态文明建设日益深入人心的大背景下，研究成果产生的影响越来越深入，并对不少地方的发展思路和方式产生了积极影响。

以下几个结论值得重视：一是经济增长绿化度总体呈现东部较好、东北和中部居中、西部偏低的局面。如何促使欠发达地区摆脱高消耗、高污染的发展路径，是提高我国绿色发展水平的关键。二是30个参评省份名次变动较大，其中变动10个位次及以上的省份达到9个。可见通过合理选择发展方向和重点，加快转变发展方式，提高发展绿化度可以大有作为。三是虽然38个城市的居民对政府的绿色行动满意度比上年有所提升，但总体仍不够满意。如何切实转变执政理念，下决心、出实招，是政府当前面临的现实问题。

农村地区占国土的绝大部分，农村能否实现绿色发展对我国绿色发展状况具有关键性影响。2014年课题组对北京市两县一区推进"美丽乡村"建设进行了调查，这是非常好的尝试。全国改善农村人居环境工作会议于2013年11月召开，2014年5月国务院办公厅专门发出了改善农村人居环境的指导意见。如可能，建议对改善农村人居环境、转变农业发展方式、促进农村绿色发展取得显著成效的地方进行深入调查，总结经验，发现问题，提出建议，以供各地参考。

刘世锦：在上一期报告基础上，该报告增加了"绿色发展的实现路径与政策研究"章节，分别从省际和城市层面对绿色发展水平的动态演进进行了比较分析，并提出了相应的建议。报告还结合实地调查和国际动向，探讨了绿色发展机制。报告延续了以前几期的研究，系统性较强，研究结论颇具新意，也更有针对性。

建议后续研究进一步加强对各个时期省际和城市层面指标数据的分析和挖掘，为促进中国的绿色发展提出更具针对性的意见和建议。具体来看，可以从以下四个方面做些探讨。

一是绿色增长机制。中国经济已经进入增长阶段的转换期，需要加强研究经济发展阶段与绿色发展之间的互动关系。例如，东部沿海地区已经意识到清洁的水和空气的重要性，并为此采取了相应的措施。东部的工业化进程启动得较早，多数沿海省份迈过了11 000国际元的门槛，开始进入了服务业和消费带动、创新驱动的阶段。这是否就是库兹涅兹的倒U形曲线所暗含的规律？倒U形曲线的右侧是否会随着经济发展阶段的提升而自然产生（即绿色发展的质量就会提升）？如果不是，那么东部的省份或者城市采取了什么有效措施？另外，中西部地区的发展阶段相对较低，是要重走东部的老路，还是可以通过遵循绿色发展的理念，通过完善机制寻找到一条新的道路？中西部地区目前进行了哪些方面的探索？基于连续几年积累下来的指标，对上述问题都可以做一些分析。

二是绿色协调机制。报告更多着眼于各省份或者城市自身的绿色发展情况，对区域或者城市之间绿色发展的协调讨论不够。但与其他类型的发展模式比起来，绿色发展可能更离不开各个地区之间的良好互动和协调，对外部性的处理要求也更高。北京排名第1位而周边的河北却排在第27位，这样的结果很难说明北京的绿色发展程度较高。与此相对照，长三角区域的协调性可能更好，所以该区域的总体绿色发展水平都比较高。因此，在考察重点城市特别是发达程度较高的城市时，建议适当考量该城市对所处区域绿色发展做出的贡献。

三是绿色治理机制。报告对具体数量指标的演变或者对比讨论较多，大体上还是基于投入产出的角度，对于各种投入如何形成绿色产出的约束机制涉及不多。这种约束机制，是现有增长模式向绿色增长模式转变的动力。除了硬性投入以外，政府在构建绿色发展机制、塑造多方参与的绿色治理机制方面下功夫，对于促进绿色发展可能更有借鉴意义。建议在后面可以尝试将类似的定性因素纳入指标体系。

四是绿色考核机制。绿色发展需要有为政府。绿色考核至少应该包括两个方面，一是如何核算绿色GDP；二是在上级政府考核下一级政府时如何使用。建议报告结合不同区域之间的对比或者对典型地区长期的跟踪研究，对如何调动地方政府积极性和促进绿色发展多做探讨。

就具体方法而言，报告可以根据省级和城市层面的分析，结合实地调研和国际比较，从以下四个方面探讨促进绿色机制的有效途径和抓手：一是从满意度调查和一些具体事件（如重大环境污染事件等）出发，评估各种外因对绿色发展动态的影响机制。二是基于报告得到的丰富数据，运用大样本的定量分析，对比不同区域之间促进绿色发展的差异性及其背后的显著影响因素，从而帮助决策者更好地权衡各种促进绿色发展因素的相对重要性并确定相应的政策抓手。三是通过对政府颁布的一些具体战略或者政策（如北京的"美丽乡村"）进行跟踪评估，结合具体地区绿色发展的情况，分析影响绿色演进的关键要素。四是适当增加一些国别经验或者跨国治理机制的案例，为中国的绿色发展提供更具体的借鉴。

卢中原：《2014中国绿色发展指数报告——区域比较》列入国家自然科学基金重点项目，说明它的学术性和政策导向性得到了进一步认可，值得祝贺。该报告通过改进公众满意度问卷调查，加强了公众对区域发展的评价，有利于促进公众参与和督促绿色发展。此外，报告增加了城市绿色发展的实现路径和政策研究、北京"美丽乡村"建设实地调查以及国际组织推进绿色发展的最新措施分析三方面内容。课题组还结合我国实践，对30个省份的工业节能减排效率和285个城市的工业聚集与绿色发展的关系做了实证研究。这些新内容提供了更加丰富且前沿的实践经验，不仅有利于提升报告的学术价值，也有利于地方政府开阔眼界，借鉴有益的、可操作的做法。

建议考虑增加以下一些新的研究内容。

一、京津冀协同发展战略实施后的绿色发展追踪调查

对京津冀的绿色发展程度评价，现在是以各自为政为背景的。而协同发展战略提出后，三地产业结构调整、协同治理雾霾等因素会引起当地绿色发展情况的变化，合理的变化趋势应当是绿色发展程度的提高、环境治理力度的加大或协同推进等。三地绿色发展指数的评估应当密切追踪这些积极变化，如果没有发生积极变化甚或相反，就应该引起关注和警惕，如能分析原因就更好。

二、把地方绿色发展客观评价指标与公众满意度综合起来，避免单摆浮搁

目前的章节安排中，公众满意度调查过于靠后，使媒体和读者容易忽略公众满意度排名，而更关注前面的客观指数排名。例如，北京这两个指标的排名反差极大，而往年媒体的兴奋点似乎放在北京绿色发展客观指数排名第一上，这容易产生误导。建议考虑构造新指数并形成综合排名，如果构造新指数困难较大，也可考虑在总论中加以对比概括，或者新设一章把两者集中起来进行对比阐述，使公众满意度评价更加突出。

从省域的客观指标看，地方政府政策支持力度与经济发展水平密切相关，发达地区的政策支持力度可能更大，欠发达地区则可能力度较小，如在基础设施建设满足程度、环境治理力度与财政来

源多寡等方面有较大差异。但是从城市的公众评价看，越是发达的大城市，公众对政府绿色行动的满意度越低，平均评分为-0.055，只有少数城市评分为正值（38个城市中只有7个），这值得引起政府、媒体等各界更多的关注和反思。

三、主体功能区规划实施与绿色发展程度的追踪调查

实施主体功能区规划，是我国区域协调发展的新思路和新机制，已经提出多年，"十三五"规划还会涉及这方面内容。目前的报告依据的是行政划分的省（自治区、直辖市），而没有反映主体功能区战略的跨行政区划要求和进展。建议课题组考虑增加这方面的内容，由于主体功能区的划分跨县甚至跨省，因此，数据搜集和处理难度很大，可考虑由易到难，先选择做得比较好的一省或数省进行典型调查，如能进行比较可信的案例分析，也是非常有益的尝试。这方面的深入调查研究，不仅可以形成前沿的学术成果，对于推进跨行政区划的绿色发展和区域协调发展，也会有积极的实践价值。

以上建议妥否，完全由课题组酌定。

辜胜阻： 每年评阅《中国绿色发展指数报告——区域比较》，我都有不同的感觉。2014年阅评《2014中国绿色发展指数报告——区域比较》，我特别关注报告中关于绿色投资的分析。报告中的绿色投资指标由环境保护支出占财政支出比重，环境污染治理投资占地区生产总值比重，农村人均改水、改厕的政府投资，单位耕地面积退耕还林投资完成额，科教文卫支出占财政支出比重五个三级指标构成。分析表明，东部各省份绿色投资指标得分有明显差异，得分较高的北京、海南、江苏居于全国前10位，河北、山东、浙江处于中间水平，但广东、天津、福建和上海处于后10位。西部各省份总体排名较靠前，在绿色投资指标上的得分具有整体优势，在全国前10位中独占了6位，而且除云、贵、川、渝、桂五省外其余省份均高于全国平均水平。排在后10位的省份依次是安徽、广东、贵州、辽宁、福建、湖北、河南、湖南、上海和天津。我之所以关注绿色投资，是因为近年来我国大气污染问题日益严重，引起了社会的普遍关注。北京市环保局于2014年7月10日发布北京市上半年空气质量状况，其中PM2.5平均浓度为91.6微克/立方米，同比下降11.2%，与年均35微克/立方米的"新国标"尚存较大差距，要实现2017年年均浓度控制在60微克/立方米左右的"清洁空气行动计划"任重而道远。不过除PM2.5外，2014年上半年，多项大气主要污染物浓度均有所下降，可吸入颗粒物（PM10）、二氧化硫（SO_2）和二氧化氮（NO_2）浓度同比分别下降1.3%、16.4%和4%；半年共出现25个空气重污染日，较2013年同期减少15天。北京治理大气污染取得这样的成绩源于对治污的投入，北京市市长立下生死状，投入7 600亿元治理PM2.5。北京市是大气污染最严重的地方，也是治污投入最多的地方，北京市实现绿色发展任重而道远。

潘岳：《中国绿色发展指数报告——区域比较》是一项系列研究成果，现在2014年度报告又编辑完成了。我捧着这本如砖头般厚重的送审稿，为各位研究人员付出的汗水与努力所感动。我首先对报告的完成和出版表示衷心祝贺，对我的老朋友李晓西教授及其团队表示问候和感谢，同时也借此机会谈一点感想。

大家都知道，党的十八届三中全会《关于全面深化改革若干重大问题的决定》提出要探索编制自然资源资产负债表，对领导干部实行自然资源资产离任审计。这是生态文明建设的一个非常重要的实际步骤。编制自然资源资产负债表就是要对全国的自然资源进行定量化管理，使我国的发展建立在自然资源可持续利用的绿色发展基础之上，防止出现竭泽而渔的情况。环境保护部也非常重视这项工作，由我负责牵头开展了国家环境资产核算项目，目的就是把我国环境承载潜力底数搞清楚，

为制定国家绿色发展规划提供基础信息。

《中国绿色发展指数报告——区域比较》可以说是编制自然资源资产负债表的一个具体实践形式，也是北京师范大学等单位在这方面的先驱性工作。2014年的报告比过去又有了新的进步，特别是在分区域核算的基础上，对各省之间和各城市之间的绿色发展状况进行了比较分析，这些研究成果对国家层面制定"十三五"国民经济和社会发展规划有很好的支撑作用，同时，也会对各地推动绿色发展产生一定的激励作用。我认为重要的不是现在各地区在绿色发展方面排在第几位，而是未来我们的绿色发展之路应该怎么走。我看到很多地区已经高举生态文明建设的旗帜，提出了生态立省、生态立市的理念，走绿色发展的信心很足，至少已有广东、贵州、江西、青海、内蒙古、重庆、深圳等地在2014年重点工作任务中提到了编制自然资源资产负债表。对于那些现在排名靠前的地区，如果今后不把生态文明建设作为本地区发展的主导因素，那么绿色发展指数位次就可能下降，反过来，那些现在排名略靠后的地区，将来经过努力完全可能后来居上，因此，绿色发展指数实际上反映并将带来的是一种全新的地区发展竞争格局，这对中国的意义是非常深远的。

我已将《2014中国绿色发展指数报告——区域比较》批转环保系统有关机构研究，我相信这些成果会逐渐在相关的政策制定和实施过程中得到应用和体现。

徐庆华：《2014中国绿色发展指数报告——区域比较》对100个城市的绿色发展状况进行了测算。在测算的指标体系中，修改了相关指标，并调整了部分指标的权重，使得2014年的指标体系更加科学和完善。从测算的结果看，排序比较符合实际。结果客观、科学，比较全面地反映了测算城市的绿色发展现状、能力等实际情况，可以为城市绿色发展规划、环境保护和建设生态文明等综合决策提供重要的理论和实践依据，具有很强的现实意义和指导作用。

需要进一步完善的建议：测算排序和环境质量状况排序应研究建立有机的联系，使得绿色发展指数与生态文明和环境质量相对统一。

周宏仁：《2014中国绿色发展指数报告——区域比较》是"绿色指数"系列年度报告的第五本，经过连续五年的修订与优化，报告的测算指标、体系不断完善，现已成为国内外众多相关研究的重要基础和参照，尤其是报告英文版的推出，对促进世界其他国家了解中国经济向绿色发展转型具有重要的历史意义。2014年的报告与往年相比，明显具有更高的国际视野，特别是对国际组织推进绿色发展最新措施的分析和总结将对中国政府政策的制定、绿色发展实践工作的推进以及相关理论研究的深化有较高的指导价值。

令人欣喜的是，2014年的报告开始加入信息化的内容，并且将信息化作为重要的控制变量引入报告的实证研究中。尽管从整体上看，报告中关于信息化促进绿色发展的内容仍有待进一步丰富，但这已经是非常有意义的开始。其实，在今天这样一个信息时代，信息化已经成为绿色发展的重要内容，并已经成为国际共识。2012年11月，国际电信联盟远程通信标准化组织的193个成员在迪拜通过决议开始研究制定评价信息化促进绿色发展的标准化方法，主要包括两方面：一是应用信息化技术促进其他行业绿色发展的评价；二是信息通信技术行业本身绿色发展的评价。该套标准化的评价方法是在与联合国气候变化框架委员会和联合国环境规划署等60多个行业组织合作的基础上进行的研究，可以说具有较高的参考价值。除了上述国际组织力推利用信息化促进绿色发展外，欧盟的"绿色知识社会"战略、美国的"21世纪智慧能源网络"战略、韩国的绿色IT国家战略、日本的I-Japan战略、印度的工业数字能源战略、中国香港地区的绿色ICT促进节能减排规划，以及中国台湾地区的ICT产业绿色制造规划等，都是在强调通过信息化利用信息技术来促进一国/地区经济的绿色发展。因此，鉴于上述基本情况，如果报告中能够更多地加入信息化促进绿色发展的内容，相信可使报告与国际社会日趋强调利用信息化促进绿色发展的趋势更加接轨，也可使报告的内容更加具有权威性。

诚然，任何一件事情持续做五年都不容易，五年来，我们一方面看到《中国绿色发展指数报告——区域比较》的研究成果不断地丰富与完善，看到报告不断记录着中国经济绿色发展的进程，也看到把一件事做好做久有多难。按照中国的传统习俗，一件事情通常可以五年一小庆，十年一大庆，当我们今天在五年之际小庆《中国绿色发展指数报告——区域比较》取得阶段性成功，并被列入国家自然科学基金重点项目的同时，也展望十年大庆之际中国经济发展更加绿色，望中国届时能够成功走出一条经济转型的绿色发展道路。

甘藏春：《2014中国绿色发展指数报告——区域比较》（评审稿）通过多维的视角、翔实的数据、深度的比较，全面展示了当前中国绿色发展的概况，客观分析了生态文明建设中存在的问题，准确展示了国际绿色发展的最新趋势，并对中国省际和城市绿色发展的实现路径提出了科学合理的政策建议。在当前加快转变经济增长方式、加强生态文明建设的时代要求下，这个研究报告具有较高的理论价值、资料价值和政策参考价值。

卢迈：《2014中国绿色发展指数报告——区域比较》利用构建的绿色发展指数对我国30个省份和100个城市进行了绿色发展测度和分析，研究了我国经济绿色发展的实现路径，并提出了重要的政策建议。本年度的报告既有客观的指标测度，又有主观的公众满意度问卷调查；既有基础性的理论分析，又有实地调研考察和国际经验分析，对于深化理解绿色发展内涵、推动发展观念转变具有积极的意义。

本年度报告的亮点突出表现在对我国省际和城市绿色发展的动态变化和主要因素进行的分析，该分析对地方政府推动绿色发展具有重要的参考价值。由中国省际绿色发展指数和中国城市绿色发展指数组成的中国绿色发展指数是本系列报告的重要贡献，自2010年以来，经过课题组的研究和讨论，指标体系不断完善，形成了相对稳定的指标体系，并且在这个过程中积累起来的大量数据资源，也为进一步的比较分析奠定了坚实基础。

通过指数对绿色发展进行评价，能够鼓励地方政府推动绿色发展。但绿色发展也离不开公众的理解、支持与参与。对于普通公众而言，如果概念的表述和指标的选取更简洁直观，更容易理解，有利于在公众中普及和提高绿色发展意识。此外，课题组或可考虑出版绿色发展指数通俗简版报告，借助微博、微信等新传播手段，更好地扩大优秀课题成果的影响，形成绿色发展的全民氛围。

刘伟：随着经济增长及其对环境的影响，中国现代化进程中的可持续发展问题正越来越受到社会的关注。《2014中国绿色发展指数报告——区域比较》对我国30个省份和100个城市进行了绿色发展指数的编制、比较与分析。从研究方法上看，绿色发展指数是一种突破，它通过对现有的各种统计数据进行科学处理和加权平均，实现了对绿色发展的测度和比较。联合国"绿色国民经济核算（包括绿色GDP核算）"提出后，受到了世界各国的重视，但在统计实践中遇到很多问题，尤其是对环境变化及污染的价值量估计遇到很大的难题，这也是绿色GDP在世界各国长期无法用于实践的基本原因。在这种情况下，如何根据各个国家的实际情况来推进绿色发展统计，在定量研究的基础上实现可持续发展，就成为各个国家的重要任务。中国正处于高速经济发展进程中，随着经济发展水平的提高和经济规模的扩张，环境问题日益尖锐，更需要有一套好的指标和方法来反映绿色发展情况，并在此基础上有针对性地采取措施，实现我国的可持续发展。《2014中国绿色发展指数报告——区域比较》在过去几年研究的基础上，对指标和指标体系进行了进一步的完善，并对由这些指标得出的省际数据和城市数据进行了分析比较，得出了重要的分析结论。尤其是在绿色发展的实现路径方面，本期报告展开了更加深入的研究，形成了新的特色。在通过客观指标反映绿色发展的同时，课题组还通过问卷的方式，从不同的角度对主观指标进行了测度和分析。这种主客观指标对比及结合的方法，能够把统计指标和人们的主观感受结合起来，能够使绿色发展指数作为一个完整的指标体系更好地反映中国的实际情况。由这样的指标体系得出的各个地区之间的分布，是能够反映中国目前环境和绿色发展的实际的。从这一报告中可以看出，由于经济发展不平衡及产业结构、环境治理措施以及各个地方政府的重视和投入程度上的差别（反映为绿色发展指数的三个一级指标，即经济增长绿化度、资源环境承载潜力和政府政策支持度），中国各个地区的绿色发展存在着很大的差别。2014年的报告除了在指标上进行了改进外，还根据新的分析结果对这些差别以及它们的变化所产生的原因、结果进行了深入的分析，对新时期中国和各个地区制定绿色发展战略具有重要的参考价值。

《中国绿色发展指数报告——区域比较》是一个系列报告，每年根据最新进展编制和发布新的成果，报告中的第六篇——省、市"绿色体检"表公布了连续两年的绿色指数的三级指标，这为社会各方利用报告中的数据进一步开展绿色发展分析提供了条件，可以考虑在未来的报告中包含更多年份的数据，以形成基础数据的时间序列，为各方更广泛地进行此类分析创造条件。

葛剑平：李晓西先生刚从哈佛大学访学回国之后，就推出了《2014中国绿色发展指数报告——区域比较》。我拜读之后，深感李教授持之以恒的科学探索精神，绿色发展指数已经成为中国经济社会发展实证研究的学术精品和品牌。2014年的报告有三大特点：第一，实证研究更加深入，新增加了"绿色发展的实现路径与政策研究"，利用主成分分析法分析了影响经济增长绿化度、资源环境承载潜力和政府政策支持度三个一级指标的主要因素，提出了主要污染物排放总量、发展绿色第三产业和增加生态资源是绿色发展的核心任务；第二，以问题为导向，针对政府绿色实践进行科学和指导性"绿色体检"，尤其是围绕着北京美丽乡村实施计划，增加了"北京农村地区绿色发展调研报告"，分析了首都生态涵养区绿色发展实践的成功模式和存在的问题，提出了北京新农村绿色发展的路径和政策；第三，理论框架更加完善和更加国际化。在研究国际绿色发展的基础上，提出了工业节能减排指数，实证分析了我国30个省份的工业节能减排效率。采用国际模型，分析了我国285个城市的工业集聚与绿色发展之间相互影响的关系。我在阅读《2014中国绿色发展指数报告——区域比较》时，也深刻感受到报告的学术价值，以及对我国现实绿色发展的重要咨询价值。我们可以通过报告提供的大量信息，分析出京津冀协同发展中所面临的绿色发展问题、制约因素和施政着力点，以及民众对于制约区域绿色发展的深层次问题的认识和共识。我期望能有更多的政府管理者阅读《中国绿色发展指数报告——区域比较》，其不仅对我国绿色发展的数据进行了分析，而且蕴涵着大量有关我国不同区域绿色发展的成功经验和实证分析等珍贵和难得的体检信息，这些将对政府制定绿色发展规划和施政具有重要的资政价值。

边慧敏：由李晓西教授和潘建成先生领衔，北京师范大学经济与资源管理研究院、西南财经大学发展研究院和国家统计局中国经济景气监测中心三家单位联合推出的《2014中国绿色发展指数报告——区域比较》出炉了，这是该团队连续五年推出的第五本年度报告。

五年来，报告持续进步，不断完善。在2010年的报告比较了我国各省份绿色发展指数的基础上，2011年的报告增加了全国主要城市的绿色发展情况，使报告更加全面。2012年的报告进一步增加了基于市民问卷调查分析的公众评价内容，指数的客观测度与民众的主观感受相结合，使报告更富有人本精神。2013年的报告进一步增加了课题组深入青海等八个地区的实地考察内容，将数据指标的普遍性与地方事情民意的特殊性相结合，使报告更为科学和严谨。2014年的报告在2012年的报告增加了"绿色体检"表的基础上，又进一步增加了我国省际和城市的"绿色发展的实现路径与政策研究"的内容，通过动态比较和计量模型对我国省际和城市的绿色发展进行分析，为各地政府促进绿色发展提供政策建议，帮助当地政府找出影响本地绿色发展的主要因素，集中主要精力和优质资源，分步骤、有重点地实现绿色发展，使报告更具针对性和操作性。

五年来，该团队的研究不断拓展，硕果累累。该团队对绿色发展的创新研究工作已持续进行了五年，研究不断完善，可以说该报告本身也是一项"绿色的"和"可持续的"研究，是一项值得敬佩的工作。此外，围绕绿色发展这一主题，除了自2010年以来每年推出《中国绿色发展指数报告——区域比较》外，该团队研发了系列相关研究成果，2012年出版了《中国：绿色经济与可持续发展》一书，2014年还将推出《2014人类绿色发展报告》和《中国绿色金融发展年度报告》，同时2014年6月《中国社会科学》杂志还发表了李晓西教授等的文章《人类绿色发展指数的测算》，该文测算了123个国家绿色发展指数值及其排序，介绍了人类绿色发展指数的理念与测算方法，可以为中国和世界的可持续发展提供有益的思路与建议。鉴于绿色发展研究的重要价值，2014年国家自然科学基金还把该团队申报的项目"中国经济绿色发展的评价体系、实现路径与政策研究"列入了重点项目并给予支持。

五年来，基于绿色发展研究的合作也在不断加强和深化。值得一提的是，该报告是三家单位众多专家通力合作的成果。早在2009年9月，西南财经大学就设立了发展研究院，邀请到李晓西教授兼任院长，2010年年初，李晓西教授提出联合北京师范大学、西南财经大学和国家统计局三家单位编制中国绿色发展指数的设想，得到了西南财经大学校领导和专家的大力支持，当年推出第一本《2010中国绿色发展指数报告——区域比较》时就引起了广泛的影响和好评。此后，西南财经大学发展研究院围绕绿色发展这一主题深入开展研究，整合和培养校内关于绿色发展研究的队伍，同时在国内外大力引进绿色经济和可持续发展研究的相关人才，并于2013年新设的发展经济学博士点增加了绿色经济和绿色发展研究方向，绿色发展研究已经成为西南财经大学发展研究院具有鲜明特色的研究主题。2014年，由李晓西教授领衔，西南财经大学发展研究院、北京师范大学经济与资源管理研究院和环境保护部等单位联合攻关，即将推出《中国绿色金融发展年度报告》。因此，无论是《中国绿色发展指数报告——区域比较》、《中国绿色金融发展年度报告》，还是我校发展研究院，都可以说是协同创新的成功典范。

祝愿《中国绿色发展指数报告——区域比较》越办越好，在下一个五年取得更好的成绩。

许宪春：自2010年以来，由北京师范大学李晓西教授和潘建成先生领衔，北京师范大学、西南财经大学和国家统计局经济景气监测中心等单位联合开展的中国绿色发展指数研究，迄今已历时五年，每年连续向社会发布其主要研究成果《中国绿色发展指数报告——区域比较》。五年来，中国绿色发展指数研究和《中国绿色发展指数报告——区域比较》的影响力与日俱增，在探索建立有利于推动绿色发展的绩效评估指标体系、传播绿色发展理念、引导地方政府重视处理好经济发展同生态环境保护的关系，更加自觉地推动绿色发展、循环发展、低碳发展、新型城镇化建设等方面发挥了积极的作用。党的十八大做出全面深化改革的战略部署，十八届三中全会通过的《中共中央关于全面深化改革若干重大问题的决定》明确提出加快转变政府职能，完善发展成果考核评价体系，纠正单纯以经济增长速度评定政绩的偏向，加大资源消耗、环境损害、生态效益等指标的权重。中国绿色发展指数研究顺应时代要求，所选的经济增长绿化度、资源环境承载潜力和政府政策支持度3个一级指标及9个二级指标、60个三级指标紧扣中国发展的时代主题和现实需要，具有鲜明的时代特征。由于该研究紧密结合经济社会发展的战略需求，把握科学前沿，同时报告图文并茂，"绿色体检"表生动形象，可视化程度高，我高兴地看到并祝贺，2014年中国绿色发展指数研究已经列为国家自然科学基金重点项目。

五年来，中国绿色发展指数研究团队持之以恒，努力深化研究，不断创新，在兼顾可比性和稳定性的前提下，《中国绿色发展指数报告——区域比较》不断推出升级版。与2013年报告相比，2014年报告有多处修改和完善，主要体现在：一是增加了中国省际绿色发展的实现路径与政策研究；二是增加了中国城市绿色发展的实现路径与政策研究；三是首次尝试对农村绿色发展进行调研；四是对国际绿色发展最新措施进行了分析。

下面谈几点个人意见，仅供参考：一是建议把公众评价部分作为一级指标，量纲化后融入绿色发展指标体系，以便于更好地从整体上把握各地区的绿色发展情况。二是在继续完善"绿色体检"表的基础上，为各地区开出"处方单"。分析排名持续靠前的和靠后的，以及排名变化大的省份（城市）的实际经验和教训，一方面树典型，推广经验；另一方面帮助落后地区查找原因，提出因地制宜、操作性较强的改进措施。三是进一步加强对国际上资源环境统计和核算先进方法和经验的学习研究。

最后，衷心地希望，中国绿色发展指数研究不断充实研究资源、加大研究成果的集成，为建设美丽中国做出更大的贡献。

牛文元：第一，《中国绿色发展指数报告——区域比较》已经连续出版几年，是我国关注绿色发展最系列、最深入的研究报告。自从党的十八大提出"绿色发展、循环发展、低碳发展"以来，全国各地纷纷响应，并且在行动上和政策上多有体现。而《中国绿色发展指数报告——区域比较》在此领域中已经早走了几年，同时为中央的顶层设计提供了有力的参考，应当充分肯定该报告的意义与价值。

第二，报告中专章列出的"绿色体检"表十分有创意，并且系统地为我国30个省份和100个代表城市做出了绿色诊断，应当是该报告中既有理论又有实际指导意义的大手笔，希望能更加深入地形成"品牌"，作为评定各地区绿色发展的标尺。

第三，有如下建议，供报告编写者考虑。

（1）请对绿色发展源头的三大动力做出比较系统深入的研究，即"绿色设计"（突破传统的产品设计和工程设计，从绿色理念中创新设计的内涵，引领绿色发展的全过程）、"绿色投资"（是引领绿色发展的风向标）、"绿色制度"（是绿色发展的指导性规范）。

（2）建议对国际上一些先进国家在绿色发展领域的做法与成功实践，做出较为翔实的介绍与评价，以利于我国各地参考。

（3）选取我国在节能减排、环保产业、绿色制造、精细化工等领域中的典型实例进行分析，以推动各地的绿色发展。

最后，祝《中国绿色发展指数报告——区域比较》越办越好，取得越来越好的成绩。

王毅：作为连续第五本年度报告，经过几年的调整和完善，报告整体构架不断完善，内容日益丰富，指标体系和评估方法逐步成熟，评估结果对推动我国的绿色发展、建设生态文明具有重要的参考价值。本年度报告在2013年报告的基础上，在两个方面取得了突出进展。报告深入分析了我国省际和城市绿色发展水平的动态变化，以及影响绿色发展水平的主要因素，进而提出促进我国区域和城市绿色发展的路径和政策建议。

无论如何，推进绿色发展和转型是一项复杂的系统工程。为了深化我国绿色发展指数研究，有以下建议供参考。一是进一步加强对评估结果和关键指标的政策含义分析，建立评估结果和绿色发展政策间的关联，发挥评估的政策导向作用。二是报告应关注一些评估结果和结论有可能产生政策误导，如报告显示我国西部地区的生态环境承载潜力明显高于东部、中部和东北地区，这一结论容易使西部地区的一些决策者误认为当地仍有很大的发展空间，从而忽视其资源环境的脆弱性和重要的生态功能。因此，建议在报告中相关章节补充对这一问题的论述。三是在研究方法方面，主成分分析法在通过降维分析绿色发展水平的影响因素上有其局限性，对其结果的分析需要透过数据所反映的统计表象洞察问题本质，指标的重要性判定除了依据特征向量外，还需要考虑指标的实际意义和作用。四是在报告的政策建议中，将生态补偿手段的重要作用从"调动地方还林、造林积极性"扩展到生态保护和建设的相关内容，包括对西部生态交错带、草地等地区的生态恢复，不断提高其生态系统的承载力。此外，报告中还有一些英文缩写原文需要列出，中文翻译也该更加规范。

魏杰：该报告无论从方法、内容和理论框架上，还是从翔实程度和科学量化上看，几乎年年都有创新和进步，应该是同类报告中最好的一份。2014年报告的一个很重要的特点，是将环境工业体系引入报告中，因为环境工业是绿色环境形成的实现路径。环境报告不单纯是评价环境，关键是要找到实现绿色环境的路径，所以分析有关环境工业体系就非常重要。

潘家华：首先祝贺2014年新版报告的编制完成。这是一份有价值的工作，有很好的基础，可以进一步提升完善。因而，2014年国家自然科学基金重大项目的评审意见，对这一项目的申报表示了极大的肯定和支持。

从目前的情况看，报告的理念、方法、结构等均已成型，具有很好的连续性。评价分析的结果以事实也就是统计数据为依据，按照经过讨论认可的方法，进行了梳理、论证。从总体上看，评价的内容和结果已经形成特色。内容也有新的延伸，尤其是考虑社会公众的参与。对于省级行政区域的工业节能、城市的工业集聚的绿色发展分析，也很有特色。该报告资料性强，参考价值大。

与2013年的报告一样，也有一些建议。可以强化一些结果的内在原因分析。例如，省级区域指数排名，北京第一，青海第二，内蒙古第六，陕西第十，与人们的印象和媒体信息中的许多固有因子具有一定的出入。究其原因，北京、内蒙古、陕西与其国内生产总值所占因素关系极大。而2014年内蒙古、陕西作为化石能源基地，在经济下行情况下，可能受到的影响也比较大。北京靠转移污染的方式，不具有可复制性。青海人数少，地域广，因而按人均排序，有优势。但是，这并不表明青海的承载能力强。目前的人口承载已经有超额，一方水土承受不了目前的人口，如西宁的水极其短缺。同样，城市排名中，石油城市克拉玛依排名第三，也具有石油财政支撑的效应。

北京、深圳、广州这些一线城市的公众满意度低，而克拉玛依、银川、西宁这些西部自然环境脆弱地区的公众满意度高。因为满意度是一个相对感受，是一个预期偏好，因而，结果可以理解。但是，这与绿色发展指数的结果不一致。这就需要进行分析。事实上，北京、深圳的环境不可能比西宁差，肯定要好于银川，但是，一线城市的环境预期高；西北城市的环境本底差，有一点改进，居民就很认同。

总之，这是一个好的报告，正是因为好，才有价值完善提高。

范恒山：《2014中国绿色发展指数报告——区域比较》，延续以前好的做法，同时又推陈出新，更具科学性和参考价值。该报告在沿用 2012 年确定的省际绿色发展指数指标体系对 30 个省份和 100 个城市进行绿色发展测度和分析的基础上，对中国省际绿色发展指数指标体系和中国城市绿色发展指数指标体系做了进一步改进，新增了"城市环境基础设施建设投资占全市固定资产投资比重"指标，适当调整了"绿色投资指标"下属的三级指标权重。该报告注重关注实践最新进展，增加了对典型地区的实践调研和经验总结，对工业转型升级与绿色发展进行了实证研究，也对国际组织推进绿色发展的最新措施进行了分析，更有现实感和时代性。《2014 中国绿色发展指数报告——区域比较》进一步对中国省际和城市绿色发展的动态变化和主要因素进行了分析，试图厘清背后的逻辑和脉络。其还一如既往地重视公众对区域绿色发展的态度和评价，增强了研究的客观性和公正性。总的来看，《2014 中国绿色发展指数报告——区域比较》从省际、城市和公众评价结果来看，指标体系能够较为客观地反映东部、中部、西部地区在不同的资源禀赋条件下的发展现状、发展阶段和存在的问题，分析了各地区在绿色发展中存在的差异，可为有关方面更好地推动发展方式转变、加快生态文明建设提供有益的参考。

《2014 中国绿色发展指数报告——区域比较》整体框架结构较为完整，指标体系设计合理，具有一定的可操作性和指导性，评价结果较为客观和直观地反映了不同地区的绿色发展水平，能够比较全面地反映当前中国绿色发展的实际和要求。根据测评结果，该报告还增设篇章对省际和城市绿色发展的实现路径和政策研究进行了有益的探索。此外，该报告还紧密结合国际形势，对"里约＋20"峰会之后的国际绿色经济走向等做了相应的介绍和研究，为绿色发展的路径选择、推进方式等提供了不同的视角和借鉴。

建议《中国绿色发展指数报告——区域比较》在以下几个方面做进一步修改与完善：一是建议深化对绿色发展状况变化的原因分析，与时俱进地提出推动绿色发展的政策建议，为该地区未来的绿色发展指明方向。二是建议在现有共性指标的框架下，适应各地区发展阶段的动态变化，针对不同地区的特点，适当设置一些能反映不同地区特点的差异性指标。三是建议进一步完善国内外地区间的对比分析，为我国更好地实现绿色发展提供有益的参考和借鉴。四是建议对 2010 年以来的省际绿色发展指数进行年际分析和纵向对比研究。

夏光：《2014 中国绿色发展指数报告——区域比较》作为《中国绿色发展指数报告——区域比较》的系列研究成果，再次呈现在公众面前，是非常值得祝贺的。该报告在往年报告的基础上做了进一步发展：一是对城市绿色发展指数的指标体系进行了调整优化，使之更加科学合理；二是再次对省际和城市的绿色发展指数进行了测算，得到一些新的结论；三是加强了政策研究和实地调研，提高了报告的现实针对性和信息可信性。

该报告专门对城市绿色发展进行了公众满意度调查，这是非常有价值的工作。38 个重点城市绿色发展公众综合满意度为 0.099，比 2013 年提高 0.008，虽在满意区间，但仍属于较低水平，提升幅度很小。这说明城市绿色发展虽然有进展，但还没有取得令大家耳目一新的变化。一方面这是绿色发展本身存在的问题；另一方面是公众在绿色发展中还没有真正成为主体力量。因此，应该研究进一步使公众参与到绿色发展进程中来的相关政策。

该报告专门对我国城市工业集聚与绿色发展的关系进行了研究，这是具有开创性的工作。这里有个重要结论：当工业行业集聚程度工业区位熵超过 0.84 时，工业二氧化硫排放将随着工业区位熵的上升而增加，一旦其超过 0.84 的临界值水平，工业集聚程度继续上升将有助于减少工业二氧化硫排放，但若继续上升到 1.51 后，二氧化硫排放量反而随着工业集聚程度的上升而增加。这个结论说明，工业园区具有减轻工业污染的作用，但产业过于集中时，污染物排放量仍然会超过环境容量，因此，按照工业类型和环境承载力来确定工业园区的规模是非常重要的。

总体来看,随着多年工作的积累,绿色发展指数的指标体系已经相对完善,可以固定下来,其评价结果可以进行年度比较。为了更好地做好这项工作,提出以下建议:一是加强对评价结论的解析。例如,北京的绿色发展指数最高(0.742),是第二名青海(0.300)的两倍以上,这与人们对北京雾霾常态化的一般印象似乎不太契合,我们到底应该对这种现象怎么理解呢?需要做出解释。二是把有些重要的研究成果反映在总论之中。例如,前述城市工业集聚与绿色发展的关系,在总论中没有集中反映,而读者因时间关系可能不去看后面的详细报告,这样就可能使重要的成果被错失,殊为可惜。

苏伟:《2014中国绿色发展指数报告——区域比较》在以往的研究思路上,新增对中国省际和城市绿色发展的实现路径与政策的研究,对北京"美丽乡村"建设和农村地区绿色发展情况的调研,对国际组织推进绿色发展最新措施的分析,以及对我国30个省份的工业节能减排效率和285个城市的工业集聚与绿色发展关系的实证研究,内容丰富全面,对把脉全国绿色发展现状很有帮助,对促进各地绿色低碳发展具有政策指导意义。经研究,提出以下修改意见供课题组参考。

(1) 建议在以后的研究中,更加明确在省际水平和城市水平的绿色发展指数中选择不同指标的原因。除数据可获性的差别外,省际绿色发展指数应偏重于全国绿色发展的宏观现状,而城市绿色发展指数则应更强调绿色发展评价指标的落实和改善。

(2) "中国省际绿色发展的实现路径与政策研究"和"中国城市绿色发展的实现路径与政策研究"两章均使用主成分分析法,建议两章在方法描述、软件应用、模型结果表达方式上尽量保持一致。

(3) "中国省际绿色发展的实现路径与政策研究"一章中仅分析基于三级指标的测算结果,而"中国城市绿色发展的实现路径与政策研究"一章中分别分析基于二级指标与基于三级指标的测算结果,建议两章在指标分析方面保持一致。

(4) "北京农村地区绿色发展调研报告"对于建设"美丽乡村"具有重要的指导意义,希望在以后的研究中,加强对城镇化和工业化进程中城市和农村绿色发展的关联性研究,为统筹协调城乡发展提供政策建议。

(5) "中国285个城市的工业集聚与绿色发展"以代表性污染物工业二氧化硫排放作为代理变量,建议在以后的研究中,增加除环境污染之外的因素作为绿色发展代理变量,如能耗强度和碳排放强度等。

(6) 建议"中国285个城市的工业集聚与绿色发展"一章中加入工业集聚与绿色发展的倒N形曲线图和全国绿色发展水平与工业集聚程度的空间分布图,以便直观表达研究结果。

贾康:由李晓西、潘建成两位专家带领研究团队撰写的《中国绿色发展指数报告——区域比较》,自2010年构建中国省际绿色发展指数指标体系和2011年形成中国城市绿色发展指数指标体系以来,已经连续几年发表年度报告,形成了系列研究成果和专题学术品牌。

这一系列报告于2014年度推出的最新文本中,体现了指标体系的相对稳定与必要改进,以此为基础,给出省际和各城市间的经济增长绿化度、资源环境承载潜力和政府政策支持度的测算分析,并提出绿色发展路径和政策建议。报告中还公布了公众评价调研结果,提供了国内外的相关重要信息和案例。

这种系统化、连续性的研究成果,对于中国于全面改革新时期在"国家治理现代化"取向下促进可持续发展,具有十分重要的现实意义和催化作用。在区域比较视角上形成各地绿色发展的"体检表",可以更好地开展横向(一地与他地)与纵向(当下与以往)的对照分析,为绿色发展的决策优化提供参考依据，也为绿色发展的舆论环境提供学术要素，成为助推中国"攻坚克难"中化解资源环境制约、打造经济"升级版"而服务于国计民生的宝贵"正能量"。特此致以研究者敬意与祝贺。

邱东：《2014中国绿色发展指数报告——区域比较》切实地分析中国地区发展状况，引导绿色发展，改变唯GDP论的政绩观，对中国经济和社会转型意义重大。课题组持续地关注绿色发展，将国际社会倡导的可持续发展精神落地中国，扎扎实实地编制中国绿色发展指数，几年下来，已经形成系列，蔚为大观。

课题组编制的绿色发展指数针对中国发展极不平衡这一特点，将重心放在各地区绿色发展的动态变化及其原因上，系统地展开了地区间的对比，尤为可贵。课题组能够瞄准绿色发展的国际前沿，使中国指数与世界可持续发展评价齐头并进；还能深入农村调研，并就工业节能减排和集聚等专题进行实证分析，从而免于照搬的空泛。

仅供参考。

目　录

总论 1

第一篇　省际篇 17

第一章　省际经济增长绿化度测算及分析 19

第二章　省际资源环境承载潜力测算及分析 31

第三章　省际政府政策支持度测算及分析 42

第四章　中国省际绿色发展的实现路径与政策研究 53

第二篇　城市篇 65

第五章　城市经济增长绿化度测算及分析 67

第六章　城市资源环境承载潜力测算及分析 89

第七章　城市政府政策支持度测算及分析 105

第八章　中国城市绿色发展的实现路径与政策研究 123

第三篇　公众评价篇 139

第九章　城市绿色发展公众满意度调查结果与分析 141

第十章　城市绿色发展公众满意度调查方案及组织实施情况 165

第四篇　绿色发展调研考察与借鉴 171

第十一章　联合国工业发展组织在全球范围推进绿色工业 173

第十二章　联合国环境规划署在世界范围内推进绿色发展 181

第十三章　中国30个省（自治区、直辖市）的工业节能减排效率 189

第十四章　中国285个城市的工业集聚与绿色发展 198

第十五章　北京农村地区绿色发展调研报告 203

第五篇　专家论坛 209

治理大气污染　实现绿色发展的思考与建议 211

"里约＋20"峰会之后的国际绿色经济走向 215

联合国工业发展组织推进绿色工业发展的五个方面 217

政府也会"漂绿"吗？ 219

论绿色减贫新理念及绿色减贫指数研究	221
绿色发展指数需要特别关注滨海湿地	223
低影响开发与水生态文明建设	225
完善发展成果评价的核算思考	227
以悲天悯人的人文情怀构筑当代绿色生态文明	229

第六篇 省、市"绿色体检"表 231

附录 439

附录一 省际绿色发展指数测算指标解释及数据来源	441
附录二 城市绿色发展指数测算指标解释及数据来源	452

参考文献	461
各章主要执笔人	464
后记	465

省际绿色发展"体检" 表目录

北京绿色发展"体检"表 ······ 234
天津绿色发展"体检"表 ······ 237
河北绿色发展"体检"表 ······ 240
山西绿色发展"体检"表 ······ 243
内蒙古绿色发展"体检"表 ······ 246
辽宁绿色发展"体检"表 ······ 249
吉林绿色发展"体检"表 ······ 252
黑龙江绿色发展"体检"表 ······ 255
上海绿色发展"体检"表 ······ 258
江苏绿色发展"体检"表 ······ 261
浙江绿色发展"体检"表 ······ 264
安徽绿色发展"体检"表 ······ 267
福建绿色发展"体检"表 ······ 270
江西绿色发展"体检"表 ······ 273
山东绿色发展"体检"表 ······ 276
河南绿色发展"体检"表 ······ 279
湖北绿色发展"体检"表 ······ 282
湖南绿色发展"体检"表 ······ 285
广东绿色发展"体检"表 ······ 288
广西绿色发展"体检"表 ······ 291
海南绿色发展"体检"表 ······ 294
重庆绿色发展"体检"表 ······ 297
四川绿色发展"体检"表 ······ 300
贵州绿色发展"体检"表 ······ 303
云南绿色发展"体检"表 ······ 306
陕西绿色发展"体检"表 ······ 309

甘肃绿色发展"体检"表 ············ 312

青海绿色发展"体检"表 ············ 315

宁夏绿色发展"体检"表 ············ 318

新疆绿色发展"体检"表 ············ 321

城市绿色发展"体检" 表目录

北京市绿色发展"体检"表 ………………………………………………………………………… 325

天津市绿色发展"体检"表 ………………………………………………………………………… 328

石家庄市绿色发展"体检"表 ……………………………………………………………………… 331

太原市绿色发展"体检"表 ………………………………………………………………………… 334

呼和浩特市绿色发展"体检"表 …………………………………………………………………… 337

沈阳市绿色发展"体检"表 ………………………………………………………………………… 340

大连市绿色发展"体检"表 ………………………………………………………………………… 343

长春市绿色发展"体检"表 ………………………………………………………………………… 346

哈尔滨市绿色发展"体检"表 ……………………………………………………………………… 349

上海市绿色发展"体检"表 ………………………………………………………………………… 352

南京市绿色发展"体检"表 ………………………………………………………………………… 355

苏州市绿色发展"体检"表 ………………………………………………………………………… 358

杭州市绿色发展"体检"表 ………………………………………………………………………… 361

宁波市绿色发展"体检"表 ………………………………………………………………………… 364

合肥市绿色发展"体检"表 ………………………………………………………………………… 367

福州市绿色发展"体检"表 ………………………………………………………………………… 370

厦门市绿色发展"体检"表 ………………………………………………………………………… 373

南昌市绿色发展"体检"表 ………………………………………………………………………… 376

济南市绿色发展"体检"表 ………………………………………………………………………… 379

青岛市绿色发展"体检"表 ………………………………………………………………………… 382

郑州市绿色发展"体检"表 ………………………………………………………………………… 385

武汉市绿色发展"体检"表 ………………………………………………………………………… 388

长沙市绿色发展"体检"表 ………………………………………………………………………… 391

广州市绿色发展"体检"表 ………………………………………………………………………… 394

深圳市绿色发展"体检"表 ………………………………………………………………………… 397

珠海市绿色发展"体检"表 ………………………………………………………………………… 400

南宁市绿色发展"体检"表 …… 403

海口市绿色发展"体检"表 …… 406

重庆市绿色发展"体检"表 …… 409

成都市绿色发展"体检"表 …… 412

贵阳市绿色发展"体检"表 …… 415

昆明市绿色发展"体检"表 …… 418

西安市绿色发展"体检"表 …… 421

兰州市绿色发展"体检"表 …… 424

西宁市绿色发展"体检"表 …… 427

银川市绿色发展"体检"表 …… 430

乌鲁木齐市绿色发展"体检"表 …… 433

克拉玛依市绿色发展"体检"表 …… 436

表 目

表 0-1	中国省际绿色发展指数指标体系	2
表 0-2	中国城市绿色发展指数测评城市	3
表 0-3	中国城市绿色发展指数"绿色投资指标"下属三级指标权重调整	4
表 0-4	中国城市绿色发展指数指标体系	4
表 0-5	我国30个省份绿色发展指数及排名	5
表 0-6	中国100个城市的绿色发展指数及其排名	8
表 1-1	我国30个省份经济增长绿化度指数及排名	19
表 1-2	经济增长绿化度四大区域内部差异分析	23
表 1-3	省际绿色发展指数与经济增长绿化度排名差异比较	23
表 1-4	省际绿色增长效率三级指标、权重及指标属性	24
表 1-5	省际绿色增长效率指标指数及其排名	25
表 1-6	省际第一产业三级指标、权重及指标属性	26
表 1-7	省际第一产业指标指数及其排名	26
表 1-8	省际第二产业三级指标、权重及指标属性	27
表 1-9	省际第二产业指标指数及其排名	28
表 1-10	省际第三产业三级指标、权重及指标属性	29
表 1-11	省际第三产业指标指数及其排名	29
表 2-1	我国30个省份的资源环境承载潜力指数及排名	31
表 2-2	分区域资源环境承载潜力排名情况	35
表 2-3	资源环境承载潜力四大区域内部差异分析	36
表 2-4	分区域省际绿色发展指数与资源环境承载潜力排名差异比较	36
表 2-5	省际资源丰裕与生态保护三级指标、权重及指标属性	37
表 2-6	省际资源丰裕与生态保护指标指数值及排名	38
表 2-7	省际环境压力与气候变化三级指标、权重及指标属性	39
表 2-8	省际环境压力与气候变化指标指数值及排名	40
表 3-1	我国30个省份政府政策支持度及三项分指数的测算结果及排名	42

表 3-2	政府政策支持度四大区域内部差异分析	46
表 3-3	省际绿色发展指数与政府政策支持度排名差异比较	46
表 3-4	省际绿色投资指标三级指标、权重及指标属性	47
表 3-5	省际绿色投资指标指数及其排名	48
表 3-6	省际基础设施三级指标、权重及指标属性	49
表 3-7	省际基础设施指标指数及其排名	49
表 3-8	省际环境治理三级指标、权重及指标属性	50
表 3-9	省际环境治理指标指数及其排名	51
表 4-1	2008~2012年中国绿色发展指数排名前十和后十的省份	53
表 4-2	"经济增长绿化度"一级指标组的主成分分析结果	57
表 4-3	"资源环境承载潜力"一级指标组的主成分分析结果	58
表 4-4	"政府政策支持度"一级指标组的主成分分析结果	59
表 5-1	2012年中国100个城市经济增长绿化度指数及排名	67
表 5-2	2012年中国东部地区城市经济增长绿化度指数及排名	72
表 5-3	2012年中国中部地区城市经济增长绿化度指数及排名	73
表 5-4	2012年中国西部地区城市经济增长绿化度指数及排名	74
表 5-5	2012年中国东北地区城市经济增长绿化度指数及排名	74
表 5-6	2012年中国绿色发展指数（城市）与城市经济增长绿化度排名差异超过20位的城市	75
表 5-7	中国城市绿色增长效率三级指标、权重及指标属性	76
表 5-8	2012年中国城市绿色增长效率指标指数及其排名情况	77
表 5-9	中国城市第一产业三级指标、权重及指标属性	80
表 5-10	中国100个城市第一产业指标指数及其排名	80
表 5-11	城市第二产业三级指标、权重及指标属性	83
表 5-12	中国城市第二产业指标指数及其排名	83
表 5-13	中国城市第三产业三级指标、权重及指标属性	86
表 5-14	2012年中国城市第三产业指标指数及其排名情况	86
表 6-1	中国100个城市的资源环境承载潜力指数及排名	89
表 6-2	2012年中国东部地区城市资源环境承载潜力指数及排名	94
表 6-3	2012年中国中部地区城市资源环境承载潜力指数及排名	94
表 6-4	2012年中国西部地区城市资源环境承载潜力指数及排名	95

表号	表名	页码
表 6-5	2012 年中国东北地区城市资源环境承载潜力指数及排名	96
表 6-6	2012 年中国绿色发展指数（城市）与城市资源环境承载潜力排名差异超过 20 位的城市	97
表 6-7	2012 年中国城市资源丰裕与生态保护指标指数及其排名	98
表 6-8	城市环境压力与气候变化三级指标、权重及指标属性	101
表 6-9	中国城市环境压力与气候变化指标指数及其排名	101
表 7-1	中国 100 个城市的政府政策支持度指数及排名	105
表 7-2	2012 年中国东部地区城市政府政策支持度指数及排名	110
表 7-3	2012 年中国中部地区城市政府政策支持度指数及排名	111
表 7-4	2012 年中国西部地区城市政府政策支持度指数及排名	111
表 7-5	2012 年中国东北地区城市政府政策支持度指数及排名	112
表 7-6	2012 年中国绿色发展指数（城市）与城市政府政策支持度排名差异超过 20 位的城市	113
表 7-7	城市绿色投资指标的三级指标、权重及指标属性	114
表 7-8	2012 年中国城市绿色投资指标指数及其排名	114
表 7-9	城市基础设施三级指标、权重及指标属性	117
表 7-10	中国城市基础设施指标指数及其排名	117
表 7-11	城市环境治理三级指标、权重及指标属性	120
表 7-12	2012 年中国城市环境治理指标指数及其排名	120
表 8-1	2011~2014 年中国 34 个城市的绿色发展指数排名动态变化	124
表 8-2	2011~2014 年 34 个城市资源环境承载潜力排名变化情况	127
表 8-3	2011 年与 2014 年中国 34 个城市的政府政策支持度排名变化情况	128
表 8-4	中国城市绿色发展指数 9 个指标间的相关系数	130
表 8-5	9 个指标的初始特征根情况	130
表 8-6	前 3 个主成分的成分矩阵	130
表 8-7	前 3 个主成分线性组合中的系数	131
表 8-8	各指标在综合模型中的系数	131
表 8-9	"经济增长绿化度"一级指标组的主成分分析结果	132
表 8-10	"资源环境承载潜力"一级指标组的主成分分析结果	133
表 8-11	"政府政策支持度"一级指标组的主成分分析结果	134
表 9-1	2014 年中国重点城市绿色发展公众综合满意度	142

表 12-1	UNEP 成立以来的主要活动	181
表 12-2	首届联合国环境大会通过 16 项决议	184
表 12-3	UNEP 历次世界环境日主题	185
表 13-1	2006~2011 年我国 30 个省份的工业节能减排指数（IESERI）	192
表 14-1	工业集聚与工业二氧化硫排放：FE、RE 估计结果	201
表 15-1	北京两县一区人类绿色发展指数原始数据表	204
表 15-2	密云县多部门创建和推进首都"美丽乡村"的职责列表	207

图 目

图 0-1	中国省际绿色发展指数排名分布	7
图 0-2	中国省际绿色发展指数区域比较	7
图 0-3	中国绿色发展指数排名比较	8
图 0-4	2014年中国城市绿色发展指数排名前20位城市和排名后20位城市比较图	12
图 0-5	2014年中国城市绿色发展指数区域比较图	13
图 1-1	经济增长绿化度排名省际比较	21
图 1-2	各地区经济增长绿化度排名地区分布	22
图 1-3	中国四大区域经济增长绿化度对照图	22
图 1-4	省际绿色增长效率指标与经济增长绿化度指数对比	26
图 1-5	省际第一产业指标与经济增长绿化度指数对比	27
图 1-6	省际第二产业指标与经济增长绿化度指数对比	29
图 1-7	省际第三产业指标与经济增长绿化度指数对比	30
图 2-1	资源环境承载潜力排名省际比较	33
图 2-2	各地区资源环境承载潜力的地理分布状况	34
图 2-3	中国四大区域资源环境承载潜力对照图	34
图 2-4	省际资源丰裕与生态保护和资源环境承载潜力指数对比	39
图 2-5	省际环境压力与气候变化和资源环境承载潜力指数对比	41
图 3-1	政府政策支持度排名省际比较	44
图 3-2	政府政策支持度排名地区分布	45
图 3-3	中国四大区域政府政策支持度对照图	45
图 3-4	省际绿色投资指标与政府政策支持度指数对比	48
图 3-5	省际基础设施指标与政府政策支持度指数对比	50
图 3-6	省际环境治理指标与政府政策支持度指数对比	51
图 4-1	省际绿色发展指数的一级指标及分布情况（2012年）	55
图 5-1	2012年中国100个城市经济增长绿化度排名前20位和后20位的城市	71
图 5-2	中国四大区域城市经济增长绿化度对照图	71
图 5-3	城市经济增长绿化度与城市绿色增长效率指标对比	79

图 5-4　城市经济增长绿化度与城市第一产业指标对比 …………………………………… 82

图 5-5　城市经济增长绿化度与城市第二产业指标对比 …………………………………… 85

图 5-6　城市经济增长绿化度与城市第三产业指标对比 …………………………………… 88

图 6-1　2012 年中国 100 个城市资源环境承载潜力排名前 20 位和后 20 位的城市 ………… 93

图 6-2　中国四大区域城市资源环境承载潜力对照图 ……………………………………… 93

图 6-3　城市资源环境承载潜力和城市资源丰裕与生态保护指标对比 …………………… 100

图 6-4　城市资源环境承载潜力和城市环境压力与气候变化指标对比 …………………… 104

图 7-1　2012 年中国 100 个城市政府政策支持度排名前 20 位和后 20 位的城市 …………… 109

图 7-2　中国四大区域城市政府政策支持度对照图 ………………………………………… 109

图 7-3　城市政府政策支持度与城市绿色投资指标对比 …………………………………… 116

图 7-4　城市政府政策支持度与城市基础设施指标对比 …………………………………… 119

图 7-5　城市政府政策支持度与城市环境治理指标对比 …………………………………… 122

图 8-1　2011 年与 2014 年东部地区城市经济增长绿化度排名变化情况 …………………… 125

图 8-2　2011 年与 2014 年中部地区城市经济增长绿化度排名变化情况 …………………… 126

图 8-3　2011 年与 2014 年西部地区城市经济增长绿化度排名变化情况 …………………… 126

图 8-4　2011 年与 2014 年东北地区城市经济增长绿化度排名变化情况 …………………… 127

图 9-1　城市绿色发展公众综合满意度 ……………………………………………………… 143

图 9-2　城市绿色发展公众综合满意度变化 ………………………………………………… 144

图 9-3　综合满意度三项构成指数及变化 …………………………………………………… 145

图 9-4　城市绿色发展构成指数满意度 ……………………………………………………… 145

图 9-5　不同级别城市满意度比较 …………………………………………………………… 146

图 9-6　城市总体满意度与绿色发展综合满意度比较 ……………………………………… 146

图 9-7　城市环境满意度 ……………………………………………………………………… 147

图 9-8　城市环境满意度构成指标得分 ……………………………………………………… 148

图 9-9　近三年城市环境变化满意度 ………………………………………………………… 148

图 9-10　城市街道卫生满意度 ………………………………………………………………… 149

图 9-11　城市饮用水质量满意度 ……………………………………………………………… 149

图 9-12　城市空气质量满意度 ………………………………………………………………… 150

图 9-13　城市河流湖泊受污染程度满意度 …………………………………………………… 150

图 9-14　城市污染最严重的领域 ……………………………………………………………… 151

图 9-15　城市基础设施满意度 ………………………………………………………………… 152

图 9-16　城市基础设施满意度构成指标得分 ………………………………………………… 152

图 9-17	城市公共交通便利程度满意度	153
图 9-18	城市绿化满意度	153
图 9-19	城市休闲娱乐场所满意度	154
图 9-20	城市生活垃圾处理满意度	154
图 9-21	城市交通畅通满意度	155
图 9-22	日常出行的主要交通方式	155
图 9-23	政府绿色行动满意度	156
图 9-24	政府绿色行动满意度构成指标得分	157
图 9-25	政府环保工作重视程度满意度	157
图 9-26	环境污染突发事件处理满意度	158
图 9-27	垃圾分类设施配置满意度	158
图 9-28	企业排污治理成效满意度	159
图 9-29	日常食品放心程度满意度	159
图 9-30	环境投诉方式满意度	160
图 9-31	城市居民环境投诉率	161
图 9-32	环境投诉处理结果不满意率	161
图 9-33	兰州市绿色发展公众满意度各指标得分变化	162
图 9-34	城市公众满意度排名与城市绿色发展指数排名	163
图 10-1	调查样本结构	166
图 11-1	RECP项目实施的四个主要干预性模块	178
图 13-1	2006~2011年我国30个省份IESERI排序图	193
图 13-2	2006~2011年东部、中部和西部三大区域工业节能减排指数的总体水平及比较图	194
图 13-3	东部地区各省份的工业节能减排指数	195
图 13-4	中部地区各省份的工业节能减排指数	196
图 13-5	西部地区各省份的工业节能减排指数	196

总 论

人类总量超过了70亿人，当今技术支持下的世界经济已经超出了多个地球极限，如温室气体的排放、臭氧层的枯竭、化学的污染、淡水的消耗、悬浮微粒负荷及生物多样性的损失等[①]。联合国自2008年以来，把可持续发展和绿色发展放在了最重要的位置上。正在制定的后2015议程，其核心就是可持续发展。2014年6月，联合国环境规划署(The United Nations Environment Programme，UNEP)举办了首届联合国环境大会，再次重申了成员国在联合国可持续发展大会(又称"里约+20"峰会)成果文件《我们希望的未来》中做出的承诺，对全球的环境保护和发展再次重申其重大意义和当代人不可推卸的责任。正是在这种背景下，经济合作与发展组织(Organization for Economic Co-operation and Development，OECD)成员正在强力地推动一场绿色革命，包括多种混合动力和电动汽车、海运减排、分布式能源、绿色建筑及涉及全方位的绿色工业的推行。

中国目前也面临着严重的环境挑战。2012年，中国经济总量占全球的11.5%，却消耗了全球21.3%的能源、45%的钢、43%的铜、54%的水泥；原油、铁矿石对外依存度分别达到56.4%和66.5%，排放的二氧化硫、氮氧化物总量已居世界第一位[②]。2013～2014年，中国出现了大面积的严重雾霾天气。包括食品安全、水资源污染和土地污染等严重的环境污染问题，已极大地影响了人民的生活质量。党的"十八大"及时地提出了五位一体的发展格局，强调了发展方式的转型。在现阶段，中国社会经济必须发展，不能停滞；但这种发展又必须是绿色的、可持续的。中国政府提出的生态文明和生态红线已引起全世界的高度评价与关注。

我们必须更加自觉地推动绿色发展，加快转变经济发展方式，改变资源消耗大、环境污染重的增长模式，力求实现"吃饱喝净、健康卫生、教育脱贫"的社会经济基本目标，实现"天蓝气爽、地绿河清、生物共存"的资源环境基本目标[③]，一步步实现绿色和发展协调的战略，走出经济转型的可持续发展道路。

一、中国绿色发展指数指标体系及其完善

中国绿色发展指数包括中国省际绿色发展指数和中国城市绿色发展指数两套体系。中国省际绿色发展指数指标体系于2010年建立，并在2011年根据专家和社会意见，进行了一定的调整和完善，并形成了相对稳定的指标体系。从2012年开始，中国省际绿色发展指数指标体系不再变动，2014年仍采用此体系进行测算。另外，中国城市绿色发展指数指标体系于2011年建立，三年来，在多位专家、学者的指导下，同时考虑指标数据可得性等问题，该测算体系在逐年改进，逐步完善，2014年仍有小的调整。

(一)中国省际绿色发展指数指标体系

在2014年中国绿色发展指数课题专家研讨会上，专家学者建议，为保证指标体系的持续性和可

[①] 联合国可持续发展委员会.二十一世纪议程.纽约：联合国，2000.
[②] 张高丽.大力推进生态文明 努力建设美丽中国.求是，2013，(24)：3～11.
[③] 北京师范大学经济与资源管理研究院，西南财经大学发展研究院.2014人类绿色发展报告.北京：北京师范大学出版社，2014.

比性，近期内应不再变动指标体系，可待"十三五"时期，根据中国绿色发展的新形势、新进展及实际情况再进行调整。因此，2014年中国省际绿色发展指数仍由经济增长绿化度、资源环境承载潜力和政府政策支持度3个一级指标及9个二级指标、60个三级指标构成，具体指标如表0-1所示。

表0-1 中国省际绿色发展指数指标体系

一级指标	二级指标	三级指标	
经济增长绿化度	绿色增长效率指标	1. 人均地区生产总值 2. 单位地区生产总值能耗 3. 非化石能源消费量占能源消费量的比重 4. 单位地区生产总值二氧化碳排放量 5. 单位地区生产总值二氧化硫排放量	6. 单位地区生产总值化学需氧量排放量 7. 单位地区生产总值氮氧化物排放量 8. 单位地区生产总值氨氮排放量 9. 人均城镇生活消费用电
	第一产业指标	10. 第一产业劳动生产率 11. 土地产出率	12. 节灌率 13. 有效灌溉面积占耕地面积比重
	第二产业指标	14. 第二产业劳动生产率 15. 单位工业增加值水耗 16. 规模以上单位工业增加值能耗	17. 工业固体废物综合利用率 18. 工业用水重复利用率 19. 六大高载能行业产值占工业总产值比重
	第三产业指标	20. 第三产业劳动生产率 21. 第三产业增加值比重	22. 第三产业从业人员比重
资源环境承载潜力	资源丰裕与生态保护指标	23. 人均水资源量 24. 人均森林面积 25. 森林覆盖率	26. 自然保护区面积占辖区面积比重 27. 湿地面积占国土面积比重 28. 人均活立木总蓄积量
	环境压力与气候变化指标	29. 单位土地面积二氧化碳排放量 30. 人均二氧化碳排放量 31. 单位土地面积二氧化硫排放量 32. 人均二氧化硫排放量 33. 单位土地面积化学需氧量排放量 34. 人均化学需氧量排放量 35. 单位土地面积氮氧化物排放量	36. 人均氮氧化物排放量 37. 单位土地面积氨氮排放量 38. 人均氨氮排放量 39. 单位耕地面积化肥施用量 40. 单位耕地面积农药使用量 41. 人均公路交通氮氧化物排放量
政府政策支持度	绿色投资指标	42. 环境保护支出占财政支出比重 43. 环境污染治理投资占地区生产总值比重 44. 农村人均改水、改厕的政府投资	45. 单位耕地面积退耕还林投资完成额 46. 科教文卫支出占财政支出比重
	基础设施指标	47. 城市人均绿地面积 48. 城市用水普及率 49. 城市污水处理率 50. 城市生活垃圾无害化处理率	51. 城市每万人拥有公交车辆 52. 人均城市公共交通运营线路网长度 53. 农村累计已改水受益人口占农村总人口比重 54. 建成区绿化覆盖率
	环境治理指标	55. 人均当年新增造林面积 56. 工业二氧化硫去除率 57. 工业废水化学需氧量去除率	58. 工业氮氧化物去除率 59. 工业废水氨氮去除率 60. 突发环境事件次数

注：本表内容由课题组在2014年多次专家研讨会上讨论确定

(二)中国城市绿色发展指数指标体系及其改进

2014年，课题组召开专家咨询会，邀请统计、生态、资源、环境等相关领域的多位专家进行讨论，对中国城市绿色发展指数指标体系和测算工作进行了一定调整。

1. 测评城市仍保持为100个

中国城市绿色发展指数测评城市源于环境保护部(简称环保部)公布的113个环境监测重点城市。2011年确定测评城市时，由于大部分城市数据缺失，最终选择了34个城市，即4个直辖市、5个计划单列市和25个省会城市(因数据原因，拉萨和乌鲁木齐暂未列入)。2012年，在多位评审专家的建议下，课题组以"人均GDP位于当年全国城市前20位"和"数据完备"这两条原则，新增4个城市，即克拉玛依、苏州、珠海和乌鲁木齐。2012年共计38个测评城市。

从2013年开始，环保部113个环境监测重点城市中绝大部分城市数据已经完备，因此，2013年中国城市绿色发展指数测评城市由38个新增为100个，2014年我们仍沿用100个城市进行测算，具体城市如表0-2所示。

表0-2 中国城市绿色发展指数测评城市

地区	城市个数/个	具体城市	地区	城市个数/个	具体城市
北京	1	北京	河南	6	郑州、开封、洛阳、平顶山、安阳、焦作
天津	1	天津	湖北	3	武汉、宜昌、荆州
河北	3	石家庄、唐山、秦皇岛	湖南	5	长沙、株洲、湘潭、岳阳、常德
山西	5	太原、大同、阳泉、长治、临汾	广东	6	广州、韶关、深圳、珠海、汕头、湛江
内蒙古	3	呼和浩特、包头、赤峰	广西	4	南宁、柳州、桂林、北海
辽宁	6	沈阳、大连、鞍山、抚顺、本溪、锦州	海南	1	海口
吉林	2	长春、吉林	重庆	1	重庆
黑龙江	3	哈尔滨、齐齐哈尔、牡丹江	四川	5	成都、攀枝花、泸州、绵阳、宜宾
上海	1	上海	贵州	2	贵阳、遵义
江苏	7	南京、无锡、徐州、常州、苏州、南通、扬州	云南	2	昆明、曲靖
浙江	5	杭州、宁波、温州、湖州、绍兴	陕西	5	西安、铜川、宝鸡、咸阳、延安
安徽	3	合肥、芜湖、马鞍山	甘肃	2	兰州、金昌
福建	3	福州、厦门、泉州	青海	1	西宁
江西	2	南昌、九江	宁夏	2	银川、石嘴山
山东	8	济南、青岛、淄博、烟台、潍坊、济宁、泰安、日照	新疆	2	乌鲁木齐、克拉玛依

注：本表的城市选自环保部公布的环境监测重点城市

2. 新增"城市环境基础设施建设投资占全市固固定资产投资比重"指标

课题组前期在收集指标数据时发现，从2013年开始，环保部统计的环境污染治理投资总额数据只公布省区数据，重点城市的相关数据不再发布。因此，"政府政策支持度"一级指标下的"工业环境污染治理投资占地区生产总值比重"三级指标的数据不再可得。课题组在专家咨询会上提出此问题后，多位专家经过反复讨论，最终决定在"政府政策支持度"一级指标下增加"城市环境基础设施建设投资占全市固定资产投资比重"三级指标，替代原来的"工业环境污染治理投资占地区生产总值比重"三级指标。

3. 适当调整"绿色投资指标"下属三级指标权重

由于数据不可得等原因，2014年新增了"城市环境基础设施建设投资占全市固定资产投资比重"三级指标，替代原来的"工业环境污染治理投资占地区生产总值比重"三级指标。但由于投资类的指标受投资周期及政策的影响较大，通常会产生年度间的较大波动。因此，专家研讨后决定适当降低"城市环境基础设施建设投资占全市固定资产投资比重"三级指标的权重，以减少波动带来的影响。

同时，为保持中国城市绿色发展指数指标体系的稳定性，仅在新增指标所属的"绿色投资指标"组内进行权重调整，具体如表 0-3 所示。

表 0-3　中国城市绿色发展指数"绿色投资指标"下属三级指标权重调整（单位：%）

一级指标	二级指标	三级指标	调整前权重	调整后权重
政府政策支持度	绿色投资指标	环境保护支出占财政支出比重	2.75	3.30
		城市环境基础设施建设投资占全市固定资产投资比重	2.75	1.65
		科教文卫支出占财政支出比重	2.75	3.30

注：本表内容由课题组在 2014 年多次专家研讨会上讨论确定

整体而言，2014 年中国城市绿色发展指数指标体系仍由 3 个一级指标、9 个二级指标和 44 个三级指标组成。同时，为保证测算的可比性、可靠性和稳定性，2014 年中国城市绿色发展指数一级指标和二级指标权重与 2013 年指标体系保持一致，没有变动，具体指标如表 0-4 所示。

表 0-4　中国城市绿色发展指数指标体系

一级指标	二级指标	三级指标
经济增长绿化度	绿色增长效率指标	1. 人均地区生产总值　　5. 单位地区生产总值二氧化硫排放量 2. 单位地区生产总值能耗　6. 单位地区生产总值化学需氧量排放量 3. 人均城镇生活消费用电　7. 单位地区生产总值氮氧化物排放量 4. 单位地区生产总值二氧化碳排放量　8. 单位地区生产总值氨氮排放量
	第一产业指标	9. 第一产业劳动生产率
	第二产业指标	10. 第二产业劳动生产率　　12. 单位工业增加值能耗 11. 单位工业增加值水耗　　13. 工业固体废物综合利用率 　　　　　　　　　　　　14. 工业用水重复利用率
	第三产业指标	15. 第三产业劳动生产率 16. 第三产业增加值比重　　17. 第三产业就业人员比重
资源环境承载潜力	资源丰裕与生态保护指标	18. 人均水资源量
	环境压力与气候变化指标	19. 单位土地面积二氧化碳排放量　26. 人均氮氧化物排放量 20. 人均二氧化碳排放量　　　27. 单位土地面积氨氮排放量 21. 单位土地面积二氧化硫排放量　28. 人均氨氮排放量 22. 人均二氧化硫排放量　　29. 空气质量达到二级以上天数占全年比重 23. 单位土地面积化学需氧量排放量　30. 首要污染物可吸入颗粒物天数占全年比重 24. 人均化学需氧量排放量　31. 可吸入细颗粒物浓度（PM2.5）年均值 25. 单位土地面积氮氧化物排放量
政府政策支持度	绿色投资指标	32. 环境保护支出占财政支出比重 33. 城市环境基础设施建设投资占全市固定资产投资比重　34. 科教文卫支出占财政支出比重
	基础设施指标	35. 人均绿地面积　　　38. 城市生活污水处理率 36. 建成区绿化覆盖率　39. 生活垃圾无害化处理率 37. 用水普及率　　　　40. 每万人拥有公共汽车
	环境治理指标	41. 工业二氧化硫去除率　　43. 工业氮氧化物去除率 42. 工业废水化学需氧量去除率　44. 工业废水氨氮去除率

注：本表内容由课题组在 2014 年多次专家研讨会上讨论确定

二、中国省际绿色发展指数测算结果及分析

在中国省际绿色发展指数指标体系的基础上，我们测算得到了2012年除西藏和港澳台地区外30个省份的省际绿色发展指数。

1. 省际绿色发展指数测算结果

我国30个省份(不包括西藏和港澳台地区[①])绿色发展指数及排名如表0-5所示。

表0-5 我国30个省份绿色发展指数及排名

地区	绿色发展指数		一级指标					
			经济增长绿化度		资源环境承载潜力		政府政策支持度	
	指数值	排名	指数值	排名	指数值	排名	指数值	排名
北京	0.742	1	0.490	1	0.070	6	0.182	1
青海	0.300	2	-0.173	28	0.554	1	-0.081	25
海南	0.233	3	-0.004	11	0.065	8	0.172	2
上海	0.220	4	0.330	2	-0.077	22	-0.032	22
浙江	0.200	5	0.154	5	-0.020	17	0.066	7
内蒙古	0.136	6	0.010	10	0.066	7	0.060	8
福建	0.132	7	0.087	7	0.006	11	0.038	10
天津	0.116	8	0.298	3	-0.144	27	-0.038	23
江苏	0.108	9	0.155	4	-0.130	25	0.083	5
陕西	0.080	10	-0.023	13	0.001	14	0.102	3
广东	0.074	11	0.106	6	-0.059	19	0.027	13
四川	0.031	12	-0.083	22	0.131	4	-0.017	18
云南	0.012	13	-0.188	30	0.162	3	0.038	9
山东	-0.003	14	0.076	8	-0.147	28	0.068	6
江西	-0.041	15	-0.081	20	0.004	12	0.036	11
新疆	-0.046	16	-0.103	25	-0.033	18	0.090	4
广西	-0.061	17	-0.089	24	0.051	9	-0.023	21
贵州	-0.092	18	-0.177	29	0.177	2	-0.092	26
重庆	-0.101	19	-0.063	17	-0.016	16	-0.022	20
辽宁	-0.104	20	0.019	9	-0.111	24	-0.012	17
湖南	-0.107	21	-0.082	21	-0.005	15	-0.020	19
黑龙江	-0.123	22	-0.058	16	0.117	5	-0.182	29
安徽	-0.136	23	-0.066	18	-0.065	20	-0.005	16
吉林	-0.161	24	-0.020	12	0.003	13	-0.144	28
湖北	-0.166	25	-0.048	15	-0.069	21	-0.049	24
山西	-0.169	26	-0.087	23	-0.102	23	0.020	14

---

① 由于数据等原因，西藏、香港、澳门和台湾未参与测算。

续表

地区	绿色发展指数		一级指标					
			经济增长绿化度		资源环境承载潜力		政府政策支持度	
	指数值	排名	指数值	排名	指数值	排名	指数值	排名
河北	−0.179	27	−0.038	14	−0.148	29	0.007	15
宁夏	−0.282	28	−0.106	26	−0.203	30	0.027	12
甘肃	−0.299	29	−0.166	27	0.050	10	−0.183	30
河南	−0.315	30	−0.067	19	−0.132	26	−0.116	27

注：①本表根据中国省际绿色发展指数指标体系，依各指标2012年数据测算而得；②本表各省份按照绿色发展指数的指数值从大到小排序；③本表中绿色发展指数等于经济增长绿化度、资源环境承载潜力和政府政策支持度三个一级指标指数值之和；④以上数据及排名根据《中国统计年鉴2013》、《中国环境统计年鉴2013》、《中国环境统计年报2012》、《中国城市统计年鉴2013》、《中国水利统计年鉴2013》、《中国工业经济统计年鉴2013》、《中国沙漠及其治理》等测算

"0"表示所有参评省份绿色发展的平均水平，得分高于"0"表示该省份的绿色发展水平高于全国平均水平，得分低于"0"表示该省份的绿色发展水平低于全国平均水平。

2. 省际绿色发展指数的区域分布与比较①

绿色发展指数排在前10位的省份依次是北京、青海、海南、上海、浙江、内蒙古、福建、天津、江苏和陕西；位于第11～20位的10个省份分别是广东、四川、云南、山东、江西、新疆、广西、贵州、重庆和辽宁；位于第21～30位的10个省份分别是湖南、黑龙江、安徽、吉林、湖北、山西、河北、宁夏、甘肃和河南。

为了直观比较绿色发展指数的区域分布，我们绘制了地理分布图。其中，指数排在前10名的为绿色发展水平好一些的地区，用深绿色表示；第11～20位为绿色发展水平较好的地区，用中度绿色表示；后10位为绿色发展水平一般的地区，用浅绿色表示。

从图0-1可以看出，东部地区的绿色发展水平相对较高，多数省份为深绿色；西部地区绿色发展水平整体处于中游，青海和内蒙古相对较好；而中部地区和东北地区的绿色发展水平相对较弱，多数省份为浅绿色。

接下来，我们对中国省际绿色发展指数及经济增长绿化度、资源环境承载潜力和政府政策支持度三个分指数进行分区域对比分析，如图0-2所示，中国省际绿色发展水平呈现较明显的区域差异。

东部省份绿色发展优势明显，尤其是经济增长绿化度明显优于其他三个地区。总指数方面，东部10个省份中，有7个省份排名在全国前10位；除河北、山东外，其余8个省份的绿色发展水平均高于全国平均水平。从经济增长绿化度看，东部10个省份，除海南省和河北省外，其余省份的经济增长绿化度均高于全国平均水平，分列全国1～8位。

西部省份资源环境承载潜力优越，成为拉动绿色发展指数排名的主要因素。从绿色发展指数排名看，西部参与测评的11个省份中，有3个排在前10名，6个排名在第11～20名，2个排名在第21～30名。从资源环境承载潜力看，西部地区明显好于其他3个地区，且青海资源环境承载潜力得分远远高出其他地区，说明西部地区的资源环境承载潜力十分优越，对绿色发展指数排名的拉动作用十分明显。

东北三省和中部省份绿色发展水平有待提高。从绿色发展指数排名上看，辽宁、黑龙江和吉林

---

① 本书根据"十一五"规划区域发展战略提出的四大区划即东、中、西和东北地区为区域比较的基础。其中，东部地区包括北京、天津、河北、上海、江苏、浙江、福建、山东、广东和海南10个省份；中部地区包括山西、安徽、江西、河南、湖北和湖南6个省份；西部地区包括内蒙古、广西、重庆、四川、贵州、云南、西藏、陕西、甘肃、青海、宁夏和新疆12个省份；东北地区包括辽宁、吉林和黑龙江3个省份。

图 0-1　中国省际绿色发展指数排名分布

注：本图根据表 0-5 制作

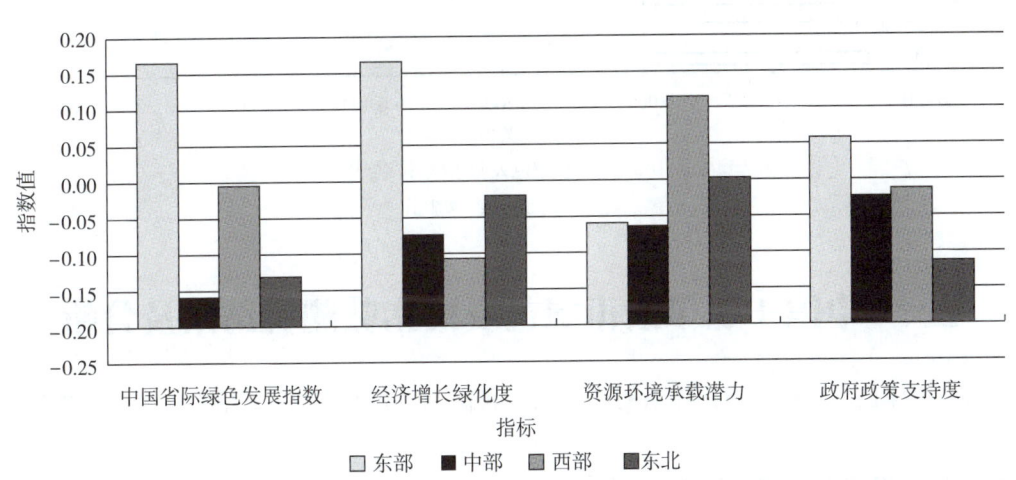

图 0-2　中国省际绿色发展指数区域比较

注：图中数据为四大区域各省份指标值的算术平均值

三省绿色发展水平均低于全国平均水平，排名分别为第 20 名、第 22 名和第 24 名。中部 6 个省份中只有江西（第 15 名）排在前 20 名，其他 5 个省份均在 20 名之后，整体水平偏低。

测算结果显示，在参与测算的 30 个省份中，有 13 个省份绿色发展水平高于全国平均水平，按指数值高低排序依次是北京、青海、海南、上海、浙江、内蒙古、福建、天津、江苏、陕西、广东、四川和云南；其他 17 个省份的绿色发展水平低于全国平均水平（图 0-3）。同时我们发现，2014 年排在前 10 位的省份，在 2013 年排名中也是排在前 10 位，只有个别地区排名位次有变动，内蒙古从 2013 年的第 8 位上升到 2014 年的第 6 位，天津从 2013 年的第 6 位下降为 2014 年的第 8 位。2014 年排在后 10 位的省份，有 8 个在 2013 年排名中排在后 10 位，只有黑龙江 2013 年排名第 19 位，湖北 2013 年排名第 20 位。

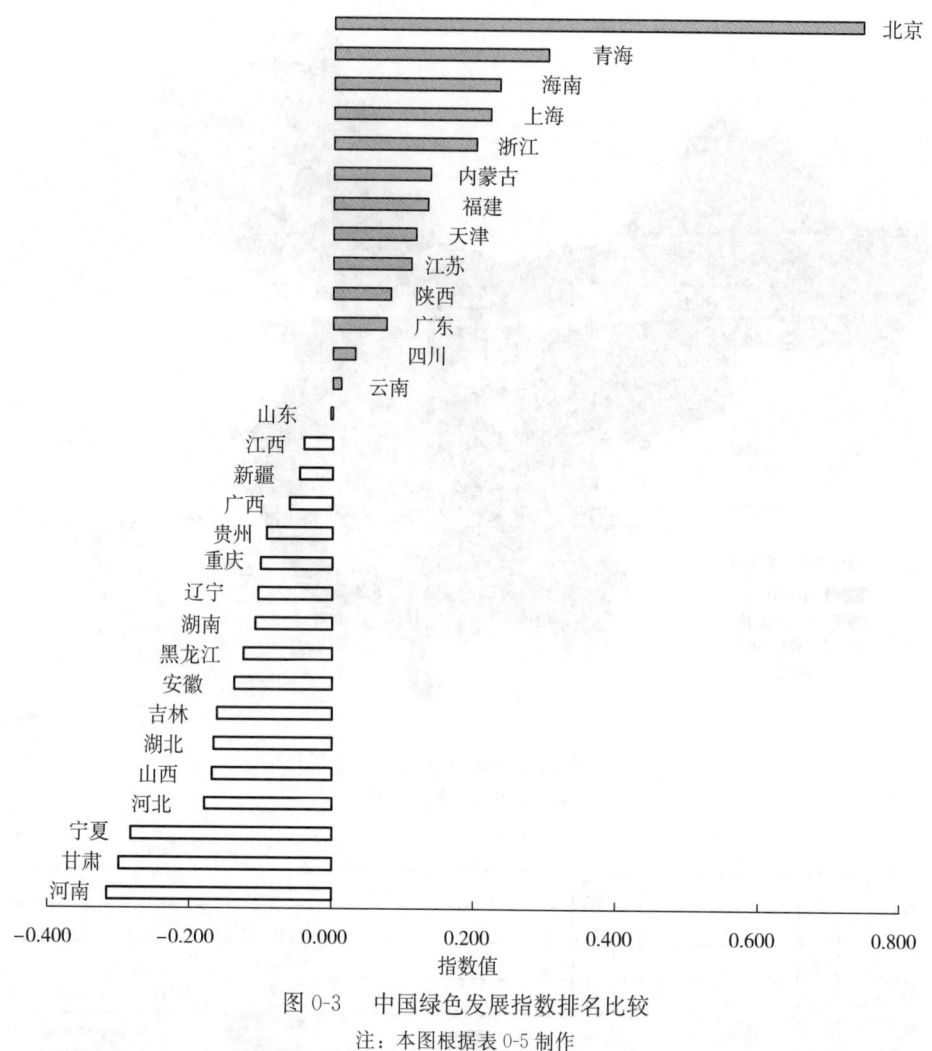

图 0-3　中国绿色发展指数排名比较

注：本图根据表 0-5 制作

三、中国 100 个城市绿色发展指数测算结果及分析

在中国城市绿色发展指数指标体系的基础上，我们测算得到了 2012 年 100 个城市的"绿色发展指数"。

1. 城市绿色发展指数测算结果

利用 2012 年的数据，根据 2014 年中国城市绿色发展指数指标体系测算，中国 100 个城市的绿色发展指数及其排名如表 0-6 所示。

表 0-6　中国 100 个城市的绿色发展指数及其排名

地区	绿色发展指数		一级指标					
			经济增长绿化度		资源环境承载潜力		政府政策支持度	
	指数值	排名	指数值	排名	指数值	排名	指数值	排名
海口	1.188	1	0.451	1	0.851	1	−0.114	87
深圳	1.077	2	0.448	2	0.028	25	0.601	1
克拉玛依	0.787	3	0.188	6	0.377	2	0.222	2

续表

地区	绿色发展指数 指数值	绿色发展指数 排名	经济增长绿化度 指数值	经济增长绿化度 排名	资源环境承载潜力 指数值	资源环境承载潜力 排名	政府政策支持度 指数值	政府政策支持度 排名
无锡	0.459	4	0.276	3	0.011	33	0.172	6
青岛	0.350	5	0.162	8	0.065	17	0.123	12
昆明	0.295	6	0.002	43	0.250	4	0.043	38
湛江	0.292	7	−0.032	56	0.222	5	0.102	17
北京	0.259	8	0.178	7	−0.108	90	0.189	4
烟台	0.250	9	0.091	12	0.038	22	0.121	13
长沙	0.250	10	0.188	5	0.018	27	0.044	37
常州	0.212	11	0.151	9	−0.039	64	0.100	19
苏州	0.191	12	0.191	4	−0.101	88	0.101	18
广州	0.182	13	0.112	11	−0.034	60	0.104	16
赤峰	0.164	14	−0.052	68	0.262	3	−0.046	64
潍坊	0.160	15	0.042	26	0.012	31	0.106	15
日照	0.132	16	0.040	27	0.001	38	0.091	23
秦皇岛	0.126	17	−0.052	69	0.082	13	0.096	22
济宁	0.116	18	0.044	25	−0.025	55	0.097	21
厦门	0.111	19	−0.012	49	−0.018	50	0.141	10
石家庄	0.111	20	0.035	29	−0.023	52	0.099	20
唐山	0.106	21	0.068	17	0.000	39	0.038	40
桂林	0.102	22	0.002	41	0.187	7	−0.087	83
淄博	0.099	23	0.034	31	−0.087	80	0.152	9
曲靖	0.095	24	−0.039	61	0.072	14	0.062	29
绵阳	0.094	25	−0.019	51	0.090	11	0.023	47
珠海	0.089	26	−0.065	75	−0.012	48	0.166	7
杭州	0.084	27	0.065	18	−0.030	58	0.049	36
长春	0.076	28	0.071	16	0.016	29	−0.011	52
太原	0.076	29	−0.060	73	0.013	30	0.123	11
湖州	0.069	30	0.054	20	−0.095	87	0.110	14
南京	0.062	31	0.028	34	−0.164	100	0.198	3
宝鸡	0.058	32	−0.084	85	−0.031	59	0.173	5
宁波	0.050	33	0.034	30	−0.044	65	0.060	30
福州	0.049	34	−0.048	63	0.030	23	0.067	27
济南	0.044	35	0.073	14	−0.087	82	0.058	32
合肥	0.036	36	0.006	40	−0.035	61	0.065	28
南宁	0.034	37	−0.038	60	0.083	12	−0.011	53
遵义	0.032	38	0.007	39	0.071	15	−0.046	66

续表

地区	绿色发展指数 指数值	绿色发展指数 排名	经济增长绿化度 指数值	经济增长绿化度 排名	资源环境承载潜力 指数值	资源环境承载潜力 排名	政府政策支持度 指数值	政府政策支持度 排名
柳州	0.031	39	−0.048	65	0.055	18	0.024	46
呼和浩特	0.029	40	0.080	13	−0.004	42	−0.047	67
芜湖	0.026	41	0.020	36	−0.007	43	0.013	48
株洲	0.019	42	−0.023	52	0.017	28	0.025	45
温州	0.015	43	−0.004	46	−0.021	51	0.040	39
扬州	0.010	44	0.071	15	−0.087	81	0.026	44
沈阳	0.008	45	0.117	10	−0.057	72	−0.052	68
南通	0.007	46	0.062	19	−0.061	74	0.006	49
泰安	0.006	47	−0.011	48	−0.052	69	0.069	25
绍兴	0.006	48	0.033	32	−0.101	89	0.074	24
北海	0.005	49	−0.048	64	0.106	10	−0.053	69
乌鲁木齐	0.004	50	−0.004	45	−0.153	99	0.161	8
常德	0.003	51	0.050	22	0.055	19	−0.102	85
徐州	−0.002	52	0.036	28	−0.093	86	0.055	33
九江	−0.004	53	−0.128	96	0.055	20	0.069	26
安阳	−0.024	54	−0.061	74	−0.017	49	0.054	34
洛阳	−0.027	55	0.020	35	0.029	24	−0.076	76
延安	−0.033	56	0.010	38	0.187	6	−0.230	96
大连	−0.036	57	0.018	37	−0.008	45	−0.046	65
上海	−0.038	58	0.046	24	−0.085	79	0.001	50
泉州	−0.041	59	−0.082	83	−0.010	46	0.051	35
长治	−0.047	60	−0.082	82	−0.023	53	0.058	31
马鞍山	−0.056	61	0.002	42	−0.091	85	0.033	42
吉林	−0.057	62	−0.036	59	−0.003	41	−0.018	59
牡丹江	−0.058	63	−0.032	57	0.181	8	−0.207	94
汕头	−0.072	64	−0.075	79	0.046	21	−0.043	63
临汾	−0.074	65	−0.055	71	0.004	36	−0.023	60
湘潭	−0.095	66	−0.054	70	−0.027	57	−0.014	55
包头	−0.100	67	0.048	23	−0.115	91	−0.033	62
韶关	−0.100	68	−0.104	91	0.152	9	−0.148	91
大同	−0.102	69	−0.110	93	−0.024	54	0.032	43
阳泉	−0.105	70	−0.141	98	−0.001	40	0.037	41
南昌	−0.112	71	−0.050	66	−0.060	73	−0.002	51
平顶山	−0.119	72	−0.051	67	−0.051	68	−0.017	58

续表

地区	绿色发展指数 指数值	绿色发展指数 排名	经济增长绿化度 指数值	经济增长绿化度 排名	资源环境承载潜力 指数值	资源环境承载潜力 排名	政府政策支持度 指数值	政府政策支持度 排名
成都	-0.145	73	0.033	33	-0.115	92	-0.063	73
焦作	-0.145	74	-0.076	80	-0.054	71	-0.015	57
锦州	-0.153	75	-0.030	54	0.009	34	-0.132	88
宜宾	-0.163	76	-0.096	87	0.011	32	-0.078	77
泸州	-0.164	77	-0.068	76	-0.012	47	-0.084	81
岳阳	-0.164	78	-0.034	58	-0.067	76	-0.063	74
石嘴山	-0.164	79	-0.088	86	-0.064	75	-0.012	54
贵阳	-0.169	80	-0.099	90	-0.008	44	-0.062	72
哈尔滨	-0.172	81	-0.025	53	-0.067	77	-0.080	79
宜昌	-0.172	82	-0.073	78	-0.035	62	-0.064	75
抚顺	-0.176	83	-0.098	89	0.004	37	-0.082	80
咸阳	-0.177	84	-0.043	62	-0.049	67	-0.085	82
郑州	-0.182	85	-0.016	50	-0.088	83	-0.078	78
武汉	-0.183	86	-0.001	44	-0.126	94	-0.056	71
西安	-0.184	87	-0.010	47	-0.151	98	-0.023	61
天津	-0.190	88	0.052	21	-0.146	96	-0.096	84
重庆	-0.198	89	-0.107	92	-0.038	63	-0.053	70
银川	-0.203	90	-0.058	72	-0.130	95	-0.015	56
本溪	-0.241	91	-0.112	94	0.025	26	-0.154	92
铜川	-0.300	92	-0.097	88	-0.090	84	-0.113	86
荆州	-0.327	93	-0.128	95	-0.052	70	-0.147	90
开封	-0.345	94	-0.031	55	-0.026	56	-0.288	98
攀枝花	-0.374	95	-0.162	99	0.007	35	-0.219	95
齐齐哈尔	-0.376	96	-0.132	97	0.065	16	-0.309	99
鞍山	-0.396	97	-0.069	77	-0.049	66	-0.278	97
西宁	-0.421	98	-0.084	84	-0.148	97	-0.189	93
金昌	-0.446	99	-0.227	100	-0.074	78	-0.145	89
兰州	-0.505	100	-0.078	81	-0.117	93	-0.310	100

注：①本表根据中国城市绿色发展指数指标体系，依据各指标2012年数据测算而得；②本表城市按绿色发展指数的指数值从高到低排序；③以上数据及排名根据《中国城市统计年鉴2013》、《中国环境统计年报2012》、《中国城市建设统计年鉴2012》、《中国区域经济统计年鉴2013》等测算；④由于拉萨部分指标数据暂不全，故本次测算不包含拉萨

与往年的测算类似，在2014年中国城市绿色发展指数测算结果中，指数值"0"表示所有参评城市的平均水平，指数值高于"0"表示该城市的绿色发展水平高于参评城市的平均水平，指数值低于"0"表示该城市的绿色发展水平低于参评城市的平均水平。

2. 城市绿色发展指数的特点与比较

在参与测算的100个城市中，有51个城市的绿色发展水平高于平均水平，49个城市的绿色发展水平低于平均水平。

根据表0-6，这里绘出2014年中国城市绿色发展指数排名前20位城市和排名后20位城市比较

图，如图 0-4 所示。

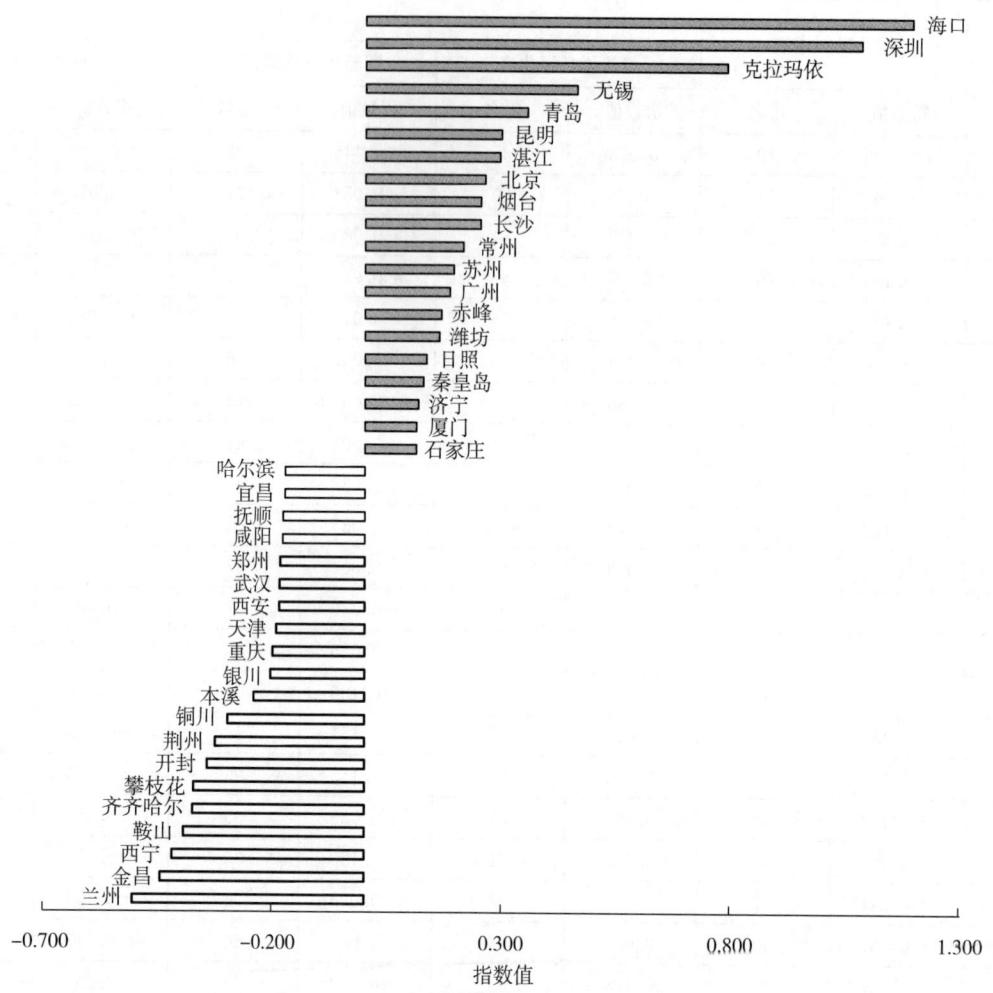

图 0-4 2014 年中国城市绿色发展指数排名前 20 位城市和排名后 20 位城市比较图
注：本图根据表 0-6 制作

同时，我们绘制了 2014 年中国城市绿色发展指数区域比较图①，具体如图 0-5 所示。

由上可知，2014 年中国城市绿色发展指数呈现以下几个特点。

(1) 中国东部城市绿色发展优势明显，两项分指数得分均处于领先位置；中部城市绿色发展整体水平处于中游，西部城市绿色发展与中部相当，东北城市相对落后。

东部城市绿色发展指数平均值达到 0.152，超过全国平均水平。东部 36 个城市中，有 31 个城市排名全国前 50 名。排名前 20 位的城市中，有 15 个城市来自东部地区，占到 75%。

中部城市绿色发展指数平均值略低于西部城市，整体水平处于中游。24 个城市中，除长沙排名第 10 位外，其他城市均未进入前 20 位。

西部城市绿色发展指数平均值为 -0.070，在 4 个地区中排名第 2 位。西部 29 个城市中，有克拉玛

---

① 本书对城市区域的划分源自"十一五"规划区域发展战略。参与测算的东部城市包括北京、天津、上海、深圳、南京、海口、无锡、烟台、青岛、湛江、福州、潍坊、济宁、唐山、苏州、珠海、徐州、日照、杭州、南通、厦门、扬州、淄博、济南、广州、常州、石家庄、绍兴、湖州、泰安、泉州、秦皇岛、宁波、汕头、韶关、温州 36 个城市。中部城市包括武汉、长沙、合肥、太原、南昌、株洲、常德、安阳、洛阳、临汾、长治、阳泉、马鞍山、九江、湘潭、焦作、芜湖、开封、郑州、平顶山、岳阳、荆州、大同、宜昌 24 个城市。西部城市包括重庆、成都、昆明、呼和浩特、乌鲁木齐、贵阳、克拉玛依、延安、赤峰、绵阳、曲靖、桂林、遵义、宝鸡、北海、咸阳、南宁、柳州、银川、金昌、西安、石嘴山、攀枝花、西宁、铜川、兰州、宜宾、泸州、包头 29 个城市。东北城市包括长春、沈阳、哈尔滨、大连、吉林、牡丹江、锦州、本溪、抚顺、齐齐哈尔、鞍山 11 个城市。

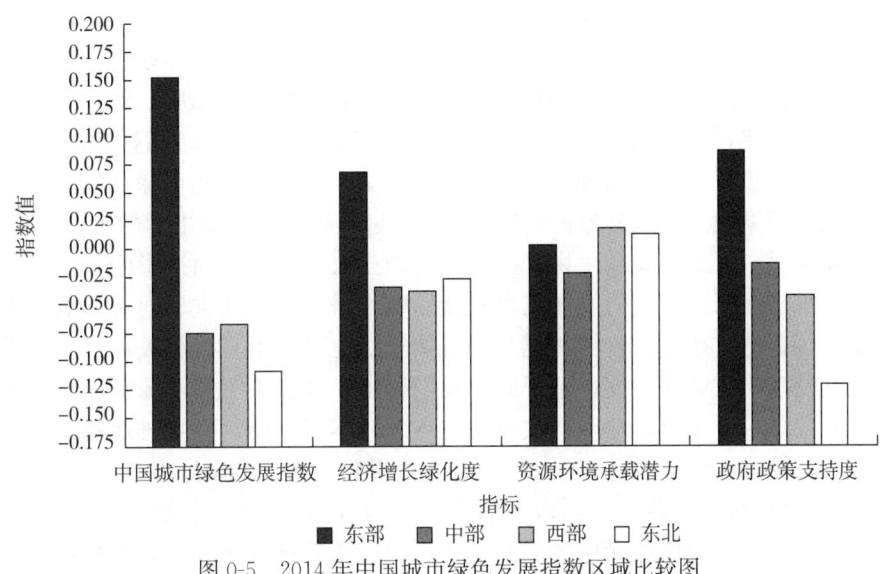

图 0-5　2014 年中国城市绿色发展指数区域比较图

注：本图数据为四大区域中各城市指数值的算术平均值

依、昆明和赤峰 3 个城市排名相对较高。同时，有 9 个城市排名全国倒数 20 名，分别是重庆、攀枝花、西安、铜川、咸阳、兰州、金昌、西宁和银川，其中兰州排名倒数第 1 位。

东北城市绿色发展指数平均值仅为-0.114，远低于其他 3 个地区。东北地区 11 个城市中，没有城市排名全国前 20 位，排名最高的是长春，为第 28 位；有 5 个城市排名后 20 位，分别是鞍山、抚顺、本溪、哈尔滨和齐齐哈尔。

（2）排名靠前城市多数存在一定"短板"。

2014 年中国城市绿色发展指数排名前 20 位的城市包括海口、深圳、克拉玛依、无锡、青岛、昆明、湛江、北京、烟台、长沙、常州、苏州、广州、赤峰、潍坊、日照、秦皇岛、济宁、厦门和石家庄，然而，多数城市的绿色发展内在原因并不均衡，存在"短板"。部分城市属于经济推动型，如北京、常州和苏州这 3 个城市的经济增长绿化度排名全国前 10 位，但资源环境承载潜力明显处于劣势，分别排名第 90 位、第 64 位和第 88 位。部分城市属于资源推动型，如海口、昆明、湛江和赤峰。这 4 个城市的资源环境承载潜力均排名前 10 位，但是海口的政府政策支持度排名全国第 87 位，而昆明、湛江和赤峰的经济增长绿化度则偏低，分别排名第 43 位、第 56 位和第 68 位。部分城市属于政府推动型，如广州、济宁和秦皇岛，这 3 个城市的政府政策支持度排名前 25 名，但广州和济宁的资源环境承载潜力分别排名第 60 位和第 55 位，而秦皇岛的经济增长绿化度则排名第 69 位。

四、中国省际和城市绿色发展的实现路径与政策研究

以往，在省际篇和城市篇中，我们通常从绿色发展指数 3 个一级指标出发，编排"经济增长绿化度测算及分析"、"资源环境承载潜力测算及分析"和"政府政策支持度测算及分析"三章内容。2014 年，我们尝试通过动态比较和计量模型对中国省际和城市的绿色发展进行分析，因此，在省际篇中新增"中国省际绿色发展的实现路径与政策研究"一章，在城市篇中新增"中国城市绿色发展的实现路径与政策研究"一章。

在"中国省际绿色发展的实现路径与政策研究"中，我们将分析 2008~2012 年的 5 年中，绿色发展指数排名前十和后十省份的基本情况，找寻其排名动态演化特征，该部分主要从横、纵两个维度剖析中国省际绿色发展：横向来看，2012 年省际绿色发展区域间的梯度差异明显。东部省份优势明显，北京领先；西部省份水平悬殊，青海突出；中部和东北地区省份的绿色发展水平相对较低。纵

向来看,2008~2012年的5年中,绿色发展指数排名前十和后十的省份基本没变,尽管"阵营"相对稳定,但在阵营内部有些具体省份的排名则变化显著,这也说明中国省际绿色发展兼具相对稳定性和动态演化特征。依据中国省际绿色发展指数指标体系,经济增长绿化度、资源环境承载潜力和政府政策支持度这3个一级指标权重基本相等,但影响每个决策单元的三级指标数量众多,这样一来,如果省级政府希望集中该省主要精力和优质资源,分步骤、有重点地实现绿色发展,可能一时无法找准发力点,因此,该章利用主成分分析法试图找到分别影响3个一级指标的主要因素。研究发现:二氧化硫、化学需氧量、氨氮、氮氧化物等主要污染物排放量直接或间接影响3个一级指标,进而影响地区绿色发展水平;第三产业的发展质量直接影响经济增长绿化度、间接影响资源环境承载潜力和政府政策支持度;地方还林、造林状况与经济增长绿化度并不直接相关,但却显著影响资源环境承载潜力,尤其是政府政策支持度。基于此,我们提出了3条关于省际绿色发展的实现路径与政策建议,以供决策参考:一是以梳理现行政策为重点削减本省主要污染物排放总量;二是以产业结构提质增效升级为契机加快发展绿色三产;三是以生态补偿为手段调动地方还林、造林积极性。

在"中国城市绿色发展的实现路径与政策研究"中,我们对城市绿色发展的情况进行动态比较,并运用主成分分析法分析影响城市绿色发展的主要因素,最后结合研究结果并根据中国城市绿色发展实际,提出相关政策建议。我们认为:中国城市绿色发展的基本路径应该是,坚持绿色与发展的统一,促进绿色经济增长、资源环境保护、政府治理能力现代化水平全面提升,走具有中国特色的绿色城镇化道路。具体政策建议包括:①充分考虑城市绿色发展水平差异,推动中国城市绿色发展均衡化。对于具有领先优势的东部地区城市,要打造能够参与全球竞争并体现国家竞争力的世界级绿色城市。对发展速度快但基础并不牢固的西部城市和东北地区相对落后的城市而言,要夯实基础,逐步缩小差距。对于部分绿色发展水平靠后的资源型城市,需从国家层面给予扶持,完善传统资源型产业转型升级和接续替代产业发展推进机制。②把"发展"和"绿色"结合起来,建设富有可持续竞争力的绿色城市。促进中国城市绿色发展,应以产业绿色化为核心,使城市绿色发展始终建立在稳固的绿色产业基础之上。同时,注重城市生态保护,增强城市综合承载能力和人性化水平,克服"城市病",找到绿色发展与经济增长的最佳均衡区域。③以节能减排为抓手,推动中国城市经济绿色增长。履行中国对国际社会的承诺和责任,按照规划目标,加大城市节能减排力度,继续降低单位国内生产总值(GDP)能源消耗,减少主要污染物排放总量,促进城市经济绿色增长。④完善和丰富现行城市发展评价思路,实现城市经济增长导向型评估体系向绿色发展导向型评估体系转型。着力改变目前单纯以经济增长衡量评价城市经济社会成果的核算体系,对经济发展相对落后的城市先行设立城市绿色发展卫星账户,对经济发达地区城市建立资源、环境与经济一体化绿色投入产出核算系统。同时,形成政府、企业和社会公众良性互动的绿色发展公共治理结构。⑤把握"十三五"规划制定的战略契机,加强城市绿色发展战略规划设计。因此,在"十三五"时,中国应进一步围绕城市绿色经济发展、资源环境保护、政府治理能力等制定专项城市绿色发展规划。各城市政府也应积极制定适合本地区实际的城市绿色发展战略规划,设计城市绿色发展的路线图与时间表。⑥以国家战略和关键环节为抓手,着力解决城市绿色发展中的突出问题。在实施长江经济带战略中,应先行打造长江绿色城市经济带。实现京津冀协同发展,需加强城市间生态环境保护合作,促进城市分工协作,推进特大城市人口、产业等向周边地区城市有序转移。同时,建立支持城市绿色发展的长效机制,征收房产税并将税收收入中的一部分专门用于绿色投资和环境治理,鼓励城市发行用于环境治理和绿色经济发展的城市债。同时,积极建立吸引社会资本投入城市环境保护的市场化机制。

五、公众满意度调查与国内外经验借鉴

1.38个城市绿色发展的公众满意度调查

城市绿色发展公众满意度调查与中国绿色发展的统计测度是相互配合的,是客观统计数据分析

与主观民意问卷调查分析的结合。绿色发展指数的测评指标以客观的统计数据为基础,数据口径多数为针对市区范围、少数为市辖区范围;不过,意向数据的可获得性较差,且数据存在一定时滞,如 2014 年指数主要采用 2012 年统计数据。公众满意度是居民对城市绿色发展主观感受的综合反映,调查具有及时性的特点,调查对象目前基本为市辖区居民,调查内容也更具有针对性和灵活性;不过,调查结果会反映短期事件的冲击,部分数据的波动性相对偏大。实际上,两套测评方法分别从不同角度展示绿色发展的内涵,具有相互补充的关系。对比两种测评结果,有助于理解发展的短长期影响、域内外影响,进而更全面地理解发展的实质。

2014 年城市绿色发展公众满意度调查仍由国家统计局中国经济景气监测中心承担,其下属社情民意调查处负责具体组织实施。

调查结果显示:2014 年 38 个重点城市绿色发展公众综合满意度为 0.099,比 2013 年提高 0.008,虽处于满意区间,但仍属于低较水平,而且满意度提升幅度较小。各城市的绿色发展水平存在较大的地区差异,呈现西部地区最高、东北较高、东部和中部较低的特征。从公众综合满意度三项构成指数看,居民对城市基础设施的满意度仍然最高,且比 2013 年提高 0.02;对城市环境的满意度较高,但比 2013 年略降 0.006;对政府绿色行动总体仍不满意,为 −0.055,但比 2013 年提高 0.013。

绿色发展公众满意度调查排名前 10 位的城市分别为克拉玛依、银川、西宁、厦门、重庆、宁波、青岛、乌鲁木齐、珠海和大连;排名后 10 位的城市分别为沈阳、兰州、杭州、南京、深圳、广州、石家庄、呼和浩特、北京和郑州。

2. 绿色发展调研考察与借鉴

2014 年,课题组继续进行绿色发展实地考察,以求更加深刻地评判中国绿色发展现状,同时,关注国际组织绿色发展研究的最新动态和国内绿色发展实证研究,共形成五篇专题研究。

在实地调研方面,中国绿色发展指数课题组分别赴密云县、延庆县和顺义区进行了调研,了解北京"美丽乡村"建设和农村地区绿色发展情况。课题组与主要区县的农业委员会、发展和改革委员会、旅游发展委员会、生态文明办、农业局、农业服务中心、水务局、市政市容管理委员会、环境保护局、园林绿化局、文物局等部门负责人、部分乡镇负责人和村民代表进行了座谈,并重点对密云县巨各庄镇蔡家洼村和古北口镇古北口村、延庆县张山营镇玉皇庙村和井庄镇柳沟村、顺义区赵全营镇北郎中村和马坡镇石家营村等典型乡村进行了实地考察,对北京典型区县"美丽乡村"建设和农村绿色发展的基本情况、主要经验、存在问题进行了初步的研究,形成了简要的调查报告。

在国际经验借鉴方面,课题组充分研究并吸收了 UNEP 和联合国工业发展组织(United Nations Industrial Development Organization,UNIDO)在绿色发展研究方面的最新动态,形成"联合国环境规划署在世界范围内推进绿色发展"和"联合国工业发展组织在全球范围推进绿色工业"两章内容。

在国内实践进展方面,课题组从 30 个省份和 285 个城市两个角度设立了两篇绿色发展的专题研究。在省区方面,课题组以方向距离函数构建一种新型的工业节能减排指数,测度 2006~2011 年我国 30 个省份的工业节能减排效率,并尝试提出改善我国工业绿色发展水平,实现工业可持续发展的政策建议。在城市方面,课题组利用我国 285 个城市样本的工业与环境数据,探讨了我国的工业集聚对各地绿色发展的影响,并得出相关结论。

六、本报告的框架结构及分析重点

《2014 中国绿色发展指数报告——区域比较》由序、专家评议、总论、省际篇、城市篇、公众评价篇、绿色发展调研考察与借鉴、专家论坛、省市绿色体检表和附录等组成。各部分围绕绿色发展这一主题,从不同角度对 30 个省份和 100 个城市的绿色发展进行了测度、分析和专题研究。本报告框架如下。

报告聘请 20 余位资深专家进行专业评审。专家们的热情肯定与宝贵建议使我们受益颇多,推动了报告的不断进步与完善。与往年一样,我们将专家评审意见编辑为"专家评议",置于报告之前,与大家共勉。

"总论"重点介绍 2014 年中国绿色发展指数省际指标体系和城市指标体系的完善,展示 30 个省份和 100 个城市的测算结果及排序,并对报告的整体框架进行介绍。

报告的主体内容为六篇。

第一篇为省际篇,共四章。该篇与省际绿色发展指数的三个一级指标(经济增长绿化度、资源环境承载潜力和政府政策支持度)相对应,对省际三个一级指标的测度及结果进行分析。同时,报告尝试对中国省际经济绿色发展进行分析,因此,新增"中国省际绿色发展的实现路径与政策研究"。

第二篇为城市篇,共四章。前三章与城市绿色发展指数的三个一级指标(经济增长绿化度、资源环境承载潜力和政府政策支持度)相对应,对城市三个一级指标的测度及结果进行分析;同时新增"中国城市绿色发展的实现路径与政策研究",尝试对中国城市经济绿色发展的动态变化和主要因素进行分析。

第三篇为公众评价篇,共两章。前一章为"城市绿色发展公众满意度调查结果与分析",公布 38 个城市公众满意度调查的结果。后一章为"城市绿色发展公众满意度调查方案及组织实施情况",介绍城市绿色发展公众满意度调查问卷、调查方法和组织实施等。

第四篇为绿色发展调研考察与借鉴,共五章。首先,课题组从 30 个省份和 285 个城市两个角度设立两篇绿色发展的专题研究。其次,课题组研究并吸收国际组织关于绿色发展的最新动态和措施,形成"联合国环境规划署在世界范围内推进绿色发展"和"联合国工业发展组织在全球范围推进绿色工业"两章。最后,为进一步了解绿色发展的实际情况,中国绿色发展指数课题组分别赴密云县、延庆县和顺义区进行调研,了解北京"美丽乡村"建设和农村地区绿色发展情况,并形成"北京农村地区绿色发展调研报告"一章。

第五篇为专家论坛。为了对绿色发展进行更为深入和广泛的讨论和研究,课题组邀请了国内外相关领域的专家学者,以及参与课题的理工科和文科教授参与该论坛,每位受邀教授均为中国的绿色发展事业提出自己的看法和建议,从不同的角度探讨绿色发展问题。

第六篇为省、市"绿色体检"表。本篇分别对 30 个省份及 38 个直辖市、省会、计划单列市进行"绿色体检",根据各指标的排名变化给予进退脸谱,笑脸表示 2014 年排名相比 2013 年有所提升,哭脸表示 2014 年排名相比 2013 年有所下降。这是本报告在内容上的一大创新。

本报告的最后部分为附录。其分别对省际、城市绿色发展指数测算指标、数据来源等进行解释。

国家自然科学基金既关心基础性、理论性的研究,也关心理论与实践结合的探索。国家自然科学基金把"中国经济绿色发展的评价体系、实现路径与政策研究"列入了重点项目,给予了支持。绿色发展研究任务既艰巨又光荣,推进绿色发展是我们这一代人的责任和使命。我们有决心在国家自然科学基金支持下,协同努力,实现预期目的,为我们当代及子孙后代的幸福做出努力。

第一篇
省际篇

本篇以公开出版的统计年鉴为基础，以2014年中国绿色发展指数（省际）指标体系为依据，全面系统地反映2012年我国30个测评地区的绿色发展情况，分析这些地区的绿色发展排名。本篇从绿色发展指数三个一级指标出发，分别编排了三章，即"第一章　省际经济增长绿化度测算及分析"、"第二章　省际资源环境承载潜力测算及分析"和"第三章　省际政府政策支持度测算及分析"，深入解析2012年我国30个测评地区经济增长绿化度、资源环境承载潜力与政府政策支持度的具体情况。根据国家自然科学基金课题的要求，2014年的报告突出了绿色发展的实现路径与政策研究部分，因此，新增了"第四章　中国省际绿色发展的实现路径与政策研究"。

第一章

省际经济增长绿化度测算及分析

作为绿色发展指数的重要内涵之一,经济增长绿化度是对一个地区经济发展过程中绿色程度的综合评价。本章根据中国绿色发展指数评价体系(省区)(简称省区测算体系)中经济增长绿化度的测度标准,利用 2012 年的年度数据,从绿色增长效率和三次产业等 4 个角度分别对我国 30 个省份[①]的经济增长绿化度指数进行了测度及分析。

一、省际经济增长绿化度的测算结果

根据省区测算体系中经济增长绿化度的测度体系和权重标准,我国 30 个省份经济增长绿化度指数及排名如表 1-1 所示。

表 1-1 我国 30 个省份经济增长绿化度指数及排名

地区	经济增长绿化度		二级指标							
			绿色增长效率指标		第一产业指标		第二产业指标		第三产业指标	
	指数值	排名	指数值	排名	指数值	排名	指数值	排名	指数值	排名
北京	0.490	1	0.234	1	0.085	1	0.023	8	0.149	1
上海	0.330	2	0.142	2	0.049	3	0.034	4	0.104	2
天津	0.298	3	0.108	3	0.038	7	0.095	1	0.057	3
江苏	0.155	4	0.073	4	0.039	6	0.020	9	0.023	4
浙江	0.154	5	0.066	5	0.055	2	0.015	11	0.018	6
广东	0.106	6	0.055	6	0.003	12	0.026	6	0.023	5
福建	0.087	7	0.032	7	0.045	5	0.016	10	−0.004	11
山东	0.076	8	0.021	8	0.008	11	0.051	2	−0.005	12
辽宁	0.019	9	−0.011	12	0.009	10	0.013	12	0.008	8
内蒙古	0.010	10	−0.030	22	0.000	13	0.035	3	0.004	9
海南	−0.004	11	−0.010	10	0.025	8	−0.028	24	0.009	7
吉林	−0.020	12	−0.011	13	−0.026	23	0.027	5	−0.010	16
陕西	−0.023	13	−0.019	19	−0.008	15	0.023	7	−0.020	21
河北	−0.038	14	−0.014	16	0.020	9	−0.021	22	−0.023	22
湖北	−0.048	15	−0.015	17	−0.020	19	0.005	15	−0.019	20
黑龙江	−0.058	16	−0.033	23	−0.003	14	−0.013	20	−0.009	15

---

① 西藏、香港、澳门和台湾地区由于缺少主要测算数据,因此未参与测算。

续表

地区	经济增长绿化度		二级指标							
			绿色增长效率指标		第一产业指标		第二产业指标		第三产业指标	
	指数值	排名	指数值	排名	指数值	排名	指数值	排名	指数值	排名
重庆	-0.063	17	-0.012	14	-0.038	28	-0.007	17	-0.006	13
安徽	-0.066	18	-0.014	15	-0.027	24	0.008	14	-0.033	28
河南	-0.067	19	-0.010	11	-0.015	18	0.002	16	-0.044	30
江西	-0.081	20	-0.002	9	-0.023	21	-0.029	25	-0.027	25
湖南	-0.082	21	-0.017	18	-0.012	16	-0.038	26	-0.016	19
四川	-0.083	22	-0.020	20	-0.014	17	-0.018	21	-0.030	27
山西	-0.087	23	-0.058	25	-0.033	27	0.013	13	-0.009	14
广西	-0.089	24	-0.021	21	-0.023	22	-0.011	19	-0.034	29
新疆	-0.103	25	-0.090	30	0.048	4	-0.048	29	-0.014	18
宁夏	-0.106	26	-0.074	27	-0.020	20	-0.010	18	-0.003	10
甘肃	-0.166	27	-0.062	26	-0.032	26	-0.043	27	-0.030	26
青海	-0.173	28	-0.075	28	-0.028	25	-0.046	28	-0.023	23
贵州	-0.177	29	-0.081	29	-0.056	30	-0.028	23	-0.012	17
云南	-0.188	30	-0.051	24	-0.047	29	-0.066	30	-0.024	24

注：①本表根据省区测算体系中经济增长绿化度指标体系，依各指标2012年数据测算而得；②本表各省份按照经济增长绿化度的指数值从大到小排序；③本表一级指标经济增长绿化度指标值等于绿色增长效率指标、第一产业指标、第二产业指标、第三产业指标四个二级指标指数值之和；④以上数据及排名根据《中国统计年鉴2013》《中国环境统计年鉴2013》《中国环境统计年报2012》《中国城市统计年鉴2013》《中国水利统计年鉴2013》《中国工业经济统计年鉴2013》《中国沙漠及其治理》等测算。

从表1-1中可以看到，排在经济增长绿化度前10位的省份依次是北京、上海、天津、江苏、浙江、广东、福建、山东、辽宁和内蒙古（排序见图1-1）。其中，绿色增长效率指标排名前10位的省份依次是北京、上海、天津、江苏、浙江、广东、福建、山东、江西和海南；第一产业指标排名前10位的省份依次是北京、浙江、上海、新疆、福建、江苏、天津、海南、河北和辽宁；第二产业指标排名前10位的省份依次是天津、山东、内蒙古、上海、吉林、广东、陕西、北京、江苏和福建；第三产业指标排名前10位的省份依次是北京、上海、天津、江苏、广东、浙江、海南、辽宁、内蒙古和宁夏。

各地区经济增长绿化度排名地区分布见图1-2，其中排在前10位的省份用"深绿色"表示；排在第11~20位的省份用"中度绿色"表示，排在后10位的省份用"浅绿色"表示。不同颜色代表经济增长绿化度的不同程度，颜色越深，表明经济增长绿化度越好。从地理区域来看，用"深绿色"代表的省份几乎都集中在中国的东部沿海地区，"中度绿色"省份集中在中国的中部偏东部的地区，"浅绿色"省份则集中在中国的西部地区。

结合图1-1和表1-1，下面进一步从区域间经济增长绿化度的差异、区域内部经济增长绿化度的差异及经济增长绿化度对绿色发展的影响三个方面进行分析。

1. 区域间经济增长绿化度的差异分析

从经济增长绿化度的区域分布来看，经济增长绿化度总体呈现东部较好、东北和中部居中，西部偏低的局面（图1-3）。在东部地区①的10个省份中，排在前10位的有8个，海南、河北分别排在

---

① 东部地区包括北京、天津、河北、上海、江苏、浙江、福建、山东、广东和海南；中部地区包括山西、安徽、江西、河南、湖北和湖南；西部地区包括内蒙古、广西、重庆、四川、贵州、云南、西藏、陕西、甘肃、青海、宁夏和新疆；东北地区包括辽宁、吉林和黑龙江。

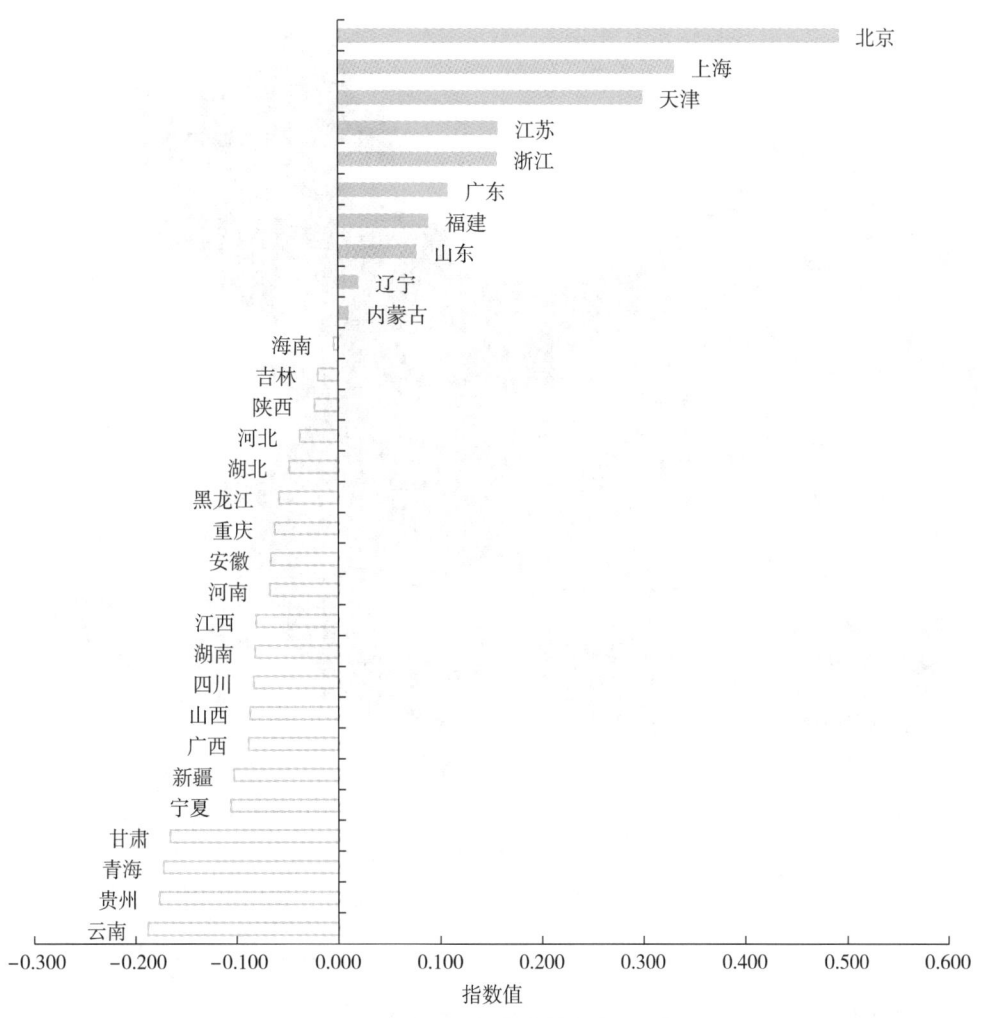

图 1-1 经济增长绿化度排名省际比较
注：根据表 1-1 中相关数据制作

第 11、14 位。其中，北京以 0.490 的高分居全国第 1 位。从各项指标来看，除第二产业指标外，北京在绿色增长效率指标、第一产业指标、第三产业指标上的得分均排在全国首位，整体较好。东北三省的排名分别为第 9、12 和 16 位，处于中等偏上水平；中部 6 个省份中，湖北排名最为靠前，列第 15 位，其余五省份排在第 18～23 位，位次居中偏后；西部地区的 11 个参评省份（除西藏外）中，除内蒙古排在第 10 位、陕西排在第 13 位、重庆排在第 17 位以外，其他 8 个省份均排在第 22～30 位，依次为四川、广西、新疆、宁夏、甘肃、青海、贵州和云南，整体排名靠后。

就经济增长绿化度的四个分指标而言，区域间的差异也非常显著。绿色增长效率指标区域间差异最大，西部地区远落后于东部地区，而中部地区和东北地区则较为接近，且均低于全国平均水平，位于东部地区与西部地区之间。第一产业指标特点有所不同，东部地区明显高于其他地区，但中部地区、西部地区和东北地区之间的差异较小，均低于全国平均水平。第二产业指标的区域差异相对较小，东部地区和东北地区情况较好，高于全国平均水平，而中部地区和西部地区略低于全国平均水平。第三产业指标的情况类似于第一产业指标：东部地区明显高于其他地区，但中部地区、西部地区和东北地区之间的差异较小，均低于全国平均水平。

2. 区域内部经济增长绿化度的差异分析

从四大区域内各省份的情况看，区域内部经济增长绿化度情况较为相似。东部 10 个地区除海南省和河北省外其余省份的经济增长绿化度均高于全国平均水平，分列全国第 1～8 位；海南省指标得

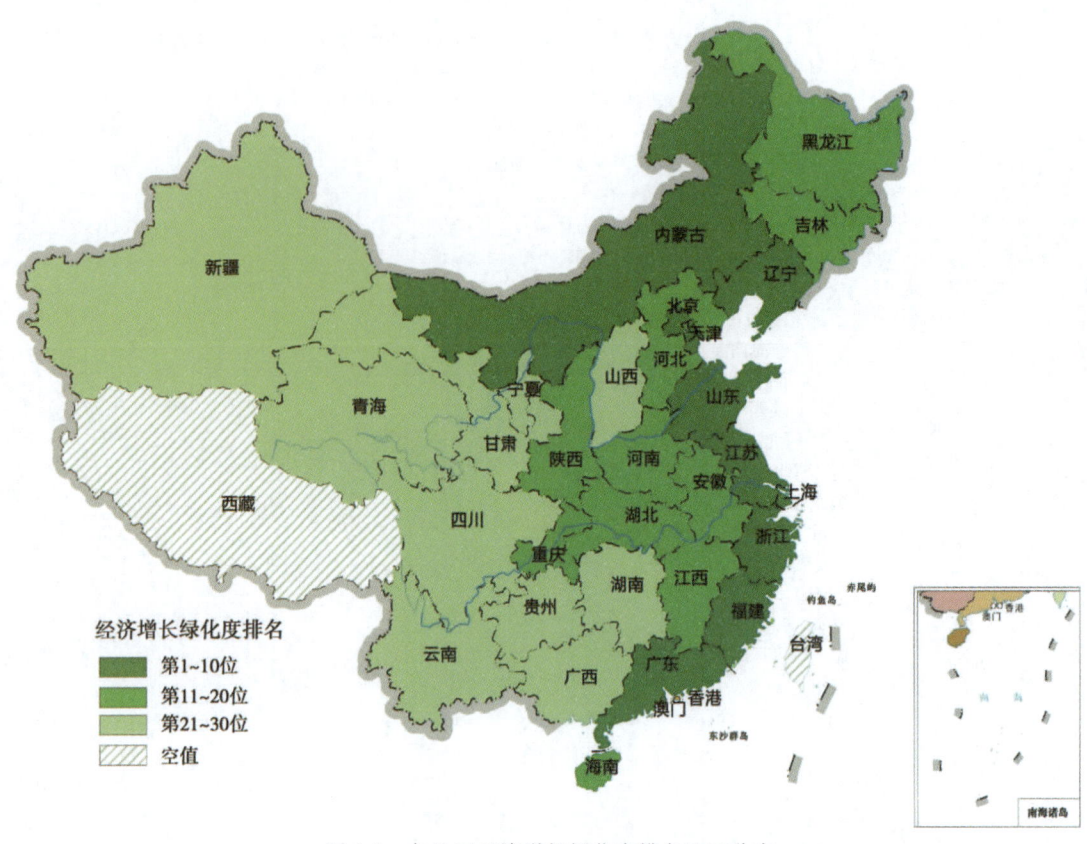

图1-2 各地区经济增长绿化度排名地区分布
注：根据表1-1制作

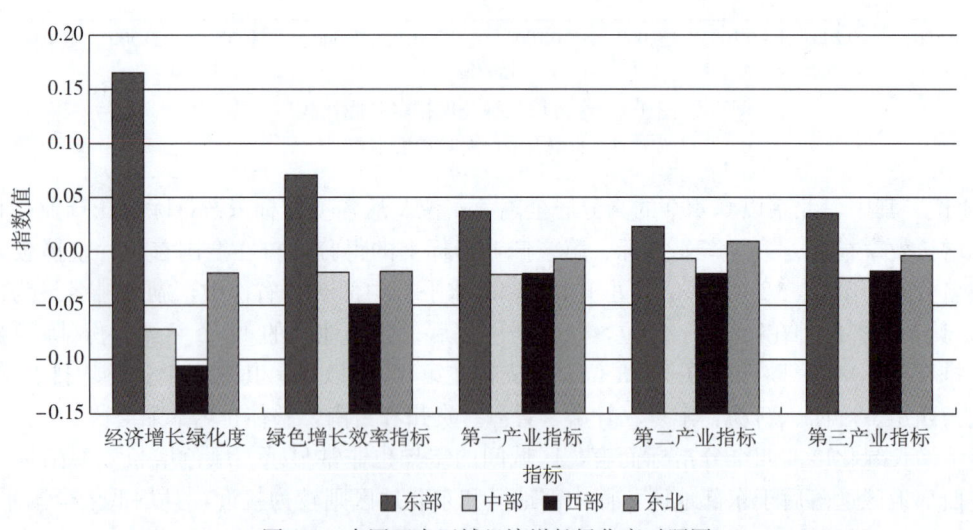

图1-3 中国四大区域经济增长绿化度对照图
注：图中数据为四大区域中各省份指标值的算术平均值

分为-0.004，比北京低0.494，列第11位；河北省指标得分为-0.038，比北京低0.528，列第14位。中部6个省份的经济增长绿化度均低于全国平均水平，得分介于-0.048和-0.087之间，得分最高的湖北省高于最低的山西省0.039，显示了中部6个省份经济增长绿化度的高度一致性。西部11个省份的经济增长绿化度除内蒙古自治区得分为0.010外均低于全国平均水平，其中云南省得分最低，为-0.188，最高最低之间相差0.198。东北三省中，辽宁省的经济增长绿化度高于全国平均水平，得分为0.019；另外两省中吉林得分为-0.020，黑龙江得分为-0.058。具体如表1-2所示。

第一章 省际经济增长绿化度测算及分析

表 1-2 经济增长绿化度四大区域内部差异分析

区域	地区	指数值	排名	区域	地区	指数值	排名
东部	北京	0.490	1	西部	内蒙古	0.010	10
	天津	0.298	3		广西	-0.089	24
	河北	-0.038	14		重庆	-0.063	17
	上海	0.330	2		四川	-0.083	22
	江苏	0.155	4		贵州	-0.177	29
	浙江	0.154	5		云南	-0.188	30
	福建	0.087	7		陕西	-0.023	13
	山东	0.076	8		甘肃	-0.166	27
	广东	0.106	6		青海	-0.173	28
	海南	-0.004	11		宁夏	-0.106	26
中部	山西	-0.087	23		新疆	-0.103	25
	安徽	-0.066	18	东北	辽宁	0.019	9
	江西	-0.081	20		吉林	-0.020	12
	河南	-0.067	19		黑龙江	-0.058	16
	湖北	-0.048	15	由于缺少主要测算数据，故西藏、香港、澳门和台湾未参与测算			
	湖南	-0.082	21				

注：本表根据表 1-1 整理

3. 经济增长绿化度对绿色发展的影响分析

对比各地区经济增长绿化度指数排序与绿色发展指数排序后发现，30 个参评省份名次变动在 5 名及以内的省份达 16 个，超过总参评省份的 1/2。名次变动 10 个位次及以上的省份有 9 个，接近参评省份数量的 1/3，分别是青海、四川、云南、贵州、辽宁、吉林、湖北、河北及河南（表 1-3）。

表 1-3 省际绿色发展指数与经济增长绿化度排名差异比较

地区	绿色发展指数排名	经济增长绿化度排名	位次变化	地区	绿色发展指数排名	经济增长绿化度排名	位次变化
北京	1	1	0	云南	13	30	-17
青海	2	28	-26	山东	14	8	6
海南	3	11	-8	江西	15	20	-5
上海	4	2	2	新疆	16	25	-9
浙江	5	5	0	广西	17	24	-7
内蒙古	6	10	-4	贵州	18	29	-11
福建	7	7	0	重庆	19	17	2
天津	8	3	5	辽宁	20	9	11
江苏	9	4	5	湖南	21	21	0
陕西	10	13	-3	黑龙江	22	16	6
广东	11	6	5	安徽	23	18	5
四川	12	22	-10	吉林	24	12	12

续表

地区	绿色发展指数排名	经济增长绿化度排名	位次变化	地区	绿色发展指数排名	经济增长绿化度排名	位次变化
湖北	25	15	10	宁夏	28	26	2
山西	26	23	3	甘肃	29	27	2
河北	27	14	13	河南	30	19	11

注：本表根据表0-5与表1-1整理

经济增长绿化度是绿色发展指数的重要组成部分。从表1-3中可以发现，西部11个省份中除了重庆、甘肃和宁夏外其余8个省份的经济增长绿化度排名远远落后于其绿色发展指数排名，平均而言，西部地区经济增长绿化度排名落后于其绿色发展指数排名近8位；东部10个省份中除了海南外其余9个省份的经济增长绿化度排名领先于其绿色发展指数排名，平均而言，东部地区经济增长绿化度排名领先于其绿色发展指数排名近3位；中部6个省份中除了江西外其余5个省份的经济增长绿化度排名领先于（或等于）其绿色发展指数排名，平均而言，中部地区经济增长绿化度排名领先于其绿色发展指数排名4位；东北3个省份的经济增长绿化度排名大大领先于其绿色发展指数排名，平均而言，东北地区经济增长绿化度排名领先于其绿色发展指数排名近10位。这在一定程度上显示了一个地区的经济增长绿化度发展好坏将会对该地区整体的绿色发展水平产生较大的影响。一般来说，经济越发达地区，其经济增长绿化度相对较高，它对绿色发展指数水平的贡献也相对较大；反之，经济越落后地区，其经济增长绿化度相对较低，它对绿色发展指数水平的贡献也相对较小，甚至拖了绿色发展指数的后腿。总而言之，提升经济增长绿化度将有助于区域的绿色发展。

二、省际经济增长绿化度比较分析

省际经济增长绿化度指数占绿色发展指数总权重的30%，由22个三级指标构成，正指标12个，逆指标10个。其中，参与测算的指标有19个。

（一）绿色增长效率指标比较

在省际经济增长绿化度测算体系中，绿色增长效率指标占经济增长绿化度指数的权重为45%，占绿色发展指数的13.5%，相对于其他3个指标，这一指标对经济增长绿化度指数的贡献较大。从指标构成来看，绿色增长效率指标主要是由表1-4中的9个指标加权组合而成的。

表1-4 省际绿色增长效率三级指标、权重及指标属性（单位：%）

指标序号	指标	权重	指标属性
1	人均地区生产总值	1.70	正
2	单位地区生产总值能耗	1.70	逆
3	非化石能源消费量占能源消费量的比重	1.70	正
4	单位地区生产总值二氧化碳排放量	1.40	逆
5	单位地区生产总值二氧化硫排放量	1.40	逆
6	单位地区生产总值化学需氧量排放量	1.40	逆
7	单位地区生产总值氮氧化物排放量	1.40	逆
8	单位地区生产总值氨氮排放量	1.40	逆
9	人均城镇生活消费用电	1.40	逆

注：本表内容是由本报告课题组召开的多次专家座谈会研讨确定的

绿色增长效率指标的9个三级指标中，指标1"人均地区生产总值"、指标2"单位地区生产总值能耗"、指标3"非化石能源消费量占能源消费量的比重"的权重均为1.70%，高于其他6个指标的权重(1.40%)。在衡量一个地区经济发展水平的指标中，测算体系只选择了"人均地区生产总值"这一指标，因此，在权重上做了适当的倾斜。实现单位地区生产总值能耗降低是各地区经济发展中的重要目标，因此，绿色增长效率指标中"单位地区生产总值能耗"的权重略大于其他6个一般指标的权重。与之相对应，作为衡量一个地区能源结构转型的重要标准之一，"非化石能源消费量占能源消费量的比重"这一指标权重的提高有利于明确绿色发展的导向意义。鉴于此，将以上3个指标的权重略作提高。但由于缺少部分省份的数据，故指标3未参与测算。除上述3个指标外，其他6个指标的权重均占总权重的1.40%，其中，指标4"单位地区生产总值二氧化碳排放量"由于缺少部分省份的数据，未参与测算。在绿色增长效率指标中，9个三级指标相互补充但又有所侧重，以期达到对各地区绿色增长效率进行综合测度和评价的目的。

从表1-5和图1-4中可以发现，绿色增长效率指标排名前10位的省份分别是北京、上海、天津、江苏、浙江、广东、福建、山东、江西和海南，其中，除了江西是中部省份外，其余9个均为东部省份。绿色增长效率指标第11~20位的省份依次是河南、辽宁、吉林、重庆、安徽、河北、湖北、湖南、陕西和四川。其中，东部省份1个、中部省份4个、西部省份3个、东北省份2个。绿色增长效率指标第21~30位的省份依次是广西、内蒙古、黑龙江、云南、山西、甘肃、宁夏、青海、贵州和新疆。在绿色增长效率指标的后10位省份中，山西是唯一的中部省份，黑龙江是唯一的东北省份，其余8个省份都来自西部地区。

表1-5 省际绿色增长效率指标指数及其排名

地区	指数值	排名	地区	指数值	排名
北京	0.234	1	河北	−0.014	16
上海	0.142	2	湖北	−0.015	17
天津	0.108	3	湖南	−0.017	18
江苏	0.073	4	陕西	−0.019	19
浙江	0.066	5	四川	−0.020	20
广东	0.055	6	广西	−0.021	21
福建	0.032	7	内蒙古	−0.030	22
山东	0.021	8	黑龙江	−0.033	23
江西	−0.002	9	云南	−0.051	24
海南	−0.010	10	山西	−0.058	25
河南	−0.010	11	甘肃	−0.062	26
辽宁	−0.011	12	宁夏	−0.074	27
吉林	−0.011	13	青海	−0.075	28
重庆	−0.012	14	贵州	−0.081	29
安徽	−0.014	15	新疆	−0.090	30

注：以上数据及排名根据《中国统计年鉴2013》、《中国环境统计年鉴2013》、《中国环境统计年报2012》、《中国城市统计年鉴2013》、《中国水利统计年鉴2013》、《中国工业经济统计年鉴2013》、《中国沙漠及其治理》等测算

如图1-4所示，在绿色增长效率指标中，东部省份整体较好，除河北、海南外其余省份均高于全国平均水平，但内部差距较大，北京以0.234的绝对优势遥遥领先于其他省份；中部六省和东北三省内部整体差异不大，略低于平均水平；西部地区整体偏低，且内部具有一定的差异。

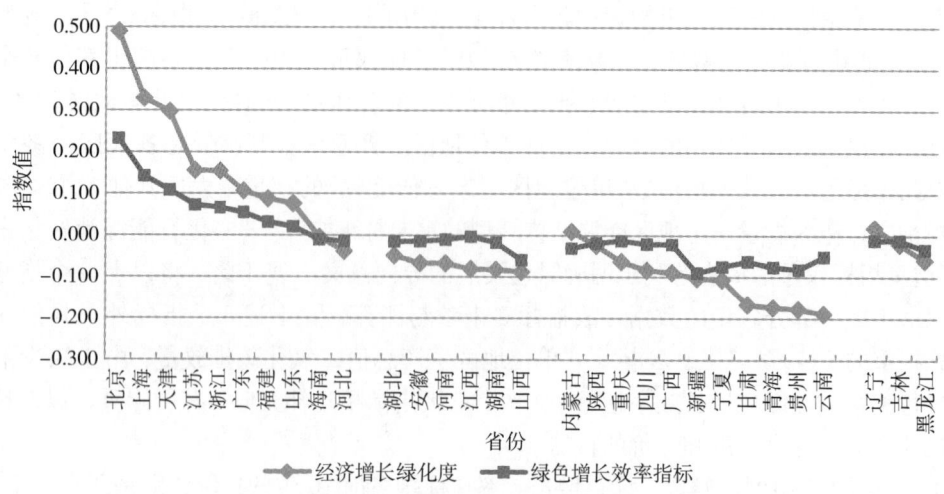

图1-4 省际绿色增长效率指标与经济增长绿化度指数对比

注：本图从东部、中部、西部和东北地区划分的角度，根据经济增长绿化度指数大小自左到右排列

(二)第一产业指标比较

在经济增长绿化度测算体系中，第一产业指标占经济增长绿化度指数的权重为15%，由4个三级指标构成(表1-6)，单个指标权重均为1.13%，是所有三级指标中权重最低的。

表1-6 省际第一产业三级指标、权重及指标属性(单位:%)

指标序号	指标	权重	指标属性
10	第一产业劳动生产率	1.13	正
11	土地产出率	1.13	正
12	节灌率	1.13	正
13	有效灌溉面积占耕地面积比重	1.13	正

注：本表内容是由本报告课题组召开的多次专家座谈会研讨确定的

从表1-7和图1-5中可以看到，第一产业指标排名前10位的省份分别是北京、浙江、上海、新疆、福建、江苏、天津、海南、河北和辽宁，在前10位的省份中，除新疆、辽宁分别为西部、东北省份以外，其他8个均为东部省份。第一产业指标第11~20位的省份依次是山东、广东、内蒙古、黑龙江、陕西、湖南、四川、河南、湖北和宁夏。除山东、广东为东部省份外，包括3个中部地区省份、4个西部地区省份和1个东北地区省份。第一产业指标排名后10位的省份依次为江西、广西、吉林、安徽、青海、甘肃、山西、重庆、云南和贵州。

表1-7 省际第一产业指标指数及其排名

地区	指数值	排名	地区	指数值	排名
北京	0.085	1	海南	0.025	8
浙江	0.055	2	河北	0.020	9
上海	0.049	3	辽宁	0.009	10
新疆	0.048	4	山东	0.008	11
福建	0.045	5	广东	0.003	12
江苏	0.039	6	内蒙古	0.000	13
天津	0.038	7	黑龙江	−0.003	14

续表

地区	指数值	排名	地区	指数值	排名
陕西	-0.008	15	吉林	-0.026	23
湖南	-0.012	16	安徽	-0.027	24
四川	-0.014	17	青海	-0.028	25
河南	-0.015	18	甘肃	-0.032	26
湖北	-0.020	19	山西	-0.033	27
宁夏	-0.020	20	重庆	-0.038	28
江西	-0.023	21	云南	-0.047	29
广西	-0.023	22	贵州	-0.056	30

注：以上数据及排名根据《中国统计年鉴2013》、《中国环境统计年鉴2013》、《中国环境统计年报2012》、《中国城市统计年鉴2013》、《中国水利统计年鉴2013》、《中国工业经济统计年鉴2013》、《中国沙漠及其治理》等测算

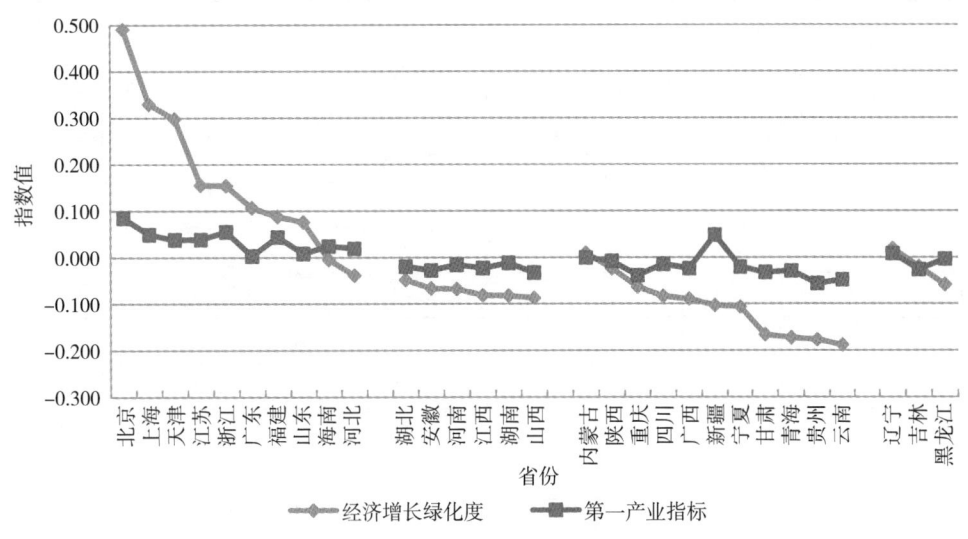

图1-5 省际第一产业指标与经济增长绿化度指数对比

注：本图从东部、中部、西部和东北地区划分的角度，根据经济增长绿化度指数大小自左到右排列

如图1-5所示，在第一产业指标中，东部省份整体较好，各省均高于全国平均水平，内部差距较小，北京得分0.085，位列第一；中部六省和东北三省内部差异不大，在全国平均水平附近；西部地区整体偏低，且内部差异显著，新疆得分0.048，位列全国第四，而贵州得分仅为-0.056，位列倒数第一，两省得分相差超过0.1。

（三）第二产业指标比较

在经济增长绿化度测算体系中，第二产业指标占经济增长绿化度指数的权重为25%，由指标14~19共6个指标构成，单个指标权重均为1.25%（表1-8）。

表1-8 省际第二产业三级指标、权重及指标属性（单位：%）

指标序号	指标	权重	指标属性
14	第二产业劳动生产率	1.25	正
15	单位工业增加值水耗	1.25	逆
16	规模以上单位工业增加值能耗	1.25	逆

续表

指标序号	指标	权重	指标属性
17	工业固体废物综合利用率	1.25	正
18	工业用水重复利用率	1.25	正
19	六大高载能行业产值占工业总产值比重	1.25	逆

注：本表内容是由本报告课题组召开的多次专家座谈会研讨确定的

从表1-9和图1-6中可以看到，第二产业指标排名前10位的省份分别是天津、山东、内蒙古、上海、吉林、广东、陕西、北京、江苏和福建，在前10位的省份中，内蒙古、陕西为西部省份，吉林为东北省份，其他7个均为东部省份。第二产业指标第11～20位的省份依次是浙江、辽宁、山西、安徽、湖北、河南、重庆、宁夏、广西和黑龙江。第二产业指标排名后10位的省份依次为四川、河北、贵州、海南、江西、湖南、甘肃、青海、新疆和云南。

表1-9 省际第二产业指标指数及其排名

地区	指数值	排名	地区	指数值	排名
天津	0.095	1	河南	0.002	16
山东	0.051	2	重庆	−0.007	17
内蒙古	0.035	3	宁夏	−0.010	18
上海	0.034	4	广西	−0.011	19
吉林	0.027	5	黑龙江	−0.013	20
广东	0.026	6	四川	−0.018	21
陕西	0.023	7	河北	−0.021	22
北京	0.023	8	贵州	−0.028	23
江苏	0.020	9	海南	−0.028	24
福建	0.016	10	江西	−0.029	25
浙江	0.015	11	湖南	−0.038	26
辽宁	0.013	12	甘肃	−0.043	27
山西	0.013	13	青海	−0.046	28
安徽	0.008	14	新疆	−0.048	29
湖北	0.005	15	云南	−0.066	30

注：以上数据及排名根据《中国统计年鉴2013》、《中国环境统计年鉴2013》、《中国环境统计年报2012》、《中国城市统计年鉴2013》、《中国水利统计年鉴2013》、《中国工业经济统计年鉴2013》、《中国沙漠及其治理》等测算

如图1-6所示，在第二产业指标中，东部省份整体较好，除河北、海南外，其余省份均高于全国平均水平，但内部差距较大，天津得分0.095，遥遥领先，而海南则以−0.028的得分位列第24位；中部六省和东北三省内部差异不大，在全国平均水平附近；西部地区整体偏低，且内部差异显著，内蒙古得分0.035，位列全国第三，而云南得分仅为−0.066，位列倒数第一。

（四）第三产业指标比较

在省际经济增长绿化度的测度体系中，第三产业指标占经济增长绿化度的权重为15%，由指标20～22共3个三级指标构成。在指标权重设计上，采取均权的方法，即每个指标权重占总权重的1.50%。省际第三产业三级指标、权重及指标属性见表1-10。

第一章 省际经济增长绿化度测算及分析

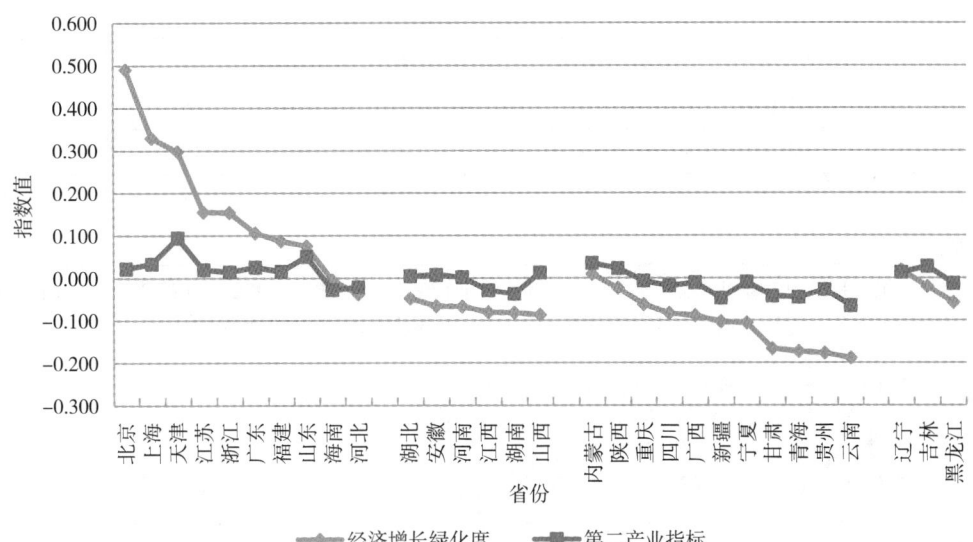

图 1-6 省际第二产业指标与经济增长绿化度指数对比

注：本图从东部、中部、西部和东北地区划分的角度，根据经济增长绿化度指数大小自左到右排列

表 1-10 省际第三产业三级指标、权重及指标属性（单位：%）

指标序号	指标	权重	指标属性
20	第三产业劳动生产率	1.50	正
21	第三产业增加值比重	1.50	正
22	第三产业从业人员比重	1.50	正

注：本表内容是由本报告课题组召开的多次专家座谈会研讨确定的

从表 1-11 和图 1-7 中可以看到，第三产业指标排名前 10 位的省份分别是北京、上海、天津、江苏、广东、浙江、海南、辽宁、内蒙古和宁夏，在前 10 位的省份中，内蒙古、宁夏为西部省份，辽宁为东北省份，其他 7 个均为东部省份。第三产业指标第 11~20 位的省份依次是福建、山东、重庆、山西、黑龙江、吉林、贵州、新疆、湖南和湖北。第三产业指标排名后 10 位的省份依次为陕西、河北、青海、云南、江西、甘肃、四川、安徽、广西和河南。

表 1-11 省际第三产业指标指数及其排名

地区	指数值	排名	地区	指数值	排名
北京	0.149	1	山东	−0.005	12
上海	0.104	2	重庆	−0.006	13
天津	0.057	3	山西	−0.009	14
江苏	0.023	4	黑龙江	−0.009	15
广东	0.023	5	吉林	−0.010	16
浙江	0.018	6	贵州	−0.012	17
海南	0.009	7	新疆	−0.014	18
辽宁	0.008	8	湖南	−0.016	19
内蒙古	0.004	9	湖北	−0.019	20
宁夏	−0.003	10	陕西	−0.020	21
福建	−0.004	11	河北	−0.023	22

续表

地区	指数值	排名	地区	指数值	排名
青海	−0.023	23	四川	−0.030	27
云南	−0.024	24	安徽	−0.033	28
江西	−0.027	25	广西	−0.034	29
甘肃	−0.030	26	河南	−0.044	30

注：以上数据及排名根据《中国统计年鉴2013》、《中国环境统计年鉴2013》、《中国环境统计年报2012》、《中国城市统计年鉴2013》、《中国水利统计年鉴2013》、《中国工业经济统计年鉴2013》、《中国沙漠及其治理》等测算

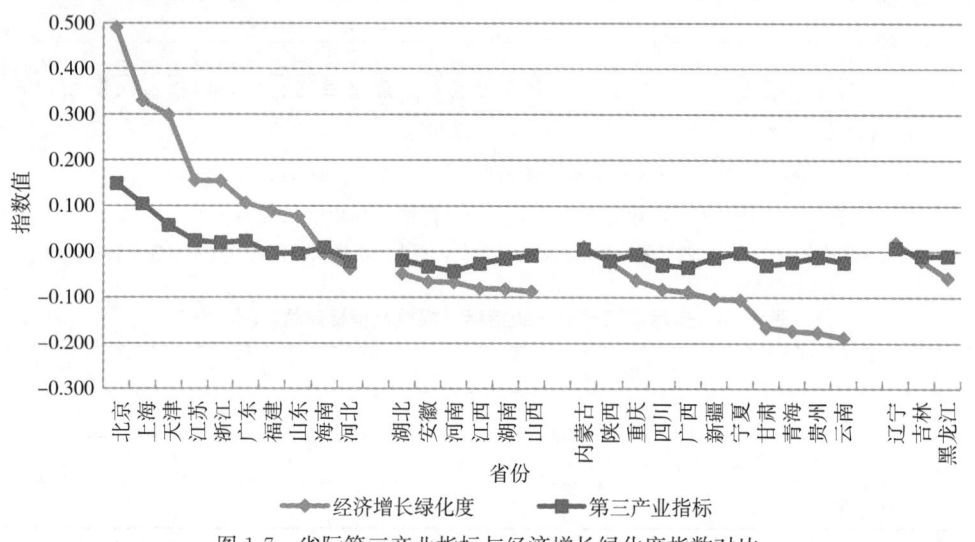

图1-7 省际第三产业指标与经济增长绿化度指数对比

注：本图从东部、中部、西部和东北地区划分的角度，根据经济增长绿化度指数大小自左到右排列

如图1-7所示，在第三产业指标中，东部省份整体较好，但内部差距较大，北京、上海、天津分列前三名，而河北省得分则相对较低，位列第22位。中部六省差距也较大，其中山西得分−0.009，位列第14位，而河南得分−0.044，位列全国倒数第一位。西部地区整体水平较低，但依然存在明显的内部差异，其中，内蒙古得分0.004，位列第9位，而广西得分−0.034，位列第29位。相对而言，东北三省内部差异不大，在全国平均水平附近。以上显示了第三产业指标区域内发展的不均衡。

第二章

省际资源环境承载潜力测算及分析

资源环境承载潜力衡量的是一个地区资源丰裕、生态保护、环境压力与气候变化对今后经济发展和人类活动的承载能力。它是各地区自然资源和生态禀赋条件拥有水平、人类活动对资源环境生态气候等影响程度的综合反映,是绿色发展指数的重要内涵之一。

本章从地区比较的视角,采用省区测算体系,测算了我国 30 个省份的资源环境承载潜力,分析并刻画这些地区在资源丰裕与生态保护、环境压力与气候变化两个方面承载潜力的特点及基本格局,比较各地区资源环境承载潜力的差异。

一、省际资源环境承载潜力指数测算结果

根据省区测算体系中资源环境承载潜力的评价体系和权重标准,我国 30 个省份的资源环境承载潜力指数及排名见表 2-1。

表 2-1 我国 30 个省份的资源环境承载潜力指数及排名

地区	资源环境承载潜力		二级指标			
			资源丰裕与生态保护指标		环境压力与气候变化指标	
	指数值	排名	指数值	排名	指数值	排名
青海	0.554	1	0.167	1	0.387	1
贵州	0.177	2	−0.027	20	0.204	2
云南	0.162	3	0.069	4	0.093	4
四川	0.131	4	0.053	6	0.078	5
黑龙江	0.117	5	0.117	3	−0.000	11
北京	0.070	6	−0.057	22	0.127	3
内蒙古	0.066	7	0.129	2	−0.063	23
海南	0.065	8	0.034	8	0.032	7
广西	0.051	9	0.030	9	0.022	9
甘肃	0.050	10	−0.019	17	0.069	6
福建	0.006	11	0.029	10	−0.023	15
江西	0.004	12	0.044	7	−0.040	19
吉林	0.003	13	0.056	5	−0.053	21

续表

地区	资源环境承载潜力		二级指标			
			资源丰裕与生态保护指标		环境压力与气候变化指标	
	指数值	排名	指数值	排名	指数值	排名
陕西	0.001	14	−0.023	18	0.025	8
湖南	−0.005	15	−0.003	14	−0.003	12
重庆	−0.016	16	−0.026	19	0.010	10
浙江	−0.020	17	−0.009	16	−0.011	14
新疆	−0.033	18	0.001	12	−0.034	18
广东	−0.059	19	−0.008	15	−0.051	20
安徽	−0.065	20	−0.059	24	−0.006	13
湖北	−0.069	21	−0.041	21	−0.029	16
上海	−0.077	22	0.012	11	−0.089	28
山西	−0.102	23	−0.070	28	−0.032	17
辽宁	−0.111	24	−0.002	13	−0.108	29
江苏	−0.130	25	−0.064	26	−0.065	24
河南	−0.132	26	−0.075	30	−0.057	22
天津	−0.144	27	−0.059	23	−0.085	27
山东	−0.147	28	−0.064	25	−0.083	26
河北	−0.148	29	−0.070	29	−0.078	25
宁夏	−0.203	30	−0.064	27	−0.139	30

注：①本表根据省区测算体系中的资源环境承载潜力指标体系，依据各指标2011年和2012年数据测算而得；②本表各省份按照资源环境承载潜力的指数值从大到小排序

从表2-1可以看到，排在资源环境承载潜力前10位的省份依次是青海、贵州、云南、四川、黑龙江、北京、内蒙古、海南、广西和甘肃。资源丰裕与生态保护指标排名前10位的省份依次是青海、内蒙古、黑龙江、云南、吉林、四川、江西、海南、广西和福建。环境压力与气候变化指标排名前10位的省份依次是青海、贵州、北京、云南、四川、甘肃、海南、陕西、广西和重庆。

根据表2-1中各地区的资源环境承载潜力的指数值可绘制出图2-1。其中，横轴为资源环境承载潜力指数值，原点为30个省份资源环境承载潜力的平均水平。资源环境承载潜力指数值高于全国平均水平的省份用灰色条框表示，资源环境承载潜力指数值越高，其灰色条框就越长；相反，资源环境承载潜力指数值低于全国平均水平的省份则用白色条框表示，资源环境承载潜力指数值越低，其白色条框就越长。

各地区资源环境承载潜力的地理分布状况见图2-2。其中，资源环境承载潜力指数值排在前10位的省份用"深绿色"表示；排在第11~20位的省份用"中度绿色"表示，排在后10位的省份用"浅绿色"表示。不同颜色代表资源环境承载潜力的不同程度，颜色越深，表明资源环境承载潜力越好。从地理区域来看，用"深绿色"代表的省份集中在中国的西部和东北的黑龙江，"中度绿色"省份集中在

第二章 省际资源环境承载潜力测算及分析

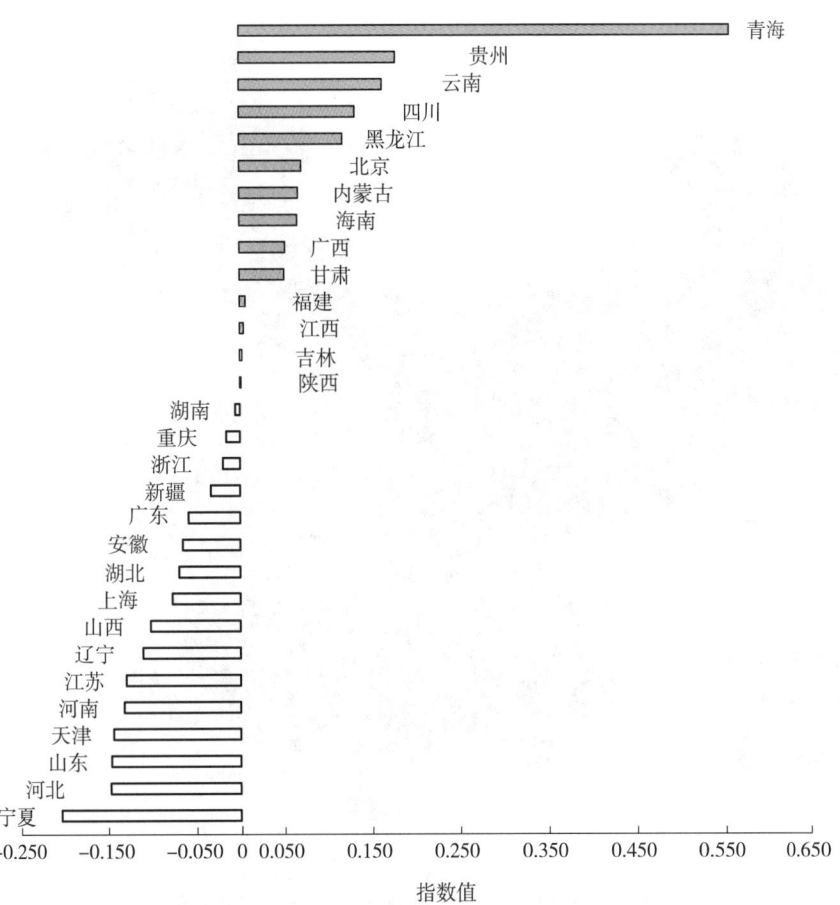

图 2-1 资源环境承载潜力排名省际比较
注：根据表 2-1 制作

东南部地区，"浅绿色"省份则集中在中国东部和中部地区。

根据我国 30 个省份的资源环境承载潜力的测算结果，对各省份的资源环境承载潜力总体特点分析如下。

1. 资源环境承载潜力区域间差异分析

总体上看，资源环境承载潜力的省际差异比较显著，30 个省份得分值的极差为 0.757，标准差为 0.141，两项数据与 2013 年基本持平。青海资源环境承载潜力排名第一，是第 2 名贵州的 3.13 倍，是第 3 名云南的 3.42 倍。另外，30 个省份中有 16 个省份得分低于全国平均水平[①]。

从东部、中部、东北、西部四大区域看，资源环境承载潜力的区域差异也比较明显。如图 2-3 所示，西部资源环境承载潜力明显好于其他三个地区，其次是东北地区，而中部、东部的资源环境承载潜力则相对较弱。分析两个二级指标可以发现，资源环境承载潜力区域间的差异主要是由于西部和东北地区在资源丰裕与生态保护方面明显优于东部和中部地区，而东部和中部地区在资源丰裕与生态保护方面的差异不大；在环境压力与气候变化方面，西部地区相对其他三个地区具有明显优势，中部和东部地区基本持平，而东北地区相对较差（图 2-3 和表 2-2）。

从四大区域内部各省份的资源环境承载潜力排名来看，东部地区 10 个省份中，北京和海南排名相对较高，分别位列第 6 位和第 8 位；福建、浙江和广东位于全国中游，分别排名在第 11、17 和 19 位；上海、江苏、山东、天津和河北 5 个省份排名则相对靠后，位列第 20～30 位。中部地区 6 个省

---

① 全国平均水平分值为 0。

图 2-2 各地区资源环境承载潜力的地理分布状况
注：根据表 2-1 制作

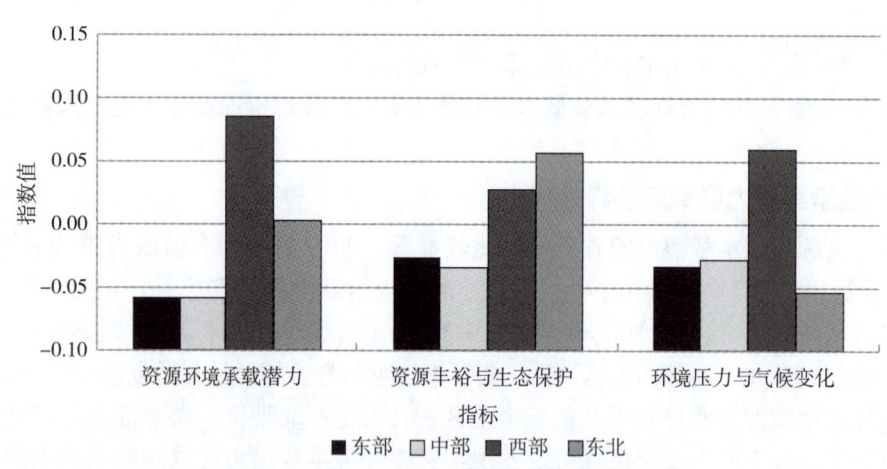

图 2-3 中国四大区域资源环境承载潜力对照图
注：图中数据为四大区域中各省份指标值的算术平均值

份整体排名位于中下游。其中，江西排名最靠前，位列第 12 位；湖南处于中游水平，位列第 15 位；安徽、湖北、山西和河南排名位于下游，分别列第 20、21、23 和 26 位。西部地区的资源环境承载潜力指标明显优于其他地区，11 个省份中（西藏未参评），青海、贵州、云南、四川、内蒙古、广西和甘肃 7 个省份位列前 10 位，并且青海、贵州、云南和四川排名前四位；陕西、重庆和新疆位于全国中游，分别排第 14、16 和 18 位；但宁夏排名为倒数第一。东北三省中，黑龙江的资源环境承载潜力较好，位列第 5 位，吉林位于全国中游，排名第 13 位，辽宁则相对较差，位列第 24 位。

表 2-2 分区域资源环境承载潜力排名情况

区域	地区	资源环境承载潜力	资源丰裕与生态保护	环境压力与气候变化	区域	地区	资源环境承载潜力	资源丰裕与生态保护	环境压力与气候变化
东部	北京	6	22	3	西部	内蒙古	7	2	23
	天津	27	23	27		广西	9	9	9
	河北	29	29	25		重庆	16	19	10
	上海	22	11	28		四川	4	6	5
	江苏	25	26	24		贵州	2	20	2
	浙江	17	16	14		云南	3	4	4
	福建	11	10	15		陕西	14	18	8
	山东	28	25	26		甘肃	10	17	6
	广东	19	15	20		青海	1	1	1
	海南	8	8	7		宁夏	30	27	30
中部	山西	23	28	17		新疆	18	12	18
	安徽	20	24	13	东北	辽宁	24	13	29
	江西	12	7	19		吉林	13	5	21
	河南	26	30	22		黑龙江	5	3	11
	湖北	21	21	16					
	湖南	15	14	12					

注：本表根据表 2-1 整理

通过以上对资源环境承载潜力的分析，可以得出，中国的资源环境承载潜力存在明显的地域性差异，西部地区明显偏好，东部地区则相对较弱。

事实上，区域间的资源环境差异是一种客观事实。东部地区经济实力在全国占绝对优势，经济总量和人均水平均处于领先地位，因此造成了巨大的环境压力及很高的环境成本，人多地少、资源消耗巨大成为东部地区的典型特征。相比之下，西部地区经济发展水平相对滞后，而资源环境相对优越，地广人稀、人均资源占有量高成为西部地区的主要优势。因此，在绿色发展理念的指导下，采用优势互补、区域合作等手段，缓解东部资源环境压力，提升西部经济社会发展水平仍然是我国将长期坚持的发展战略。

2. 资源环境承载潜力区域内情况分析

从四大区域内各省份的情况看，各区域内部资源环境承载潜力情况也存在很大差异。东部10个省份的得分极差为0.217，从排名上看，2个地区排名全国上游，3个地区排名全国中游，5个地区排名全国下游，且排名最高的北京（第6位）和排名最低的河北（第29位）名次差距为23位。中部地区在资源环境承载潜力方面的情况较为相似，得分极差为0.136，6个省份均位于全国中下游，除江西以外，各省得分均低于全国平均水平。西部11个省份的得分极差为0.757，排名上普遍靠前，7个省份排名全国前十，且青海、贵州、云南和四川位列全国前四，但是宁夏却排名全国倒数第1位。东北三省在资源环境承载潜力上的排名差异也很明显，3个省份分属3个等级，排名最高的是黑龙江，位列第5位；吉林则位于全国中游，排名第13位；辽宁位于全国下游，排名第24位。具体情况如表2-3所示。

表 2-3 资源环境承载潜力四大区域内部差异分析

区域	地区	指数值	排名	区域	地区	指数值	排名
东部	北京	0.070	6	西部	内蒙古	0.066	7
	天津	−0.144	27		广西	0.051	9
	河北	−0.148	29		重庆	−0.016	16
	上海	−0.077	22		四川	0.131	4
	江苏	−0.130	25		贵州	0.177	2
	浙江	−0.020	17		云南	0.162	3
	福建	0.006	11		陕西	0.001	14
	山东	−0.147	28		甘肃	0.050	10
	广东	−0.059	19		青海	0.554	1
	海南	0.065	8		宁夏	−0.203	30
中部	山西	−0.102	23		新疆	−0.033	18
	安徽	−0.065	20	东北	辽宁	−0.111	24
	江西	0.004	12		吉林	0.003	13
	河南	−0.132	26		黑龙江	0.117	5
	湖北	−0.069	21				
	湖南	−0.005	15				

注：本表根据表 2-1 整理

3. 资源环境承载潜力对区域绿色发展的影响分析

表 2-4 差距列的值等于资源环境承载潜力排名减去对应的绿色发展指数排名，数值为负表示该省资源环境承载潜力对其绿色发展水平的贡献为正，数值为正表示该省资源环境承载潜力对其绿色发展水平的贡献为负。

表 2-4 分区域省际绿色发展指数与资源环境承载潜力排名差异比较

区域	地区	绿色发展指数排名	资源环境承载潜力排名	差距	区域	地区	绿色发展指数排名	资源环境承载潜力排名	差距
东部	北京	1	6	5	西部	内蒙古	6	7	1
	天津	8	27	19		广西	17	9	−8
	河北	27	29	2		重庆	19	16	−3
	上海	4	22	18		四川	12	4	−8
	江苏	9	25	16		贵州	18	2	−16
	浙江	5	17	12		云南	13	3	−10
	福建	7	11	4		陕西	10	14	4
	山东	14	28	14		甘肃	29	10	−19
	广东	11	19	8		青海	2	1	−1
	海南	3	8	5		宁夏	28	30	2
中部	山西	26	23	−3		新疆	16	18	2
	安徽	23	20	−3	东北	辽宁	20	24	4
	江西	15	12	−3		吉林	24	13	−11
	河南	30	26	−4		黑龙江	22	5	−17
	湖北	25	21	−4					
	湖南	21	15	−6					

注：本表根据表 0-5 和表 2-1 整理而得

从相对序列位次差异情况看，山西、安徽、江西、河南、湖北、湖南、广西、重庆、四川、贵州、云南、甘肃、青海、吉林、黑龙江 15 个省份资源环境承载潜力对区域绿色发展水平的贡献为正。这 15 个省份中，西部地区较多，占 7 个；中部地区占 6 个；东北地区有 2 个。具体而言，甘肃、黑龙江、贵州差距最大，表明这 3 个地区资源环境承载潜力对其绿色发展指数的贡献作用最明显。

北京、天津、河北、上海、江苏、浙江、福建、山东、广东、海南、内蒙古、陕西、宁夏、新疆、辽宁 15 个省份资源环境承载潜力对区域绿色发展水平的贡献为负。这 15 个省份中，东部地区省份最多，占 10 个；西部地区占 4 个；东北地区有 1 个。具体而言，天津、上海、江苏差距最大，表明这 3 个地区资源环境承载潜力水平对其绿色发展指数的负拉动作用最明显。

从表 2-4 中可以看出，东部地区 10 个省份的资源环境承载潜力排名均落后于绿色发展指数排名，且有 5 个城市甚至落后 10 名以上，说明东部地区的资源环境承载潜力整体水平较弱，拖了绿色发展指数的后腿。中部地区 6 个省份的资源环境承载潜力排名均略高于绿色发展指数排名，说明中部地区资源环境承载潜力对绿色发展指数有推动作用。西部地区 11 个省份中有 7 个的资源环境承载潜力排名高于其绿色发展指数排名，且有 3 个省份高于 10 名以上（含 10 名），说明西部地区的资源环境承载潜力十分优越，对绿色发展指数排名的拉动作用十分明显。东北地区除辽宁外，其他两个省份的资源环境承载潜力排名均高于其绿色发展指数排名，且位次均高于 10 名，说明东北地区的资源环境承载潜力也相对较好。

二、省际资源环境承载潜力比较分析

省际资源环境承载潜力占绿色发展指数总权重的 40%，由资源丰裕与生态保护指标和环境压力与气候变化指标 2 个二级指标构成，共有 19 个三级指标，其中，正指标 6 个，逆指标 13 个；参与测算的指标有 17 个。

1. 省际资源丰裕与生态保护指标测算结果及分析

在省际资源环境承载潜力测度体系中，资源丰裕与生态保护指标占资源环境承载潜力的权重为 30%，占绿色发展指数的 12%。

资源丰裕与生态保护的三级指标选择主要考虑两点。一是资源角度，资源是指自然资源，即一切可被人类开发和利用的，可以产生价值的自然物。因此，它是客观存在的。二是生态保护角度，生态保护是指对人类赖以生存的生态系统进行保护，使之免遭破坏，使生态功能得以正常发挥的各种措施。因此，它是人类的主观行动。

从指标构成来看，资源丰裕与生态保护指标由人均水资源量、人均森林面积、森林覆盖率、自然保护区面积占辖区面积比重、湿地面积占国土面积的比重、人均活立木总蓄积量 6 个三级指标构成。

同时，资源丰裕与生态保护的这 6 个三级指标包含了自然资源中最重要的几个方面，即水、森林和湿地，且重要性不分上下，因此，这 6 个三级指标平分权重。省际资源丰裕与生态保护三级指标、权重及指标属性参见表 2-5。

表 2-5 省际资源丰裕与生态保护三级指标、权重及指标属性（单位：%）

指标	权重	指标属性
人均水资源量	2.00	正
人均森林面积	2.00	正
森林覆盖率	2.00	正
自然保护区面积占辖区面积比重	2.00	正

续表

指标	权重	指标属性
湿地面积占国土面积的比重	2.00	正
人均活立木总蓄积量	2.00	正

注：本表内容是由本报告课题组召开的多次专家座谈会研讨确定的

在对三级指标的原始数据进行标准化处理的基础上，根据表2-5中的权重，计算得出了省际资源丰裕与生态保护指标指数值及排名（表2-6）。

表2-6 省际资源丰裕与生态保护指标指数值及排名

地区	指数值	排名	地区	指数值	排名
青海	0.167	1	浙江	−0.009	16
内蒙古	0.129	2	甘肃	−0.019	17
黑龙江	0.117	3	陕西	−0.023	18
云南	0.069	4	重庆	−0.026	19
吉林	0.056	5	贵州	−0.027	20
四川	0.053	6	湖北	−0.041	21
江西	0.044	7	北京	−0.057	22
海南	0.034	8	天津	−0.059	23
广西	0.030	9	安徽	−0.059	24
福建	0.029	10	山东	−0.064	25
上海	0.011	11	江苏	−0.064	26
新疆	0.001	12	宁夏	−0.064	27
辽宁	−0.002	13	山西	−0.070	28
湖南	−0.003	14	河北	−0.070	29
广东	−0.008	15	河南	−0.075	30

注：以上数据及排名根据《中国统计年鉴2012—2013》、《中国沙漠及其治理》、《中国环境统计年报2012》、《中国环境统计年鉴2013》等测算

从表2-6和图2-4可以发现，在资源丰裕与生态保护指标中，西部地区和东北地区的整体情况较好，但西部地区的内部差距较大；东部地区和中部地区的整体情况较差，但各省份得分相对平稳。

从得分上看，资源丰裕与生态保护指数得分介于−0.075～0.167，超过0.1的仅3个省份，即青海、内蒙古和黑龙江。30个省份得分值的极差为0.242，相比2013年增加了0.001，标准差为0.062，与2013年持平。

从四大区域看，东部地区资源丰裕与生态保护指标分值的极差为0.104，排名最靠前的是海南（第8位），最靠后的是河北（第29位）；中部地区极差为0.119，最靠前的是江西（第7位），最靠后的是河南（第30位）；西部地区极差为0.231，最靠前的是青海（第1位），最靠后的是宁夏（第27位）；东北地区极差为0.119，最靠前的是黑龙江（第3位），最靠后的是辽宁（第13位）。

从分省排名情况上看，排在资源丰裕与生态保护指标前10位的是青海、内蒙古、黑龙江、云南、吉林、四川、江西、海南、广西和福建。其中，西部地区有5个，并且青海省排名第一；东北地区有2个；中部地区有1个；东部地区有2个。排在资源丰裕与生态保护指标第11～20位的地区，在地域分布上，西部地区占有一半，分别为新疆（列12位）、甘肃（列17位）、陕西（列18位）、重庆（列19位）、贵州（列20位）；东部地区有3个；中部地区有1个；东北地区有1个。排在资源丰裕与

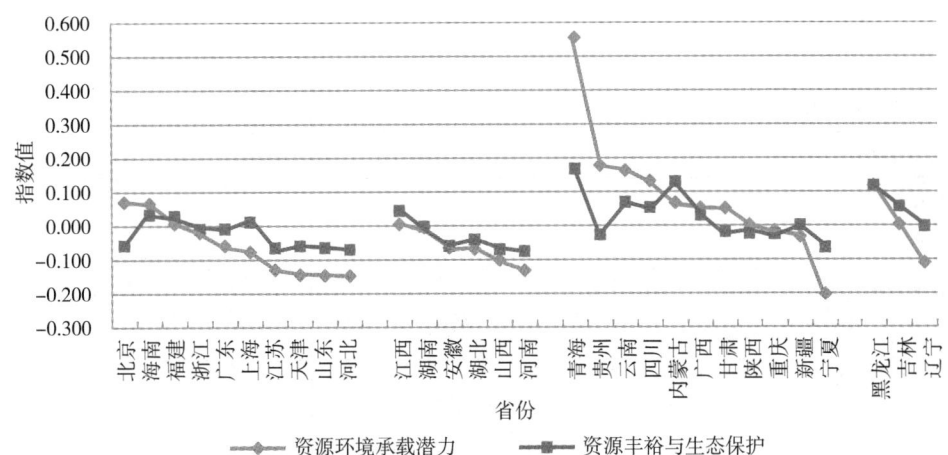

图 2-4 省际资源丰裕与生态保护和资源环境承载潜力指数对比

注：本图从东部、中部、西部和东北地区划分的角度，根据资源环境承载潜力指数大小自左到右排列

生态保护指标后 10 位的省份有 5 个在东部地区，分别是北京（列 22 位）、天津（列 23 位）、山东（列 25 位）、江苏（列 26 位）、河北（列 29 位）；有 4 个省份位于中部地区；有 1 个省份位于西部地区。

从各省份看，资源丰裕与生态保护指标排名最高的是青海和内蒙古。从三级指标看，青海有 2 个三级指标排名第一，即人均水资源量、自然保护区面积占辖区面积比重，并且人均森林面积位列第 2 位；内蒙古也有 2 个三级指标排名第一，即人均森林面积和人均活立木总蓄积量。资源丰裕与生态保护指标排名中倒数第一的省份是河南，6 个三级指标中有 4 个都排名全国倒数 10 位。

2. 省际环境压力与气候变化指标测算结果及分析

在省际资源环境承载潜力测度体系中，环境压力与气候变化指标占资源环境承载潜力的权重为 70%，占绿色发展指数的 28%。

环境压力与气候变化是指由于人类的生活和发展，消耗自然环境资源，并造成环境污染，进而对环境产生压力；同时，污染物的大量排放，尤其是二氧化碳的排放，也会对气候变化造成影响。

由此，选择 13 个指标构成环境压力与气候变化指标的三级指标，分别是单位土地面积二氧化碳排放量、人均二氧化碳排放量、单位土地面积二氧化硫排放量、人均二氧化硫排放量、单位土地面积化学需氧量排放量、人均化学需氧量排放量、单位土地面积氮氧化物排放量、人均氮氧化物排放量、单位土地面积氨氮排放量、人均氨氮排放量、单位耕地面积化肥施用量、单位耕地面积农药使用量、人均公路交通氮氧化物排放量。

另外，由于环境压力与气候变化下的 8 个地均和人均污染物排放量指标存在一定相关性，故权重应适当降低。由此，单位耕地面积化肥施用量、单位耕地面积农药使用量、人均公路交通氮氧化物排放量、单位土地面积二氧化碳排放量和人均二氧化碳排放量的权重定为 2.45%，8 个地均和人均污染物排放量指标平分剩余权重。省际环境压力与气候变化三级指标、权重及指标属性参见表 2-7。

表 2-7 省际环境压力与气候变化三级指标、权重及指标属性（单位：%）

指标	权重	指标属性
单位土地面积二氧化碳排放量	2.45	逆
人均二氧化碳排放量	2.45	逆
单位土地面积二氧化硫排放量	1.97	逆
人均二氧化硫排放量	1.97	逆

续表

指标	权重	指标属性
单位土地面积化学需氧量排放量	1.97	逆
人均化学需氧量排放量	1.97	逆
单位土地面积氮氧化物排放量	1.97	逆
人均氮氧化物排放量	1.97	逆
单位土地面积氨氮排放量	1.97	逆
人均氨氮排放量	1.97	逆
单位耕地面积化肥施用量	2.45	逆
单位耕地面积农药使用量	2.45	逆
人均公路交通氮氧化物排放量	2.45	逆

注：本表内容是由本报告课题组召开的多次专家座谈会研讨确定的

在对三级指标的原始数据进行标准化处理的基础上，根据表2-7中的权重，计算得出了省际环境压力与气候变化指标的指数值，排名情况见表2-8。

表2-8 省际环境压力与气候变化指标指数值及排名

地区	指数值	排名	地区	指数值	排名
青海	0.387	1	湖北	−0.029	16
贵州	0.204	2	山西	−0.032	17
北京	0.127	3	新疆	−0.034	18
云南	0.093	4	江西	−0.040	19
四川	0.078	5	广东	−0.051	20
甘肃	0.069	6	吉林	−0.053	21
海南	0.032	7	河南	−0.057	22
陕西	0.025	8	内蒙古	−0.063	23
广西	0.022	9	江苏	−0.065	24
重庆	0.010	10	河北	−0.078	25
黑龙江	0.000	11	山东	−0.082	26
湖南	−0.003	12	天津	−0.085	27
安徽	−0.006	13	上海	−0.088	28
浙江	−0.011	14	辽宁	−0.108	29
福建	−0.023	15	宁夏	−0.139	30

注：以上数据及排名根据《中国统计年鉴2012—2013》、《中国沙漠及其治理》、《中国环境统计年报2012》、《中国环境统计年鉴2013》等测算

从得分上看，环境压力与气候变化指数得分介于−0.139～0.387。青海得分明显偏高，宁夏得分最低。30个省份得分值的极差为0.526，相比2013年下降0.003；标准差为0.102（表2-8），相比2013年减少0.001。

从四大区域看，在环境压力与气候变化指标中，西部地区整体情况明显好于其他3个地区，但西部地区的内部差距较大；东部、中部和东北地区各省份得分差距较小（表2-8和图2-5）。通过区域内的比较分析，我们发现，环境压力与气候变化指标分值东部地区极差为0.215，排名最靠前的

是北京(第3位),最靠后的是上海(第28位);中部地区极差为0.054,排名最靠前的是湖南(第12位),最靠后的是河南(第22位);西部地区极差为0.526,排名最靠前的是青海(第1位),最靠后的是宁夏(第30位);东北地区极差为0.108,排名最靠前的是黑龙江(第11位),最靠后的是辽宁(第29位)。

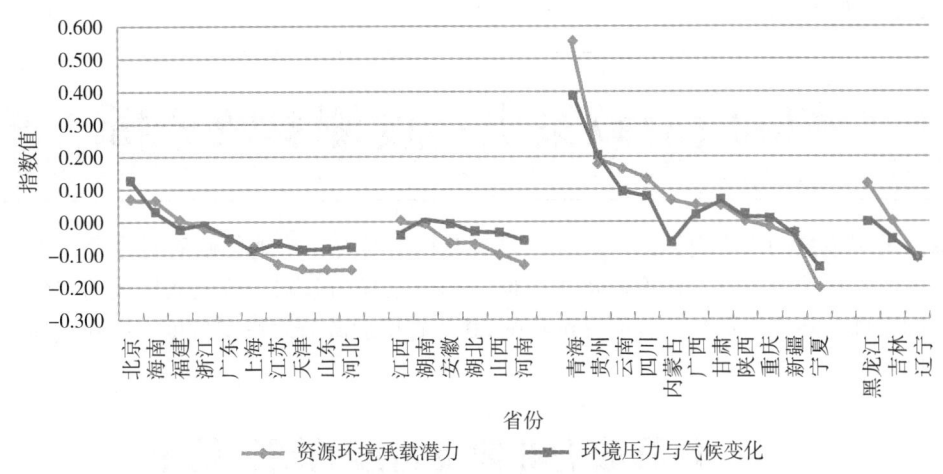

图2-5 省际环境压力与气候变化和资源环境承载潜力指数对比

注:本图从东部、中部、西部和东北地区划分的角度,根据资源环境承载潜力指数大小自左到右排列

从分省排名情况看,环境压力与气候变化指标排名前10位的省份分别是青海、贵州、北京、云南、四川、甘肃、海南、陕西、广西和重庆。从地域上看,西部地区有8个省份位列前10名,分别为青海(列1位)、贵州(列2位)、云南(列4位)、四川(列5位)、甘肃(列6位)、陕西(列8位)、广西(列9位)和重庆(列10位)。排名前10位的另外2个省份均来自东部地区,即北京(列3位)、海南(列7位)。环境压力与气候变化指标排名位于第11~20名的省份分别是黑龙江、湖南、安徽、浙江、福建、湖北、山西、新疆、江西和广东,除黑龙江以外,其他9个省份的得分均低于全国平均水平。从地域分布看,第11~20名中,中部地区的省份有5个,分别为湖南(列12位)、安徽(列13位)、湖北(列16位)、山西(列17位)、江西(列19位);西部地区有1个,为新疆(列18位);东部地区有3个,为浙江(列14位)、福建(列15位)、广东(列20位);东北地区的黑龙江位列第11位。环境压力与气候变化指标排名位于后10位的省份分别是吉林、河南、内蒙古、江苏、河北、山东、天津、上海、辽宁和宁夏。从地域分布看,有5个省份来自东部地区,分别是江苏(列24位)、河北(列25位)、山东(列26位)、天津(列27位)、上海(列28位);中部地区有1个,即河南(列22位);西部地区有2个,即排名第23位的内蒙古和排名倒数第一的宁夏;东北地区有2个,分别为吉林(列21位)和辽宁(列29位)。

从各省份看,环境压力与气候变化指标排名第一的省份是青海,其次是贵州,且这两个省份的得分明显高于其他省份。从三级指标看,13个参与计算的指标中,青海有7个指标排名全国第一,并且这7个指标中有5个都是地均污染物排放指标,分别是单位土地面积二氧化碳排放量、单位土地面积二氧化硫排放量、单位土地面积化学需氧量排放量、单位土地面积氮氧化物排放量、单位土地面积氨氮排放量。对于排名第二的贵州,13个参与计算的指标中,有9个指标排名全国前10位,甚至有7个排名前5位。环境压力与气候变化指标排名倒数第一的省份是宁夏,从三级指标看,13个参与计算的指标中,有3个指标排名全国倒数第一,分别是人均二氧化硫排放量、人均氮氧化物排放量和人均氨氮排放量,并且有6个指标排名全国倒数5位。

第三章

省际政府政策支持度测算及分析

作为绿色发展指数的重要内涵之一，政府政策支持度是对一个地区政府对绿色发展的重视程度和支持力度的综合评价。本章以政府政策支持度的测算结果为基础，从地区比较的视角，分别从绿色投资、基础设施和环境治理三个方面分析我国30个省份的政府政策支持度，探讨政府政策支持与地区绿色发展的关系。

一、省际政府政策支持度的测算结果

根据省区测算体系中政府政策支持度的测度指标体系和权重标准，我国30个省份政府政策支持度及三项分指数的测算结果及排名如表3-1所示。

表3-1 我国30个省份政府政策支持度及三项分指数的测算结果及排名

地区	政府政策支持度 指数值	排名	绿色投资指标 指数值	排名	基础设施指标 指数值	排名	环境治理指标 指数值	排名
北京	0.182	1	0.023	9	0.134	1	0.025	9
海南	0.172	2	0.030	4	0.117	2	0.025	10
陕西	0.102	3	0.033	3	0.056	5	0.013	14
新疆	0.090	4	0.026	7	0.107	3	−0.043	26
江苏	0.083	5	0.021	10	0.049	7	0.013	15
山东	0.068	6	−0.001	14	0.040	9	0.029	6
浙江	0.066	7	−0.011	20	0.042	8	0.034	3
内蒙古	0.060	8	0.038	2	−0.040	24	0.062	1
云南	0.038	9	−0.005	18	0.017	14	0.026	7
福建	0.038	10	−0.023	25	0.031	11	0.031	4
江西	0.036	11	−0.004	16	0.035	10	0.005	17
宁夏	0.027	12	0.027	6	−0.040	23	0.039	2
广东	0.027	13	−0.019	22	0.026	12	0.019	11
山西	0.020	14	0.024	8	−0.032	21	0.029	5
河北	0.007	15	−0.010	19	0.004	15	0.012	16
安徽	−0.005	16	−0.013	21	−0.006	17	0.014	13
辽宁	−0.012	17	−0.021	24	0.024	13	−0.015	22
四川	−0.017	18	−0.001	15	−0.010	19	−0.005	19

续表

地区	政府政策支持度		二级指标					
			绿色投资指标		基础设施指标		环境治理指标	
	指数值	排名	指数值	排名	指数值	排名	指数值	排名
湖南	−0.020	19	−0.035	28	−0.011	20	0.026	8
重庆	−0.022	20	−0.004	17	−0.007	18	−0.011	20
广西	−0.023	21	0.000	13	−0.039	22	0.016	12
上海	−0.032	22	−0.038	29	0.059	4	−0.053	28
天津	−0.038	23	−0.062	30	0.050	6	−0.026	24
湖北	−0.049	24	−0.024	26	−0.003	16	−0.022	23
青海	−0.081	25	0.050	1	−0.043	25	−0.088	30
贵州	−0.092	26	−0.020	23	−0.060	26	−0.012	21
河南	−0.116	27	−0.030	27	−0.083	27	−0.003	18
吉林	−0.144	28	0.019	11	−0.117	28	−0.046	27
黑龙江	−0.182	29	0.001	12	−0.148	29	−0.035	25
甘肃	−0.183	30	0.028	5	−0.152	30	−0.059	29

注：①本表根据省区测算体系中政府政策支持度的指标体系，依各指标2012年数据测算而得；②本表各省份按照政府政策支持度的指数值从大到小排序；③本表一级指标政府政策支持度指标值等于绿色投资指标、基础设施指标、环境治理指标三个二级指标指数值之和；④以上数据及排名根据《中国统计年鉴2013》、《中国环境统计年鉴2013》、《中国环境统计年报2012》、《中国城市统计年鉴2013》、《中国水利统计年鉴2013》、《中国工业经济统计年鉴2013》、《中国沙漠及其治理》测算

从表3-1中看到，2012年指数值最高的是北京，为0.182，比全国平均水平高出18.2%；最低的甘肃为−0.183，比全国平均水平低18.3%；极差为0.365；有15个地区得分高于平均水平，较2013年增加了两个地区。排在政府政策支持度前10位的省份依次是北京、海南、陕西、新疆、江苏、山东、浙江、内蒙古、云南和福建（排序见图3-1）。其中，绿色投资指标排名前10位的省份依次是青海、内蒙古、陕西、海南、甘肃、宁夏、新疆、山西、北京和江苏；基础设施指标排名前10位的省份依次是北京、海南、新疆、上海、陕西、天津、江苏、浙江、山东和江西；环境治理指标排名前10位的省份依次是内蒙古、宁夏、浙江、福建、山西、山东、云南、湖南、北京和海南。

政府政策支持度排名地区分布见图3-2，地图颜色的深浅代表了政府政策支持度的不同程度，颜色越深，表明政府政策支持度越高，反之则越低。其中，排在前10位的省份用"深绿色"表示，排在第11~20位的省份用"中度绿色"表示，排在后10位的省份用"浅绿色"表示。如图3-2所示，政府政策支持度的地区差异依旧明显。从东部、中部、西部和东北四大经济区的角度看，深绿色相对集中在东部沿海地区；东北地区辽宁是中等绿色，另外两省是浅绿色；中部和西部依旧相对复杂，不同深浅的绿色交织，表明这两个区域内部各省份的差异较大。具体来看，各地区政府政策支持度的总体特点如下。

1. 政府政策支持度区域间差异分析

从政府政策支持度的区域分布来看，政府政策支持度总体呈现东部最好、西部和中部较好、东北地区偏低的局面。从图3-3中可以看出，东部地区政府政策支持度平均分最高且高于全国平均水平，为0.057；西部和中部次之，略低于平均水平，分别为−0.009和−0.022；东北地区最低，为−0.113。

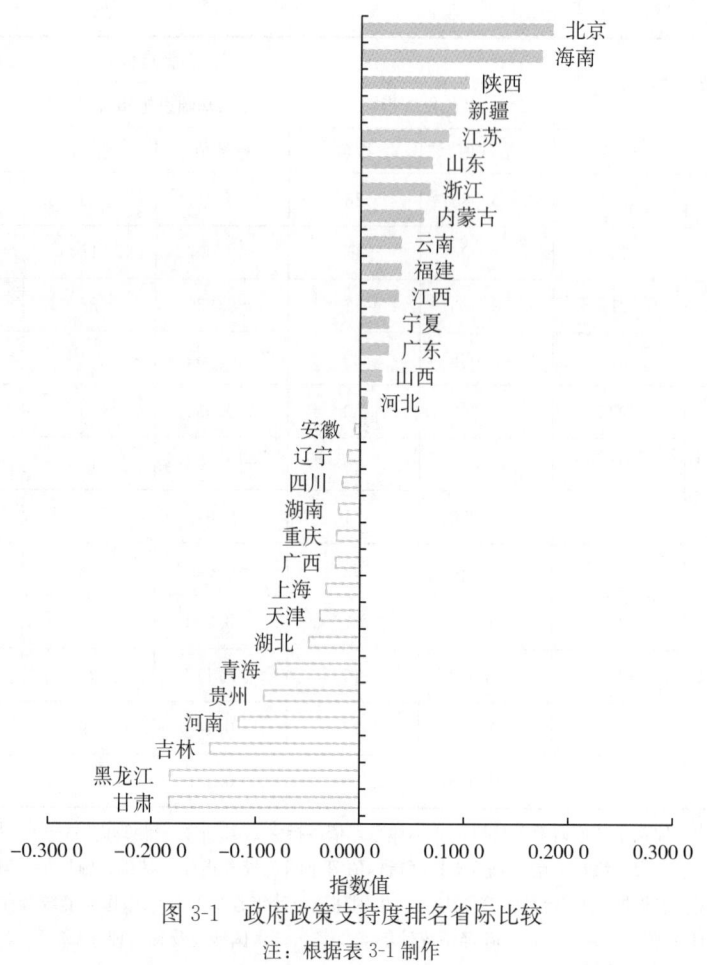

图 3-1 政府政策支持度排名省际比较
注：根据表 3-1 制作

具体来看，东部总体水平明显高于其他地区。在东部地区的 10 个省份中，有 6 个排在前 10 位；其他 4 个省份中，广东、河北分别排在第 13、15 位，居于中等水平，上海和天津分列第 22、23 位。西部总体水平较高，处于前 10 名的省份比 2013 年增加 1 个地区。西部的 11 个省份中，陕西、新疆、内蒙古和云南分别以第 3、4、8、9 位的水平位居前 10 位；宁夏、四川和重庆排在第 11～20 位；其他 4 个省份排在第 21～30 位，依次为广西、青海、贵州和甘肃。中部平均水平与 2013 年相比几乎没有变动。中部 6 个省份中，江西、山西、安徽和湖南则分别位居第 11、14、16 和 19 位；只有湖北和河南两省排名相对靠后，排名第 24 位和第 27 位。东北地区总体水平相对较低，辽宁、吉林和黑龙江三省的排名分别为第 17、28 和 29 位，整体仍然处于靠后的位置。辽宁省相比 2013 年前进了四名，已经十分接近全国平均水平。

就政府政策支持度的三个分指标而言，区域间的差异也非常显著。其中，基础设施指标的区域间差异最大，东部地区明显高于全国平均水平及其他三个地区；中部地区和西部地区则较为接近，不过都略低于全国平均水平；东北地区得分最低。绿色投资指标的区域间差异最小，西部地区绿色投资指数相对高于其他地区，也是唯一高于全国平均水平的地区；其次是东北、东部和中部地区，这三个地区的绿色投资指数都非常接近。环境治理指标的区域差异相对较小，四大区域都处在全国平均水平附近，东部和中部地区略高于全国平均水平，西部和东北地区相对较低。总体来看，东部地区的各项指数得分相对较高，而东北地区得分则相对较低。

2. 政府政策支持度区域内情况分析

从四大区域内各省份的情况看（表 3-2），西部和东部的省间差异最大，区域内各省份呈现两极分化的特征。西部地区排名最靠前的陕西和排名最靠后的甘肃相差 0.285，东部地区排名最靠前的北京

第三章 省际政府政策支持度测算及分析

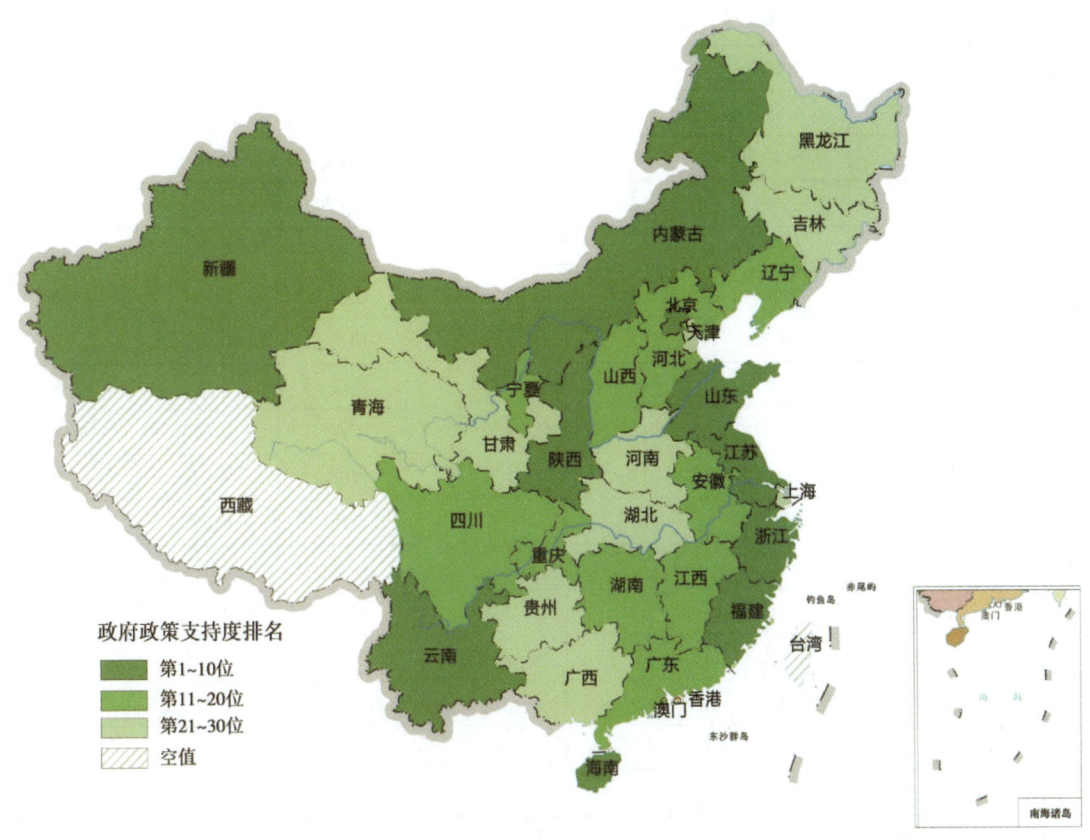

图 3-2 政府政策支持度排名地区分布
注：根据表 3-1 制作

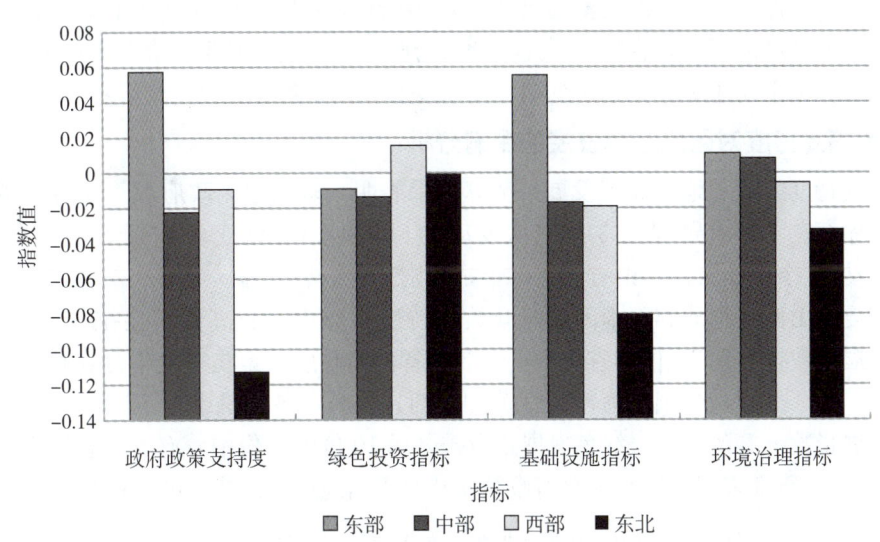

图 3-3 中国四大区域政府政策支持度对照图
注：图中数据为四大区域中各省份指标值的算术平均值

和排名最靠后的天津相差 0.220。这两个地区内集中了一批政府政策支持度较高的省份，同时也存在着一定数量的相对落后的省份。政府政策支持度排名前 10 位的省份中有 6 个来自东部地区，4 个来自西部地区。排名前 15 位的省份中，除第 11 和 14 名（江西和山西）属于中部地区外，其他均属于东部和西部地区。不过，东部、西部地区中也有 8 个省份得分低于全国平均水平，而且广西、上海、天津、青海、贵州、甘肃的排名处于后 10 位。

表 3-2　政府政策支持度四大区域内部差异分析

区域	地区	指数值	排名	区域	地区	指数值	排名
东部	北京	0.182	1	西部	陕西	0.102	3
	海南	0.172	2		新疆	0.090	4
	江苏	0.083	5		内蒙古	0.060	8
	山东	0.068	6		云南	0.038	9
	浙江	0.066	7		宁夏	0.027	12
	福建	0.038	10		四川	−0.017	18
	广东	0.027	13		重庆	−0.022	20
	河北	0.007	15		广西	−0.023	21
	上海	−0.032	22		青海	−0.081	25
	天津	−0.038	23		贵州	−0.092	26
中部	江西	0.036	11		甘肃	−0.183	30
	山西	0.020	14	东北	辽宁	−0.012	17
	安徽	−0.005	16		吉林	−0.144	28
	湖南	−0.020	19		黑龙江	−0.182	29
	湖北	0.049	24				
	河南	−0.116	27				

注：本表根据表 3-1 整理

相比而言，中部和东北地区各省份间的差异相对较小，但两个地区的特征有所不同。中部六省中，得分最高的江西比得分最低的河南高出 0.152，各省得分普遍较低，只有江西、山西得分高于全国平均水平。东北地区的辽宁、吉林和黑龙江的政府政策支持度都较低，介于 −0.012 和 −0.182 之间，均明显低于全国平均水平，分别位列第 17、28 和 29 位，各省的政府政策支持度都有待提升。

3. 政府政策支持度对区域绿色发展的影响分析

政府政策支持度影响着地区绿色发展，测算结果表明，多数地区政府政策支持度指数排序与绿色发展指数排序存在一定差异（表 3-3），名次变动在 5 位以上（不含变动 5 位）的省份有 13 个，接近一半；排名变动 10 个位次及以上的省份有 7 个，分别是青海、上海、天津、新疆、山西、河北和宁夏。其中，宁夏、山西、河北和新疆因政府政策支持度指数得分较高而明显拉升了绿色发展指数。此外，绿色发展指数排名前 10 位的省份中，有 3 个省份因政府政策支持度得分较高而拉动了绿色发展指数的提升，这 3 个省份分别是海南、江苏和陕西。同时，各省份中也不乏政府政策支持度较弱而影响绿色发展指数上升的例子，绿色发展指数排名后 10 位的省份中，有 5 个省份政府政策支持度的排名在后 10 位。研究表明，适宜的政府政策支持对于当地绿色经济发展具有明显的推动作用。

表 3-3　省际绿色发展指数与政府政策支持度排名差异比较

地区	绿色发展指数排名	政府政策支持度排名	位次变化	地区	绿色发展指数排名	政府政策支持度排名	位次变化
北京	1	1	0	浙江	5	7	−2
青海	2	25	−23	内蒙古	6	8	−2
海南	3	2	1	福建	7	10	−3
上海	4	22	−18	天津	8	23	−15

续表

地区	绿色发展指数排名	政府政策支持度排名	位次变化	地区	绿色发展指数排名	政府政策支持度排名	位次变化
江苏	9	5	4	辽宁	20	17	3
陕西	10	3	7	湖南	21	19	2
广东	11	13	-2	黑龙江	22	29	-7
四川	12	18	-6	安徽	23	16	7
云南	13	9	4	吉林	24	28	-4
山东	14	6	8	湖北	25	24	1
江西	15	11	4	山西	26	14	12
新疆	16	4	12	河北	27	15	12
广西	17	21	-4	宁夏	28	12	16
贵州	18	26	-8	甘肃	29	30	-1
重庆	19	20	-1	河南	30	27	3

注：本表根据表0-5和表3-1整理而得

二、省际政府政策支持度比较分析

本节分别从绿色投资指标、基础设施指标及环境治理指标3个方面进行比较分析，以进一步剖析各地区政府政策支持度的特征。省际政府政策支持度指数占绿色发展指数总权重的30%，绿色投资、基础设施和环境治理的权重分别为25%、45%和30%。

1. 省际绿色投资指标测算结果及分析

绿色投资指标由环境保护支出占财政支出比重，环境污染治理投资占地区生产总值比重，农村人均改水、改厕的政府投资，单位耕地面积退耕还林投资完成额，科教文卫支出占财政支出比重5个三级指标构成，占政府政策支持度指数的权重为25%，占绿色发展指数的7.5%，各项指标的权重采用均权法，各占1.50%（表3-4）。

表3-4 省际绿色投资指标三级指标、权重及指标属性（单位:%）

指标序号	指标	权重	指标属性
1	环境保护支出占财政支出比重	1.50	正
2	环境污染治理投资占地区生产总值比重	1.50	正
3	农村人均改水、改厕的政府投资	1.50	正
4	单位耕地面积退耕还林投资完成额	1.50	正
5	科教文卫支出占财政支出比重	1.50	正

注：本表内容是由本报告课题组召开的多次专家座谈会研讨确定的

测算结果表明（表3-5和图3-4），各地区绿色投资指数得分相差较小，极差为0.112。其中，得分最高的青海为0.050，比全国平均水平高5.00%；得分最低的天津为-0.062，比平均水平低6.20%；共有12个省份得分高于全国平均水平。按得分高低，排在前10位的省份依次是青海、内蒙古、陕西、海南、甘肃、宁夏、新疆、山西、北京和江苏，其中西部6个、东部3个、中部1个。

2014中国绿色发展指数报告——区域比较

表3-5 省际绿色投资指标指数及其排名

地区	指数值	排名	地区	指数值	排名
青海	0.050	1	江西	-0.004	16
内蒙古	0.038	2	重庆	-0.004	17
陕西	0.033	3	云南	-0.005	18
海南	0.030	4	河北	-0.010	19
甘肃	0.028	5	浙江	-0.011	20
宁夏	0.027	6	安徽	-0.013	21
新疆	0.026	7	广东	-0.019	22
山西	0.024	8	贵州	-0.020	23
北京	0.023	9	辽宁	-0.021	24
江苏	0.021	10	福建	-0.023	25
吉林	0.019	11	湖北	-0.024	26
黑龙江	0.001	12	河南	-0.030	27
广西	0.000	13	湖南	-0.035	28
山东	-0.001	14	上海	-0.038	29
四川	-0.001	15	天津	-0.062	30

注：以上数据及排名根据《中国统计年鉴2013》、《中国环境统计年鉴2013》、《中国环境统计年报2012》、《中国城市统计年鉴2013》、《中国水利统计年鉴2013》、《中国工业经济统计年鉴2013》、《中国沙漠及其治理》等测算

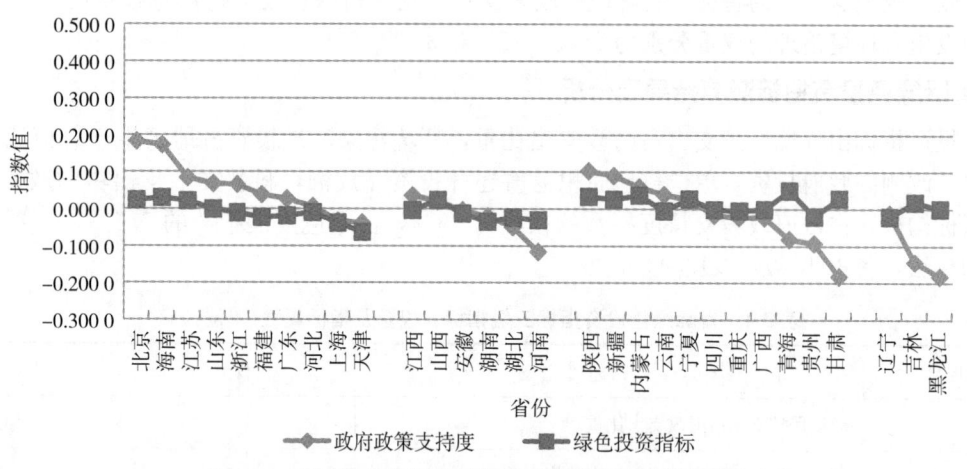

图3-4 省际绿色投资指标与政府政策支持度指数对比

注：本图从东部、中部、西部和东北地区划分的角度，根据政府政策支持度指数大小自左到右排列

排在第11~20位的省份依次是吉林、黑龙江、广西、山东、四川、江西、重庆、云南、河北和浙江，其中东部3个、中部1个、西部4个、东北2个。

排在后10位的省份依次是安徽、广东、贵州、辽宁、福建、湖北、河南、湖南、上海和天津，其中东部4个、中部4个、西部1个、东北1个。

综上所述，西部各省份总体排名较靠前，在绿色投资指标上的得分具有整体优势，在全国前十中独占了6位，而且除云南、贵州、四川、重庆、广西外其余省份均高于全国平均水平。其次是东部和东北地区，东部各省份绿色投资指标得分有明显差异，得分较高的海南、北京、江苏居于全国前10位，山东、河北、浙江处于中间水平，但广东、福建、上海、天津处于后10位。东北地区各省份得分差异较大，吉林、黑龙江分别为全国第11、12位，辽宁为倒数第7位。中部地区整体水较

低，仅有山西一省得分处于全国平均水平之上，排在第8位。

2. 省际基础设施指标测算结果及分析

在政府政策支持度测算体系中，基础设施指标占政府政策支持度指数的权重为45%，共由8个三级指标构成，分别是城市人均绿地面积、城市用水普及率、城市污水处理率、城市生活垃圾无害化处理率、城市每万人拥有公交车辆、人均城市公共交通运营线路网长度、农村累计已改水受益人口占农村总人口比重和建成区绿化覆盖率，每个指标权重均为1.69%（表3-6）。

表3-6 省际基础设施三级指标、权重及指标属性（单位：%）

指标序号	指标	权重	指标属性
6	城市人均绿地面积	1.69	正
7	城市用水普及率	1.69	正
8	城市污水处理率	1.69	正
9	城市生活垃圾无害化处理率	1.69	正
10	城市每万人拥有公交车辆	1.69	正
11	人均城市公共交通运营线路网长度	1.69	正
12	农村累计已改水受益人口占农村总人口比重	1.69	正
13	建成区绿化覆盖率	1.69	正

注：本表内容是由本报告课题组召开的多次专家座谈会研讨确定的

测算结果表明（表3-7和图3-5），基础设施指数地区差异较大，极差为0.286，大于绿色投资指数间差异。其中，得分最高的是北京，为0.134，比全国平均水平高出13.4%；得分最低的甘肃为−0.152，比全国平均水平低15.2%。有15个省份高于全国平均水平。

表3-7 省际基础设施指标指数及其排名

地区	指数值	排名	地区	指数值	排名
北京	0.134	1	湖北	−0.003	16
海南	0.117	2	安徽	−0.006	17
新疆	0.107	3	重庆	−0.007	18
上海	0.059	4	四川	−0.010	19
陕西	0.056	5	湖南	−0.011	20
天津	0.050	6	山西	−0.032	21
江苏	0.049	7	广西	−0.039	22
浙江	0.042	8	宁夏	−0.040	23
山东	0.040	9	内蒙古	−0.040	24
江西	0.035	10	青海	−0.043	25
福建	0.031	11	贵州	−0.060	26
广东	0.026	12	河南	−0.083	27
辽宁	0.024	13	吉林	−0.117	28
云南	0.017	14	黑龙江	−0.148	29
河北	0.004	15	甘肃	−0.152	30

注：以上数据及排名根据《中国统计年鉴2013》、《中国环境统计年鉴2013》、《中国环境统计年报2012》、《中国城市统计年鉴2013》、《中国水利统计年鉴2013》、《中国工业经济统计年鉴2013》、《中国沙漠及其治理》等测算

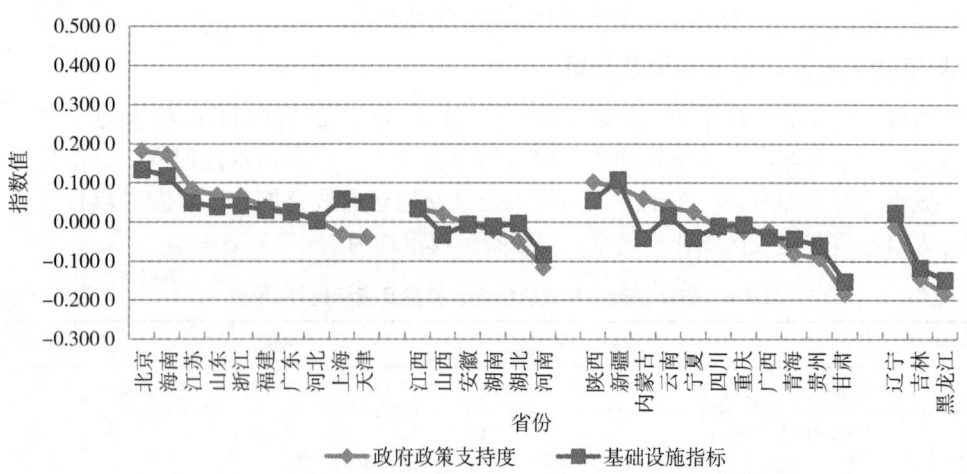

图 3-5 省际基础设施指标与政府政策支持度指数对比

注：本图从东部、中部、西部和东北地区划分的角度，根据政府政策支持度指数大小自左到右排列

排在前 10 位的省份依次是北京、海南、新疆、上海、陕西、天津、江苏、浙江、山东和江西，其中，新疆、陕西为西部省份，江西为中部省份，其他 7 个均为东部省份，东部省份在基础设施指标上的得分具有绝对优势。

排在第 11～20 位的依次是福建、广东、辽宁、云南、河北、湖北、安徽、重庆、四川和湖南，其中，东部 3 个省份、中部 3 个省份、西部 3 个省份、东北 1 个省份。

排名后 10 位的依次为山西、广西、宁夏、内蒙古、青海、贵州、河南、吉林、黑龙江和甘肃，其中，中部省份 2 个、西部省份 6 个、东北省份 2 个。

综上所述，东部地区基础设施最具优势，各省份均高于全国平均水平，内部差距较小。中部地区内部差异也较小，且均与全国平均水平接近，其中，江西排名较靠前，河南较靠后。西部地区各省份差异显著，其中，新疆得分 0.107，位列全国第 3 位，而甘肃得分仅为 -0.152，位列倒数第一，两省区得分相差 0.259。东北地区整体情况不容乐观，吉林和黑龙江分列全国倒数第三和倒数第二。

3. 省际环境治理指标测算结果及分析

在政府政策支持度测算体系中，环境治理指标占政府政策支持度指数的权重为 30%，由 6 个三级指标构成，分别是人均当年新增造林面积、工业二氧化硫去除率、工业废水化学需氧量去除率、工业氮氧化物去除率、工业废水氨氮去除率和突发环境事件次数，每个指标权重均为 1.50%（表 3-8）。

表 3-8 省际环境治理三级指标、权重及指标属性（单位：%）

指标序号	指标	权重	指标属性
14	人均当年新增造林面积	1.50	正
15	工业二氧化硫去除率	1.50	正
16	工业废水化学需氧量去除率	1.50	正
17	工业氮氧化物去除率	1.50	正
18	工业废水氨氮去除率	1.50	正
19	突发环境事件次数	1.50	逆

注：本表内容是由本报告课题组召开的多次专家座谈会研讨确定的

测算结果（表 3-9 和图 3-6）表明，地区间环境治理指数差异较小，极差为 0.150，低于基础设施指数。其中，得分最高的内蒙古为 0.062，比全国平均水平高出 6.2%；得分最低的青海为 -0.088，比全国平均水平低8.8%，有17个省份高于全国平均水平。

表3-9 省际环境治理指标指数及其排名

地区	指数值	排名	地区	指数值	排名
内蒙古	0.062	1	河北	0.012	16
宁夏	0.039	2	江西	0.005	17
浙江	0.034	3	河南	−0.003	18
福建	0.031	4	四川	−0.005	19
山西	0.029	5	重庆	−0.011	20
山东	0.029	6	贵州	−0.012	21
云南	0.026	7	辽宁	−0.015	22
湖南	0.026	8	湖北	−0.022	23
北京	0.025	9	天津	−0.026	24
海南	0.025	10	黑龙江	−0.035	25
广东	0.019	11	新疆	−0.043	26
广西	0.016	12	吉林	−0.046	27
安徽	0.014	13	上海	−0.053	28
陕西	0.013	14	甘肃	−0.059	29
江苏	0.013	15	青海	−0.088	30

注：以上数据及排名根据《中国统计年鉴2013》、《中国环境统计年鉴2013》、《中国环境统计年报2012》、《中国城市统计年鉴2013》、《中国水利统计年鉴2013》、《中国工业经济统计年鉴2013》、《中国沙漠及其治理》等测算

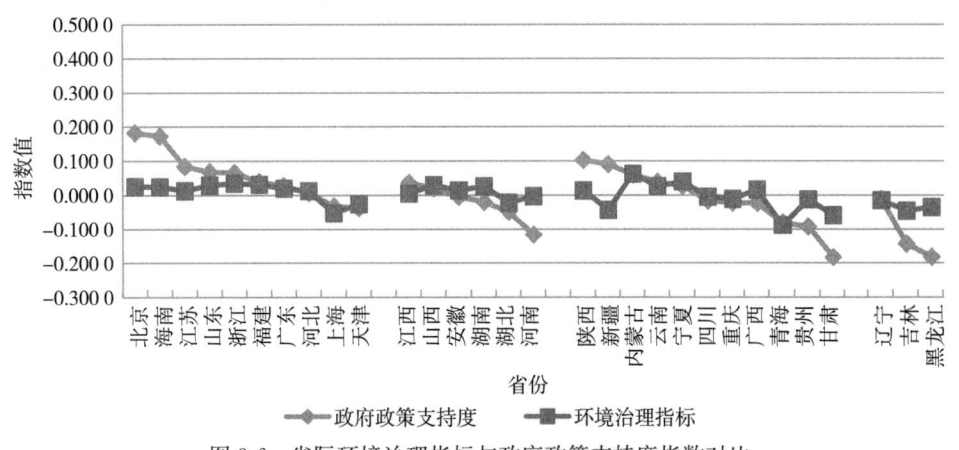

图3-6 省际环境治理指标与政府政策支持度指数对比

注：本图从东部、中部、西部和东北地区划分的角度，根据政府政策支持度指数大小自左到右排列

排在全国前10位的省份依次是内蒙古、宁夏、浙江、福建、山西、山东、云南、湖南、北京和海南，其中，东部省份5个、中部省份2个、西部省份3个。

排在第11～20位的省份依次是广东、广西、安徽、陕西、江苏、河北、江西、河南、四川和重庆，其中，东部省份3个、中部省份3个、西部省份4个。

排在后10位的省份依次是贵州、辽宁、湖北、天津、黑龙江、新疆、吉林、上海、甘肃和青

海，其中，东部省份2个、中部省份1个、西部省份4个、东北省份3个。

综上所述，东部地区环境治理整体得分较高，除上海和天津外，其余省份均高于全国平均水平，但名次的内部差距较大，其中，浙江排名全国第三，上海却名列倒数第三。中部地区的整体水平也较高，六省中只有湖北显著低于全国平均水平，山西以0.029名列全国第五。西部省份内部差异也较显著，内蒙古以0.062居全国第1位，青海以－0.088居全国倒数第1位。东北三省中辽宁最高，其次是黑龙江，吉林最低，整体得分偏低。

第四章

中国省际绿色发展的实现路径与政策研究

中国省际绿色发展需从横、纵两个维度进行剖析：横向来看，2012年省际绿色发展区域间的梯度差异明显。东部省份优势明显，北京领先。西部省份水平悬殊，青海突出。中部和东北地区省份的绿色发展水平相对较低。纵向来看，2008～2012年的5年中，绿色发展指数排名前十和后十的省份基本没变，尽管"阵营"相对稳定，但在阵营内部，有些具体省份的排名则变化显著，这也说明中国省际绿色发展兼具相对稳定性和动态演化特征。本章利用主成分分析法试图找到分别影响三个一级指标的主要因素，并在此基础上提出省际绿色发展的路径与政策建议，以供决策参考。

一、中国省际绿色发展的基本情况

5年来，《中国绿色发展指数报告》运用绿色发展指数动态监测我国30个省份（西藏数据缺失，不含港澳台地区）的绿色发展水平，基于2010～2013年的4本《中国绿色发展指数报告》和2014年课题组数据库，可知2008～2012年我国省际绿色发展水平及历史演化情况。

（一）纵向来看，省际绿色发展水平兼有相对稳定性和动态演化特征

表4-1给出了2008～2012年中国绿色发展指数排名前十和后十的省份。

表4-1 2008～2012年中国绿色发展指数排名前十和后十的省份

排名	2008年	2009年	2010年	2011年	2012年
1	北京	北京	北京	北京	北京
2	青海	上海	天津	青海	青海
3	浙江	青海	广东	海南	海南
4	上海	天津	海南	上海	上海
5	海南	海南	浙江	浙江	浙江
6	天津	浙江	青海	天津	内蒙古
7	福建	云南	云南	福建	福建
8	江苏	福建	福建	内蒙古	天津
9	广东	江苏	上海	江苏	江苏
10	山东	广东	山东	陕西	陕西
21	吉林	重庆	四川	安徽	湖南
22	湖北	湖北	安徽	广西	黑龙江
23	辽宁	吉林	辽宁	吉林	安徽

续表

排名	2008年	2009年	2010年	2011年	2012年
24	广西	广西	湖北	辽宁	吉林
25	重庆	辽宁	甘肃	河北	湖北
26	河北	湖南	广西	山西	山西
27	湖南	宁夏	湖南	湖南	河北
28	宁夏	山西	宁夏	甘肃	宁夏
29	河南	甘肃	山西	宁夏	甘肃
30	山西	河南	河南	河南	河南

注：2008~2011年各省绿色发展指数排名分别来自2010~2013年《中国绿色发展指数报告》，2012年数据来自课题组最新测算结果

从表4-1可发现，《中国绿色发展指数报告》对省际绿色发展的测算结果具有相对稳定性：2008~2012年绿色发展指数排名前十和后十的省份基本没变。北京、青海、海南、上海、天津等省份的绿色发展水平一直名列前十，河南、宁夏、山西、湖南等省份的绿色发展水平则居于最后十位。

此外，课题组研究发布《中国绿色发展指数报告》，旨在推动各地区绿色发展，如果年度间的省际绿色发展排名完全相同，就失去了动态演化特征，各地方政府也就没有动力制定政策、推动绿色发展。从表4-1知，省际绿色发展还具有动态演化特征。例如，江苏在2008年、2009年的绿色发展水平分别居全国第8位、第9位，但2010年跌出前十，排在第12位，此后两年重新进入前十，排名第9位；又如，广东绿色发展水平波动很大，2008~2010年一直跻身前十，分别为第9、10、3位，但2011年和2012年均跌出前十，排名第12位和第11位；再如，内蒙古和陕西两省的绿色发展水平则显著提升，2008年两省的绿色发展水平分别排在第11位和第15位，到了2012年，则分别提升了5个名次，排在全国第6位和第10位。

绿色发展水平排名后十的省份亦有所变动，2008年和2009年，重庆分别排名全国第25位和第21位，此后3年均跳出后十，依次排第19、17、19位。山西近年力推经济转型，绿色发展水平也有所提高，从2008年的全国垫底升至2012年的第26位，上升了4个名次。甘肃、宁夏、河南三省区的绿色发展基本停滞，甚或略有下降。

(二)横向来看，省际绿色发展水平区域间梯度差异明显

表0-5给出了2012年我国30个省份绿色发展指数及3个一级指标的值及排名情况。

从表0-5中可看出，我国省际绿色发展水平区域间梯度差异明显：首先，东部省份绿色发展优势明显，北京领先。绿色发展指数排名靠前的10个省份中有7个属于东部地区，依据排名由高到低的顺序，这7个省份分别是北京(第1名)、海南(第3名)、上海(第4名)、浙江(第5名)、福建(第7名)、天津(第8名)、江苏(第9名)，即2012年绿色发展指数最高的5个省份中有4个来自东部地区。其次，西部省份绿色发展水平悬殊，青海突出。西部省份间的绿色发展水平差距很大，排名前十的省份中，除了上述东部7个省份外，其余3个均来自西部地区，分别是青海(第2名)、内蒙古(第6名)和陕西(第10名)，同时排名倒数第二、第三的省份也是在西部地区，分别是甘肃(第29名)和宁夏(第28名)。青海省绿色发展优势突出，仅次于北京，居全国第2位。最后，中部和东北地区省份的绿色发展水平相对较低。中部、东北地区省份的绿色发展指数排名基本在20名以后。

二、影响中国省际绿色发展水平的主要因素分析

中国省际绿色发展指数指标体系是由经济增长绿化度、资源环境承载潜力、政府政策支持度3

个一级指标按照3∶4∶3的权重构成的,因此,探究影响省际绿色发展水平的因素就要围绕这3个一级指标进行深入剖析。本部分首先依据2012年的一级指标值将参与测度的30个省份进行归类,然后分别对3个一级指标进行主成分分析,运用降维的方法聚焦影响省际绿色发展水平的重要因素。

(一)从一级指标看中国省际绿色发展

由于3个一级指标的权重基本相等,因此,经济增长绿化度、资源环境承载潜力、政府政策支持度越高的省份,其绿色发展水平越高,图4-1给出了2012年我国30个省份的一级指标情况。

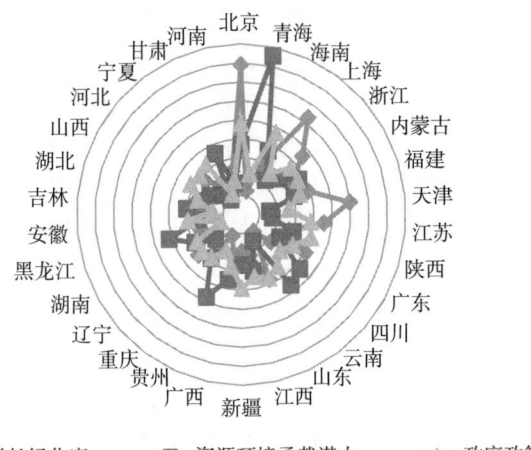

图4-1　省际绿色发展指数的一级指标及分布情况(2012年)

注:数据来源于表0-5

如图4-1所示,2012年,北京、上海、天津、江苏等省份经济增长绿化度全国领先,青海、贵州、云南、四川等省份资源环境承载潜力排名靠前,北京、海南、陕西、新疆等省份政府政策支持度最为突出,也就是说,很少省份能够同时实现经济增长绿化度、资源环境承载潜力、政府政策支持度这三个方面协调均衡的绿色发展,绝大部分地区是依靠某一个或两个一级指标实现绿色发展。

北京、内蒙古经济增长、资源环境、政府政策三方面共同推动地区绿色发展:经济增长绿化度,北京居第1位,内蒙古居第10位;资源环境承载潜力,北京居第6位,内蒙古居第7位;政府政策支持度,北京居第1位,内蒙古居第8位。浙江、福建、江苏、海南这4个省份绿色发展水平较高,但都存在一个短板,主要依靠两个方面推动地区绿色发展:浙江、福建、江苏三省份主要依靠经济增长绿化度和政府政策支持度推动绿色发展,资源环境承载潜力相对薄弱;海南的资源环境承载潜力和政府政策支持度较高,但经济增长绿化度仍待提升。青海、上海、天津、陕西四省份主要依靠某单一方面的突出优势带动地区绿色发展:青海的资源环境承载潜力排在全国第1位;上海、天津的经济增长绿化度分别在全国排名第2位、第3位;陕西的政府政策支持度全国靠前,排在第3位,仅次于北京和海南。

(二)主成分分析:理论模型

如果对某一问题的研究涉及 p 个指标,记为 $X_1,X_2,\cdots,X_p$,由这 p 个随机变量构成的随机向量为 $\boldsymbol{X}=(X_1,X_2,\cdots,X_p)'$,设 $\boldsymbol{X}$ 的均值向量为 $\boldsymbol{\mu}$,协方差矩阵为 $\boldsymbol{\Sigma}$。设 $\boldsymbol{Y}=(Y_1,Y_2,\cdots,Y_p)'$ 为对 $\boldsymbol{X}$ 进行线性变换得到的合成随机向量,如式(4-1)所示。

$$\begin{bmatrix} Y_1 \\ Y_2 \\ \vdots \\ Y_p \end{bmatrix} = \begin{bmatrix} \alpha_{11} & \alpha_{12} & \cdots & \alpha_{1p} \\ \alpha_{21} & \alpha_{22} & \cdots & \alpha_{2p} \\ \vdots & \vdots & \vdots & \vdots \\ \alpha_{p1} & \alpha_{p2} & \cdots & \alpha_{pp} \end{bmatrix} \begin{bmatrix} X_1 \\ X_2 \\ \vdots \\ X_p \end{bmatrix} \quad (4\text{-}1)$$

设 $\boldsymbol{\alpha}_i = (\alpha_{i1}, \alpha_{i2}, \cdots, \alpha_{ip})'$, $i = 1, 2, \cdots, p$, $\boldsymbol{A} = (\boldsymbol{\alpha}_1, \boldsymbol{\alpha}_2, \cdots, \boldsymbol{\alpha}_p)'$, 则

$$Y = AX \quad (4\text{-}2)$$

且满足

$$\begin{aligned} \text{var}(Y_i) &= \boldsymbol{\alpha}'_i \boldsymbol{\Sigma} \boldsymbol{\alpha}_i, \quad i = 1, 2, \cdots, p \\ \text{cov}(Y_i, Y_j) &= \boldsymbol{\alpha}'_i \boldsymbol{\Sigma} \boldsymbol{\alpha}_j, \quad i, j = 1, 2, \cdots, p \end{aligned} \quad (4\text{-}3)$$

根据式(4-2)可以看出,可以对原始变量进行任意的线性变换,不同线性变换得到的合成变量 Y 的统计特征显然是不一样的。每个 Y_i 应尽可能多地反映 p 个原始变量的信息,通常用方差来度量"信息", Y_i 的方差越大表示它所包含的信息越多。由式(4-3)可以看出,将系数向量 $\boldsymbol{\alpha}_i$ 扩大任意倍数会使 Y_i 的方差无限增大,为了消除这种不确定性,增加约束条件,如式(4-4)所示:

$$a'_i a_i = 1 \quad (4\text{-}4)$$

为了有效地反映原始变量的信息,Y 的不同分量包含的信息不应重叠。综上所述,式(4-1)的线性变换需要满足下面的约束。

(1) $a'_i a_i = 1$, 即 $a^2_{i1} + a^2_{i2} + \cdots + a^2_{ip} = 1$, $i = 1, 2, \cdots, p$。

(2) Y_1 在满足约束 (1) 的情况下,方差最大; Y_2 是在满足约束(1),且与 Y_1 不相关的条件下,其方差达到最大; …… Y_p 是在满足约束 (1),且与 Y_1, Y_2, …, Y_{p-1} 不相关的条件下,在各种线性组合中方差达到最大者。

满足上述约束得到的合成变量 Y_1, Y_2, …, Y_p 分别称为原始变量的第 1 主成分、第 2 主成分、…、第 p 主成分,而且各成分方差在总方差中占的比重依次递减,通常只挑选前几个方差较大的主成分,如累计贡献率超过 80% 的前几个主成分。

(三)对省际绿色发展指数一级指标的主成分分析:实证研究

中国省际绿色发展指数指标体系中的 3 个一级指标都是由很多三级指标构成的:经济增长绿化度包括人均地区生产总值、单位地区生产总值能耗等 22 个三级指标;资源环境承载潜力包括人均水资源量、森林覆盖率等 19 个三级指标;政府政策支持度则由环境保护支出占财政支出比重、环境污染治理投资占地区生产总值比重等 19 个三级指标构成。对于旨在推动绿色发展的省级政府而言,决策单元就是 3 个权重几乎相等的一级指标,但是影响每个决策单元的三级指标数量众多,如果有所侧重的话,政府无法找准发力点,因此,需要利用必要的方法(主成分分析法)找到分别影响 3 个一级指标的主要因素,提供决策参考。

基于课题组数据库中 2012 年 30 个省份 55 个三级指标的原始数据[①],利用 EViews 5.0 软件对省际绿色发展指数一级指标进行主成分分析:第一个步骤要求对 30 个省份 55 个三级指标原始数据进行无量纲的标准化处理,即矩阵标准化,因篇幅所限,不再列出。下面分别给出省际绿色发展指数 3 个一级指标的主成分分析结果。

1. "经济增长绿化度"的主成分分析

表 4-2 给出了对一级指标"经济增长绿化度"中去掉 3 个无数列表、共计 19 个有效三级指标的主成分分析结果。

[①] 非化石能源消费量占能源消费量的比重、单位地区生产总值二氧化碳排放量、规模以上单位工业增加值能耗、单位土地面积二氧化碳排放量、人均二氧化碳排放量这 5 个三级指标数据缺失,因而课题组发布的《中国绿色发展指数报告》中为"无数列表"。

表 4-2 "经济增长绿化度"一级指标组的主成分分析结果

指标		第1主成分	第2主成分	第3主成分	第4主成分	第5主成分	第6主成分
特征向量	人均地区生产总值	0.299	0.122	−0.164	−0.202	0.014	−0.094
	单位地区生产总值能耗	0.260	−0.288	−0.045	0.108	−0.102	−0.008
	单位地区生产总值二氧化硫排放量	0.298	−0.038	0.104	0.256	0.001	0.009
	单位地区生产总值化学需氧量排放量	0.303	0.029	−0.048	0.178	0.171	−0.072
	单位地区生产总值氮氧化物排放量	0.180	−0.411	0.155	−0.184	0.189	0.318
	单位地区生产总值氨氮排放量	0.302	0.137	−0.044	0.098	0.199	0.108
	人均城镇生活消费用电	−0.194	0.157	−0.382	0.327	−0.229	−0.192
	第一产业劳动生产率	0.214	−0.020	0.125	−0.409	−0.486	−0.122
	土地产出率	0.255	−0.122	0.026	0.052	−0.361	0.250
	节灌率	0.170	0.422	0.010	0.114	−0.167	0.152
	有效灌溉面积占耕地面积比重	0.208	−0.041	0.007	0.030	−0.549	−0.009
	第二产业劳动生产率	0.053	0.444	0.055	−0.471	0.116	−0.294
	单位工业增加值水耗	0.145	0.244	−0.281	−0.194	0.160	0.639
	工业固体废物综合利用率	0.197	−0.227	−0.314	0.097	0.092	−0.302
	工业用水重复利用率	−0.016	−0.073	−0.722	−0.079	−0.068	0.104
	六大高载能行业产值占工业总产值比重	0.179	−0.336	−0.135	−0.280	0.219	−0.270
	第三产业劳动生产率	0.286	0.148	−0.129	−0.075	0.066	−0.224
	第三产业增加值比重	0.261	0.124	0.119	0.387	0.154	−0.110
	第三产业从业人员比重	0.272	0.171	0.136	0.078	0.086	−0.050
特征值		9.251	2.637	1.454	1.273	0.956	0.847
贡献率		0.487	0.139	0.077	0.067	0.050	0.045
累积贡献率		0.487	0.626	0.703	0.769	0.820	0.864

如表 4-2 所示,在"经济增长绿化度"这个由 19 个有效三级指标构成的指标组中,只需要 6 个合成指标(主成分)就可以解释总指标的 86.4%。按照主成分分析的通常步骤,是依据表 4-2 中 19 个有效三级指标的特征向量值作为合成系数、构造 6 个主成分再进行分析,这里作适度修正,不再合成所有三级指标,而是分别依据各三级指标在第 1 主成分中的特征向量值、6 个主成分中特征向量总值判断其相对重要性[①],从而为省级政府促进本地经济增长绿化度提供路径支持和决策参考。

---

① 对于单个主成分而言,某三级指标的特征向量值(取绝对值)越大,说明其对该主成分的影响就越大,因而就越重要。但从多个主成分来看,某单一指标的特征向量总值(取和的绝对值)越大,说明其对该多个主成分的整体影响就越大,下文对"资源环境承载潜力"、"政府政策支持度"的有效三级指标分析过程中同样采此方法,不再说明。

第1主成分能够解释经济增长绿化度的48.7%,其中,单位地区生产总值主要污染物排放强度最为重要,其特征向量值最高,都约为0.3,单位地区生产总值二氧化硫排放量的特征向量值为0.298、单位地区生产总值化学需氧量排放量的特征向量值为0.303、单位地区生产总值氨氮排放量的特征向量值为0.302;人均地区生产总值和第三产业的发展质量对地区经济增长绿化度的重要性仅次于单位地区生产总值主要污染物排放强度,其特征向量值均超过0.26,人均地区生产总值、单位地区生产总值能耗的特征向量值分别为0.299、0.260,第三产业劳动生产率、第三产业增加值比重、第三产业从业人员比重的特征向量值分别为0.286、0.261、0.272。

6个主成分能够解释经济增长绿化度的86.4%,从19个三级指标在6个主成分中的特征向量总值来看,有9个三级指标的特征向量总值大于0.6,第三产业增加值比重的特征向量总值最高,为0.935,其次是工业用水重复利用率(0.854)、单位地区生产总值氨氮排放量(0.8),然后依次是单位工业增加值水耗(0.713)、节灌率(0.701)、第三产业从业人员比重(0.693)、第一产业劳动生产率(0.69)、单位地区生产总值二氧化硫排放量(0.63)、六大高载能行业产值占工业总产值比重(0.623)。

2. "资源环境承载潜力"的主成分分析

表4-3给出了对一级指标"资源环境承载潜力"中去掉2个无数列表、共计17个有效三级指标的主成分分析结果。

表4-3 "资源环境承载潜力"一级指标组的主成分分析结果

	指标	第1主成分	第2主成分	第3主成分	第4主成分	第5主成分
特征向量	人均水资源量	−0.289	0.332	0.061	−0.171	0.090
	人均森林面积	−0.298	0.021	−0.258	−0.018	−0.408
	森林覆盖率	0.128	0.325	−0.397	−0.042	−0.101
	自然保护区面积占辖区面积比重	−0.334	0.070	0.085	−0.078	−0.030
	湿地面积占国土面积比重	0.114	−0.136	0.346	−0.439	−0.419
	人均活立木总蓄积量	−0.179	−0.029	−0.378	0.043	−0.586
	单位土地面积二氧化硫排放量	−0.334	0.225	0.136	−0.183	0.081
	人均二氧化硫排放量	0.182	0.324	−0.016	−0.206	−0.079
	单位土地面积化学需氧量排放量	−0.341	0.171	0.222	−0.077	0.109
	人均化学需氧量排放量	0.158	0.226	0.374	0.367	−0.221
	单位土地面积氮氧化物排放量	−0.172	0.209	−0.419	0.247	0.291
	人均氮氧化物排放量	0.167	0.473	0.057	−0.048	−0.083
	单位土地面积氨氮排放量	−0.354	0.134	0.193	−0.089	0.087
	人均氨氮排放量	0.027	0.166	0.255	0.602	−0.176
	单位耕地面积化肥施用量	−0.300	−0.021	0.097	0.175	−0.293
	单位耕地面积农药使用量	−0.252	−0.225	0.063	0.295	0.068
	人均公路交通氮氧化物排放量	0.176	0.399	0.013	0.022	−0.040
	特征值	6.411	2.946	2.479	1.733	1.136
	贡献率	0.377	0.173	0.146	0.102	0.067
	累积贡献率	0.377	0.550	0.696	0.798	0.865

如表4-3所示,在"资源环境承载潜力"这个由17个有效三级指标构成的指标组中,只需要5个合成指标(主成分)就可以解释总指标的86.5%。

第 1 主成分能够解释资源环境承载潜力的 37.7%,其中 7 个三级指标在第 1 主成分中的特征向量值接近或超过 0.3,按照由大到小的顺序依次是单位土地面积氨氮排放量(0.354)、单位土地面积化学需氧量排放量(0.341)、单位土地面积二氧化硫排放量(0.334)、自然保护区面积占辖区面积比重(0.334)、单位耕地面积化肥施用量(0.300)、人均森林面积(0.298)、人均水资源量(0.289)。

5 个主成分能够解释资源环境承载潜力的 86.5%,从 17 个三级指标在 5 个主成分中的特征向量总值来看,有 7 个三级指标的特征向量总值大于 0.5,按照由大到小的顺序依次是人均活立木总蓄积量(1.129)、人均森林面积(0.961)、人均化学需氧量排放量(0.904)、人均氨氮排放量(0.874)、人均公路交通氮氧化物排放量(0.57)、人均氮氧化物排放量(0.566)、湿地面积占国土面积比重(0.534)。

3. "政府政策支持度"的主成分分析

表 4-4 给出了对一级指标"政府政策支持度"中共计 19 个三级指标的主成分分析结果。

表 4-4 "政府政策支持度"一级指标组的主成分分析结果

	指标	第1主成分	第2主成分	第3主成分	第4主成分	第5主成分	第6主成分	第7主成分
特征向量	环境保护支出占财政支出比重	−0.295	0.043	0.002	−0.254	0.058	−0.192	0.370
	环境污染治理投资占地区生产总值比重	−0.122	−0.090	−0.522	−0.189	−0.199	0.350	0.085
	农村人均改水、改厕的政府投资	0.106	−0.347	−0.161	0.221	0.326	−0.249	0.014
	单位耕地面积退耕还林投资完成额	−0.350	−0.149	0.078	−0.043	0.011	−0.402	−0.120
	科教文卫支出占财政支出比重	0.308	0.165	0.246	0.096	−0.201	0.085	−0.130
	城市人均绿地面积	0.092	−0.444	−0.169	−0.011	0.201	0.234	−0.186
	城市用水普及率	0.240	−0.252	0.011	−0.117	−0.394	0.064	0.140
	城市污水处理率	0.248	0.278	−0.308	0.058	0.109	0.014	0.145
	城市生活垃圾无害化处理率	0.260	−0.058	−0.237	0.013	−0.232	−0.408	−0.012
	城市每万人拥有公交车辆	0.122	−0.290	0.213	−0.162	−0.399	−0.201	−0.077
	人均城市公共交通运营线路网长度	0.101	−0.494	−0.093	−0.083	0.063	0.191	−0.115
	农村累计已改水受益人口占农村总人口比重	−0.101	0.157	−0.229	0.315	−0.105	−0.191	−0.666
	建成区绿化覆盖率	0.294	0.045	−0.184	−0.313	−0.157	−0.231	−0.065
	人均当年新增造林面积	−0.292	−0.099	−0.333	−0.007	−0.085	−0.338	0.231
	工业二氧化硫去除率	0.199	0.124	−0.297	0.464	−0.115	0.041	0.336
	工业废水化学需氧量去除率	0.280	0.152	0.106	−0.384	0.242	−0.101	0.065
	工业氮氧化物去除率	0.296	−0.109	0.125	0.204	0.052	−0.270	0.167
	工业废水氨氮去除率	0.161	0.209	−0.291	−0.423	0.253	−0.088	−0.274
	突发环境事件次数	−0.188	0.143	−0.068	−0.097	−0.453	0.102	−0.088

续表

指标	第1主成分	第2主成分	第3主成分	第4主成分	第5主成分	第6主成分	第7主成分
特征值	5.181	3.158	1.872	1.626	1.385	1.148	0.953
贡献率	0.273	0.166	0.099	0.086	0.073	0.060	0.050
累积贡献率	0.273	0.439	0.537	0.623	0.696	0.756	0.806

如表4-4所示，在"政府政策支持度"这个由19个有效三级指标构成的指标组中，只需要7个合成指标（主成分）就可以解释总指标的80.6%。

第1主成分能够解释政府政策支持度的27.3%，其中7个三级指标在第1主成分中的特征向量值接近或超过0.3，按照由大到小的顺序依次是单位耕地面积退耕还林投资完成额（0.350）、科教文卫支出占财政支出比重（0.308）、工业氮氧化物去除率（0.296）、环境保护支出占财政支出比重（0.295）、建成区绿化覆盖率（0.294）、人均当年新增造林面积（0.292）、工业废水化学需氧量去除率（0.280）。

7个主成分能够解释政府政策支持度的80.6%，从19个有效三级指标在7个主成分中的特征向量总值来看，有9个三级指标的特征向量总值大于0.6，按照由大到小的顺序依次是单位耕地面积退耕还林投资完成额（0.975）、人均当年新增造林面积（0.923）、农村累计已改水受益人口占农村总人口比重（0.82）、城市每万人拥有公交车辆（0.794）、工业二氧化硫去除率（0.752）、环境污染治理投资占地区生产总值比重（0.687）、城市生活垃圾无害化处理率（0.674）、突发环境事件次数（0.649）、建成区绿化覆盖率（0.611）。

三、中国省际绿色发展的路径与政策建议

对于省级地方政府而言，推动绿色发展，不仅是破解当地经济社会发展过程中资源与环境瓶颈的必然要求，也是未来地区间综合竞争的核心要素，还符合国内外的发展趋势和中央政策取向。省际绿色发展永无止境，好的更好，差的追赶。每个省份都要视自身省情而定，基于各省静态比较优势，集中优势资源，重点培育这个比较优势。

对于省级政府而言，推动绿色发展，除了发展本省经济、加强自然保护区建设、增加环保支出和环境污染治理投资等已基本达成共识的政策以外，基于本章的主成分分析结果，这里又提出三条建议。

（一）以梳理现行政策为重点削减本省主要污染物排放总量

二氧化硫、化学需氧量、氨氮、氮氧化物等主要污染物排放量直接或间接影响3个一级指标，进而影响地区绿色发展水平：首先，主要污染物排放量影响经济增长绿化度。第1主成分可解释总体方差的48.7%，6个主成分能够解释86.4%。19个有效三级指标解释经济增长绿化度的第1主成分时，单位地区生产总值二氧化硫排放量、单位地区生产总值化学需氧量排放量、单位地区生产总值氨氮排放量这3个三级指标的特征向量值很高，均接近或超过0.3。19个有效三级指标在解释经济增长绿化度的6个主成分时，共有9个三级指标特征向量值大于0.6，如单位地区生产总值氨氮排放量（0.8）和单位地区生产总值二氧化硫排放量（0.63）。其次，主要污染物排放量影响资源环境承载潜力。第1主成分可解释总体方差的37.7%，5个主成分能够解释86.5%。17个有效三级指标解释资源环境承载潜力的第1主成分时，有7个三级指标特征向量值接近或超过0.3，地均主要污染物排放量指标贡献最大，如单位土地面积氨氮排放量（0.354）、单位土地面积化学需氧量排放量（0.341）、单位土地面积二氧化硫排放量（0.334）。17个有效三级指标在解释资源环境承载潜力的5个主成分时，共有7个三级指标的特征向量总值大于0.5，人均主要污染物排放量指标贡献较大，主要有人均

化学需氧量排放量(0.904)、人均氨氮排放量(0.874)、人均公路交通氮氧化物排放量(0.57)和人均氮氧化物排放量(0.566)。最后，主要污染物排放量还影响政府政策支持度。第1主成分能够解释总体方差的27.3%，7个主成分能够解释80.6%。19个有效三级指标解释政府政策支持度的第1主成分时，共有7个三级指标的特征向量值接近或超过0.3，如工业氮氧化物去除率(0.296)和工业废水化学需氧量去除率(0.280)。19个三级指标在解释政府政策支持度的7个主成分时，有9个三级指标的特征向量总值大于0.6，如工业二氧化硫去除率(0.752)。因此，若其他条件(如经济发展水平、人口规模、土地面积等)不变，削减全省范围内的主要污染物排放总量，可以降低地均、人均及单位地区生产总值的主要污染物排放强度，降低相应的三级逆指标值，改善三大一级指标，从而促进该省的绿色发展。

迄今，各省级政府已有很多旨在削减本省主要污染物排放总量的现行政策安排，除了自身主动、独立颁布实施的政策以外，还有一些由于贯彻落实国务院、中央各部委(主要是国家发展和改革委员会、环保部、工业和信息化部、财政部、中国人民银行等部门)指示要求而被动颁布实施的配套政策。现行相关政策可分为四类：第一类是国家的绿色法律体系，如《中华人民共和国大气污染防治法》(2000年)、《中华人民共和国清洁生产促进法》(2002年)、《中华人民共和国固体废物污染环境防治法》(2004年)、《中华人民共和国水污染防治法》(2008年)、《中华人民共和国循环经济促进法》(2009年)、新修订的《中华人民共和国可再生能源法》(2009年)，以及2014年刚刚通过的《中华人民共和国环境保护法》。第二类是环保部会同国家发展和改革委员会、工业和信息化部、财政部、中国人民银行、银行业监督管理委员会、保险监督管理委员会、证券监督管理委员会等部门制定并实施的一系列绿色新政，除了要求各省推进产业结构调整、消化产能过剩、抑制"两高一剩"产业的发展外，还包括绿色财政(绿色税收、绿色补贴、绿色采购等)和绿色金融(绿色信贷、绿色证券、绿色保险等)。第三类是国务院出台的一系列带有强制性的、关于节能减排的目标和任务。例如，国家"十一五"规划中明确提出，较之2005年，2010年要实现单位GDP能耗目标下降20%左右、主要污染物排放总量减少10%。国家"十二五"规划中又提出，较之2010年，2015年要实现单位GDP能耗下降16%、单位GDP二氧化碳排放量下降17%、化学需氧量和二氧化硫这两类污染物排放总量分别下降8%、氨氮和氮氧化物这两类污染物排放总量分别下降10%。为确保实现这些目标，国务院专门印发了《"十二五"节能减排综合性工作方案》(2011年)，综合考虑各省的经济水平、产业结构、节能潜力、环境容量及产业布局等因素对这些硬性节能减排目标进行分解，如天津、上海、江苏、浙江、广东下降18%；北京、河北、辽宁、山东下降17%；山西、吉林、黑龙江、安徽、福建、江西、河南、湖北、湖南、重庆、四川、陕西下降16%；内蒙古、广西、贵州、云南、甘肃、宁夏下降15%；海南、西藏、青海、新疆下降10%[1]。第四类是国家正在推进的生态保护红线划定工作。生态保护红线是指在自然生态服务功能、环境质量安全、自然资源利用等方面，需要实行严格保护的空间边界与管理限值，这是我国环境保护领域的重要制度创新，是继"18亿亩耕地红线"后，另一条被提到国家层面的"生命线"。继2011年我国首次提出要划定生态保护红线任务后，经过两年多的探索和实践，2014年环保部出台《国家生态保护红线——生态功能基线划定技术指南(试行)》(简称《技术指南》)，成为我国首个生态保护红线划定的纲领性技术指导文件，并将内蒙古、江西、湖北、广西等地列为生态红线划定试点，2014年计划完成全国范围内的生态保护红线划定任务[2]。此外，自党的十七大提出生态文明建设的新要求之后，环保部开始在全国范围内推进生态文明建设试点，截至2013年年底，已经开展了六批生态文明建设试点，全国范围内初步形成了梯次推进的生态文明建设格局，随后出台的《国家生态文明建设试点示范区指标(试行)》(2013年)中对相关地区都提出了约束性且明确量化的主要污染物排放强度指标，如化学需氧量不超过4.5吨/平方千米、二氧化硫不

---

[1] 朱剑红. 节能减排指标已分解到各地. 人民网, http://www.politics.people.com.cn/GB/1026/15685830.html, 2011-09-18.
[2] 中国划定全国生态保护红线. 科技日报, 2014-02-12.

超过3.5吨/平方千米、氨氮不超过0.5吨/平方千米、氮氧化物不超过4吨/平方千米。

既然已经存在这么多的法律、政策和指标体系，那么，省级政府如何制定政策以削减全省范围内的主要污染物排放？从目前来看，重点不是创新一些新的政策，而是要对来自各方的现行相关政策进行归纳梳理，即相互矛盾的政策协调解决，相互重复的政策只取其一，以环境质量红线、污染物排放总量控制、强制性污染物排放标准或环境经济政策等方式，把削减污染物排放总量指标纳入对省辖区范围内各市县领导人的绩效考核体系中去。

（二）以产业结构提质增效升级为契机加快发展绿色三产

第三产业的发展质量直接影响经济增长绿化度、间接影响资源环境承载潜力和政府政策支持度，进而影响地区绿色发展水平：首先，第三产业发展质量直接影响经济增长绿化度。19个有效三级指标解释经济增长绿化度的第1主成分时，第三产业劳动生产率、第三产业增加值比重、第三产业从业人员比重这3个三级指标的特征向量值分别为0.286、0.261、0.272，其重要性仅次于单位地区生产总值主要污染物排放强度、单位地区生产总值能耗和人均地区生产总值。19个有效三级指标在解释经济增长绿化度的6个主成分时，共有9个三级指标特征向量值大于0.6，第三产业增加值比重的特征向量总值最高，为0.935，此外，第三产业从业人员比重的特征向量值也高达0.693。也就是说，从6个主成分总体来看，第三产业增加值比重对经济增长绿化度的影响最大。其次，第三产业发展质量间接影响资源环境承载潜力和政府政策支持度。人均和地均主要污染物排放量显著影响地区资源环境承载潜力，工业主要污染物的去除率显著影响政府政策支持度。通常而言，第三产业的能源消耗和主要污染物排放量远低于传统工业，优化第三产业发展质量，加快发展生态旅游、金融、会展、物流等生产性服务业（或者叫绿色三产），有助于降低全省范围内的主要污染物排放总量，改善三大一级指标，从而促进该省的绿色发展。

加快发展绿色三产要以国家正在实施的工业转型升级"6+1"专项行动计划[①]为契机，着力从提质增效升级出发，从整体上推动产业结构优化[②]。一是继续化解产能严重过剩矛盾，以钢铁、电解铝、水泥、平板玻璃等行业为重点，提高并严格执行能耗、环保和安全等行业准入条件，推动建立长效机制。二是引导鼓励企业兼并重组。推动出台进一步鼓励企业兼并重组的意见，发挥产业政策的引导作用。优化企业做优做强政策环境。三是加强工业节能减排，落实大气污染防治行动计划。四是提升重大技术装备发展水平。五是推进产业转移和产业集聚。落实国家新型城镇化规划，推进产城融合，鼓励有条件的地方探索"产业新城"建设模式。

（三）以生态补偿为手段调动地方还林、造林积极性

在3个一级指标的主成分分析框架中，地方还林、造林状况与经济增长绿化度并不直接相关，但却显著影响资源环境承载潜力，尤其是政府政策支持度：首先，还林、造林状况影响资源环境承载潜力。17个有效三级指标解释资源环境承载潜力的第1主成分时，有7个三级指标在第1主成分中的特征向量值接近或超过0.3，人均森林面积即为其中之一，特征向量值为0.298。17个有效三级指标在解释资源环境承载潜力的5个主成分时，有7个三级指标的特征向量总值大于0.5，排在前两位的分别是人均活立木总蓄积量（1.129）和人均森林面积（0.961）。其次，还林、造林状况还影响政府政策支持度。19个有效三级指标解释政府政策支持度的第1主成分时，有7个三级指标在第1主成分中的特征向量值接近或超过0.3，除了特征向量值最高的单位耕地面积退耕还林投资完成额（0.350）外，还包括建成区绿化覆盖率（0.294）和人均当年新增造林面积（0.292）。19个有效三级指标

---

① 2013年，工业和信息化部实施转型升级行动计划"6+1"专项行动，即工业质量品牌能力提升专项行动、工业强基专项行动、节能与绿色发展专项行动、扶助小微企业专项行动、宽带中国2013专项行动、两化深度统一创新推进专项行动及改进作风年活动。
② 司建楠. 加快推进工业转型 着力提质增效升级. 中国工业报，2014-01-21.

在解释政府政策支持度的7个主成分时,有9个三级指标的特征向量总值大于0.6,排在前两位的分别是单位耕地面积退耕还林投资完成额(0.975)和人均当年新增造林面积(0.923),此外,还包括建成区绿化覆盖率(0.611)。因此,一个地区如果充分调动各方还林、造林的积极性,增加退耕还林面积和新增造林面积,增加绿化覆盖率和活立木蓄积量,会提高资源环境承载潜力和政府政策支持度,从而促进该省的绿色发展。而生态补偿是调动各方还林、造林积极性的一种重要手段。所谓生态补偿是指生态(环境)服务功能受益者对生态(环境)服务功能提供者付费的行为,国际上较为通用的、关于"生态补偿"的提法是生态(环境)服务付费(payment for ecological services or payment for environmental services,PES)。

国内外都已经对生态补偿机制建设进行了很多探索与实践:从国内来看,我国从20世纪70年代末期就开始积极探索开展生态补偿机制的实践,如1978年的三北防护林工程。到了80年代,在矿产领域的实践开始增多,1983年云南以昆阳磷矿为试点对每吨矿石征收生态补偿费,用于开采区生态环境的恢复。90年代中期,广西、福建、江苏等地多县市开始试点收取生态补偿费。1996年8月,《国务院关于环境保护若干问题的决定》指出要建立并完善有偿使用自然资源和恢复生态环境的经济补偿机制。1999年我国开始启动退耕还林、天然林保护、退牧还草等一系列大型生态建设工程,生态补偿实践快速发展。2004年建立的中央财政森林生态效益补偿基金制度,标志着我国生态补偿机制的正式启动。为进一步推动建立生态补偿机制建设,国家环保总局于2007年8月发布了《关于开展生态补偿试点工作的指导意见》,提出将重点在自然保护区、重点生态功能区、矿产资源开发和流域水环境四个领域实施生态补偿试点。从国外来看,较有代表性的是哥斯达黎加的森林生态补偿机制建设。哥斯达黎加以1996年新修订《森林法》的颁布为标志,正式确立了其森林生态服务补偿机制。该机制的实施使得哥斯达黎加在森林资源保护和经济发展方面获得了双赢。以森林覆盖率和人均GDP为例,根据国家森林基金的统计,1986年哥斯达黎加的森林覆盖率为21%,2012年达到52%;1986年的人均GDP为3 574美元,2012年则增至9 219美元[1]。

我国政府高度重视生态补偿机制建设。2013年党的十八届三中全会通过了《中共中央关于全面深化改革若干重大问题的决定》,明确提出"建设生态文明,必须建立系统完整的生态文明制度体系","用制度保护生态环境",并重点强调自然资源资产产权制度和用途管制制度、生态保护红线、资源有偿使用制度和生态补偿制度、生态环境保护管理体制这四大领域的生态文明制度建设,其中,第三个领域主要针对生态补偿问题,该决定对生态补偿制度建设提出了两大原则:一是"坚持使用资源付费和谁污染环境、谁破坏生态谁付费原则,逐步将资源税扩展到占用各种自然生态空间";二是"坚持谁受益、谁补偿原则,完善对重点生态功能区的生态补偿机制,推动地区间建立横向生态补偿制度"。

尽管目前我国省际的横向生态补偿机制建设基本处于空白,但省内跨行政区的生态补偿已经进行了很多试点,主要集中在流域生态补偿上,如自2003年福建省开始先后在九龙江和闽江等3个流域开展的生态补偿试点工作、《关于在南水北调黄河以南段及省辖淮河流域和小清河流域开展生态补偿试点工作的意见》(2007年)、《辽宁省跨行政区域河流出市断面水质目标考核暂行办法》(2008年)、《江苏省环境资源区域补偿办法(试行)》(2008年)、《江苏省太湖流域环境资源区域补偿方案(试行)》(2009年)、《河南省沙颍河流域水环境生态补偿暂行办法的通知》(2008年)、《浙江省跨行政区域河流交接断面水质监测和保护办法》(2008年)、《陕西省渭河流域生态环境保护办法》(2009年)、《河北省减少污染物排放条例》(2009年)、《贵州省清水江流域水污染补偿办法》(2010年)、《长沙市境内河流生态补偿办法(试行)》(2012年)等。

1998年修正后的《中华人民共和国森林法》明确提出"建立林业基金制度"、"国家设立森林生态效

---

[1] 朱小静,Rodriguez C M,张红霄,等.哥斯达黎加森林生态服务补偿机制演进及启示.世界林业研究,2012,(12):69~75.

益补偿基金",但2001年国家制定补偿标准是每年每亩(1亩≈666.7平方米)5元,2010年有所提高,集体林补偿每年每亩10元、国有林每年每亩5元,2013年又提高到集体林补偿每年每亩15元、国有林每年每亩5元[①]。即便如此,补偿标准仍然太低,无法充分调动居民护林、还林、造林的积极性。所以,进一步探索、建立与完善省内跨行政区的横向森林生态补偿机制,既符合国家生态文明建设要求和《中共中央关于全国深化改革若干重大问题的决定》精神,又能扩展和完善我国生态补偿的试点领域,还能调动省内各地方还林、造林积极性,推动本省绿色发展。

---

① 姚伊乐,李军. 提高森林生态补偿标准. 中国环境报,2014-03-11,第6版.

第二篇

城市篇

本篇以公开出版的统计年鉴为基础，以2014年中国绿色发展指数指标体系（城市）（简称城市测算体系）为依据，全面系统地反映了2012年中国100个测评城市的绿色发展情况，分析了这些城市的绿色发展排名。同时，本篇从绿色发展指数三个一级指标出发，分别编排了三章，即"第五章 城市经济增长绿化度测算及分析"、"第六章 城市资源环境承载潜力测算及分析"和"第七章 城市政府政策支持度测算及分析"，深入解析了2012年中国100个测评城市经济增长绿化度、资源环境承载潜力与政府政策支持度的具体情况。根据国家自然科学基金课题的要求，2014年的报告突出了绿色发展的实现路径与政策研究部分，因此，新增了"第八章 中国城市绿色发展的实现路径与政策研究"。

第五章

城市经济增长绿化度测算及分析

绿色增长是绿色发展的重要组成部分，在经济增长中注重节能环保是一个地区或城市可持续发展的应有之义。经济增长绿化度可以很好地评价一个地区经济增长过程中绿色节能环保的程度。本章根据城市测算体系中经济增长绿化度的测度标准，利用2012年数据，从绿色增长效率、第一产业、第二产业和第三产业四个方面对中国100个大中城市的经济增长绿化度进行测度分析。

一、城市经济增长绿化度的测算结果

根据城市测算体系中经济增长绿化度的测度体系和权重标准，2012年中国100个城市经济增长绿化度指数及排名见表5-1。

表5-1 2012年中国100个城市经济增长绿化度指数及排名

城市	一级指标 经济增长绿化度 指数值	排名	二级指标 绿色增长效率指标 指数值	排名	第一产业指标 指数值	排名	第二产业指标 指数值	排名	第三产业指标 指数值	排名
海口	0.451	1	0.433	1	−0.014	100	−0.019	76	0.051	6
深圳	0.448	2	0.351	2	−0.013	97	0.068	2	0.042	9
无锡	0.276	3	0.190	4	−0.002	40	0.037	12	0.051	5
苏州	0.191	4	0.067	9	0.017	13	0.042	9	0.065	3
长沙	0.188	5	0.068	8	0.023	6	0.086	1	0.011	35
克拉玛依	0.188	6	0.255	3	−0.009	61	0.034	14	−0.092	100
北京	0.178	7	0.113	5	−0.013	92	−0.013	68	0.091	1
青岛	0.162	8	0.103	6	0.011	23	0.016	28	0.032	13
常州	0.151	9	0.052	13	0.006	28	0.052	7	0.041	11
沈阳	0.117	10	0.039	16	−0.007	50	0.057	3	0.029	15
广州	0.112	11	0.056	11	−0.001	38	−0.002	54	0.059	4
烟台	0.091	12	0.076	7	0.014	18	0.012	34	−0.010	62
呼和浩特	0.080	13	−0.002	34	−0.010	67	0.007	41	0.085	2
济南	0.073	14	0.015	27	0.021	8	0.010	38	0.028	16
扬州	0.071	15	−0.006	39	0.019	10	0.040	10	0.018	24
长春	0.071	16	0.024	21	−0.009	60	0.039	11	0.017	28
唐山	0.068	17	0.061	10	−0.011	75	0.027	20	−0.010	60
杭州	0.065	18	0.054	12	0.019	11	−0.019	74	0.010	36

续表

城市	一级指标 经济增长绿化度 指数值	排名	二级指标 绿色增长效率指标 指数值	排名	第一产业指标 指数值	排名	第二产业指标 指数值	排名	第三产业指标 指数值	排名
南通	0.062	19	0.024	22	−0.009	59	0.031	17	0.016	29
湖州	0.054	20	−0.015	47	0.100	1	−0.016	73	−0.015	69
天津	0.052	21	0.019	25	−0.009	55	0.023	22	0.018	25
常德	0.050	22	−0.002	32	0.023	7	0.025	21	0.003	42
包头	0.048	23	0.007	30	−0.009	56	0.012	32	0.037	12
上海	0.046	24	0.009	29	−0.012	90	0.005	46	0.043	7
济宁	0.044	25	0.025	20	0.024	5	0.007	42	−0.012	66
潍坊	0.042	26	0.021	23	0.014	19	0.015	29	−0.008	55
日照	0.040	27	−0.035	72	0.006	29	0.055	5	0.015	32
徐州	0.036	28	−0.032	64	−0.009	65	0.053	6	0.025	18
石家庄	0.035	29	−0.003	35	0.011	24	0.006	44	0.020	21
宁波	0.034	30	0.046	14	0.041	3	−0.048	92	−0.006	50
淄博	0.034	31	0.027	19	−0.001	36	0.018	24	−0.011	64
绍兴	0.033	32	0.032	18	0.048	2	−0.030	83	−0.018	79
成都	0.033	33	−0.015	46	0.018	12	0.012	33	0.018	23
南京	0.028	34	−0.002	33	−0.007	48	−0.004	60	0.041	10
洛阳	0.020	35	0.015	26	0.007	26	0.006	45	−0.008	58
芜湖	0.020	36	−0.018	50	0.026	4	0.036	13	−0.024	83
大连	0.018	37	0.038	17	−0.004	44	−0.035	86	0.019	22
延安	0.010	38	0.005	31	−0.010	70	0.042	8	−0.028	85
遵义	0.007	39	−0.056	90	0.014	17	0.032	16	0.017	27
合肥	0.006	40	−0.014	44	0.014	14	0.014	30	−0.008	59
桂林	0.002	41	−0.026	57	−0.006	47	0.027	19	0.007	40
马鞍山	0.002	42	−0.037	76	0.002	32	0.055	4	−0.018	77
昆明	0.002	43	0.042	15	−0.008	53	−0.046	90	0.014	33
武汉	−0.001	44	−0.017	49	0.000	34	−0.002	55	0.017	26
乌鲁木齐	−0.004	45	−0.034	71	−0.014	99	0.002	49	0.042	8
温州	−0.004	46	−0.014	43	0.014	15	−0.005	61	0.000	45
西安	−0.010	47	−0.013	42	−0.004	45	−0.015	71	0.023	19
泰安	−0.011	48	−0.005	38	0.005	30	0.001	50	−0.012	65
厦门	−0.012	49	0.012	28	−0.012	89	−0.006	62	−0.005	49
郑州	−0.016	50	−0.003	36	−0.001	39	−0.004	58	−0.007	53
绵阳	−0.019	51	−0.028	60	0.014	16	0.011	35	−0.016	74
株洲	−0.023	52	−0.022	52	0.013	21	0.011	36	−0.025	84
哈尔滨	−0.025	53	−0.044	81	−0.013	91	0.000	52	0.031	14

续表

城市	一级指标 经济增长绿化度 指数值	排名	二级指标 绿色增长效率指标 指数值	排名	第一产业指标 指数值	排名	第二产业指标 指数值	排名	第三产业指标 指数值	排名
锦州	−0.030	54	−0.022	54	−0.012	85	0.008	40	−0.004	48
开封	−0.031	55	−0.031	62	−0.008	52	0.010	37	−0.002	47
湛江	−0.032	56	−0.042	80	−0.011	79	0.009	39	0.012	34
牡丹江	−0.032	57	−0.051	87	−0.013	94	0.034	15	−0.001	46
岳阳	−0.034	58	−0.037	75	−0.012	84	0.023	23	−0.008	56
吉林	−0.036	59	−0.033	65	−0.011	81	−0.007	64	0.015	31
南宁	−0.038	60	−0.050	84	−0.010	74	−0.004	59	0.026	17
曲靖	−0.039	61	0.021	24	−0.003	42	−0.019	78	−0.038	95
咸阳	−0.043	62	−0.011	40	0.004	31	−0.014	70	−0.022	80
福州	−0.048	63	−0.027	59	0.001	33	−0.016	72	−0.006	51
北海	−0.048	64	−0.035	73	−0.011	78	0.014	31	−0.015	71
柳州	−0.048	65	−0.052	88	−0.010	73	0.030	18	−0.016	72
南昌	−0.050	66	−0.022	53	−0.011	82	−0.002	53	−0.015	70
平顶山	−0.051	67	−0.027	58	0.013	20	0.001	51	−0.038	94
赤峰	−0.052	68	−0.026	56	−0.012	87	−0.006	63	−0.008	54
秦皇岛	−0.052	69	−0.032	63	0.012	22	−0.054	96	0.022	20
湘潭	−0.054	70	−0.041	78	0.000	35	0.016	27	−0.030	89
临汾	−0.055	71	−0.040	77	−0.011	80	0.007	43	−0.010	61
银川	−0.058	72	−0.055	89	−0.013	95	0.003	47	0.008	39
太原	−0.060	73	−0.016	48	−0.012	88	−0.041	88	0.009	37
安阳	−0.061	74	−0.034	68	0.009	25	−0.002	56	−0.035	92
珠海	−0.065	75	−0.011	41	−0.013	93	−0.023	80	−0.017	76
泸州	−0.068	76	−0.051	85	−0.001	37	0.018	25	−0.034	91
鞍山	−0.069	77	0.014	45	−0.010	72	−0.048	91	0.003	41
宜昌	−0.073	78	−0.025	55	−0.004	43	−0.030	84	−0.013	67
汕头	−0.075	79	−0.061	95	0.019	9	−0.019	75	−0.014	68
焦作	−0.076	80	−0.005	37	−0.010	68	−0.020	79	−0.042	96
兰州	−0.078	81	−0.065	97	−0.009	62	−0.019	77	0.015	30
长治	−0.082	82	−0.035	74	−0.010	66	−0.009	66	−0.028	86
泉州	−0.082	83	−0.028	61	−0.006	46	−0.013	67	−0.035	93
西宁	−0.084	84	−0.079	100	−0.010	71	0.002	48	0.003	43
宝鸡	−0.084	85	−0.034	70	−0.008	51	−0.013	69	−0.029	88
石嘴山	−0.088	86	−0.051	86	−0.012	86	−0.003	57	−0.022	81
宜宾	−0.096	87	−0.048	83	0.007	27	−0.007	65	−0.048	97
铜川	−0.097	88	−0.077	99	−0.009	54	0.017	26	−0.029	87

续表

城市	一级指标 经济增长绿化度 指数值	排名	二级指标 绿色增长效率指标 指数值	排名	第一产业指标 指数值	排名	第二产业指标 指数值	排名	第三产业指标 指数值	排名
抚顺	-0.098	89	-0.021	51	-0.011	77	-0.044	89	-0.022	82
贵阳	-0.099	90	-0.062	96	-0.007	49	-0.039	87	0.009	38
韶关	-0.104	91	-0.061	94	-0.009	58	-0.026	82	-0.008	57
重庆	-0.107	92	-0.059	91	-0.002	41	-0.035	85	-0.010	63
大同	-0.110	93	-0.071	98	-0.009	63	-0.024	81	-0.006	52
本溪	-0.112	94	-0.033	66	-0.009	57	-0.053	95	-0.017	75
荆州	-0.128	95	-0.048	82	-0.011	76	-0.053	94	-0.016	73
九江	-0.128	96	-0.033	67	-0.011	83	-0.065	98	-0.018	78
齐齐哈尔	-0.132	97	-0.061	93	-0.013	98	-0.059	97	0.001	44
阳泉	-0.141	98	-0.034	69	-0.010	69	-0.067	99	-0.030	90
攀枝花	-0.162	99	-0.041	79	-0.009	64	-0.052	93	-0.059	98
金昌	-0.227	100	-0.060	92	-0.013	96	-0.070	100	-0.084	99

注：①本表根据经济增长绿化度的指标体系，依据各指标2012年数据测算而得；②本表各测评城市按照经济增长绿化度的指数值从大到小排序；③本表一级指标经济增长绿化度指数值等于四个二级指标——绿色增长效率指标、第一产业指标、第二产业指标和第三产业指标指数值之和；④各项指标的全国平均水平为0；⑤以上数据及排名根据《中国统计年鉴2013》、《中国环境统计年报2012》、《中国环境统计年鉴2013》、《中国城市统计年鉴2013》、《中国城市建设统计年鉴2012》、《中国区域经济统计年鉴2013》等测算

从表5-1可以看到，2012年中国100个城市经济增长绿化度中，指数值最高的是海口，达到了0.451；最低的是金昌，为-0.227。排在前20位的城市依次是海口、深圳、无锡、苏州、长沙、克拉玛依、北京、青岛、常州、沈阳、广州、烟台、呼和浩特、济南、扬州、长春、唐山、杭州、南通和湖州。二级指标中，绿色增长效率指标排名前20位的城市依次为海口、深圳、克拉玛依、无锡、北京、青岛、烟台、长沙、苏州、唐山、广州、杭州、常州、宁波、昆明、沈阳、大连、绍兴、淄博和济宁；第一产业指标排名前20位的城市依次为湖州、绍兴、宁波、芜湖、济宁、长沙、常德、济南、汕头、扬州、杭州、成都、苏州、合肥、温州、绵阳、遵义、烟台、潍坊和平顶山；第二产业指标排名前20位的城市依次是长沙、深圳、沈阳、马鞍山、日照、徐州、常州、延安、苏州、扬州、长春、无锡、芜湖、克拉玛依、牡丹江、遵义、南通、柳州、桂林和唐山；第三产业指标排名前20位的城市依次是北京、呼和浩特、苏州、广州、无锡、海口、上海、乌鲁木齐、深圳、南京、常州、包头、青岛、哈尔滨、沈阳、济南、南宁、徐州、西安和秦皇岛。2012年中国100个城市经济增长绿化度排名前20位和后20位的城市见图5-1。

根据表5-1和图5-1，下面进一步从城市经济增长绿化度区域之间差异、城市经济增长绿化度区域内部差异，以及城市经济增长绿化度对2012年中国绿色发展指数（城市）的影响方面进行分析。

(一)城市经济增长绿化度区域之间差异分析

总体来看，城市经济增长绿化度的区域差异非常明显，其中，东部地区城市遥遥领先，其他三个地区较为接近，东北地区稍强，中部地区次之，西部地区最弱。具体如图5-2所示。其中，东部所有测评城市的均值达到0.067，远高于其他地区。东北、中部和西部地区城市的均值分别为-0.030、-0.037和-0.041，均远低于东部地区，同时也低于全国平均值0。

与2011年相比，四大区域经济增长绿化度的排名没有变化。东部地区仍然是四大区域中城市经

第五章 城市经济增长绿化度测算及分析

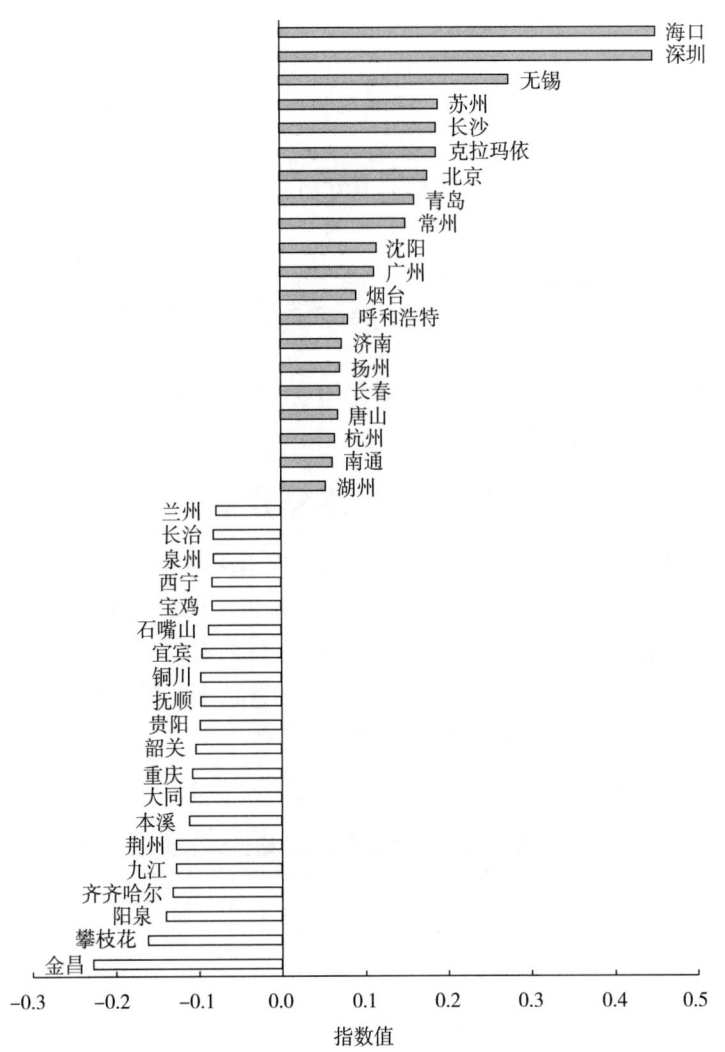

图 5-1 2012 年中国 100 个城市经济增长绿化度排名前 20 位和后 20 位的城市
注：本图根据表 5-1 制作

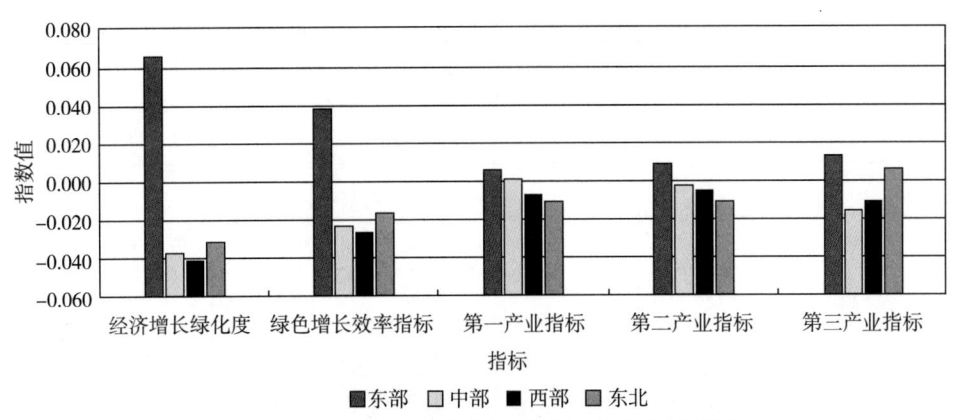

图 5-2 中国四大区域城市经济增长绿化度对照图
注：本图数据为四大区域中各城市指数值的算术平均值

济增长绿化度最高的地区(2011 年为 0.062)，且其相对优势越发明显；东北地区较上年相比指数值略有下降(2011 年为 －0.022)，但仍排在第二的位置；中部地区同样出现了略微下降的现象(2011 年为－0.035)，排名第三；西部地区仍然排名垫底，而且与中部地区的差距逐渐拉大(2011 年为

—0.037)。

具体到各二级指标,绿色增长效率指标中,东部地区指数值为0.039,依然遥遥领先于其他地区;东北地区指数值为—0.016,排名第二;中部地区得分—0.022,排名第三;西部地区排名垫底,得分—0.024。

第一产业指标中,东部地区和中部地区指数值分别为0.007和0.001,稍高于全国平均水平;西部地区和东北地区稍低于全国平均水平,得分分别为—0.005和—0.010;东北地区与其他地区差别较大,东部、中部、西部地区总体上差别不大。

第二产业指标中,东部地区指数值为0.010,领跑全国,高于全国平均水平;中部、西部和东北地区指标值均低于全国平均水平,且差异较大,分别为—0.001、—0.003和—0.010。

第三产业指标中,东部地区得分最高,为0.014;东北地区次之,得分0.007;西部地区为—0.009,排在第三;中部地区得分最低,为—0.014。

(二)城市经济增长绿化度区域内部差异分析

从城市经济增长绿化度测算结果来看,城市排名呈现出区域化特征,东部地区城市排名相对靠前,东北地区次之,中部和西部地区城市总体排名比较接近。同时,各区域内部城市之间的排名状况差异十分明显。从区域内部最高位次与最低位次的位差来看:西部地区差距最大,为94位;中部次之,为93位;东部第三,为90位;东北地区虽样本数较小,但差距仍为87位。

1. 东部地区城市经济增长绿化度指数及排名

2012年中国东部地区城市经济增长绿化度指数及排名如表5-2所示。

表5-2 2012年中国东部地区城市经济增长绿化度指数及排名

城市	指数值	所有测评城市排名	区域内部排名	城市	指数值	所有测评城市排名	区域内部排名
海口	0.451	1	1	天津	0.052	21	16
深圳	0.448	2	2	上海	0.046	24	17
无锡	0.276	3	3	济宁	0.044	25	18
苏州	0.191	4	4	潍坊	0.042	26	19
北京	0.178	7	5	日照	0.040	27	20
青岛	0.162	8	6	徐州	0.036	28	21
常州	0.151	9	7	石家庄	0.035	29	22
广州	0.112	11	8	淄博	0.034	30	23
烟台	0.091	12	9	宁波	0.034	31	24
济南	0.073	14	10	绍兴	0.033	32	25
扬州	0.071	15	11	南京	0.028	34	26
唐山	0.068	17	12	温州	—0.004	46	27
杭州	0.065	18	13	泰安	—0.011	48	28
南通	0.062	19	14	厦门	—0.012	49	29
湖州	0.054	20	15	湛江	—0.032	56	30

续表

城市	指数值	所有测评城市排名	区域内部排名	城市	指数值	所有测评城市排名	区域内部排名
福州	-0.048	63	31	汕头	-0.075	79	34
秦皇岛	-0.052	69	32	泉州	-0.082	83	35
珠海	-0.065	75	33	韶关	-0.104	91	36

注：本表根据表5-1整理

在东部参评的36个城市中，有7个城市位居所有测评城市的前10位，分别是海口、深圳、无锡、苏州、北京、青岛和常州，约占东部城市的1/5。其中，海口以0.451的高分位居所有测评城市之首，深圳以0.448的高分位居第二，两座城市的得分远远高于其他参评城市。除去全国排名前10位的7个城市外，广州、烟台、济南、扬州等19个城市排在全国第11~34名不等的位置。这19个东部城市的经济增长绿化度高于全国平均水平，占东部城市的53%，优势非常明显。而温州、泰安、厦门、湛江等其余的10个城市位于所有参评城市的第46~91位，它们的指数值均小于0，即低于全国平均水平。总的来看，东部地区的36个城市在经济增长绿化度上处于领先地位。

从区域内部差异来看，东部地区排名最高的海口(第1名，得分0.451)与排名最低的韶关(第91名，得分-0.104)之间的位差为90位，在四大区域中排名第三；得分差为0.555，在四大区域中最高，可见东部地区虽整体较强，但区域内部差距较大。

2. 中部地区城市经济增长绿化度指数及排名

2012年中国中部地区城市经济增长绿化度指数及排名如表5-3所示。

表5-3　2012年中国中部地区城市经济增长绿化度指数及排名

城市	指数值	所有测评城市排名	区域内部排名	城市	指数值	所有测评城市排名	区域内部排名
长沙	0.188	5	1	平顶山	-0.051	67	13
常德	0.050	22	2	湘潭	-0.054	70	14
洛阳	0.020	35	3	临汾	-0.055	71	15
芜湖	0.020	36	4	太原	-0.060	73	16
合肥	0.006	40	5	安阳	-0.061	74	17
马鞍山	0.002	42	6	宜昌	-0.073	78	18
武汉	-0.001	44	7	焦作	-0.076	80	19
郑州	-0.016	50	8	长治	-0.082	82	20
株洲	-0.023	52	9	大同	-0.110	93	21
开封	-0.031	55	10	荆州	-0.128	95	22
岳阳	-0.034	58	11	九江	-0.128	96	23
南昌	-0.050	66	12	阳泉	-0.141	98	24

注：本表根据表5-1整理

中部参与测评的24个城市中，长沙作为唯一一个挤进所有参评城市排名前10位的中部城市，位居第5位；除此之外，中部还有常德、洛阳、芜湖、合肥、马鞍山5个城市的经济增长绿化度指数值高于0，即高于全国所有参评城市的平均水平。而中部城市的指数值从全国排名第44位的武汉开始，余下的18个城市指标值均小于0，即低于全国平均水平，排名从第44位至第98位。因此，绝大部分中部城市经济增长绿化度这一指标位居全国较低的水平。

从区域内部差异来看，中部地区排名最高的长沙(第5名，得分0.188)与排名最低的阳泉(第98名，得分-0.141)之间的位差为93位，在四大区域中排名第二；得分差为0.329，在四大区域中排名第三，可见中部地区区域内部差距也较大。

3. 西部地区城市经济增长绿化度指数及排名

2012年中国西部地区城市经济增长绿化度指数及排名如表5-4所示。

表5-4　2012年中国西部地区城市经济增长绿化度指数及排名

城市	指数值	所有测评城市排名	区域内部排名	城市	指数值	所有测评城市排名	区域内部排名
克拉玛依	0.188	6	1	柳州	-0.048	65	16
呼和浩特	0.080	13	2	赤峰	-0.052	68	17
包头	0.048	23	3	银川	-0.058	72	18
成都	0.033	33	4	泸州	-0.068	76	19
延安	0.010	38	5	兰州	-0.078	81	20
遵义	0.007	39	6	西宁	-0.084	84	21
桂林	0.002	41	7	宝鸡	-0.084	85	22
昆明	0.002	43	8	石嘴山	-0.088	86	23
乌鲁木齐	-0.004	45	9	宜宾	-0.096	87	24
西安	-0.010	47	10	铜川	-0.097	88	25
绵阳	-0.019	51	11	贵阳	-0.099	90	26
南宁	-0.038	60	12	重庆	-0.107	92	27
曲靖	-0.039	61	13	攀枝花	-0.162	99	28
咸阳	-0.043	62	14	金昌	-0.227	100	29
北海	-0.048	64	15				

注：本表根据表5-1整理

西部参与测评的29个城市中，克拉玛依为唯一一个进入所有参评城市前10位的城市，位居第6位；呼和浩特、包头、成都、延安、遵义、桂林和昆明7个城市指数值大于0，其城市经济增长绿化度高于全国平均水平，位居全国所有参评城市的中上游，也同时位居西部参评城市的前列。而乌鲁木齐、西安、绵阳等21个城市经济增长绿化度指数值小于0，低于全国平均水平，位居全国所有参评城市的中下游，同时在西部所有城市中排名靠后。总的来说，西部城市的指数值结构与中部城市类似，绝大多数城市经济增长绿化度位于全国中下游水平。

从区域内部差异来看，西部地区排名最高的克拉玛依(第6名，得分0.188)与排名最低的金昌(第100名，得分-0.227)之间的位差为94位，在四大区域中最大；得分差为0.415，在四大区域中排名第二，可见西部地区城市经济增长绿化度总体较差，区域内部差距也非常大。

4. 东北地区城市经济增长绿化度指数及排名

2012年中国东北地区城市经济增长绿化度指数及排名如表5-5所示。

表5-5　2012年中国东北地区城市经济增长绿化度指数及排名

城市	指数值	所有测评城市排名	区域内部排名	城市	指数值	所有测评城市排名	区域内部排名
沈阳	0.117	10	1	大连	0.018	37	3
长春	0.071	16	2	哈尔滨	-0.025	53	4

续表

城市	指数值	所有测评城市排名	区域内部排名	城市	指数值	所有测评城市排名	区域内部排名
锦州	−0.030	54	5	抚顺	−0.098	89	9
牡丹江	−0.032	57	6	本溪	−0.112	94	10
吉林	−0.036	59	7	齐齐哈尔	−0.132	97	11
鞍山	−0.069	77	8				

注：本表根据表5-1整理。

东北地区参与测评的11个城市中，沈阳为唯一一个位居所有参评城市前10位的城市，且位居第10位。长春和大连指数值均大于0，高于全国平均水平，且均位居全国前40位。而哈尔滨、锦州、牡丹江等其余8个城市的指数值都小于0，低于全国平均水平，位居全国所有参评城市的中下游。总的来说，东北地区绝大多数城市的经济增长绿化度在全国排名不高。

从区域内部差异来看，东北地区排名最高的沈阳（第10名，得分0.117）与排名最低的齐齐哈尔（第97名，得分−0.132）之间的位差为87位，在四大区域中最小；得分差为0.249，在四大区域中同样最小，可见东北地区城市经济增长绿化度较为接近，区域内部差距相对较小。

(三)城市经济增长绿化度对2012年中国绿色发展指数(城市)的影响分析

对比2012年中国绿色发展指数(城市)与城市经济增长绿化度后我们可以看到，100个参评城市中，有50个城市经济增长绿化度排名高于中国绿色发展指数(城市)排名，这表明半数的城市在经济发展过程中越来越关注"绿色"发展方式，因此推动了城市整体的绿色发展水平。这些城市包括珠海、太原、赤峰、齐齐哈尔等；同时，有48个城市经济增长绿化度排名低于中国绿色发展指数(城市)排名，因而影响了城市整体绿色发展的提升，如唐山、洛阳、成都、牡丹江等；而海口和深圳两座城市经济增长绿化度排名与中国绿色发展指数(城市)排名相同，保持了经济发展与绿色发展的一致性。值得一提的是，这两座城市位于所有参评城市的前两名，从中不难看出经济绿色增长对城市绿色发展的重要意义。

从影响程度分析，城市经济增长绿化度排名与中国绿色发展指数(城市)排名差异较大(超过20名)的城市有42个，占所有城市的42%，其中为正差的城市有22个，如济南、天津、西安、武汉等，这些城市的经济增长绿化度对城市总体绿色发展的贡献很大；为负差的城市有20个，如厦门、珠海、绵阳等，这些城市的经济增长绿化度对城市总体绿色发展的贡献较小。其中，赤峰的排名差异变化最大，其中国绿色发展指数(城市)位居所有测评城市的第14位，但城市经济增长绿化度仅为第68位，变化幅度达到了54位。同时，名次变动差异较小(20名以内)的城市共有56个，占所有城市的56%，如南京、宁波、烟台、牡丹江等，说明城市经济绿色增长对城市总体绿色发展的影响与其他因素基本平分秋色。而海口、深圳两座城市的经济增长绿化度排位与绿色发展指数排位相同，保持了经济发展与绿色发展的一致性。2012年中国绿色发展指数(城市)与城市经济增长绿化度排名差异超过20位的城市如表5-6所示。

表5-6　2012年中国绿色发展指数(城市)与城市经济增长绿化度排名差异超过20位的城市

城市	中国绿色发展指数(城市)排名	城市经济增长绿化度排名	位次变化	城市	中国绿色发展指数(城市)排名	城市经济增长绿化度排名	位次变化
昆明	6	43	−37	安阳	54	74	−20
湛江	7	56	−49	洛阳	55	35	20
赤峰	14	68	−54	大连	57	37	20

续表

城市	中国绿色发展指数(城市)排名	城市经济增长绿化度排名	位次变化	城市	中国绿色发展指数(城市)排名	城市经济增长绿化度排名	位次变化
秦皇岛	17	69	−52	上海	58	24	34
厦门	19	49	−30	泉州	59	83	−24
曲靖	24	61	−37	长治	60	82	−22
绵阳	25	51	−26	包头	67	23	44
珠海	26	75	−49	韶关	68	91	−23
太原	29	73	−44	大同	69	93	−24
宝鸡	32	85	−53	阳泉	70	98	−28
福州	34	63	−29	成都	73	33	40
济南	35	14	21	锦州	75	54	21
南宁	37	60	−23	岳阳	78	58	20
柳州	39	65	−26	哈尔滨	81	53	28
呼和浩特	40	13	27	咸阳	84	62	22
扬州	44	15	29	郑州	85	50	35
沈阳	45	10	35	武汉	86	44	42
南通	46	19	27	西安	87	47	40
常德	51	22	29	天津	88	21	67
徐州	52	28	24	开封	94	55	39
九江	53	96	−43	鞍山	97	77	20

注：①本表根据表0-6和表5-1整理。②表中排名差异为中国绿色发展指数(城市)排名与城市经济增长绿化度排名之差，正值表示城市经济增长绿化度较之于中国绿色发展指数(城市)进步的名次，负值表示城市经济增长绿化度较之于中国绿色发展指数(城市)退后的名次

二、城市经济增长绿化度比较分析

为了保证测算体系的稳定性与连续性，2012年的城市经济增长绿化度仍占该年中国绿色发展指数(城市)总权重的33%，共由绿色增长效率指标、第一产业指标、第二产业指标和第三产业指标4个二级指标及17个三级指标构成。在这些三级指标中，正指标8个，逆指标9个，包含2个无数列表指标；三级指标权重介于1.65%~2.36%。本部分将以4个二级指标为例进行详细的分析与比较。

(一)城市绿色增长效率指标比较

在城市经济增长绿化度测度体系中，绿色增长效率指标占经济增长绿化度指数总权重的50%，占城市绿色发展指数总权重的16.5%，是经济增长绿化度中权重最大的一个二级指标，因此对经济增长绿化度指数的贡献较大。表5-7中列出了城市绿色增长效率指标下的8个三级指标。

表5-7　中国城市绿色增长效率三级指标、权重及指标属性(单位:%)

指标序号	指标	权重	指标属性
1	人均地区生产总值	2.02	正
2	单位地区生产总值能耗	2.36	逆
3	人均城镇生活消费用电	2.02	逆

续表

指标序号	指标	权重	指标属性
4	单位地区生产总值二氧化碳排放量	2.02	逆
5	单位地区生产总值二氧化硫排放量	2.02	逆
6	单位地区生产总值化学需氧量排放量	2.02	逆
7	单位地区生产总值氮氧化物排放量	2.02	逆
8	单位地区生产总值氨氮排放量	2.02	逆

注：①本表内容是由本报告课题组召开的多次专家座谈会研讨确定的；②单位地区生产总值二氧化碳排放量为无数列表

与2011年相比，2012年城市绿色增长效率的三级指标、权重和指标属性仍维持不变，保留了与上年一致的指标选取原则和权重分配原则。根据表5-7所列指标和权重，经过标准化处理综合测算，得出2012年中国城市绿色增长效率指标指数及其排名情况，具体如表5-8所示。

表5-8 2012年中国城市绿色增长效率指标指数及其排名情况

城市	指数值	排名	城市	指数值	排名	城市	指数值	排名
海口	0.433	1	潍坊	0.021	23	鞍山	−0.014	45
深圳	0.351	2	曲靖	0.021	24	成都	−0.015	46
克拉玛依	0.255	3	天津	0.019	25	湖州	−0.015	47
无锡	0.190	4	洛阳	0.015	26	太原	−0.016	48
北京	0.113	5	济南	0.015	27	武汉	−0.017	49
青岛	0.103	6	厦门	0.012	28	芜湖	−0.018	50
烟台	0.076	7	上海	0.009	29	抚顺	−0.021	51
长沙	0.068	8	包头	0.007	30	株洲	−0.022	52
苏州	0.067	9	延安	0.005	31	南昌	−0.022	53
唐山	0.061	10	常德	−0.002	32	锦州	−0.022	54
广州	0.056	11	南京	−0.002	33	宜昌	−0.025	55
杭州	0.054	12	呼和浩特	−0.002	34	赤峰	−0.026	56
常州	0.052	13	石家庄	−0.003	35	桂林	−0.026	57
宁波	0.046	14	郑州	−0.003	36	平顶山	−0.027	58
昆明	0.042	15	焦作	−0.005	37	福州	−0.027	59
沈阳	0.039	16	泰安	−0.005	38	绵阳	−0.028	60
大连	0.038	17	扬州	−0.006	39	泉州	−0.028	61
绍兴	0.032	18	咸阳	−0.011	40	开封	−0.031	62
淄博	0.027	19	珠海	−0.011	41	秦皇岛	−0.032	63
济宁	0.025	20	西安	−0.013	42	徐州	−0.032	64
长春	0.024	21	温州	−0.014	43	吉林	−0.033	65
南通	0.024	22	合肥	−0.014	44	本溪	−0.033	66

续表

城市	指数值	排名	城市	指数值	排名	城市	指数值	排名
九江	-0.033	67	攀枝花	-0.041	79	重庆	-0.059	91
安阳	-0.034	68	湛江	-0.042	80	金昌	-0.060	92
阳泉	-0.034	69	哈尔滨	-0.044	81	齐齐哈尔	-0.061	93
宝鸡	-0.034	70	荆州	-0.048	82	韶关	-0.061	94
乌鲁木齐	-0.034	71	宜宾	-0.048	83	汕头	-0.061	95
日照	-0.035	72	南宁	-0.050	84	贵阳	-0.062	96
北海	-0.035	73	泸州	-0.051	85	兰州	-0.065	97
长治	-0.035	74	石嘴山	-0.051	86	大同	-0.071	98
岳阳	-0.037	75	牡丹江	-0.051	87	铜川	-0.077	99
马鞍山	-0.037	76	柳州	-0.052	88	西宁	-0.079	100
临汾	-0.040	77	银川	-0.055	89			
湘潭	-0.041	78	遵义	-0.056	90			

注：本表数据及排名根据《中国统计年鉴2013》、《中国环境统计年报2012》、《中国环境统计年鉴2013》、《中国城市统计年鉴2013》、《中国城市建设统计年鉴2012》等测算

从表5-8中我们可以看到，2012年，中国100个城市绿色增长效率指标测算结果介于-0.079~0.433，最值之间的差别比2011年更加显著。其中，有31个城市绿色增长效率水平高于全国平均水平，占全部参评城市的31%，如海口、北京、大连、杭州、洛阳等，海口、深圳和克拉玛依位居所有参评城市前三位，指数值分别为0.433、0.351和0.255，该值比上年有所提高；但有69个城市绿色增长效率低于全国平均水平，占全部参评城市的69%，这些城市有南京、石家庄、温州、成都等，大同、铜川和西宁位居所有参评城市的最后三位，指数值分别为-0.071、-0.077和-0.079。2012年城市绿色增长效率指数低于全国水平的城市个数比2011年略有增加，但指标数值结果与2011年变化不大。

从图5-3中可以看出，东部地区城市绿色增长效率总体得分较高，西部、中部和东北三个地区总体水平相当。按照简单算术平均方法具体计算，东部地区城市绿色增长效率指标平均得分为0.040，西部地区城市为-0.024，中部地区城市为-0.022，东北地区城市为-0.016。东部地区城市绿色增长效率优势明显，其他三个地区差异不大，其中东北地区稍优，中部次之，西部地区稍弱，这与上年排名情况有变化。

从城市绿色增长效率得分排名结果看，在绿色增长效率排名前10位的城市中，东部地区城市有8个，分别是海口、深圳、无锡、北京、青岛、烟台、苏州和唐山；中部、西部地区城市各有1个，分别是长沙和克拉玛依；没有东北地区城市。而后10位的城市中，西部地区城市有6个，分别是重庆、金昌、贵阳、兰州、铜川和西宁；东部地区有2个，为韶关和汕头；中部地区和东北地区各1个，分别是大同与齐齐哈尔。总体看来，东部城市优势依旧明显，其余3个地区总体水平接近。

按照区域内部城市最高得分值与最低得分值的差值来看，东部地区得分最高城市海口（得分0.433）与得分最低城市汕头（得分-0.061）之间的差值为0.494；中部地区得分最高城市长沙（得分0.068）与得分最低城市大同（得分-0.071）之间的差值为0.139；西部地区得分最高城市克拉玛依（得分0.255）与得分最低城市西宁（得分-0.079）之间的差值为0.334；东北地区得分最高城市沈阳（得分0.039）与得分最低城市齐齐哈尔（得分-0.061）之间的差值为0.100。从中可以看出，东部和西部地区城市得分差异较大，而中部和东北地区城市得分差异较小。

第五章 城市经济增长绿化度测算及分析

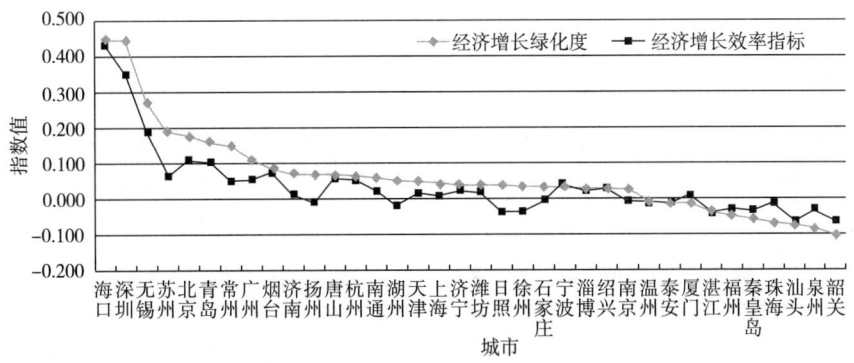

(a) 东部城市经济增长绿化度与城市绿色增长效率指标比较

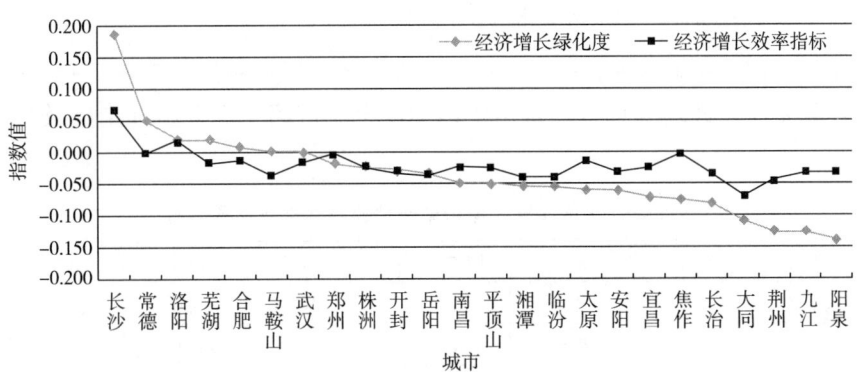

(b) 中部城市经济增长绿化度与城市绿色增长效率指标比较

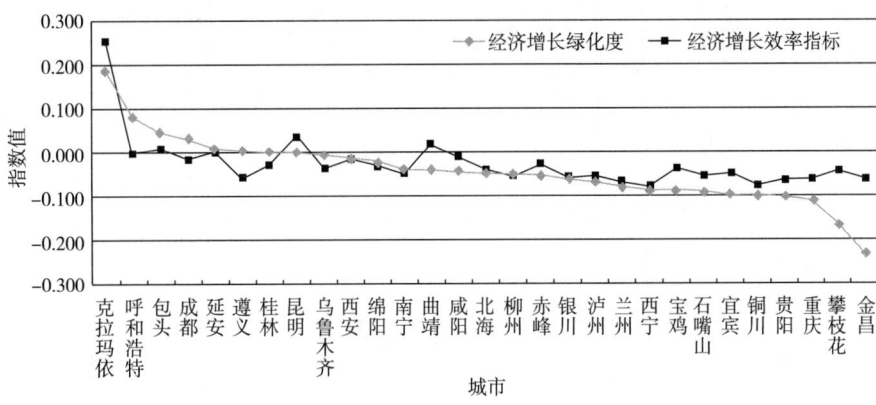

(c) 西部城市经济增长绿化度与城市绿色增长效率指标比较

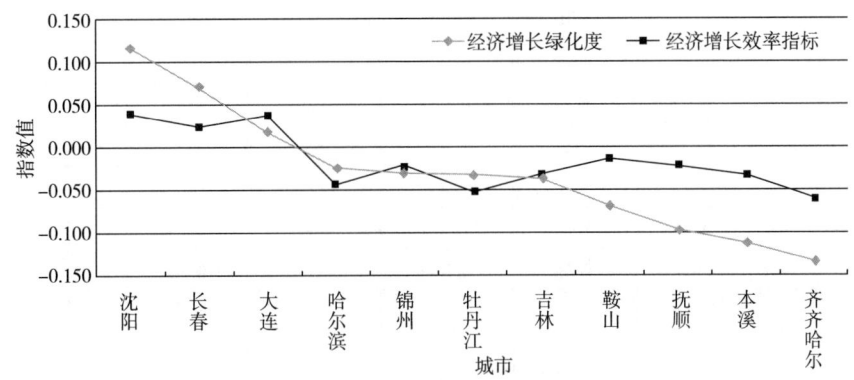

(d) 东北城市经济增长绿化度与城市绿色增长效率指标比较

图 5-3 城市经济增长绿化度与城市绿色增长效率指标对比

注：本图是按东部、中部、西部和东北地区划分，根据经济增长绿化度指数从大到小的顺序自左到右排列的

（二） 第一产业指标比较

在城市经济增长绿化度测算体系中，第一产业指标仍仅包括"第一产业劳动生产率"一个三级指标，其权重占经济增长绿化度指数的5%，占城市绿色发展指数总权重的1.65%，属于正指标（表5-9）。

表5-9　中国城市第一产业三级指标、权重及指标属性（单位：%）

指标序号	指标	权重	指标属性
9	第一产业劳动生产率	1.65	正

注：本表内容是由本报告课题组召开的多次专家座谈会研讨确定的

2012年城市第一产业三级指标、权重及指标属性与上年保持一致。按表5-9给出的权重，对三级指标原始数据做标准化处理并计算，得出中国100个城市第一产业指标指数及其排名，具体如表5-10所示。

表5-10　中国100个城市第一产业指标指数及其排名

城市	指数值	排名	城市	指数值	排名	城市	指数值	排名
湖州	0.100	1	宜宾	0.007	27	昆明	−0.008	53
绍兴	0.048	2	常州	0.006	28	铜川	−0.009	54
宁波	0.041	3	日照	0.006	29	天津	−0.009	55
芜湖	0.026	4	泰安	0.005	30	包头	−0.009	56
济宁	0.024	5	咸阳	0.004	31	本溪	−0.009	57
长沙	0.023	6	马鞍山	0.002	32	韶关	−0.009	58
常德	0.023	7	福州	0.001	33	南通	−0.009	59
济南	0.021	8	武汉	0.000	34	长春	−0.009	60
汕头	0.019	9	湘潭	0.000	35	克拉玛依	−0.009	61
扬州	0.019	10	淄博	−0.001	36	兰州	−0.009	62
杭州	0.019	11	泸州	−0.001	37	大同	−0.009	63
成都	0.018	12	广州	−0.001	38	攀枝花	−0.009	64
苏州	0.017	13	郑州	−0.001	39	徐州	−0.009	65
合肥	0.014	14	无锡	−0.002	40	长治	−0.010	66
温州	0.014	15	重庆	−0.002	41	呼和浩特	−0.010	67
绵阳	0.014	16	曲靖	−0.003	42	焦作	−0.010	68
遵义	0.014	17	宜昌	−0.004	43	阳泉	−0.010	69
烟台	0.014	18	大连	−0.004	44	延安	−0.010	70
潍坊	0.014	19	西安	−0.004	45	西宁	−0.010	71
平顶山	0.013	20	泉州	−0.006	46	鞍山	−0.010	72
株洲	0.013	21	桂林	−0.006	47	柳州	−0.010	73
秦皇岛	0.012	22	南京	−0.007	48	南宁	−0.010	74
青岛	0.011	23	贵阳	−0.007	49	唐山	−0.011	75
石家庄	0.011	24	沈阳	−0.007	50	荆州	−0.011	76
安阳	0.009	25	宝鸡	−0.008	51	抚顺	−0.011	77
洛阳	0.007	26	开封	−0.008	52	北海	−0.011	78

续表

城市	指数值	排名	城市	指数值	排名	城市	指数值	排名
湛江	-0.011	79	赤峰	-0.012	87	银川	-0.013	95
临汾	-0.011	80	太原	-0.012	88	金昌	-0.013	96
吉林	-0.011	81	厦门	-0.012	89	深圳	-0.013	97
南昌	-0.011	82	上海	-0.012	90	齐齐哈尔	-0.013	98
九江	-0.011	83	哈尔滨	-0.013	91	乌鲁木齐	-0.014	99
岳阳	-0.012	84	北京	-0.013	92	海口	-0.014	100
锦州	-0.012	85	珠海	-0.013	93			
石嘴山	-0.012	86	牡丹江	-0.013	94			

注：本表数据及排名根据《中国统计年鉴2013》、《中国环境统计年报2012》、《中国环境统计年鉴2013》、《中国城市统计年鉴2013》、《中国城市建设统计年鉴2012》等测算

从表5-10中我们发现，城市第一产业指标指数中，排名最高的是湖州，为0.100，排最后一位的是海口，指数值为-0.014，但二者之间差距不大。在参评的100个城市中，第一产业指标指数值高于全国平均水平的城市共33个，占全部参评城市的33%，如湖州、长沙、成都等，湖州、绍兴和宁波位居所有参评城市前三位，指数值分别为0.100、0.048和0.041，且排名第一的湖州优势明显。有65个城市第一产业指标指数值低于全国平均水平，占全部参评城市的65%，比例过半，如淄博、重庆、大连、哈尔滨等，齐齐哈尔、乌鲁木齐和海口排到了100个城市的最后三位，指数值近似后分别为-0.013、-0.014和-0.014。武汉和湘潭这两个城市的第一产业指标指数几乎与全国平均水平相当，位居所有参评城市的第34位与第35位。

从地域划分角度看，总的来说，该指标高于全国平均水平的城市主要分布于东部地区，而低于全国平均水平的城市在各地区分布还比较平均，但其中东北地区城市全部都低于全国平均水平。值得注意的是，由于第一产业指标相对于城市绿色增长效率占经济增长绿化度比重权重较小，因此，第一产业指标指数值对经济增长绿化度指数排序的总影响不大。

从图5-4中可以看出，各地区间的第一产业指标得分较接近，区域间差异不明显，且图形走势较为平缓。按照简单算术平均方法具体计算，第一产业指标指数东部地区城市平均值为0.007，中部地区为0.001，西部地区为-0.005，东北地区为-0.010。东部地区得分稍高，东北地区相对较低。

就排名结果来看，在第一产业指标前10位的城市中，东部地区城市有7个，分别为湖州、绍兴、宁波、济宁、济南、汕头和扬州；中部地区有3个，分别为芜湖、长沙和常德；没有西部和东北地区城市。而第一产业指标后10位的城市中，东部地区城市有4个；西部和东北地区各3个；没有中部地区城市。

按照区域内城市最高得分值与最低得分值的差值来看，东部地区得分最高城市湖州（得分0.100）与得分最低城市海口（得分-0.014）之间的差值为0.114；中部地区得分最高城市芜湖（得分0.026）与得分最低城市太原（得分-0.012）之间的差值为0.038；西部地区得分最高城市咸阳（得分0.004）与得分最低城市乌鲁木齐（得分-0.014）之间的差值为0.018；东北地区得分最高城市大连（得分-0.004）与得分最低城市齐齐哈尔（得分-0.013）之间的差值仅为0.017。从中可以看出，四大区域内部城市间第一产业指标上的得分差值都不大，城市间差距不显著。

(三)第二产业指标比较

第二产业指标是在经济增长绿化度测算体系中第三个二级指标，占经济增长绿化度指数的权重为30%，该指标是权重仅次于"绿色增长效率指标"的第二大二级指标。第二产业指标由5个三级指标构成，包含3个正指标、2个逆指标，还含有1个无数列表；每个三级指标的权重均为1.98%，具体情况见表5-11。

2014 中国绿色发展指数报告——区域比较

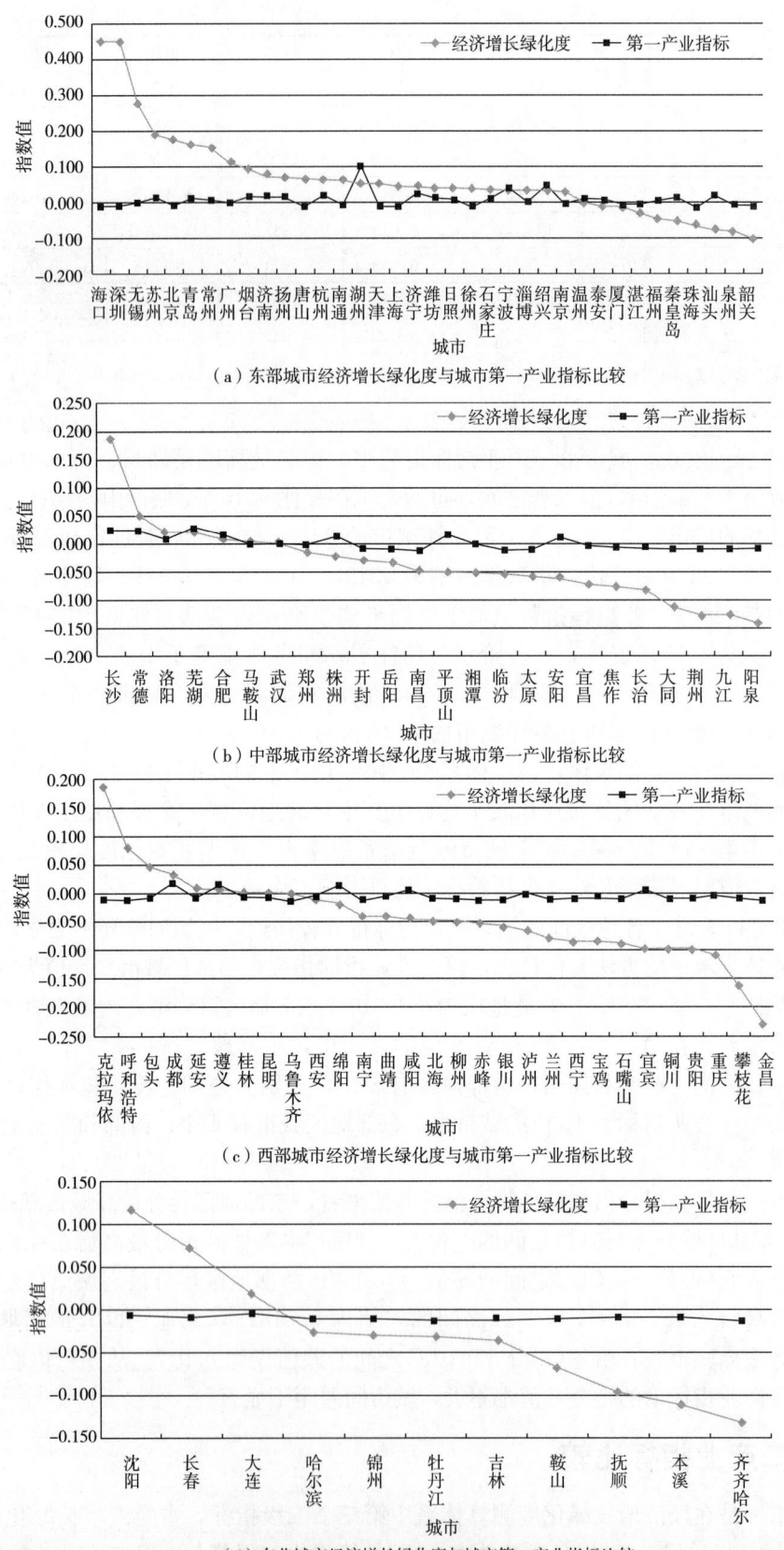

(a) 东部城市经济增长绿化度与城市第一产业指标比较

(b) 中部城市经济增长绿化度与城市第一产业指标比较

(c) 西部城市经济增长绿化度与城市第一产业指标比较

(d) 东北城市经济增长绿化度与城市第一产业指标比较

图 5-4　城市经济增长绿化度与城市第一产业指标对比

注：本图按东部、中部、西部和东北地区划分，根据经济增长绿化度指数从大到小的顺序自左到右排列

表 5-11 城市第二产业三级指标、权重及指标属性（单位：%）

指标序号	指标	权重	指标属性
10	第二产业劳动生产率	1.98	正
11	单位工业增加值水耗	1.98	逆
12	单位工业增加值能耗	1.98	逆
13	工业固体废物综合利用率	1.98	正
14	工业用水重复利用率	1.98	正

注：①本表内容是由本报告课题组召开的多次专家座谈会研讨确定的；②单位工业增加值能耗为无数列表

2012年城市第二产业指标与2011年保持了一致。根据表5-11给出的指标和权重，我们对2012年中国100个城市的第二产业指标指数进行了测算并给出了排名，结果显示在表5-12中。

表 5-12 中国城市第二产业指标指数及其排名

城市	指数值	排名	城市	指数值	排名	城市	指数值	排名
长沙	0.086	1	湘潭	0.016	27	南昌	−0.002	53
深圳	0.068	2	青岛	0.016	28	广州	−0.002	54
沈阳	0.057	3	潍坊	0.015	29	武汉	−0.002	55
马鞍山	0.055	4	合肥	0.014	30	安阳	−0.002	56
日照	0.055	5	北海	0.014	31	石嘴山	−0.003	57
徐州	0.053	6	包头	0.012	32	郑州	−0.004	58
常州	0.052	7	成都	0.012	33	南宁	−0.004	59
延安	0.042	8	烟台	0.012	34	南京	−0.004	60
苏州	0.042	9	绵阳	0.011	35	温州	−0.005	61
扬州	0.040	10	株洲	0.011	36	厦门	−0.006	62
长春	0.039	11	开封	0.010	37	赤峰	−0.006	63
无锡	0.037	12	济南	0.010	38	吉林	−0.007	64
芜湖	0.036	13	湛江	0.009	39	宜宾	−0.007	65
克拉玛依	0.034	14	锦州	0.008	40	长治	−0.009	66
牡丹江	0.034	15	呼和浩特	0.007	41	泉州	−0.013	67
遵义	0.032	16	济宁	0.007	42	北京	−0.013	68
南通	0.031	17	临汾	0.007	43	宝鸡	−0.013	69
柳州	0.030	18	石家庄	0.006	44	咸阳	−0.014	70
桂林	0.027	19	洛阳	0.006	45	西安	−0.015	71
唐山	0.027	20	上海	0.005	46	福州	−0.016	72
常德	0.025	21	银川	0.003	47	湖州	−0.016	73
天津	0.023	22	西宁	0.002	48	杭州	−0.019	74
岳阳	0.023	23	乌鲁木齐	0.002	49	汕头	−0.019	75
淄博	0.018	24	泰安	0.001	50	海口	−0.019	76
泸州	0.018	25	平顶山	0.001	51	兰州	−0.019	77
铜川	0.017	26	哈尔滨	0.000	52	曲靖	−0.019	78

续表

城市	指数值	排名	城市	指数值	排名	城市	指数值	排名
焦作	−0.020	79	贵阳	−0.039	87	本溪	−0.053	95
珠海	−0.023	80	太原	−0.041	88	秦皇岛	−0.054	96
大同	−0.024	81	抚顺	−0.044	89	齐齐哈尔	−0.059	97
韶关	−0.026	82	昆明	−0.046	90	九江	−0.065	98
绍兴	−0.030	83	鞍山	−0.048	91	阳泉	−0.067	99
宜昌	−0.030	84	宁波	−0.048	92	金昌	−0.070	100
重庆	−0.035	85	攀枝花	−0.052	93			
大连	−0.035	86	荆州	−0.053	94			

注：本表数据及排名根据《中国统计年鉴2013》、《中国环境统计年报2012》、《中国环境统计年鉴2013》、《中国城市统计年鉴2013》、《中国城市建设统计年鉴2012》等测算

从表5-12中我们看到，第二产业指标中，排名第一的城市是长沙，其指数值为0.086；排名最低的是金昌，其指数值仅为−0.070。从测算结果可以看出，在100个测评城市中，共有51个城市得分高于全国平均水平，48个城市得分低于全国平均水平，还有一个城市——哈尔滨的数值与全国平均水平相当，可见，该指标分布几乎各占一半，分布较平均。

从图5-5中可以看出，各地区间的第二产业指标得分较接近，区域间差异不明显。按照简单算术平均方法具体计算，东部地区城市第二产业指标指数平均值为0.010，中部地区为−0.001，西部地区为−0.003，东北地区为−0.010。东部地区得分稍高，但总的来说，各地区间水平较为接近。

就排名结果来看，在城市第二产业指标前10位的城市中，东部地区城市有6个，分别为深圳、日照、徐州、常州、苏州和扬州；中部地区有2个，分别为长沙和马鞍山；西部和东北地区城市各1个，分别是延安和沈阳。而第二产业指标后10位的城市中，东部地区城市有2个；中部地区3个；西部地区2个；东北地区3个。总体来看，东部情况略好，其他城市分布较为平均，差异较小。

按照区域内部城市最高得分值与最低得分值的差值来看，东部地区得分最高城市深圳（得分0.068）与得分最低城市秦皇岛（得分−0.054）之间的差值为0.122；中部地区得分最高城市长沙（得分0.086）与得分最低城市九江（得分−0.065）之间的差值为0.151；西部地区得分最高城市延安（得分0.042）与得分最低城市金昌（得分−0.070）之间的差值为0.112；东北地区得分最高城市沈阳（得分0.057）与得分最低城市齐齐哈尔（得分−0.059）之间的差值为0.116。从中可以看出，四大地区内部城市间在第二产业指标上的得分差值都在0.1到0.2之间，区域内部差距不大。

（四）第三产业指标比较

在城市经济增长绿化度的测度体系中，第三产业指标权重为15%，相当于绿色发展指数总权重的4.95%。第三产业指标由3个指标构成，均为正向指标。在三级指标权重的设计上，采取均权重的处理方法，每个三级指标在总指数中的权重为1.65%，具体见表5-13。

第三产业各项指标是衡量产业结构的优化程度和经济发展的绿色程度的重要评价内容。根据表5-13中所列的指标和权重，利用相关数据测算，得出2012年中国城市第三产业指标指数及其排名情况，见表5-14。

第五章 城市经济增长绿化度测算及分析

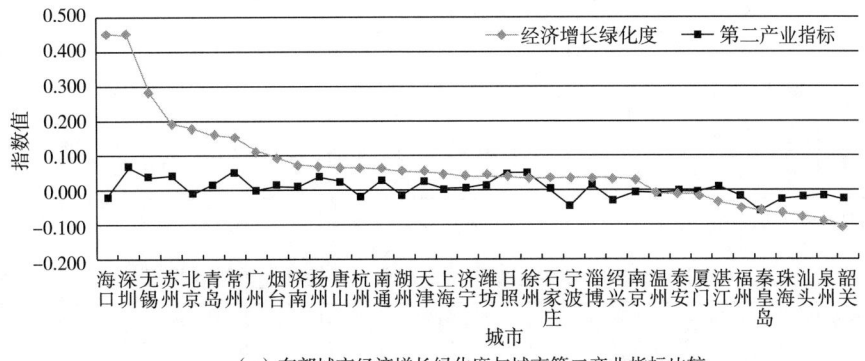

（a）东部城市经济增长绿化度与城市第二产业指标比较

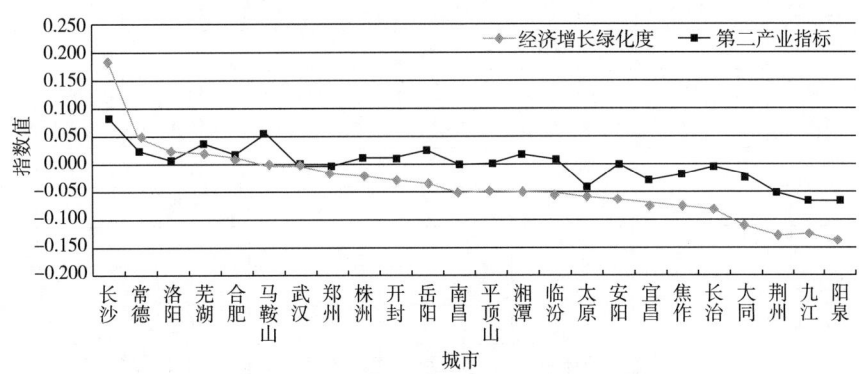

（b）中部城市经济增长绿化度与城市第二产业指标比较

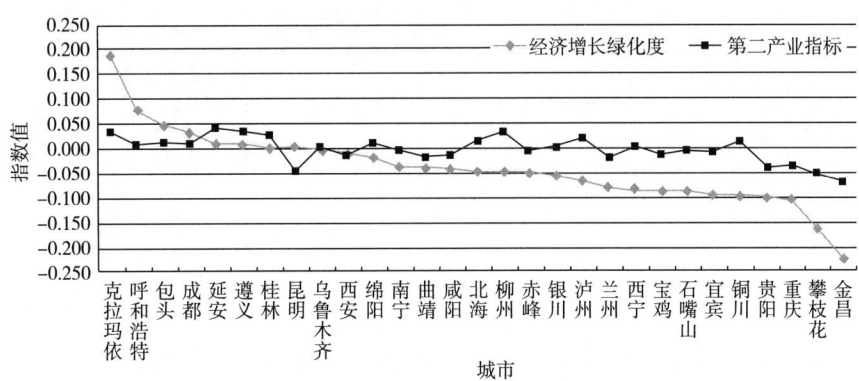

（c）西部城市经济增长绿化度与城市第二产业指标比较

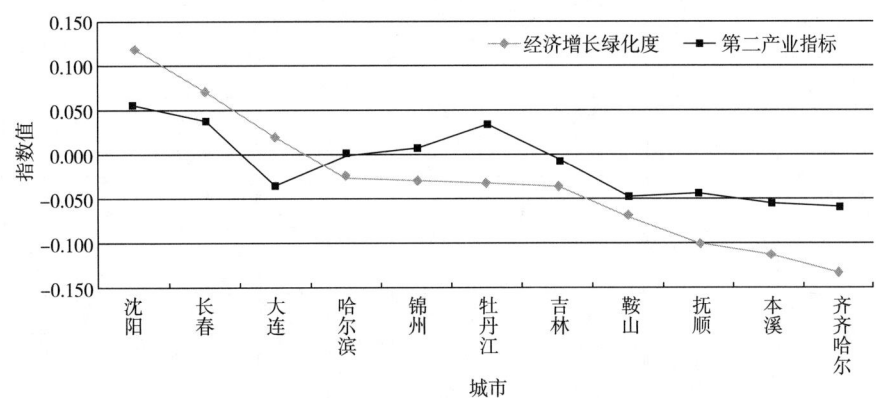

（d）东北城市经济增长绿化度与城市第二产业指标比较

图 5-5　城市经济增长绿化度与城市第二产业指标对比

注：本图按东部、中部、西部和东北地区划分，根据经济增长绿化度指数从大到小的顺序自左到右排列

表 5-13　中国城市第三产业三级指标、权重及指标属性（单位：%）

指标序号	指标	权重	指标属性
15	第三产业劳动生产率	1.65	正
16	第三产业增加值比重	1.65	正
17	第三产业就业人员比重	1.65	正

注：本表内容是由本报告课题组召开的多次专家座谈会研讨确定的

表 5-14　2012 年中国城市第三产业指标指数及其排名情况

城市	指数值	排名	城市	指数值	排名	城市	指数值	排名
北京	0.091	1	长沙	0.011	35	湖州	−0.015	69
呼和浩特	0.085	2	杭州	0.010	36	南昌	−0.015	70
苏州	0.065	3	太原	0.009	37	北海	−0.015	71
广州	0.059	4	贵阳	0.009	38	柳州	−0.016	72
无锡	0.051	5	银川	0.008	39	荆州	−0.016	73
海口	0.051	6	桂林	0.007	40	绵阳	−0.016	74
上海	0.043	7	鞍山	0.003	41	本溪	−0.017	75
乌鲁木齐	0.042	8	常德	0.003	42	珠海	−0.017	76
深圳	0.042	9	西宁	0.003	43	马鞍山	−0.018	77
南京	0.041	10	齐齐哈尔	0.001	44	九江	−0.018	78
常州	0.041	11	温州	0.000	45	绍兴	−0.018	79
包头	0.037	12	牡丹江	−0.001	46	咸阳	−0.022	80
青岛	0.032	13	开封	−0.002	47	石嘴山	−0.022	81
哈尔滨	0.031	14	锦州	−0.004	48	抚顺	−0.022	82
沈阳	0.029	15	厦门	−0.005	49	芜湖	−0.024	83
济南	0.028	16	宁波	−0.006	50	株洲	−0.025	84
南宁	0.026	17	福州	−0.006	51	延安	−0.028	85
徐州	0.025	18	大同	−0.006	52	长治	−0.028	86
西安	0.023	19	郑州	−0.007	53	铜川	−0.029	87
秦皇岛	0.022	20	赤峰	−0.008	54	宝鸡	−0.029	88
石家庄	0.020	21	潍坊	−0.008	55	湘潭	−0.030	89
大连	0.019	22	岳阳	−0.008	56	阳泉	−0.030	90
成都	0.018	23	韶关	−0.008	57	泸州	−0.034	91
扬州	0.018	24	洛阳	−0.008	58	安阳	−0.035	92
天津	0.018	25	合肥	−0.008	59	泉州	−0.035	93
武汉	0.017	26	唐山	−0.010	60	平顶山	−0.038	94
遵义	0.017	27	临汾	−0.010	61	曲靖	−0.038	95
长春	0.017	28	烟台	−0.010	62	焦作	−0.042	96
南通	0.016	29	重庆	−0.010	63	宜宾	−0.048	97
兰州	0.015	30	淄博	−0.011	64	攀枝花	−0.059	98
吉林	0.015	31	泰安	−0.012	65	金昌	−0.084	99
日照	0.015	32	济宁	−0.012	66	克拉玛依	−0.092	100
昆明	0.014	33	宜昌	−0.013	67			
湛江	0.012	34	汕头	−0.014	68			

注：本表数据及排名根据《中国统计年鉴 2013》、《中国环境统计年报 2012》、《中国环境统计年鉴 2013》、《中国城市统计年鉴 2013》、《中国城市建设统计年鉴 2012》等测算

表 5-14 显示，100 个参评城市中，第三产业指标指数值最高的是北京，指数值为 0.091，指数值最低的是克拉玛依，指数值为 -0.092，两者相差 0.183。所有参评城市中，共有 44 个城市第三产业指标指数值高于全国平均水平，占总体的 44%；低于全国平均水平的城市有 55 个，占总体的 55%，温州市水平与全国平均水平相当。总体分布较平均。

从地区分布上来看，高于全国平均水平的城市中，东部地区有 20 个，占全国平均水平以上城市的 45.5%；中部地区有 4 个；西部地区有 13 个；东北地区有 7 个。低于全国平均水平的城市中，东部地区有 15 个；中部地区有 20 个；西部地区有 16 个；东北地区有 4 个。可以看出，第三产业指标值高于全国平均水平的城市主要分布在东部地区，低于全国平均水平的城市主要分布在中部和西部地区。

从图 5-6 中可以看出，东部地区的第三产业指标指数值依然处于领先位置，东北地区次之，二者差距正在减小，且均高于全国平均水平；西部地区和中部地区列三、四名，均低于全国平均水平。

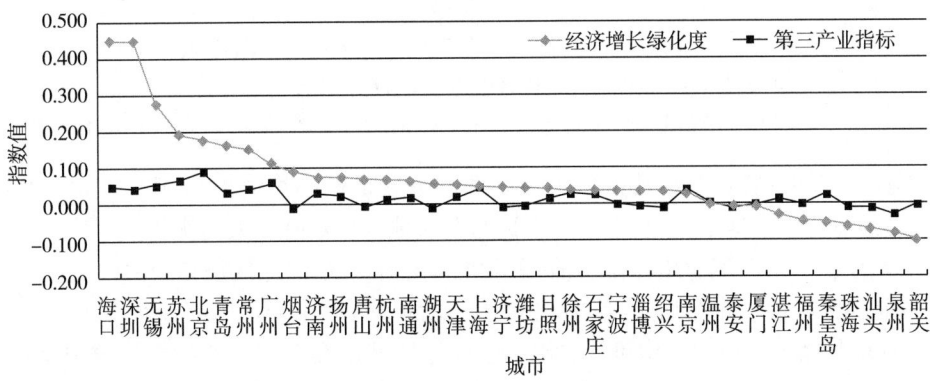

（a）东部城市经济增长绿化度与城市第三产业指标比较

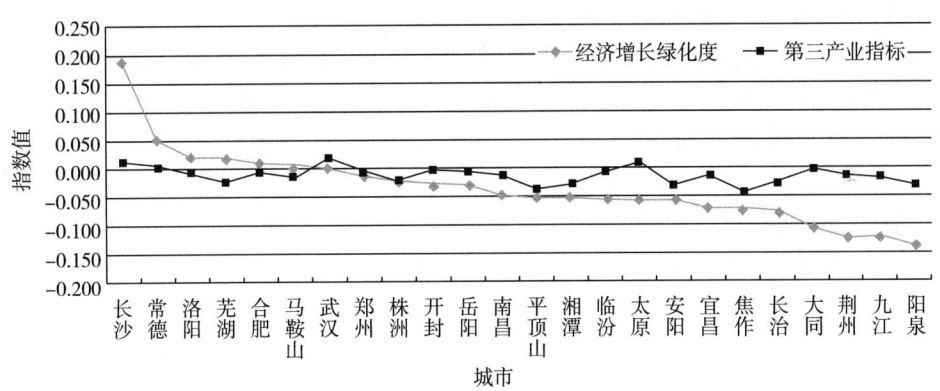

（b）中部城市经济增长绿化度与城市第三产业指标比较

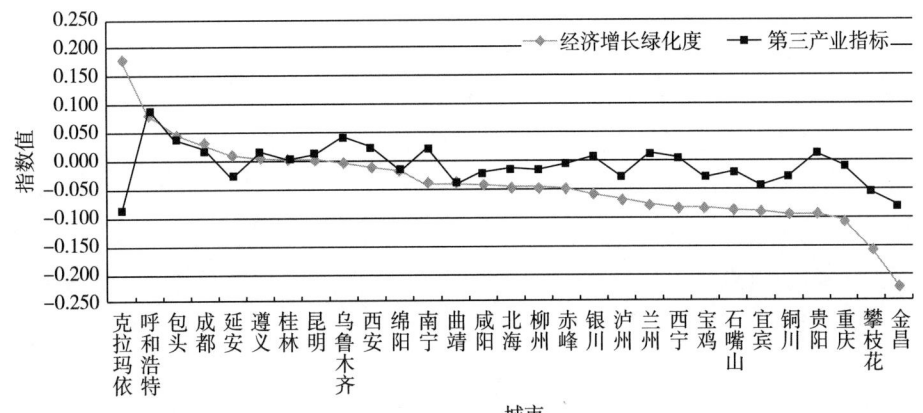

（c）西部城市经济增长绿化度与城市第三产业指标比较

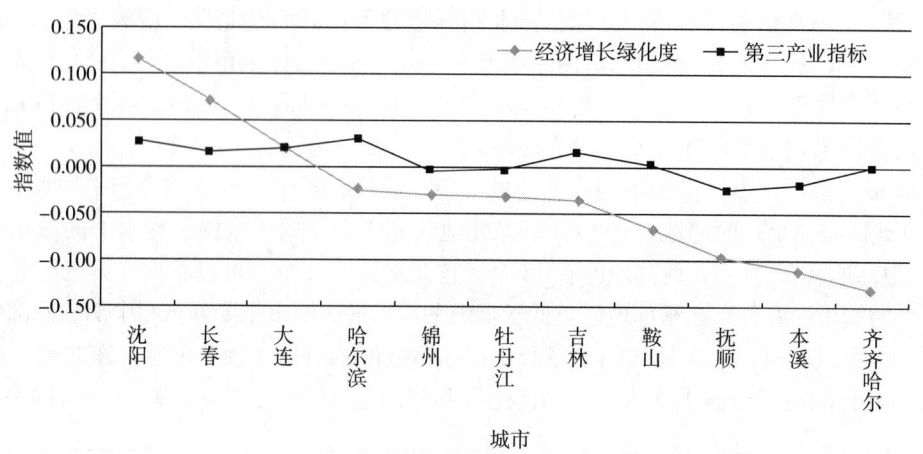

(d) 东北城市经济增长绿化度与城市第三产业指标比较

图 5-6 城市经济增长绿化度与城市第三产业指标对比

注：本图按东部、中部、西部和东北地区划分，根据经济增长绿化度指数从大到小的顺序自左到右排列

按照简单算术平均计算，东部地区城市第三产业指数指标平均值为 0.014，东北地区为 0.007，西部地区为 -0.009，中部地区为 -0.014，东部与东北地区均具有较大的优势。

从排名结果来看，第三产业指标排名前 10 位的城市中，东部地区城市有 8 个，西部地区 2 个，没有中部和东北地区城市；排名后 10 位的城市中，东部地区有 1 个，中部地区有 3 个，西部地区有 6 个，依然没有东北地区城市。从中可以看出，东部地区城市在第三产业指标指数中有绝对的优势；东北地区城市总体水平较高，且分布较为集中；中部和西部地区城市总体水平较差，且西部地区分布分散，城市间水平参差不齐，有高有低。

按照区域内部城市最高得分值与最低得分值的差值来看，东部地区得分最高城市北京(得分 0.091)与得分最低城市泉州(得分 -0.035)之间的差值为 0.126；中部地区得分最高城市武汉(得分 0.017)与得分最低城市焦作(得分 -0.042)之间的差值为 0.059；西部地区得分最高城市呼和浩特(得分 0.085)与得分最低城市克拉玛依(得分 -0.092)之间的差值为 0.177；东北地区得分最高城市哈尔滨(得分 0.031)与得分最低城市抚顺(得分 -0.022)之间的差值为 0.053。从中可以看出，东北地区城市间差距最小，西部地区最大，这与上面的分析相吻合。

第六章

城市资源环境承载潜力测算及分析

城市资源环境承载潜力衡量的是资源丰裕与生态保护、环境压力与气候变化对今后经济发展与人类活动的承载潜力。本章根据城市测算体系中资源环境承载潜力的测度标准，利用 2012 年的年度数据，从资源丰裕与生态保护、环境压力与气候变化两个方面对中国 100 个城市的资源环境承载潜力进行测度。

一、城市资源环境承载潜力的测算结果

根据城市测算体系中资源环境承载潜力的测度体系和权重标准，中国 100 个城市的资源环境承载潜力指数及排名如表 6-1 所示。

表 6-1　中国 100 个城市的资源环境承载潜力指数及排名

城市	一级指标 资源环境承载潜力 指数值	排名	二级指标 资源丰裕与生态保护指标 指数值	排名	环境压力与气候变化指标 指数值	排名
海口	0.851	1	−0.012	97	0.863	1
克拉玛依	0.377	2	−0.010	77	0.387	2
赤峰	0.262	3	−0.004	40	0.266	3
昆明	0.250	4	−0.009	64	0.259	4
湛江	0.222	5	0.002	31	0.220	5
延安	0.187	6	−0.012	99	0.199	6
桂林	0.187	7	0.062	2	0.125	8
牡丹江	0.181	8	0.017	10	0.165	7
韶关	0.152	9	0.060	3	0.091	10
北海	0.106	10	0.007	23	0.098	9
绵阳	0.090	11	0.006	26	0.084	11
南宁	0.083	12	0.008	21	0.075	14
秦皇岛	0.082	13	0.001	34	0.081	12
曲靖	0.072	14	0.016	11	0.056	17
遵义	0.071	15	0.008	22	0.063	16
齐齐哈尔	0.065	16	−0.006	46	0.072	15
青岛	0.065	17	−0.012	92	0.077	13
柳州	0.055	18	0.045	4	0.010	32

续表

城市	一级指标 资源环境承载潜力 指数值	排名	二级指标 资源丰裕与生态保护指标 指数值	排名	环境压力与气候变化指标 指数值	排名
常德	0.055	19	0.012	12	0.043	20
九江	0.055	20	0.027	5	0.028	23
汕头	0.046	21	−0.010	78	0.056	18
烟台	0.038	22	−0.009	61	0.046	19
福州	0.030	23	0.007	24	0.023	26
洛阳	0.029	24	−0.010	75	0.039	21
深圳	0.028	25	−0.007	49	0.035	22
本溪	0.025	26	0.019	9	0.006	36
长沙	0.018	27	0.006	25	0.012	31
株洲	0.017	28	0.023	6	−0.007	44
长春	0.016	29	−0.008	57	0.024	25
太原	0.013	30	−0.012	96	0.025	24
潍坊	0.012	31	−0.010	74	0.022	27
宜宾	0.011	32	0.009	19	0.003	39
无锡	0.011	33	−0.008	55	0.019	28
锦州	0.009	34	−0.006	45	0.015	29
攀枝花	0.007	35	0.023	7	−0.016	55
临汾	0.004	36	−0.010	80	0.014	30
抚顺	0.004	37	0.009	20	−0.005	41
日照	0.001	38	−0.007	48	0.008	33
唐山	0.000	39	−0.008	56	0.008	35
阳泉	−0.001	40	−0.009	69	0.008	34
吉林	−0.003	41	0.003	29	−0.006	43
呼和浩特	−0.004	42	−0.007	52	0.004	38
芜湖	−0.007	43	−0.008	54	0.001	40
贵阳	−0.008	44	−0.013	100	0.006	37
大连	−0.008	45	0.000	35	−0.008	45
泉州	−0.010	46	0.003	30	−0.012	49
泸州	−0.012	47	0.002	32	−0.014	51
珠海	−0.012	48	0.005	28	−0.017	56
安阳	−0.017	49	−0.012	93	−0.005	42
厦门	−0.018	50	−0.006	44	−0.012	47
温州	−0.021	51	0.011	16	−0.032	60
石家庄	−0.023	52	−0.011	87	−0.011	46
长治	−0.023	53	−0.009	70	−0.014	50

续表

城市	一级指标 资源环境承载潜力 指数值	排名	二级指标 资源丰裕与生态保护指标 指数值	排名	环境压力与气候变化指标 指数值	排名
大同	−0.024	54	−0.011	89	−0.012	48
济宁	−0.025	55	−0.009	66	−0.016	54
开封	−0.026	56	−0.011	84	−0.015	53
湘潭	−0.027	57	−0.012	94	−0.015	52
杭州	−0.030	58	0.021	8	−0.050	70
宝鸡	−0.031	59	−0.011	90	−0.020	57
广州	−0.034	60	−0.001	37	−0.033	61
合肥	−0.035	61	−0.009	62	−0.026	58
宜昌	−0.035	62	0.011	15	−0.047	67
重庆	−0.038	63	0.002	33	−0.040	63
常州	−0.039	64	−0.007	51	−0.032	59
宁波	−0.044	65	0.009	18	−0.053	72
鞍山	−0.049	66	0.005	27	−0.054	74
咸阳	−0.049	67	−0.012	95	−0.037	62
平顶山	−0.051	68	−0.010	81	−0.041	64
泰安	−0.052	69	−0.008	58	−0.044	66
荆州	−0.052	70	−0.004	41	−0.048	68
焦作	−0.054	71	−0.011	88	−0.043	65
沈阳	−0.057	72	−0.008	53	−0.049	69
南昌	−0.060	73	−0.003	38	−0.057	75
南通	−0.061	74	−0.010	73	−0.051	71
石嘴山	−0.064	75	−0.011	86	−0.053	73
岳阳	−0.067	76	0.012	13	−0.079	83
哈尔滨	−0.067	77	−0.003	39	−0.064	76
金昌	−0.074	78	−0.001	36	−0.073	77
上海	−0.085	79	−0.011	85	−0.074	78
淄博	−0.087	80	−0.010	82	−0.076	79
扬州	−0.087	81	−0.008	59	−0.078	82
济南	−0.087	82	−0.010	79	−0.077	80
郑州	−0.088	83	−0.011	91	−0.077	81
铜川	−0.090	84	−0.010	83	−0.079	84
马鞍山	−0.091	85	−0.006	47	−0.084	86
徐州	−0.093	86	−0.010	71	−0.083	85
湖州	−0.095	87	0.010	17	−0.105	89
苏州	−0.101	88	−0.008	60	−0.092	87

续表

城市	一级指标 资源环境承载潜力 指数值	排名	二级指标 资源丰裕与生态保护指标 指数值	排名	环境压力与气候变化指标 指数值	排名
绍兴	−0.101	89	0.011	14	−0.113	92
北京	−0.108	90	−0.010	76	−0.098	88
包头	−0.115	91	−0.009	65	−0.106	90
成都	−0.115	92	−0.006	43	−0.110	91
兰州	−0.117	93	0.095	1	−0.213	100
武汉	−0.126	94	−0.007	50	−0.119	94
银川	−0.130	95	−0.012	98	−0.118	93
天津	−0.146	96	−0.010	72	−0.136	95
西宁	−0.148	97	−0.005	42	−0.143	97
西安	−0.151	98	−0.009	67	−0.142	96
乌鲁木齐	−0.153	99	−0.009	68	−0.144	98
南京	−0.164	100	−0.009	63	−0.155	99

注：①本表根据资源环境承载潜力的指标体系，依据各指标2012年数据测算而得；②本表各测评城市按照资源环境承载潜力的指数值从大到小排序；③本表一级指标资源环境承载潜力指数值等于两个二级指标——资源丰裕与生态保护指标和环境压力与气候变化指标指数值之和；④各项指标数值的全国平均水平为0；⑤以上数据及排名根据《中国统计年鉴2013》、《2012中国环境统计年报》、《中国环境统计年鉴2013》、《中国城市统计年鉴2013》、《中国城市建设统计年鉴2012》、《中国区域经济统计年鉴2013》等测算

从表6-1中可以看出，2012年中国100个城市资源环境承载潜力中，指数值最高的是海口，达到0.851；最低的是南京，仅为−0.164。100个测评城市中，有38个城市资源环境承载潜力高出全国平均水平。排在前20位的城市依次是海口、克拉玛依、赤峰、昆明、湛江、延安、桂林、牡丹江、韶关、北海、绵阳、南宁、秦皇岛、曲靖、遵义、齐齐哈尔、青岛、柳州、常德和九江。其中，资源丰裕与生态保护指标排名前20位的城市依次是兰州、桂林、韶关、柳州、九江、株洲、攀枝花、杭州、本溪、牡丹江、曲靖、常德、岳阳、绍兴、宜昌、温州、湖州、宁波、宜宾和抚顺；环境压力与气候变化指标排名前20位的城市依次是海口、克拉玛依、赤峰、昆明、湛江、延安、牡丹江、桂林、北海、韶关、绵阳、秦皇岛、青岛、南宁、齐齐哈尔、遵义、曲靖、汕头、烟台和常德。2012年中国100个城市资源环境承载潜力排名前20位和后20位的城市如图6-1所示。

根据表6-1和图6-1，下面进一步从城市资源环境承载潜力区域间差异、城市资源环境承载潜力区域内差异以及城市资源环境承载潜力对2012年中国绿色发展指数（城市）的影响三个方面进行分析。

（一）城市资源环境承载潜力区域间差异分析

资源环境承载潜力具有西部地区和东北地区明显好于东部和中部地区的地域分化格局，具体如图6-2所示。其中，西部地区所有测评城市的均值达到0.016，东北地区所有测评城市的均值达到0.011，而东部和中部地区城市的均值分别为0.001和−0.025，中部地区明显低于全国平均水平。

二级指标方面，资源丰裕与生态保护指标中，四大区域的差别并不十分明显，西部地区指数值均值达到0.005，位居首位；东北地区指数值均值为0.002，高于全国平均水平；东部和中部地区指数值均值均低于全国平均水平，分别为−0.002和−0.003。

环境压力与气候变化指标中，西部地区城市指数值均值达到0.011，高于其他区域；东北地区城

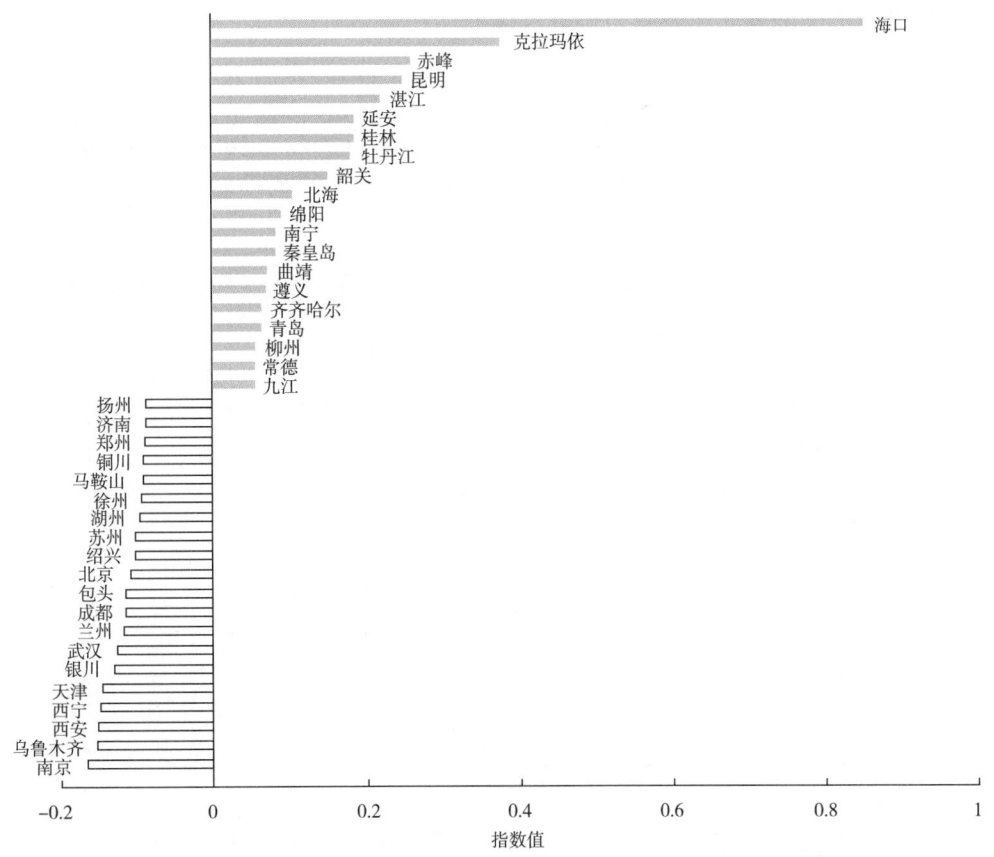

图 6-1 2012年中国100个城市资源环境承载潜力排名前20位和后20位的城市
注：本图根据表6-1制作

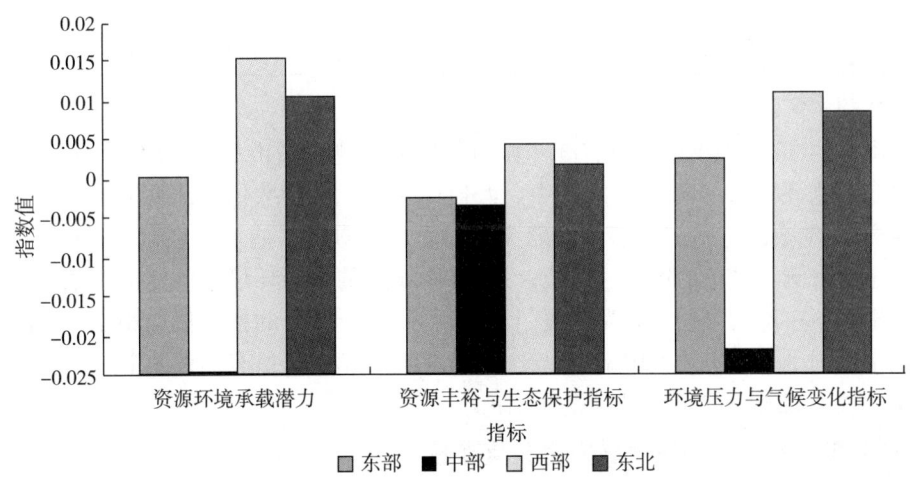

图 6-2 中国四大区域城市资源环境承载潜力对照图
注：本图数据为四大区域中各城市指数值的算术平均值

市指数值均值为0.009，高于全国平均水平；唯有中部地区低于全国平均水平，为-0.022。

（二）城市资源环境承载潜力区域内差异分析

城市资源环境承载潜力虽然在区域间呈现西部地区和东北地区较好、东部和中部地区较弱的局面，但区域内部各城市之间的差异较为明显，排名有高有低。

1. 东部地区城市资源环境承载潜力指数及排名

2012年中国东部地区城市资源环境承载潜力指数及排名如表6-2所示。

表6-2 2012年中国东部地区城市资源环境承载潜力指数及排名

城市	指数值	所有测评城市排名	区域内部排名	城市	指数值	所有测评城市排名	区域内部排名
海口	0.851	1	1	济宁	−0.025	55	19
湛江	0.222	5	2	杭州	−0.030	58	20
韶关	0.152	9	3	广州	−0.034	60	21
秦皇岛	0.082	13	4	常州	−0.039	64	22
青岛	0.065	17	5	宁波	−0.044	65	23
汕头	0.046	21	6	泰安	−0.052	69	24
烟台	0.038	22	7	南通	−0.061	74	25
福州	0.030	23	8	上海	−0.085	79	26
深圳	0.028	25	9	淄博	−0.087	80	27
潍坊	0.012	31	10	扬州	−0.087	81	28
无锡	0.011	33	11	济南	−0.087	82	29
日照	0.001	38	12	徐州	−0.093	86	30
唐山	0.000	39	13	湖州	−0.095	87	31
泉州	−0.010	46	14	苏州	−0.101	88	32
珠海	−0.012	48	15	绍兴	−0.101	89	33
厦门	−0.018	50	16	北京	−0.108	90	34
温州	−0.021	51	17	天津	−0.146	96	35
石家庄	−0.023	52	18	南京	−0.164	100	36

注：本表根据表6-1整理

东部参与测评的36个城市中，只有3个城市位居所有测评城市的前10位，分别是海口、湛江和韶关，仅占东部测评城市的8.33%。其中，海口以0.851的指数值位居所有测评城市的第一位，远高于其他东部测评城市。东部的湛江、韶关、秦皇岛、青岛、汕头、烟台、福州、深圳、潍坊、无锡和日照位于所有测评城市的第5～38位，这11个城市的资源环境承载潜力指数值均大于0，高于全国平均水平。而东部的泉州、珠海、厦门和温州等23个城市的指数值均小于0，表明其资源环境承载潜力低于全国平均水平，其中南京以−0.164的指数值位居所有测评城市的最后一位。东部大部分城市资源环境承载潜力位居全国中游和下游。

2. 中部地区城市资源环境承载潜力指数及排名

2012年中国中部地区城市资源环境承载潜力指数及排名如表6-3所示。

表6-3 2012年中国中部地区城市资源环境承载潜力指数及排名

城市	指数值	所有测评城市排名	区域内部排名	城市	指数值	所有测评城市排名	区域内部排名
常德	0.055	19	1	洛阳	0.029	24	3
九江	0.055	20	2	长沙	0.018	27	4

续表

城市	指数值	所有测评城市排名	区域内部排名	城市	指数值	所有测评城市排名	区域内部排名
株洲	0.017	28	5	合肥	−0.035	61	15
太原	0.013	30	6	宜昌	−0.035	62	16
临汾	0.004	36	7	平顶山	−0.051	68	17
阳泉	−0.001	40	8	荆州	−0.052	70	18
芜湖	−0.007	43	9	焦作	−0.054	71	19
安阳	−0.017	49	10	南昌	−0.060	73	20
长治	−0.023	53	11	岳阳	−0.067	76	21
大同	−0.024	54	12	郑州	−0.088	83	22
开封	−0.026	56	13	马鞍山	−0.091	85	23
湘潭	−0.027	57	14	武汉	−0.126	94	24

注：本表根据表6-1整理

中部参与测评的24个城市中，没有城市位居所有测评城市的前10位。常德、九江、洛阳、长沙、株洲、太原和临汾7个城市位居所有测评城市的第19～36位，其指数值均大于0，资源环境承载潜力高于全国平均水平。阳泉、芜湖、安阳和长治等17个城市位居所有测评城市的第40～94位，指数值均小于0，资源环境承载潜力低于全国平均水平，其中，武汉以−0.126的指数值位居所有中部地区测评城市的最后一位。中部大部分城市资源环境承载潜力在全国排名靠后。

3. 西部地区城市资源环境承载潜力指数及排名

2012年中国西部地区城市资源环境承载潜力指数及排名如表6-4所示。

表6-4　2012年中国西部地区城市资源环境承载潜力指数及排名

城市	指数值	所有测评城市排名	区域内部排名	城市	指数值	所有测评城市排名	区域内部排名
克拉玛依	0.377	2	1	泸州	−0.012	47	16
赤峰	0.262	3	2	宝鸡	−0.031	59	17
昆明	0.25	4	3	重庆	−0.038	63	18
延安	0.187	6	4	咸阳	−0.049	67	19
桂林	0.187	7	5	石嘴山	−0.064	75	20
北海	0.106	10	6	金昌	−0.074	78	21
绵阳	0.090	11	7	铜川	−0.090	84	22
南宁	0.083	12	8	包头	−0.115	91	23
曲靖	0.072	14	9	成都	−0.115	92	24
遵义	0.071	15	10	兰州	−0.117	93	25
柳州	0.055	18	11	银川	−0.130	95	26
宜宾	0.011	32	12	西宁	−0.148	97	27
攀枝花	0.007	35	13	西安	−0.151	98	28
呼和浩特	−0.004	42	14	乌鲁木齐	−0.153	99	29
贵阳	−0.008	44	15				

注：本表根据表6-1整理

西部参与测评的 29 个城市中,有 6 个城市位居所有测评城市的前 10 位,分别是克拉玛依、赤峰、昆明、延安、桂林和北海,占西部测评城市的 20.7%,这些城市的指数值均高于全国平均水平。西部的绵阳、南宁、曲靖、遵义、柳州、宜宾和攀枝花 7 个城市的指数值也高于全国平均水平。而西部的呼和浩特、贵阳、泸州和宝鸡等 16 个城市的指数值均小于 0,资源环境承载潜力均低于全国平均水平,其中,乌鲁木齐以 −0.153 的指数值位居所有西部地区测评城市的最后一位。西部地区有近半数的城市资源环境承载潜力位居全国上游。

4. 东北地区城市资源环境承载潜力指数及排名

2012 年中国东北地区城市资源环境承载潜力指数及排名如表 6-5 所示。

表 6-5 2012 年中国东北地区城市资源环境承载潜力指数及排名

城市	指数值	所有测评城市排名	区域内部排名	城市	指数值	所有测评城市排名	区域内部排名
牡丹江	0.181	8	1	吉林	−0.003	41	7
齐齐哈尔	0.065	16	2	大连	−0.008	45	8
本溪	0.025	26	3	鞍山	−0.049	66	9
长春	0.016	29	4	沈阳	−0.057	72	10
锦州	0.009	34	5	哈尔滨	−0.067	77	11
抚顺	0.004	37	6				

注:本表根据表 6-1 整理

东北地区参与测评的 11 个城市中,仅有牡丹江 1 个城市位居全国所有测评城市的前 10 位,排名第 8 位。齐齐哈尔、本溪、长春、锦州和抚顺 5 个城市的指数值也均大于 0,资源环境承载潜力高于全国平均水平。而吉林、大连、鞍山、沈阳和哈尔滨的指数值均小于 0,资源环境承载潜力低于全国平均水平,其中,哈尔滨以 −0.067 的指数值位居所有东北地区测评城市的最后一位。东北地区城市资源环境承载潜力位居全国中上游的偏多。

(三)城市资源环境承载潜力对 2012 年中国绿色发展指数(城市)的影响分析

对比 2012 年中国绿色发展指数(城市)与城市资源环境承载潜力后发现,100 个测评城市中,有 54 个城市资源环境承载潜力排名高于中国绿色发展指数(城市)排名,这表明这些城市资源环境承载潜力推高了城市整体绿色发展水平,如秦皇岛、大同、阳泉、长治等;有 45 个城市资源环境承载潜力排名低于中国绿色发展指数(城市)排名,这表明这些城市资源环境承载潜力不足以支撑城市整体绿色发展,如北京、天津、石家庄、唐山等;而海口的城市资源环境承载潜力排名与中国绿色发展指数(城市)排名相同,城市资源环境承载潜力与城市绿色发展水平一致。

从影响的程度看,城市资源环境承载潜力与中国绿色发展指数(城市)排名差异较大(超过 20 名)的城市有 57 个,如北京、石家庄、阳泉和临汾等,这表明这些城市的资源环境承载潜力对中国绿色发展指数(城市)总排名影响明显。其中,北京的排名差异最大,其中国绿色发展指数(城市)位居所有测评城市第 8 位,但城市资源环境承载潜力仅排第 90 位,名次变化达到 82 位。有 43 个城市排名差异较小或者排名没有变化(20 名以内),如海口、克拉玛依、延安、株洲等,这表明其城市资源环境承载潜力对中国绿色发展指数(城市)总排名影响不明显。2012 年中国绿色发展指数(城市)与城市资源环境承载潜力排名差异超过 20 位的城市如表 6-6 所示。

表 6-6 2012 年中国绿色发展指数(城市)与城市资源环境承载潜力排名差异超过 20 位的城市

城市	中国绿色发展指数(城市)排名	城市资源环境承载潜力排名	排名差异	城市	中国绿色发展指数(城市)排名	城市资源环境承载潜力排名	排名差异
北京	8	90	-82	济南	35	82	-47
石家庄	20	52	-32	淄博	23	80	-57
阳泉	70	40	30	济宁	18	55	-37
临汾	65	36	29	泰安	47	69	-22
包头	67	91	-24	日照	16	38	-22
沈阳	45	72	-27	开封	94	56	38
鞍山	97	66	31	洛阳	55	24	31
抚顺	83	37	46	宜昌	82	62	20
本溪	91	26	65	荆州	93	70	23
锦州	75	34	41	常德	51	19	32
吉林	62	41	21	广州	13	60	-47
齐齐哈尔	96	16	80	韶关	68	9	59
牡丹江	63	8	55	深圳	2	25	-23
上海	58	79	-21	珠海	26	48	-22
南京	31	100	-69	汕头	64	21	43
无锡	4	33	-29	南宁	37	12	25
徐州	52	86	-34	柳州	39	18	21
常州	11	64	-53	北海	49	10	39
苏州	12	88	-76	重庆	89	63	26
南通	46	74	-28	攀枝花	95	35	60
扬州	44	81	-37	泸州	77	47	30
杭州	27	58	-31	宜宾	76	32	44
宁波	33	65	-32	贵阳	80	44	36
湖州	30	87	-57	遵义	38	15	23
绍兴	48	89	-41	宝鸡	32	59	-27
合肥	36	61	-25	延安	56	6	50
马鞍山	61	85	-24	金昌	99	78	21
厦门	19	50	-31	乌鲁木齐	50	99	-49
九江	53	20	33				

注：①本表根据表 0-6 和表 6-1 整理；②表中排名差异为城市资源环境承载潜力排名与中国绿色发展指数(城市)排名之差，正值表示城市资源环境承载潜力较之于中国绿色发展指数(城市)进步的名次，负值表示城市资源环境承载潜力较之于中国绿色发展指数(城市)退后的名次

二、城市资源环境承载潜力比较分析

城市资源环境承载潜力占 2012 年中国绿色发展指数(城市)总权重的 34%，共由 14 个三级指标构成，包含 2 个正指标和 12 个逆指标。其中，有 3 个无数列表指标。

(一)城市资源丰裕与生态保护指标测算结果及分析

城市资源丰裕与生态保护指标占资源环境承载潜力指标总体权重的5%,相对于环境压力与气候变化指标,该指标对资源环境承载潜力的贡献很小。从指标结构上看,资源丰裕与生态保护指标只包括1个三级指标,即人均水资源量。人均水资源量这一指标是正指标,占绿色发展指数的权重仅为1.70%。

在对三级指标的原始数据进行标准化处理的基础上,我们得到2012年中国城市资源丰裕与生态保护指标指数及其排名,如表6-7所示。

表6-7 2012年中国城市资源丰裕与生态保护指标指数及其排名

城市	指数值	排名	城市	指数值	排名	城市	指数值	排名
兰州	0.095	1	重庆	0.002	33	包头	−0.009	65
桂林	0.062	2	秦皇岛	0.001	34	济宁	−0.009	66
韶关	0.060	3	大连	0.000	35	西安	−0.009	67
柳州	0.045	4	金昌	−0.001	36	乌鲁木齐	−0.009	68
九江	0.027	5	广州	−0.001	37	阳泉	−0.009	69
株洲	0.023	6	南昌	−0.003	38	长治	−0.009	70
攀枝花	0.023	7	哈尔滨	−0.003	39	徐州	−0.010	71
杭州	0.021	8	赤峰	−0.004	40	天津	−0.010	72
本溪	0.019	9	荆州	−0.004	41	南通	−0.010	73
牡丹江	0.017	10	西宁	−0.005	42	潍坊	−0.010	74
曲靖	0.016	11	成都	−0.006	43	洛阳	−0.010	75
常德	0.012	12	厦门	−0.006	44	北京	−0.010	76
岳阳	0.012	13	锦州	−0.006	45	克拉玛依	−0.010	77
绍兴	0.011	14	齐齐哈尔	−0.006	46	汕头	−0.010	78
宜昌	0.011	15	马鞍山	−0.006	47	济南	−0.010	79
温州	0.011	16	日照	−0.007	48	临汾	−0.010	80
湖州	0.010	17	深圳	−0.007	49	平顶山	−0.010	81
宁波	0.009	18	武汉	−0.007	50	淄博	−0.010	82
宜宾	0.009	19	常州	−0.007	51	铜川	−0.010	83
抚顺	0.009	20	呼和浩特	−0.007	52	开封	−0.011	84
南宁	0.008	21	沈阳	−0.008	53	上海	−0.011	85
遵义	0.008	22	芜湖	−0.008	54	石嘴山	−0.011	86
北海	0.007	23	无锡	−0.008	55	石家庄	−0.011	87
福州	0.007	24	唐山	−0.008	56	焦作	−0.011	88
长沙	0.006	25	长春	−0.008	57	大同	−0.011	89
绵阳	0.006	26	泰安	−0.008	58	宝鸡	−0.011	90
鞍山	0.005	27	扬州	−0.008	59	郑州	−0.011	91
珠海	0.005	28	苏州	−0.008	60	青岛	−0.012	92
吉林	0.003	29	烟台	−0.009	61	安阳	−0.012	93
泉州	0.003	30	合肥	−0.009	62	湘潭	−0.012	94
湛江	0.002	31	南京	−0.009	63	咸阳	−0.012	95
泸州	0.002	32	昆明	−0.009	64	太原	−0.012	96

续表

城市	指数值	排名	城市	指数值	排名	城市	指数值	排名
海口	−0.012	97	延安	−0.012	99			
银川	−0.012	98	贵阳	−0.013	100			

注：本表数据及排名根据《中国统计年鉴 2013》、《2012 中国环境统计年报》、《中国环境统计年鉴 2013》、《中国城市统计年鉴 2013》、《中国城市建设统计年鉴 2012》、《中国区域经济统计年鉴 2013》测算

从表 6-7 可以看出，全国 100 个城市的资源丰裕与生态保护指标测算结果介于 −0.013~0.095，总体差距并不大。其中，高于全国平均水平的城市有 34 个，约占全部测评城市的三分之一。前 20 位的城市分别为兰州、桂林、韶关、柳州、九江、株洲、攀枝花、杭州、本溪、牡丹江、曲靖、常德、岳阳、绍兴、宜昌、温州、湖州、宁波、宜宾和抚顺；并有 65 个城市的资源丰裕与生态保护指标低于全部测评城市的平均水平。

为了进行地区间的比较，图 6-3 从东部、中部、西部和东北地区划分的角度，根据资源环境承载潜力指数大小顺序给出了城市资源环境承载潜力和城市资源丰裕与生态保护指标的对比情况。从地区间差异的角度来看，东部、中部、西部和东北地区资源丰裕与生态保护指标的平均值分别为 −0.002、−0.003、0.005 和 0.002（保留三位有效数字），可以看出，平均而言，西部地区的资源丰裕与生态保护水平较高，而东部和中部地区则相对落后。

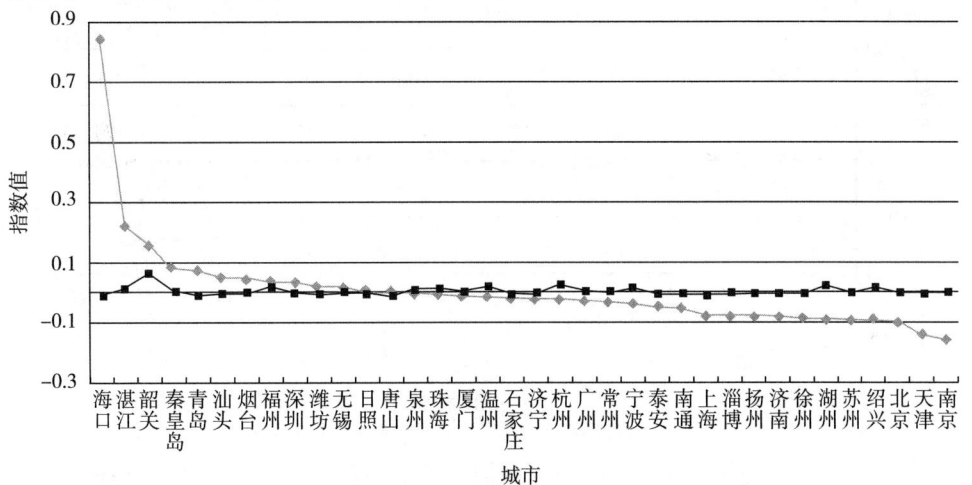

（a）东部城市资源环境承载潜力和资源丰裕与生态保护指标比较

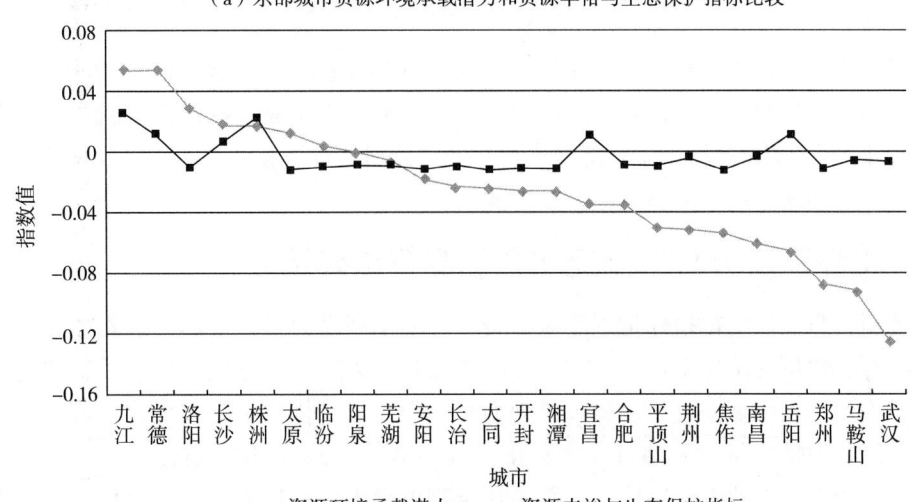

（b）中部城市资源环境承载潜力和资源丰裕与生态保护指标比较

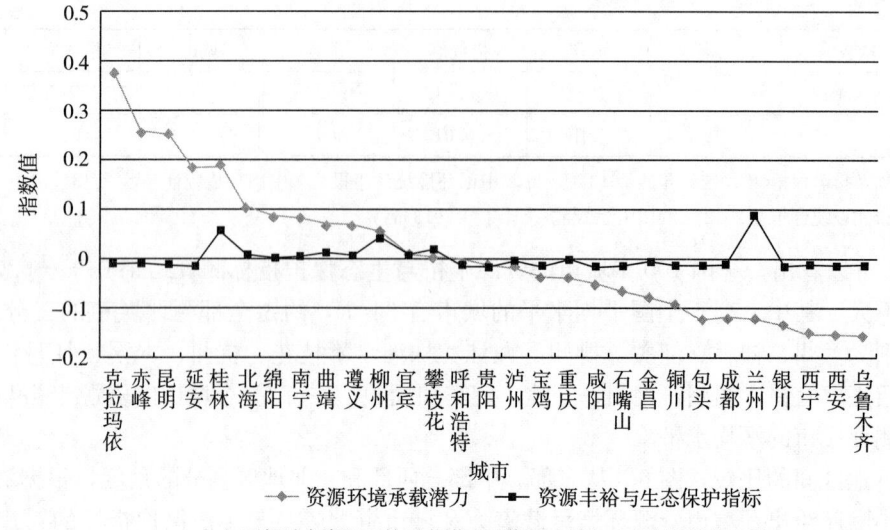

（c）西部城市资源环境承载潜力和资源丰裕与生态保护指标比较

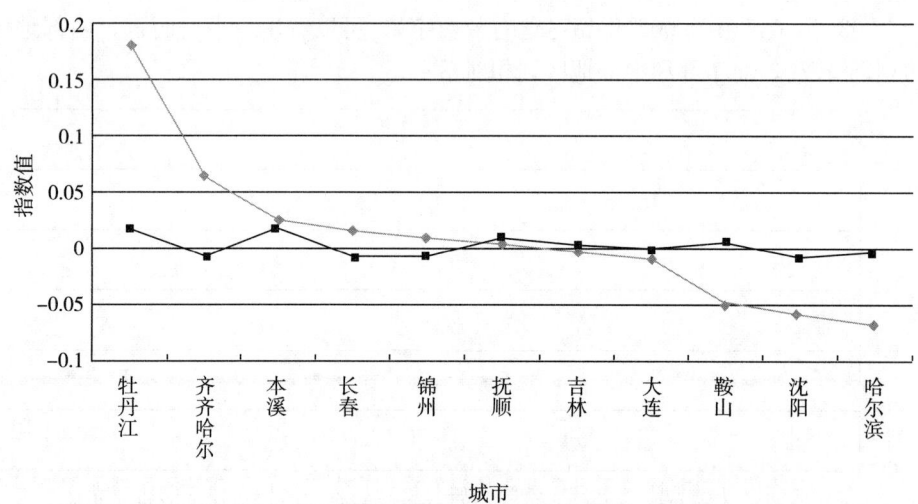

（d）东北城市资源环境承载潜力和资源丰裕与生态保护指标比较

图6-3 城市资源环境承载潜力和城市资源丰裕与生态保护指标对比

注：本图从东部、中部、西部和东北地区划分的角度，根据资源环境承载潜力指数大小自左到右排列

就排名结果而言，资源丰裕与生态保护指标前20位的城市中，东部城市占6个，分别是韶关、杭州、绍兴、温州、湖州和宁波；东北地区只占3个，分别是本溪、牡丹江和抚顺。而资源丰裕与生态保护指标排名后10位的城市中东部城市有2个，分别是青岛和海口；中部地区有4个，分别是郑州、安阳、湘潭和太原。

（二）城市环境压力与气候变化指标测算结果及分析

城市环境压力与气候变化指标是测度城市资源环境承载潜力最重要的二级指标，也是所占权重最大的一个指标。它包含单位土地面积二氧化碳排放量、人均二氧化碳排放量、单位土地面积二氧化硫排放量、人均二氧化硫排放量、单位土地面积化学需氧量排放量、人均化学需氧量排放量、单位土地面积氮氧化物排放量、人均氮氧化物排放量、单位土地面积氨氮排放量、人均氨氮排放量、空气质量达到二级以上天数占全年比重、首要污染物可吸入颗粒物天数占全年比重、可吸入细颗粒物浓度（PM2.5）年均值共13个三级指标。这13个指标共占城市资源环境承载潜力权重的95%，每个指标占总权重有所不同,具体情况如表6-8所示。

表6-8 城市环境压力与气候变化三级指标、权重及指标属性(单位:%)

指标序号	指标	权重	指标属性
19	单位土地面积二氧化碳排放量	2.94	逆
20	人均二氧化碳排放量	2.94	逆
21	单位土地面积二氧化硫排放量	2.20	逆
22	人均二氧化硫排放量	2.20	逆
23	单位土地面积化学需氧量排放量	2.20	逆
24	人均化学需氧量排放量	2.20	逆
25	单位土地面积氮氧化物排放量	2.20	逆
26	人均氮氧化物排放量	2.20	逆
27	单位土地面积氨氮排放量	2.20	逆
28	人均氨氮排放量	2.20	逆
29	空气质量达到二级以上天数占全年比重	2.94	正
30	首要污染物可吸入颗粒物天数占全年比重	2.94	逆
31	可吸入细颗粒物浓度(PM2.5)年均值	2.94	逆

注:①本表内容是由本报告课题组召开的多次专家座谈会研讨确定的;②单位土地面积二氧化碳排放量、人均二氧化碳排放量和可吸入细颗粒物浓度(PM2.5)年均值为无数列表

在对三级指标原始数据加以标准化处理后,根据表6-8中所示的权重,计算得出本次测评的100个城市的环境压力与气候变化指标的指数值,测算结果和排名如表6-9所示。

表6-9 中国城市环境压力与气候变化指标指数及其排名

城市	指数值	排名	城市	指数值	排名	城市	指数值	排名
海口	0.863	1	曲靖	0.056	17	日照	0.008	33
克拉玛依	0.387	2	汕头	0.056	18	阳泉	0.008	34
赤峰	0.266	3	烟台	0.046	19	唐山	0.008	35
昆明	0.259	4	常德	0.043	20	本溪	0.006	36
湛江	0.220	5	洛阳	0.039	21	贵阳	0.006	37
延安	0.199	6	深圳	0.035	22	呼和浩特	0.004	38
牡丹江	0.165	7	九江	0.028	23	宜宾	0.003	39
桂林	0.125	8	太原	0.025	24	芜湖	0.001	40
北海	0.098	9	长春	0.024	25	抚顺	−0.005	41
韶关	0.091	10	福州	0.023	26	安阳	−0.005	42
绵阳	0.084	11	潍坊	0.022	27	吉林	−0.006	43
秦皇岛	0.081	12	无锡	0.019	28	株洲	−0.007	44
青岛	0.077	13	锦州	0.015	29	大连	−0.008	45
南宁	0.075	14	临汾	0.014	30	石家庄	−0.011	46
齐齐哈尔	0.072	15	长沙	0.012	31	厦门	−0.012	47
遵义	0.063	16	柳州	0.010	32	大同	−0.012	48

续表

城市	指数值	排名	城市	指数值	排名	城市	指数值	排名
泉州	-0.012	49	宜昌	-0.047	67	徐州	-0.083	85
长治	-0.014	50	荆州	-0.048	68	马鞍山	-0.084	86
泸州	-0.014	51	沈阳	-0.049	69	苏州	-0.092	87
湘潭	-0.015	52	杭州	-0.050	70	北京	-0.098	88
开封	-0.015	53	南通	-0.051	71	湖州	-0.105	89
济宁	-0.016	54	宁波	-0.053	72	包头	-0.106	90
攀枝花	-0.016	55	石嘴山	-0.053	73	成都	-0.110	91
珠海	-0.017	56	鞍山	-0.054	74	绍兴	-0.113	92
宝鸡	-0.020	57	南昌	-0.057	75	银川	-0.118	93
合肥	-0.026	58	哈尔滨	-0.064	76	武汉	-0.119	94
常州	-0.032	59	金昌	-0.073	77	天津	-0.136	95
温州	-0.032	60	上海	-0.074	78	西安	-0.142	96
广州	-0.033	61	淄博	-0.076	79	西宁	-0.143	97
咸阳	-0.037	62	济南	-0.077	80	乌鲁木齐	-0.144	98
重庆	-0.040	63	郑州	-0.077	81	南京	-0.155	99
平顶山	-0.041	64	扬州	-0.078	82	兰州	-0.213	100
焦作	-0.043	65	岳阳	-0.079	83			
泰安	-0.044	66	铜川	-0.079	84			

注：本表数据及排名根据《中国统计年鉴2013》、《2012中国环境统计年报》、《中国环境统计年鉴2013》、《中国城市统计年鉴2013》、《中国城市建设统计年鉴2012》、《中国区域经济统计年鉴2013》测算。

从表6-9中可以看到，排名最高的海口环境压力与气候变化指标指数值为0.863，排名99位的南京环境压力与气候变化指标指数值为-0.155，相差较大，而这两个城市都位于东部地区。这说明在同一地区内，不同城市的环境压力与气候变化指标值有很大幅度的波动。这一波动在西部地区也很明显，克拉玛依的该项指标值为0.387，而排名最低的兰州的指标值为-0.213。就排名情况来看，100个测评城市中，有40个城市指标值大于零，即它们的环境压力与气候变化指标高于全国平均水平，其中前20位的城市分别是海口、克拉玛依、赤峰、昆明、湛江、延安、牡丹江、桂林、北海、韶关、绵阳、秦皇岛、青岛、南宁、齐齐哈尔、遵义、曲靖、汕头、烟台和常德。有60个城市环境压力与气候变化指标低于全国平均水平。

图6-4按照不同地区显示了城市资源环境承载潜力和城市环境压力与气候变化指标的对比情况，城市资源环境承载潜力和城市环境压力与气候变化指标之间有着很强的一致性，城市环境压力与气候变化指标对城市资源环境承载潜力做出了很大的贡献。西部地区的城市中，兰州市的环境压力与气候变化指标远低于资源环境承载潜力。

从指标值来看，东部、中部、西部和东北地区环境压力与气候变化指标平均值分别为0.003、-0.022、0.011和0.009，可以看出，平均而言，西部地区的环境压力与气候变化指标水平较高，而东部和中部地区则相对落后。从排名的角度看，西部地区和东北地区在城市环境压力与气候变化指标排名前20位的城市中占到了12个，而东部地区和中部地区则占据了城市环境压力与气候变化指标排名后20位城市中的12个。

第六章 城市资源环境承载潜力测算及分析

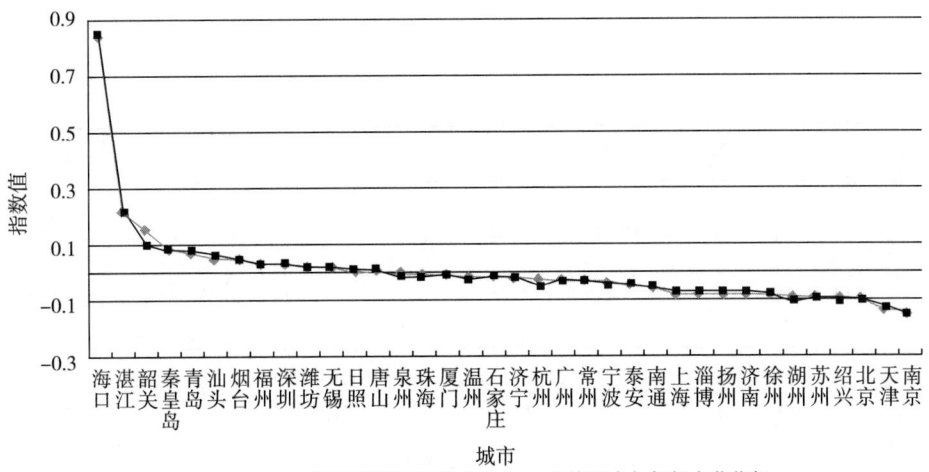

（a）东部城市资源环境承载潜力和环境压力与气候变化指标比较

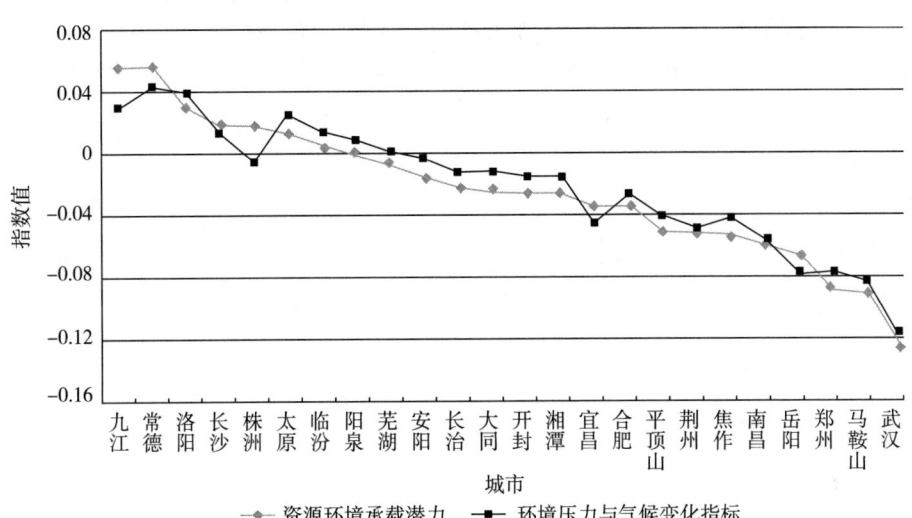

（b）中部城市资源环境承载潜力和环境压力与气候变化指标比较

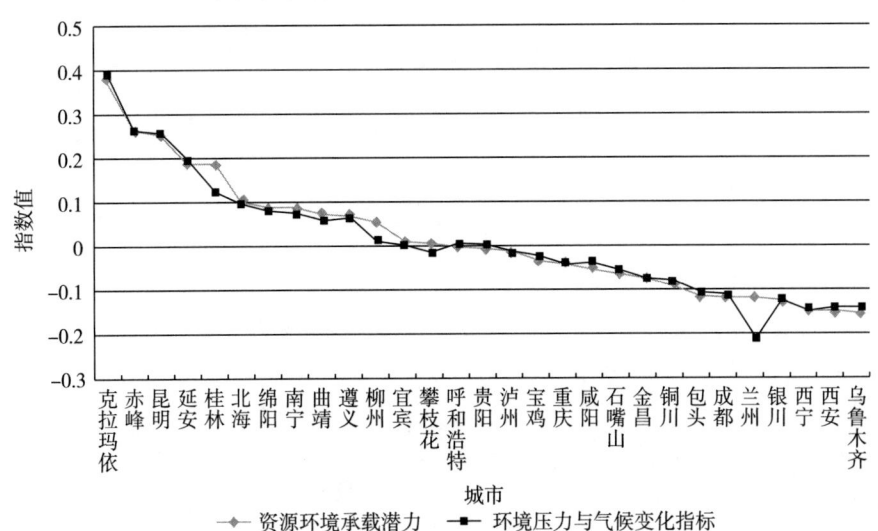

（c）西部城市资源环境承载潜力和环境压力与气候变化指标比较

2014中国绿色发展指数报告——区域比较

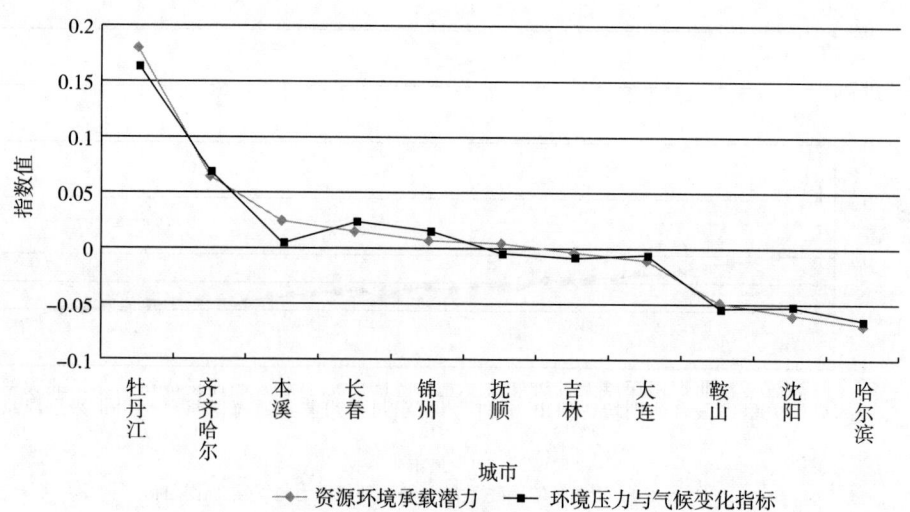

（d）东北城市资源环境承载潜力和环境压力与气候变化指标比较

图 6-4 城市资源环境承载潜力和城市环境压力与气候变化指标对比

注：本图从东部、中部、西部和东北地区划分的角度，根据资源环境承载潜力指数大小自左到右排列

第七章

城市政府政策支持度测算及分析

政策是经济发展的风向标，也是政府推动经济转型升级的主要抓手。要实现中国经济发展的绿色转型，必须对政府政策进行调整和完善，建立起有效的政策保障体系。在这个背景下，本章根据城市测算体系中政府政策支持度的测度标准，利用 2012 年的年度数据，从绿色投资、基础设施和环境治理三个方面，对中国 100 个城市政府在经济社会发展过程中的绿色行动进行综合评价。

一、城市政府政策支持度的测算结果

根据城市测算体系中政府政策支持度的测度体系和权重标准，中国 100 个城市的政府政策支持度指数及排名见表 7-1。

表 7-1 中国 100 个城市的政府政策支持度指数及排名

城市	一级指标 政府政策支持度 指数值	排名	二级指标 绿色投资指标 指数值	排名	基础设施指标 指数值	排名	环境治理指标 指数值	排名
深圳	0.601	1	0.082	6	0.482	1	0.037	26
克拉玛依	0.222	2	0.087	4	0.091	6	0.044	23
南京	0.198	3	−0.029	76	0.112	3	0.115	1
北京	0.189	4	0.067	8	0.074	8	0.047	20
宝鸡	0.173	5	0.038	17	0.048	19	0.087	5
无锡	0.172	6	0.042	13	0.070	10	0.061	12
珠海	0.166	7	0.067	9	0.136	2	−0.037	82
乌鲁木齐	0.161	8	0.120	1	0.025	37	0.016	39
淄博	0.152	9	0.037	19	0.064	13	0.051	17
厦门	0.141	10	−0.057	91	0.097	5	0.102	2
太原	0.123	11	0.112	2	0.002	55	0.009	45
青岛	0.123	12	−0.028	75	0.069	11	0.082	6
烟台	0.121	13	0.002	50	0.060	15	0.059	13
湖州	0.110	14	0.051	12	0.061	14	−0.002	55
潍坊	0.106	15	0.064	11	0.026	35	0.015	40
广州	0.104	16	−0.062	94	0.070	9	0.096	4
湛江	0.102	17	0.029	27	0.011	46	0.061	11
苏州	0.101	18	0.003	47	0.051	18	0.048	19

续表

城市	一级指标 政府政策支持度 指数值	排名	二级指标 绿色投资指标 指数值	排名	基础设施指标 指数值	排名	环境治理指标 指数值	排名
常州	0.100	19	0.026	29	0.047	20	0.027	32
石家庄	0.099	20	0.036	20	0.043	21	0.020	37
济宁	0.097	21	0.041	14	−0.010	63	0.066	10
秦皇岛	0.096	22	0.102	3	0.069	12	−0.074	91
日照	0.091	23	0.037	18	0.025	36	0.028	31
绍兴	0.074	24	0.029	28	0.037	25	0.009	46
泰安	0.069	25	0.000	51	0.040	24	0.029	29
九江	0.069	26	0.008	45	0.109	4	−0.048	84
福州	0.067	27	−0.014	60	0.013	43	0.067	9
合肥	0.065	28	−0.014	62	0.055	16	0.024	35
曲靖	0.062	29	0.014	40	0.003	54	0.044	22
宁波	0.060	30	−0.059	93	0.018	41	0.101	3
长治	0.058	31	−0.005	52	0.017	42	0.046	21
济南	0.058	32	−0.015	63	0.021	39	0.051	16
徐州	0.055	33	−0.008	55	−0.004	61	0.068	8
安阳	0.054	34	0.035	22	0.013	44	0.006	48
泉州	0.051	35	−0.013	59	0.006	51	0.058	14
杭州	0.049	36	−0.011	58	0.052	17	0.007	47
长沙	0.044	37	−0.026	72	0.034	29	0.035	27
昆明	0.043	38	0.024	32	0.013	45	0.006	49
温州	0.040	39	0.033	23	−0.026	73	0.032	28
唐山	0.038	40	0.020	33	0.007	50	0.011	44
阳泉	0.037	41	0.016	37	0.034	28	−0.013	68
马鞍山	0.033	42	−0.048	85	0.043	22	0.038	25
大同	0.032	43	0.069	7	−0.028	76	−0.009	65
扬州	0.026	44	−0.014	61	0.025	38	0.015	41
株洲	0.025	45	−0.009	56	0.029	33	0.005	50
柳州	0.024	46	−0.015	64	0.001	58	0.038	24
绵阳	0.023	47	0.033	24	−0.009	62	−0.001	53
芜湖	0.013	48	−0.010	57	0.008	49	0.015	42
南通	0.006	49	0.002	48	0.010	47	−0.006	60
上海	0.001	50	−0.058	92	0.031	30	0.029	30
南昌	−0.002	51	−0.034	78	0.042	23	−0.009	66
长春	−0.011	52	0.014	39	−0.049	85	0.024	36
南宁	−0.011	53	−0.051	88	0.027	34	0.012	43

续表

城市	一级指标 政府政策支持度 指数值	排名	二级指标 绿色投资指标 指数值	排名	基础设施指标 指数值	排名	环境治理指标 指数值	排名
石嘴山	−0.012	54	−0.006	53	−0.001	59	−0.005	59
湘潭	−0.014	55	0.019	34	−0.018	66	−0.015	70
银川	−0.015	56	−0.096	99	0.001	57	0.080	7
焦作	−0.015	57	0.017	36	−0.024	71	−0.008	63
平顶山	−0.017	58	0.030	25	−0.027	75	−0.021	76
吉林	−0.018	59	0.085	5	0.036	26	−0.139	97
临汾	−0.023	60	0.013	41	−0.085	90	0.049	18
西安	−0.023	61	−0.036	79	0.030	32	−0.016	72
包头	−0.033	62	−0.040	80	0.008	48	−0.002	54
汕头	−0.043	63	0.040	16	−0.076	88	−0.007	62
赤峰	−0.046	64	0.065	10	−0.111	92	0.000	52
大连	−0.046	65	−0.096	98	0.086	7	−0.036	81
遵义	−0.046	66	0.026	30	−0.044	82	−0.028	79
呼和浩特	−0.047	67	−0.017	65	−0.026	72	−0.004	56
沈阳	−0.052	68	−0.022	69	0.035	27	−0.066	89
北海	−0.053	69	−0.067	95	−0.039	81	0.053	15
重庆	−0.053	70	−0.023	70	−0.034	78	0.004	51
武汉	−0.056	71	−0.047	84	0.005	52	−0.014	69
贵阳	−0.062	72	−0.018	67	−0.019	67	−0.025	78
成都	−0.063	73	−0.073	96	0.021	40	−0.010	67
岳阳	−0.063	74	−0.017	66	0.004	53	−0.050	86
宜昌	−0.064	75	−0.047	82	0.002	56	−0.019	75
洛阳	−0.076	76	0.010	43	−0.079	89	−0.007	61
宜宾	−0.078	77	0.030	26	−0.133	94	0.025	34
郑州	−0.078	78	−0.049	86	−0.011	65	−0.018	74
哈尔滨	−0.080	79	−0.054	89	−0.021	68	−0.005	57
抚顺	−0.082	80	−0.044	81	−0.055	86	0.017	38
泸州	−0.084	81	0.009	44	−0.119	93	0.025	33
咸阳	−0.085	82	0.025	31	−0.048	84	−0.062	88
桂林	−0.087	83	0.011	42	−0.074	87	−0.024	77
天津	−0.096	84	−0.047	83	−0.021	69	−0.029	80
常德	−0.102	85	−0.032	77	−0.022	70	−0.048	85
铜川	−0.113	86	−0.008	54	−0.090	91	−0.016	71
海口	−0.114	87	0.015	38	0.030	31	−0.159	99
锦州	−0.132	88	−0.081	97	−0.034	79	−0.017	73

续表

城市	一级指标 政府政策支持度 指数值	排名	二级指标 绿色投资指标 指数值	排名	基础设施指标 指数值	排名	环境治理指标 指数值	排名
金昌	−0.145	89	0.018	35	−0.027	74	−0.136	96
荆州	−0.147	90	−0.056	90	−0.034	77	−0.057	87
韶关	−0.148	91	−0.028	74	−0.003	60	−0.117	95
本溪	−0.154	92	−0.050	87	−0.011	64	−0.092	93
西宁	−0.189	93	0.036	21	−0.045	83	−0.180	100
牡丹江	−0.207	94	−0.028	73	−0.174	97	−0.005	58
攀枝花	−0.219	95	0.004	46	−0.213	99	−0.009	64
延安	−0.230	96	0.002	49	−0.142	96	−0.090	92
鞍山	−0.278	97	−0.133	100	−0.038	80	−0.107	94
开封	−0.288	98	−0.019	68	−0.204	98	−0.066	90
齐齐哈尔	−0.309	99	−0.025	71	−0.141	95	−0.143	98
兰州	−0.310	100	0.041	15	−0.313	100	−0.038	83

注：①本表根据政府政策支持度的指标体系，依据各指标2012年数据测算而得；②本表各测评城市按照政府政策支持度的指数值从大到小排序；③本表一级指标政府政策支持度指数值等于三个二级指标——绿色投资指标、基础设施指标和环境治理指标指数值之和；④各项指标的全国平均水平为0；⑤以上数据及排名根据《中国统计年鉴2013》、《中国环境统计年报2012》、《中国环境统计年鉴2013》、《中国城市统计年鉴2013》、《中国城市建设统计年鉴2013》、《中国区域经济统计年鉴2013》等测算

从表7-1中可以看到，2012年中国100个城市政府政策支持度中，指数值最高的是深圳，达到0.601；最低的是兰州，仅为−0.310。100个测评城市中，有50个城市政府政策支持度高出全国平均水平，刚好半数。排在前20位的城市依次是深圳、克拉玛依、南京、北京、宝鸡、无锡、珠海、乌鲁木齐、淄博、厦门、太原、青岛、烟台、湖州、潍坊、广州、湛江、苏州、常州和石家庄。其中，二级指标中，绿色投资指标排名前20位的城市依次是乌鲁木齐、太原、秦皇岛、克拉玛依、吉林、深圳、大同、北京、珠海、赤峰、潍坊、湖州、无锡、济宁、兰州、汕头、宝鸡、日照、淄博和石家庄；基础设施指标排名前20位的城市依次是深圳、珠海、南京、九江、厦门、克拉玛依、大连、北京、广州、无锡、青岛、秦皇岛、淄博、湖州、烟台、合肥、杭州、苏州、宝鸡和常州；环境治理指标排名前20位的城市依次是南京、厦门、宁波、广州、宝鸡、青岛、银川、徐州、福州、济宁、湛江、无锡、烟台、泉州、北海、济南、淄博、临汾、苏州和北京。2012年中国100个城市政府政策支持度排名前20位和后20位的城市见图7-1。

根据表7-1和图7-1，下面进一步从城市政府政策支持度区域间差异、城市政府政策支持度区域内差异、城市政府政策支持度对2012年中国绿色发展指数（城市）的影响三个方面进行分析。

(一)城市政府政策支持度区域间差异分析

从区域分布的角度来看，城市政府政策支持度总体呈现东部最好，中部和西部次之，东北最弱的局面，具体如图7-2所示。其中，东部所有测评城市的均值达到0.085，远高于其他地区；中部和西部地区城市的均值分别为−0.016和−0.045，均低于东部地区，也低于全国平均水平；而东北地区城市的均值仅为−0.124，较之东部、中部和西部地区城市最弱。

与2011年相比，四大区域在政府政策支持度上的排名没有变化。东部仍然是四大区域中城市政府政策支持度最高的地区；中部和西部次之，中部地区稍高于西部地区；而东北地区则连续三年城市政府政策支持度在四大区域中排名垫底。

第七章 城市政府政策支持度测算及分析

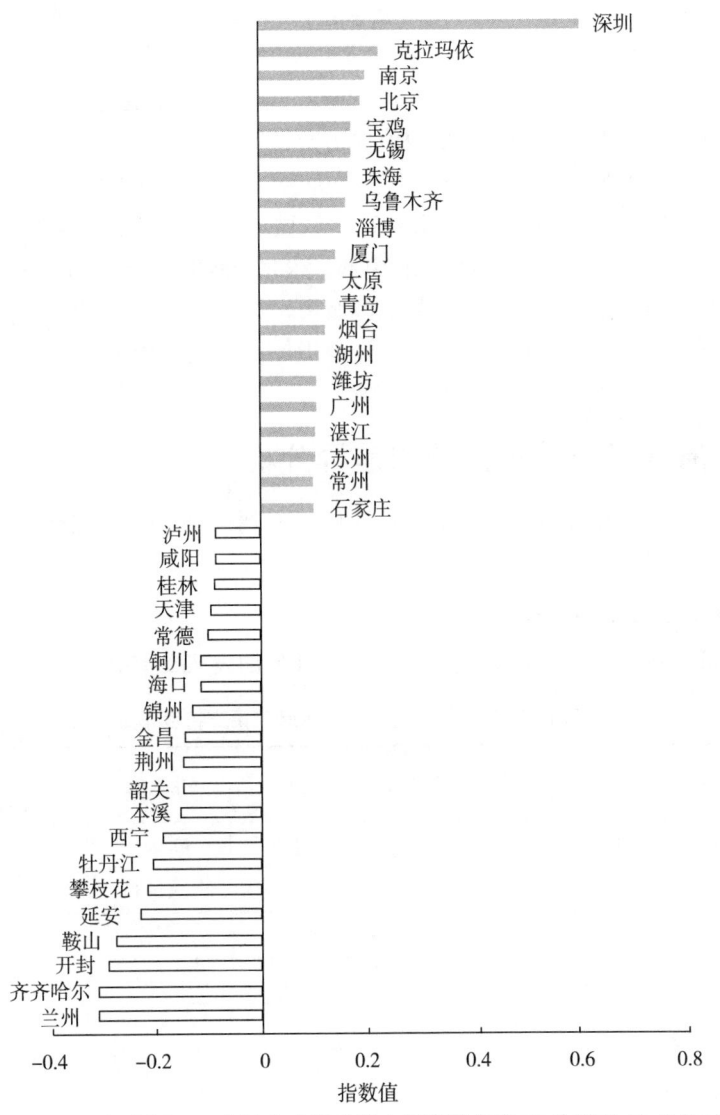

图 7-1 2012 年中国 100 个城市政府政策支持度排名前 20 位和后 20 位的城市
注：本图根据表 7-1 制作

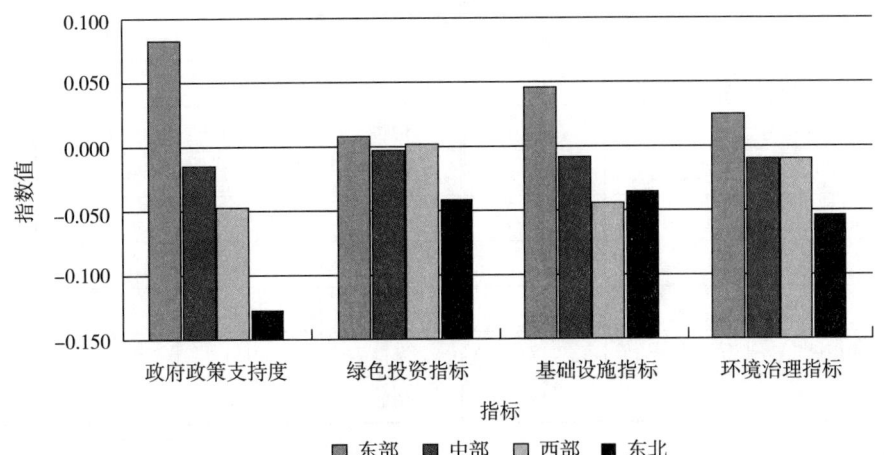

图 7-2 中国四大区域城市政府政策支持度对照图
注：本图数据为四大区域中各城市指数值的算术平均值

二级指标方面，绿色投资指标中，四大区域绿色投资水平差距较小，东部和西部地区略高于全国平均水平，中部和东北地区略低于全国平均水平。具体到各区域，东部地区位居四大区域首位，指数值为0.011；西部地区略低于东部地区，指数值为0.005；之后是中部地区，指数值为−0.003；东北地区城市的绿色投资水平相对较弱，指数值仅为−0.039。

基础设施指标中，东部地区城市指数值均值达到0.048，远高于其他区域，同时也高于全国平均水平；中部地区指数值次之，为−0.006；东北和西部地区城市基础设施建设水平较为接近，指数值分别为−0.033和−0.042，位居四大区域后两位，且中部、东北和西部均低于全国平均水平。

环境治理指标中，排名首位的仍旧是东部地区城市，指数值达到0.027，高于全国平均水平；其他三个地区均低于全国平均水平，其中，中部和西部指标值相同，均为−0.007；东北地区指数值最低，为−0.052。

(二)城市政府政策支持度区域内差异分析

城市政府政策支持度在区域间呈现东部最好、中部和西部次之、东北地区城市最弱的局面，且区域内部各城市之间的差异较为明显，排名有高有低。

1. 东部地区城市政府政策支持度指数及排名

2012年中国东部地区城市政府政策支持度指数及排名如表7-2所示。

表7-2　2012年中国东部地区城市政府政策支持度指数及排名

城市	指数值	所有测评城市排名	区域内部排名	城市	指数值	所有测评城市排名	区域内部排名
深圳	0.601	1	1	日照	0.091	23	19
南京	0.198	3	2	绍兴	0.074	24	20
北京	0.189	4	3	泰安	0.069	25	21
无锡	0.172	6	4	福州	0.067	27	22
珠海	0.166	7	5	宁波	0.060	30	23
淄博	0.152	9	6	济南	0.058	32	24
厦门	0.141	10	7	徐州	0.055	33	25
青岛	0.123	12	8	泉州	0.051	35	26
烟台	0.121	13	9	杭州	0.049	36	27
湖州	0.110	14	10	温州	0.040	39	28
潍坊	0.106	15	11	唐山	0.038	40	29
广州	0.104	16	12	扬州	0.026	44	30
湛江	0.102	17	13	南通	0.006	49	31
苏州	0.101	18	14	上海	0.001	50	32
常州	0.100	19	15	汕头	−0.043	63	33
石家庄	0.099	20	16	天津	−0.096	84	34
济宁	0.097	21	17	海口	−0.114	87	35
秦皇岛	0.096	22	18	韶关	−0.148	91	36

注：本表根据表7-1整理

东部参与测评的36个城市中，有7个城市位居所有测评城市的前10位，分别是深圳、南京、北京、无锡、珠海、淄博和厦门，占东部测评城市的19.4%，相比于2011年的25%有所下降。其中，深圳以 0.601 的高分位居所有测评城市首位，远高于其他测评城市。东部共有 32 个城市的政府政策支持度指数值大于 0，高于全国平均水平，较 2011 年的 22 个有所增长。东部仅有汕头、天津、海口和韶关 4 个城市的指数值小于 0，其政府政策支持度低于全国平均水平。由此可见，东部绝大部分城市政府政策支持度位居全国前列。

2. 中部地区城市政府政策支持度指数及排名

2012 年中国中部地区城市政府政策支持度指数及排名如表 7-3 所示。

表 7-3　2012 年中国中部地区城市政府政策支持度指数及排名

城市	指数值	所有测评城市排名	区域内部排名	城市	指数值	所有测评城市排名	区域内部排名
太原	0.123	11	1	湘潭	−0.014	55	13
九江	0.069	26	2	焦作	−0.015	57	14
合肥	0.065	28	3	平顶山	−0.017	58	15
长治	0.058	31	4	临汾	−0.023	60	16
安阳	0.054	34	5	武汉	−0.056	71	17
长沙	0.044	37	6	岳阳	−0.063	74	18
阳泉	0.037	41	7	宜昌	−0.064	75	19
马鞍山	0.033	42	8	洛阳	−0.076	76	20
大同	0.032	43	9	郑州	−0.078	78	21
株洲	0.025	45	10	常德	−0.102	85	22
芜湖	0.013	48	11	荆州	−0.147	90	23
南昌	−0.002	51	12	开封	−0.288	98	24

注：本表根据表 7-1 整理

中部参与测评的 24 个城市中，没有城市位于所有测评城市的前 10 位。中部的太原、九江、合肥、长治、安阳、长沙、阳泉、马鞍山、大同、株洲和芜湖共 11 个城市位居所有测评城市的第 11～48 位，其指数值均大于 0，政府政策支持度高于全国平均水平，位居所有中部城市的前列。而中部的南昌、湘潭、焦作、平顶山、临汾、武汉、岳阳、宜昌、洛阳、郑州、常德、荆州和开封共 13 个城市位居所有测评城市的第 51～98 位，其指数值均小于 0，政府政策支持度低于全国平均水平，在所有中部城市中相对排名靠后。

3. 西部地区城市政府政策支持度指数及排名

2012 年中国西部地区城市政府政策支持度指数及排名如表 7-4 所示。

表 7-4　2012 年中国西部地区城市政府政策支持度指数及排名

城市	指数值	所有测评城市排名	区域内部排名	城市	指数值	所有测评城市排名	区域内部排名
克拉玛依	0.222	2	1	绵阳	0.023	47	7
宝鸡	0.173	5	2	南宁	−0.011	53	8
乌鲁木齐	0.161	8	3	石嘴山	−0.012	54	9
曲靖	0.062	29	4	银川	−0.015	56	10
昆明	0.043	38	5	西安	−0.023	61	11
柳州	0.024	46	6	包头	−0.033	62	12

续表

城市	指数值	所有测评城市排名	区域内部排名	城市	指数值	所有测评城市排名	区域内部排名
赤峰	-0.046	64	13	咸阳	-0.085	82	22
遵义	-0.046	66	14	桂林	-0.087	83	23
呼和浩特	-0.047	67	15	铜川	-0.113	86	24
北海	-0.053	69	16	金昌	-0.145	89	25
重庆	-0.053	70	17	西宁	-0.189	93	26
贵阳	-0.062	72	18	攀枝花	-0.219	95	27
成都	-0.063	73	19	延安	-0.230	96	28
宜宾	-0.078	77	20	兰州	-0.310	100	29
泸州	-0.084	81	21				

注：本表根据表 7-1 整理

西部参与测评的 29 个城市中，有 3 个城市位居所有测评城市的前 10 位，分别是克拉玛依（第 2 名）、宝鸡（第 5 名）、乌鲁木齐（第 8 名），相对于 2011 年没有西部城市进入全部参评城市前 10 位的情况有了很大提高。克拉玛依、宝鸡、乌鲁木齐、曲靖、昆明、柳州和绵阳共 7 个城市指数值大于 0，其城市政府政策支持度高于全国平均水平，位居全国所有测评城市的中上游，位居西部测评城市的前列；而南宁、石嘴山、银川、西安、包头、赤峰和遵义等 22 个城市的指数值小于 0，城市政府政策支持度低于全国平均水平，位居全国所有测评城市的中下游，在西部测评城市中排名靠后。可见，西部地区绝大部分城市政府政策支持度位居全国中下游水平。

4. 东北地区城市政府政策支持度指数及排名

2012 年中国东北地区城市政府政策支持度指数及排名如表 7-5 所示。

表 7-5　2012 年中国东北地区城市政府政策支持度指数及排名

城市	指数值	所有测评城市排名	区域内部排名	城市	指数值	所有测评城市排名	区域内部排名
长春	-0.011	52	1	锦州	-0.132	88	7
吉林	-0.018	59	2	本溪	-0.154	92	8
大连	-0.046	65	3	牡丹江	-0.207	94	9
沈阳	-0.052	68	4	鞍山	-0.278	97	10
哈尔滨	-0.080	79	5	齐齐哈尔	-0.309	99	11
抚顺	-0.082	80	6				

注：本表根据表 7-1 整理

东北地区参与测评的 11 个城市中，没有城市指数值大于 0，所有城市均低于全国平均水平。排名最高的是长春，得分 -0.010，位于所有 100 个测评城市的第 52 位；其他城市如吉林、大连、沈阳等均位居全国所有测评城市的中下游，且东北地区绝大部分城市政府政策支持度在全国排名相对靠后。因此，东北地区城市政府政策支持度有待进一步提高。

（三）城市政府政策支持度对 2012 年中国绿色发展指数（城市）的影响分析

对比 2012 年中国绿色发展指数（城市）与城市政府政策支持度后发现，100 个测评城市中，有 52 个城市政府政策支持度排名高于中国绿色发展指数（城市）排名，这表明这些城市政府的绿色行动推高了城市整体绿色发展水平，如北京、天津、太原、大同等；有 41 个城市政府政策支持度排名低于中国绿色发展指数(城市)排名,这表明这些城市政府的绿色行动不足,影响了城市整体绿色发展水平的进一步提高,如唐山、秦皇岛、呼和浩特、赤峰等;而石家庄、鞍山、扬州、潍坊、成都、攀枝花、兰州7个城市的城市政府政策支持度排名与中国绿色发展指数(城市)排名相同,说明城市政府绿色行动与城市绿色发展水平一致。

从影响的程度看,城市政府政策支持度与中国绿色发展指数(城市)排名差异较大(超过20名)的城市有31个,占所有城市的31%,如大同、阳泉、长治等,这表明这些城市的城市政府政策支持度对中国绿色发展指数(城市)总排名影响明显。其中,海口的排名差异最大,中国绿色发展指数(城市)位居所有测评城市的第1位,但城市政府政策支持度仅为第87位,名次变化达到86位;有69个城市排名差异较小(20名以内),如北京、天津、秦皇岛等,这表明这些城市的城市政府政策支持度对中国绿色发展指数(城市)总排名影响不明显。2012年中国绿色发展指数(城市)与城市政府政策支持度排名差异超过20位的城市如表7-6所示。

表7-6 2012年中国绿色发展指数(城市)与城市政府政策支持度排名差异超过20位的城市

城市	中国绿色发展指数(城市)排名	城市政府政策支持度排名	排名差异	城市	中国绿色发展指数(城市)排名	城市政府政策支持度排名	排名差异
海口	1	87	−86	常德	51	85	−34
昆明	6	38	−32	九江	53	26	27
长沙	10	37	−27	安阳	54	34	20
赤峰	14	64	−50	洛阳	55	76	−21
桂林	22	83	−61	延安	56	96	−40
绵阳	25	47	−22	泉州	59	35	24
长春	28	52	−24	长治	60	31	29
南京	31	3	28	牡丹江	63	94	−31
宝鸡	32	5	27	韶关	68	91	−23
遵义	38	66	−28	大同	69	43	26
呼和浩特	40	67	−27	阳泉	70	41	29
沈阳	45	68	−23	南昌	71	51	20
泰安	47	25	22	石嘴山	79	54	25
绍兴	48	24	24	西安	87	61	26
北海	49	69	−20	银川	90	56	34
乌鲁木齐	50	8	42				

注:①本表根据表0-6和表7-1整理;②表中排名差异为中国绿色发展指数(城市)排名与城市政府政策支持度排名之差,正值表示城市政府政策支持度较之于中国绿色发展指数(城市)进步的名次,负值表示城市政府政策支持度较之于中国绿色发展指数(城市)退后的名次

二、 城市政府政策支持度比较分析

城市政府政策支持度占2012年中国绿色发展指数(城市)总权重的33%,共由绿色投资指标、基础设施指标和环境治理指标3个二级指标以及13个三级指标构成。三级指标全部都为正指标,且都参与测算,没有无数列表指标。为深入剖析城市政府政策支持度特征,本部分将以3个二级指标为基础进行详细的分析与比较。

(一)城市绿色投资指标测算结果及分析

城市绿色投资指标占政府政策支持度指标总体权重的25%，衡量城市对绿色发展的资金支持，从经济投入角度反映政府对绿色发展的重视程度。城市绿色投资指标的三级指标、权重及指标属性见表7-7。

表7-7 城市绿色投资指标的三级指标、权重及指标属性(单位:%)

指标序号	指标	权重	指标属性
32	环境保护支出占财政支出比重	3.30	正
33	城市环境基础设施建设投资占全市固定资产投资比重	1.65	正
34	科教文卫支出占财政支出比重	3.30	正

注：本表内容是由本报告课题组召开的多次专家座谈会研讨确定的

与2011年相比，2012年城市绿色投资的三级指标略有调整，"工业环境污染治理投资占地区生产总值比重"指标调整为"城市环境基础设施建设投资占全市固定资产投资比重"，主要是由于统计口径发生变化，前指标数据不再可得，经专家讨论改为后指标；权重上由于指标变动也略有调整，为避免测算结果的较大波动，略微降低了替换指标的权重，由2.75%降低为1.65%；指标属性上较上年没有变化。根据表7-7所列指标和权重，经过标准化处理及综合测算，我们得到2012年中国城市绿色投资指标指数及其排名，如表7-8所示。

表7-8 2012年中国城市绿色投资指标指数及其排名

城市	指数值	排名	城市	指数值	排名	城市	指数值	排名
乌鲁木齐	0.120	1	绵阳	0.033	24	苏州	0.003	47
太原	0.112	2	平顶山	0.030	25	南通	0.002	48
秦皇岛	0.102	3	宜宾	0.030	26	延安	0.002	49
克拉玛依	0.087	4	湛江	0.029	27	烟台	0.002	50
吉林	0.085	5	绍兴	0.029	28	泰安	0.000	51
深圳	0.082	6	常州	0.026	29	长治	−0.005	52
大同	0.069	7	遵义	0.026	30	石嘴山	−0.006	53
北京	0.067	8	咸阳	0.025	31	铜川	−0.008	54
珠海	0.067	9	昆明	0.024	32	徐州	−0.008	55
赤峰	0.065	10	唐山	0.020	33	株洲	−0.009	56
潍坊	0.064	11	湘潭	0.019	34	芜湖	−0.010	57
湖州	0.051	12	金昌	0.018	35	杭州	−0.011	58
无锡	0.042	13	焦作	0.017	36	泉州	−0.013	59
济宁	0.041	14	阳泉	0.016	37	福州	−0.014	60
兰州	0.041	15	海口	0.015	38	扬州	−0.014	61
汕头	0.040	16	长春	0.014	39	合肥	−0.014	62
宝鸡	0.038	17	曲靖	0.014	40	济南	−0.015	63
日照	0.037	18	临汾	0.013	41	柳州	−0.015	64
淄博	0.037	19	桂林	0.011	42	呼和浩特	−0.017	65
石家庄	0.036	20	洛阳	0.010	43	岳阳	−0.017	66
西宁	0.036	21	泸州	0.009	44	贵阳	−0.018	67
安阳	0.035	22	九江	0.008	45	开封	−0.019	68
温州	0.033	23	攀枝花	0.004	46	沈阳	−0.022	69

第七章 城市政府政策支持度测算及分析

续表

城市	指数值	排名	城市	指数值	排名	城市	指数值	排名
重庆	-0.023	70	抚顺	-0.044	81	上海	-0.058	92
齐齐哈尔	-0.025	71	宜昌	-0.047	82	宁波	-0.059	93
长沙	-0.026	72	天津	-0.047	83	广州	-0.062	94
牡丹江	-0.028	73	武汉	-0.047	84	北海	-0.067	95
韶关	-0.028	74	马鞍山	-0.048	85	成都	-0.073	96
青岛	-0.028	75	郑州	-0.049	86	锦州	-0.081	97
南京	-0.029	76	本溪	-0.050	87	大连	-0.096	98
常德	-0.032	77	南宁	-0.051	88	银川	-0.096	99
南昌	-0.034	78	哈尔滨	-0.054	89	鞍山	-0.133	100
西安	-0.036	79	荆州	-0.056	90			
包头	-0.040	80	厦门	-0.057	91			

注：本表数据及排名根据《中国统计年鉴 2013》、《中国环境统计年报 2012》、《中国环境统计年鉴 2013》、《中国城市统计年鉴 2013》、《中国城市建设统计年鉴 2013》等测算

从表 7-8 中我们可以看出，测评的 100 个城市绿色投资指数介于 -0.133 到 0.120 之间，总体差距较为明显。有 50 个城市绿色投资水平高于全国平均水平，占全部测评城市的 50%，如乌鲁木齐、太原、秦皇岛、克拉玛依、吉林、深圳等，乌鲁木齐、太原、秦皇岛位居所有测评城市的前 3 位，指数值分别达到 0.120、0.112 和 0.102。有 49 个城市绿色投资水平低于全国平均水平，占全部测评城市的 49%，如长治、石嘴山、铜川、徐州、株洲、芜湖等，大连、银川和鞍山位居所有测评城市的后 3 位，指数值仅有 -0.096、-0.096 和 -0.133。泰安城市绿色投资水平与全国平均水平持平，位居所有测评城市的第 51 位。

为了反映城市政府政策支持度与城市绿色投资指标之间的关系，图 7-3 从东部、中部、西部和东北地区划分的角度，给出了城市政府政策支持度与城市绿色投资指标的对比情况。从图 7-3 中可以看出：第一，东部地区城市绿色投资指标围绕全国平均水平上下浮动，除深圳、南京、北京、韶关等少数几个城市较为突出以外，各城市之间的差距不大；中部地区太原、九江、安阳等城市高于全国平均水平，而合肥、长治、长沙等城市则低于全国平均水平，各城市之间差异较大；中部和西部地区城市均围绕全国平均值上下波动；东北地区城市普遍低于全国平均水平，且波动较大。第二，东部地区城市绿色投资指标普遍低于其政府政策支持度，对政府政策支持度的贡献较小；中部、西部城市的绿色投资指标普遍围绕政府政策支持度上下波动；东北地区城市绿色投资指标大都高于其政府政策支持度，总体对政府政策支持度的贡献较大。

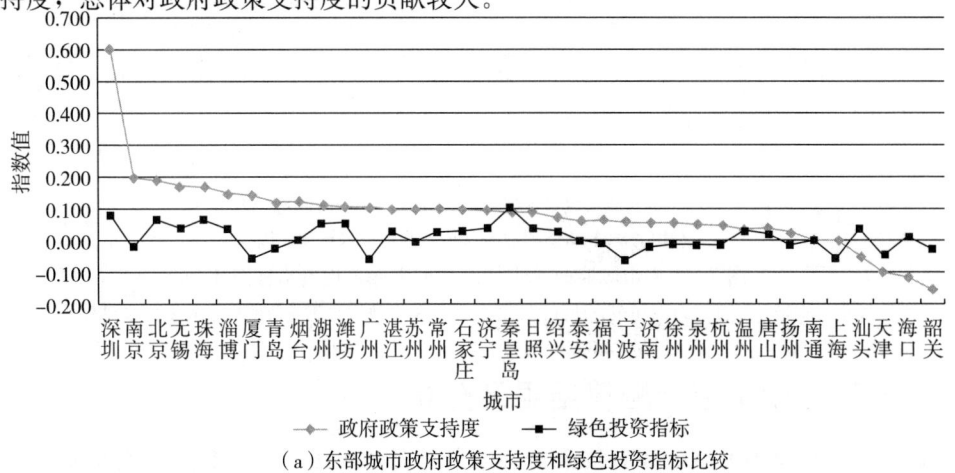

(a) 东部城市政府政策支持度和绿色投资指标比较

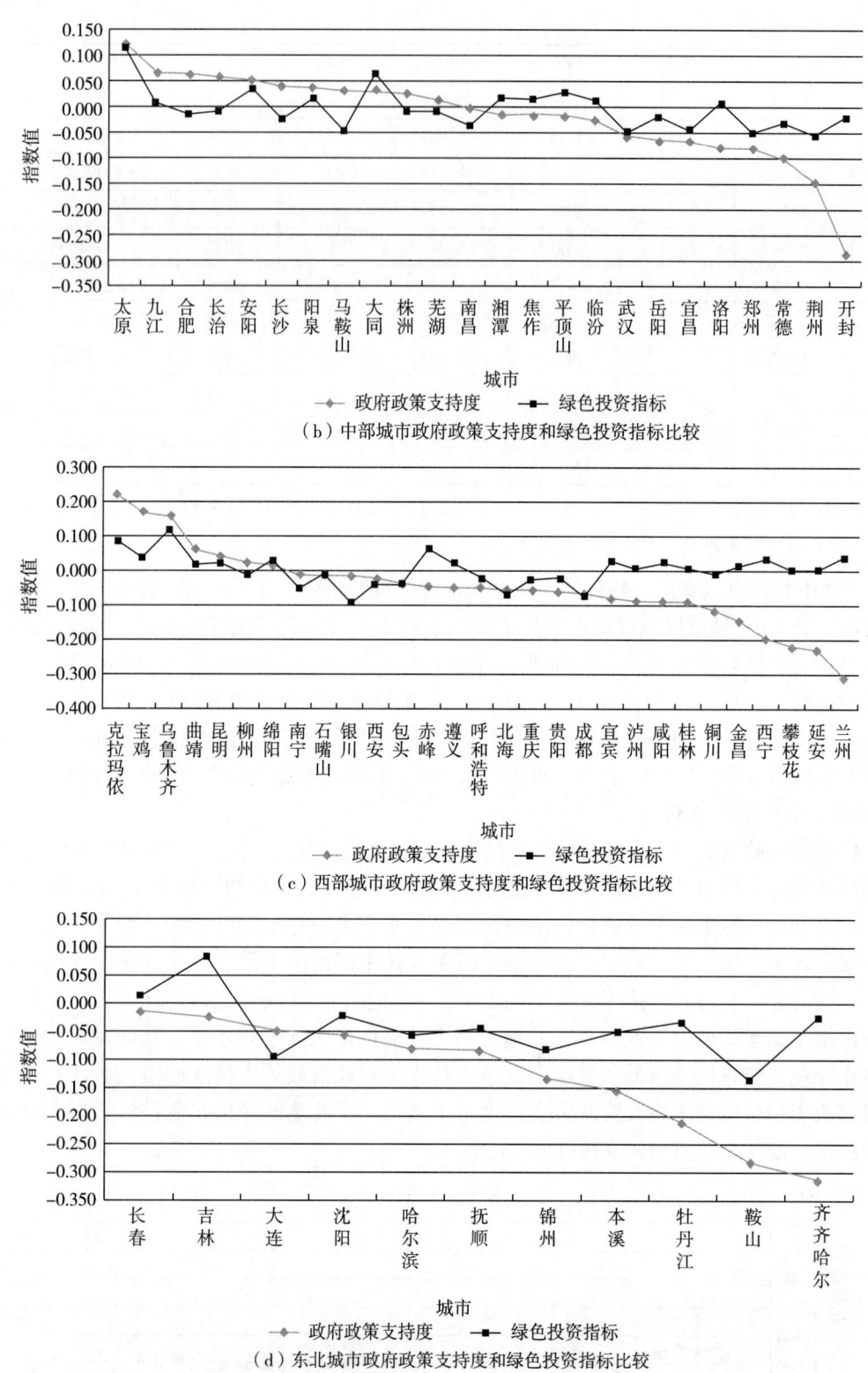

图 7-3 城市政府政策支持度与城市绿色投资指标对比

注：本图从东部、中部、西部和东北地区划分的角度，根据政府政策支持度指数大小自左到右排列

（二）城市基础设施指标测算结果及分析

城市基础设施指标是测度城市政府政策支持度最重要的二级指标，其反映的是城市基础建设对

城市绿色发展的支撑作用。该二级指标在城市政府政策支持度中所占权重最大,为45%,共6个三级指标,每个三级指标占总权重的2.48%,具体情况见表7-9。

表7-9 城市基础设施三级指标、权重及指标属性(单位:%)

指标序号	指标	权重	指标属性
35	人均绿地面积	2.48	正
36	建成区绿化覆盖率	2.48	正
37	用水普及率	2.48	正
38	城镇生活污水处理率	2.48	正
39	生活垃圾无害化处理率	2.48	正
40	每万人拥有公共汽车	2.48	正

注:本表内容是由本报告课题组召开的多次专家座谈会研讨确定的

2012年城市基础设施三级指标、权重及指标属性较上年没有变化。对三级指标原始数据标准化处理后,根据表7-9中所示权重,计算出100个测评城市基础设施指标指数值,具体如表7-10所示。

表7-10 中国城市基础设施指标指数及其排名

城市	指数值	排名	城市	指数值	排名	城市	指数值	排名
深圳	0.482	1	绍兴	0.037	25	芜湖	0.008	49
珠海	0.136	2	吉林	0.036	26	唐山	0.007	50
南京	0.112	3	沈阳	0.035	27	泉州	0.006	51
九江	0.109	4	阳泉	0.034	28	武汉	0.005	52
厦门	0.097	5	长沙	0.034	29	岳阳	0.004	53
克拉玛依	0.091	6	上海	0.031	30	曲靖	0.003	54
大连	0.086	7	海口	0.030	31	太原	0.002	55
北京	0.074	8	西安	0.030	32	宜昌	0.002	56
广州	0.070	9	株洲	0.029	33	银川	0.001	57
无锡	0.070	10	南宁	0.027	34	柳州	0.001	58
青岛	0.069	11	潍坊	0.026	35	石嘴山	−0.001	59
秦皇岛	0.069	12	日照	0.025	36	韶关	−0.003	60
淄博	0.064	13	乌鲁木齐	0.025	37	徐州	−0.004	61
湖州	0.061	14	扬州	0.025	38	绵阳	−0.009	62
烟台	0.060	15	济南	0.021	39	济宁	−0.010	63
合肥	0.055	16	成都	0.021	40	本溪	−0.011	64
杭州	0.052	17	宁波	0.018	41	郑州	−0.011	65
苏州	0.051	18	长治	0.017	42	湘潭	−0.018	66
宝鸡	0.048	19	福州	0.013	43	贵阳	−0.019	67
常州	0.047	20	安阳	0.013	44	哈尔滨	−0.021	68
石家庄	0.043	21	昆明	0.013	45	天津	−0.021	69
马鞍山	0.043	22	湛江	0.011	46	常德	−0.022	70
南昌	0.042	23	南通	0.010	47	焦作	−0.024	71
泰安	0.040	24	包头	0.008	48	呼和浩特	−0.026	72

2014中国绿色发展指数报告——区域比较

续表

城市	指数值	排名	城市	指数值	排名	城市	指数值	排名
温州	-0.026	73	西宁	-0.045	83	泸州	-0.119	93
金昌	-0.027	74	咸阳	-0.048	84	宜宾	-0.133	94
平顶山	-0.027	75	长春	-0.049	85	齐齐哈尔	-0.141	95
大同	-0.028	76	抚顺	-0.055	86	延安	-0.142	96
荆州	-0.034	77	桂林	-0.074	87	牡丹江	-0.174	97
重庆	-0.034	78	汕头	-0.076	88	开封	-0.204	98
锦州	-0.034	79	洛阳	-0.079	89	攀枝花	-0.213	99
鞍山	-0.038	80	临汾	-0.085	90	兰州	-0.313	100
北海	-0.039	81	铜川	-0.090	91			
遵义	-0.044	82	赤峰	-0.111	92			

注：本表数据及排名根据《中国统计年鉴2013》、《中国环境统计年报2012》、《中国环境统计年鉴2013》、《中国城市统计年鉴2013》、《中国城市建设统计年鉴2013》等测算

从表7-10中我们看到，城市基础设施指标中排名最高的是深圳，其指数值达到0.482；排名最低的是兰州，其指数值仅为-0.313，总体之间的差距较大。

100个测评城市中，有58个城市基础设施指标高于全国平均水平，占全部测评城市的58%，如深圳、珠海、南京、九江等，深圳、珠海和南京3个城市位居所有测评城市的前3位，指数值分别达到0.482、0.136和0.112。有42个城市基础设施指标低于全国平均水平，占全部测评城市的42%，如石嘴山、韶关、徐州等，开封、攀枝花和兰州位居所有测评城市的最后3位，指数值仅有-0.204、-0.213和-0.313。

图7-4显示了按照不同区域划分下城市政府政策支持度与城市基础设施指标的差异。从图7-4中可以看出：第一，东部和中部地区城市基础设施指标绝大部分高于全国平均水平，除汕头、临汾、开封等个别城市较弱以外，其他各城市之间的差距不明显；西部和东北地区城市基础设施指标除克拉玛依、吉林、大连等部分城市得分较高以外，绝大部分低于全国平均水平，较之东部和中部地区城市相对落后。第二，东部地区城市基础设施指标普遍低于城市政府政策支持度，其对政府政策支持度的贡献较小；中部和西部地区部分城市基础设施指标围绕政府政策支持度上下波动；而东北地区除长春外，其他城市基础设施指标均高于城市政府政策支持度，对政府政策支持度的贡献较大。

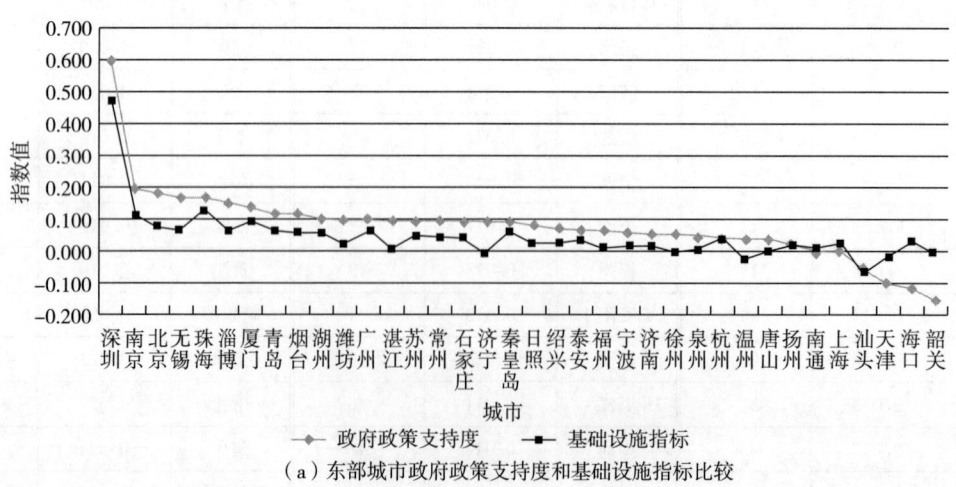

(a) 东部城市政府政策支持度和基础设施指标比较

第七章 城市政府政策支持度测算及分析

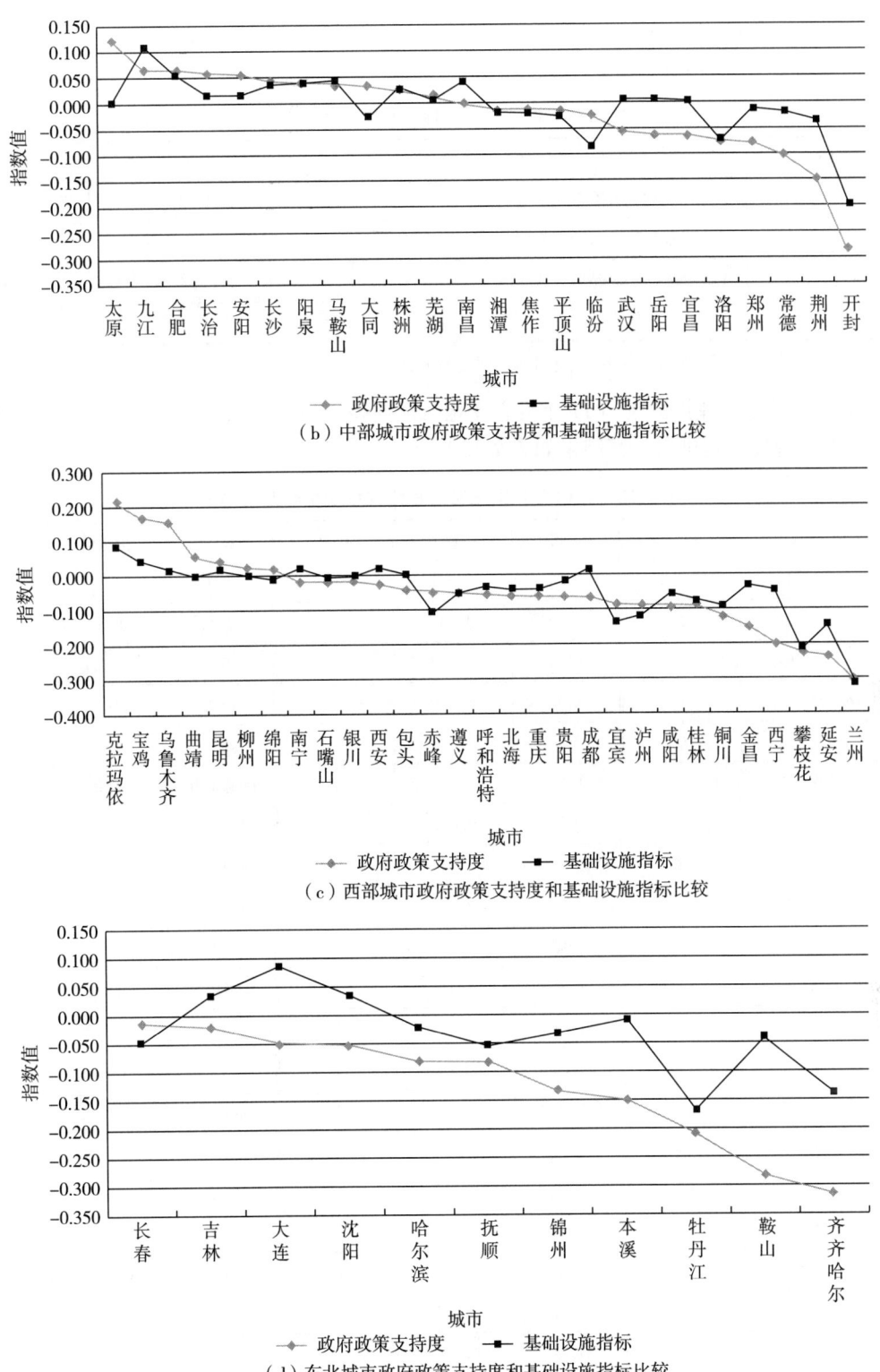

图 7-4 城市政府政策支持度与城市基础设施指标对比

注：本图从东部、中部、西部和东北地区划分的角度，根据政府政策支持度指数大小自左到右排列

(三) 城市环境治理指标测算结果及分析

城市政府政策支持度的第三个二级指标是城市环境治理指标，它是对城市在环境保护、生态治

— 119 —

理等方面的综合衡量，占城市政府政策支持度权重的30%。该指标由4个三级指标组成，每个指标占总权重的2.48%，具体情况见表7-11。

表7-11 城市环境治理三级指标、权重及指标属性（单位：%）

指标序号	指标	权重	指标属性
41	工业二氧化硫去除率	2.48	正
42	工业废水化学需氧量去除率	2.48	正
43	工业氮氧化物去除率	2.48	正
44	工业废水氨氮去除率	2.48	正

注：本表内容是由本报告课题组召开的多次专家座谈会研讨确定的

2012年城市环境治理指标较2011年没有变化。根据表7-11中的权重，我们得到2012年中国城市环境治理指标指数及其排名，其结果如表7-12所示。

表7-12 2012年中国城市环境治理指标指数及其排名

城市	指数值	排名	城市	指数值	排名	城市	指数值	排名
南京	0.115	1	深圳	0.037	26	重庆	0.004	51
厦门	0.102	2	长沙	0.035	27	赤峰	0.000	52
宁波	0.101	3	温州	0.032	28	绵阳	−0.001	53
广州	0.096	4	泰安	0.029	29	包头	−0.002	54
宝鸡	0.087	5	上海	0.029	30	湖州	−0.002	55
青岛	0.082	6	日照	0.028	31	呼和浩特	−0.004	56
银川	0.080	7	常州	0.027	32	哈尔滨	−0.005	57
徐州	0.068	8	泸州	0.025	33	牡丹江	−0.005	58
福州	0.067	9	宜宾	0.025	34	石嘴山	−0.005	59
济宁	0.066	10	合肥	0.024	35	南通	−0.006	60
湛江	0.061	11	长春	0.024	36	洛阳	−0.007	61
无锡	0.061	12	石家庄	0.020	37	汕头	−0.007	62
烟台	0.059	13	抚顺	0.017	38	焦作	−0.008	63
泉州	0.058	14	乌鲁木齐	0.016	39	攀枝花	−0.009	64
北海	0.053	15	潍坊	0.015	40	大同	−0.009	65
济南	0.051	16	扬州	0.015	41	南昌	−0.009	66
淄博	0.051	17	芜湖	0.015	42	成都	−0.010	67
临汾	0.049	18	南宁	0.012	43	阳泉	−0.013	68
苏州	0.048	19	唐山	0.011	44	武汉	−0.014	69
北京	0.047	20	太原	0.009	45	湘潭	−0.015	70
长治	0.046	21	绍兴	0.009	46	铜川	−0.016	71
曲靖	0.044	22	杭州	0.007	47	西安	−0.016	72
克拉玛依	0.044	23	安阳	0.006	48	锦州	−0.017	73
柳州	0.038	24	昆明	0.006	49	郑州	−0.018	74
马鞍山	0.038	25	株洲	0.005	50	宜昌	−0.019	75

续表

城市	指数值	排名	城市	指数值	排名	城市	指数值	排名
平顶山	-0.021	76	常德	-0.048	85	鞍山	-0.107	94
桂林	-0.024	77	岳阳	-0.050	86	韶关	-0.117	95
贵阳	-0.025	78	荆州	-0.057	87	金昌	-0.136	96
遵义	-0.028	79	咸阳	-0.062	88	吉林	-0.139	97
天津	-0.029	80	沈阳	-0.066	89	齐齐哈尔	-0.143	98
大连	-0.036	81	开封	-0.066	90	海口	-0.159	99
珠海	-0.037	82	秦皇岛	-0.074	91	西宁	-0.180	100
兰州	-0.038	83	延安	-0.090	92			
九江	-0.048	84	本溪	-0.092	93			

注：本表数据及排名根据《中国统计年鉴2013》、《中国环境统计年报2012》、《中国环境统计年鉴2013》、《中国城市统计年鉴2013》、《中国城市建设统计年鉴2013》等测算

从表7-12中我们可以看到，城市环境治理指标中排名最高的是南京，其指数值为0.115；排名最低的是西宁，其指数值仅为-0.180，二者之间的差距比较明显。而且城市环境治理指标在区域内波动幅度也较大。

在所有100个测评城市中，共有51个城市环境治理指标高于全国平均水平，占全部测评城市的51%，如南京、厦门、宁波、广州等，南京、厦门和宁波3个城市位居所有测评城市的前3位，指数值分别达到0.115、0.102和0.101。有48个城市环境治理指标低于全国平均水平，占全部测评城市的48%，如绵阳、包头、湖州等，齐齐哈尔、海口和西宁位居所有测评城市的后3位，指数值仅有-0.143、-0.159和-0.180。

图7-5显示了按照不同区域划分下城市政府政策支持度与城市环境治理指标的差异。从图7-5中可以看出：第一，除珠海、湖州、秦皇岛、南通、汕头、天津、海口、韶关8个城市以外，东部地区城市环境治理指标普遍高于全国平均水平，且各城市之间差距较小；中部和西部地区环境治理指标高于和低于全国平均水平的城市参半，围绕平均值上下波动，且各城市之间波动幅度较大；而东北地区除长春和抚顺以外，其余城市全部低于全国平均水平，区域整体表现相对较弱。第二，东部地区大部分的城市环境治理指标低于城市政府政策支持度，其对政府政策支持度的贡献较小；中部地区有一半的城市环境治理指标高于城市政府政策支持度，有一半的城市环境治理指标低于城市政府政策支持度，且二者之间的走势不同，相关关系不显著；西部和东北地区除克拉玛依、宝鸡、乌鲁木齐、吉林等个别城市以外，绝大部分城市环境治理指标高于城市政府政策支持度，其对政府政策支持度的贡献较大。

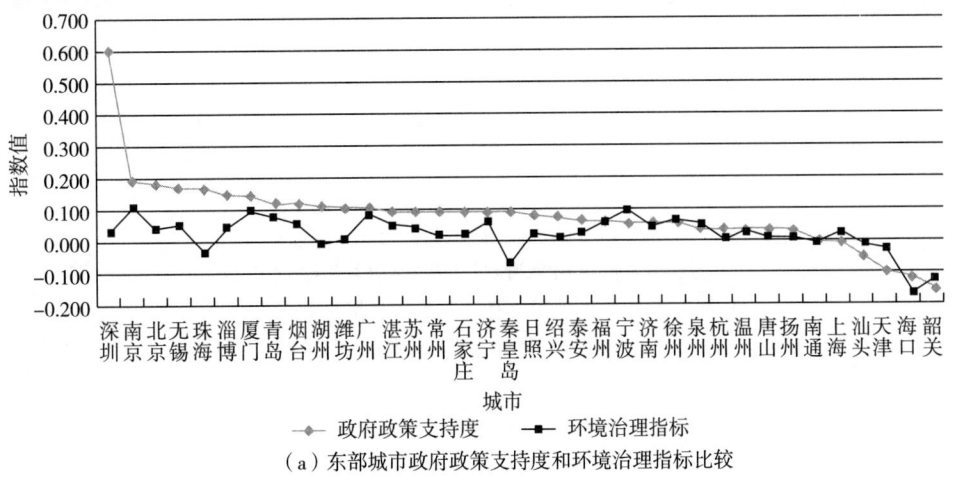

(a) 东部城市政府政策支持度和环境治理指标比较

2014中国绿色发展指数报告——区域比较

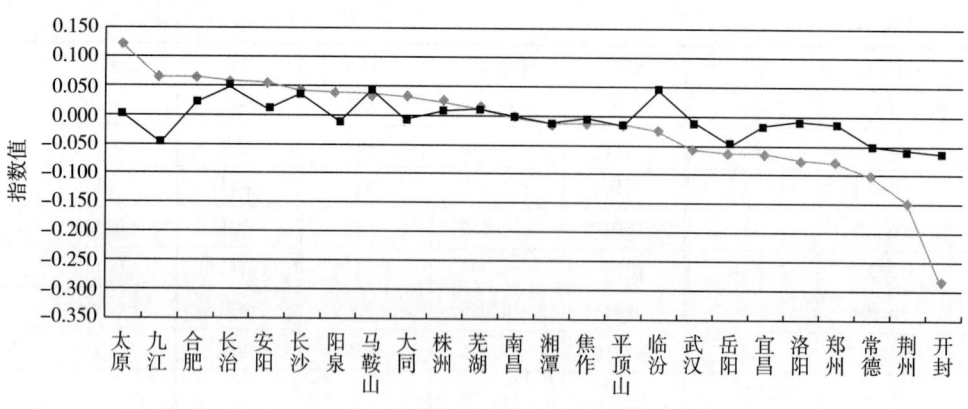

（b）中部城市政府政策支持度和环境治理指标比较

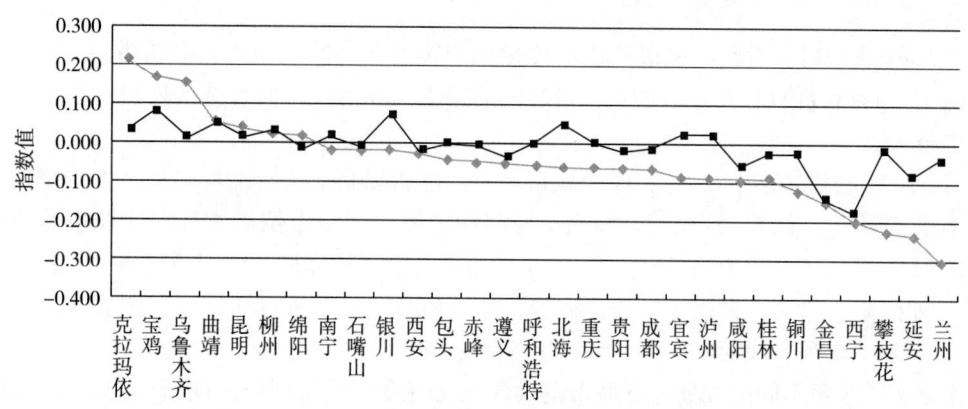

（c）西部城市政府政策支持度和环境治理指标比较

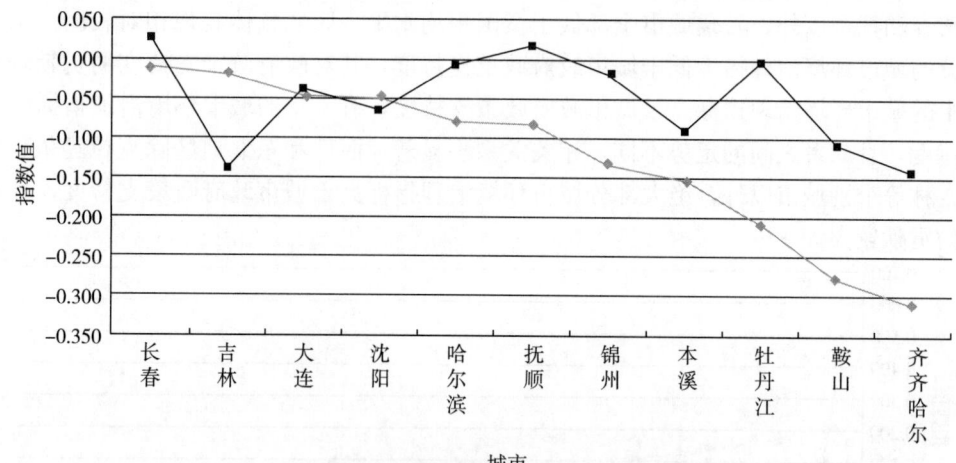

（d）东北城市政府政策支持度和环境治理指标比较

图 7-5　城市政府政策支持度与城市环境治理指标对比

注：本图从东部、中部、西部和东北地区划分的角度，根据政府政策支持度指数大小自左到右排列

— 122 —

第八章

中国城市绿色发展的实现路径与政策研究

为深入考察中国主要城市绿色发展的进展情况，探究城市绿色发展过程中的特征，"中国绿色发展指数报告"课题组自2011年开始，设立了"中国城市绿色发展指数"指标体系。至今，"中国城市绿色发展指数"已连续测度和评价了4年。在2011年的首次尝试中，课题组综合经济、环保、生态、能源等多方面专家的意见，选取了34个主要城市即4个直辖市、5个计划单列市和25个省会城市（因资料原因，拉萨和乌鲁木齐未列入）进行测算与评价。2012年，课题组结合专家意见及数据可得情况，增加了乌鲁木齐、克拉玛依、苏州和珠海4个城市，样本数达到38个城市。2013年和2014年，课题组又将测算城市增加至100个。样本量的不断增加，使不同发展阶段、不同行政级别、不同规模的城市进入统一的测算体系，其测算结果为课题组进一步挖掘城市绿色发展的深层次因素提供了有力支撑。

本章首先基于前4年的城市原始数据和测算结果，对2011～2014年城市绿色发展的情况进行动态比较分析，探究中国城市绿色发展的演进格局；其次，基于"中国城市绿色发展指数"指标体系，运用主成分分析法，分析影响城市绿色发展的主要因素；最后，结合研究结果并根据中国城市绿色发展实际，提出相关政策建议。

一、34个城市2011～2014年绿色发展情况动态比较分析

鉴于数据和结果的可比性，我们选择4年测算中共有的34个城市，进行城市绿色发展情况的动态比较分析[①]。

具体而言，我们沿用由经济增长绿化度、资源环境承载潜力、政府政策支持度构成的"中国城市绿色发展指数"指标体系，采用标准化法，测算出2011～2014年34个城市绿色发展指数、经济增长绿化度、资源环境承载潜力、政府政策支持度每年的排名情况，进而从这四个方面分析34个城市绿色发展情况的动态变动。

（一）2011～2014年34个城市绿色发展指数排名动态变化

根据"中国城市绿色发展指数"指标体系，2011～2014年中国34个城市的绿色发展指数排名动态变化如表8-1所示。

[①] 需要说明的是，本章采用的是34个城市的相对排名，与2012～2014年报告的城市样本量不同，因此，排名结果可能会有出入。

表 8-1　2011～2014 年中国 34 个城市的绿色发展指数排名动态变化①

地区	城市	2011年	2012年	2013年	2014年	2011年与2014年差距	地区	城市	2011年	2012年	2013年	2014年	2011年与2014年差距
东部城市	北京	4	5	6	5	−1	西部城市	呼和浩特	24	23	7	11	13
	天津	28	26	24	28	0		南宁	12	12	26	18	−6
	石家庄	17	24	5	6	11		重庆	29	29	23	26	3
	上海	19	22	25	22	−3		成都	32	28	21	25	7
	南京	18	8	22	16	2		贵阳	27	19	28	27	0
	杭州	16	17	10	9	7		昆明	3	3	4	4	−1
	宁波	13	15	14	14	−1		西安	30	30	32	31	−1
	福州	10	9	8	17	−7		兰州	33	33	34	34	−1
	厦门	11	21	20	19	−8		西宁	34	34	33	33	1
	济南	21	16	13	12	9		银川	22	13	27	32	−10
	青岛	8	7	3	3	5	东北城市	沈阳	14	14	17	20	−6
	广州	6	4	11	10	−4		大连	7	6	18	21	−14
	深圳	1	1	2	1	0		长春	20	25	9	8	12
	海口	2	2	1	2	0		哈尔滨	15	11	31	23	−8
中部城市	太原	26	18	15	13	13							
	合肥	5	20	16	15	−10							
	南昌	23	27	19	24	−1							
	郑州	25	32	30	29	−4							
	武汉	31	31	29	30	1							
	长沙	9	10	12	7	2							

注：①本表根据"中国城市绿色发展指数"指标体系，依据 2009～2012 年数据测算而得；②以上数据及排名根据《中国统计年鉴》(2010～2013 年)、《中国环境统计年报》(2009～2012 年)、《中国环境统计年鉴》(2010～2013 年)、《中国城市统计年鉴》(2010～2013 年)、《中国城市建设统计年鉴》(2009～2012 年)、《中国区域经济统计年鉴》(2010～2013 年)等测算。

从表 8-1 中可以看到，整体而言，2014 年相比 2011 年，34 个城市中共有 30 个城市排名出现变化，没有变化的 4 个城市为天津、深圳、海口和贵阳。其中，排名上升幅度最大的 5 个城市分别是太原(13 位)、呼和浩特(13 位)、长春(12 位)、石家庄(11 位)和济南(9 位)，而下降程度最大的 5 个城市分别是大连(−14 位)、合肥(−10 位)、银川(−10 位)、厦门(−8 位)和哈尔滨(−8 位)。从位次上看，2011～2014 年，深圳的绿色发展指数排名有三年位列第一，仅有 2013 年排名位列第二，2013 年海口排名第一。西宁则在 2011 年和 2012 年均排名倒数第一，而 2013 年和 2014 年排名倒数第一的则是兰州。

分区域角度看，2014 年相比 2011 年，东部地区 14 个城市中，共有 5 个城市排名上升，上升幅度最大的是石家庄，上升 11 位；有 6 个城市排名下降，下降幅度最大的是厦门，下降 8 位；另有 3 个城市位次没有变化。中部地区 6 个城市中，共有 3 个城市排名上升，上升幅度最大的是太原，上升 13 位；另外 3 个城市排名均下降，下降幅度最大的是合肥，下降 10 位。西部地区 10 个城市中，共有 4 个城市排名上升，上升幅度最大的是呼和浩特，上升 13 位；有 5 个城市排名下降，下降幅度最大的是银川，下降 10 位；另有 1 个城市排名没有变化。东北地区 4 个城市中，有 3 个城市排名下

---

① 参考"十一五"规划区域发展战略提出的四大区划，即东部、中部、西部和东北部地区，本章将 34 个城市分别归类于四个区域中，其中，东部地区城市包括北京、天津、石家庄、上海、南京、杭州、宁波、福州、厦门、济南、青岛、广州、深圳和海口 14 个城市；中部地区城市包括太原、合肥、南昌、郑州、武汉和长沙 6 个城市；西部地区城市包括呼和浩特、南宁、重庆、成都、贵阳、昆明、西安、兰州、西宁和银川 10 个城市；东北地区城市包括沈阳、大连、长春和哈尔滨 4 个城市。

降,下降幅度最大的是大连,下降14位;仅有长春排名上升,上升了12位。

(二)34个城市经济增长绿化度排名动态变化

根据"中国城市绿色发展指数"的"经济增长绿化度"指标体系,我们对2011年与2014年中国34个城市的经济增长绿化度进行了测算和排名,下面将分地区进行分析。

1. 东部地区城市经济增长绿化度排名动态变化

2011年与2014年东部地区城市经济增长绿化度排名变化情况如图8-1所示。总体而言,东部14个城市中共有6个城市排名有所上升,上升幅度最大的是石家庄,上升了14位;有7个城市排名有所下降,下降幅度最大的是厦门,下降了14位;仅有深圳排名保持不变。

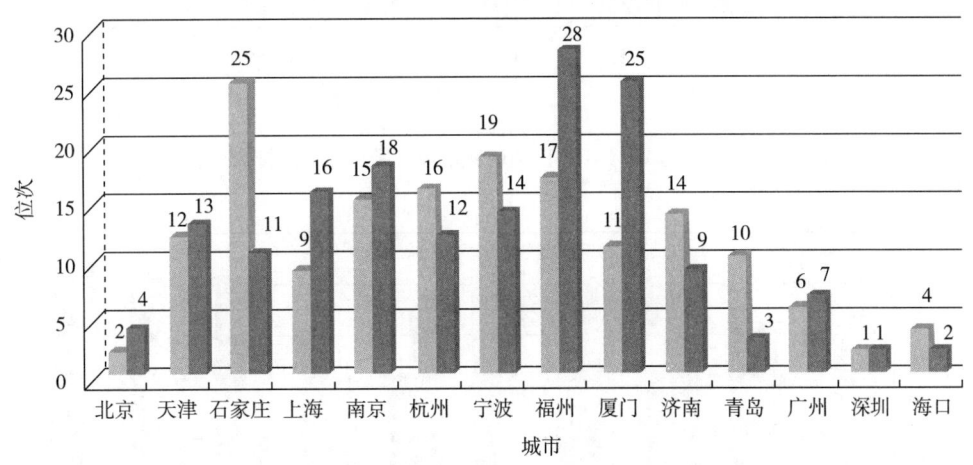

图8-1 2011年与2014年东部地区城市经济增长绿化度排名变化情况

整体比较,2011年,东部共有6个城市排名34个城市的前10位,有1个城市排名34个城市的后10位。排名最高的东部城市为深圳,排名34个城市的第1位;排名最低的东部城市为石家庄,排名34个城市的第25位。2014年,东部同样有6个城市排名前10位,有2个城市排名34个城市的后10位,相比2011年多了1个。排名最高的东部城市仍然是深圳,排名34个城市的第1位;排名最低的东部城市是福州,排名34个城市的第28位。

2. 中部地区城市经济增长绿化度排名动态变化

2011年与2014年中部地区城市经济增长绿化度排名变化情况如图8-2所示。总体而言,中部6个城市中共有1个城市排名有所上升,即武汉,上升了3位;有4个城市排名有所下降,下降幅度最大的是合肥,下降了11位;长沙排名则保持不变。

整体比较,2011年,中部共有2个城市排名34个城市的前10位,有1个城市排名34个城市的后10位。排名最高的中部城市为长沙,排名34个城市的第5位;排名最低的中部城市为太原,排名34个城市的第26位。2014年,中部有1个城市排名34个城市的前10位,有2个城市排名34个城市的后10位,相比2011年多了1个。排名最高的中部城市仍然是长沙,排名34个城市的第5位;排名最低的中部城市是太原,排名34个城市的第30位。

3. 西部地区城市经济增长绿化度排名动态变化

2011年与2014年西部地区城市经济增长绿化度排名变化情况如图8-3所示。总体而言,西部10个城市中共有6个城市排名有所上升,上升幅度最大的是呼和浩特,上升了16位;有2个城市排名有所下降,下降幅度最大的是西安,下降了3位;另外,2个城市——重庆和兰州排名保持不变。

整体比较,2011年,西部地区没有城市排名34个城市的前10位,而有8个城市排名34个城市

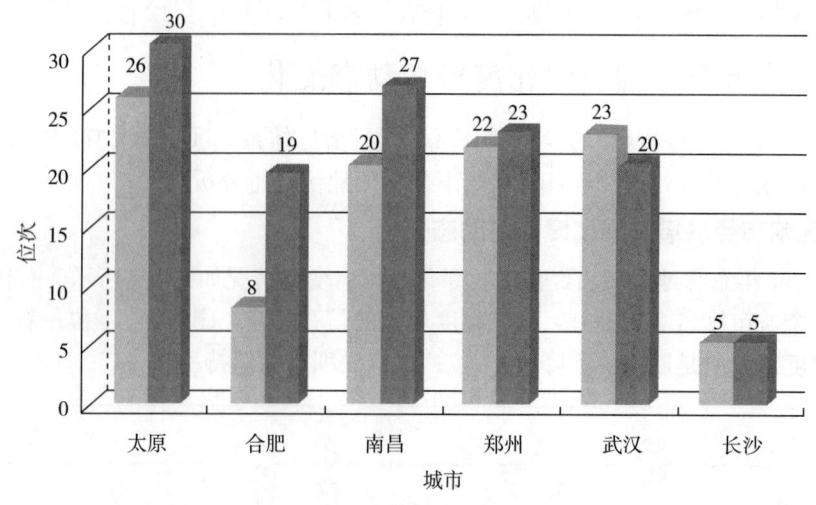

图 8-2　2011 年与 2014 年中部地区城市经济增长绿化度排名变化情况

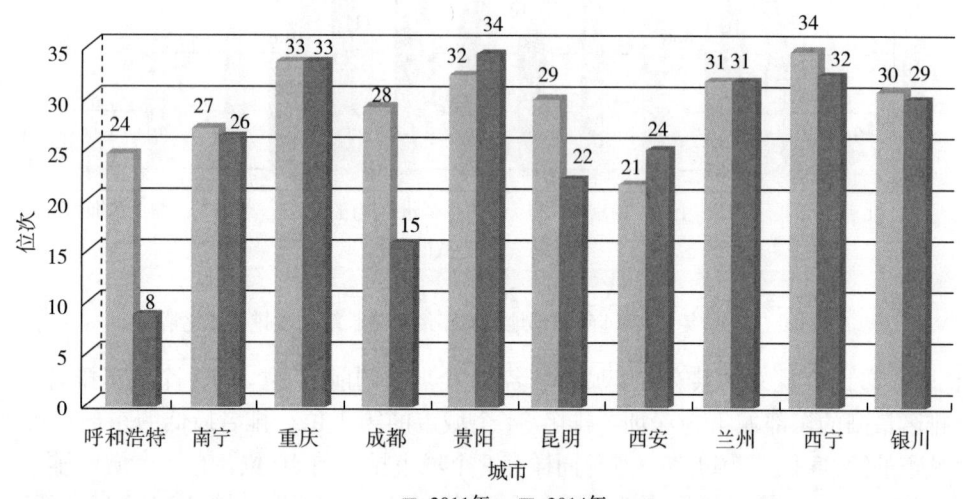

图 8-3　2011 年与 2014 年西部地区城市经济增长绿化度排名变化情况

的后 10 位。排名最高的西部城市为西安，排名 34 个城市的第 21 位；排名最低的西部城市为西宁，排名 34 个城市的倒数第 1 位。2014 年，西部有 1 个城市排名前 10 位，有 6 个城市排名 34 个城市的后 10 位。排名最高的西部城市为呼和浩特，排名 34 个城市的第 8 位；排名最低的西部城市为贵阳，排名 34 个城市的倒数第 1 位。

4. 东北地区城市经济增长绿化度排名动态变化

2011 年与 2014 年东北地区城市经济增长绿化度排名变化情况如图 8-4 所示。总体而言，东北 4 个城市中共有 1 个城市排名有所上升；有 3 个城市排名有所下降，下降幅度最大的是大连，下降了 10 位。

整体比较，2011 年，东北共有 2 个城市排名 34 个城市的前 10 位，没有城市排名 34 个城市的后 10 位。排名最高的东北城市为沈阳，排名 34 个城市的第 3 位；排名最低的东北城市为哈尔滨，排名 34 个城市的第 18 位。2014 年，东北同样有 2 个城市排名前 10 位，没有城市排名 34 个城市的后 10 位。排名最高的东北城市仍然是沈阳，但相较 2011 年下降 3 位，排名 34 个城市的第 6 位；排名最低的东北城市仍然是哈尔滨，排名 34 个城市的第 21 位。

（三）34 个城市资源环境承载潜力排名动态变化

根据"中国城市绿色发展指数"的"资源环境承载潜力"指标体系，我们对 2011 年与 2014 年中国

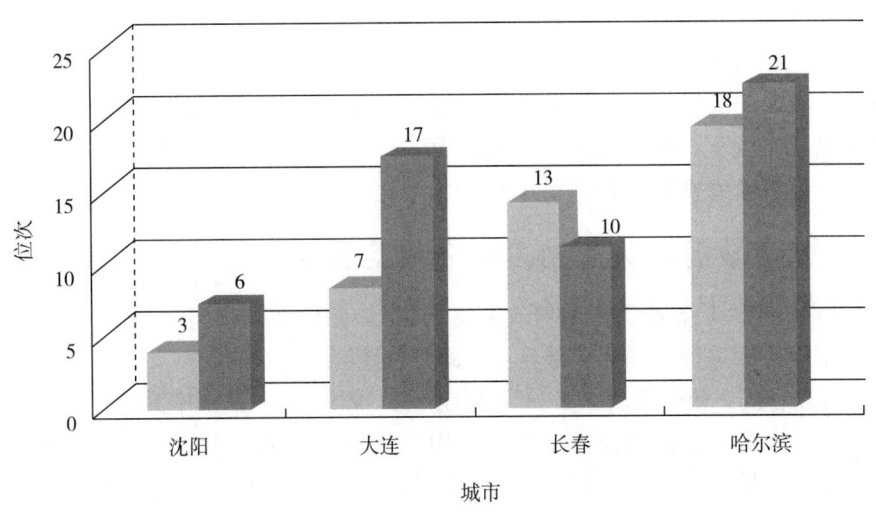

图 8-4 2011 年与 2014 年东北地区城市经济增长绿化度排名变化情况

34 个城市的资源环境承载潜力进行测算和排名,下面将分地区进行分析。

从表 8-2 中可以看到,整体而言,2014 年相比 2011 年,34 个城市中共有 33 个城市排名出现变化,仅有成都的排名没有变化。其中,排名上升幅度最大的城市是太原,上升了 18 位,而下降程度最大的城市是合肥,下降了 12 位。从位次上看,2011 年排名第一的城市是昆明,倒数第一的城市是武汉;2014 年排名第一的城市是海口,倒数第一的城市是南京。

表 8-2 2011~2014 年 34 个城市资源环境承载潜力排名变化情况

地区	城市	2011 年	2014 年	差距	地区	城市	2011 年	2014 年	差距
东部城市	北京	24	26	−2	西部城市	呼和浩特	12	4	8
	天津	30	33	3		南宁	4	3	1
	石家庄	23	11	12		重庆	9	14	−5
	上海	33	27	6		成都	29	29	0
	南京	31	34	−3		贵阳	7	10	−3
	杭州	22	15	7		昆明	1	2	−1
	宁波	15	18	−3		西安	28	32	−4
	福州	6	8	−2		兰州	20	25	−5
	厦门	26	19	7		西宁	32	30	2
	济南	27	23	4		银川	17	28	−11
	青岛	14	5	9	东北城市	沈阳	19	22	−3
	广州	21	20	1		大连	11	13	−2
	深圳	13	16	−3		长春	8	6	2
	海口	2	1	1		哈尔滨	3	12	−9
中部城市	太原	25	7	18					
	合肥	5	17	−12					
	南昌	16	21	−5					
	郑州	18	24	−6					
	武汉	34	31	3					
	长沙	10	9	1					

分区域角度看,2014 年相比 2011 年,东部地区 14 个城市中,有 9 个城市排名上升,上升幅度最大的是石家庄,上升 12 位;有 5 个城市排名下降,南京、宁波和深圳均下降了 3 位。中部地区 6

个城市中，有3个城市排名上升，上升幅度最大的是太原，上升了18位；另外3个城市排名均下降，下降幅度最大的是合肥，下降了12位。西部地区10个城市中，有3个城市排名上升，上升幅度最大的是呼和浩特，上升了8位；有6个城市排名下降，下降幅度最大的是银川，下降了11位；另有1个城市排名没有变化。东北地区4个城市中，有3个城市排名下降，下降幅度最大的是哈尔滨，下降了9位；仅有长春排名上升，上升了2位。

(四)34个城市政府政策支持度排名动态变化

根据"中国城市绿色发展指数"的"政府政策支持度"指标体系，我们对2011年与2014年中国34个城市的政府政策支持度进行了测算和排名，下面将分地区进行分析。

从表8-3中可以看到，整体而言，2014年相比2011年，34个城市中共有31个城市排名出现变化，仅有北京、深圳、武汉的排名没有变化。其中，排名上升幅度最大的城市是长春，上升了14位，而下降程度最大的城市是海口，下降了20位。从位次上看，2011年排名第一的城市是深圳，倒数第一的城市是西宁；2014年排名第一的城市仍然是深圳，倒数第一的城市是兰州。

表8-3 2011年与2014年中国34个城市的政府政策支持度排名变化情况

地区	城市	2011年	2014年	差距	地区	城市	2011年	2014年	差距
东部城市	北京	2	2	0	西部城市	呼和浩特	27	28	-1
	天津	28	31	-3		南宁	20	19	1
	石家庄	5	6	-1		重庆	30	23	7
	上海	14	17	-3		成都	29	27	2
	南京	7	3	4		贵阳	24	26	-2
	杭州	13	12	1		昆明	11	14	-3
	宁波	6	11	-5		西安	26	20	6
	福州	10	8	2		兰州	33	34	-1
	厦门	3	7	-4		西宁	34	33	1
	济南	17	9	8		银川	15	21	-6
	青岛	8	5	3	东北城市	沈阳	22	24	-2
	广州	4	13	-9		大连	9	22	-13
	深圳	1	1	0		长春	32	18	14
	海口	12	32	-20		哈尔滨	31	29	2
中部城市	太原	16	4	12					
	合肥	18	10	8					
	南昌	23	16	7					
	郑州	21	30	-9					
	武汉	25	25	0					
	长沙	19	15	4					

分区域角度看，2014年相比2011年，东部地区14个城市中，有5个城市排名上升，上升幅度最大的是济南，上升了8位；有7个城市排名下降，下降幅度最大的是海口，下降了20位。中部地区6个城市中，有4个城市排名上升，上升幅度最大的是太原，上升了12位；有1个城市排名下降，即郑州下降了9位；武汉排名保持不变。西部地区10个城市中，有5个城市排名上升，上升幅度最大的是重庆，上升了7位；有5个城市排名下降，下降幅度最大的是银川，下降了6位。东北地区4

个城市中，有2个城市排名上升，上升幅度最大的是长春，上升了14位；有2个城市排名下降，下降幅度最大的是大连，下降了13位。

二、影响中国城市绿色发展水平的主要因素分析

本节将基于2014年中国100个城市绿色发展指数的原始数据，利用SPSS19.0软件对城市绿色发展指数的各二级指标和三级指标进行主成分分析，探究影响城市绿色发展的主要指标。

(一)模型与方法

在城市绿色发展情况的评估工作中，我们需要选用多个有代表性的综合指标，那么找到对城市绿色发展影响作用最大的指标具有重要意义。主成分分析法则可以提供这种帮助，它利用降维的思想，根据实际指标数据情况，从多个指标中选取少数几个潜在的、相互独立的主成分指标变量的线性组合来反映多个实际指标变量的主要信息，进而确定地反映出主要影响因素，具体模型如下。

设 n 个城市样本的 m 个特征变量所构成的矩阵如下：

$$\boldsymbol{X} = \begin{bmatrix} x_{11} & x_{21} & \cdots & x_{m1} \\ x_{12} & x_{22} & \cdots & x_{m2} \\ \vdots & \vdots & & \vdots \\ x_{1n} & x_{2n} & \cdots & x_{mn} \end{bmatrix} \quad (8\text{-}1)$$

对上述矩阵进行标准化处理得

$$Z_j = \frac{x_{ij} - \bar{x}_j}{s_j} \quad (8\text{-}2)$$

其中，

$$\bar{x}_j = \frac{1}{n}\sum_{i=1}^{n} x_{ij}, \quad s_j^2 = \frac{1}{n-1}\sum_{i=1}^{n}(x_{ij} - \bar{x}_j), \quad i=1, 2, \cdots, n; \quad j=1, 2, \cdots, m$$

根据 $r_{jk} = \frac{1}{n-1}\sum_{i=1}^{n} Z_{ij}Z_{ik}$ 得出各城市数据的相关矩阵 $\boldsymbol{R} = (r_{jk})_{m \times m}$，由此计算相关矩阵的特征根为 $\lambda_1 \geq \lambda_2 \geq \cdots \geq \lambda_m \geq 0$，相应的特征向量 $\boldsymbol{L}_j = (l_{j1}, l_{j2}, \cdots, l_{jm})^\text{T}$，$j=1, 2, \cdots, m$。于是，标准化后的特征变量转换成主成分：

$$F_j = ZL_j = l_{j1}Z_1 + l_{j2}Z_2 + \cdots + l_{jm}Z_m, \quad j=1, 2, \cdots, m \quad (8\text{-}3)$$

然后我们根据前 k 个主成分的累计贡献率确定主成分个数，并以城市绿色发展水平为因变量，以主成分变量作为自变量，采用线性函数建立城市绿色发展水平模型：

$$P = \alpha_0 + \alpha_1 F_1 + \alpha_2 F_2 + \cdots + \alpha_k F_k + \varepsilon \quad (8\text{-}4)$$

(二)基于9个二级指标的测算结果分析

根据"中国城市绿色发展指数"指标体系，我们拟从绿色增长效率、第一产业、第二产业、第三产业、资源丰裕与生态保护、环境压力与气候变化、绿色投资、基础设施和环境治理9个方面评价城市的绿色发展水平。

第一，由于指标原始数据单位、数量级不一致，因此需要进行去量纲处理。这里，我们采用如式(8-2)所示的标准差标准化法进行处理，得到这9个指标的标准化后数据(篇幅的原因，标准化后数据不再列上)。

第二，我们对9个指标两两之间的相关系数进行测算，结果如表8-4所示。

表 8-4　中国城市绿色发展指数 9 个指标间的相关系数

相关系数	绿色增长效率	第一产业	第二产业	第三产业	资源丰裕与生态保护	环境压力与气候变化	绿色投资	基础设施	环境治理
绿色增长效率	1.000								
第一产业	0.026	1.000							
第二产业	0.260	0.094	1.000						
第三产业	0.303	−0.050	0.257	1.000					
资源丰裕与生态保护	−0.207	0.025	−0.157	−0.114	1.000				
环境压力与气候变化	0.522	−0.158	−0.004	−0.065	−0.028	1.000			
绿色投资	0.173	0.099	0.044	−0.080	−0.052	0.186	1.000		
基础设施	0.535	0.109	0.168	0.270	−0.292	0.000	0.120	1.000	
环境治理	0.106	0.196	0.312	0.109	−0.165	−0.189	−0.025	0.288	1.000

从表 8-4 中可以看出，相关系数超过 0.5 的有 2 组指标，相关系数大于 0.1、小于 0.5 的有 21 组指标，其余 13 组指标的相关系数小于 0.1。

第三，我们对这 9 个变量进行主成分分析，得出 9 个主成分对应的累计方差及累计贡献率，如表 8-5 所示。

表 8-5　9 个指标的初始特征根情况

成分	初始特征值			提取平方和载入		
	特征根	方差/%	累积/%	合计	方差/%	累积/%
1	2.284	25.381	25.381	2.284	25.381	25.381
2	1.570	17.442	42.823	1.570	17.442	42.822
3	1.170	12.997	55.820	1.170	12.997	55.819
4	0.930	10.332	66.152			
5	0.846	9.395	75.547			
6	0.783	8.699	84.246			
7	0.685	7.614	91.860			
8	0.511	5.679	97.539			
9	0.222	2.461	100.000			

由表 8-5 可知，前 3 个成分对应的特征根大于 1，其累计贡献率超过 55%，因此，我们提取前 3 个主成分，用以反映整体情况。

第四，根据式(8-3)，可以形成 3 个主成分各特征指标的对应系数，如表 8-6 所示。

表 8-6　前 3 个主成分的成分矩阵

代号	名称	成分		
		1	2	3
x_1	绿色增长效率指标	0.788	0.434	−0.014
x_2	第一产业指标	0.145	−0.390	0.668
x_3	第二产业指标	0.542	−0.270	−0.053
x_4	第三产业指标	0.500	−0.156	−0.525
x_5	资源丰裕与生态保护指标	−0.477	0.064	0.098
x_6	环境压力与气候变化指标	0.252	0.823	0.048

续表

代号	名称	成分 1	成分 2	成分 3
x_7	绿色投资指标	0.222	0.337	0.639
x_8	基础设施指标	0.746	−0.074	0.040
x_9	环境治理指标	0.449	−0.575	0.153

第五，我们需要求出各指标在3个主成分线性组合中的系数，以主成分1为例，其绿色增长效率指标的系数等于成分矩阵的对应系数除以其特征根的开方，即=0.078 8/((2.284)^(1/2))，以此类推得出表8-7。

表8-7 前3个主成分线性组合中的系数

代号	名称	系数 1	系数 2	系数 3
x_1	绿色增长效率指标	0.521	0.346	−0.013
x_2	第一产业指标	0.096	−0.312	0.618
x_3	第二产业指标	0.358	−0.216	−0.049
x_4	第三产业指标	0.331	−0.124	−0.485
x_5	资源丰裕与生态保护指标	−0.316	0.051	0.090
x_6	环境压力与气候变化指标	0.167	0.657	0.045
x_7	绿色投资指标	0.147	0.269	0.590
x_8	基础设施指标	0.494	−0.059	0.037
x_9	环境治理指标	0.297	−0.459	0.141

根据式(8-3)和表8-7中的系数，可以得出3个主成分的线性组合方程，即

$$F_1 = 0.521 x_1 + 0.096 x_2 + 0.358 x_3 + 0.331 x_4 - 0.316 x_5 + 0.167 x_6 + 0.147 x_7 + 0.494 x_8 + 0.297 x_9$$

$$F_2 = 0.346 x_1 - 0.312 x_2 - 0.216 x_3 - 0.124 x_4 + 0.051 x_5 + 0.657 x_6 + 0.269 x_7 - 0.059 x_8 - 0.459 x_9$$

$$F_3 = -0.013 x_1 + 0.618 x_2 - 0.049 x_3 - 0.485 x_4 + 0.090 x_5 + 0.045 x_6 + 0.590 x_7 + 0.037 x_8 + 0.141 x_9$$

第六，根据式(8-4)，计算得出各指标在综合得分模型中的系数，如表8-8所示。

表8-8 各指标在综合模型中的系数

排序	代号	名称	系数	占比/%
1	x_1	绿色增长效率指标	0.235	18.25
2	x_8	基础设施指标	0.224	17.34
3	x_4	第三产业指标	0.172	13.37
4	x_3	第二产业指标	0.167	12.93
5	x_5	资源丰裕与生态保护指标	−0.142	11.00
6	x_7	绿色投资指标	0.125	9.68
7	x_9	环境治理指标	0.111	8.63
8	x_6	环境压力与气候变化指标	0.087	6.72
9	x_2	第一产业指标	−0.027	2.08

根据表8-8，我们可以得出

$$城市绿色发展水平 = 0.235 x_1 - 0.027 x_2 + 0.167 x_3 + 0.172 x_4 - 0.142 x_5 \\ + 0.087 x_6 + 0.125 x_7 + 0.224 x_8 + 0.111 x_9 + \varepsilon$$

根据系数的绝对值，我们可以计算对应的占比，最后得出9个指标对城市绿色发展水平的影响程度从高到低的排序为绿色增长效率指标(18.25%)、基础设施指标(17.34%)、第三产业指标(13.37%)、第二产业指标(12.93%)、资源丰裕与生态保护指标(11.00%)、绿色投资指标(9.68%)、环境治理指标(8.63%)、环境压力与气候变化指标(6.72%)、第一产业指标(2.08%)(表8-8)。

(三)基于44个三级指标的测算结果分析

接下来，我们基于"中国城市绿色发展指数"指标体系100个城市的44个三级指标原始数据，利用SPSS19.0软件对城市绿色发展指数各一级指标进行主成分分析。需要说明的是，由于5个指标无实际数据，因此测算时使用了39个指标的数据。

如同二级指标主成分分析的方法，第一步，我们对100个城市的39个实际测算指标进行无量纲的标准化处理，然后进行主成分分析，下面将分别给出3个一级指标的主成分分析结果。

1. "经济增长绿化度"的主成分分析

表8-9给出了对一级指标"经济增长绿化度"中去掉2个无数列表、共计15个有效三级指标的主成分分析结果。

表8-9 "经济增长绿化度"一级指标组的主成分分析结果

	指标	第1主成分	第2主成分	第3主成分	第4主成分	第5主成分	第6主成分
特征向量	人均地区生产总值	0.786	-0.472	0.029	0.067	-0.112	-0.069
	单位地区生产总值能耗	0.614	0.656	-0.123	0.004	0.330	0.136
	人均城镇生活消费用电	-0.624	0.130	0.385	0.089	0.384	0.173
	单位地区生产总值二氧化硫排放量	0.699	0.439	0.203	0.100	-0.012	-0.221
	单位地区生产总值化学需氧量排放量	0.694	-0.396	-0.209	0.230	0.253	0.031
	单位地区生产总值氮氧化物排放量	0.324	0.578	-0.355	0.009	0.533	0.217
	单位地区生产总值氨氮排放量	0.544	-0.525	-0.003	0.219	0.311	-0.004
	第一产业劳动生产率	0.111	-0.173	0.382	-0.609	0.134	0.338
	第二产业劳动生产率	-0.026	-0.238	0.382	0.708	-0.029	0.456
	单位工业增加值水耗	0.572	0.398	0.576	0.121	-0.117	-0.241
	工业固体废物综合利用率	0.239	0.067	0.185	-0.454	-0.131	0.563
	工业用水重复利用率	-0.327	-0.376	-0.652	0.052	0.128	0.115
	第三产业劳动生产率	0.567	-0.510	0.090	-0.041	-0.129	0.255
	第三产业增加值比重	0.557	0.246	-0.509	-0.182	-0.447	0.143
	第三产业就业人员比重	-0.165	0.515	-0.161	0.511	-0.379	0.393
	特征值	3.917	2.607	1.750	1.515	1.140	1.101
	贡献率	26.116	17.381	11.668	10.098	7.598	7.338
	累积贡献率	26.116	43.497	55.165	65.264	72.861	80.200

从表8-9中可以看出，在"经济增长绿化度"这个由15个有效三级指标构成的指标组中，只需要6个合成指标(主成分)就可以解释总指标的80.200%。对于单个主成分而言，某三级指标的特征向

量值(取绝对值)越大,说明其对该主成分的影响就越大,因而就越重要。但从多个主成分来看,某单一指标的特征向量总值(取和的绝对值)越大,说明其对该多个主成分的整体影响就越大。

具体从15个有效三级指标在6个主成分中的特征向量总值来看,有9个三级指标的特征向量总值大于0.6,分别为第1主成分中的人均地区生产总值(0.786)、单位地区生产总值能耗(0.614)、人均城镇生活消费用电(-0.624)、单位地区生产总值二氧化硫排放量(0.699)、单位地区生产总值化学需氧量排放量(0.694);第2主成分中的单位地区生产总值能耗(0.656);第3主成分中的工业用水重复利用率(-0.652);第4主成分中的第一产业劳动生产率(-0.609)、第二产业劳动生产率(0.708)。

另外,第1主成分能够解释经济增长绿化度的26.116%,其中,人均地区生产总值最为重要,其特征向量值最高,为0.786;另外,15个有效三级指标中有9个三级指标的特征向量值超过0.5,分别是人均地区生产总值、单位地区生产总值能耗、人均城镇生活消费用电、单位地区生产总值二氧化硫排放量、单位地区生产总值化学需氧量排放量、单位地区生产总值氨氮排放量、单位工业增加值水耗、第三产业劳动生产率、第三产业增加值比重。

2."资源环境承载潜力"的主成分分析

表8-10给出了对一级指标"资源环境承载潜力"中去掉3个无数列表、共计11个有效三级指标的主成分分析结果。

表8-10 "资源环境承载潜力"一级指标组的主成分分析结果

	指标	第1主成分	第2主成分	第3主成分	第4主成分
特征向量	人均水资源量	-0.011	-0.137	0.615	-0.314
	单位土地面积二氧化硫排放量	0.595	0.300	0.253	-0.484
	人均二氧化硫排放量	0.873	-0.222	-0.128	-0.095
	单位土地面积化学需氧量排放量	0.119	0.832	0.243	-0.198
	人均化学需氧量排放量	0.272	0.530	-0.523	0.296
	单位土地面积氮氧化物排放量	0.938	-0.084	-0.196	-0.106
	人均氮氧化物排放量	0.928	-0.116	-0.214	-0.071
	单位土地面积氨氮排放量	0.068	0.838	0.320	-0.110
	人均氨氮排放量	-0.038	0.685	-0.282	0.332
	空气质量达到二级以上天数占全年比重	0.327	0.019	0.524	0.679
	首要污染物可吸入颗粒物天数占全年比重	0.539	-0.149	0.481	0.506
特征值		3.350	2.346	1.565	1.324
贡献率		30.456	21.324	14.223	12.039
累积贡献率		30.456	51.781	66.004	78.043

从表8-10中可以看出,在"资源环境承载潜力"这个由11个有效三级指标构成的指标组中,只需要4个合成指标(主成分)就可以解释总指标的78.043%。

具体从11个有效三级指标在4个主成分中的特征向量总值来看,有8个三级指标的特征向量总值大于0.6,分别为第1主成分中的人均二氧化硫排放量(0.873)、单位土地面积氮氧化物排放量(0.938)、人均氮氧化物排放量(0.928);第2主成分中的单位土地面积化学需氧量排放量(0.832)、单位土地面积氨氮排放量(0.838)、人均氨氮排放量(0.685);第3主成分中的人均水资源量(0.615);第4主成分中的空气质量达到二级以上天数占全年比重(0.679)。

另外,第1主成分能够解释资源环境承载潜力的30.456%,其中,单位土地面积氮氧化物排放量最为重要,其特征向量值最高,为 0.938;另外,11 个有效三级指标中有 5 个三级指标的特征向量值超过 0.5,分别是单位土地面积二氧化硫排放量、人均二氧化硫排放量、单位土地面积氮氧化物排放量、人均氮氧化物排放量、首要污染物可吸入颗粒物天数占全年比重。

3. "政府政策支持度"的主成分分析

表 8-11 给出了对一级指标"政府政策支持度"共计 13 个有效三级指标的主成分分析结果。

表 8-11 "政府政策支持度"一级指标组的主成分分析结果

	指标	第 1 主成分	第 2 主成分	第 3 主成分	第 4 主成分	第 5 主成分	第 6 主成分
特征向量	环境保护支出占财政支出比重	0.265	-0.443	-0.159	0.451	-0.385	0.376
	城市环境基础设施建设投资占全市固定资产投资比重	0.219	-0.240	-0.363	-0.048	0.532	0.356
	科教文卫支出占财政支出比重	-0.099	0.483	0.327	-0.021	-0.266	0.456
	人均绿地面积	0.711	-0.529	0.284	-0.183	-0.042	-0.036
	建成区绿化覆盖率	0.443	0.083	-0.151	0.497	0.007	-0.338
	用水普及率	0.421	0.253	0.161	0.014	0.611	0.329
	城镇生活污水处理率	0.443	0.427	0.192	0.348	-0.208	-0.048
	生活垃圾无害化处理率	0.474	0.401	-0.143	0.404	0.215	-0.255
	每万人拥有公共汽车	0.678	-0.519	0.220	-0.178	-0.136	-0.012
	工业二氧化硫去除率	0.311	0.357	0.524	-0.046	-0.123	0.294
	工业废水化学需氧量去除率	0.485	0.387	-0.409	-0.445	-0.073	0.038
	工业氮氧化物去除率	-0.001	0.007	0.701	-0.235	0.203	-0.396
	工业废水氨氮去除率	0.403	0.311	-0.443	-0.503	-0.286	-0.137
特征值		2.383	1.823	1.628	1.310	1.129	1.030
贡献率		18.334	14.026	12.522	10.080	8.685	7.921
累积贡献率		18.334	32.360	44.882	54.963	63.647	71.568

从表 8-11 中可以看出,在"政府政策支持度"这个由 13 个有效三级指标构成的指标组中,只需要 6 个合成指标(主成分)就可以解释总指标的 71.568%。

具体从 13 个有效三级指标在 6 个主成分中的特征向量总值来看,有 4 个三级指标的特征向量总值大于 0.6,分别为第 1 主成分中的人均绿地面积(0.711)、每万人拥有公共汽车(0.678);第 3 主成分中的工业氮氧化物去除率(0.701);第 5 主成分中的用水普及率(0.611)。

另外,第 1 主成分能够解释政府政策支持度的 18.334%,其中,人均绿地面积最为重要,其特征向量值最高,为 0.711;另外,13 个有效三级指标中有 2 个三级指标的特征向量值超过 0.5,分别是人均绿地面积和每万人拥有公共汽车。

事实上,在中国城市绿色发展指数测度过程中,指标的权重分配对结果的影响较大,因此,权重的科学性将直接影响结果的科学性。鉴于此,我们应采用专家评分和主成分分析相结合的方式来分配权重。专家评分的优点在于,能够在缺乏足够统计数据和原始资料的情况下,根据阅历经验及知识的广度和深度,对指标的重要性进行准确的判断;而主成分分析法则完全基于数据的特征,利用统计手段判断不同指标的重要性。因此,两种方法的有效结合,将提高指数测算结果的可信度。

三、中国城市绿色发展的路径与政策建议

1978~2013 年,我国城镇常住人口从 1.7 亿人增加到 7.3 亿人,城镇化率从 17.9% 提升到

53.7%，人口城市化率在统计意义上已经过半，正式进入了城市主导型社会。但同时，高速的城镇化进程为城市发展带来严峻挑战。近年来，频度越来越高的雾霾天气，使城市空气质量问题成为中国决策层和普通民众最为关心的问题；水污染、环境破坏问题在城市层面日益突出，这迫切要求我们加快城镇化发展方式转型，积极走新型城镇化道路。在波澜壮阔的城镇化浪潮中，推动中国城市绿色发展，更是一项长期而艰巨的任务。长远来看，中国城市绿色发展的基本路径应该是坚持绿色与发展的统一，走具有中国特色的绿色城镇化道路。绿色城镇化集中地表现为人口、产业、空间、制度资源配置效率不断得到改善和提高的过程，既包括人口城镇化、产业城镇化、空间城镇化、制度城镇化单一部分的可持续发展，需要实现"局部均衡"，又包括人口、产业、空间、制度的相互联动、全面协调可持续发展，强调树立协调、友好、共生、持续的绿色发展思想，促进绿色经济增长、资源环境保护、政府治理能力现代化等水平全面提升，达到"整体均衡"，是一个"局部均衡"与"整体均衡"统一的过程。在绿色城镇化道路指引下，基于中国城市绿色发展的基本态势和指数评价研究，我们提出以下建议。

1. 充分考虑城市绿色发展水平差距，推动中国城市绿色发展均衡化

通过2011~2014年中国城市绿色发展指数的动态比较发现，东部地区有5个城市排名上升，累计上升34位；中部地区有3个城市排名上升，累计上升16位；西部地区有4个城市排名上升，累计上升24位；东北地区有1个城市排名上升，累计上升12位。可见，2011~2014年东部和西部地区城市的绿色发展整体水平有所提高，中部城市基本保持稳定，而东北城市则相对降低。未来，中国城市绿色发展需要充分考虑各城市发展基础和特色，对于具有领先优势的东部地区城市要坚定不移地推进绿色城镇化，加强、巩固已有的发展成果，以服务业和创新为基础，以城市群为核心从经济发展趋同走向绿色协同发展，积极培育能够参与全球竞争并体现国家竞争力的若干世界级绿色城市，使我国城市能成为全球绿色城市网络的重要节点和中枢力量。对于发展速度快但基础并不牢固的西部地区城市和相对落后的东北地区城市而言，要进一步夯实基础，加快转变现有发展方式，在经济发展过程中要尽量减少环境污染和生态破坏，探索代价小、效益好、排放低、可持续的发展新道路，逐步缩小与绿色发展水平领先城市之间的差距。对于部分绿色发展水平靠后的资源型城市，还需要从国家层面在市场准入、资金扶持、税费减征、价格优惠、土地、信贷倾斜等方面给予扶持，重点完善传统资源型产业转型升级体制机制，健全接续替代产业尤其是战略性新兴产业发展推进机制。

2. 把"发展"和"绿色"结合起来，建设富有可持续竞争力的绿色城市

从二级指标的主成分分析研究中我们可以发现，9个指标对城市绿色发展水平的影响程度从高到低的排序为绿色增长效率指标(18.25%)、基础设施指标(17.34%)、第三产业指标(13.37%)、第二产业指标(12.93%)、资源丰裕与生态保护指标(11.00%)、绿色投资指标(9.68%)、环境治理指标(8.63%)、环境压力与气候变化指标(6.72%)、第一产业指标(2.08%)，影响城市绿色发展水平和程度的关键指标还主要体现在经济发展和环境治理方面。因此，促进中国城市绿色发展，应更加注重"发展"与"绿色"的结合，立足中国仍处在城市化加速阶段和人民生活质量需要改善的实情，找到绿色发展与经济增长的最佳均衡区域，集中力量发展绿色产业，以产业绿色化为核心，通过技术进步提高能源和资源的利用效率，推动传统产业改造升级，形成结构优化、技术先进、安全清洁、附加值高、吸纳就业强的绿色型城市现代产业体系，使城市绿色发展始终建立在稳固的绿色产业基础之上。同时，在城市发展中充分体现绿色理念，注重城市生态保护，合理确定城市开发边界，规范新城新区建设，避免"摊大饼"式盲目蔓延、铺张浪费、贪大求洋，不断提升城市规划、建设、管理水平，统筹地上地下市政公用设施建设，全面提升基础设施水平，扩大城市绿化面积和公共活动空间，增强城市综合承载能力和人性化水平，克服交通拥堵、环境污染、健康危害、城市灾害、安全弱化等"城市病"，发展人口密度适宜、生产生活环境优良、自然生态优美的绿色城市，最终实现"发展"与"绿色"的完美结合，积极打造富有可持续竞争力的绿色城市，使城市更宜居，让更多的人受益。

3. 以节能减排为抓手，推动我国城市经济绿色增长

从三级指标的主成分分析研究中我们发现，影响城市经济增长绿化度的主要三级指标有9个，其中有6个指标是污染排放和能源消耗指标，分别为单位地区生产总值能耗(0.614)、人均城镇生活消费用电(-0.624)、单位地区生产总值二氧化硫排放量(0.699)、单位地区生产总值化学需氧量排放量(0.694)、单位地区生产总值能耗(0.656)、工业用水重复利用率(-0.652)。同时，影响城市资源环境承载潜力的主要三级指标有8个，其中6个都与污染排放有关，分别是人均二氧化硫排放量(0.873)、单位土地面积氮氧化物排放量(0.938)、人均氮氧化物排放量(0.928)、单位土地面积化学需氧量排放量(0.832)、单位土地面积氨氮排放量(0.838)、人均氨氮排放量(0.685)。可见，节能减排将是推动我国城市绿色发展的重要因素。从国际形势看，随着多哈、华沙等国际气候大会谈判的进展，国际社会在全球气候变化中的博弈日趋激烈，我国在参与全球气候变化谈判中，为了实现经济的进一步发展、增强我国世界竞争力，必须将能源消耗和污染物排放控制在国际准则范围之内，实现我国对国际社会的承诺。十八大报告、十八大三中全会也强调，坚持节约资源和保护环境的基本国策，着力推进绿色发展；实现新型城镇化建设；紧紧围绕建设美丽中国，深化生态文明体制改革，加快建立生态文明制度。可见，无论是从国际压力还是国内形势方面，节能减排都成为我国实现绿色发展、循环发展、低碳发展不可或缺的重要手段与方式之一。

4. 完善和丰富现行城市发展评价思路，实现城市经济增长导向型评估体系向绿色发展导向型评估体系转型

由于我国现有城市发展评估体系大多仍然以经济增长为核心，充分考虑资源环境因素的城市绿色发展评估体系还没有完全建立，相当部分城市实现GDP增长就能实现发展的传统思维惯性仍然存在，从"黑色发展"向"绿色发展"转变的任务仍然十分艰巨。在这种情况下，推进城市评估体系转型，构建与城市绿色发展需要相匹配的绿色评估体系，已成为进一步推进我国城市绿色发展的迫切要求。城市绿色发展指数评价体系可以为我们完善城市发展评估体系提供思路借鉴。未来城市发展评价应充分考虑绿色发展特征，借鉴国内外经验系统地研究绿色国民经济核算的理论、方法与制度，改变目前单纯以经济增长衡量评价城市经济社会成果的核算体系，探索试行建立一套科学合理的、能够适合和反映我国城市经济特点及要求的绿色发展评价体系。具体来看，对于经济发展相对落后的城市，可考虑先行设立城市绿色发展卫星账户，改变综合目标考核方式，降低招商引资、工业增加值、固定资产投资等指标的考核，增加环保治理投资、生态基础设施建设、清洁技术、可再生能源、废物管理、绿色建筑、可持续交通、环保产业等指标的权重，建立一系列城市绿色发展评估指标群。对于经济发达地区的城市，可重点完善城市绿色核算体系，建立资源、环境与经济一体化绿色投入产出核算评估系统，对城市自然资本和生态服务的价值进行全面测度，以便更好地反映城市经济生产活动中的真实收益和成本耗费。同时，在一个可持续和公平的框架下，建立城市各方利益主体参与绿色发展评估的激励性制度安排，分别发挥政府、企业、社会公众三类主体的作用，形成政府、企业和社会公众良性互动的绿色发展公共治理结构。

5. 把握"十三五"规划制定的战略契机，加强城市绿色发展战略规划设计

城市绿色发展指数不仅为我们评估中国城市绿色发展水平提供了一个有益的参考，其基于绿色经济增长、资源环境承载、政府政策支持的分析框架也为我们研究和制定城市绿色发展规划提供了一个良好的视角和思路。从现实状况看，国家"十二五"规划作为中国第一个绿色发展规划，明确提出了一系列能源、气候与环境目标，为中国绿色发展提供了明确的规划指引，也为中国城市发展提供了新的方向。从现实情况看，许多城市都在积极探索绿色发展道路，建立绿色城市，不仅是许多东部发达地区大城市发展的战略目标，也日益成为中西部地区中小城市发展的热点。目前，北京、上海等城市都已将绿色发展纳入城市经济社会总体规划，制定了城市绿色发展的路线图。四川遂宁、

贵州都匀、河北鹿泉等城市也都明确提出了建设绿色城市的口号，湖北襄阳还出台了全国首个地市级城市绿色发展战略规划。但是，总体来看，中国城市层面的绿色发展战略规划还相对欠缺。下一时期，全国范围内的"十三五"规划研究设计即将展开，中国应在现有国家新型城镇化发展规划的基础上，进一步围绕城市绿色经济发展、资源环境保护、政府治理能力等制定专项城市绿色发展规划。同时，中国各城市政府也应把握这一战略机遇，积极研究和探索，制定符合国家战略需要、适合本地区实际的城市绿色发展战略规划，从总体思路、基本原则、主要任务、发展目标、实现路径、配套措施等方面全面设计城市绿色发展的路线图与时间表，为城市绿色发展提供稳定而有力的规划保障。

6. 以国家战略和关键环节为抓手，着力解决城市绿色发展中的突出问题

城市绿色发展要紧密结合和服务国家战略需要。例如，发挥黄金水道独特优势，建设长江经济带，是新时期中国区域协调发展和对内对外开放相结合、推动发展向中高端水平迈进的重大战略举措。但从我们的研究中可以发现，目前长江经济带的主要城市资源环境承载潜力均处于较低水平，上海（79位）、南京（100位）、重庆（63位）、武汉（94位）等重要节点城市资源环境承载压力均较大。因此，在实施长江经济带战略中，要特别注重发展与环境相结合，在推进综合立体交通走廊建设中，切实加强和改善长江流域主要城市的生态环境保护治理，先行打造长江绿色城市经济带。同样，实现京津冀协同发展，也是中国发展的一个重大国家战略。而从绿色发展指数分析来看，京津冀地区主要城市绿色发展水平很不平衡，北京（90位）、天津（96位）的资源环境承载潜力低，而秦皇岛（13位）、唐山（39位）等则在资源环境承载方面具有一定的潜力。因此，在推进京津冀一体化发展时，要加强城市间生态环境保护合作，在已经启动大气污染防治协作机制的基础上，进一步完善防护林建设、水环境治理、清洁能源使用等领域合作。同时可依据不同城市的资源环境承载潜力，促进城市分工协作，推进北京、天津等特大城市人口、产业等向河北地区城市有序转移。城市绿色发展还面临着诸多急需解决的难点问题。例如，促进城市绿色发展，政府政策支持是一个重要方面，要加大政府投资和治理力度，但对于大多数城市而言，更要建立支持城市绿色发展的长效机制，解决钱从哪里来的问题。在城市绿色发展融资方面，可考虑征收房产税，并将部分税收收入专门用于绿色投资和环境治理，为城市政府提供一个稳定的收入来源。此外，在地方政府资产负债、收入、支出、债务结构等透明、披露的条件下，鼓励城市发行定向用于环境治理和绿色经济领域的地方债，为城市政府促进地方绿色发展提供长期稳定的资金支持。同时，应积极建立吸引社会资本投入城市环境保护的市场化机制，促进环保市场化发展机制的形成和完善。

第三篇

公众评价篇

在进行城市绿色发展指数的测评过程中,以及在绿色发展指数报告的发布会上,我们与各界尤其是新闻界的朋友有一个共同感受,即绿色发展指数的省份和城市排序,如果只根据统计数据测算,可能与公众的实际感受有差距。接受各界朋友的宝贵建议,从2012年起,我们的报告增加了城市绿色发展公众满意度调查,反映居民对本城市的主观感受和评价,以更加全面地阐释城市绿色发展情况。本篇包括两章——"第九章 城市绿色发展公众满意度调查结果与分析"和"第十章 城市绿色发展公众满意度调查方案及组织实施情况"。希望读者对我们的问卷调查设计、调查结果等提出宝贵意见,我们愿意进一步改进。

第九章

城市绿色发展公众满意度调查结果与分析

在前两年连续调查的基础上,2014年5月我们继续对38个重点城市开展"城市绿色发展公众满意度调查",追踪城市绿色发展状况及其变化,了解城市居民对其所居住城市绿色发展状况的主观感受和评价。公众满意度调查结果获得了各位专家和社会各界的广泛认可,已成为以客观统计数据为基础的"城市绿色发展指数测评指标体系"的重要补充和完善。

调查结果显示,2014年中国重点城市绿色发展公众综合满意度[①]为0.099,比2013年略有提升。大多数城市的居民对其所居住城市的绿色发展水平持总体肯定态度,但综合满意度仍然较低。各城市的绿色发展水平存在较大的地区差异,呈现西部最高、东北较高、东部和中部较低的特征。与2013年相比,东北、西部和中部城市的公众综合满意度都有所提升,东北和西部提升较多,东部城市则有所下降。从公众综合满意度三项构成指数看,居民对城市基础设施的满意度仍然最高,对城市环境的满意度较高,但对政府绿色行动的效果总体仍不满意。与2013年相比,城市基础设施和政府绿色行动满意度有所提升,城市环境满意度则略有下降。就具体指标来看,居民对城市公共交通便利程度、政府环保工作重视程度和城市绿化的满意度最高,对环境投诉、日常食品放心程度和城市交通畅通情况仍然表示不满意。与2013年相比,居民对城市街道卫生、日常食品放心程度和城市绿化的满意度提升较多,对近三年城市环境变化、城市饮用水和环境投诉方式的满意度下降较多。总体来看,城市绿色发展水平与居民期待之间存在明显差距,而原有发展方式负面效果的显现,使得缩小这一差距的难度加大。因此,城市绿色发展需要政府、居民和企业等共同努力,以经济发展方式转变和人民生活方式转变推动城市绿色发展。各城市政府不仅要自身重视绿色发展,还要加强区域间协调,共同推动中国生态文明建设。

一、居民对城市绿色发展水平综合满意度比2013年略有提升

2014年中国重点城市绿色发展公众综合满意度为0.099(表9-1),比2013年提高0.008,虽处于满意区间,但仍属较低水平,而且满意度提升幅度较小。各城市的绿色发展水平存在较大的地区差异,呈现西部地区最高、东北较高、东部和中部较低的特征。从公众综合满意度三项构成指数看,居民对城市基础设施的满意度仍然最高,且比2013年提高0.020;对城市环境的满意度较高,但比2013年略降0.006;对政府绿色行动总体仍不满意,为-0.055,但比2013年提高0.013。

---

① 满意度得分在-1至1之间,0为"满意"和"不满意"的临界值。得分为正表示"满意",越趋近于1满意程度越高;反之表示"不满意",越趋近于-1表示越不满意。

表 9-1　2014 年中国重点城市绿色发展公众综合满意度

城市	绿色发展公众综合满意度 排名	指数	城市环境满意度 排名	指数	城市基础设施满意度 排名	指数	政府绿色行动满意度 排名	指数
平均水平		0.099		0.134		0.220		−0.055
克拉玛依	1	0.605	1	0.749	1	0.717	1	0.349
银川	2	0.311	3	0.438	2	0.439	3	0.056
西宁	3	0.310	2	0.447	3	0.391	2	0.092
厦门	4	0.250	4	0.312	4	0.389	5	0.047
重庆	5	0.226	7	0.291	7	0.337	4	0.049
宁波	6	0.205	13	0.217	4	0.389	8	0.009
青岛	7	0.197	9	0.256	10	0.308	7	0.027
乌鲁木齐	8	0.193	5	0.302	11	0.281	9	−0.006
珠海	9	0.191	8	0.285	6	0.345	16	−0.056
大连	10	0.156	17	0.153	7	0.337	11	−0.023
济南	11	0.141	20	0.100	12	0.277	5	0.047
长春	12	0.135	16	0.164	13	0.276	12	−0.034
哈尔滨	13	0.133	10	0.253	18	0.192	14	−0.046
南宁	14	0.133	11	0.229	19	0.191	10	−0.020
苏州	15	0.113	23	0.069	9	0.320	15	−0.049
福州	16	0.107	12	0.228	20	0.184	24	−0.091
海口	17	0.100	6	0.292	23	0.168	36	−0.161
南昌	18	0.091	14	0.216	31	0.132	21	−0.074
太原	19	0.072	19	0.106	25	0.166	17	−0.057
上海	20	0.070	30	0.022	15	0.223	13	−0.036
合肥	21	0.068	20	0.100	23	0.168	18	−0.065
成都	22	0.067	25	0.061	14	0.236	25	−0.096
西安	23	0.052	28	0.028	17	0.193	19	−0.066
武汉	24	0.045	26	0.043	28	0.160	20	−0.067
昆明	25	0.043	22	0.095	30	0.156	29	−0.122
长沙	26	0.039	24	0.062	26	0.164	27	−0.110
贵阳	27	0.030	15	0.200	37	−0.026	22	−0.086
天津	28	0.029	31	0.016	16	0.204	32	−0.131
沈阳	29	0.020	29	0.024	21	0.183	33	−0.146
兰州	30	0.018	18	0.115	36	0.028	23	−0.088
杭州	31	0.003	33	−0.050	27	0.161	26	−0.103
南京	32	−0.007	35	−0.069	22	0.170	31	−0.123
深圳	33	−0.009	32	0.008	32	0.113	34	−0.148
广州	34	−0.027	34	−0.063	29	0.157	37	−0.177

续表

城市	绿色发展公众综合满意度 排名	指数	城市环境满意度 排名	指数	城市基础设施满意度 排名	指数	政府绿色行动满意度 排名	指数
平均水平		0.099		0.134		0.220		−0.055
石家庄	35	−0.046	37	−0.135	34	0.109	28	−0.114
呼和浩特	36	−0.068	27	0.036	38	−0.043	38	−0.196
北京	37	−0.073	38	−0.209	32	0.113	29	−0.122
郑州	38	−0.075	36	−0.113	35	0.038	35	−0.149

分四大经济区域看，东部、中部、西部和东北地区的城市绿色发展公众综合满意度分别为 0.072、0.030、0.156 和 0.111（图 9-1），西部城市满意度相对最高，东北城市较高，东部和中部城市相对较低。西部 12 个城市中，克拉玛依满意度最高，达到 0.605，比满意度最低的呼和浩特高出 0.673，西部排在第 2 位的银川比最低的呼和浩特高出 0.379；四大区域中，西部各城市的绿色发展水平差异最大。12 个城市中，有 5 个城市排在全国前 10 位，比 2013 年增加了乌鲁木齐；只有南宁排在第 11～20 位，比 2013 年减少了成都和贵阳；其他 6 个城市排全国后 18 位，比 2013 年增加 1 个。东北 4 个城市中，大连、长春、哈尔滨的满意度较高，分别排在全国第 10、12 和 13 位；沈阳的满意度较低，排在第 29 位；大连与沈阳仅相差 0.136，表明东北各城市的绿色发展水平差异较小。东部 16 个城市中，满意度最高的厦门比最低的北京高出 0.323，城市间绿色发展水平差异较大。16 个城市中，有 4 个城市排在全国前 10 位，比 2013 年减少 2 个；4 个城市排在第 11～20 位，与 2013 年持平；有 8 个城市排在后 18 位，比 2013 年增加 2 个。中部 6 个城市的绿色发展水平均相对较低，满意度最高的南昌比最低的郑州高出 0.166，城市间差异最小。其中，南昌和太原排在全国第 18 和 19 位，其他 4 个城市排在后 18 位。

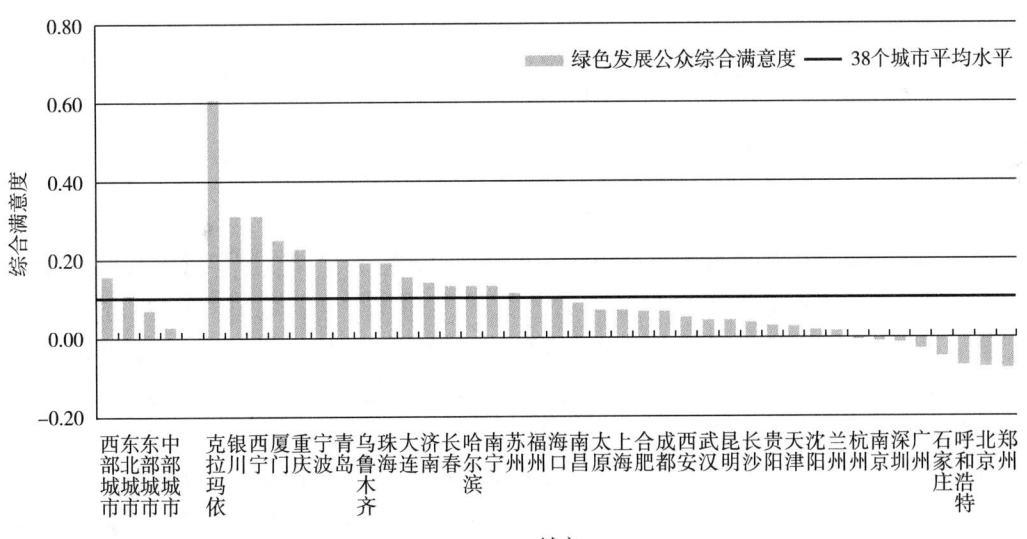

图 9-1　城市绿色发展公众综合满意度

分城市看，大多数城市公众综合满意度处于满意区间，但满意度差异仍然较大。克拉玛依仍然一枝独秀，公众综合满意度达到 0.605，比排在第 2 位的银川高出 0.294，比排名最低的郑州高出 0.680；银川比郑州高出 0.386。38 个城市中，有 31 个城市的公众综合满意度大于 0，处于满意区间，表明居民对其所在城市的绿色发展持总体肯定态度。其中，17 个城市高于全国平均水平，排在前 10 位的依次是克拉玛依、银川、西宁、厦门、重庆、宁波、青岛、乌鲁木齐、珠海和大连。有 7

个城市的公众满意度小于0，数量与2013年持平，表明居民对其所在城市的绿色发展状况总体不满意。这7个城市按得分由高到低依次是南京、深圳、广州、石家庄、呼和浩特、北京和郑州，比2013年增加了南京和深圳，减少了西安和兰州。

与2013年相比，东北、西部和中部城市的公众综合满意度分别提高0.059、0.035和0.009，东北和西部地区提升幅度较大，东部地区则下降0.030(图9-2)。分城市看，多数城市满意度提升。其中，23个城市的公众综合满意度有所提升，升幅排在前7位的依次是乌鲁木齐、济南、兰州、哈尔滨、银川、西宁和西安，兰州和西安由此升入满意区间；15个城市的公众综合满意度有所降低，后5位按降幅从高到低依次是杭州、海口、深圳、南京和贵阳，深圳和南京由此落入不满意区间。与2013年相比，多数城市(35个)的公众满意度排名有所变化，其中，排名上升5位及以上的城市有10个，上升位次从高到低依次是乌鲁木齐、济南、哈尔滨、西安、长春、大连、上海、武汉、兰州和南昌，这些城市的三项构成指数多有较大幅度提升。排名下降5位及以上的城市有9个，下降位次从高到低依次是杭州、深圳、南京、贵阳、海口、成都、苏州、天津和北京，这些城市的三项构成指数多有较大幅度下降。

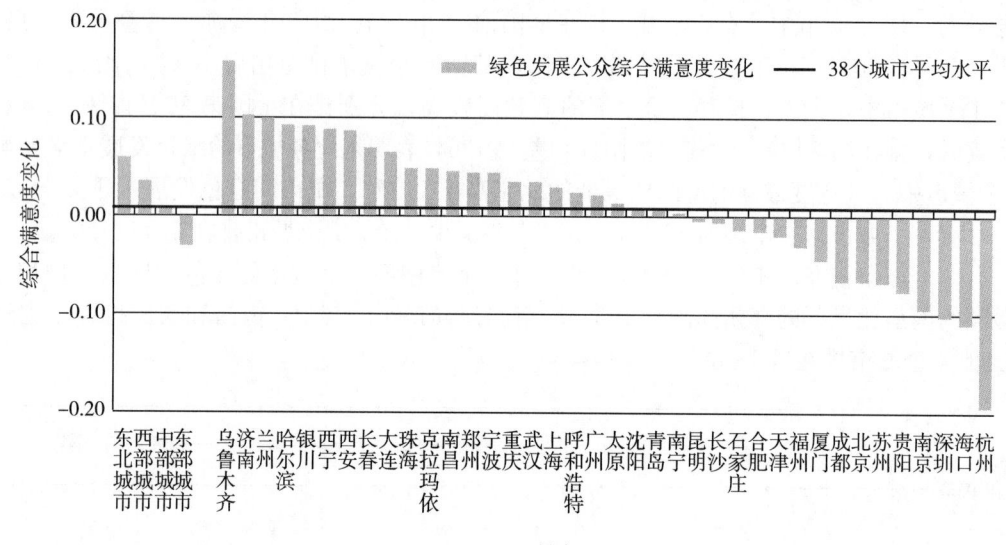

图9-2 城市绿色发展公众综合满意度变化

城市绿色发展公众综合满意度的三项构成指数分别为城市环境满意度、城市基础设施满意度和政府绿色行动满意度，得分分别为0.134、0.220和－0.055(图9-3)，城市居民对环境和基础设施总体表示满意，对政府绿色行动的效果总体仍不满意。与2013年相比，城市基础设施和政府绿色行动满意度分别提高0.020和0.013，基础设施满意度升幅较大，是综合满意度上升的主要拉动力量；城市环境满意度则略降0.006，制约了综合满意度的上升。

分地区看，西部、东北、东部和中部地区的城市环境满意度和城市基础设施满意度仍然远高于政府绿色行动满意度；西部地区的城市环境满意度略高于城市基础设施满意度，东北、东部和中部地区的城市基础设施满意度则比城市环境满意度高出较多(图9-4)。与2013年相比，东北和西部地区三项指数的满意度均有所提升，城市基础设施满意度均升幅最大；中部地区的基础设施和政府绿色行动满意度有所提升，城市环境满意度则有所下降；东部地区三项指数的满意度均有所下降，城市环境满意度降幅最大。38个城市中，城市环境满意度大于0的有32个，比2013年增加1个；城市基础设施满意度大于0的有36个，与2013年持平；政府绿色行动满意度大于0的有8个，比2013年增加1个。调查结果表明，与经济发展密切相关的作为硬件的基础设施易至较高满意水平，而原有发展方式负面效果持续显现于东部、中部地区，改善城市环境状况的整体难度加大。在此背

第九章 城市绿色发展公众满意度调查结果与分析

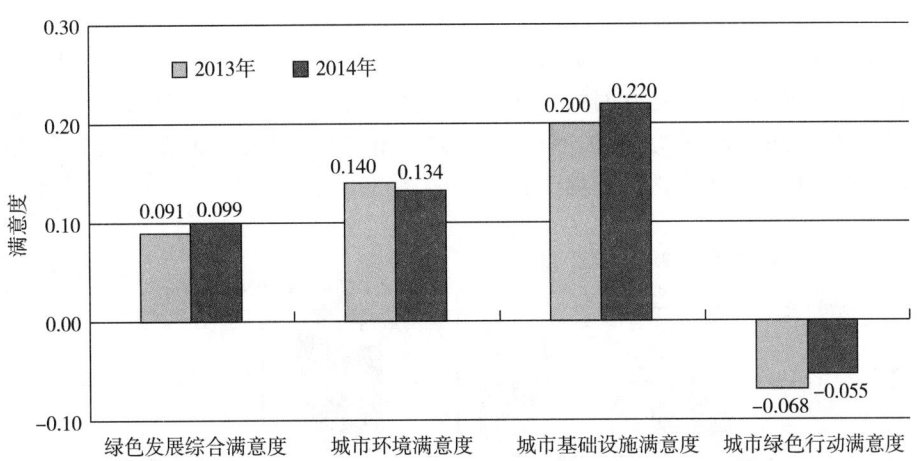

图 9-3 综合满意度三项构成指数及变化

景下,各城市需要推动发展方式切实转变,加大政府绿色行动力度,提高绿色行动效能。同时,也需要城市内的政府、居民和企业协同努力,以及城市政府间的协调配合。

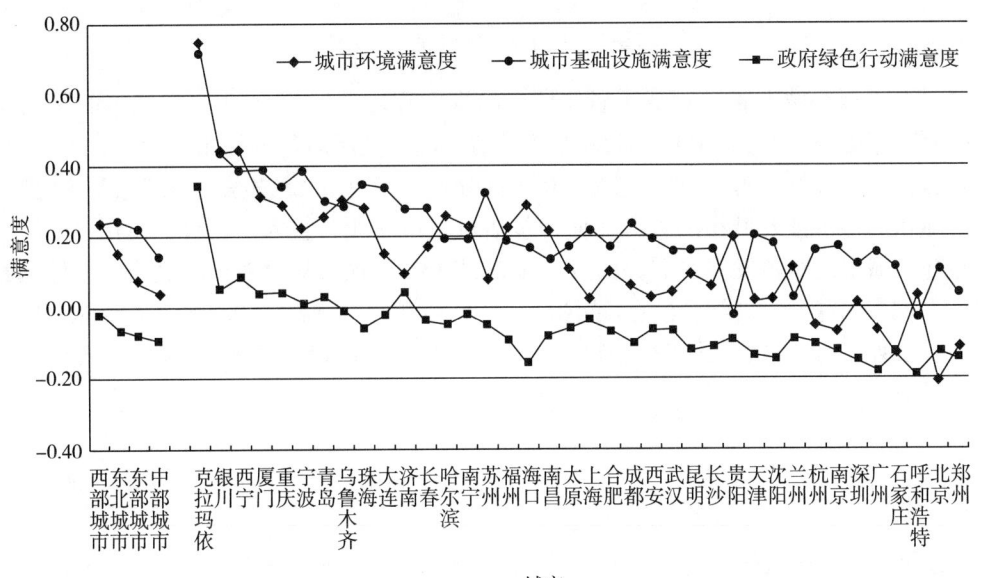

图 9-4 城市绿色发展构成指数满意度

另外,从城市经济发展水平和人口规模[①]来看,三线城市的绿色发展综合满意度最高,达到 0.118;二线城市次之,达到 0.110;一线城市最低,仅为 -0.010,处于不满意区间(图 9-5)。从各线城市的满意度差异看,一线城市间差异最小,最高的上海比最低的北京高出 0.143;二线城市间差异较大,最高的厦门比最低的南京高出 0.257;三线城市差异最大,最高的克拉玛依比最低的郑州高出 0.680,次高的银川比郑州高出 0.386。从公众综合满意度的三项构成指数看,一、二、三线城市的城市环境满意度分别为 -0.061、0.120 和 0.196,各级别之间差异较大;一、二、三线城市的城

---

① 按经济发展水平和人口规模,这里把 38 个城市分为三个级别,以算数平均法计算满意度水平。一线城市 4 个,分别为北京、上海、广州和深圳;二线城市 15 个,分别为天津、沈阳、大连、长春、哈尔滨、南京、杭州、宁波、厦门、济南、青岛、武汉、重庆、成都和西安,即 15 个副省级城市除去广州、深圳,加上天津和重庆;三线城市 19 个,分别为石家庄、太原、呼和浩特、苏州、合肥、福州、南昌、郑州、长沙、珠海、南宁、海口、贵阳、昆明、兰州、西宁、银川、乌鲁木齐和克拉玛依。

市基础设施满意度分别为 0.152、0.254 和 0.207，各级别之间差异较小；一、二、三线城市的政府绿色行动满意度分别为 -0.121、-0.044 和 -0.050，各级别之间差异也较小，但均处于不满意区间。总体来看，城市规模越大，公众对城市绿色发展状况的满意度越低。这表明城市规模加大、人口增多，城市自然环境的承载压力增大，对城市基础设施的需求提高，对政府公共管理能力的要求更高，因此，城市绿色发展水平的提升难度加大。

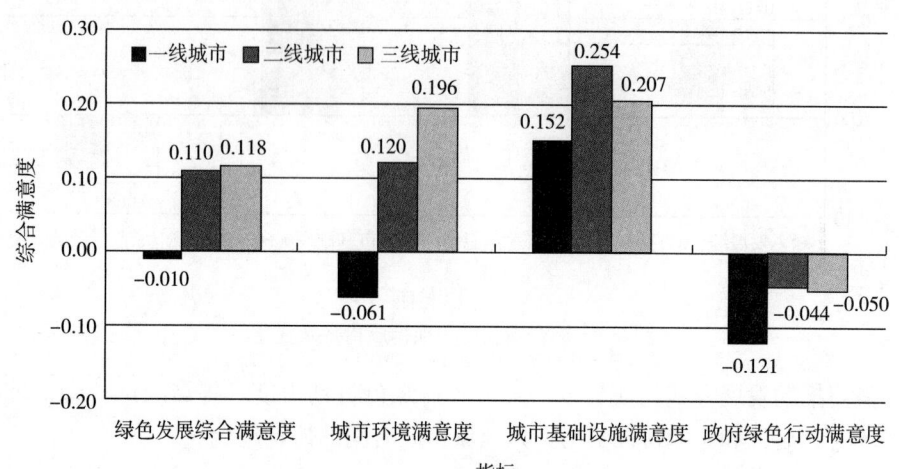

图 9-5　不同级别城市满意度比较

进一步调查显示，城市居民对其所居住城市的满意程度普遍很高，38 个城市的平均满意度为 0.461，比 2013 年提高 0.010。其中，52.2% 的受访居民对其所居住的城市表示"满意"，比 2013 年增加 0.9 个百分点；41.7% 认为"一般"，减少 0.8 个百分点；仅有 6.1% 表示"不满意"，减少 0.1 个百分点。居民对城市的评价涉及城市的方方面面，包括对城市就业、收入、教育、文化、医疗、社保和住房等，也包括城市的绿色发展水平。从 38 个城市来看，各城市居民对所在城市的总体满意度仍然远高于对所在城市的绿色发展综合满意度（图 9-6），两者相关系数高达 0.900，表明提升城市绿色发展水平，"让城市融入大自然，让居民望得见山、看得见水、记得住乡愁"，是保持或增加城市居民认同感的有效方式。

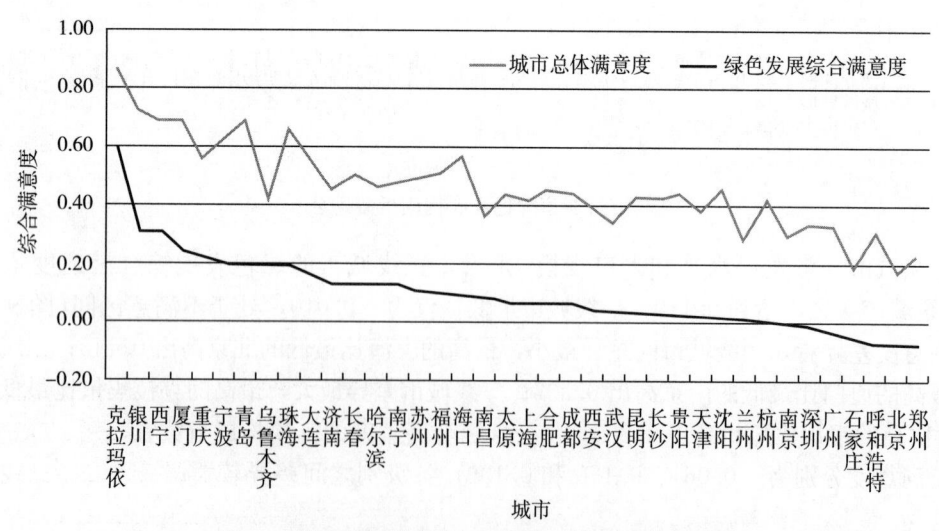

图 9-6　城市总体满意度与绿色发展综合满意度比较

二、城市环境满意度连续两年有所下降

城市环境满意度是指居民对城市街道卫生、城市饮用水、城市河流湖泊受污染程度、城市空气质量和近三年城市环境变化五项指标的综合评价。调查结果显示，38个城市的城市环境满意度平均水平为0.134(图9-7)，仍处于满意区间，但比2013年略降0.006，且连续两年有所下降。各城市的环境满意度存在较大的地区差异，呈现西部地区最高、东北较高、东部和中部较低的特征。

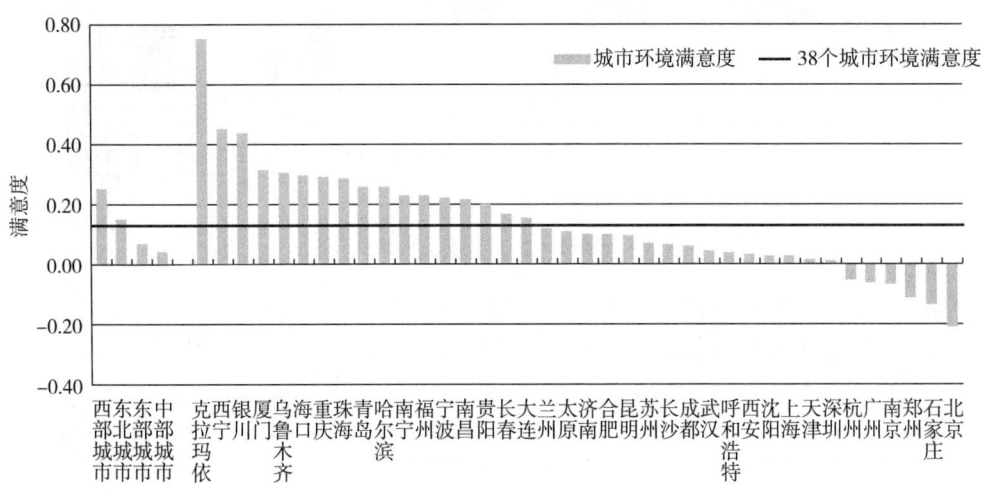

图9-7 城市环境满意度

分地区看，东部、中部、西部和东北地区的城市环境满意度分别为0.069、0.040、0.248和0.148，与2013年相比，东部和中部分别下降0.048和0.036，西部和东北均提高0.036。西部地区满意度最高，城市间差异最大，得分最高的克拉玛依与最低的西安相差0.721，次高的西宁与西安相差0.419；西部12个城市中，有5个城市满意度排名居全国前10位。东北地区满意度升至平均水平以上，城市间差异最小，得分最高的哈尔滨与最低的沈阳相差0.229，哈尔滨排名居全国第10位。东部地区满意度降至平均水平以下，城市间差异较大，得分最高的厦门与最低的北京相差0.521；东部16个城市中，有4个城市满意度排名居全国前10位。中部地区满意度相对最低，城市间差异较大，得分最高的南昌与最低的郑州相差0.329。

分城市看，32个城市的环境满意度大于0，比2013年增加1个；6个城市的环境满意度小于0。与2013年相比，21个城市的环境满意度上升，前5位按升幅高低依次是兰州、乌鲁木齐、银川、西宁和济南；兰州、西安和上海升入满意区间。17个城市的环境满意度下降，后6位按降幅高低依次是杭州、北京、深圳、海口、苏州和南京，均为东部城市，其中，杭州降幅高达0.275，其余5个城市降幅在0.10左右，杭州和南京由此落入不满意区间。

城市环境的五项构成指标中，居民对近三年城市环境变化最为满意，满意度较高的是城市街道卫生和城市饮用水，不满意的是城市空气质量和城市河流湖泊受污染程度。与2013年相比，除城市街道卫生满意度有所上升外，其余四项指标的满意度均有不同程度的下降(图9-8)。

近三年城市环境变化满意度为0.384，比2013年下降0.047。其中，59.4%的受访居民认为近三年城市环境"变好了"，比2013年减少3.0百分点；19.6%认为"没有变化"，增加1.3百分点；21.0%认为"变差了"，增加1.7百分点。分城市看，绝大多数(37个)城市的近三年城市环境变化满意度大于0(图9-9)，仅有杭州小于0。与2013年相比，有12个城市的近三年城市环境变化满意度上升，前5位按升幅高低依次是兰州、长春、郑州、大连和济南，大连由此升入满意区间；25个城市

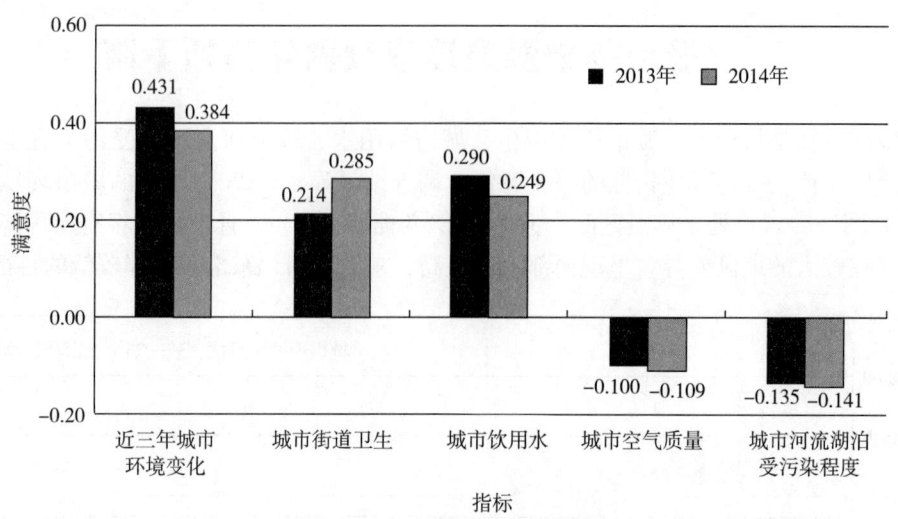

图 9-8 城市环境满意度构成指标得分

的近三年城市环境变化满意度下降,后5位按降幅高低依次是杭州、北京、海口、贵阳和南京,杭州降幅达0.267,由此落入不满意区间;南宁与2013年持平。

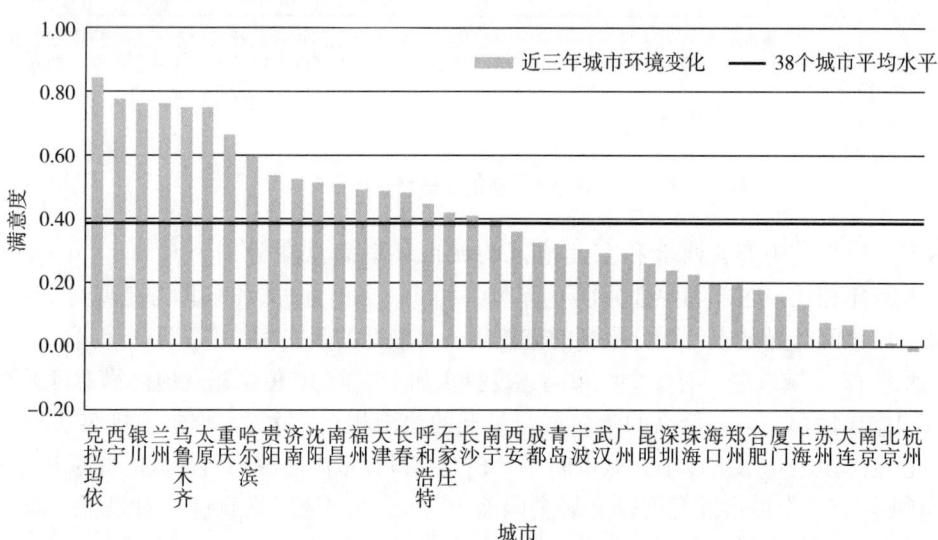

图 9-9 近三年城市环境变化满意度

城市街道卫生满意度为0.285,比2013年上升0.071。其中,40.5%的受访居民认为城市的街道卫生"干净",比2013年增加5.5百分点;47.5%认为"一般",减少3.9百分点;12.0%认为"不干净",减少1.6百分点。分城市看,绝大多数(37个)城市的城市街道卫生满意度大于0,比2013年增加4个,仅有呼和浩特小于0(图9-10)。与2013年相比,31个城市的城市街道卫生满意度上升,前5位按升幅高低依次是乌鲁木齐、兰州、长春、西宁和哈尔滨,兰州和长春升幅高达0.257和0.229,沈阳和郑州也有较大升幅,四城市由此升入满意区间。7个城市的城市街道卫生满意度下降,按降幅高低依次是深圳、杭州、海口、贵阳、北京、福州和苏州。

城市饮用水质量的满意度为0.249,比2013年下降0.041。其中,41.0%的受访居民对城市的饮用水质量表示"满意",比2013年减少2.5百分点;43.0%认为"一般",增加1.0百分点;16.0%表示"不满意",增加1.5百分点。分城市看,34个城市的城市饮用水质量满意度大于0(图9-11),比2013年减少3个;另有4个城市小于0,多了兰州、北京和呼和浩特。与2013年相比,12个城市的饮用水质量满意度上升,前5位按升幅高低依次是上海、哈尔滨、宁波、济南和郑州;25个城市

第九章 城市绿色发展公众满意度调查结果与分析

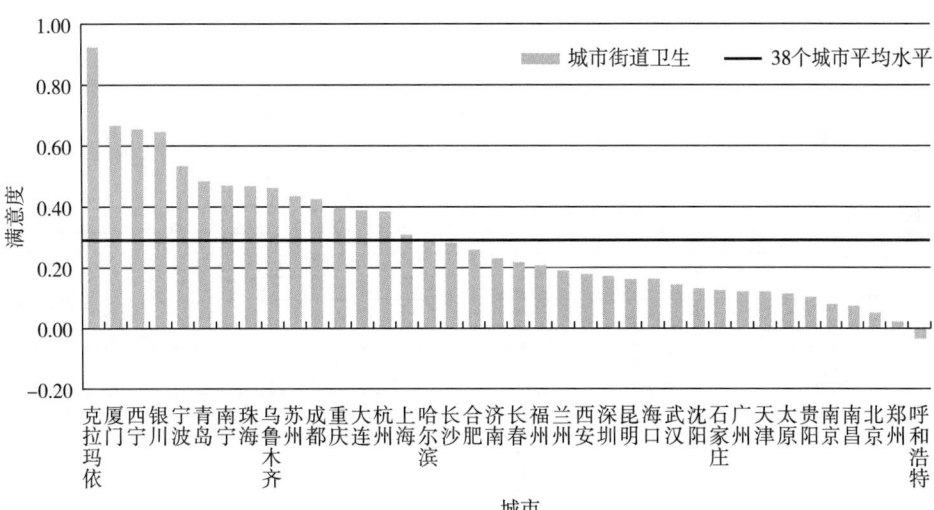

图 9-10 城市街道卫生满意度

的饮用水质量满意度下降，后 5 位按降幅高低依次是兰州、杭州、深圳、海口和南京，兰州和杭州降幅高达 0.397 和 0.323；珠海与 2013 年持平。

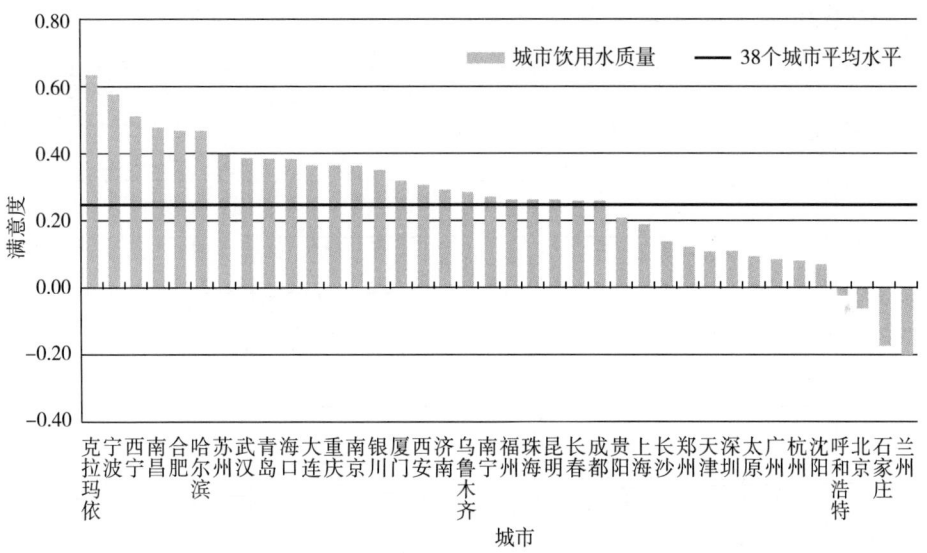

图 9-11 城市饮用水质量满意度

城市空气质量满意度为 −0.109，比 2013 年略降 0.009。其中，仅有 21.5% 的受访居民认为城市的空气质量"好"，比 2013 年增加 1.4 百分点；46.1% 认为"一般"，减少 3.7 百分点；32.4% 认为"不好"，增加 2.3 百分点。分城市看，16 个城市的空气质量满意度大于 0，比 2013 年多了南昌、兰州、呼和浩特和乌鲁木齐，少了大连；22 个城市的空气质量满意度小于 0（图 9-12）。与 2013 年相比，19 个城市的空气质量满意度上升，前 5 位按升幅高低依次是兰州、乌鲁木齐、珠海、银川和贵阳，兰州的升幅高达 0.566；19 个城市的空气质量满意度下降，后 5 位按降幅高低依次是杭州、成都、苏州、北京和长沙，杭州降幅高达 0.312，其余四城市降幅在 0.20 左右。

五项指标中，城市河流湖泊受污染程度满意度最低，为 −0.141，且比 2013 年略降 0.006。其中，仅有 11.4% 的受访居民认为城市的河流、湖泊"没有污染"，比 2013 年略增 0.2 百分点；63.1% 认为"有点污染"，减少 1.1 百分点；25.5% 认为"严重污染"，增加 0.9 百分点。分城市看，仅有 5 个城市的居民对河流湖泊受污染程度总体满意，比 2013 年多了西宁和乌鲁木齐，少了海口；海口的满意度为 0；多达 32 个城市的居民总体不满意（图 9-13）。与 2013 年相比，21 个城市的城市河流湖

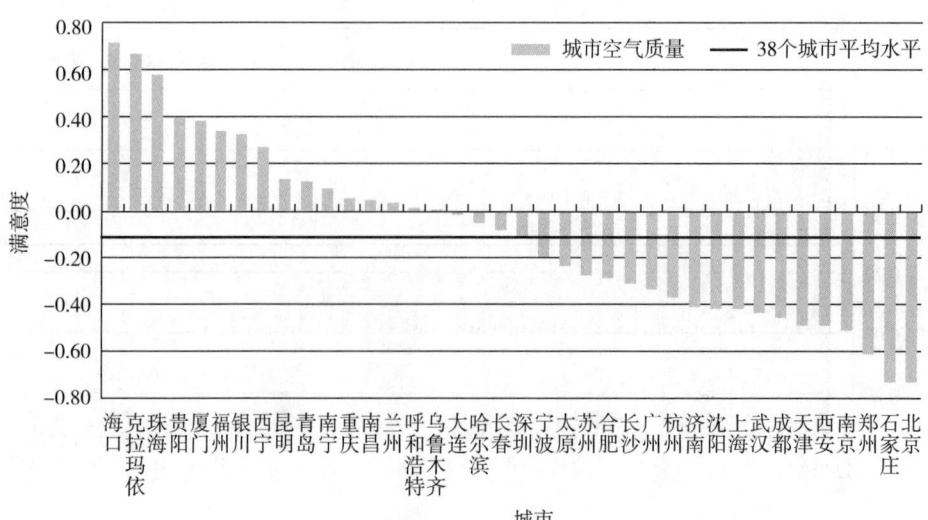

图 9-12　城市空气质量满意度

泊受污染程度满意度上升，前 5 位按升幅高低依次是乌鲁木齐、西宁、兰州、克拉玛依和银川，乌鲁木齐和西宁升幅为 0.116 和 0.086；17 个城市的满意度下降，后 5 位按降幅高低依次是杭州、深圳、苏州、石家庄和成都，杭州降幅高达 0.293。

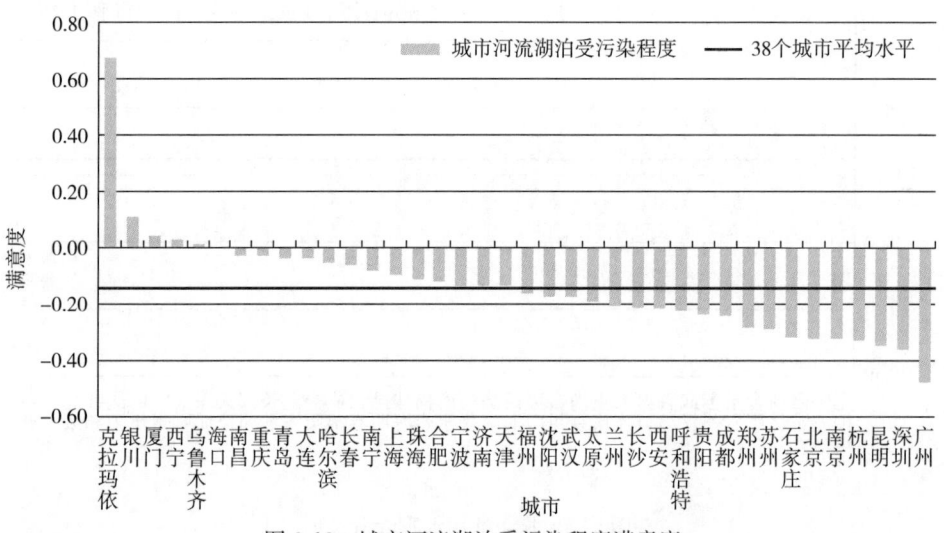

图 9-13　城市河流湖泊受污染程度满意度

对于所在城市污染最严重的领域，调查结果显示，城市居民仍然认为机动车尾气的污染最严重，选择比重高达 69.2%，其次是生活垃圾(31.3%)、工厂排污(27.2%)和噪声污染(26.9%)，选择比重较低的是塑料袋或塑料餐盒污染(18.4%)和饮食业油烟污染(14.8%)，选择比重最低的是电磁辐射污染(3.6%)和农业污染(2.6%)。与 2013 年相比，认为塑料袋或塑料餐盒污染、机动车尾气污染最严重的分别减少 8.3 百分点和 3.1 百分点，其余六项的选择比重变化较小(图 9-14)。

分城市看，38 个城市的受访居民仍均认为机动车尾气是第一污染源，选择比重均在 50% 以上，选择比重超过 70% 的城市有 16 个，选择比重超过或接近 80% 的依次是上海、长沙、北京和成都。与 2013 年相比，12 个城市对机动车尾气的选择比重上升，前 5 位按升幅高低依次是南宁、宁波、郑州、成都和长沙，五城市升幅在 5～10 百分点；25 个城市对机动车尾气的选择比重下降，后 5 位按降幅高低依次是合肥、深圳、杭州、武汉和苏州，五城市降幅均略超 10 百分点；北京与 2013 年持

第九章 城市绿色发展公众满意度调查结果与分析

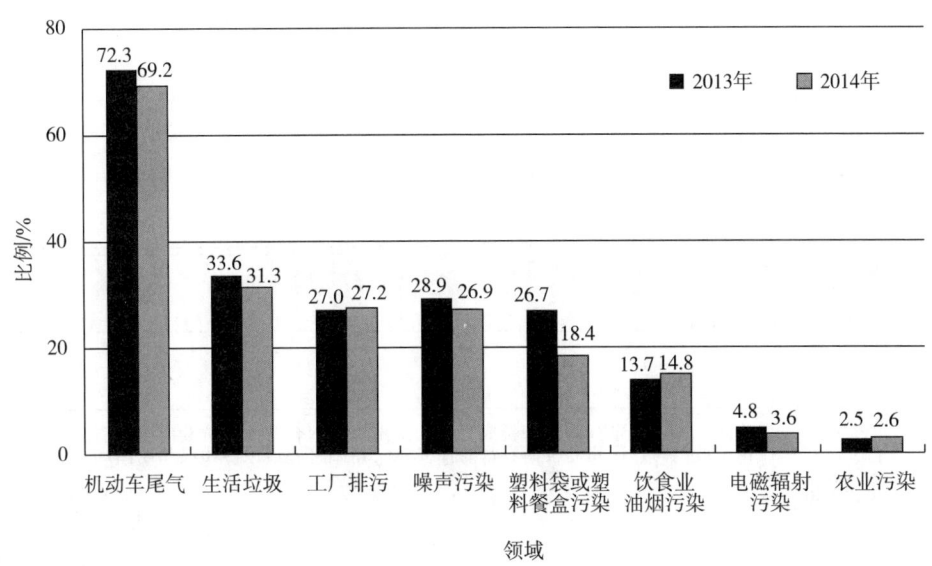

图9-14 城市污染最严重的领域

平。认为生活垃圾是第二污染源[①]的城市有14个，选择比重超过40%的依次是呼和浩特、海口、郑州、贵阳、福州和广州。认为工厂排污是第二污染源的城市有12个，选择比重超过40%的依次是苏州、石家庄和深圳。认为噪声污染是第二污染源的城市有12个，选择比重超过40%的是武汉。认为塑料袋或塑料餐盒污染是第二污染源的城市仅有天津，选择比重为39.0%。与2013年相比，两个城市的塑料袋或塑料餐盒污染的选择比重上升，依次是广州和杭州；36个城市的选择比重下降，后5位按降幅高低依次是西宁、贵阳、石家庄、海口和济南。其他污染源方面，饮食业油烟污染略显严重的依次是北京、沈阳、重庆、广州和长沙，选择比重在20%～30%，其余城市均在20%以下；38个城市的受访居民选择电磁辐射污染和农业污染的比重均很低。

三、城市基础设施满意度较高，且比2013年有所提升

城市基础设施满意度是指城市居民对城市绿化、城市休闲娱乐场所的数量和分布、城市生活垃圾处理、城市公共交通便利程度和城市交通畅通情况五项指标的综合评价。调查结果显示，38个城市的基础设施满意度平均水平为0.220（图9-15），仍是三项构成指数中满意度最高的，且比2013年上升0.020，表明城市基础设施状况有所改善。四大经济区域的城市基础设施满意度呈现东北、西部和东部地区均相对较高，中部地区相对较低的特征。

分地区看，东部、中部、东北和西部地区的城市基础设施满意度分别为0.223、0.139、0.236和0.247；与2013年相比，东北、西部和中部地区分别上升0.098、0.046和0.033，东北和西部地区升幅较大，东部地区则下降0.029。东北、西部和东部地区的基础设施满意度较为接近，但西部城市间的满意度差异很大，得分最高的克拉玛依与最低的呼和浩特相差0.760，次高的银川与呼和浩特相差0.482；西部12个城市中，有4个城市满意度排名居全国前10位。东部城市间的满意度差异较大，得分最高的宁波、厦门与最低的石家庄相差0.280；东部16个城市中，有5个城市满意度排名居全国前10位。东北城市间的满意度差异较小，得分最高的大连与最低的沈阳相差0.154；东北4个城市中，大连的排名居全国前10位。中部地区的城市基础设施满意度相对最低，城市间差异最小，得分最高的合肥与最低的郑州仅相差0.130。

分城市看，36个城市的城市基础设施满意度大于0，数量保持不变；仅有2个城市的城市基础

---

① 兰州的生活垃圾和工厂排污的选择比重均较高且相等，两者同视为第二污染源。

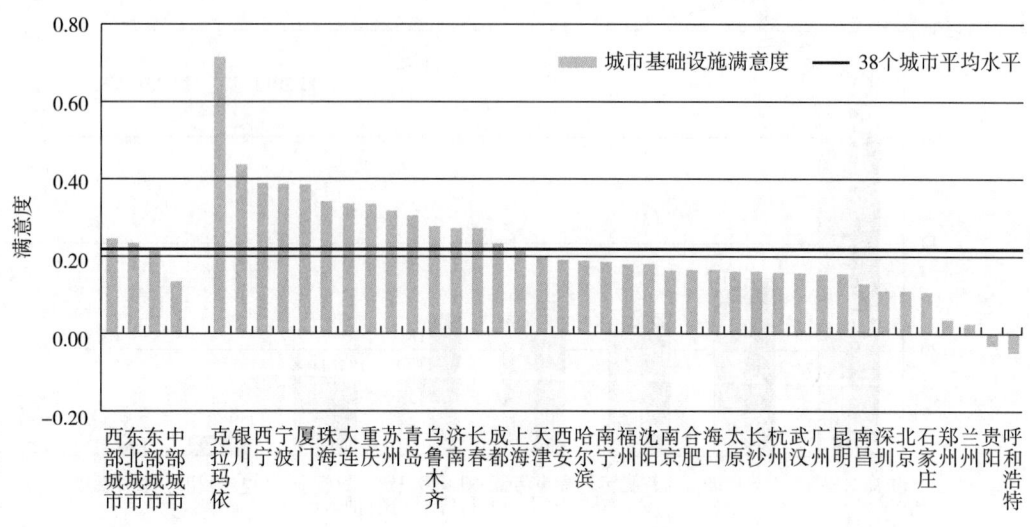

图 9-15 城市基础设施满意度

设施满意度小于 0，比 2013 年少了兰州，多了贵阳。与 2013 年相比，24 个城市的基础设施满意度提升，前 5 位按升幅高低依次是乌鲁木齐、长春、哈尔滨、济南和银川，其中，乌鲁木齐升幅高达 0.241，其余 4 个城市升幅均略超 0.10；14 个城市的基础设施满意度下降，后 5 位按降幅高低依次是杭州、深圳、贵阳、南京和海口，降幅均超过 0.10，贵阳由此落入不满意区间。

城市基础设施的五项指标中，居民仍然对城市公共交通便利程度最为满意，满意度较高的依次是城市绿化、城市休闲娱乐场所的数量和分布、城市生活垃圾处理，不满意的是城市交通畅通情况。与 2013 年相比，除城市交通畅通情况满意度继续下降外，其余四项指标的满意度均有不同程度的上升(图 9-16)。

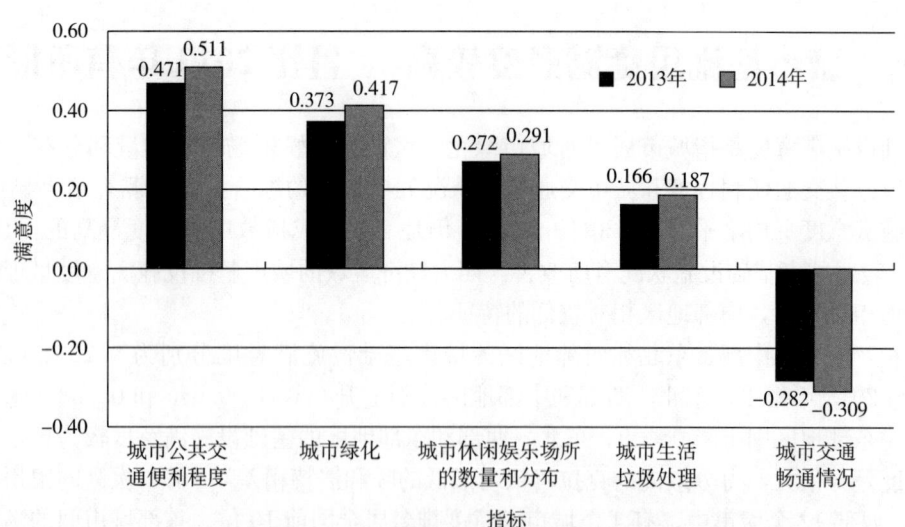

图 9-16 城市基础设施满意度构成指标得分

城市公共交通便利程度满意度为 0.511，比 2013 年上升 0.040。其中，62.1% 的受访居民认为城市的公共交通"方便"，比 2013 年增加 2.2 百分点；26.9% 认为"一般"，11.0% 认为"不方便"，分别减少 0.4 百分点和 1.8 百分点。分城市看，38 个城市的居民对所在城市的公共交通便利程度总体均表示满意(图 9-17)。与 2013 年相比，26 个城市的满意度提升，前 5 位按升幅高低依次是乌鲁木齐、昆明、成都、宁波和呼和浩特，乌鲁木齐升幅高达 0.321；12 个城市的满意度下降，后 5 位按降幅高低依次是贵阳、杭州、南宁、深圳和南京，贵阳降幅高达 0.219。

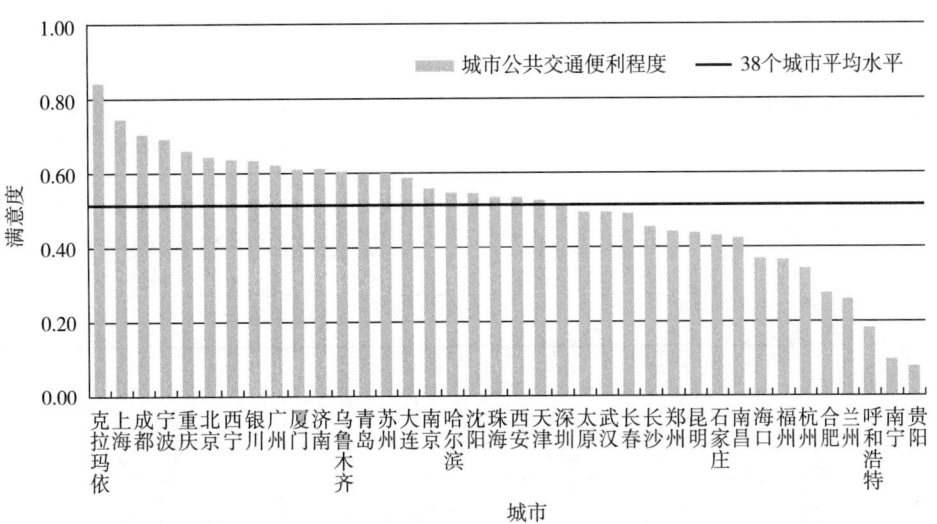

图 9-17　城市公共交通便利程度满意度

城市绿化满意度为 0.417，比 2013 年上升 0.044。其中，47.6% 的受访居民认为城市的绿化情况"好"，比 2013 年增加 3.2 百分点；46.5% 认为"一般"，减少 2.0 百分点；仅有 5.9% 认为"不好"，减少 1.2 百分点。分城市看，38 个城市的居民对所在城市的绿化情况总体仍均表示满意（图 9-18）。与 2013 年相比，27 个城市的绿化满意度上升，前 5 位按升幅高低依次是乌鲁木齐、哈尔滨、西宁、银川和兰州，五城市升幅在 0.18～0.25；11 个城市的绿化满意度下降，后 5 位按降幅高低依次是深圳、杭州、南京、成都和海口，五城市降幅在 0.10～0.20。

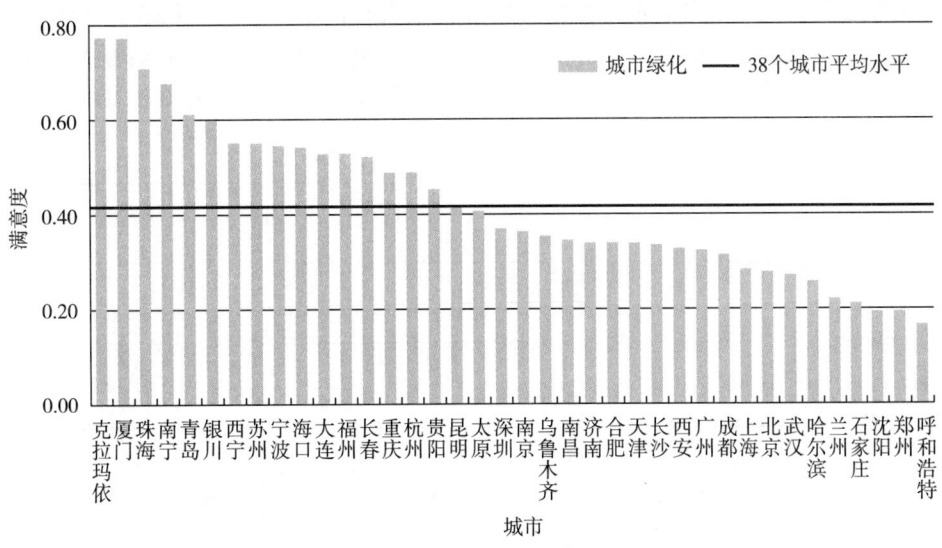

图 9-18　城市绿化满意度

城市休闲娱乐场所满意度为 0.291，比 2013 年上升 0.019。其中，43.2% 的受访居民对城市的公园、广场等公共休闲娱乐场所的数量和分布表示"满意"，比 2013 年增加 1.5 百分点；42.7% 认为"一般"，14.1% 表示"不满意"，分别减少 1.1 百分点和 0.4 百分点。少数表示不满意的居民中，高达 68.6% 认为公共休闲娱乐场所"数量少"，22.7% 认为"分布不合理"，8.7% 认为"数量少且分布不合理"、"缺乏管理或维护少"、"被租用或占用"和"噪声大"等。

分城市看，38 个城市的城市休闲娱乐场所满意度均大于 0（图 9-19），比 2013 年多了哈尔滨。与 2013 年相比，23 个城市的城市休闲娱乐场所满意度上升，前 5 位按升幅高低依次是克拉玛依、乌鲁木齐、哈尔滨、沈阳和珠海,五城市升幅均超过0.10,哈尔滨由此升入满意区间;15个城市的城市休闲娱乐场所满意度下降,后5位按降幅高低依次是杭州、深圳、海口、南京和成都,杭州和深圳降幅分别达到0.185和0.151。

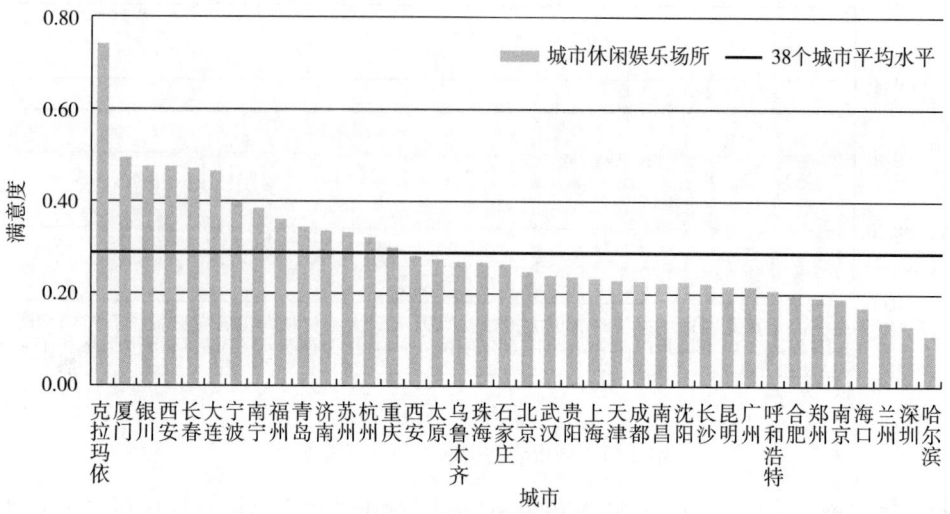

图9-19 城市休闲娱乐场所满意度

城市生活垃圾处理满意度为0.187,比2013年上升0.021。其中,38.8%的受访居民对城市的生活垃圾处理情况表示"满意",比2013年增加1.4百分点;41.1%认为"一般",20.1%表示"不满意",均减少0.7百分点。分城市看,33个城市的生活垃圾处理满意度大于0(图9-20),比2013年减少2个;5个城市的生活垃圾处理满意度小于0,多了海口、深圳和贵阳,少了哈尔滨。与2013年相比,19个城市的满意度上升,前5位按升幅高低依次是西宁、济南、长春、哈尔滨和南宁,哈尔滨升幅达0.199,由此升入满意区间;18个城市的满意度下降,后5位按降幅高低依次是杭州、深圳、贵阳、海口和成都,深圳、贵阳和海口降幅分别为0.170、0.152和0.146,由此落入不满意区间;苏州与2013年持平。

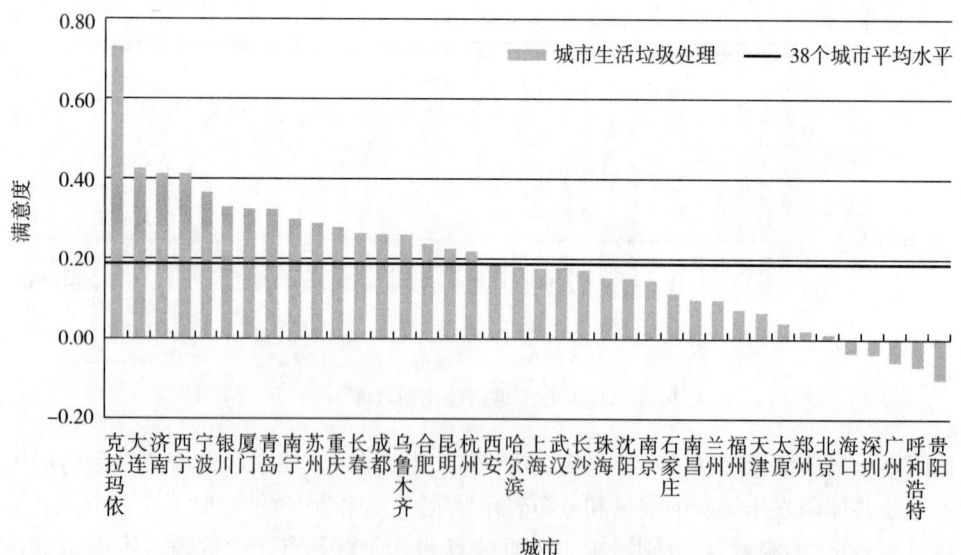

图9-20 城市生活垃圾处理满意度

五项指标中,城市交通畅通满意度仍然最低,为-0.309,且比2013年下降0.027,居民不满意程度加深。其中,仅有15.6%的受访居民认为城市的交通"畅通",比2013年减少1.5百分点;37.9%认为"一般",增加0.3百分点;高达46.5%的居民认为城市的交通"拥堵",且增加1.2百分点。分城市看，仅有3个城市的城市交通畅通满意度大于0(图9-21)，比2013年多了银川；多达35个城市的城市交通畅通满意度小于0。与2013年相比，15个城市的交通畅通满意度上升，前5位按升幅高低依次是乌鲁木齐、银川、合肥、西安和重庆，乌鲁木齐升幅高达0.383，银川升幅为0.162，后者由此升入满意区间；23个城市的交通畅通满意度下降，后5位按降幅高低依次是贵阳、南宁、福州、深圳和北京，贵阳降幅达0.269，由此满意度落至末位，北京降幅达0.195。

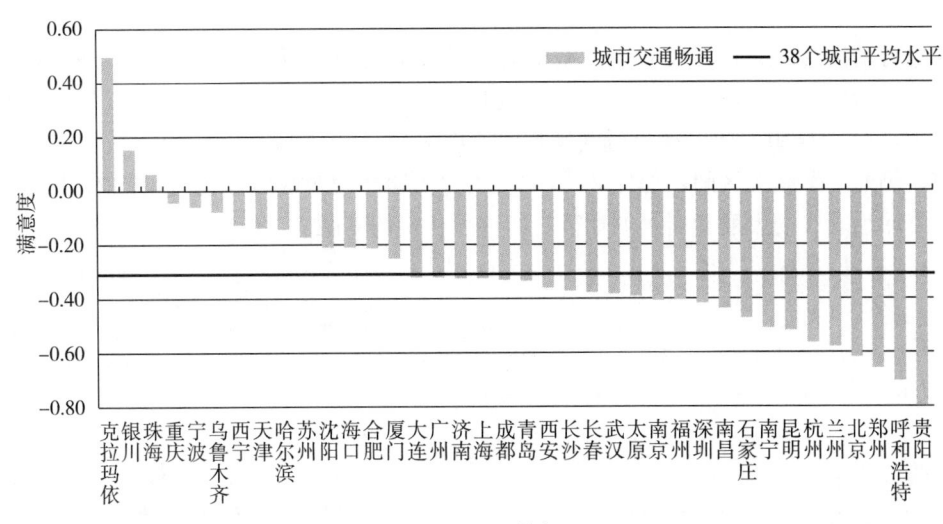

图9-21　城市交通畅通满意度

对于日常出行主要采用的交通方式，调查结果显示，超过半数(51.3%)的城市居民选择公共交通(公交或地铁)，其次是自驾(汽车或摩托车，23.7%)和自行车、电动车或步行(20.9%)，选择比重较低的是出租车(3.2%)和其他(0.9%)。与2013年相比，居民选择自驾的增加1.7百分点，选择自行车、电动车或步行的减少2.0百分点，由此自驾升为第二选择(图9-22)。

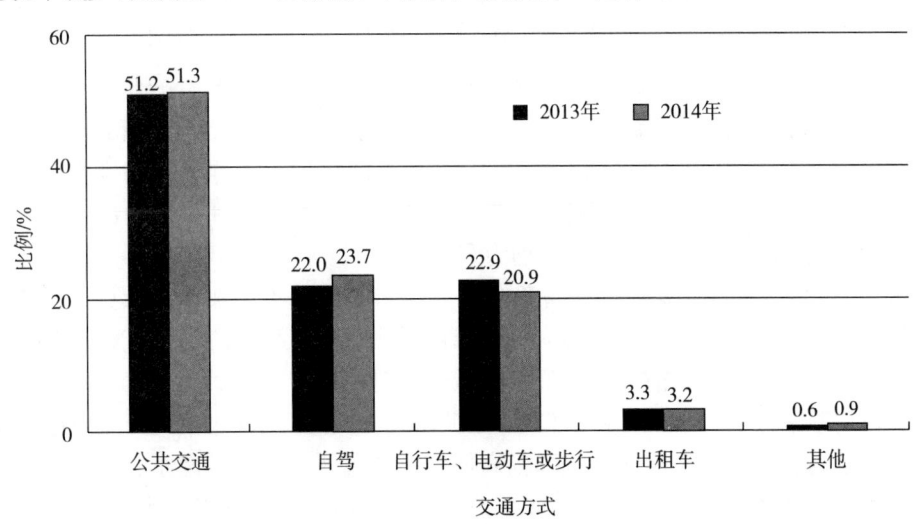

图9-22　日常出行的主要交通方式

分城市看，多数城市(33个)的居民日常出行的首选交通方式是公共交通，选择比重超过60%的城市有11个，依次是西宁、大连、广州、乌鲁木齐、北京、兰州、西安、哈尔滨、重庆、上海和武汉。苏州、杭州和呼和浩特的首选交通方式是自驾，选择比重超过30%；青岛、厦门、克拉玛依和长沙选择自驾的比重也超过30%。南宁、石家庄和郑州①的首选交通方式是自行车、电动车或步行，选择比重接近或超过40%；南昌、海口、济南、福州和杭州选择自行车、电动车或步行的比重也超过30%。

四、政府绿色行动满意度比2013年有所提升

政府绿色行动满意度是指居民对所在城市的垃圾分类设施配置、日常食品放心程度、环境投诉方式、企业排污治理成效、环境污染突发事件处理和政府环保工作重视程度六项指标的综合评价。调查结果显示，38个城市的政府绿色行动满意度平均水平为-0.055(图9-23)，是三项构成指数中满意度最低的，仍处于不满意区间，但比2013年上升0.013，表明政府绿色行动的效果有所显现，但政府支持城市绿色发展的力度和居民的期待之间存在一定的差距。

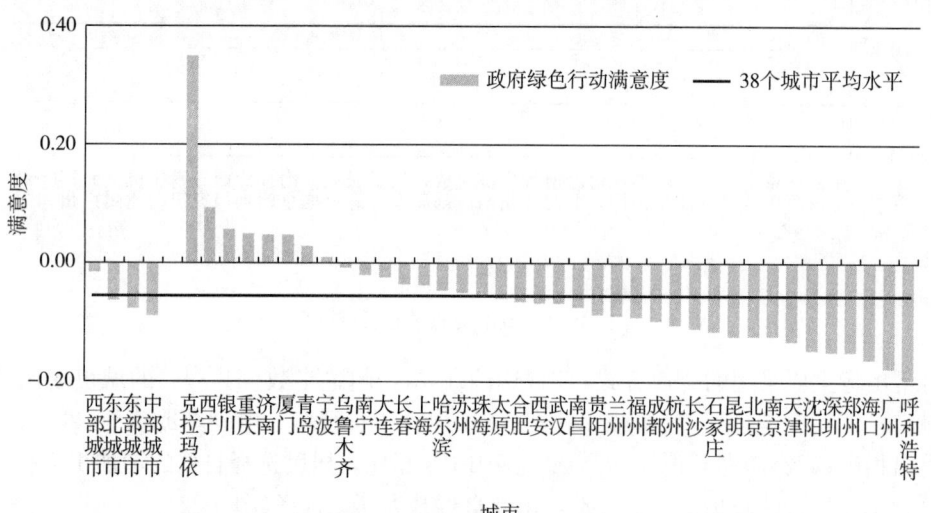

图9-23 政府绿色行动满意度

分地区看，东部、中部、西部和东北地区的城市政府绿色行动满意度分别为-0.076、-0.089、-0.014和-0.062，仍均处于不满意区间。与2013年相比，东北、中部和西部地区的满意度分别上升0.043、0.029和0.025，东部地区则下降0.013。西部地区的政府绿色行动满意度高于城市平均水平，满意度大于0的8个城市的前四位均为西部城市；东北、东部和中部地区的满意度低于城市平均水平，满意度大于0的8个城市后四位均为东部城市。

分城市看，8个城市的政府绿色行动满意度大于0，比2013年增加1个，克拉玛依的满意度为0.349，明显高于其余7个城市；30个城市的政府绿色行动满意度小于0。与2013年相比，25个城市的政府绿色行动满意度上升，前6位按升幅高低依次是济南、西安、乌鲁木齐、哈尔滨、西宁和银川；济南和银川升幅分别为0.109和0.070，宁波略升0.033，三城市由此升入满意区间。11个城市的政府绿色行动满意度下降，后5位按降幅高低依次是杭州、海口、南京、成都和苏州，杭州和苏州降幅分别为0.130和0.060，由此落入不满意区间。沈阳和合肥与2013年持平。

政府绿色行动的六项指标中，城市居民对政府环保工作重视程度仍最为满意，其次是对环境污染突发事件处理较为满意；居民总体不满意的依次是垃圾分类设施配置、企业排污治理成效、日常食品放心程度和环境投诉方式。与2013年相比，日常食品放心程度、政府环保工作重视程度、垃圾分类设施配置和企业排污治理成效的满意度有所上升，环境污染突发事件处理的满意度持平，环境

---

① 郑州的公共交通和自行车、电动车或步行的选择比重相等，两者同视为首选交通方式。

投诉方式的满意度则有所下降(图9-24)。

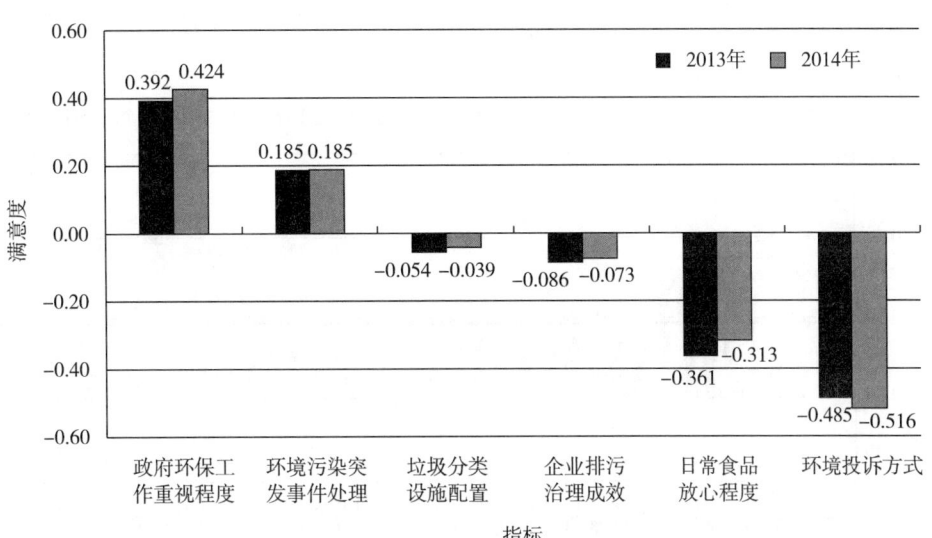

图9-24 政府绿色行动满意度构成指标得分

政府环保工作重视程度满意度为0.424，比2013年上升0.032。其中，51.8%的受访居民认为政府"重视"城市环保工作，比2013年增加2.5百分点；38.8%认为"一般"，减少1.9百分点；仅有9.4%认为"不重视"，减少0.6百分点。分城市看，38个城市的政府环保工作重视程度满意度仍均大于0(图9-25)。与2013年相比，29个城市的满意度上升，前5位按升幅高低依次是兰州、宁波、长春、济南和南宁，兰州的升幅高达0.204，其余4个城市升幅均超过0.10；9个城市的满意度下降，后5位按降幅高低依次是南京、苏州、杭州、海口和成都，5个城市降幅均超过0.10。

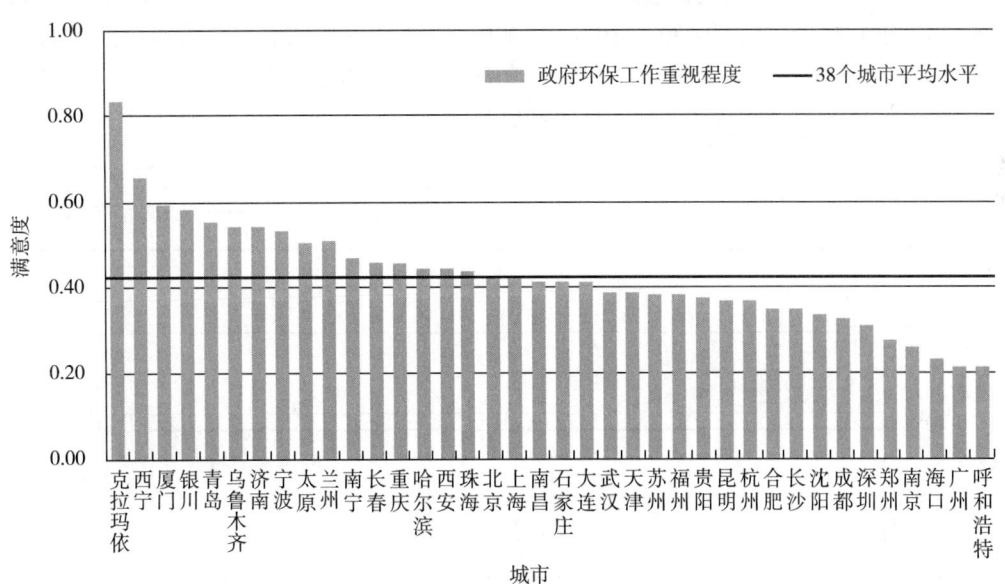

图9-25 政府环保工作重视程度满意度

环境污染突发事件处理满意度为0.185，得分与2013年持平。其中，33.8%的受访居民对政府处理环境污染突发事件的效果表示"满意"，比2013年略减0.1百分点；50.9%认为"一般"，略增0.2百分点；15.3%表示"不满意"，略减0.1百分点。分城市看，37个城市的环境污染突发事件处理满意度大于0(图9-26)，比2013年少了兰州。与2013年相比，23个城市的环境污染突发事件处理满意度上升，前6位按升幅高低依次是银川、西安、济南、长沙、郑州和西宁；15个城市的环境污染突发事件处理满意度下降,后5位按降幅高低依次是杭州、苏州、南京、兰州和海口,杭州降幅高达0.202,兰州降幅为0.125,后者由此成为唯一落入不满意区间的城市。

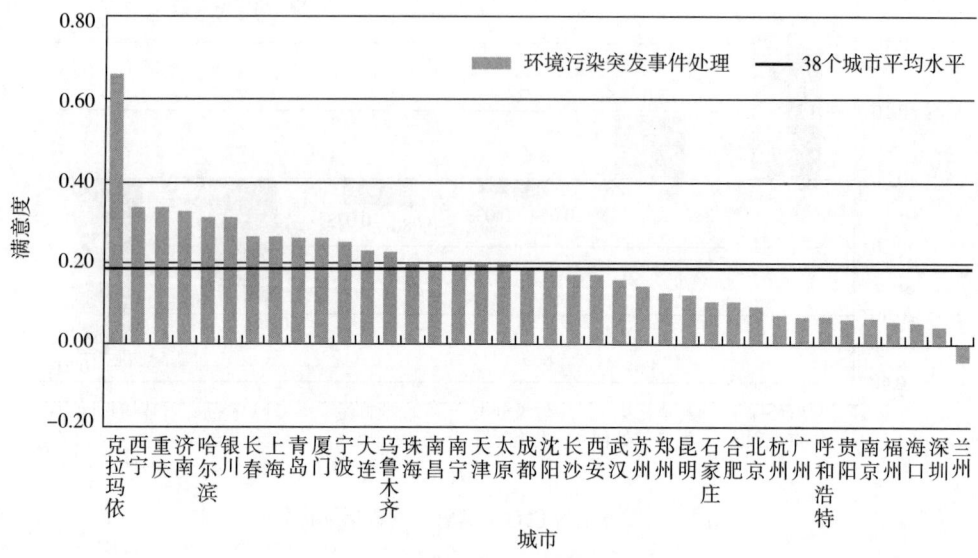

图9-26 环境污染突发事件处理满意度

垃圾分类设施配置满意度为−0.039,比2013年上升0.015。其中,25.9%的受访居民对城市垃圾分类设施的配置情况表示"满意",比2013年增加1.4百分点;44.3%认为"一般",29.8%表示"不满意",分别减少1.2百分点和0.2百分点。分城市看,仅有12个城市的垃圾分类设施配置满意度大于0,比2013年增加2个;多达26个城市的居民总体持不满意态度(图9-27)。与2013年相比,24个城市的满意度上升,前8位按升幅高低依次是济南、南宁、西宁、兰州、武汉、厦门、大连和合肥,济南和南宁升幅高达0.202和0.187,大连和合肥均上升0.089,四城市由此升入满意区间;13个城市的满意度下降,后5位按降幅高低依次是海口、杭州、成都、北京和昆明,降幅分别为0.224、0.184、0.160、0.108和0.064,杭州和成都由此跌出满意区间;石家庄与2013年持平。

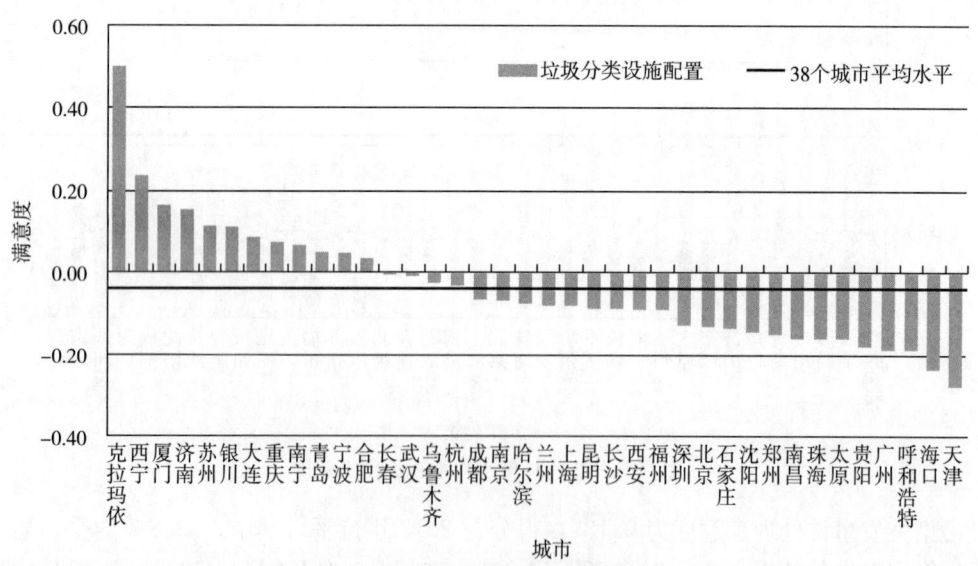

图9-27 垃圾分类设施配置满意度

企业排污治理成效满意度为−0.073,比2013年上升0.013。其中,仅有13.7%的受访居民认为城市的企业排污治理"成效很大",比2013年增加1.0百分点;65.2%认为"一般",21.1%认为"成效很小",分别减少0.8百分点和0.2百分点。分城市看,仅有6个城市的企业排污治理成效满意度大于0，比2013年增加3个，多了太原、乌鲁木齐、西宁和长春，少了厦门；32个城市的居民对企业排污治理成效总体不满意(图9-28)。与2013年相比，25个城市的满意度上升，前6位按升幅高低依次是乌鲁木齐、哈尔滨、南昌、西安、兰州和太原，乌鲁木齐和哈尔滨升幅达0.264和0.228，太原上升0.084；13个城市的满意度下降，后5位按降幅高低依次是杭州、南京、苏州、海口和成都，杭州降幅达0.185，其余四城市降幅在0.10左右。

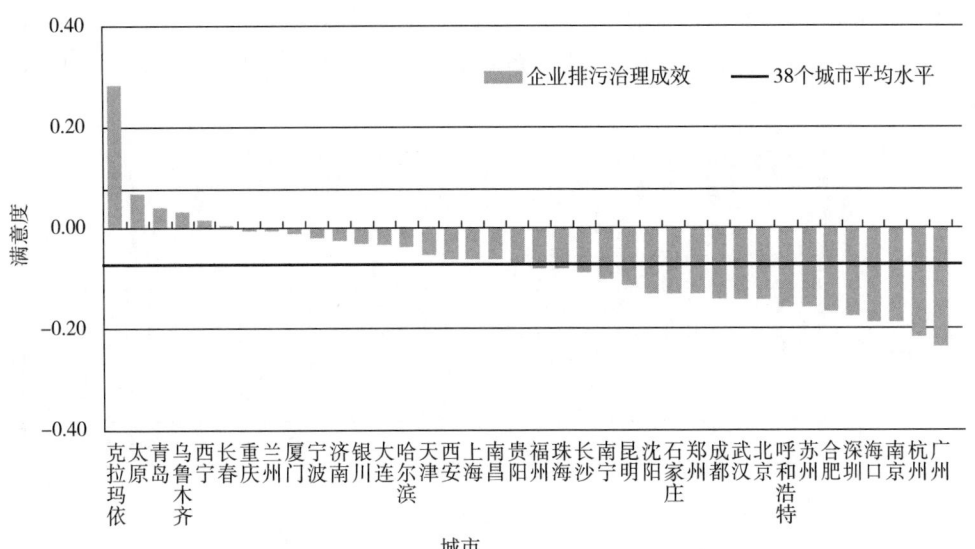

图9-28 企业排污治理成效满意度

日常食品放心程度满意度为-0.313，比2013年上升0.048。其中，仅有15.7%的受访居民对日常食品表示"放心"，比2013年增加1.2百分点；37.2%认为"一般"，增加2.4百分点；47.1%表示"不放心"，减少3.6百分点。分城市看，多达37个城市的居民对日常食品总体不放心，且不满意程度均较高；仍只有克拉玛依处于满意区间(图9-29)。不过，与2013年相比，29个城市的日常食品放心程度满意度上升，前5位按升幅高低依次是大连、济南、合肥、乌鲁木齐和上海，五城市升幅在0.12~0.18；9个城市的满意度下降，后5位按降幅高低依次是昆明、厦门、海口、成都和福州，仅有昆明降幅略高于0.10。

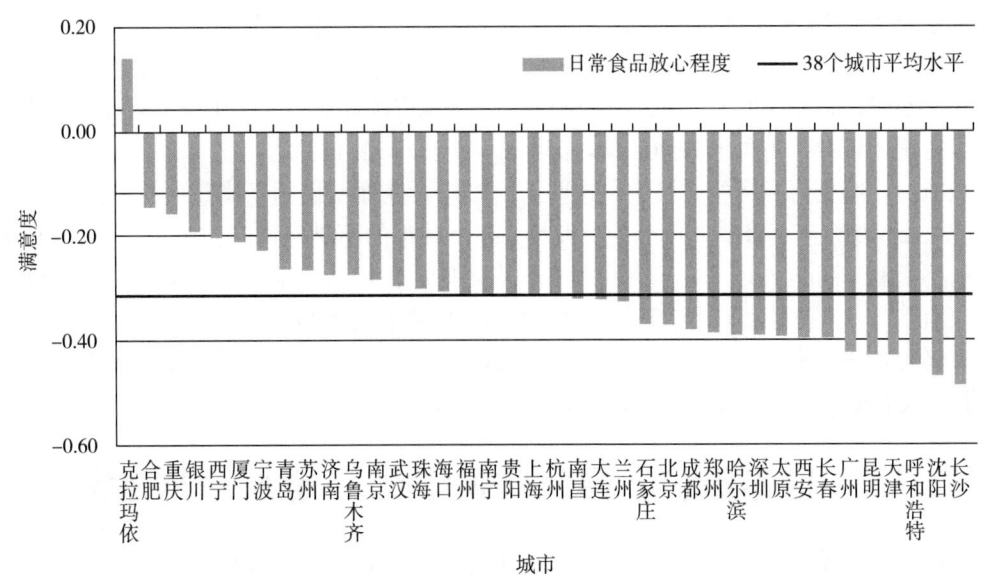

图9-29 日常食品放心程度满意度

六项指标中，环境投诉方式满意度最低，为-0.516，且比2013年下降0.031。其中，仅有9.4%的受访居民表示"完全了解"环境投诉方式（网站或电话等），比2013年略减0.1百分点；29.6%的居民表示"听过，但不记得了"，减少2.9百分点；高达61.0%的居民表示"完全不知道"，增加3.0百分点。分城市看，38个城市的居民对环境投诉方式总体均不满意，且不满意程度均很高（图9-30），表明政府与居民就环境问题的沟通渠道不畅，不利于政府绿色行动的精准发力。与2013年相比，12个城市的环境投诉方式满意度上升，前5位按升幅高低依次是西安、珠海、石家庄、济南和郑州；26个城市的环境投诉方式满意度下降，后5位按降幅高低依次是昆明、南京、厦门、宁波和杭州。

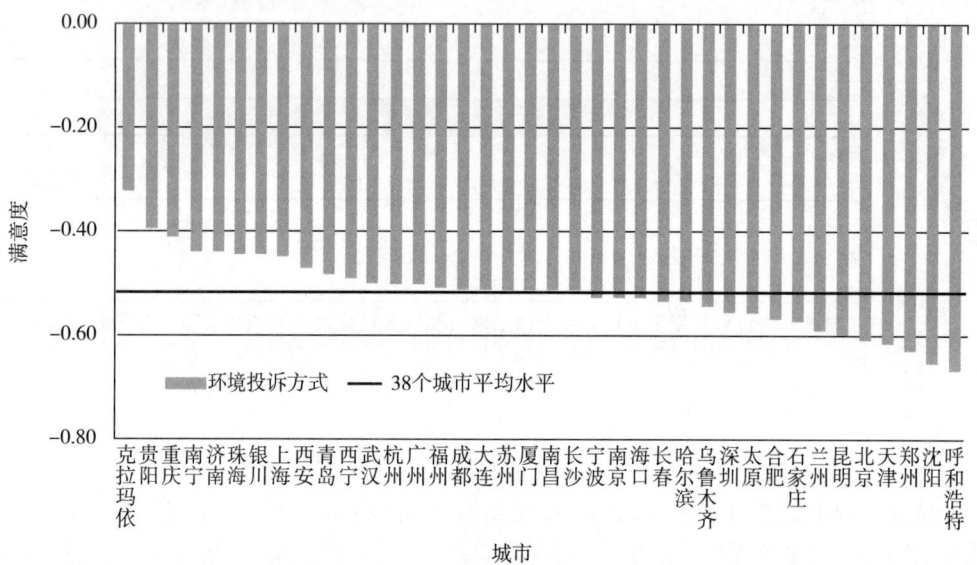

图9-30 环境投诉方式满意度

进一步调查显示，2014年38个城市的平均环境投诉率为12.8%，比2013年增加1.5百分点，投诉率总体较低，表明居民仍较缺乏环保的参与意识。分城市看，31个城市的环境投诉率超过10%，其中，12个城市达到或超过15%，从高到低依次是福州、重庆、珠海、石家庄、南宁、广州、南京、银川、厦门、海口、苏州和武汉，福州高达18.4%；7个城市的环境投诉率低于10%，从低到高依次是克拉玛依、西宁、合肥、乌鲁木齐、哈尔滨、长春和太原，克拉玛依仅有5.5%（图9-31）。与2013年相比，23个城市的环境投诉率上升，前5位按升幅高低依次是石家庄、重庆、天津、郑州和福州，石家庄升幅达10.0百分点；15个城市的环境投诉率下降，后5位按降幅高低依次是深圳、合肥、长春、乌鲁木齐和广州，深圳降幅达8.9百分点。

在少数有过环境投诉经历的居民中，这些居民对投诉处理结果的不满意率仍较高，38个城市平均为51.0%，比2013年下降0.8百分点。其中，5个城市的不满意率超过60%，比2013年减少3个，北京的不满意率高达72.5%；5个城市的不满意率低于40%，比2013年减少2个，克拉玛依的不满意率仅有21.1%（图9-32）。与2013年相比，17个城市的不满意率上升，前5位按升幅高低依次是长沙、乌鲁木齐、南京、苏州和北京，长沙升幅达26.1百分点；21个城市的不满意率下降，后5位按降幅高低依次是太原、合肥、郑州、上海和西宁，太原降幅达36.8百分点。

五、城市绿色发展公众满意度：数据映照现实

城市绿色发展公众满意度的变动，对应于城市环境的变化、基础设施的改造或政府绿色行动的力度。我们选取几个满意度变动特别剧烈的城市进行典型分析，表明调查数据客观地映照了城市绿

第九章 城市绿色发展公众满意度调查结果与分析

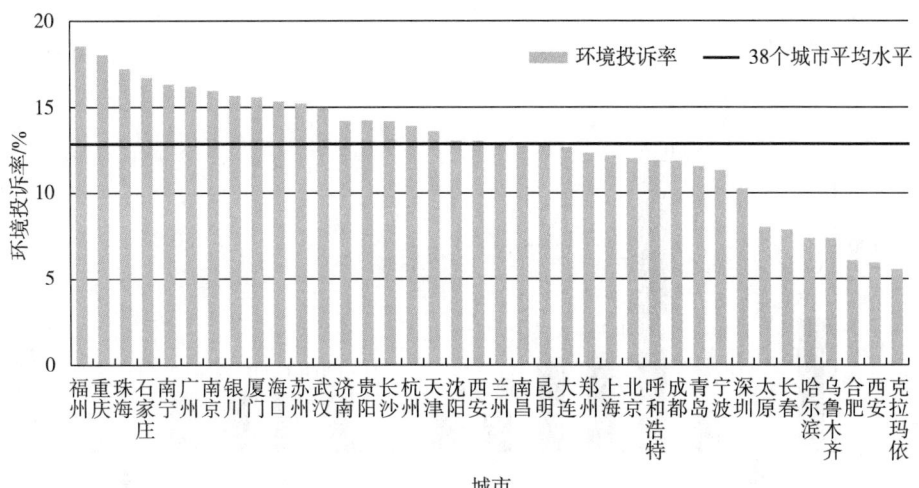

图 9-31 城市居民环境投诉率

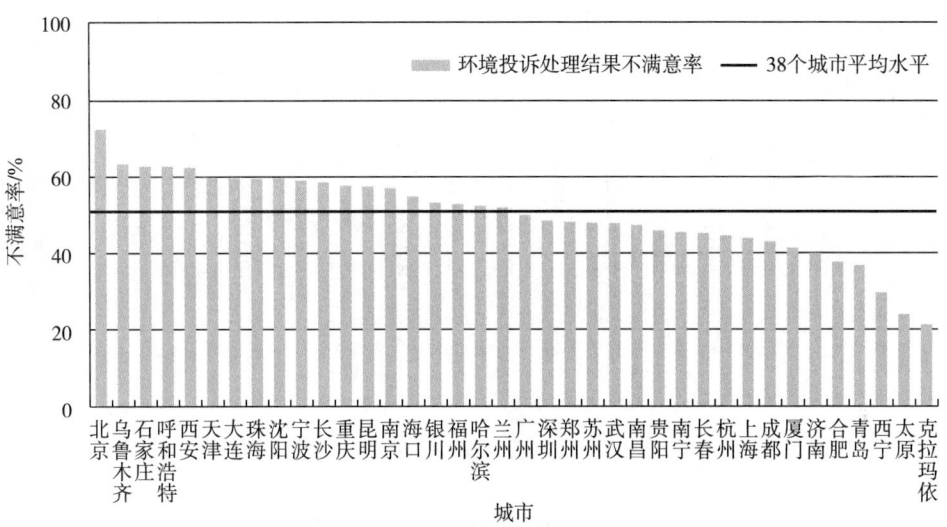

图 9-32 环境投诉处理结果不满意率

色发展变化的现实。

2014年，公众满意度升幅前三位的城市依次是乌鲁木齐、济南和兰州，分别上升 0.157、0.102 和 0.098。就具体指标来看，乌鲁木齐除环境投诉方式外，其余 15 项指标的满意度均为上升，多数指标满意度升幅较大，6 项指标的升幅居全国首位，分别是城市街道卫生、城市河流湖泊受污染程度、城市绿化、城市公共交通便利程度、城市交通畅通情况和企业排污治理成效。兰州市各项指标则分化严重，12 项指标的满意度上升，且均升幅较大，其中，城市空气质量、近三年城市环境变化和政府环保工作重视程度的升幅全国居首；4 项指标的满意度下降，城市公共交通便利程度和环境投诉方式的降幅较小，环境污染突发事件处理和城市饮用水的降幅较大，其中，城市饮用水的降幅全国居首。济南 16 项指标的满意度均为上升，城市街道卫生、城市生活垃圾处理、垃圾分类设施配置和日常食品放心程度等升幅较大，其中，垃圾分类设施配置的升幅全国居首。

现实中我们看到，乌鲁木齐落实各项创园标准，经过三年努力，成功于 2014 年年初创建国家园林城市；2013 年年初，乌鲁木齐还确定了 2014 年创建国家卫生城市和全国文明城市提名资格城市。2013 年以来，兰州围绕创建全国空气质量达标城市，采取各项空气污染防治措施，取得了明显成效。不过，2014 年 4 月兰州发生自来水苯超标事件，引发当地居民对饮用水质量的担忧，并降低了对政府环境污染突发事件处理能力的信心（图 9-33）。2013 年年初，济南提出"五城联创"概念，统筹推进生态城市、水生态文明城市、生态园林城市、森林城市及环保模范城市创建，此后采取了各项环境治理措施；值得一提的是，2013年济南把四色垃圾分类试点从历下区扩展到市内五区，逐渐为当地居民所接受。

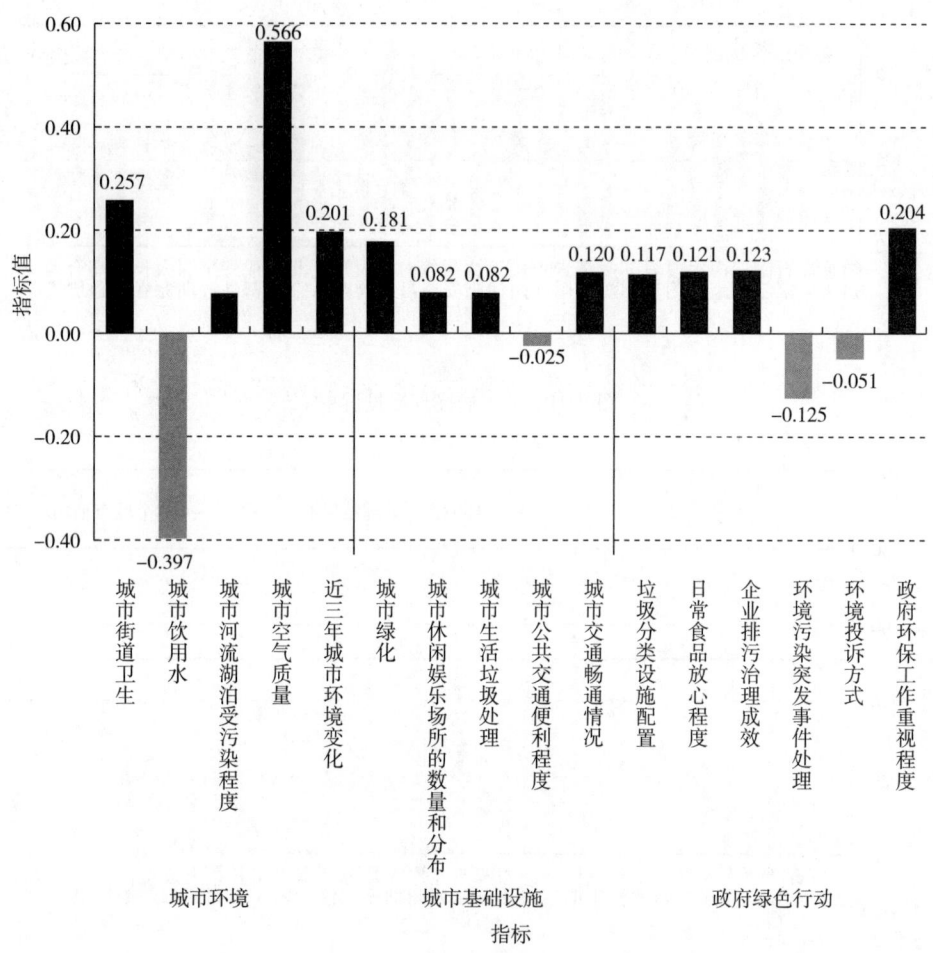

图9-33 兰州市绿色发展公众满意度各指标得分变化

2014年，公众满意度降幅前三位的城市依次是杭州、海口和深圳，分别下降0.193、0.109和0.101。其中，杭州除日常食品放心程度基本持平外，其余15项指标的满意度均降幅很大，7项指标的降幅全国居首。海口16项指标的满意度均下降，绝大多数指标的降幅较大，垃圾分类设施配置的降幅全国居首。深圳除日常食品放心程度和企业排污治理成效有所上升外，其余14项指标的满意度均下降，多数指标的降幅较大，城市街道卫生和城市绿化的降幅全国居首。

现实地说，3个沿海城市绿色发展水平很高或较高，公众满意度大幅下降出乎意料。在中国经济向消费和服务转型的背景下，杭州和海口作为旅游城市，游客的持续过量涌入，或会给本地经济绿色发展造成压力；同时，较高的绿色发展水平下，负面环境事件的冲击会造成本地居民全面、过度反应。深圳作为特大型城市，城市规模集聚的负面效应或在显现，尤其是人口集聚正在给经济绿色发展造成压力。

六、城市绿色发展公众满意度与城市绿色发展指数测评结果对比分析

城市绿色发展指数与城市绿色发展公众满意度，源于两套不同的测评指标体系。城市绿色发

指数的测评指标以客观的统计数据为基础，数据口径多数针对全市范围、少数为市辖区范围；不过，意向数据的可获得性较差，且数据存在一定时滞，如2014年指数主要采用2012年统计数据。公众满意度是居民对城市绿色发展主观感受的综合反映，调查具有及时性的特点，调查对象目前基本为市辖区居民，调查内容也更具有针对性和灵活性；不过，调查结果会反映短期事件的冲击，部分数据的波动性相对偏大。实际上，两套测评方法分别从不同角度展示绿色发展的内涵，具有相互补充的关系。对比两种测评结果，有助于理解发展的短长期影响、域内外影响，进而更全面地理解发展的实质。

从2014年38个重点城市绿色发展指数测评结果[①]与城市绿色发展公众满意度调查结果来看（图9-34），两种测评结果仍然存在一定差异，与2013年相比，部分城市发生较大位移。我们以城市公众满意度排名为横轴、以城市绿色发展指数排名为纵轴将各城市分为以下四组，从左下象限顺时针至右下象限依次是：第Ⅰ组城市的公众满意度高、绿色发展指数高；第Ⅱ组城市的公众满意度高、绿色发展指数低；第Ⅲ组城市的公众满意度低、绿色发展指数低；第Ⅳ组城市的公众满意度低、绿色发展指数高。从图9-34中可以清楚地看到每个城市两项排名的差异，落在对角线上表示城市两项指数排名相同，离对角线越近的城市两项指数排名越接近，反之则相差越大。

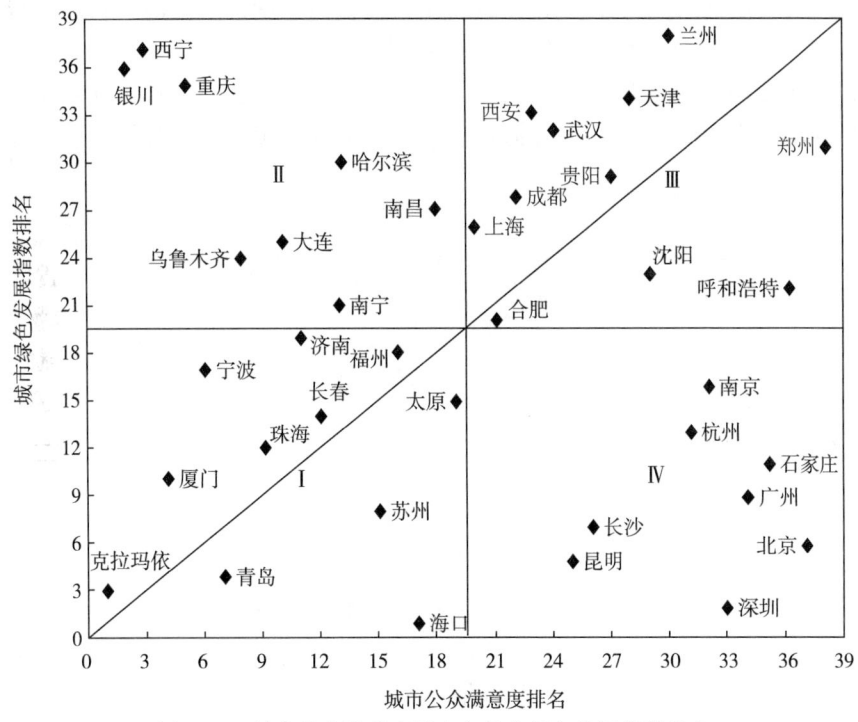

图9-34　城市公众满意度排名与城市绿色发展指数排名

第Ⅰ组公众满意度高、绿色发展指数也高的城市有11个，与2013年相比，增加了济南、长春和太原，但少了深圳和杭州。这些城市中，两项指数排名差异较小的分别是克拉玛依、青岛、厦门、珠海、长春、太原和福州，表明它们长期绿色发展与短期绿色维护取得一致。差异较大的是济南和宁波，济南的公众满意度升幅较大，两城市在当前较高满意度的基础上也应注重培育长期绿色发展能力。差异最大的是海口，因公众满意度大幅下降所致，海口在保有绿色发展能力的同时，也不能放松短期绿色维护。

第Ⅱ组公众满意度高、绿色发展指数低的城市有8个，比2013年多了乌鲁木齐、哈尔滨和南昌，少了贵阳、南京、成都和合肥。这些城市中，两项指数排名差异最大的是西宁、银川和重庆。

---

① 2014年我们测评100个城市的绿色发展指数，这里把开展了公众满意度调查的38个城市提取出来单独排序，再与公众满意度的排序结果作对比分析。

西宁和银川位置相对稳定，两城市资源环境承载潜力差、经济增长绿化度也较低，在承接产业转移中应避免过度开发，保持居民的绿色发展认同；重庆的绿色发展指数回落较大，在保持市辖区高满意度的同时，应注意减轻周边区县工业产业集聚的负面影响。乌鲁木齐、哈尔滨和南昌从第Ⅲ象限位移而来，尤其是乌鲁木齐两项指数排名均有大幅提升，发展与维护并重的模式值得借鉴。

第Ⅲ组公众满意度低、绿色发展指数低的城市有 11 个，增加了合肥、成都、贵阳、沈阳和呼和浩特，少了太原、南昌、哈尔滨和乌鲁木齐。在本象限中，西安、上海、武汉和兰州均向左位移较大，西安位移幅度最大，表明绿色发展能力需渐进增强，而采取措施短期内提高居民的绿色发展满意度是可行和必要的。成都和贵阳向右位移较大，进入本象限，意味着城市的改造过程可能会降低公众满意度。沈阳和呼和浩特上移至本象限，意味着当地政府有必要采取更多绿色行动，提高政策支持绿色发展的力度。

第Ⅳ组公众满意度低、绿色发展指数高的城市有 8 个，增加了杭州、深圳和南京，但少了济南、长春、沈阳和呼和浩特。本象限中，北京、广州、石家庄、昆明和长沙的位置相对稳定，表明这些城市的长期绿色发展能力尚未转变为居民的绿色发展认同。杭州和深圳的右移表明，即便长期绿色发展能力很强，但负面因素的累积以至爆发也会重挫公众满意度。南京的位移较为特别，或许是绿色发展能力的提升主要发生在市辖区以外而非市辖区以内。

我们可从两项指数排名的象限位置及其变化一窥城市绿色发展的模式选择或路径依赖。实现绿色发展水平和公众满意度的最终提高并无固定模式，各个城市应依据自身特点选择合宜的绿色发展路径。

第十章

城市绿色发展公众满意度调查方案及组织实施情况[①]

一、关于公众满意度调查问卷的说明

2014年城市绿色发展公众满意度调查仍然主要了解居民对城市环境、城市基础设施和政府绿色行动的各项评价。其中，城市环境评价包括城市街道卫生、城市饮用水、城市河流湖泊受污染程度、城市空气质量和近三年城市环境变化五项指标；城市基础设施评价包括城市绿化、城市休闲娱乐场所的数量和分布、城市生活垃圾处理、城市公共交通便利程度和城市交通畅通情况五项指标；政府绿色行动评价包括垃圾分类设施配置、日常食品放心程度、企业排污治理成效、环境污染突发事件处理、环境投诉方式和政府环保工作重视程度六项指标（详见调查问卷）。这三部分的问题与2013年完全对应和一致。另外，在2014年的调查问卷中，我们将"受访者基本信息"问题置于各项评价问题之后，进一步提高了访问成功率。

二、抽样及调查方法说明

此次调查采用电话调查方式即利用计算机辅助电话调查（computer assisted telephone interviewing，CATI）[②]系统进行调查，采用电话号码随机抽样方法抽取调查对象。调查对象为城市年满18周岁且在该城市居住满半年及以上的城区居民。调查范围仍为全国38个重点城市，其中，东部地区有16个城市，分别是北京、天津、石家庄、上海、南京、苏州、杭州、宁波、福州、厦门、济南、青岛、广州、深圳、珠海和海口；中部地区有6个城市，分别是太原、合肥、南昌、郑州、武汉和长沙；西部地区有12个城市，分别是呼和浩特、南宁、重庆、成都、贵阳、昆明、西安、兰州、西宁、银川、乌鲁木齐和克拉玛依；东北地区有4个城市，分别是沈阳、大连、长春和哈尔滨。调查设计样本量为每个直辖市1 000个，其他城市均为700个，共计27 800个样本。

三、调查样本情况说明

调查结果显示，本次调查实际共完成有效样本量为27 897个，各城市样本量均达到或略超过设计值。调查样本的构成如下：分居住年限看，近九成（88.9%）受访者在本城市居住超过三年，居住

[①] 国家统计局中国经济景气监测中心的刘岩、谭小燕和贾德刚参与了调查组织实施工作，刘岩还负责了数据处理等工作。
[②] CATI系统是计算机辅助电话调查系统的简称。CATI系统作为一种先进的计算机辅助调查工具，已经被广泛应用于众多研究工作中。CATI系统通常的工作形式如下：访问员坐在计算机前，面对屏幕上的问卷，向电话对面的受访者读出问题，并将受访者回答的结果通过鼠标或键盘记录到计算机中去；督导在另一台计算机前借助局域网和电话交换机的辅助对整个访问工作进行现场监控。通过该系统，调查者可以用更短的时间、更少的费用，得到更加优质的访问数据，导出的数据能够被各种统计软件直接使用。

一至三年和半年至一年的分别占7.6%和3.5%(图10-1)。分年龄看,受访者年龄多在18～40岁,占55.4%;41～60岁和61岁及以上的分别占25.5%和19.1%。分性别看,受访者中女性略多于男性,男性和女性分别占44.6%和55.4%。分教育程度看,近六成(59.6%)受访者的教育程度为大专及以上学历,高中、中专学历占24.7%,初中及以下占15.7%。分收入水平看,受访者家庭的平均月收入①在3 000～7 000元的占43.9%,3 000元以下的占19.3%,7 000～12 000元的占17.7%,12 000元以上的占13.2%,仅有5.9%拒绝回答收入问题。调查样本分布合理,对不同地区和群体的城市居民有较好的代表性。

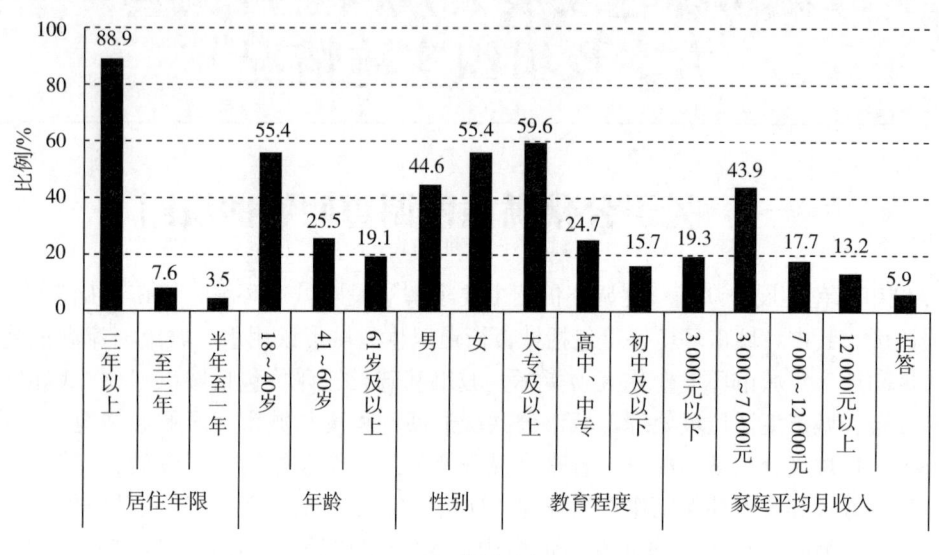

图10-1 调查样本结构

四、关于公众满意度测算方法的说明

2014年公众满意度的测算方法与2013年保持一致,参与计算的指标也完全对应和一致。具体方法如下。

第一,测算问卷中每个问题的得分:对于问卷答案分三级的问题,从"好(干净、满意)"到"不好(不干净、不满意)"分别赋值为1、0、-1。每个问题得分的计算方法如下:令 $X_1=1$,$X_2=0$,$X_3=-1$,则每个问题的得分 Q_j 计算公式为

$$Q_j=(N_1 \cdot X_1+N_2 \cdot X_2+N_3 \cdot X_3)/N$$

其中,N_i 为选择 X_i 的人数;N 为答题总人数;X_i 为各选项的赋值。

对于问卷答案分三级以上的问题,不计入满意度测算,如Q5、Q12等,仅作为深入分析研究的参考指标。

第二,问卷调查中城市环境满意度、城市基础设施满意度及政府绿色行动满意度这三大部分的评分方法如下:城市环境、城市基础设施和政府绿色行动的满意度,分别等于问卷相应部分的问题得分的算术平均数,即

城市环境满意度=(Q1+Q2+Q3+Q4+Q6)/5
城市基础设施满意度=(Q7+Q8+Q9+Q10+Q11)/5
政府绿色行动满意度=(Q13+Q14+Q15+Q16+Q17+Q18)/6

---

① 包括所有家庭成员的薪水和其他收入。

第三，城市绿色发展综合满意度等于以上三项构成指数满意度的算术平均数，其得分在-1至1之间，0为临界值。得分为正表示"满意"，越趋近于1表示满意程度越高；反之表示"不满意"，越趋近于-1表示满意程度越低。

五、关于调查的组织与实施

本次调查由国家统计局中国经济景气监测中心统一组织，分别由其下属的社情民意调查处，以及河北、河南的统计机构和重庆立信市场研究有限公司负责具体实施。中国经济景气监测中心在组织全国性专项调查方面具有显著的优势和丰富的实践经验，特别是在全国30个省级统计机构建立了电话访问中心，形成了覆盖全国的电话调查网络系统。多年来，其承担了大量来自党政机关、有关部委的委托调查项目，在调查组织实施中，坚持科学制订调查方案，规范组织实施流程，严格控制调查质量，确保调查数据的准确和客观，得到了委托单位的广泛好评。

此次调查中，中国经济景气监测中心制订了详细的调查执行方案，严格规定了执行单位进行访问员培训、问卷调查、问卷复核、数据上报和质量检查的标准。为保证调查数据的质量，执行过程中特别加强了对访问员培训及调查录音的核查。调查完成后，执行机构在提交调查数据的同时还提交了每份调查样本的录音，使每个调查结果都可追溯、可核查。为保证调查的客观和公正，其将38个城市的调查任务分配给4个调查机构，并采取回避的原则：一是调查机构仅知道其负责调查的城市及样本量，并不了解其他城市由谁来执行；二是调查机构不负责其所在城市的调查任务，北京市的调查任务由河北完成，石家庄、郑州和重庆的调查任务由中国经济景气监测中心社情民意调查处完成等，保证了调查的独立性和权威性。

六、城市绿色发展公众满意度调查问卷

2014年城市绿色发展公众满意度调查问卷

甄别信息

A1 请问您的年龄是？
　　①18岁以下（停止访问，其他选项继续）　　②18～40岁
　　③41～60岁　　　　　　　　　　　　　　　④61岁及以上

A2 请问您的居住地是城市吗？
　　①是（继续访问）　　　　　　　　　　　　②否（停止访问）

A3 请问您在所在城市的居住年限是？
　　①半年以下（停止访问，其他选项继续）　　②半年至一年
　　③一至三年　　　　　　　　　　　　　　　④三年以上

第一部分：城市环境评价

Q1 您感觉城市街道卫生环境怎么样？
　　①干净　　　②一般　　　③不干净

Q2 您对您所在城市饮用水质量是否满意？
　　①满意　　　②一般　　　③不满意

Q3 您认为您所在城市的河流、湖泊受污染的程度是？
　　①没有污染　②有点污染　③严重污染　④不清楚或不关注

Q4 您认为您所在城市的空气质量怎么样？
　　①好　　　　②一般　　　③不好

Q5 您所在城市下列哪些方面的污染最严重(最多选三项)?
　　①机动车尾气　　②饮食业油烟污染　③工厂排污　　④生活垃圾
　　⑤农业污染　　　⑥电磁辐射污染　　⑦塑料袋或塑料餐盒污染
　　⑧噪声污染(交通噪声、建筑施工、娱乐场所噪声等)

Q6 您认为近三年城市环境有什么变化?
　　①变好了　　　　②没变化　　　　③变差了

第二部分：城市基础设施评价

Q7 您所在城市的绿化情况怎么样?
　　①好　　　　　　②一般　　　　　③不好

Q8 您对城市公园、广场等公共休闲娱乐场所的数量和分布是否满意?
　　①满意　　　　　②一般　　　　　③不满意
　　Q8.1 不满意的最主要原因是?
　　　　①数量太少　②分布不合理　　③其他，请注明_____

Q9 您对您周边的生活垃圾处理情况是否满意?
　　①满意　　　　　②一般　　　　　③不满意

Q10 您认为所在城市的公共交通便利程度如何?
　　①方便　　　　　②一般　　　　　③不方便

Q11 您所在城市的交通畅通情况如何?
　　①畅通　　　　　②一般　　　　　③拥堵

Q12 您日常出行主要采用的交通方式是?
　　①自驾(汽车或摩托车)　　②公共交通(公交或地铁)　　③出租车
　　④自行车、电动车或步行　　⑤其他

第三部分：政府绿色行动评价

Q13 您对所在城市的垃圾分类设施的配置情况是否满意?
　　①满意　　　　　②一般　　　　　③不满意

Q14 您对日常所食用的食品是否放心?
　　①放心　　　　　②一般　　　　　③不放心

Q15 您认为所在城市企业排污治理的成效怎么样?
　　①成效很大　　②一般　　　　③成效很小　　④不清楚或不关注

Q16 您对所在城市环境污染突发事件处理效果是否满意?
　　①满意　　　　②一般　　　　③不满意　　　④不清楚或不关注

Q17 您是否了解环境投诉方式(网站或电话等)?
　　①完全了解　　②听过，但不记得了　　③完全不知道(跳问Q18)
　　Q17.1 您是否进行过环境投诉?
　　　　①是　　　　②否(跳问Q18)
　　Q17.2 您对投诉处理结果是否满意?
　　　　①满意　　　　②一般　　　　③不满意

Q18 您觉得所在城市政府是否重视城市环保工作?
　　①重视　　　　　②一般　　　　　③不重视

第四部分：总体判断

Q19 总体而言，您对居住在这个城市是否满意?
　　①满意　　　　　②一般　　　　　③不满意

受访者基本信息

城市(访问员填写,无须询问受访者):_____

A4　受访者性别(访问员填写,无须询问受访者):
　　①男　　②女

A5　请问您的教育程度是?
　　①大专及以上　　②高中、中专　　③初中及以下

A6　请问您家庭的平均月收入是(包括所有家庭成员的薪水和其他收入)?
　　①3 000元以下　②3 000~7 000元　③7 000~12 000元　④12 000元以上
　　⑤拒答

第四篇

绿色发展调研考察与借鉴

为了更加准确地把握全球绿色发展研究动态，评判中国绿色发展现状，促进中国绿色发展，本篇编排了 UNEP 和 UNIDO 在促进绿色发展方面的举措与经验介绍、30 个省份的工业节能减排效率的研究报告和 285 个城市的产业集聚与绿色发展的分析报告，还有北京师范大学经济与资源管理研究院老师对北京农村绿色发展的调研报告，分别形成了本篇的五章内容。

第十一章

联合国工业发展组织在全球范围推进绿色工业

当今世界所面临的一个关键性挑战，是将经济增长从自然资源和能源消耗的增加及不断恶化的环境污染中脱钩出来。发展中国家和转型经济国家需要扩大工业部门，以降低贫困、提供商品和服务、创造就业机会、提高生活水平。然而，许多国家都面临着严重的环境恶化和资源枯竭的问题，经济的可持续增长受到威胁。为此，迫切需要通过工业可持续发展来提高健康水平、收入水平和生活质量，同时减少资源使用、污染、废物排放及对自然的影响。作为协调全球工业部门的联合国授权机构，UNIDO认识到了这些挑战，提出绿色工业倡议，并在全球范围内推进绿色工业来作为应对措施。本章将介绍UNIDO绿色工业倡议及其内涵，对促进绿色工业的政策框架进行分析，并从资源高效与清洁生产方面来探讨UNIDO推进绿色工业的实践。

一、UNIDO绿色工业倡议是促进全球可持续发展的重要举措

2009年9月，UNIDO与其他联合国机构合作，在菲律宾马尼拉召开的第一届绿色工业大会上，首次提出绿色工业倡议。UNIDO绿色工业倡议希望通过一个双管齐下的战略框架，使发展中国家和转型经济国家的资源使用和污染从工业发展以及促进生产力和企业创新的发展中脱钩出来，通过进行绿色公共投资和实施公共政策鼓励对环境有利的私人投资等，让经济遵循一个更加可持续的增长路径发展。

首先，UNIDO绿色工业倡议是指现有工业的绿色化，即全部现有工业不断提高资源生产率和环境绩效，确保所有工业，无论其所属部门、规模或地域如何，都能够持续地提高其资源和环境绩效。这包括通过更有效地使用原材料、能源与水资源等来减少产品和工艺对环境的影响，减少垃圾与污染物的排放，淘汰有毒物质，以可再生能源替代化石燃料，进行安全及负责任的化学品管理，保证职业健康与安全，增加生产者责任及降低整体环境风险等。工业的绿色化已成为全球、区域和国家层面经济竞争力和可持续增长的一个核心因素。

其次，UNIDO绿色工业倡议旨在创建新兴绿色产业，即激励开发和创建提供环保商品和服务的行业和新机构。绿色工业是一个不断成长的、多样化的行业部门，涵盖多种类型的服务和技术，这些服务和技术旨在减少资源消耗和负面环境影响，或者解决已造成的各种形式的污染，发展材料回收再利用公司、废物管理和处置公司及废弃物运输公司等，以及专门从事污水处理、空气污染控制和废物处理设备的工程公司等。该行业还包括环境和能源方面的咨询及综合解决方案的提供，其核心部分是提供相关监控、测度和分析的机构，如提供节能项目、能源保护、能源基础设施外包、发电、能源供应和风险管理等方面的设计与实施的能源服务公司。绿色工业还包括制造和安装可再生能源设备的公司，以及开发和生产清洁技术的公司。

UNIDO提出的绿色工业倡议，将可持续的工业发展置于新的全球可持续发展框架中，向国际社会、各国政府和私营部门提供一个平台，促进工业在实现可持续发展中发挥积极作用。这种双管齐

下的绿色工业框架能够促成可持续的生产和消费模式,即资源和能源高效、低碳低废、安全无污染且有责任地管理整个产品生命周期的一种经济模式。绿色工业倡议是在全球可持续发展的背景和框架下提出的,属于微观层面的解决方案,是一种部门战略,即通过制造业和相关部门来支撑可持续发展下的宏观政策和战略衡量层面,如绿色经济、绿色增长、绿色就业等的实现。

基于绿色工业倡议,2011年11月,UNIDO在日本东京召开的第二届绿色工业大会上正式提出启动全球高层多方利益相关者伙伴关系的倡议,即"绿色工业平台倡议"。2012年6月16日,UNIDO和UNEP在联合国可持续发展会议("里约+20"峰会)上正式启动绿色工业平台(Green Industry Platform,GIP)。绿色工业平台是一个全球性、高层次、多方利益相关者的行动合作伙伴关系,在全世界倡导和动员绿色工业行动。它鼓励相关国家政府机构、政府间机构、跨国组织、中小企业、清洁技术商会、学术机构、研究及创新机构和其他对绿色工业政策和技术有兴趣或专长的民间团体,其成员通过签署绿色工业平台"支持声明",开展具体承诺和相关行动支持绿色工业议程。在绿色工业平台的构架下,签约单位将绿色工业政策和实践路线图融入组织战略和商业计划中,分享最优的商业实践经验,推动绿色科技的研究、创新和应用,在制造和服务过程中有效使用能源和原材料,减少污染及对不可持续的自然资源使用的依赖,支持更清洁和更有竞争力的工业发展。2013年11月,在中国广州召开的UNIDO第三届绿色工业大会重申了绿色工业在应对可持续发展挑战中日益增长的重要性,强调了绿色工业平台在对绿色工业相关核心问题采取协调一致行动,以及促进伙伴关系和合作中的重要性。

二、UNIDO促进绿色工业的政策框架

发展绿色工业的目的是通过有效利用资源能源、创新清洁生产实践和应用新型绿色技术等,将社会和环境因素纳入所有国家和地区企业运营的重要议程。绿色工业强调,在经济增长和收入提高从过度的资源使用和污染中脱钩的过程中,工业可以发挥巨大潜力,如将任何一种形式的废物排放都降至最低,利用可再生资源作为投入材料和燃料,并采取一切可能的预防措施避免对工人、社区、气候或环境造成伤害。

绿色工业政策所涵盖的政策工具范围广泛,可以通过不断发展的各种创新性政策来提升工业的经济、环境和社会绩效。本部分主要探讨UNIDO倡导的关于工业绿色化的政策框架,关注其中相互联系的三个方面,即构建促进工业绿色化的一体化政策框架、创建绿色工业发展的有利环境,以及以工业部门主导的行动和措施为实施着眼点。

1. 构建促进工业绿色化的一体化政策框架

工业绿色化植根于可持续发展,是涉及环境、经济和社会因素间复杂的相互作用的跨部门实践。应对可持续发展的挑战,需要一体化的战略或框架来实现必要的纵向与横向整合。国家战略、规划和框架是政府对工业绿色化方面的努力进行整合、优化、协调和实施的主要手段。UNIDO倡导将支持工业绿色化的政策和行动纳入各种国家级战略,对推广绿色工业实践具有很大的促进作用。

(1)国家可持续发展框架。很多国家把绿色工业相关政策整合到国家可持续发展战略(national sustainable development strategies,NSDSs)、行动计划等,以获得更高的关注度,并受益于国家战略推进进程和相应的资金分配。在大多数OECD国家,负责国家可持续发展战略总体实施的一般是环境部。也有一部分国家将总体实施的责任分配到财政部,以确保战略管理与财政优先级设置、国家支出和收入创造联系起来,如挪威将其可持续发展计划责任设置在财政部。许多发展中国家能够将可持续发展与减贫战略进行综合考量,如马拉维、塞内加尔等一些国家,已经或正在同时制定国家可持续发展战略和减贫战略。在这种情况下,国家可持续发展战略通常涵盖更长期的目标,而减贫战略往往更关注中短期政策。还有一些国家将可持续发展的要素涵盖于国家发展规划中,而非制

定一个独立的可持续发展战略,如墨西哥等国。

(2)国家可持续消费和生产战略。来自世界各地的 30 多个国家已经或正在制定国家可持续消费和生产战略,包括各种形式的国家级框架、规划、行动计划和战略,其中许多都是融合到现有的国家可持续发展和减贫战略中的。制定可持续消费和生产战略最好能获得国家高层的认同与领导,动员各层面的利益相关者,同时基于现有的国家政策,与当前国家战略进行整合,并制定部门或针对性问题的规划,如资源效率或可持续政府采购计划等。

(3)促进绿色工业的法律框架。一些国家通过构建综合法律框架来促进其资源效率和环境管理战略。通常情况下,这类法律框架不仅包括立法本身,也包含更广泛的管理体系,决定着政治和行政管理部门的设置,以及监管和执行工具。绿色工业的法律框架能够促进环境、经济和发展政策的一体化,并为其实施和执行提供一个框架和方法。例如,中国在 2008 年颁布了《中华人民共和国循环经济促进法》,以促进在生产和消费中降低资源使用、推广资源再利用和资源回收的做法,通过循环经济来提高资源效率的思路将清洁生产和工业生态结合起来,应用于一个更广泛的系统,包括工业企业、网络、连锁公司、生态工业园及区域基础设施。

工业的绿色化同样需要有效协调的治理机制来支持绿色产业政策和项目的实施。明确的政府承诺需要来自政策高层及整个公共部门的支持。政策和制度的整合至关重要,这可以通过整合环境、社会和经济目标的清晰过程,以及分领域实施目标的国家战略来实现。政策设计、决策和实施整合既要纵向进行,即在国际、国家和地方政府层面之间进行整合;也要横向进行,即在相关的不同政府部门之间进行整合。

2. 创建绿色工业发展的有利环境

一国总体政策框架对工业的绿色化有着重要的影响,因为它提供了工业可以在其中发生变化的环境。一个稳定的宏观经济环境可以影响企业在环境技术服务和新市场机会方面的风险投资意愿和能力。政府可以通过多种措施来为企业创建适当的需求条件,包括提供更优的融资选择、开展绿色采购、取消对环境有害的补贴、利用全球化和贸易协定的优势、投资资源高效的基础设施、支持当地行动等。此外,提高基本技术素养和高级技能水平非常重要,这决定了一个国家理解、采用和适应新环境技术的能力。而稳健和动态的创新体系是实现工业绿色化的一个条件。

金融制度在支持新的业务机会及新技术发展和传播方面的作用非常重要。政府可以将环保融资作为提高资源效率措施的工具。金融市场已经开始以更直接的和更具创造性的方式对可持续发展做出回应,如有针对性的"绿色"基金、保险市场。融资支持范围从传统的大型项目贷款(如风电场的开发)到支持小规模行动的小额贷款。例如,瑞士联邦经济事务局面向哥伦比亚、秘鲁和越南建立了"绿色信贷信托基金"(green credit trust fund,GCTF),支持当地中小企业在环境提升方面的投资。

需求状况在刺激新的市场机会、改善环保措施方面起着重要作用。需求有多个层面,包括国内和国际需求条件、政府需求,以及消费者和供应商的作用。政府可以通过多种方式影响需求状况,如竞争政策等促进市场准入并影响需求的框架条件,通过影响产品标准和产品工艺的监管来影响需求条件。此外,政府绿色采购提供了一个途径,使政府能够运用其市场力量来引导生产转向更清洁的技术。世界各国政府多通过采用绿色公共采购帮助实现社会和环境目标,也将其作为一种创建绿色产品和服务需求的方式。

环境有害补贴已成为各国政府面临的一个日益严重的问题,如对能源价格和关税的补贴每年达 1 000 亿~1 500 亿美元[①]。补贴和保护对企业形成了负面激励,常常导致其维持低效率,并在新的和更高效的技术方面投资不足。政府应该通过补贴改革,逐步取消对环境有害的补贴。政府可以通过

---

① United Nations Industrial Development Organization. United Nations Industrial Development Organization green industry: policies for supporting green industry,Vienna,2011.

国际合作和贸易投资政策,利用资源高效工业的全球化收益。越来越多的跨国企业开始积极应对全球环境问题,通过多边协议等办法来解决这一问题。贸易协定有助于加强环境法律的执行,以及提高工业标准水平。

通过提供基础设施来支持工业的绿色化(如污水处理、回收设施和可持续的能源供应)应该成为政府的当务之急。改善基础设施建设的可持续性需要关注生态效率,意味着需要更少的资源消耗(如能源、水、土地和原材料等),减少污染物的产生(如二氧化碳、二氧化硫、氮氧化物排放等),无论是在施工阶段,还是在后续的基础设施投入使用阶段。动员资源来进行基础设施建设对政府部门而言仍然是一个相当大的挑战,因此,应努力通过私营部门合作、外国直接投资(foreign direct investment,FDI)和国家合作来进行融资。

当地政府在支持工业绿色化方面起着至关重要的作用。作为许多关键服务的主要提供商,如供水、垃圾清除、供电等,地方政府自身能够直接从资源和生产效率措施中获益,因此,有动力开发和实施相应战略和措施,以发展资源节约型产业。同时,地方政府也可以对企业和行业产生重大影响。应支持当地社区在资源效率、清洁生产以及可靠的生命周期分析所带来的环境、社会和经济效益方面进行良好的教育培训,从而鼓励工业的绿色化活动。

3. 以工业部门主导的行动和措施为实施着眼点

由政府支持的工业部门主导措施能够有效地促进资源高效和环境改善。这些措施包括环境管理体系、生态标签和产品认证、绿色供应链、扩展的生产者责任、企业社会责任、提高意识和能力开发等。政府决策者越来越需要平衡灵活并具有正确激励的"外部"政策工具(如环境法规等)与面向企业"内部"、旨在提升企业行动响应能力的管理政策工具。政府和企业之间的长期合作关系非常重要,通过相关政策和激励措施,政府可以对企业内部决策过程产生积极影响,提升企业环保意识、促进企业提高生产效率和加强环境管理。许多企业正在考虑其整个产品生命周期的环境影响,并将环境战略和实践整合到自身的管理系统中。

增强企业能力,使企业能够适应并采用新技术是至关重要的。传播和展示环境可持续与资源高效工业的好处(如降低能源投入和原材料使用),是促进企业采用新生产方法的一种有效方式。引入良好的经营方式可以使单个企业迅速产生环境和经济效益。政府可以设立有针对性的企业示范项目,成功的示范项目能够在该行业其他企业中作为可信的范例进行推广。行业协会是促进资源高效实践活动的一个有用途径,政府可以向这些行业协会提供津贴和其他激励,针对中小企业和一个特定行业或部门的问题与经营,开发实用的管理工具,实现资源高效利用。

一些国家的政府尝试通过支持环境管理体系(environmental management systems,EMSs)和工业标准的开发和实施,来提升企业内部环境决策。这些体系能够识别各种环境管理方法和手段,来建立、监控和评估环境管理目标。为了促进企业引入环境管理体系,政府可以提供财政支持和专业支持,或将采用EMSs和许可要求相联系。在一些国家,认证成为政府部门的法律要求。例如,丹麦法律要求某些工业部门必须通过环境管理体系认证,如固废处理行业等。工业标准可以处理任何产品、服务或过程中的技术因素,通过对企业产品标准进行定义促进质量控制,帮助企业符合标准,政府可以在促进技术进步中发挥关键作用。

政府促进能力发展的行动对工业的绿色化非常有益,如在清洁生产、生态效率、污染控制和生命周期管理等领域。培训和示范项目对创建实施资源高效行动所需的技能非常重要。此外,产业俱乐部或行业协会是促进政策和资源高效利用的方式。对于工业主导的活动,包括生态标签、绿色供应链、扩展的生产者责任、企业社会责任及环境核算等,政府可以通过激励和资金支持加以促进。

生态标签和产品认证可以作为鼓励可持续消费的一种有效工具,向消费者提供特定产品和服务对环境的影响信息。企业通过公众认可获得回报,从而激励其形成更加积极的环境管理态度。生态标签和产品认证适用于产品的整个生命周期,或者某一个特定的阶段或步骤中。对供应商和客户而言，一个管理良好的绿色供应链不仅能够削减成本，还可以创造业务价值，如提升材料质量或制造工艺、创新产品和服务、保护品牌声誉、增强顾客忠诚度等。

扩展的生产者责任(extended producer responsibility，EPR)也是一种环境政策方法，是指将一种产品的生产者责任扩展到产品生命周期中的消费后阶段。EPR 于1991 年在德国被首次提出，此后许多 OECD 国家都相继实施。环境核算(environmental accounting，EA)同样是一个有用的工具，可以帮助私营部门进行决策。良好的环境核算可以帮助企业识别和实施适合的环境创新。环境管理核算(environmental management accounting，EMA)是一种特定的环境管理实践，可以识别、收集、分析和使用相关环境管理信息用于企业内部的更优决策。

有效地促进工业的绿色化仅依靠单一的政策工具是不行的，还需要有一个国家战略和一体化政策框架支持的最优政策组合工具。同时，针对工业绿色化的政策框架应该在监管、市场、自愿和信息化的各种不同类型的组合政策工具中达到平衡。

三、UNIDO 在各国推行绿色工业的实践
——资源高效与清洁生产

自然资源(包括能源、水和原材料等)的低效和浪费性使用是造成许多关键性环境挑战，包括气候变化挑战的核心。资源高效的实现需要采取清洁生产的方式，而清洁生产的实施也要以实现资源高效为目标和准绳。鉴于二者间存在的这种重要的相互影响与促进关系，UNIDO 和 UNEP 合作倡导"资源高效和清洁生产"(resource efficiency and cleaner production，RECP)，旨在通过扩展 RECP 方法、技术和政策的运用，提高企业和其他组织的总体资源效率和环境绩效，共同促进发展中国家和转型经济国家向可持续的工业体系转型。

1. 早期清洁生产活动的开展为创建 RECP 提供了良好基础

1992 年里约联合国环境与发展大会(United Nations Conference on Environment and Development，UNCED)后，UNIDO 和 UNEP 均分别着手在主要发展中国家创建实施预防性环境战略。在这些战略成功实施的基础上，UNIDO 和 UNEP 共同启动了一项计划，即建立"国家清洁生产中心"(National Cleaner Production Centres，NCPCs)。第一批的 8 个 NCPCs 于 1994～1995 年成立，在主要来自瑞士政府和奥地利政府的支持，以及其他捐助者的支持(包括挪威、意大利、捷克、斯洛文尼亚、西班牙、法国、丹麦和荷兰等)下，此项目扩展到了 47 个发展中和转轨经济国家[①]。这两个联合国领导机构密切合作，其中，UNIDO 主要承担创建 NCPCs 并支持在工业企业中具体实施的责任；UNEP 负责在 NCPCs 合作框架下开发和试验创新管理与政策工具，如可持续产品开发和清洁生产与能源效率一体化等。

NCPCs 作为促进清洁生产实践推进的一个良好机制平台，提升了人们对高效利用资源和清洁生产优势的认识，获得和分享国内外清洁生产领域的信息，通过厂内评估和示范项目展示了清洁生产项目对工业领域的适应性及其所具有的环境、经济和社会效益，促进环境有利技术向工业企业转化并帮助创建相关投资项目，帮助政府确定和开发适合国家可持续发展的政策和经济工具。其实施活动证明，将清洁生产应用于工业企业可以带来明显的经济和环境效益，同时也有利于将清洁生产整合到国家政策框架中。

自 20 世纪 90 年代早期创建第一批 NCPCs 以来，全球环境已经发生了显著变化。新兴经济体进一步巩固了其作为全球制造业中心的地位。与此同时，发展中国家和转型经济国家的环境条件还在继续恶化。NCPCs 的实践也表明，发展中国家和转型经济国家的工业部门在降低单位工业产值的材

---

① 数据来源：UNIDO 官方网站，http://www.unido.org/index.php? id=o5133。

料、能源和污染强度方面存在巨大潜力。但面临的挑战是如何扩展其应用，使其成为普遍做法，而不仅仅是在一些选定企业中的孤立行动。

为此，UNIDO 和 UNEP 在 NCPCs 的实践基础上制订了计划，提供了一个全面的战略和连贯性框架，使得 NCPCs 的活动和结果能够在国家、区域和全球层面推广和发挥作用。

2. RECP 主要内容和实施框架

RECP 战略于 2009 年被批准实施，UNIDO 和 UNEP 将 NCPCs 实践中所得到的经验教训纳入其联合 RECP 方案战略中。该项目旨在开发和加强发展中国家和转型经济国家为企业、政府和其他组织实施 RECP 提供支持性服务的能力，提高资源生产率和环境绩效，促进全球将经济发展与进一步的环境恶化和资源消耗相脱钩的进程。

构建于清洁生产基础上的 RECP 框架，通过加快推进将综合预防性环境战略持续应用于生产过程、产品和服务中，来提高工业效率并降低对环境和人类的风险。RECP 概念强调了企业和其他组织同时解决资源生产率与环境社会责任问题的战略机遇。具体而言，RECP 着重于协同地解决可持续发展三个维度方面的问题：在生产效率维度方面，通过在生产周期的所有阶段优化自然资源（材料、能源和水等）的使用效率，实现工业生产自然资源生产率的提升；在环境管理维度方面，通过减少废物废料等的排放，将工业生产系统对自然和环境的不利影响降至最低；在人类发展维度方面，将工业生产对人类和社区所造成的风险最小化。

RECP 项目的实施包括四个主要干预性模块（图 11-1），每一模块都涵盖几方面关键的活动和产出。RECP 服务提供网络：扩张、加强和进一步提升 NCPCs 和其他 RECP 服务提供者的网络建设，包括精细化的网络拓展和知识管理、将 RECP 扩展到新的国家、支持现有的 NCPCs 扩大其活动和影响；RECP 专题应用：在企业等机构实施 RECP 方案并对结果进行监测，主要包括促进资源效率、防止废物等的排放、安全和有责任的生产等具体方面；RECP 激励：将 RECP 纳入政府政策和企业融资中，进一步激励企业和其他组织实施 RECP；RECP 创新：加强国家创新能力，支持环境无害技术的采用和适于各国工业发展状况的可持续产品的开发。

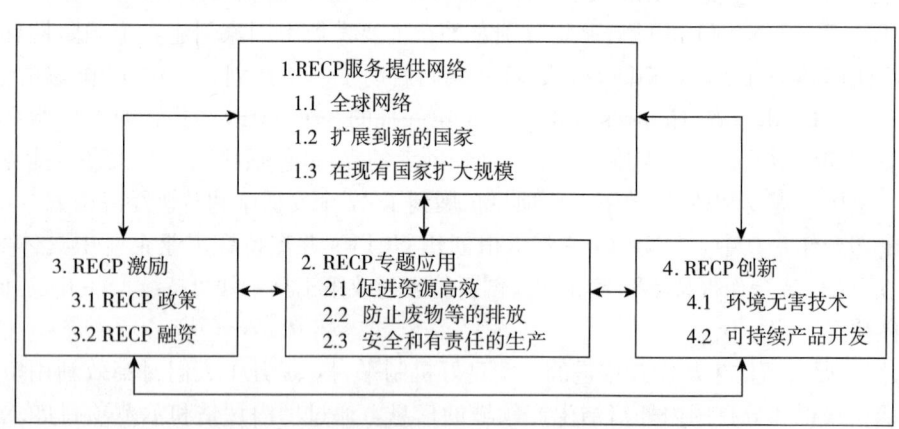

图 11-1　RECP 项目实施的四个主要干预性模块

资料来源：United Nations Industrial Development Organization. Joint UNIDO-UNEP programme on resource efficient and cleaner production in developing and transition countries，2010

3. RECPnet 全球网络建设进一步推进了 RECP 的实施

RECP 项目的成功取决于各国 NCPCs 和其他提供 RECP 服务的组织之间的有效网络、同行学习和知识管理。2009 年 10 月在瑞士卢塞恩举办的首次全球 RECP 网络会议上，与会者决定建立 RECPnet。2010 年 11 月，拥有 41 个创始成员的 RECPnet 开始运作。RECPnet 这一全球性网络旨在推动 RECP 计划在发展中国家和转型经济国家被广泛采用，支持 RECP 概念、方法、政策、实践和技术在这些国家进行有效和高效的开发、应用、适应和复制，促进有效的南北合作和南南合作，以及

RECP相关知识、经验和技术的转让。

2011年10月,第二届RECP网络会议暨RECPnet首次成员大会在肯尼亚内罗毕举行,32个成员和10个非成员机构签署通过了《内罗毕RECPnet宣言》。该宣言指出,制造业在增加发展中国家和转型经济国家的收入和就业机会方面具有重要作用,可作为一个持久的减贫解决方案,并解决日益凸显的水资源和其他自然资源的短缺问题,提高生活质量。它强调了需要提高企业和其他组织的资源生产率和环境绩效,实现低碳、资源高效和绿色工业化。同时,成员们将根据其国家和地区的社会经济、环境和产业背景与优先事项,扩展和提升RECP概念、方法、政策和技术在全球和相应各国的应用。

《内罗毕RECPnet宣言》加强了国家、区域和全球的合作和知识共享,吸引了政府、企业和社区高层领袖的参与,将RECP这一国际共识和承诺作为构建绿色经济和绿色工业的核心模块,尤其支持RECP在中小企业和其他组织的广泛采用,推动UNIDO-UNEP联合RECP计划继续开展并增强其对RECPnet的支持,包括提供执行机构、创建知识管理体系、支持专门的制度性能力建设等,将这一全球网络拓展为RECP在世界范围内的助推器。其推动了RECPnet的进一步发展,特别是通过建立区域办公室、引入基于网络的统一知识管理系统、启动区域和专题项目、实施能力建设计划和持续的宣传和推广,2013年其成员数量已超过了50个。

4. RECP实施的成功案例

RECP方法和实践能够产生多方面的收益,在应对当今最为紧迫的全球挑战方面有重要作用,如减缓温室气体排放,适应气候变化,应对水资源、燃料和其他原材料日益匮乏的现状,提供绿色就业,阻止环境恶化等。采用了RECP的工业企业达到了"少花钱多办事"的效果,提升了原材料和能源使用效率,从而提高了生产率和竞争力。同时,企业的生产减少了污染和废物的产生与排放,减轻了对环境的影响,工业运行中工人、社区和消费者的风险也相应降低。RECP所产生的这些收益已经被世界各地上千家规模各异的公司和行业的实践证明。

在RECP的实施过程中也发现,企业层面缺乏一个通用的指标框架会影响对企业相关努力成果的评价,以及知识和经验的有效推广和转让。为此,UNIDO和UNEP专门开发了一个通用的指标框架来评价企业的资源效率与清洁生产成果或进展,并由肯尼亚、秘鲁和斯里兰卡的RECPnet成员进行试点。这一指标体系包括3个资源生产率指标(相对于产出的材料、能源和水的消耗)和3个污染强度指标(相对于产出的温室气体排放、废水总排量和废物总排量),同时开发了操作指南以及便于计算的支持电子表格。该体系正在被越来越多的RECPnet成员使用。

Chandaria是肯尼亚一家生产纸制品的公司,在肯尼亚NCPC的帮助下,实施了一项提高废水回收和循环利用的计划。它取得的效益包括能源消耗降低了25%、用水量减少了50%、废物和废水排放减少了60%,通过很小的总投资,每年节约的成本超过60万美元。在RECP计划的推动下,它通过了ISO 9000:2001质量管理体系认证。此外,该公司还赢得了许多奖项,其在RECP方面取得的成效帮助它获得了更大的市场份额,包括一系列产品获得了联合国机构和几家跨国公司的唯一供应商地位。

Metalexacto是秘鲁的一家小型铸铅厂,通过几项投资成本很低的RECP方案的实施,几个月之内就取得了成效,不仅极大地节约了成本,而且改善了工厂的运营效率并提升了产品质量。虽然其实施方案主要关注的是减少能源使用,但是综合方案的应用不但减少了水和能源的消耗,也使得原先浪费掉的一些材料实现了回收,每年的铅回收量达到了近350吨,废物排放中的含铅量减少了19%,温室气体总排放量每年减少了270吨。

Rathkerewwa是斯里兰卡的一家椰蓉生产厂,其应用RECP实践主要是为了降低原材料、水和能源的消耗。用水量的减少对该厂环境绩效的提高一直非常有帮助。应用RECP实践之后,其每年减少了390吨的原材料使用量,用水量每年减少了5 400吨。该公司还实施了一系列节能措施,用废椰壳取代了化石燃料，使得温室气体排放显著减少。在实施 RECP 方案的初始阶段，就节约了 5 万美元，之后在完成了所有阶段的实施以后，节约的资金超过了 20 万美元，而 RECP 方案实施所花费的投资还不到 5 000 美元。

2013 年 12 月，在秘鲁利马召开的联合国工业发展组织第十五届大会通过了《利马宣言》。该宣言强调了实现包容及可持续工业发展是促进全球繁荣，尤其是发展中国家和转型经济国家持久经济增长的重要基础。倡导制定绿色工业举措，加强绿色工业平台建设，将其作为推进可持续发展的有效手段和加强国际工业合作的有效工具，进一步推动更加清洁和可持续的工业发展。UNIDO 在全球范围内推进绿色工业的进程获得了持续的新动力。

第十二章

联合国环境规划署在世界范围内推进绿色发展[①]

UNEP 成立于 1972 年,是联合国系统内负责全球环境事务的牵头部门和权威机构。自成立以来,UNEP 始终领导和促进世界绿色环保事业的发展,积极配合联合国在世界环保领域的工作,有力地促进了世界各国绿色发展的实践,并日益关注"绿色经济"等问题的研究。UNEP 的成立与发展显示了人类社会发展的趋同性,是人类环境保护史上重要的一页。

一、联合国环境规划署领导世界绿色环保事业发展

成立 42 年以来,UNEP 主办或同其他机构合作,发起和支持了许多具有重大历史意义的国际环保工作,举办了众多国际性的会议,召开了多次学术性讨论会,协调签署了众多具有全球影响力的有关环境保护的国际公约、宣言、议定书,并积极敦促各国政府兑现这些宣言和公约,促进了环保的全球统一步伐,如推动签署《里约环境与发展宣言》、《21 世纪议程》、《气候变化框架公约》、《生物多样性公约》、《千年宣言》、《京都议定书》、《濒危野生动植物物种国际贸易公约》、《联合国全球契约》以及《蒙特利尔议定书》等。UNEP 成立以来的主要活动如表 12-1 所示。UNEP 始终肩负着人类生存和发展的历史使命,在环境保护的艰辛道路上摸索前行,取得的巨大成就和在世界环境保护史上发挥的重要作用是无法估量的。可以说,UNEP 是世界环境保护最权威的倡导者,为世界环境保护发挥了极其巨大的作用。

表 12-1 UNEP 成立以来的主要活动

年份	UNEP 大事件
1972	UNEP 建立
1973	签订《濒危野生动植物物种国际贸易公约》
1979	签订《迁徙物种波恩公约》
1985	签订《保护臭氧层维也纳公约》
1987	签订《消耗臭氧层物质的蒙特利尔议定书》
1989	签订《关于危险废物越境转移的巴塞尔公约》
1992	签订《里约环境与发展宣言》和《21 世纪议程》
1992	签订《气候变化框架公约》
1992	签订《生物多样性公约》

[①] 本章部分原始资料来自 UNEP 官方网站及其研究报告,执笔人进行了整理,知识产权归相关机构所有,特此说明。

续表

年份	UNEP 大事件
1994	签订《防止荒漠化公约》
1995	发起的保护海洋环境免受来自陆源污染源污染的全球行动计划
1997	内罗毕重新定义并加强了环境署的作用和任务
2000	签订《卡塔赫纳协定》
2000	马尔摩宣言：第一届全球部长级环境论坛的国际环境管理行动的呼吁
2000	推动签订《千年宣言》
2001	签订《斯德哥尔摩持久性有机污染物公约》
2002	在关于可持续发展的世界峰会上重申 UNEP 的作用
2005	关于气候变化的《京都议定书》生效
2005	签订《千年生态系统评估》，突出了生态系统对人类福利的重要性和生态系统退化的程度
2007	签订《巴厘气候公约会议：摒除二氧化碳排放恶习》
2008	UNEP 理事会第十次特别会议/全球环境部长论坛：从褐色经济向绿色经济转变
2008	UNEP 启动"绿色经济计划"以求振作全球市场
2009	达沃斯论坛关注气候议题：潘基文敦促各国领导认真考虑绿色经济计划
2009	商业领袖敦促各国在哥本哈根达成协议，共建绿色经济
2010	坎昆气候大会发布达成平衡的一揽子决定并重树对多边机制的信心
2011	潘基文呼吁发展绿色经济；阿齐姆·施泰纳发表社论：实现可持续的未来，绿色经济的绿色新芽
2012	"里约+20"峰会：各国首脑推动"包容性"绿色经济发展，期间，在 UNEP 展馆举办了"衡量可持续发展目标下的绿色经济进程"边会，会上集中探讨了绿色经济、测量方法及其对可持续发展的贡献
2012	UNEP 启动资源节约型城市全球倡议
2013	华沙气候变化大会呼吁各国政府采取更有力的行动对抗气候变化
2013	新绿色经济行动合作伙伴——"里约+20"回应行动呼吁，联合国 4 家机构协助 30 个国家向绿色经济转型
2014	首届联合国环境大会开启全球共同应对环境可持续性的新时代，历史性的联合国环境大会共通过 16 项决议，应对空气污染等环境问题

资料来源：根据 UNEP 官方网站内容整理其中，1972～1982 年资料来源：http://www.unep.org/40thAnniversary/milestones/1972-1982.asp；1983～1992 年资料来源：http://www.unep.org/40thAnniversary/milestones/1983-1992.asp；1993～2002 年资料来源：http://www.unep.org/40thAnniversary/milestones/1993-2002.asp；2003～2012 年资料来源：http://www.unep.org/40thAnniversary/milestones/2003-2012.asp；2013～2014 年资料来源：http://www.unep.org/chinese/newscentre/default.asp?ct=archive

二、联合国环境规划署积极配合联合国推进 2015 年后联合国发展议程和可持续发展目标

千年发展目标将在 2015 年到期，联合国正与各国政府、民间组织和其他伙伴一起，努力利用千年发展目标所产生的动力，继续推进 2015 年后宏伟的发展议程。UNEP 在这项伟大的工作中发挥了巨大的作用，其积极配合联合国秘书长推动 2015 年后联合国发展议程，并将可持续发展目标（sustainable development goals，SDGs）作为首届联合国环境大会的重要议题。

1. 配合联合国秘书长推动 2015 年后联合国发展议程

2012 年 1 月，联合国秘书长潘基文为准备 2015 年后联合国发展议程，成立了联合国系统工作

组。工作组汇集了联合国经济社会事务部、联合国开发计划署、UNEP 等 60 多个联合国实体机构及国际组织。工作组为关于 2015 年后联合国发展议程的讨论提供分析投入、专业知识和宣传推广。工作组于 2012 年 6 月向秘书长提交了第一份关于 2015 年后联合国发展议程的报告——《实现我们所有人期望的未来》，报告列出了工作组对 2015 年后联合国发展议程的主要建议。工作组呼吁在发展议程中采取综合政策手段来确保包容性经济发展、包容性社会发展和环境可持续发展，以此回应所有人对于一个没有匮乏和恐惧的世界的向往。2012 年 6 月，"里约＋20"峰会最主要的一个成果就是成员国同意制订一套行之有效的可持续发展行动方案以在可持续发展方面采取集中统一行动。"里约＋20"峰会的成果表明，制定可持续发展目标的进程应考虑到与 2015 年后联合国发展议程的进程协调一致。由 30 名成员组成的联合国大会开放工作组的任务就是向第 68 届联合国大会（2013～2014 年）提请审议可持续发展目标的提案[①]。

2012 年 8 月 9 日，联合国秘书长潘基文先生启动了一个全新的独立全球网络——可持续发展解决方案网络。这一网络由世界各地的研究中心、大学和技术机构组成，旨在为全球最迫切的环境、社会和经济等问题寻求解决方案。联合国秘书长宣布可持续发展解决方案网络的负责人将由其千年发展计划特别顾问杰弗瑞·萨克斯（Jeffrey Sachs）教授出任。联合国秘书长建立这个可持续发展解决方案网络的目的是利用可持续发展来调动大家的创新性思维并呼吁全球各国行动起来。高级别小组里的各国领导人提供的信息也传递给了秘书长[②]。2013 年，可持续发展解决方案网络领导委员会向联合国秘书长潘基文提交了一份题为"可持续发展行动议程"的报告。该报告略述了 10 个可持续发展的重点，涵盖了可持续发展的 4 个主要领域，即经济增长和贫困终结、社会共融、环境可持续、良好治理。联合国秘书长潘基文表示：可持续发展解决方案网络提交的这份最新报告是顶尖科学家、科技人员、企业家和发展专家们共同合作的结果，这份报告对我们正在努力制定的一份宏大且切实可行的 2015 年后联合国发展议程来说，是至关重要的[③]。

2014 年 6 月，UNEP 主办的首届联合国环境大会上重申了成员国在"里约＋20"峰会成果文件《我们希望的未来》中做出的承诺，特别是可持续发展背景下的环境支柱部分和第 88 款加强 UNEP 的作用。联合国环境大会期间确立的可持续发展目标和 2015 年后联合国发展议程（包括可持续消费和生产）全体部长会议呼吁把环境支柱彻底纳入可持续发展进程中，承认"健康的"环境是实现有雄心的、普遍的和可实施的 2015 年后联合国发展议程的必要条件和关键因素。大会还呼吁成员国加快推进可持续的消费和生产模式，包括资源效率和可持续的生活方式。联合国环境大会是全人类的历史性事件，会议上不仅制定了 UNEP 的未来工作方向，而且为可持续发展和全球环境议程的制定提供了进一步的制度框架和平台。

2. UNEP 将可持续发展目标作为首届联合国环境大会的重要议题

应对当前和未来地球面临的社会、经济和环境挑战的一个明确共识是这些挑战盘根错节，只有通过一个整体的方式才能解决这些挑战。实现全球范围内真正的可持续发展，环境、社会和经济因素将扮演着非常重要的角色。2014 年是设立 2015 年后联合国发展议程的一年。基于这样的趋势，UNEP 常驻代表委员会决定将"2015 年后联合国发展议程和可持续发展目标"作为首届联合国环境大会部长级高层代表会议的重要议题。

可持续发展目标诞生于 2012 年"里约＋20"峰会。这一概念背后的目的是制订一套既适用于所有国家又考虑到各国不同的国情、能力和发展水平，同时尊重国家政策和优先目标以平衡可持续发展的三大支柱——经济发展、社会发展和环境保护的行动方案。2015 年后联合国发展议程的制定将基于 2000 年联合国千年首脑会议上制定的千年发展目标。此外，2015 年后联合国发展议程还将解决人

---

① UN，http://www.un.org/zh/development/desa/area-of-work/post2015.shtml。
② UN，http://www.un.org/zh/millenniumgoals/beyond2015-news.shtml。
③ UN，http://unsdsn.org/2013/06/06/action-agenda-sustainable-development-report/。

类和地球面对的持续性问题和新兴挑战。千年发展目标遭到诟病的原因是没有足够覆盖环境问题，以及未解决可持续发展三大支柱之间的内在联系。可持续发展目标将不再单独应对三大支柱的挑战，而是采取一个全新的方式综合考虑可持续发展议程的三大支柱——经济发展、社会发展和环境保护。起草可持续发展目标草案和开发一套可衡量的目标和指标体系的任务将由联合国大会政府间开放工作组（Open Working Group，OWG）完成。2013年1月，OWG 30人工作小组正式成立，预计将于2014年9月提交工作报告及2015年后联合国发展议程和可持续发展目标的草案。

首届联合国环境大会共通过16项决定和决议（具体见表12-2），这些决议推动国际社会采取行动应对空气污染、非法野生动植物贸易、海洋塑料垃圾和化学品与危险废物等主要环境问题。参加该届大会的高层代表包括联合国秘书长潘基文、肯尼亚共和国总统肯雅塔、联合国大会主席约翰·阿什、联合国开发计划署署长海伦·克拉克和联合国贸易暨发展会议秘书长穆希萨·基图伊。大会由蒙古国环境和绿色发展部部长桑加苏伦·奥云主持。来自160多个成员国和观察员国的高层代表和不同部门的利益相关者参加了该大会。

表 12-2 首届联合国环境大会通过 16 项决议

决议编号	决议文件名称
UNEP/EA.1/L.4	《修订建立经调整的全球环境基金文件》(Amendments to the Instrument for the Establishment of the Restructured Global Environment Facility)
UNEP/EA.1/L.5	《加强联合国环境规划署在推动空气质量中的作用》(Strengthening the Role of the United Nations Environment Programme in Promoting Air Quality)
UNEP/EA.1/L.6	《科学政策互动》(Science-Policy Interface)
UNEP/EA.1/L.7	《全球环境监测系统/水（GEMS/水）》[Global Environmental Monitoring System/Water (GEMS/Water)]
UNEP/EA.1/L.8	《海洋塑料碎片和微型塑料》(Marine Plastic Debris and Microplastics)
UNEP/EA.1/L.9	《联合国环境规划署和多边环境协定之间的关系》(Relationship Between the United Nations Environment Programme and Multilateral Environmental Agreements)
UNEP/EA.1/L.10	《修订2014—2015两年期方案的工作方案和预算》(Revised Programme of Work and Budget for the Biennium 2014—2015)
UNEP/EA.1/L.11	《2016—2017工作和预算方案草案》(Proposed Programme of Work and Budget for 2016—2017)
UNEP/EA.1/L.12	《基于生态系统的适应》(Ecosystem-Based Adaptation)
UNEP/EA.1/L.13	《里约环境与发展宣言实施10原则》(Implementation of Principle 10 of the Rio Declaration on Environment and Development)
UNEP/EA.1/L.14	《在可持续发展和消除贫困的背景下实现环境可持续性的不同看法、方法、模型和工具》(Different Visions, Approaches, Models and Tools to Achieve Environmental Sustainability in the Context of Sustainable Development and Poverty Eradication)
UNEP/EA.1/L.15	《联合国系统内在环境领域的协调合作，包括环境管理小组》(Coordination Across the United Nations System in the Field of the Environment, Including the Environment Management Group)
UNEP/EA.1/L.16	《非法野生动物贸易》(Illegal Trade in Wildlife)
UNEP/EA.1/L.17	《化学品和废物》(Chemicals and Wastes)
UNEP/EA.1/L.18	《信托基金和专用捐款的管理》(Management of Trust Funds and Earmarked Contributions)
UNEP/EA.1/L.21	《修改议事规则》(Amendments to the Rules of Procedure)

资料来源：UNEP官方网站联合国环境大会子网站，http://www.unep.org/unea/docs/Compilation_of_decisions_and%20resolutions_advanced_unedited%20copy.pdf

首届联合国环境大会开启了全球共同应对环境可持续的新时代，并带来一系列的成果。针对适当的问题，联合国环境大会向联合国大会提交决议草案，以推动联合国全系统的行动。联合国秘书长潘基文在闭幕式上表示：我们呼吸的空气、我们喝的水以及生长我们食物的土壤都是全球微妙的生态系统的一部分，但是这些资源面临着越来越多的压力。我们需要采取果断行动改变人类和地球的关系。对空气采取行动仅仅是一个开始。我们现在正在准备人类发展的下一个阶段。联合国副秘书长、UNEP执行主任阿奇姆·施泰纳表示：成员国在联合国环境大会上通过的决议将有助于制定未来的全球环境议程，并对优先环境问题，如海洋塑料垃圾、微塑料和非法野生动植物贸易采取联合行动。包括改善空气质量在内的这些决议，清楚地表明这是一届成功的大会、有雄心的大会。联合国环境大会为决策者们提供了一个真正的平台，使之共同商讨如何将环境纳入可持续发展的核心。

三、联合国环境规划署组织了41届世界环境日活动

UNEP作为全球范围内负责全球环境事务和绿色发展的牵头部门和权威机构，正在积极推动世界各国绿色发展的实践。在UNEP促进世界各国绿色发展和提高全球绿色发展意识的各项活动中，有一项活动尤为重要，持续时间最长，参与国家最多，即世界环境日活动。UNEP已经连续举办了41届，并为每年的世界环境日（World Environment Day）确定了不同的主题。

世界环境日于1972年最先提出。1972年6月5日，联合国在瑞典首都斯德哥尔摩召开了联合国人类环境会议，会议通过了《人类环境宣言》，并提出将每年的6月5日定为"世界环境日"[①]。同年10月，第27届联合国大会通过决议接受了该建议。世界环境日是联合国增进全球环境意识、提高政府对环境问题的关注度并采取行动的主要媒介之一，联合国系统和各国政府每年都在这一天开展各项活动来宣传与强调保护和改善人类环境的重要性。它的确立反映了世界各国人民对环境问题的认识和态度，表达了人类对美好环境的向往和追求。UNEP每年6月5日选择一个成员国举办"世界环境日"纪念活动，发表《环境现状的年度报告书》及表彰"全球500佳"，并根据当年的世界主要环境问题及环境热点，有针对性地制定世界环境日主题。

为支持联合国设立的2014小岛屿发展中国家国际年和气候变化的大背景，2014年世界环境日的主题聚焦小岛屿发展中国家。UNEP确定2014年世界环境日主题为"提高你的呼声，而不是海平面"（Raise Your Voice Not the Sea Level）。目标是为了推动2014年9月举办的小岛屿发展中国家第三届国际会议和鼓励国际社会加大对小岛屿发展中国家重要性的理解，以及采取紧急行动帮助小岛屿发展中国家应对不断增长的风险，尤其是气候变化。2014年世界环境日成为国际社会共同保护小岛屿发展中国家的重要契机。

UNEP历次世界环境日主题如表12-3所示。

表12-3　UNEP历次世界环境日主题

年份	世界环境日主题
1974	只有一个地球（Only One Earth）
1975	人类居住（Human Settlements）
1976	水：生命的重要源泉（Water：Vital Resource for Life）
1977	关注臭氧层破坏，水土流失（Ozone Layer Environmental Concern；Lands Loss and Soil Degradation；Firewood）
1978	没有破坏的发展（Development Without Destruction）
1979	为了儿童和未来——没有破坏的发展（Only One Future for Our Children—Development Without Destruction）
1980	新的十年，新的挑战——没有破坏的发展（A New Challenge for the New Decade：Development Without Destruction）
1981	保护地下水和人类的食物链，防治有毒化学品污染（Ground Water；Toxic Chemicals in Human Food Chains and Environmental Economics）

---

① 资料来源：UNEP官方网站世界环境日专栏，http://www.unep.org/wed/。

续表

年份	世界环境日主题
1982	斯德哥尔摩人类环境会议十周年——提高环境意识(Ten Years After Stockholm—Renewal of Environmental Concerns)
1983	管理和处置有害废弃物,防治酸雨破坏和提高能源利用率(Managing and Disposing Hazardous Waste: Acid Rain and Energy)
1984	沙漠化(Desertification)
1985	青年:人口、环境(Youth: Population and the Environment)
1986	环境与和平(A Tree for Peace)
1987	环境与居住:不仅仅是一个屋顶(Environment and Shelter: More Than a Roof)
1988	保护环境、持续发展、公众参与(When People Put the Environment First, Development Will Last)
1989	警惕全球变暖(Global Warming; Global Warning)
1990	儿童与环境(Children and the Environment)
1991	气候变化:需要全球合作(Climate Change: Need for Global Partnership)
1992	只有一个地球——一齐关心,共同分享(Only One Earth, Care and Share)
1993	贫穷与环境——摆脱恶性循环(Poverty and the Environment—Breaking the Vicious Circle)
1994	一个地球,一个家庭(One Earth One Family)
1995	各国人民联合起来,创造更加美好的未来(We the Peoples: United for the Global Environment)
1996	我们的地球、居住地、家园(Our Earth, Our Habitat, Our Home)
1997	为了地球上的生命(For Life on Earth)
1998	为了地球上的生命——拯救我们的海洋(For Life on Earth—Save Our Seas)
1999	拯救地球就是拯救未来(Our Earth—Our Future—Just Save It!)
2000	2000环境千年——行动起来吧!(2000 The Environment Millennium—Time to Act)
2001	世间万物 生命之网(Connect with the World Wide Web of Life)
2002	让地球充满生机(Give Earth a Chance)
2003	水——二十亿人生命之所系(Water—Two Billion People are Dying for It!)
2004	海洋存亡 匹夫有责(Wanted! Seas and Oceans—Dead or Alive?)
2005	营造绿色城市,呵护地球家园(Green Cities—Plan for the Planet!)
2006	莫使旱地变荒漠!(Deserts and Desertification—Don't Desert Drylands!)
2007	冰川消融,是个热点话题吗?(Melting Ice—A Hot Topic?)
2008	转变传统观念,推行低碳经济(Kick the Habit, Towards a Low Carbon Economy)
2009	地球需要你:团结起来应对气候变化(Your Planet Needs You—Unite to Combat Climate Change)
2010	唯一的地球,共同的未来(Many Species. One Planet. One Future)
2011	森林:大自然为您效劳(Forests: Nature at Your Service)
2012	绿色经济,你参与了吗?(Green Economy: Does it Include You?)
2013	思前·食后·厉行节约(Think Eat Save)
2014	提高你的呼声,而不是海平面(Raise Your Voice Not the Sea Level)

资料来源:UNEP官方网站世界环境日子网站,http://www.unep.org/wed/WED-Every-Year/2013/#.U8K3w9u-tDw

四、联合国环境规划署日益关注"绿色经济",并形成了多项重要的研究成果

2008年UNEP将推动"绿色经济"定为联合国的主要议题。时至今日,"绿色"已成为UNEP新闻报道中出现频率最高的词汇。近年来,在UNEP官方网站上,直接使用"绿色"作为标题关键字的新闻,2008年有8条,2009年有16条,2010年有24条,2011年有14条,2012年有16条,2013年有4条,2014年(截至2014年7月1日)有6条[①]。UNEP至今出版了15本年度报告,主题主要是环境和绿色经济发展。2008年以来,UNEP每年在"绿色"领域的代表性工作展示如下。

1. 绿色经济报告:为世界经济的绿色转型指明方向

2011年,联合国秘书长潘基文呼吁各国开展"改革行动",实现可持续发展[②]。他警告说:20世纪人类对资源的无度消耗无疑是一种"全球自杀性的契约",我们正为确认一种能够保证生存的经济模式而浪费着所剩无几的时间。潘基文指出,只有绿色经济可以打开那扇通往更安全、更和平、更繁荣的世界的大门,同时绿色经济也成为他在筹备2012年里约热内卢可持续发展大会期间的工作重心。潘基文宣布,UNEP 2011年出版的《绿色经济报告》说明绿色经济思想将如何发挥政府政策以及开拓商业机遇,从而推动绿色增长、减少贫困,让全人类分享可持续发展的成果。

2011年2月21日,UNEP在肯尼亚首都内罗毕发布《绿色经济报告》。这份报告是UNEP第26届理事会会议暨全球部长级环境论坛在内罗毕开幕当天发布的,由发达国家和发展中国家的专家集体撰写,描绘了可持续经济发展的新蓝图。同年,联合国副秘书长兼UNEP执行主任阿齐姆·施泰纳发表社论《绿色经济的绿色新芽》[③],他在社论中高兴地指出,仅仅两年时间,与可持续发展和消除贫困有关的"绿色经济"理念就从一个有意思的想法成了联合国可持续发展大会,即"里约+20"峰会的两大主要议题之一。《绿色经济报告》指出,从现在起至2050年,每年将全球GDP的2%投资于10个主要经济部门,便可推动全球向低碳绿色经济转型。根据目前的数据,2%的全球GDP约为1.3万亿美元。如果在各国国内和国际层面绿色经济政策的引导下,将这笔资金投资于农业、建筑、能源、渔业、林业、制造业、旅游业、交通等10个经济部门,将会为经济发展注入新动力,还将催生大量就业机会,对消除极端贫困至关重要,同时可减少气候变化、水资源短缺等带来的风险。报告认为,绿色经济意味着更好地利用自然资源,实现可持续增长,是更加有效、更加公正的经济模式。

2011年11月16日,UNEP在北京发布名为"迈向绿色经济:通往可持续发展和消除贫困的各种途径"的报告,呼吁世界各国大力发展绿色经济,实现经济发展模式的转型,从而应对可持续发展面临的各种挑战。这份报告阐述了目前全球在实现可持续发展方面面临的各种挑战,并以已经或正在实现的向绿色经济转型的例子向不同经济部门提出可操作的建议。据UNEP定义,绿色经济是指能"改善人类福利和社会公平,同时极大地降低环境危害和生态稀缺性"的经济模式。

2. 我们期望的未来:衡量可持续发展目标下的绿色经济进程[④]

2012年6月,在"里约+20"峰会期间,UNEP展馆举办了"衡量可持续发展目标下的绿色经济进程"边会,集中探讨了绿色经济、测量方法及其对可持续发展的贡献。通过提高资源效率、更有效的资源管理、降低环境与健康风险和新的经济机会,审视绿色经济与环境产品和服务部门如何为可持续发展做出贡献。同年12月4日~6日,"测度我们期望的未来——绿色经济和绿色增长指标国际会议"在瑞士日内瓦举行,会议由UNEP主办,是对2012年联合国"里约+20"峰会所提出的"我们期望

---

① 数据来源:根据UNEP官方网站新闻档案中历年新闻情况统计。
② UNEP, http://www.unep.org/Documents.Multilingual/Default.asp?DocumentID=655&ArticleID=6888&l=zh。
③ UNEP, http://www.unep.org/Documents.Multilingual/Default.asp?DocumentID=659&ArticleID=6903&l=zh。
④ UNEP, http://www.unep.org/Documents.Multilingual/Default.asp?DocumentID=2688&ArticleID=9197&l=zh。

的未来"倡议的回应。来自 UNEP、联合国开发署、世界银行、世界卫生组织、国际劳工组织、OECD、欧洲委员会、欧洲环境署、欧洲统计署等众多国际组织和数十个国家的政府部门、研究机构、非政府组织、企业界和其他机构的近 200 位专家、学者、官员代表出席此次会议。会议探讨了世界绿色经济指标的研究现状,对各国未来几年的测度工作,尤其是如何引导各国运用指标制定并实施包容性绿色经济政策提出了建议。

与此同时,UNEP 逐渐关注研究中国的问题[①]。2014 年 6 月,UNEP 和中国政府联合发布了两个新报告,分别是《衡量中国环保产业》和《中国绿色经济展望:2010—2050》,强调处于向低碳、绿色转型期的中国应该如何衡量和建立其环保产业,比较不同发展路径的优劣,构建了一幅中国发展绿色经济的清晰图景。《衡量中国环保产业》检验了中国环保产业采用欧盟《环保货物和服务统计框架》标准,跟踪最新的数据和趋势的可行性,从而协助绿色发展战略的制定并识别潜在的绿色经济机会。《中国绿色经济展望:2010—2050》,通过情景分析,对比中国未来发展中不同的路径选择,构建了一幅中国发展绿色经济的清晰图景,讨论了绿色经济政策如何促进中国的经济增长,缓解和适应气候变化带来的危害,创造就业机会和改善穷人的生活水平。

3. 全球环境展望:寻求世界范围内新绿色经济合作

UNEP 在 2012 年 9 月 4 日发布《全球环境展望报告 5》中文版,在这份联合国最全面的环境评估报告中,中国和亚太地区其他国家的可持续政策和行动被认为是"全球环境目标的实现和全球经济增长的发动机"。报告强调:只有我们重新明确了自身义务,并且迅速铺展切实可行的政策,一系列富有挑战性的可持续发展目标才能够实现。发布于"里约+20"峰会前夕的《全球环境展望报告 5》评估了 90 个最重要的环境目标,报告发现只有 4 个目标的实施取得了重要进展。这 4 个目标是减少生产和使用破坏臭氧层的物质、淘汰含铅汽油、提供更多更好的水源供应、促进减少海洋环境污染的研究。

2012 年,绿色增长知识平台(Green Growth Knowledge Platform,GGKP)成立。GGKP 由全球绿色增长研究所、OECD、UNEP 和世界银行共同成立于 2012 年,旨在加强和展开查明并填补绿色增长理论与实践方面主要知识空白。通过鼓励广泛合作和世界级研究,GGKP 为实践者和政策制定者提供必要的政策指南、最佳实践、工具和数据,支持向绿色经济的转型。截至 2014 年 1 月,GGKP 已经与全球 29 个知识合作伙伴签署了合作协议,包括国际组织、研究机构和智库等。2013 年 9 月,北京师范大学经济与资源管理研究院被正式接纳成为 GGKP 的一个新的知识合作伙伴[②]。

2013 年 2 月 19 日,UNEP、国际劳工组织、UNIDO 及联合国培训和研究学院 4 个机构推出一个新的伙伴关系——"绿色经济行动合作伙伴"(Partnership for Action on Green Economy,PAGE),目的是在未来 7 年支持 30 个国家建设国家绿色经济战略,通过国家绿色经济战略产生新的就业机会和技能,促进清洁技术,减少环境风险和贫困。绿色经济行动新伙伴关系是对"里约+20"峰会成果文件的响应。PAGE 的成立为寻求世界范围内新绿色经济合作做出了重要的贡献。

---

① UNEP,http://www.unep.org/newscentre/Default.aspx?DocumentID=2791&ArticleID=10891&l=zh。
② 北京师范大学经济与资源管理研究院,http://serm.bnu.edu.cn。

第十三章

中国 30 个省（自治区、直辖市）的工业节能减排效率[①]

多哈气候大会对全球气候变化的激烈讨论，进一步引发了人类对生存环境的关注，可持续发展已成为世界各国共同的任务。改革开放以来，我国经济经历了持续的高速增长，但长期以来以 GDP 为核心的评价考核机制使我国经济增长方式依然粗放[②]，特别是在经历了 21 世纪新一轮快速工业化、重工业化的过程中，工业与资源、环境、生态之间的矛盾日趋尖锐，经济发展方式已经走到了转型升级的十字路口[③]。2011 年，我国工业增加值占 GDP 的 39.8%，但能源消费总量、二氧化硫排放量和氮氧化物排放量却分别达到全国总量的 70.8%、90.9% 和 71.9%。我国工业单位产值能耗是美国、德国、日本等发达国家的数倍，比巴西、印度等其他新兴市场国家也要高。

"十一五"时期，我国首次将节能减排政策列入国家发展规划纲要，节能减排成为我国工业发展的强制性制度安排。"十二五"时期，我国再一次提出"单位 GDP 能源消耗降低 16%，单位 GDP 二氧化碳排放降低 17%。主要污染物排放总量显著减少，化学需氧量、二氧化硫排放分别减少 8%，氨氮、氮氧化物排放分别减少 10%"的节能减排任务，进一步确立了节能减排在我国工业可持续发展中的地位。随着节能减排工作的持续推进，如何深化节能减排成为一个重要问题。为更有针对性地在我国开展节能减排工作、提高节能减排在工业企业决策实施中的有效性、实现节能减排目标，在各地区进行工业节能减排效率的评估显得尤为重要。鉴于此，本章以非径向、非导向性基于松弛测度的方向距离函数（slacks-based measure directional distance function，SBM-DDF）构建一种新型的工业节能减排指数（industry energy saving and emission reduction index，IESERI），测度 2006～2011 年我国 30 个省份的工业节能减排效率，并试图提出改善我国工业绿色发展水平、实现工业可持续发展的政策建议。

一、工业节能减排指数的构建

目前，国内外对节能减排效率的研究主要集中在两个方面：一是以节能减排的相关统计指标为基础，利用不同层级的子指数构建节能减排指标体系，通过对指标的无量纲处理和加权处理计算一个综合指数，从而评价基于区域或行业的节能减排绩效。具有代表性的有耶鲁大学和哥伦比亚大学等研究机构开发的环境绩效指数（environmental performance index）、国际资源小组推出的资源效率指数（resource efficiency indicators）、世界银行推出的财富核算与生态系统服务估值指数（wealth

---

[①] 本章根据蔡宁的博士学位论文《工业节能减排效率及其影响因素研究——基于中国 2006—2011 年区域及行业数据的实证分析》及蔡宁、丛雅静、李卓发表于《经济理论与经济管理》2014 年第 6 期的文章《技术创新与工业节能减排效率——基于 SBM-DDF 方法和面板数据模型的区域差异研究》改写。
[②] 陈诗一. 能源消耗、二氧化碳排放与中国工业的可持续发展. 经济研究, 2009, (4): 41～55.
[③] 陈诗一. 中国各地区低碳经济转型进程评估. 经济研究, 2012, (8): 32～44.

accounting and the valuation of ecosystem services，WAVES)、OECD 发布的绿色增长指标（green growth indicators，GGI)等。这些节能减排指数通过对人均二氧化硫排放、单位 GDP 二氧化碳排放、化石能源利用效率等方面的直接评估来评价节能或减排或节能减排的效率。国内方面，比较权威的是由北京师范大学、西南财经大学和国家统计局中国经济景气监测中心 3 家单位联合推出的"中国绿色发展指数"，其从经济增长绿化度、资源环境承载潜力、政府政策支持度 3 个方面评价我国 30 个省份和 100 个重点城市的绿色发展[1]。该指标体系包含数十个节能减排指标，分别从人均城镇生活消费用电，规模以上工业增加值能耗，人均、地均和单位产值的化学需氧量排放量、氮氧化物排放量、氨氮排放量、二氧化碳排放量、二氧化硫排放量等方面全方位评估我国节能减排效率。此外，一些学者也分别从资源能源消耗、污染物排放、综合利用、无害化处理、环保治理等方面构建了指标体系评估节能减排效率。

二是以计量模型为基础，在能源、环境等自然资源的约束下计算基于全要素生产率的节能减排效率，常用方法有随机前沿分析、数据包络分析等。研究内容上，魏楚等对我国经济全行业的节能减排绩效进行了评估[2]；李世祥和成金华进行了工业方面的研究[3]；韩一杰和刘秀丽则对具体行业的节能减排绩效进行了分析[4]。研究方法上，最初的研究主要以随机前沿分析为主，考虑随机因素对产出的影响，根据多个周期的数据构造生产前沿评估能源生产效率。该方法更多的是评估了节能减排中的节能部分，对减排的研究涉及甚少。随着越来越多的学者将能源资源等要素作为投入，将环境污染要素作为非期望产出，以方向距离函数为主的节能减排数据包络分析也逐渐受到人们的关注。传统的方向距离函数具有投入和产出的径向性和导向性，导致测度出的效率偏离实际值。近年来，学者开发出 SBM-DDF，这一分析工具可以更加真实地测度节能减排绩效[5]。

基于 SBM-DDF 模型，以各地区工业生产部门作为决策单元构造技术前沿面。x 表示每个测评单元的 N 种投入，$x=(x_1, x_2, \cdots, x_N) \in R_N^*$；$y$ 表示 M 种期望产出，$y=(y_1, y_2, \cdots, y_M) \in R_M^*$；$b$ 表示 K 种非期望产出，$b=(b_1, b_2, \cdots, b_K) \in R_K^*$；则 (x_i^t, y_i^t, b_i^t) 为第 i 个地区 t 时期的投入产出数据，(g^x, g^y, g^b) 为方向向量，(s_n^x, s_m^y, s_k^b) 为投入和产出达到效率前沿面的松弛向量。那么，第 i 个地区 SBM-DDF 定义如下：

$$\overline{S}_v^t(x_i^t, y_i^t, b_i^t, g^x, g^y, g^b) = \frac{1}{3}\max\left(\frac{1}{N}\sum_{n=1}^{N}\frac{s_n^x}{g_n^x} + \frac{1}{M}\sum_{m=1}^{M}\frac{s_m^y}{g_m^y} + \frac{1}{K}\sum_{k=1}^{K}\frac{s_k^b}{g_k^b}\right)$$

$$\text{s. t.} \quad \bar{\lambda}Y - s_m^y = y_{im}^t, \forall m; \bar{\lambda}B + s_k^b = b_{ik}^t, \forall k; \bar{\lambda}X + s_n^x = x_{in}^t, \forall n;$$

$$\bar{\lambda} \geqslant 0, \bar{\lambda}l = 1; s_n^x \geqslant 0, s_m^y \geqslant 0, s_k^b \geqslant 0 \quad (13\text{-}1)$$

本章以我国 30 个省份的工业能源终端消费作为重点关注的能源投入[6]，以各地区就业人员、资

---

[1] 北京师范大学科学发展观与经济可持续发展研究基地，西南财经大学绿色经济与经济可持续发展研究基地，国家统计局中国经济景气监测中心. 2013 中国绿色发展指数报告——区域比较. 北京：北京师范大学出版社，2013.

[2] 魏楚，杜立民，沈满洪. 中国能否实现节能减排目标：基于 DEA 方法的评价与模拟. 世界经济，2010，(3)：141~160.

[3] 李世祥，成金华. 中国工业行业的能源效率特征及其影响因素——基于非参数前沿的实证分析. 财经研究，2009，(7)：134~143.

[4] 韩一杰，刘秀丽. 基于超效率 DEA 模型的中国各地区钢铁行业能源效率及节能减排潜力分析. 系统科学与数学，2011，(3)：287~298.

[5] Fukuyama H，Weber W L. A directional slacks-based measure of technical inefficiency. Socio-Economic Planning Sciences，2009，43(4)：274~287.

[6] 对于工业能源终端消费这一指标，本章以各地区能源平衡表中工业终端消费量为基础，根据当年各能源实物量及其对应的折算系数折算加总获得标准量：$E_i^t = \sum_{m=1}^{M} e_{i,m}^t \varepsilon_m$。其中，$E_i^t$ 表示第 i 个地区 t 时期的工业能源终端消费标准量；$e_{i,m}^t$ 表示第 i 个地区 t 时期第 m 种能源工业终端消费实物量；ε_m 表示相应的能源折算系数。

本存量[①]、技术合同成交额作为劳动、资本、技术的其他投入，以工业增加值作为期望产出，以各地区工业废水排放总量、工业废气排放总量及工业固体废物排放总量3种主要污染物作为重点关注的非期望产出，利用《中国统计年鉴》、《中国能源统计年鉴》、《中国环境统计年鉴》、《中国环境统计年报》中2006~2011年的数据，求解式(13-1)的线性规划，即可得到i地区t时期工业生产中的无效率值。

根据 H. Fukuyama 和 W. L. Weber 对 SBM-DDF 模型的定义及王兵等[②]、刘瑞翔和安同良[③]对 SBM-DDF 模型的拓展，式(13-1)计算出的无效率值可进一步分解，从而获得无效率的具体来源：

$$\text{IE} = \overrightarrow{S}_v^t = \text{IE}^x + \text{IE}^y + \text{IE}^b \tag{13-2}$$

其中，IE^x、IE^y、IE^b分别表示投入、期望产出和非期望产出的无效率值，可通过如下公式进行计算：

$$\text{IE}_v^x = \frac{1}{3N}\sum_{n=1}^{N}\frac{s_n^x}{g_n^x}; \quad \text{IE}_v^y = \frac{1}{3M}\sum_{m=1}^{M}\frac{s_m^y}{g_m^y}; \quad \text{IE}_v^b = \frac{1}{3K}\sum_{k=1}^{K}\frac{s_k^b}{g_k^b} \tag{13-3}$$

本章投入包括工业能源终端消费、劳动、资本和技术，因此，投入无效率IE_v^x可继续分解：

$$\text{IE}_v^x = \text{IE}_v^{\text{energy}} + \text{IE}_v^{\text{labor}} + \text{IE}_v^{\text{capital}} + \text{IE}_v^{\text{technology}} \tag{13-4}$$

同理，期望产出仅包括工业增加值，则有

$$\text{IE}_v^y = \text{IE}_v^{\text{industry}} \tag{13-5}$$

非期望产出包括工业废水排放总量、工业废气排放总量及工业固体废物排放总量，即

$$\text{IE}_v^b = \text{IE}_v^{\text{water}} + \text{IE}_v^{\text{gas}} + \text{IE}_v^{\text{solid}} \tag{13-6}$$

式(13-1)计算出的工业无效率值可最终分解为

$$\text{IE} = \overrightarrow{S}_v^t = \text{IE}_v^x + \text{IE}_v^y + \text{IE}_v^b = \text{IE}_v^{\text{energy}} + \text{IE}_v^{\text{labor}} + \text{IE}_v^{\text{capital}} + \text{IE}_v^{\text{technology}} + \text{IE}_v^{\text{industry}} + \text{IE}_v^{\text{water}} + \text{IE}_v^{\text{gas}} + \text{IE}_v^{\text{solid}} \tag{13-7}$$

本章评估的是工业节能减排绩效，因此，需重点关注工业能源终端消费及工业废水排放总量、工业废气排放总量和工业固体废物排放总量的无效率值，即$\text{IE}_v^{\text{energy}}$、$\text{IE}_v^{\text{water}}$、$\text{IE}_v^{\text{gas}}$和$\text{IE}_v^{\text{solid}}$。而$\text{IE}_v^{\text{energy}}$、$\text{IE}_v^{\text{water}}$、$\text{IE}_v^{\text{gas}}$和$\text{IE}_v^{\text{solid}}$分别表示在生产效率前沿面能源过度消耗及工业废水、工业废气、工业固体废物过度排放的程度，据此可以分别获得各地区工业生产中工业节能、减排及节能减排的无效率值IE_v^{IES}、IE_v^{IER}、$\text{IE}_v^{\text{IESER}}$，即

$$\text{IE}_v^{\text{IES}} = \text{IE}_v^{\text{energy}} \tag{13-8}$$

$$\text{IE}_v^{\text{IER}} = \text{IE}_v^{\text{water}} + \text{IE}_v^{\text{gas}} + \text{IE}_v^{\text{solid}} \tag{13-9}$$

$$\text{IE}_v^{\text{IESER}} = \text{IE}_v^{\text{IES}} + \text{IE}_v^{\text{IER}} = \text{IE}_v^{\text{energy}} + \text{IE}_v^{\text{water}} + \text{IE}_v^{\text{gas}} + \text{IE}_v^{\text{solid}} \tag{13-10}$$

H. Fukuyama 和 W. L. Weber 研究中 SBM-DDF 模型的定理表明，当方向向量$\boldsymbol{g}_n^x = \boldsymbol{x}_n^{\max} - \boldsymbol{x}_n^{\min}$，$\forall n$且$\boldsymbol{g}_m^y = \boldsymbol{y}_m^{\max} - \boldsymbol{y}_m^{\min}$时，则有$0 \leqslant \overrightarrow{S}_v^t(x_i^t, y_i^t, b_i^t, g^x, g^y, g^b) \leqslant 1$，也即$0 \leqslant \text{IE}_v^{\text{IES}}$、$\text{IE}_v^{\text{IER}}$、$\text{IE}_v^{\text{IESER}} \leqslant 1$，因此，可依据无效率值构建 IESERI，并以此评估我国工业节能减排的效率：

$$\text{IESERI} = 1 - \text{IE}_v^{\text{IESER}}$$
$$\text{s.t.} \quad \boldsymbol{g}_n^x = \boldsymbol{x}_n^{\max} - \boldsymbol{x}_n^{\min}, \forall n; \quad \boldsymbol{g}_m^y = \boldsymbol{y}_m^{\max} - \boldsymbol{y}_m^{\min}, \forall m \tag{13-11}$$

由于$\text{IE}_v^{\text{IESER}}$介于0~1，所以 IESERI 也介于0~1。IESERI 值越高，则该地区工业节能减排效

[①] 对于资本存量这一指标，本章采用永续盘存法进行估算，并在估算中进行价格平减：$K_{i,t} = (1-\delta_{i,t})K_{i,t-1} + I_{i,t}/P_{i,t}$。其中，$K_{i,t}$和$K_{i,t-1}$表示各地区在$t$年和$t-1$年的工业资本存量；$I_{i,t}$表示在$t$年的当年价工业投资；$P_{i,t}$表示$t$年的价格指数；$\delta_{i,t}$表示$t$年的资本折旧率。根据 Chou 的研究，本章资本折旧率$\delta_{i,t}$取值5%（参见 Chou J. Growth Theories in Light of the East Asian Experience. Chicago: University of Chicago Press, 1995）。基期资本存量用 Harberger 提出的"稳定时期资本产出比不变，或物质资本增长速度等于总产出增长速度"进行估算：$K_{i,t-1} = I_{i,t}/(g_{i,t} + \delta_{i,t})$。

[②] 王兵，吴延瑞，颜鹏飞. 中国区域环境效率全要素生产率增长. 经济研究，2010，(5)：95~109.

[③] 刘瑞翔，安同良. 资源环境约束下中国经济增长绩效变化趋势与因素分析——基于一种新型生产率指数构建与分解方法的研究. 经济研究，2012，(11)：34~47.

率越高；反之，则该地区工业节能减排效率越低。

二、中国30个省（自治区、直辖市）的工业节能减排效率

基于上文确定的 IESERI 及投入、期望产出和非期望产出的相关指标，本部分测度出2006~2011年我国30个省份的工业节能减排指数(IESERI)，如表13-1所示。

表13-1 2006~2011年我国30个省份的工业节能减排指数(IESERI)

省份	2006年	2007年	2008年	2009年	2010年	2011年	2006~2011年均值	均值排序
广东	0.9431	0.9847	0.9896	0.9905	0.9903	0.9908	0.9815	1
北京	0.9352	0.9828	0.9870	0.9884	0.9901	0.9901	0.9789	2
浙江	0.9939	0.9970	0.9893	0.9948	0.8716	0.9926	0.9732	3
青海	0.8663	0.9660	0.9911	0.9951	0.9892	0.9874	0.9659	4
吉林	0.9872	0.9954	0.9499	0.9481	0.9873	0.9229	0.9651	5
江苏	0.8657	0.9659	0.9685	0.9727	0.9773	0.9886	0.9565	6
天津	0.8628	0.9652	0.9680	0.9715	0.9733	0.9738	0.9524	7
上海	0.8643	0.9655	0.9638	0.9682	0.9761	0.9754	0.9522	8
黑龙江	0.8683	0.9665	0.9453	0.9830	0.9795	0.9198	0.9437	9
内蒙古	0.9999	0.9986	0.9826	0.9990	0.7854	0.8530	0.9364	10
海南	0.7637	0.9411	0.9469	0.9657	0.9653	0.9792	0.9270	11
山东	0.7680	0.9421	0.9342	0.9388	0.9560	0.9572	0.9161	12
河南	0.9304	0.9816	0.7772	0.9761	0.8484	0.9646	0.9131	13
宁夏	0.7005	0.9257	0.9808	0.9744	0.9296	0.9370	0.9080	14
陕西	0.7340	0.9338	0.9282	0.9247	0.9053	0.9434	0.8949	15
甘肃	0.5927	0.8995	0.9363	0.9268	0.9998	0.9921	0.8912	16
湖北	0.9188	0.9788	0.8315	0.9379	0.8597	0.8173	0.8907	17
江西	0.7593	0.9400	0.9130	0.9110	0.9028	0.8835	0.8849	18
贵州	0.7150	0.9292	0.8990	0.8167	0.9100	0.8956	0.8609	19
福建	0.5962	0.9003	0.9061	0.9241	0.9331	0.8570	0.8528	20
湖南	0.8152	0.9536	0.8300	0.8344	0.8282	0.8402	0.8503	21
安徽	0.5232	0.8826	0.9509	0.9178	0.8909	0.9078	0.8455	22
四川	0.6597	0.8108	0.9076	0.8495	0.8568	0.8588	0.8239	23
新疆	0.5434	0.8875	0.9453	0.8606	0.9083	0.7887	0.8223	24
云南	0.4559	0.8662	0.9626	0.9138	0.9465	0.6636	0.8014	25
辽宁	0.4413	0.7577	0.8804	0.9653	0.7865	0.8672	0.7831	26
广西	0.5640	0.7876	0.7554	0.8571	0.8753	0.7915	0.7718	27
重庆	0.4732	0.8704	0.8022	0.7197	0.7631	0.9332	0.7603	28
河北	0.4818	0.7676	0.5583	0.8492	0.5574	0.5700	0.6307	29

续表

省份	2006年	2007年	2008年	2009年	2010年	2011年	2006~2011年均值	均值排序
山西	0.4316	0.5707	0.5457	0.8016	0.5894	0.7072	0.6077	30
全国平均水平	0.7352	0.9105	0.8976	0.9226	0.8911	0.8917	0.8748	—

注：本表各省份以 IESERI 6 年均值的大小由高到低排序；数据根据《中国统计年鉴》(2007~2012年)、《中国能源统计年鉴》(2007~2012年)、《中国工业经济统计年鉴》(2007~2012年)、《中国环境统计年鉴》(2007~2012年)等测算

由表 13-1 可知，2006~2011 年我国 30 个省份的 IESERI 排名前 10 位的省份依次是广东、北京、浙江、青海、吉林、江苏、天津、上海、黑龙江、内蒙古，这 10 个省份的工业节能减排效率较高；排名第 11~20 位的地区依次是海南、山东、河南、宁夏、陕西、甘肃、湖北、江西、贵州、福建，这 10 个省份的工业节能减排效率位于全国中等水平；排名第 21~30 位的地区依次是湖南、安徽、四川、新疆、云南、辽宁、广西、重庆、河北、山西，这 10 个省份的工业节能减排效率则相对较低。

为更好地说明各省份的排名情况，以 IESERI 6 年均值为基数，做出 2006~2011 年我国 30 个省份 IESERI 排序图，如图 13-1 所示。

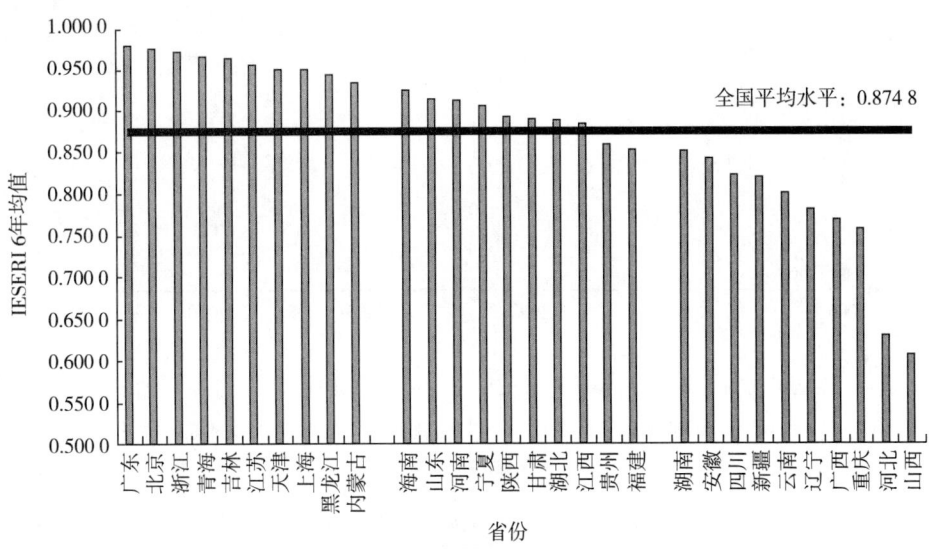

图 13-1 2006~2011 年我国 30 个省份 IESERI 排序图
注：本图数据来源于表 13-1

由图 13-1 可知，2006~2011 年我国 30 个省份的工业节能减排效率均低于 1.0000，没有一个地区位于工业节能减排的生产效率前沿。广东、北京、浙江、青海、吉林、江苏、天津、上海 8 个省份的工业节能减排指数高于 0.9500，接近工业节能减排的效率前沿；而河北和山西效率均低于 0.6500，工业节能减排效率有待提高。

30 个省份中，排名前 10 位的各个省份工业节能减排效率均高于 0.9000，最高的广东为 0.9815，而排名第 10 位的内蒙古为 0.9364；排名第 11~20 位的各个省份 IESERI 主要位于 0.8000~0.9000，海南相对较高，为 0.9270，福建相对较低，为 0.8528；而排名第 21~30 位的各个省份工业节能减排效率除湖南外都低于 0.8500，其中，最低的山西仅有 0.6077。

2006~2011 年全国平均水平为 0.8748，广东、北京、湖北、江西等 18 个省份工业节能减排效率高于全国平均水平，贵州、四川、重庆、云南等 12 个省份工业节能减排效率低于全国平均水平。

总体来说，2006~2011 年我国 30 个省份的工业节能减排指数位于一个相对较高的水平，接近生产效率前沿面，但部分年份、部分省份工业节能减排指数仍然很低，且各省份之间的差距也较大，

存在一定的两极分化,这应当引起我们的重视。

三、中国 30 个省(自治区、直辖市)工业节能减排效率区域格局与特征

中国工业经济发展不平衡,各省份对节能减排工作的重视程度存在差异,导致各区域节能减排效率也呈现不同的特点。本部分将 30 个省份分为东部、中部和西部三个区域①,分别考察区域视角的中国工业节能减排效率格局与特征。

1. 东部、中部和西部三大区域工业节能减排效率的总体水平

根据表 13-1 中 IESERI 的测度结果,做出 2006～2011 年东部、中部和西部三大区域工业节能减排效率的总体水平及比较图,如图 13-2 所示。

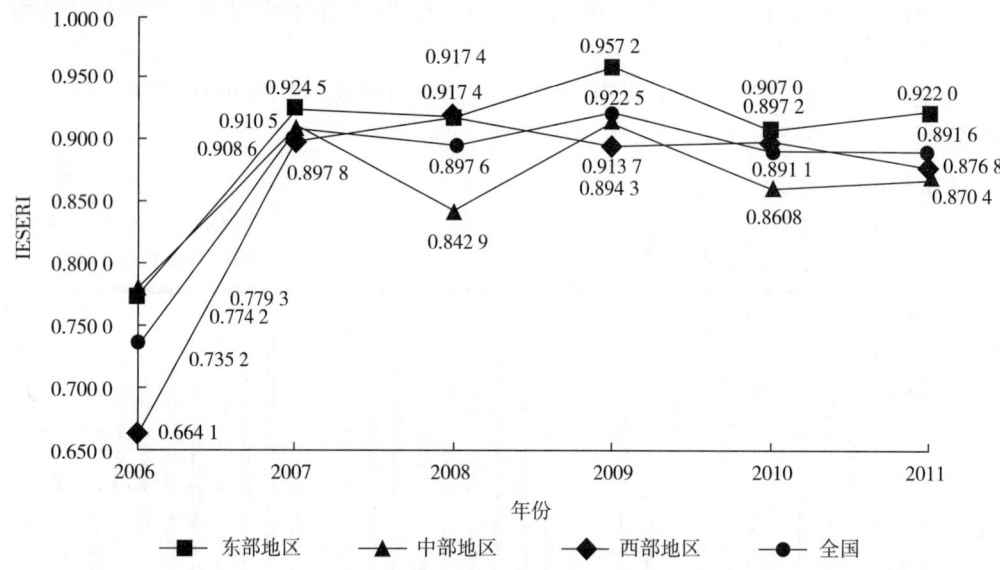

图 13-2 2006～2011 年东部、中部和西部三大区域工业节能减排指数的总体水平及比较图
注:本图数据来源于表 13-1

由图 13-2 可知,三大经济区域中,中国工业节能减排效率呈现东部地区较高、中部地区次之而西部地区最低的局面。东部地区 IESERI 均值为 0.900 4,最高在 2009 年达到 0.957 2,最低在 2006 年也有 0.774 2,均高于全国平均水平。中部地区在 2006 年工业节能减排效率位居 3 个区域的首位,但随后增长速度缓慢,2008 年和 2010 年甚至出现较大幅度的降低,平均水平低于东部地区和全国平均水平,但仍然高于西部地区。西部地区在 2008 年、2010 年和 2011 年节能减排工作的实施优于中部地区,但其余 3 年却低于中部地区,且 2006 年与中部之间的差距非常之大,因此整体水平低于中部地区。

中国三大区域节能减排效率差异明显,这与各区域经济及工业发展水平不均有较大的关系。首先,东部地区经济发展水平领先全国,该区域各省份的环保意识较强,更注重经济增长与资源、环境、生态的协调发展,基本已经渡过靠牺牲环境发展经济的重化工时期,因此,节能减排任务相对较轻。其次,东部地区位于我国绿色技术创新效率前沿,工业企业先进的生产技术水平、可持续发展管理文化及较为健全的产业体系等推动企业不断升级,同时吸引国内外清洁型企业的聚集,改善

---

① 按照中国经济区域的三分法,东部地区包括北京、天津、河北、辽宁、上海、江苏、浙江、福建、山东、广东和海南 11 个省份;中部地区包括山西、吉林、黑龙江、安徽、江西、河南、湖北和湖南 8 个省份;西部地区包括重庆、四川、贵州、云南、西藏、陕西、甘肃、青海、宁夏、新疆、广西和内蒙古 12 个省份。西藏因数据缺失没有纳入本章研究,因此不包括在西部地区中。同时,本章研究以中国内地各省份研究对象,因此也不包括港澳台地区。

了这些地区的工业节能减排效率。最后,东部地区高污染、高能耗、高排放的"三高"企业在节能减排进程中通过淘汰落后产能已部分或全部转移到中部和西部地区,剩下的企业大部分是符合资源节约与环境友好要求的绿色企业,节能减排效率当然较高,如北京、广东、江苏、浙江等。而中部和西部地区经济发展水平相对落后,目前仍处于全力实现经济增长的关键时期,工业发展过程中不会过多关注资源节约与环境保护问题,以牺牲环境换取经济增长的现象较为严重,节能减排效率受到较大的负面影响。同时,中部和西部地区还要承接东部地区转移出来的"三高"产业,如河北接收北京、天津淘汰转移的企业等,这些企业往往技术较为落后,企业环保制度缺失,对能源、资源的利用率较低,节能减排任务进一步加重,节能减排的效率则相对偏低。此外,还有一部分资源型地区(如山西、新疆),长期进行高强度、粗放式的资源开发,资源能源消耗大且生态环境破坏严重,工业节能减排效率极低。

2. 东部各省份的工业节能减排效率

东部地区的 IESERI 在三大区域中位居前列,但东部内部各省份的工业节能减排效率也存在一定的差异。如图 13-3 所示,东部 11 个省份的 IESERI 主要介于 0.630 0～0.990 0,排名首位的广东 IE-SERI 高达 0.981 5,而排名最后的河北 IESERI 却仅有 0.630 7,两者之间的差值达到 0.350 8,东部内部两极分化较为严重。广东、北京、浙江、江苏等省份位于中国绿色技术创新效率前沿,工业企业清洁生产、环境保护等领先全国,大部分"三高"企业也实现了转移,工业产业结构合理,因此工业节能减排效率超过东部平均水平,同时也超过全国平均水平,属于东部地区工业节能减排的领先地区;河北几乎承接了北京转移的所有企业,辽宁属于中国传统老工业基地,正在进行产业优化升级,二者与福建的工业节能减排效率都低于东部和全国平均水平,节能减排工作有待进一步加强。

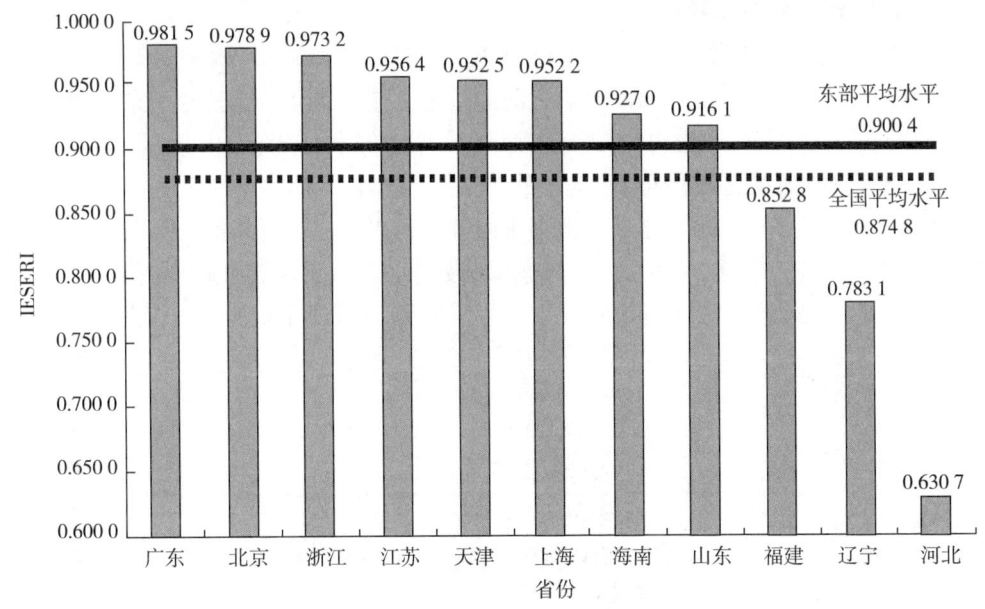

图 13-3 东部地区各省份的工业节能减排指数

注:本图数据来源于表 13-1;各省份按照节能减排指数由高到低排列

3. 中部各省份的工业节能减排效率

中部 8 个省份的工业节能减排效率主要介于 0.600 0～0.970 0,效率最高的吉林 IESERI 为 0.965 1,最低的山西 IESERI 为 0.607 7,二者之间的差值高达 0.357 4,中部内部的两极分化矛盾也比较突出。如图 13-4 所示,中部 8 个省份中,吉林、黑龙江、河南、湖北和江西 5 个省份的工业节能减排效率既高于中部平均水平,也高于全国平均水平,在中部处于领先地位;湖南与安徽工业节能减排效率虽然低于中部和全国平均水平,但它们之间的差值仅有 0.04 左右,与领先的 5 个省份之间差距并不大；而山西作为中国的资源型省份，长期高强度、粗放式的资源开发使其工业生产消耗的能源及造成的环境污染较为严重，企业资源节约与环境友好生产相对较弱，工业节能减排效率较低。

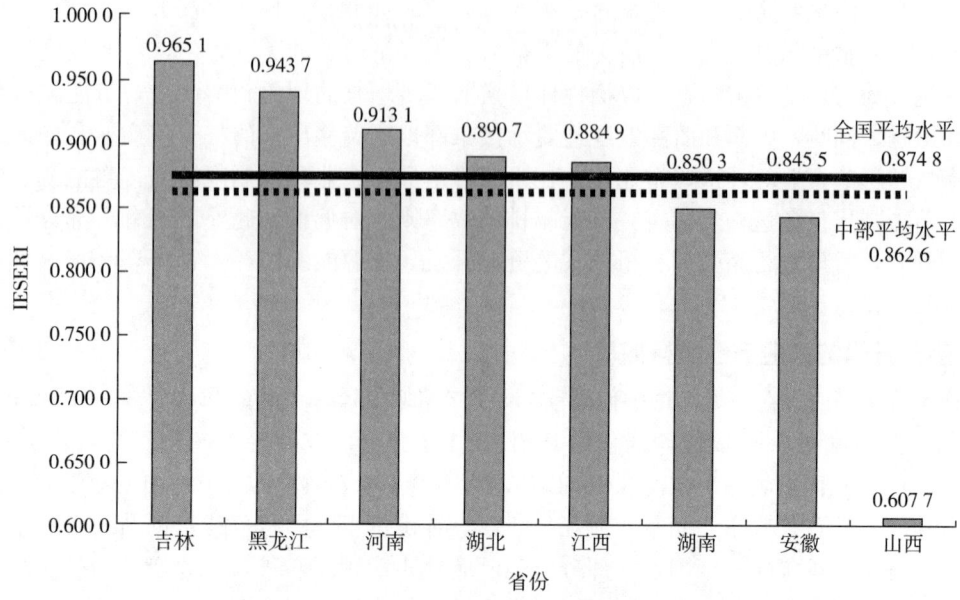

图 13-4　中部地区各省份的工业节能减排指数

注：本图数据来源于表 13-1；各省份按照节能减排指数由高到低排列

4. 西部各省份的工业节能减排效率

西部 11 个省份的工业节能减排效率主要位于 0.760 0～0.970 0，效率最高的青海 IESERI 为 0.965 9，最低的重庆 IESERI 为 0.760 3，二者之间的差值仅有 0.205 6，远远小于东部和中部地区内部差值，两极分化问题不甚严重。如图 13-5 所示，西部 11 个省份中，青海、内蒙古、宁夏、陕西、甘肃 5 个省份的工业节能减排效率既高于西部平均水平，也高于全国平均水平，领先于西部其他各省份；贵州的工业节能减排效率低于全国平均水平，但高于西部平均水平，在西部各省份中拥有一定的比较优势；而四川、新疆、云南、广西、重庆的工业节能减排效率虽然低于西部和全国平均水平，但与中部的湖南与安徽类似，它们与领先的几个省份之间差距并不明显，未来节能减排潜力较大。

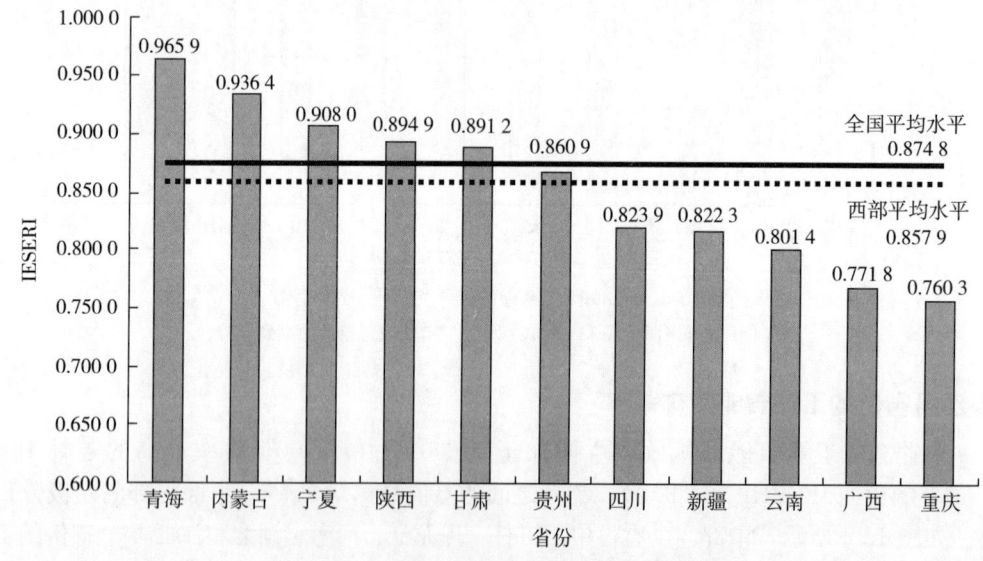

图 13-5　西部地区各省份的工业节能减排指数

注：本图数据来源于表 13-1；各省份按照节能减排指数由高到低排列

四、中国30个省（自治区、直辖市）工业节能减排效率的总体状况

以SBM-DDF为基础，本章构建了一种新型的IESERI，评估和测度了2006~2011年中国30个省份的工业节能减排效率，通过研究，本章发现以下几点。

(1) 2006~2011年，30个省份的工业节能减排效率均值为0.8748，中国工业节能减排效率位于一个相对较高的水平。30个省份0.8748的工业减排效率均值，其已经较为接近工业节能减排效率的前沿面，工业节能减排效率水平较高。30个省份中，有18个省份工业节能减排效率高于全国平均水平，广东、北京、浙江、青海、吉林、江苏、天津、上海8个省份的工业节能减排效率更是超过0.9500，这表明过半的省份工业节能减排效率处于领先地位，部分省份具备在新一轮新型工业化进程中进一步转型升级的能力，中国工业可持续发展处于质量由低到高、规模由小到大的重要战略转型期，中国工业可持续发展有望全面实现。

(2) 中国工业节能减排效率呈现东部最高、中部次之、西部最低的态势，且各区域内部也存在一定的两极分化。由于中国东部、中部、西部三大区域经济及工业发展水平有较大差异，东部地区高污染、高能耗、高排放的"三高"企业在节能减排进程中以淘汰落后产能等方式已部分或全部转移到中部和西部地区，而中部和西部地区经济发展水平相对落后，且目前仍处于靠牺牲环境发展经济的重化工时期，全力实现经济增长仍然是其发展的首要目标，工业发展过程中不会过多关注资源节约与环境保护问题，因此，东部地区的工业节能减排效率均值高达0.9004，2009年最高，达到0.9572，高于全国平均水平，也远高于中部和西部地区，中部和西部地区工业节能减排效率均值分别为0.8626和0.8579，呈现中高西低的局面。

各区域内部，东部11个省份中，福建、辽宁和河北的工业节能减排效率低于东部平均水平，也低于全国平均水平；中部8个省份中，湖南、安徽、山西的工业节能减排效率低于中部平均水平，也低于全国平均水平；西部11个省份中，四川、新疆、云南、广西、重庆工业节能减排效率低于西部和全国平均水平，中国东部、中部、西部三大区域内部工业节能减排效率存在较为明显的两极分化。

(3) 中国工业节能减排效率在各省份非均衡发展特征明显，部分省份节能减排效率亟待提高。30个省份中，虽然有过半的省份处于领先地位，但仍然有12个省份工业节能减排效率低于全国平均水平，部分省份工业节能减排效率与领先者的差距非常之大，有待进一步的提高与改善。例如，河北和山西的工业节能减排效率均低于0.6500，与绝大部分地区的工业节能减排效率差距较大，与全国平均水平的差距也较为显著，中国工业节能减排效率的非均衡发展特征明显。

第十四章

中国 285 个城市的工业集聚与绿色发展

要着力打造中央提出的集约、智能、绿色、低碳的新型城镇化道路,城市化高速推进过程中所伴生的两个重要现象特别值得关注:其一是生态环境的不断恶化。在中国规模较大的 500 个城市中,只有不到 1% 的城市达到了世界卫生组织推荐的空气质量标准[1]。2013 年,在首批实施《环境空气质量标准》(GB 3095—2012)的 74 个城市中,仅海口、舟山、拉萨 3 个城市各项污染指标年均浓度达到二级标准,其他 71 个城市均存在不同程度的超标现象[2]。其二是环境恶化背后的工业集聚热。长期以来,各级城市大办特办工业园区、打造产业集聚区,但开发区的飞速发展也产生了许多严重的问题,由于进入各类开发区的企业可以享受财税、土地、金融等方面的优惠政策,大多数工业园区成为高耗能、高污染、低效益企业的集聚区。上述两个现象同时也是中国传统工业发展道路的两个特征,城市和工业区的污染叠加并相互作用,导致环境质量总体呈下降趋势。中国要发展绿色经济,走绿色发展道路,便不得不重视这两个现象。这也促使我们去思考一个问题,中国的工业集聚对各地的绿色发展有什么样的影响?也即工业集聚程度与绿色发展水平的关系究竟如何?本章利用中国 285 个城市样本的工业与环境数据对此进行探讨。

一、模型设定、数据描述与变量说明

(一)模型设定

本章借鉴 Grossman 和 Krueger[3] 的模型对工业集聚与绿色发展的关系曲线在城市水平的样本中进行实证,所构建面板模型如下:

$$Y_{it}=\alpha_{i0}+\alpha_{i1}x_{it}+\alpha_{i2}x_{it}^2+\alpha_{i3}x_{it}^3+\beta_i X_{it}+u_{it} \quad (14-1)$$

其中,Y_{it} 表示 i 城市在第 t 期的绿色发展水平,以环境污染作为代理变量;x_{it} 表示 i 城市在第 t 期的工业集聚程度,以工业区位熵表示;X_{it} 表示影响环境污染的控制变量向量;α_{i0} 为个体效应向量;u_{it} 为随机误差项。根据模型,我们主要关心的解释变量工业集聚 x_{it} 的参数估计结果存在以下几种情况:①$\alpha_{i1}>0$,$\alpha_{i2}=0$,$\alpha_{i3}=0$,工业集聚与环境污染之间呈现正相关线性关系。②$\alpha_{i1}<0$,$\alpha_{i2}=0$,$\alpha_{i3}=0$,工业集聚与环境污染之间呈现负相关线性关系。③$\alpha_{i1}=\alpha_{i2}=\alpha_{i3}=0$,工业集聚与环境污染之间的关系呈现水平直线。④$\alpha_{i1}>0$,$\alpha_{i2}<0$,$\alpha_{i3}=0$,工业集聚与环境污染之间呈现倒 U 形曲线关系,拐点为 $y^*=-\alpha_{i1}/2\alpha_{i2}$,即当工业集聚程度位于这一点时,环境污染达到峰值。⑤$\alpha_{i1}<0$,$\alpha_{i2}>0$,

---

[1] 张庆丰,克鲁克斯 R. 迈向环境可持续的未来:中华人民共和国国家环境分析. 北京:中国财政经济出版社,2012:46.
[2] 韩旭. 环保部发布 74 城市去年空气质量状况:仅 3 个达标. 人民日报,2014-03-26,第 13 版.
[3] Grossman G M, Krueger A B. Economic growth and the environmental. The Quarterly Journal of Economics, 1995, 110(2): 353~377.

$\alpha_{i3}=0$，工业集聚与环境污染之间呈现 U 形曲线关系，拐点为 $y^*=-\alpha_{i1}/2\alpha_{i2}$，即当工业集聚程度位于这一点时，环境污染达到谷底值。⑥$\alpha_{i1}>0$，$\alpha_{i2}<0$，$\alpha_{i3}>0$，工业集聚与环境污染之间呈现 N 形曲线关系。⑦$\alpha_{i1}<0$，$\alpha_{i2}>0$，$\alpha_{i3}<0$，工业集聚与环境污染之间呈现倒 N 形曲线关系。

(二) 数据描述与变量说明

本章对《中国城市年鉴》和《中国区域经济统计年鉴》中与环境污染和工业集聚相关的地级以上城市水平的数据进行整理，得到 2003~2011 年中国内地除西藏自治区外的 30 个省份中的 285 个地级市的数据，共计 2 563 个样本。综合考虑文献以及现实经济中产业集聚与环境污染间的关系，我们在回归分析中考虑加入产业结构、技术创新、能源消耗、环境规制、外商直接投资等控制变量及年度虚拟变量。

1. 绿色发展 lnSO$_2$

依前文，以环境污染作为"绿色发展"的代理变量，即环境污染越重，绿色发展水平越低，本章主要关注城市发展过程中的工业废气污染。目前，中国有 560 个城市（包括县级市）开展常规空气质量监测，按照现行环境空气质量标准，纳入常规监测体系的污染物主要包括三种，分别是可吸入颗粒物（PM10）、二氧化硫（SO$_2$）和二氧化氮（NO$_2$）。工业和电力行业既是经济发展的支柱产业，又是中国空气污染物的主要来源，超过 70% 的二氧化硫和粉尘排放来自工业点源（包括火力电厂的排放）。考虑到数据的可获得性，本章将其中的代表性污染物工业二氧化硫排放作为绿色发展的代理变量并取对数，数据来源于历年《中国城市年鉴》。

2. 工业集聚 LQ

工业集聚程度以工业区位熵（location quotient，LQ）衡量。区位熵，又称专门化率或地方专业化指数，由 Haggett[①] 首先提出并运用于区位分析中，是产业集聚程度的一种重要测度方法，通过计算某一区域产业的区位熵可以衡量某一产业在某一区域内的相对集中度，找出该区域在全国具有一定区位优势产业。区位熵既可以从产业结构的角度来定义，也可以从地区地位的角度来考察，二者数值相等，本质相同。从地区地位的角度来看，地方专业化水平可以考察 j 地区 i 产业在全国的地位与 j 地区所有产业在全国的地位之间的差异，公式为

$$\mathrm{LQ}=\frac{s_{ij}/s_i}{s_j/s} \tag{14-2}$$

在本章中，工业区位熵（LQ）的分子指 j 地区工业 GDP 在全国工业 GDP 中所占的份额，分母指 j 地区的地区生产总值占 GDP 的份额。工业区位熵大于 1，说明该地区工业具有比较优势，可能存在产业集聚。工业区位熵值越大意味着该地区的工业集聚程度越高，如果区位熵呈现总体上升趋势则意味着该地区的工业具有加速集中趋势。计算中所用的地区工业 GDP 和全国工业 GDP 等数据来源于历年《中国区域经济统计年鉴》。

3. 产业结构 ter_percent

许多文献和西方发达国家的实践均表明，产业结构的转型升级能够有效缓解生态环境压力、减轻环境负荷。然而，当前中国地级城市的第三产业占地区生产总值的平均比重约为 40%，低于同等发展阶段国家的水平，且服务业结构层次仍然偏低。除交通运输业属于废气排放的"大户"外，大多数第三产业属于环境友好型产业，因此，从中国目前的第三产业结构来看，将第三产业产值占 GDP 的比重作为控制变量有利于更准确地考察工业废气污染与工业集聚之间的关系。本章中，该指标用第三产业产值占 GDP 的比重表示，数据来源于历年《中国城市年鉴》。

---

① Haggett P. Location Analysis in Human Geography. London: Edward Arnold, 1965.

4. 技术创新 expsci

本章利用地方财政一般预算内科学支出与工业GDP之比作为衡量技术创新的变量。这是因为，地方财政一般预算内科学支出主要用于建设区域科技创新体系，落实科技创新优惠政策，支持企业科技研究与开发、促进科技成果转化应用等。出于提高区域竞争力、形成地方产业竞争优势的考虑，地方财政科技支出通常与国家贸易政策、产业政策相结合，主要将财政支出应用于共性技术和专有技术的研发，尤其是应用于具有地方优势的支柱产业的技术研发上，形成创新产出，从而使创新过程中产生的环境正外部性和负外部性均主要作用于当地。鉴于以上原因，本章以地方财政一般预算内科学支出与工业GDP之比作为技术创新的代理变量，数据来源于历年《中国城市年鉴》。

5. 环境规制 regulation

环境管制政策工具主要分为三大类，第一类是传统的命令控制型；第二类是经济激励型；第三类是自愿性环境协议等自愿型。针对工业废气污染的环境规制来说，无论是政府直接控制、市场激励引导还是通过自愿型措施，最终都需要通过量化结果来评价环境规制的有效性，我们采用工业二氧化硫去除量与工业二氧化硫排放产生量（去除量与排放量之和）之比来计算环境规制强度，数据来源于历年《中国城市年鉴》。

6. 能源消耗 electric

能源消耗以工业用电量表示。原因在于，根据《中国统计年鉴》，中国的火电占到发电量的80%以上，而工业用电占电力消费的70%以上，化石能源等一次能源在向电力、汽油、柴油等二次能源转化的过程中会出现大量的资源耗费、工业废水、工业废气和工业固体废物等环境问题。工业化和城市化过程中的代表性污染物二氧化硫，主要产生于电力、汽油和柴油等二次能源的生产及使用过程，如火电行业的二氧化硫排放量占到总排放量的60%左右。同时在地级市数据中并无直接的能源消耗变量，基于以上原因，我们以工业用电量与工业GDP之比作为能源消耗的代理变量，数据来源于历年《中国城市年鉴》。

7. 外商直接投资 fdi

环境规制的"逐底竞赛"（race to the bottom）假说认为在外商直接投资竞争下，许多国家或地区会以提升竞争力、保持对外商直接投资的竞争优势和吸引力为目标进行环境决策，从而可能会出现环境标准"逐底竞赛"现象，造成环境污染进一步恶化。但实际上，外商直接投资究竟会对区域环境质量带来正面影响还是负面影响取决于外商直接投资所投入的行业、所应用技术的性质及当地的环境规制强度等因素。本章用当年实际使用外资金额与工业GDP之比表示外商直接投资，数据来源于历年《中国城市年鉴》。

二、实证分析

要准确度量快速推进的工业化及城市化进程中的工业集聚与"绿色发展"关系曲线，需考虑与环境污染相关的多个因素的影响。为此，在回归分析中加入产业结构、技术创新、能源消耗、环境规制、外商直接投资、信息化程度等控制变量，并对模型进行固定效应（fixed effect，FE）和随机效应（random effect，RE）估计。Hausman检验的结果显示，我们应该采用固定效应模型的估计结果。

根据表14-1的估计结果，在加入产业结构、技术创新、能源消耗、环境规制、外商直接投资、信息化程度等多个控制变量之后，三次曲线关系方程表明工业二氧化硫排放与工业集聚程度工业区位熵之间存在N形曲线关系，可以计算出该N形曲线的两个转折点分别为0.84、1.51。也就是说，当工业集聚程度工业区位熵低于0.84时，工业二氧化硫排放将随着工业区位熵的上升而增加；一旦工业区位熵超过0.84的临界值水平，工业集聚程度继续上升将有助于减少工业二氧化硫的排放，提升城市的绿色发展水平；随着工业集聚程度工业区位熵的进一步提高，达到1.51后，第二个转折点出现，工业二氧化硫的排放又将随着工业集聚程度的上升而增加。

表14-1 工业集聚与工业二氧化硫排放：FE、RE估计结果

指标	(1) FE	(2) RE
LQ	2.609***	3.757***
	(0.880)	(0.844)
LQ^2	−2.099**	−2.047**
	(0.848)	(0.805)
LQ^3	0.531**	0.364
	(0.263)	(0.245)
ter_percent	−0.004 31	0.004 98
	(0.003 54)	(0.003 19)
expsci	−0.000 113***	−0.000 126***
	(3.05×10^{-5})	(3.02×10^{-5})
regulation	−0.615***	−0.579***
	(0.054 0)	(0.054 2)
fdi	8.35×10^{-5}	6.96×10^{-5}
	(7.71×10^{-5})	(7.03×10^{-5})
electric	1.75×10^{-5}**	2.45×10^{-5}***
	(6.92×10^{-6})	(6.69×10^{-6})
Hausman检验(FE/RE)	—	0.000

***、**、*分别表示在1%、5%、10%的显著水平下显著

注：①括号中是标准差；②Hausman检验所示结果为P值；③文章篇幅所限，年度虚拟变量的系数估计结果已省略

固定效应估计结果中，第三产业GDP占地区生产总值比重符号不显著，这意味着第三产业占地区生产总值比重对地区环境污染的影响难以确定。事实上，正如前文所述，第三产业中的部分行业，如交通运输服务业等在运营过程中产生了大量污染，交通工具尾气排放所造成的空气污染已经给城市环境治理造成了巨大压力。同时，制造业的服务化以及现代服务业的发展建立在工业化比较发达的基础之上，许多服务业部门的发展必须依靠制造业的发展，再考虑到大气污染的跨界特征，城市的空气质量往往受到周围地区的影响，第三产业比重与大气污染的关系难以在模型中进行估计。一个显著的例子是北京，2013年北京的第三产业比重达76.9%[①]，但空气质量超标天数比例却高达47.4%[②]。

固定效应估计同时显示以单位工业GDP的地方一般预算科学支出代表的技术创新与工业二氧化硫排放呈负向变动关系，创新一方面可以提高能源利用效率和劳动生产率，可能产生绿色技术溢出，有利于发展绿色工业；另一方面也可能由于在产业集聚区中因绿色技术创新更利于合作实现基于循环经济的绿色工业集聚，从而提高城市的绿色发展水平。

固定效应的估计结果还表明，环境规制对污染排放具有显著的抑制作用，能源消耗的系数显著为正表明能源消耗对二氧化硫排放的重要影响，由于我们选择以工业用电量表示能源消耗，火电行

[①] 北京市统计局.北京市2013年国民经济和社会发展统计公报.北京日报，2014-02-13.
[②] 杨翼.北京2013年空气质量情况：超标天数比例为47.4%.人民网，http://env.people.com.cn/n/2013/1231/c1010-23985436.html，2013-12-31.

业发电量占到整个发电量的80%以上，二氧化硫的主要来源是火电行业，因此这一结果在预料之中。

三、结论

本章利用285个中国地级以上城市2003～2011年的面板数据，借鉴Grossman和Krueger[①]对工业集聚与绿色发展之间的关系进行考察，得出如下基本结论。

第一，总体来看，工业集聚与绿色发展之间呈现为倒N形曲线关系，当工业集聚程度控制在一定的范围内时，将促进城市的绿色发展。然而，这一结论与各级城市认为的"产业集聚热"、"工业园区热"可实现城市又好又快发展显然并非完全一致，单纯的"打造产业集聚区"并不会实现城市的绿色发展。当前，我国面临的污染方式、资源储量和国际形势与发达国家污染最严重的时期已完全不可同日而语，污染方式多样、资源价格高企和全球绿色发展运动的兴起迫使我们无法再以较为低廉的成本进行"先污染，后治理"。城市样本的证据显示，除提升工业集聚程度以外，鼓励技术创新、调整能源结构、加强环境规制亦应是城市实现绿色发展的核心思路。

第二，从发展态势看，由于我国工业集聚处于波动式上升阶段，长远来看，中国城市的绿色发展水平将呈上升趋势。在2011年所考察的285个城市[②]的工业区位熵中，有115个城市处于第一个转折点0.84之前，即约40%的城市处于工业集聚程度越高、环境污染越严重的区间；有156个城市处于0.84与1.51之间，其中，有113个城市大于1而小于1.51。一般情况下，我们认为工业区位熵大于1，说明该地区工业产业集聚较为明显，这一数据表明，约40%的城市工业集聚较为明显并处于工业集聚程度越高绿色发展水平越高的区间。结合模型估计结果和产业集聚程度的变化趋势，中国城市的绿色发展水平未来可能会逐步提升。

第三，就空间层次而言，中国城市的绿色发展水平由东向西呈明显的梯度分布特征。处于工业集聚程度越高绿色发展水平越高区间的113个城市中，57个位于东部地区，占50.4%；42个位于中部地区，占37.2%；14个位于西部地区，占12.4%[③]。东部地区的城市率先进入绿色发展区间与其空间地理优势和改革开放的先发优势密切相关。不过，城市绿色发展在空间地理上的梯度优势并非静态不变的，随着国家对西部大开发、东北振兴和中部崛起战略的深入实施，中西部地区的工业化进程正在加快，越来越多的中西部城市会相继进入工业集聚程度与绿色发展水平的双高区间，只要结合城市自身的历史和实际，选择适宜的路径寻求突破与超越，不同区域、不同类型的城市都有走上集约、智能、绿色、低碳新型城镇化道路的可能。

---

① Grossman G M, Krueger A B. Economic growth and the environmental. The Quarterly Journal of Economics, 1995, 110(2): 353～377.
② 有些城市数据缺失，没有计算出。
③ 根据国家统计局现行划分方法，东部地区包括北京、天津、河北、辽宁、上海、江苏、浙江、福建、山东、广东、海南11个省份；中部地区包括山西、吉林、黑龙江、安徽、江西、河南、湖北、湖南8个省份；西部地区包括内蒙古、广西、重庆、四川、贵州、云南、西藏、陕西、甘肃、青海、宁夏、新疆12个省份。

第十五章

北京农村地区绿色发展调研报告[①]

不仅城市绿色发展引起各方高度关注，农村的绿色发展同样也越来越引起各方的高度关注。农村河流、土地的污染，林木植被保护的困难，使得相当多的人在回忆小时候在农村度过的田园生活时，都在质问现在农村能不能做到绿色发展？能不能在让农民富裕的同时，有一个美丽的家园？正是带着这样一个疑问，我们在北京农村进行了实地考察调研，看到了一些农村发展中令人可喜的一面，也发现了一些需要注意的问题。

北京作为中国的首都、国际化大都市，下辖16个区县，3 950个行政村。近年来，北京市推进产业升级，优化第一产业，推进都市型现代农业发展。2006年至今，根据首都农村发展特点，已有73个村被评选为"北京最美的乡村"。2014年7月3日～4日，在北京市农村工作委员会的支持下，"中国绿色发展指数课题组"分别奔赴远郊的密云县、延庆县和具有都市型现代农业发展的顺义区进行了调研。

调研期间，课题组与当地区、县的农村工作委员会、发展和改革委员会、旅游发展委员会、生态文明办、农业局、农业服务中心、水务局、市政市容管理委员会、环境保护局、园林绿化局、文物局等多个部门及部分乡镇代表进行了座谈，并重点对密云县巨各庄镇蔡家洼村和古北口镇古北口村、延庆县张山营镇玉皇庙村和井庄镇柳沟村、顺义区赵全营镇北郎中村和马坡镇石家营村等"美丽乡村"建设的情况进行了重点考察。

一、两县一区达到绿色发展基本要求

北京是富有国际竞争力的现代化特大城市，其农村经济社会发展水平在全国居于领先地位。就北京农村地区的绿色发展状况来看，我们利用课题组研发的人类绿色发展指数分析框架，从社会经济的可持续发展和资源环境的可持续发展两个维度，包括贫困、收入、卫生、能源、空气污染、森林六个方面，对所调研的两县一区基本数据进行比较分析。研究发现，调研区县主要指标均表现较好，整体绿色发展程度较高。

从表15-1中可以看到，顺义、密云和延庆的人均地区生产总值分别达到115 760.55元、37 671.12元和26 447.57元，虽然存在差距，但是收入水平远高于全国平均水平，基本实现了温饱。而且，政府对农村居民中有特殊困难的人群还给予了补贴，其最低生活保障人数占农村居民比例都小于5%。此外，两县基本生态环境指标和公共基础设施处理能力都达到了北京市"十二五"规划的要求。全市林木绿化率约束性指标为57%，密云和延庆的林木绿化率分别为66.73%、66.09%。作为城市近郊的顺义区林木绿化率相对较低，为28.32%。从生活垃圾无害化处理率来看，顺义、密云和

[①] 本报告执笔人为李晓西、荣婷婷等。本课题组组长为李晓西教授，课题协调人为荣婷婷博士。各分调研组负责人如下：密云组李晓西教授、延庆组张琦教授、顺义组赵峥博士。参加调研的老师有韩晶、邵晖、张江雪、林永生、刘一萌、宋涛、范丽娜、杨柳、王赫楠等。感谢北京市科学技术委员会和北京市农村工作委员会对本次调研的支持与安排。

延庆分别为95.01%、97.02%和92.63%，都比较高。从可吸入颗粒物年均浓度值来看，延庆和密云的空气质量相对较好，在实际调研当天，城区有严重雾霾，密云和延庆则是蓝天白云的良好天气。

表15-1 北京两县一区人类绿色发展指数原始数据表

类别	贫困	收入	卫生	能源	空气污染	森林
指标名称	农村居民最低生活保障人数占农村居民比例/%	人均地区生产总值/元	生活垃圾无害化处理率/%	能源强度/(吨标准煤/万元)	可吸入颗粒物年均浓度值/(微克/立方米)	林木绿化率/%
密云县	4.58	37 671.12	97.02	0.588	85	66.73
延庆县	4.00	26 447.57	92.63	0.633	82	66.09
顺义区	1.46	115 760.55	95.01	0.866	98	28.32

注：人均地区生产总值按照2012年现价计算获得，生活垃圾无害化处理率按垃圾清运量计算获得
资料来源：北京市统计局、北京市市政市容管理委员会、北京市环境保护局、北京市园林绿化局等机构网站

进一步讲，表15-1反映了社会经济的可持续发展和资源环境的可持续发展两个维度的基本情况。实际上，这6个指标的选取建立在我们对"2015后联合国发展议程"进行各国比较研究的基础上。我们把社会经济的可持续发展概括为"吃饱喝净、健康卫生、教育脱贫"，相应地需要有吃饭喝水指标、卫生健康指标、教育指标，以及与之紧密相关的收入指标。资源环境的可持续发展可概括为"天蓝气爽、地绿水清、生物共存"，相应地需要有能源、气候、空气、土地、森林和生态的指标。而基于北京区、县数据可获得性与指标的接近程度，我们罗列出上述6个指标。这次北京农村绿色发展调研，对我们进一步完善指标体系具有重要意义和参考价值。

指标反映的是结果，而结果则反映了实际工作的方向和力度。就北京而言，"十二五"期间，北京提出不仅要积极稳妥地推进农村城市化，更要大力推进农村现代化，这都是落实社会主义新农村建设和创建"美丽乡村"的具体目标。按照"绿色、生态、人文、宜居"的思路和原则，一方面，分类打造现代特色小城镇，以重点镇为基础，按规划集中力量打造一批特色突出、环境优美、经济繁荣的现代宜居小城镇，分类推进旅游休闲特色镇、科技和设施农业示范镇、商务会议特色镇、园区经济特色镇、重点产业功能区配套服务特色镇等小城镇建设。另一方面，启动建设新型农村社区，立足改善农村人居条件、传承乡村文化与农业文明，推进富有田园特色和乡村风貌的新型农村社区、农村新民居建设。

二、从北京"美丽乡村"建设看农村绿色发展的经验

近年来，北京坚持把"美丽乡村"建设与产业发展、农民增收和民生改善紧密结合起来，全面建设宜居、宜业、宜游的"美丽乡村"，提高城乡居民生活品质，促进生态文明和绿色发展，取得了积极的成效。课题组本次调研的6个典型乡村，尽管各有自己的特点和发展路径，但也从多个角度集中体现了北京农村绿色发展的情况，为我们提供了一些有价值的经验。

1. 盘活土地，是实现农村绿色发展的重要途径

土地流转问题一直都是影响农村发展的关键问题。以密云县巨各庄镇蔡家洼村为例，其在盘活土地方面取得了很好的经验。蔡家洼村占地2 200亩，在不占用农民耕地的同时，旧村改造充分整合建设用地、集中建设400亩多层住宅楼27栋，节省出的1 800亩村庄占地用于发展第二、第三产业。在三大产业区中，蔡家洼村创新机制，按照经济生态化、生产园区化、产品品牌化的思路，大力发展高效生态农业、农产品加工业、休闲旅游业，形成三产融合的新型发展模式。蔡家洼村一方面通过土地流转，以流转合同的形式，将耕地、山场等从农民手中有偿流转到村里合作社，村民每年享受土地补偿款和股份分红，即土地股和户籍股的分红；另一方面，通过资产经营，统一规划建设现

代农业园区、农产品加工区、绿色商务旅游区，以第一产业促进第二、第三产业发展，以第二、第三产业带动第一产业，形成三大产业联动发展的格局。居住区配套服务设施相对齐全，教育、医疗服务事业发展较快。

2. 依托自然和人文资源发展民俗旅游，是实现农村绿色发展的共同选择

通过调研，我们发现有一批村庄依托丰富的自然人文资源，不断壮大民俗旅游产业来推动"美丽乡村"建设，成效突出。例如，密云县古北口镇古北口村位于北京最东北部，全村共有420户，1 600人左右，5个自然村，满族、回族等少数民族人口占全村总人口的40%，是北京市少数民族村。古北口村拥有长城文化、抗战文化、庙宇文化、边塞文化和爱国文化。依托这些得天独厚的自然人文资源，古北口村大力发展民俗旅游业。2012年接待游客10.4万人次，民俗旅游综合收入达到1 030万元，民俗旅游产业成为古北口村的支柱产业。为使古北口村的民俗旅游规范有序发展，村里成立了民俗旅游合作社，负责全村民俗接待户统一管理。目前市区已有8家旅行社与该村民俗旅游业专业合作社建立了长期业务关系，切实保证了农民增收致富，拓展了农民就业渠道。同样，我们调研的延庆县玉皇庙村和柳沟村、顺义区北郎中村和石家营村也依托自然与人文优势，大力发展民俗旅游业。

3. 挖掘特色资源创品牌，是实现农村绿色发展的竞争优势

挖掘特色资源，打造乡村品牌，也是北京农村地区建设"美丽乡村"的宝贵经验。以我们调研的延庆县井庄镇柳沟村为例，该村基本没有任何名胜景区，却根据自身实际，挖掘"火盆锅-豆腐宴"的特色资源，打造乡村品牌。2003年，柳沟村按照"挖掘历史文化，丰富民俗文化，融入旅游文化"的思路，依托柳沟的豆腐资源和明代古城遗址，创出"凤凰城-火盆锅-豆腐宴"这一品牌。迄今已成为京郊乃至北京著名的乡村旅游村，曾多次接待国家、市级领导，并得到认可。2006年开发的柳沟乡村旅游专供酒——"柳下醉"，被国家轻工业协会评为优质产品；2007年"火盆锅-豆腐宴"，被市农村工作委员会评为"京郊新农村建设十大创意"奖、京郊十大金牌农家。其乡村旅游从最初年接待游人不足万人、收入十多万元，发展到2012年接待游人56.51万人次、收入突破2 938.74万元。目前，该村已进入京郊乡村旅游专业村之列，成功打造了享誉京郊大地的特色旅游品牌。不仅如此，柳沟村深知挖掘文化内涵是乡村旅游业可持续发展的动力。柳沟村发展初期，搜集整理关于柳沟史实、故事、传说，编辑出版《柳沟》一书，2012年推出为柳沟村量身打造的独具特色的创意文化节目《柳沟记忆》，该节目对"火盆锅-豆腐宴"的发展历程进行精彩演绎，极大地提升了乡村民俗旅游的文化内涵，促进了文化活动与旅游产业的互动发展。近年来，柳沟村成功举办清华大学硕士生订单民俗婚礼、迎接第30万和第100万游客、端午文化节、乡村欢乐节、柳下醉酒发布会、延庆第十七届消夏避暑季暨柳沟豆腐文化节等一系列活动，吸引中央电视台、北京电视台、《人民日报》、《北京日报》、新浪网等知名媒体报导，产生了良好的社会推介效果并提高了知名度。

4. 农业产业化，是实现农村绿色发展的重要推动力

发展生态产业，实现农业产业化，打造都市型现代农业，是实现农村绿色发展的重要动力。根据调研，首先以密云县巨各庄镇蔡家洼村为例，该村一方面第一产业突出特色并向第三产业延伸。村里已建设5 000亩都市型现代农业园，发展高效农业、观光农业与设施农业。另一方面，第二产业面向都市并与第一产业和第三产业衔接。建设400亩现代观光工业园区，对当地干鲜果品、蔬菜、菌类、豆类等农副产品进行深加工，开发生产系列食品。其次以延庆县玉皇庙村为例，该村依托第一产业优势，充分发掘第二、第三产业潜力，进一步加大各方面的投入建设，使玉皇庙村向着多元化产业发展，在巩固发展传统农业的原有基础上，积极推进有机果品产业。最后以顺义区北郎中村为例，该村探索生态与产业、环境与民生互动并进的新型路径，积极探索生态与产业、环境与民生互动并进的绿色崛起、幸福赶超之路，早在1996年，北郎中村率先成立了北郎中农工贸集团，这是北郎中村经济合作社和村民共同投资组建的股份合作制企业。该集团不断调整优化产业结构，初步形成了以花卉、籽种农业、农产品加工、物流配送业和生态观光农业为主的产业结构，实现了三大产业有机融合、相互促进、协调发展的都市型现代农业。这些都市型现代农业的发展一方面促进了农业产业化和经济的发展，另一方面也促进了农民就业增收，实现了经济发展与强村富民的有效结合。

5. 完善乡村公共基础设施建设，是实现农村绿色发展的基础

乡村公共基础设施在农村发展中起到了越来越大的作用。农村基层组织在建设乡村公共基础设施中发挥重要作用，在我们调研的典型乡村中，表现均很突出。例如，密云县古北口村的基础组织行政干预少，公共服务多，主要进行基础设施的建设和维护，补贴村电改造和道路拓宽等，真正成为村民发家致富的好帮手。而延庆县玉皇庙村在县、镇各级领导的支持和帮助下，不仅硬化、绿化、美化了村里大小街道，还修建了休闲公园和大型的停车场、改建了进村门牌楼、安装了100盏火红的灯笼，很好地改善了村容村貌，突出了民俗村的气息。顺义区的北郎中村不断打造绿色宜居的乡村环境。一方面，改建与翻建农宅，通过村镇进行整治与建设，完成了村农宅的改建、翻建和农宅的抗震加固、节能改造等，实现了村民居住的舒适与安全。以节能和环保为导向，实行以优质燃煤替代、取暖煤改电、液化石油气下乡、天然气入户等工程，逐步引导村民使用电力、天然气、太阳能等清洁能源，减少燃煤消耗。另一方面，不断完善基础设施，启动污水改造工程，铺设污水管线，建设小型污水处理站，把污水处理设施建设纳入农村污水处理的规划中，建立健全农村生活垃圾收运体系，建设垃圾中转站，增设垃圾分类收集桶，提高农村生活垃圾的无害化处理水平。

三、问题与不足

建设"美丽乡村"，促进农村绿色发展是一个长期的过程。通过调研，我们发现，尽管北京两县一区在推动"美丽乡村"建设、实现农村绿色发展方面取得了很大的成绩，但仍然面临一些急需解决的问题和现实困难。

1. 村庄规划在形成自身特色方面相对薄弱

村庄的建设规划应该与当地自身的生态、文化、产业等实际情况相结合，但调研过程中我们发现，许多村庄规划编制形式较单一，在挖掘村庄自然、历史人文和产业元素上还有待加强，更缺乏突出鲜明特色的村庄文化。此外，"寻找'北京最美的乡村'"这一宣传评选活动自2006年以来每年吸引了数百万社会公众的高度关注和热情参与，已经在13个区、县中评选出73个"北京最美的乡村"。北京最美乡村评选的基本标准是"生产美、生活美、环境美、人文美"，这是一种系统评价"美丽乡村"建设程度的体系。由于各方面的局限性，村庄能做好高水平、极富前瞻性的规划是一项艰巨的事情，因此，我们认为应当加大对村庄规划的关心与支持，尤其是引导高水平的设计和科技力量的介入尤为重要。

2. 农村基础设施需要长效管理机制

"美丽乡村"建设是一项民心工程，更是一项长期而又艰巨的工程。通过调研，我们发现，许多乡村都在发展民俗旅游业，但随着客流量的增大，基础设施压力加大，村里供水、供电、垃圾、道路、停车等各项基础设施均已不能满足需求。例如，乡村普遍存在以下几个问题：一是资金短缺。部分乡村资金多投于硬件设施的初期建设，对于后期维护与管理，缺乏资金支持。二是人才缺乏。"美丽乡村"的深入发展需要高层次人才的支持，包括产业链延伸、乡村规划设计，虽然有的乡村已经引进了部分人才，但从村庄的长远发展来看，是远远不够的。三是缺乏专项支持。针对乡村绿色发展的关键需求进行专项支持，对形成可持续发展的管理机制是非常重要的。因此，农村基础设施如何形成长期的支持与管理机制非常重要。

3. 文化资源提炼高度不够

文化内涵是旅游业的灵魂，休闲农业旅游同样如此。我国文化资源极其丰富，将其注入古朴的

乡村旅游设施中，将会产生巨大的精神财富，构成乡村旅游发展的内生动力。通过调研我们发现，大部分乡村文化底蕴丰富，但内涵挖掘不足，依托的资源优势略显单一。目前乡村旅游业的发展单纯侧重于对乡村固有自然资源的开发，提供的旅游服务项目主要以食宿和餐饮等为主。事实上，很多景观都可以在文化创意方面进行挖掘改造，提升景点的文化价值，强化游客对景点的认知。例如，蔡家洼村玫瑰园游览非常有特色，但如何提升外观环境层次还需要聘请专家帮助设计。古北口镇提出了庙宇文化，这里确实有众多庙宇，但如果提升为以道教文化为主线，涵盖众多具有道教人物的庙宇，有助于与中国传统文化的衔接，也有助于提升古北口村宗教文化的层次。

4. 产业发展的规模效益偏低

产业是村域经济长期持续健康发展的动力源泉，是解决村民长远发展问题的关键所在。从调研情况来看，一些乡村村域产业发展水平较低、发展动力不足仍然是困扰"美丽乡村"建设的重要因素。具体体现在：一方面，许多乡村产业基础不牢固，并未形成高产、优质、高效、生态、环境友好的新型农业生产体系，第二、第三产业发展水平较低，服务业也以简单的乡村旅游休闲为主，产业总体发展水平滞后，对村域经济发展的辐射带动能力较弱。另一方面，尽管目前诸如农业发展集团、农村旅游集团等在乡村发展项目中并不鲜见，但总的来看，许多产业发展项目往往重土地开发而轻产业接续，集聚经济效应不突出，对村域经济长期发展的带动效果并不显著。长期来看，如何实现"美丽乡村"与产业发展相协调、培育和壮大村域产业，将是未来"美丽乡村"建设面临的重大挑战。

四、实现农村绿色发展的对策建议

通过调研，我们发现，"美丽乡村"建设本身就是探索实现农村绿色发展的重要途径。解决"美丽乡村"建设中存在的问题，就是寻求实现农村绿色发展的措施与对策。北京的"美丽乡村"建设虽存在问题但已经在经济、环境、人文等方面取得了积极的成效，但未来仍需完善体制机制，激活发展动力，尊重乡情村情，采取多方举措，更好地建设"美丽乡村"，最终实现农村的绿色发展。

1. 政府部门在支持农村绿色发展上需要统筹协调

建设"美丽乡村"，实现农村绿色发展需要有效支撑的外部力量。政府作为"美丽乡村"建设的积极推动者，应进一步整合力量，统筹协调，以实现发展与环境保护、生态建设的多重目标，推进农村的绿色发展。以密云县为例，"美丽乡村"的建设涉及众多的政府部门，见表15-2。

表15-2 密云县多部门创建和推进首都"美丽乡村"的职责列表

部门名称	部门职责
农村工作委员会	共同负责"美丽乡村"的各项推进工作
旅游发展委员会	
发展和改革委员会	生态建设（造林、小流域治理、河道治理、退耕还林）、农村基础设施建设
农业局	主要针对81家养殖场治理、粪污治理；牛场雨污分流、家禽有机肥场、沼气发电等
农业服务中心	农产品市场化，打造三田建设，防治农作物受害，秸秆处理等
环境保护局	污水处理及设施建设
市政市容管理委员会	农村垃圾处理、垃圾处理厂及中转站建设
水务局	农村集中供水及饮用水安全
园林绿化局	荒山造林、农村绿化、林化，首都绿色村庄创建
文物局	国家文物、北京市文物和密云县文物等的保护和修缮工作

表15-2表明，农村工作委员会、旅游发展委员会、发展和改革委员会、农业局、农业服务中心、

环境保护局、市政市容管理委员会、水务局、园林绿化局和文物局都在关心农村的绿色发展，但是工作有分工、有交叉，需要更好地统筹协调。课题组建议由农村工作委员会牵头建立农村发展联席会议制度，在各个部门的共同商议下，形成分工合作的科学合理的程序和权责分明的统筹协调机制，以更好地促进乡村的绿色发展与"美丽乡村"的建设。

2. 在自愿参与基础上完善农村合作组织

完善农村合作组织是增强农村绿色发展内生动力的重要途径。单个农户由于各方面的局限，在管理机制、把握市场和经济实力等方面均有一定的困难，因此，需要建立和完善农村合作组织。一方面，增强村民参与合作组织的积极性、主动性与创造性，建立内生型农民合作组织。另一方面，要以农民增收为目标，提高农民收入水平是乡村发展的重心。调研中我们发现，有些村庄的发展从根本上都是得益于农民合作组织的作用，实现了资源共享、责任共担、利益共分的有利局面，部分村庄将股份合作制引入农村合作组织，依靠农民合作的力量，形成农村新的经济增长点，解决了农村土地流转的问题，使农民保留了原有的资产价值，解决就业的同时，村集体也获得了发展的资本。而有些村庄的民俗旅游合作社，无论是从硬件设施建设还是软件建设上，都给当地的民俗旅游业提供了巨大的支持。

3. 公共建设要分缓急且有阶段地推进

"美丽乡村"建设归根结底是对乡村生态环境、传统文化、产业经济和人文素质等方面的建设，是打造生态美、文化美、生活美和素质美的过程。而这一过程的实施，也是实现农村生态治理现代化和农村绿色发展的重要抓手。切实做好建设工作，需要建立多元、长效的支持机制，公共建设需要分缓急、分步骤、有阶段地推进。所谓多元，是指包括规划设计、资金、人才、项目等的相关支持；所谓长效，是指长期的机制设计，不能只单纯地着眼于一时。具体而言，一是注重规划设计。"美丽乡村"的建设和完成是一项大工程，需要从全局的角度整体谋划，统筹安排。二是完善资金投入机制，加大对"美丽乡村"建设的财政投入。各级政府应切实起到引导和服务的作用，合理安排财政资金，加快农村公共基础设施建设和农村生活公益事业发展，充分发挥财政资金"四两拨千斤"的作用。同时，鼓励引导社会资金对"美丽乡村"建设的投入，采取财政贴息、经营参股等多种方式，引导、吸引民间资金、社会资金投入。三是完善人才引进机制。"美丽乡村"建设需要大量的人才，包括管理人才、创业人才及公共服务人才，地方政府应出台相关规定，鼓励农村年轻人回家乡创业。四是加强项目支持机制。加强组织领导，做好"美丽乡村"项目建设支持工作。针对区位条件、经济基础、村民积极性、村级领导班子、群众基础等不同情况给予相应的项目支持，明确项目建设内容，结合总体规划，建立"美丽乡村"建设项目库。

4. 在统筹城乡关系中调动资源支持农村绿色发展

在城镇化和工业化的浪潮中，广大农村已经不可避免地被全部卷入进来。利用城镇化和工业化发展的机遇带动农村的发展，具有重大和实际的意义，特别是在大城市和特大城市的周边，城乡统筹问题尤为突出。但是统筹城乡关系促进农村发展的过程中，一定要保护好农村的生态与环境。要看得见山水，留得住乡愁，实现乡村绿色发展。根据调研，我们认为城市有相当多的资源可以用来支持农村绿色发展。一方面应协调城乡关系，充分调动资源鼓励和支持村落发展精品农业、加工农业、观光农业、休闲农业等现代都市型农业。另一方面应加快促进村域第二、第三产业发展，鼓励和支持农村大力发展农产品加工、保鲜和储运业，扶植市场潜力大、品牌知名度高的农产品加工项目，建成分布合理、结构优化、高效低耗的现代物流体系，发展劳动密集、资源节约、适合本地区情况的绿色工业，同时积极培育商业、文化、休闲、娱乐、养老服务业，逐步提高村落产业的综合生产能力和经济效益。

第五篇

专家论坛

为了更好地、持续地做好绿色发展的研究工作，我们特别邀请了国内外相关领域的专家学者，以及参与课题的理工科和文科教授参与讨论，并将各位专家的观点呈现给大家，共谋中国绿色发展之路。[①]

[①] 本篇教授学者的发言均为个人观点，在此全文照登。

治理大气污染　实现绿色发展的思考与建议

当前，我国大气污染状况呈现出四大特点：一是雾霾天气出现频率不断提高，单次雾霾持续时间不断延长。2013年，全国平均雾霾天数达29.9天，创52年来之最，部分地区严重时期雾霾持续时间长达1个多星期。二是大气污染范围不断扩大，已从个别地区蔓延至全国范围。环保部监测结果表明，2013年首批实施《环境空气质量标准》的74个城市中，仅海口、舟山、拉萨3个城市各项污染指标年均浓度达到二级标准，其他71个城市均存在不同程度的超标现象。三是大气污染程度不断加重。随着污染物排放量的持续增加，大气污染程度不断加重，对人体危害程度也不断增加。据统计，2010年全世界共有22.3万人死于空气污染导致的肺癌。四是一些人口密集的大城市（地区）的大气污染问题更为突出，治理难度更大。当前，京津冀、长江三角洲（简称长三角）、珠江三角洲（简称珠三角）地区是大气污染重灾区，尤以京津冀地区污染最重。京津冀13个城市中，有11个城市排在污染最重的前20位，其中有7个城市排在前10位，部分城市空气重度（及以上）污染天数占全年天数的40%左右。大气污染会严重危害人民群众的身体健康，威胁老百姓生存底线。加强大气污染治理已成为重大的民生期待。2014年《政府工作报告》中明确提出"我们要像对贫困宣战一样，坚决向污染宣战"，显示了中央政府治理污染的决心。大气污染治理是一项系统工程，要在科学分析的基础上采取有针对性的措施，构建科学长效治理机制，有效提高治理水平和效率。

一、我国大气污染问题的成因分析

我国大气严重污染的深层次原因在于粗放型的工业化和失衡的城镇化导致的粗放型发展方式，而我国大气污染治理工作中的机制设计不健全，是大气污染问题持续恶化的制度原因。

（一）工业化粗放型发展消耗了大量能源资源，造成巨量的污染物排放

长期以来，我国产业结构偏于重工业，工业产值在国民经济中的比重偏高，服务业发展滞后，第三产业产值在国民经济中的比重偏低。2013年，我国服务业增加值占GDP比重达到46.1%，对我国GDP增长的贡献首次超过工业，但与发达国家的平均水平还存在较大差距，甚至低于69.4%的世界平均水平。我国工业化发展呈现出"高投入、低产出，总量大、水平低，高消耗、低效率，高排放、多污染，不协调、难循环"的粗放型发展特征。我国的一次能源消费结构中，原煤占70.3%，工业生产过度依赖煤炭等化石能源的消耗，创造巨大经济总量的同时也消耗了大量资源。据统计，2012年我国经济总量占世界的比重为11.6%，但消耗了全世界21.3%的能源。资源大量消耗的同时也带来了大量的污染物排放，使我国各主要城市污染情况普遍不容乐观，世界卫生组织的数据显示，深圳、广州、上海、重庆、天津、杭州、武汉、北京、西安等主要城市的PM10浓度在世界1600个城市排名中均在1000名之后。而一些污染重点区域，偏重的粗放型发展的特点更为明显。例如，京津冀、长三角、珠三角三大重点污染地区，国土面积虽只占8%，但消耗了全国43%的煤，生产了全国55%的钢铁。据环保部的统计，京津冀、长三角、珠三角三个地区的污染物排放强度是全国平均值的5倍。其中，京津冀地区又是三大重点地区中的重中之重，全国十大污染城市中，就有7个

位于京津冀地区。京津冀污染物排放的一个重要来源是河北省的燃煤，河北省的煤炭消费约占京津冀地区总量的80%。燃煤排放是大气中砷的主要来源之一，北京PM2.5中重金属砷的日均浓度中位数为23.08纳克/立方米，是砷的国标限值的3.85倍。

（二）失衡的城镇化发展模式造成特大城市人口过度膨胀，进而产生交通拥堵和大气污染等"大城市病"

我国城镇化进程中一直存在"摊大饼"的现象，城市规划往往"贪大求全"，片面追求城市规模扩张，结果形成"头重脚轻"的城市结构体系，即大城市比重过高，中小城市发展不足。中心大城市以"摊大饼"的方式盲目无序推动规模扩张，使产业、城市功能过度集中于大城市，人口膨胀严重，而城市管理水平发展滞后，造成了我国大城市普遍存在不同程度的交通拥堵、大气污染等"大城市病"。相比世界其他著名大城市，我国大城市的大气污染程度更为严重。以北京为例，2013年北京的年平均PM2.5浓度为89.5微克/立方米，是美国洛杉矶的4.5倍，英国伦敦的5.6倍，澳大利亚堪培拉的12.8倍。北京的大气污染等"大城市病"主要病因在于城市功能过度集中所导致的人口过度膨胀。北京市规划要害在于城市功能过度集中，既是行政中心又是经济中心、文化中心、教育中心、医疗中心、科技中心，大量优质资源过度集中在市区，吸引了大量人口进入，从而陷入"人多-车多-尾气排放多"的污染路径。目前，北京的机动车保有量已经超过500万辆，汽车尾气排放成为首都雾霾的第一大"内部贡献者"。有研究表明，北京全年PM2.5来源中，区域传输占28%~36%，本地污染排放占64%~72%。而在本地污染源中，机动车尾气排放占比高达30%以上。

（三）环境保护制度不完善，造成大气污染治理效率低下，难以有效抑制大气污染问题的持续恶化

大气污染治理需要完善的制度以调动各方主体形成合力，但目前我国大气污染治理的制度设计不完善，影响了大气污染治理水平和效率的提高。首先，现有法律保障制度体系不完善，对各方主体的环境保护约束力度不够。面对严峻的环保形势，现行环境保护法律是执行力差的"软法"。对政府来讲，它既是环境保护监督主体，又是当地经济的推动主体，"既是裁判，又是运动员"。法律对政府的监督力度较弱，政府在制定产业规划、投资重大项目及招商引资的过程中，容易做出短视决策，在执法上消极懈怠或不作为。对企业来讲，现行法律以行政执法、罚款等手段制裁企业的污染行为，往往以罚代刑，对于企业的污染行为制约力度不足。其次，激励企业自主节能减排的经济手段不够完善，企业缺乏自主节能减排的内生动力。在发达国家的大气污染治理过程中，利用财税、信贷、政府采购等手段激励企业自主节能减排是治理污染的有效手段。但目前我国以经济手段为主的激励机制还不完善，政府对环保的投入还比较低，对企业的补贴和支持力度还比较小，如我国政府对新能源的补贴只占GDP的0.2%，比发达国家要低1~2倍。最后，缺少必要的区域协同治理机制。空气污染具有污染源的多样性和介质的流动性等典型特征，使其在污染源方面呈现复合型特点，在空间布局上呈现出跨区域特点。区域空气污染治理是一项系统工程，只有从整体出发研究和处理该区域空气污染问题，才能有效改善区域空气污染状况。而目前我国大气污染治理的过程中，各地方政府仅从本地区情况出发制定大气污染治理政策，缺乏从整个区域视角出发的整体性思考，各地方政府之间未形成联防联控合力，影响了大气污染治理的效果。

二、治理我国大气污染实现绿色发展的思考与建议

面对严重的大气污染问题，需要综合治理、标本兼治。李克强总理在2014年"两会"期间谈到，我们向污染宣战，不是向老天爷宣战，而是向粗放型的发展方式宣战。当前，要积极推动我国转变发展方式，加快构建健康可持续的工业化、城镇化发展模式，从根本上消除大气污染来源。同时，

要加快完善法律、经济以及区域协同治理机制等制度建设，有效提高大气污染治理水平和效率。

（一）调整偏重的产业结构，转变粗放型工业化发展方式，提升产业绿色发展水平

推动产业绿色发展，应通过积极控制增量、优化存量的方式，构建绿色现代产业体系。增量方面，要建立差别化的产业进入机制，进一步提高火电、石油炼制、有机化工、钢铁、有色金属、水泥、建材等高耗能、高排放和产能过剩行业的环境准入门槛。对于大气污染重点地区，要实行更为严格的市场准入制度，遏制地方政府与企业的扩张冲动，不得以任何名义、任何方式核准、备案高污染行业新增产能项目。此外，还要加强绿色制造技术的创新和应用，大力推行绿色生产，积极发展绿色先进制造业；要按照全国主体功能区定位，综合考虑资源、环境、物流等因素，有重点地发展现代服务业，培育战略性新兴产业；应重点扶持节能环保产业和绿色服务业的发展，不断提升节能环保技术装备水平和服务水平，并以此带动其他产业的绿色发展。

存量方面，应因地制宜推行现有企业群集约化和燃料清洁化发展，支持技术先进企业兼并落后企业，对规模小、重复性高的行业进行有效整合。要加快绿色技术改造传统制造业，提高传统制造业生产资源利用效率，降低其对生态环境的损害程度，实现传统制造业的转型升级。要完善绿色生产技术指标体系和产品标准体系，限制不符合标准企业的生产，倒逼企业加快技术创新和产业升级。要大力支持过剩产能企业走出去，完善激励企业开展海外拓展的扶持机制。同时，还要完善企业退出机制，加快淘汰产能效率低、优化升级难度大的企业。

（二）实行均衡城镇化发展战略，把提升城市群协调发展水平与中小城市吸引力相结合，促进人口在大中小城市和小城镇的合理分布

治理严重的大气污染问题需要建立均衡的城镇化发展体系，要努力优化城市结构体系，坚持"两条腿走路"，促进大中小城市和小城镇协调发展，引导流动人口有序流动与合理分布。

一方面，要大力发展城市群，利用大城市的集聚效应和扩散效应，将周围中小城市融入城市群发展体系内，形成合理分工、协调发展的现代化城市群。要把疏解特大城市人口与疏解城市功能相结合，以功能疏解带动人口疏解。通过城市群建设，发展大城市的卫星城，吸引人口向卫星城市转移，进而疏解大城市人口压力是一种行之有效的途径，卫星城市有多种形态，如卧城、工业城、科学城、多功能卫星城等形态。我国北京、上海、广州等大城市需要立足发展现状科学发展多种功能形态的卫星城，吸引市区人口向卫星城转移，缓解市区巨大的人口压力，构筑层次分明、梯度有序、分工明确、布局合理的区域城镇布局结构。要推进城市群内基础设施全面对接，着力构建现代化交通网络系统，把交通一体化作为先行领域，加快构建快速、便捷、高效、安全、大容量、低成本的互联互通综合交通网络。要探索区域间在社保、医疗、教育、养老等基本公共服务领域的紧密合作对接，推进区域内基本公共服务共建共享，加快区域内公共服务一体化建设，使卫星城享受和大城市平等的基本公共服务，增强卫星城的吸引力。

另一方面，要依托县城发展一批有吸引力的中小城市，充分利用现有的产业基础和城镇基础设施吸引人口集聚，鼓励更多的人实现就地城镇化。发展中小城市，要依托地方产业基础发展特色产业集群，把中小城市建立在坚实的产业基础上。要完善创业扶持体系和职业培训体系，使转移人口在中小城市充分就业；要创新公共私营合作机制，解决中小城市在公共服务和基础设施建设中的资金瓶颈；要构建多渠道的住房供给体系，使落户中小城市的居民实现"安居梦"。通过完善城市群建设与发展中小城市，引导大城市人口向周围卫星城或其他有吸引力的中小城市居住、就业，实现人口在不同规模城市中的合理分布，解决大城市人口过度膨胀所带来的严重大气污染问题。

(三)建立科学的大气污染防治体系，综合运用法律、经济和行政手段，完善大气污染治理区域协同机制，形成联防联控合力

建立完善综合的大气污染防治制度体系需从以下几个方面着手推进。

首先，建立更为严格的环境保护制度，以法律手段加大对各行为主体的约束力度。要进一步强化目标责任评价考核，确立政府绩效考核的绿色导向，增强对政府环境保护行为的规范和约束。强化政府在环境保护中的公共职责，从根本上扭转地方政府片面追求GDP的政绩观。从发达国家环境保护事业走过的路程看，健全的环境法制离不开社会对政府的监督。在发达国家，环境保护事业的发展一直是靠"政府"和"社会"两方面力量。为避免政府既当"运动员"又当"裁判员"的问题，要完善包括人大、检察机关、法院、公众、公民团体、企业等"第三方主体"监督机制，构建企业、政府与"第三方主体"各司其职的制衡体系，加强"第三方主体"对污染治理的有效监督和约束。要加快推进大气污染防治法、清洁生产促进法、环境影响评价法等法律的修订工作，研究制定大气污染物总量控制、排污许可证管理、机动车污染防治、环境污染损害赔偿等方面的法律法规，实现环境保护"有法可依"。要强化环境保护中的法治管理，加大对环境污染违法行为的查处力度，实现环境保护"有法必依"。要做到"执法必严"，用重典大力提高环境违法成本，以"双罚制"、"按日计罚"等手段惩治排污企业，还应引入更多的强制性手段，推动污染入刑，以控制环境违法行为。

其次，综合运用多种经济手段，增强企业自主节能减排的内生动力。要以税收、补贴为激励措施淘汰钢铁、火电等落后产能以及行业的落后工艺。针对两高行业实施更为严格的贷款标准，加大对企业主动减排治污行为的信贷支持力度，积极利用金融杠杆保护环境。调整政府的采购目录，完善强制采购与优先采购制度，提高政府采购的"绿色化"比重。推动区域排污权交易试点，重点针对钢铁、电力、石化等行业，逐步建立反映资源稀缺水平和环境恢复成本的价格机制。统筹主要污染物减排等专项，设置并不断增加大气污染防治专项资金，发挥中央政府资金投入的示范和先导作用，对重点区域按照淘汰落后产能等措施的实施力度实行"以奖代补"，以此引导地方政府资金及社会资本进入节能减排领域。

最后，建立大气污染防治区域协同机制，形成联防联控合力。我国现行的"属地"特征的环境管理制度安排无法满足污染物的跨界特征所需要的合作解决问题要求，亟须建立区域性的联防联控机制和方法。要做好大气污染联防联控的顶层设计，建立高于地方政府行政级别的更高组织协调机制，统一协调和监督地方的大气污染防治行动。建议不断完善由中央政府领导牵头、区域内各地人民政府共同参与的区域大气污染治理联席会议制度，作为区域空气污染防治工作的最高协商与决策机构，为区域大气污染防治工作的联动协作提供有效的制度保障。要从全局出发，科学统筹，统一研究协调解决区域内突出的环境问题，合理确定节能减排任务分配，使各省市获得的支持力度与所承担的任务相匹配，取得环境效益的最优化。对各省市的承担的治污责任要合理量化并动态监控，探索环境保护行政问责制和一票否决制，督促地方政府定期递交空气环境标准的执行细节。要合理确定区域内统一的产业准入标准、污染排放标准与违法处罚标准，防止污染产业向区域内的转移。在项目的审批过程中，要将空气污染排放等指标作为审批的硬性指标，同时可采取联合审批制度，避免地方政府仅考虑本地发展情况的短视行为对区域空气质量带来的破坏。建立完善的区域空气质量监测网络，对重点区域进行更为严格的监控，建立区域空气污染信息交流平台与区域大气污染突发状况应急响应预案，加大联防联控力度。

第十二届全国人民代表大会财政经济委员会副主任委员　辜胜阻

"里约+20"峰会之后的国际绿色经济走向

2012年6月联合国在里约热内卢召开了可持续发展大会（又称"里约+20"峰会，以纪念20年前在里约热内卢召开的联合国环境与发展会议），会议的主要议题之一是"在可持续发展和消除贫困背景下的绿色经济"。会议的成果文件确定了"绿色经济是实现可持续发展的一个重要工具"，并要求联合国系统支持那些对绿色经济感兴趣的国家。

在联合国系统内，"里约+20"峰会之后的一大举措是由UNEP、国际劳工组织、UNIDO、联合国培训和研究学院推出的"绿色经济行动合作伙伴"这一平台。它计划在2020年前帮助30个国家向公平的、可持续的经济结构转变，最终实现可持续发展。自2013年成立以来，已有蒙古、布基纳法索、秘鲁、塞内加尔和毛里求斯成为该平台的首批项目国家并已开始相关的研究和能力培训。预计中国也将在2015年在地方层面同该平台开展合作。

除此之外，2012年10月，一个新的政府间组织的诞生了，即总部设在首尔的全球绿色增长研究所。其目的也是建立一个平台，用该组织的知识、网络和经验为发展中国家提供最佳的技术援助和支持，帮助它们实施各自的绿色经济增长战略。截至2014年4月，该组织已有22个成员国。

在"里约+20"峰会之前，世界银行和OECD已经开展了有关绿色增长方面的研究，为了在国际层面集中资源，为对绿色增长感兴趣的国家提供更为协调的支持，这两个机构协同UNEP和全球绿色增长研究所于2012年年初创办了GGKP，得到了超过30个国际组织、研究机构和智库的支持。其目的是识别绿色经济和绿色增长理论与实践方面的主要知识缺口，通过促进合作与协调研究来填补这些缺口，为实干家和决策者提供绿色经济转型所需的政策指导，以及最佳的实践经验、分析工具和数据指标。2013~2014年的研究课题包括贸易与竞争力、指标体系、技术与创新及财政手段等。

"里约+20"峰会的另一个重要成果是各国同意启动关于"可持续发展目标"的谈判。其背景是联合国在2000年确定的主要针对发展中国家的"千年发展目标"将于2015年到期，各国政府认为有必要制定针对所有国家的一套行动方案，来推动2015年之后在全球范围内的可持续发展。至截稿时，谈判尚在进行中，但已初步确定17个目标领域（见专栏）。工作组要到2015年9月的联合国大会上向联合国秘书长提交最终报告。

专栏：可持续发展目标

1. 在所有地方终结贫穷。
2. 终结饥饿，改善营养，促进可持续农业。
3. 让所有人得到健康生活。
4. 为所有人提供高质量的教育和终身学习的机会。
5. 实现性别平等，在所有地方强化妇女和女童的地位。
6. 确保所有人都获得水和卫生设施以及它们的可持续利用。
7. 确保所有人都获得可持续的能源。
8. 促进不断的、包容的和可持续的经济增长，充分的有生产效率的就业，以及面向所有人的体面工作。

> 9. 促进可持续的基础设施和工业化，扶植创新。
> 10. 在各国内部和之间减少不平等。
> 11. 使城市和人居环境具有包容性、安全性和可持续性。
> 12. 促进可持续的消费和生产方式。
> 13. 应对气候变化及其影响。
> 14. 保护海洋和海洋资源，促进可持续利用。
> 15. 保护陆地生态系统，促进其可持续利用，阻止荒漠化、土地退化和生物多样性的消失。
> 16. 实现社会的和平与包容，让所有人能诉诸公正，并使公共机构富有效率和能力。
> 17. 加强可持续发展的实施手段和全球伙伴关系。
>
> 资料来源：http://sustainabledevelopment.un.org/focussdgs.html.

与此相关的一个新的话题是绿色经济同可持续发展是什么关系。笔者认为，既然"里约+20"峰会对绿色经济的定位是实现可持续发展的一个工具，那么我们就应把最终确定的可持续发展目标作为切入点，探讨如何通过调整总投资、总需求和政府开支等主要的宏观经济手段来改变经济结构，从这一绿色经济独特的角度为实现可持续发展在经济、社会和环境诸方面的多重目标做出贡献。

联合国环境规划署高级经济师　盛馥来

联合国工业发展组织推进绿色工业发展的五个方面

UNIDO 作为联合国专门机构，与其他国际组织和机构合作，致力于促进包容可持续的工业发展。《利马宣言》于 2013 年 12 月 2 日在 UNIDO 第十五届大会上由成员国通过，主要内容是创造共同享有的繁荣和保护环境。该宣言在 UNIDO 历史上具有里程碑意义，它明确了 UNIDO 未来的发展方向，也将成为 2015 年后联合国发展议程的重要组成部分。

关于推进绿色工业，UNIDO 与联合国其他组织合作在菲律宾马尼拉召开了 2009 年绿色工业大会，推出了绿色工业倡议。之后于 2011 年在日本东京召开了第二届绿色工业大会，推广绿色生产技术。近几年，UNIDO 也重视加强伙伴关系，积极推动绿色工业平台的建设，加强与研究机构及企业的合作。

2013 年 9 月，在纽约联合国全球契约领导人峰会期间，UNIDO 借机介绍了其绿色工业倡议，旨在促进绿色工业方法在更大范围内被采纳，并论证绿色工业作为实现可持续工业和经济发展手段的可行性。在 UNEP、OECD、美洲和加勒比经济体系及拉丁美洲开发银行的合作下，UNIDO 正在拉丁美洲和加勒比地区实施一个项目，制定一套监测绿色增长的指标体系。

UNIDO 推进绿色工业发展主要体现在以下几个方面。

1. 促进工业能效

UNIDO 的工业能源效率方案架构围绕四个核心主题领域——能源管理体系和标准、能源系统优化、低碳与工业工艺技术和最佳实践、基准比较。许多国家自引进能源管理体系和能源效率措施后，便已实现了节能。对于缺乏必要专门知识和合规评估服务的发展中国家而言，达到更高的工业能源效率和可再生能源标准是一个挑战。2013 年 UNIDO 帮助了约 20 个国家引入了 ISO 50001，该项目组合由全球环境基金供资 8 800 万美元，金融机构、工商界和受援国政府超过 6 亿美元的联合融资。

2. 促进清洁生产

UNIDO 的清洁生产方案自 1994 年推出以来，已拓展到 50 个国家。2010 年，UNIDO 和 UNEP 建立了一个网络，用以推动发展中经济体和转型经济体适应和采纳资源高效和清洁生产。2013 年 5～6 月，UNIDO 在土耳其布尔萨与土耳其政府合作举办了皮革加工业可持续生产国际讲习班。来自发展中国家的参与者更深入地了解了该行业的可持续技术和生产，并就清洁技术交流了经验。第三届资源高效和清洁生产全球网络会议于 2013 年 9 月在瑞士蒙特勒召开，主题为"切实脱钩：走向规模化"。会议由 UNEP 和 UNIDO 代表资源高效和清洁生产全球网络进行召集和组织，得到了瑞士国家经济事务秘书处的支持。

自 2004 年以来，UNIDO 率先在发展中经济体和转型经济体开展了化学品租赁。目前的一个大型化学品租赁项目有巴西、哥伦比亚、克罗地亚、墨西哥、尼加拉瓜、俄罗斯联邦、塞尔维亚、斯里兰卡和乌干达的相关中心参加。这些中心通过在线会议、专家会议以及通用语言分发技术和信息资料，定期交流信息和经验。

3. 推广无害环保技术

UNIDO 无害环境技术转让方法包括资源效率和清洁生产、环境管理体系和会计法，以及企业社会责任。无害环境技术转让的使用会促成企业采用最佳做法和新技能，形成良好的管理文化。首个无害环境技术转让试点方案于 2000 年在多瑙河流域启动，后来推广到了全世界的工业热点，通过防止工业污水排入国际水域，为子孙后代保护水资源。目前，柬埔寨、埃及、摩洛哥、突尼斯和俄罗斯联邦的无害环境技术转让项目都已完成，它们的成功为目前正处于最后筹备阶段的一些新项目奠定了基础。实施无害环境技术转让方法也是区域性国际水务项目的一部分，目的是减轻旅游活动对沿海水域的影响。

4. 减少汞污染

水俣病是一种危及生命的神经系统疾病，由严重汞中毒所致，其名称来源于其首次被发现的日本城市名。2013 年年初，《水俣公约》获得 147 个国家通过，并于 10 月在日本熊本全权代表会议上开放供签署。这是一份多边环境协定，旨在解决造成大面积汞污染的人类活动问题。UNIDO 作为全球汞伙伴关系的手工和小规模金矿开采区的联合牵头机构，在促成该公约的起草和批准方面发挥了积极作用。

UNIDO 目前正在实施九个汞项目，包括全球环境基金供资的两个新项目：一个是在蒙古国推广有效的化学品管理；另一个是阿根廷的筹备项目，旨在促进《水俣公约》在该国的实施。这些项目让该组织涉足了诸如汞废物管理和工业产品及流程等领域，展示了该组织在手工和小规模金矿开采部门以外的比较优势。全球环境基金和法国全球环境基金资助的一个项目旨在减少布基纳法索、马里和塞内加尔手工和小规模金矿开采的汞污染，项目持续取得进展。UNIDO 正按《水俣公约》要求，帮助制订国家行动计划，以转让更清洁、高效的黄金生产方法，放开合乎道德规范的公平交易黄金市场，从而提升当地采矿界的能力。

5. 与中国合作

与中国工业和信息化部合作，UNIDO 于 2013 年 11 月在中国广州组织召开了 2013 年绿色工业大会，强调通过资源效率及有效的环境管理和政策建设循环经济。大会着眼于将绿色工业概念应用于生产流程的方式，为约 700 名与会者提供了一个平台，彼此交流经验，了解在国家一级执行绿色工业措施的相关新举措和项目。

UNIDO 总干事李勇在 2013 年访问中国期间，与中国工业和信息化部部长签署了一份谅解备忘录，用以推动中国的绿色工业和清洁生产，包括工业用水和能源效率及减少铅使用的方案。2014 年，UNIDO 与北京师范大学合作建立绿色工业平台中国办公室，旨在加强与研究机构及企业的合作。其他全球环境基金、《蒙特利尔议定书》下的项目正在执行中。UNIDO 将与中国政府制订 2015～2018 年国别方案，重点在环境保护和食品安全领域。

联合国工业发展组织亚太局专家　王圳

政府也会"漂绿"吗?

"漂绿"是一个外来词,译自英语 greenwashing,它是仿照"漂白"(whitewashing)的词汇结构创造的一个新词。通常情况下,"漂绿"主要是指企业为了迎合社会崇尚绿色的潮流而通过某些行为宣示对于环境保护的付出,借以树立其良好公众形象的行为。"漂绿"实质上就是自我粉饰,甚至欺骗、撒谎进而逃避社会责任的过程或行为。现在,在全社会都崇尚绿色的大背景下,"漂绿"已经像一个时髦女郎,常常游走于各类消费者之间,成为企业包装自己的重要营销策略。问题在于,政府也会"漂绿"吗?

其实,政府也是会"漂绿"的。在国内,我们常常看到,一些地方为了追求经济利益,为了招商引资,引进产业,有意无意地附和企业作一些虚假宣传,言称重视环保,发展绿色,标榜"既要金山银山,更要绿水青山",实则是在做表面文章。在发展绿色经济口号的表象下,生态环境越来越恶化。在笔者近年来考察过的多地的所谓"零碳"、"零排放"的循环经济园区,仅仅是为了"时髦",为了表明政府也在推进可持续发展战略的实施,推进绿色经济,实则远未形成具有代谢和共生关系的生态产业链条。也就是说,根本不是真正的循环经济。还有一些地方,雇用一些不良"专家",或者,有一批所谓"专家型"的官员,不时地宣扬和粉饰地方的经济发展。当政府为了 GDP 的考核而引进一个污染项目时,这些"专家"和"专家型"官员、由政府直接操纵的"官媒"就会异口同声,编造出各种理由,支持项目的实施。而当该项目"引爆",在民众中掀起一片反对声浪时,"专家"、"专家型"官员、"官媒"就会在"发挥正能量,弘扬主旋律"的旗号下,作进一步的掩饰。

与企业的"漂绿"行为相比,政府的"漂绿"行为造成的后果更严重。由于政府是公权力的行使者,它常常打着公共利益的旗号,所以政府"漂绿"造成的社会损害和危害更大,影响更坏。首先,它严重损害了政府的形象。当政府在利用公众向往更为环保、更为健康的生活方式和消费方式而进行"漂绿"时,再把政府说成"人民意旨的执行者和人民利益的捍卫者"就很滑稽了。其次,它破坏了整个社会的信任和诚信机制。在社会普遍出现信任危机和诚信不足的情况下,政府的失信无异于一种釜底抽薪。不讲诚信("漂绿"就是不讲诚信)将会使民众失去对政府的信任,这是民众与政府对立的第一步。最后,政府"漂绿"最终会影响真正的绿色经济的发展。由于政府言行不一,为了经济目的而"漂绿",实则与发展绿色经济背道而驰,增加了经济向绿色方向转型的实际成本(会计成本)和机会成本。

政府之所以"漂绿",其根本原因在于,政府形成了独立于民众之外的自身的独特利益。在很多情况下,甚至演化成政府官员的利益,即组织和个人通过合法方式寻求自身利益的最大化,如对权力、金钱等的追求,有时也会诱使官员发生寻租等行为。由此可以说明,在每年各级政府工作报告中以及各种重要节日的纪念场合,政府"口径"出奇的一致:成就很大,略点不足,大家都在宣称,政府始终不渝地推进可持续发展战略,探索可持续发展和绿色发展之路。但现实却是,国家面临着资源环境约束增强、发展不平衡、不协调和不可持续的问题有恶化之势,即所谓"局部改善,整体恶化"。其中有些问题甚至是具有"爆炸性"的,如不给予足够的关注,将会招致非常严重的后果。从经济上看,我国自"九五"规划时就提出"转变经济增长方式",在"十二五"规划中同样明确地"把转变经济发展方式作为主线",但时至今日,经济发展方式转变进程缓慢、效果不佳。30 余年的高速经济增长是建立在对资本、劳动力等物质要素大量消耗的基础之上的,付出了沉重的资源、环境代价,而且这种高能耗、高排放的增长方式已经难以为继。经济发展方式之所以难以转变,固然与我国所处的重化工业发展阶段有一定关系,但更主要的原因在于,政府在主观上也不肯转变。"GDP至上"的发展观和政绩考核标准没有改变,地方政府之间展开"GDP锦标赛",比拼GDP增长速度,不论政府如何"漂绿",经济发展方式都很难转变。

其实,在国外,尤其是西方国家,也有政府的"漂绿"行为,其主要是寻求在政治上获取更多选票,在国际上树立良好形象。对于政府的"漂绿"行为,治理方式也很简单,就是要改革政府体制,加大人民对政府的监督力度,使政府,尤其是政府官员为"漂绿"付出代价。只有政府实现华丽转身,提高公信力,改变政府形象,建设人民满意的诚信政府,才能真正地推进绿色经济发展。

北京师范大学资源学院教授　刘学敏

论绿色减贫新理念及绿色减贫指数研究

1. "绿色发展"和"绿色减贫"成为全球共识，也成为中国社会各界的关注点

伴随气候变化带来自然社会经济发展的历史性新变化，绿色经济作为应对措施受到国际社会的广泛关注，绿色经济、绿色发展与减贫新战略已经成为世界进行政治、经济和外交等关注、交流与合作的热点，日益受到各国重视。中国政府高度重视绿色经济发展，近年相继提出的为"建成小康社会"目标而实施的"发展方式转变"、"包容性增长"、"低碳经济"、"循环经济"、"可持续发展"等都是国家战略性转变，早在1992年就成立了"中国环境与发展国际合作委员会"。党的十八大将绿色发展提升到生态文明建设新高度，相继提出"绿色新政"、"绿色财政"、"绿色交通"、"绿色建筑"、"绿色经济"、"绿色产业"、"绿色食品"、"绿色生态金融"、"绿色 GDP"等，"绿色发展与减贫"、"绿色贫困"、"绿色扶贫"等新理念及概念也正成为扶贫重点和关注点。

2. "绿色减贫"成为新时期中国反贫困的新战略理念

绿色减贫起源于对绿色贫困认识和研究的深入。无论是由于缺乏绿色（森林植被等）而导致的绿色贫困，还是拥有绿色资源，但由于开发不当或缺乏合理开发利用而导致绿色贫困，其根本原因还是绿色发展缺失。第一，绿色减贫是低碳扶贫方式。国内外扶贫实践证明，依靠"高消耗、高污染"的经济增长方式和产业扶贫模式，走"先污染，后治理"，"先破坏，后恢复"的传统经济发展模式和扶贫道路，是没有生命力的。消除贫困，改善民生，实现共同富裕，是社会主义的本质要求[1]，绿色减贫就是一种减少经济发展中的资源消耗和环境污染的低碳式扶贫方式。第二，绿色减贫是更加注重以人为本的多维扶贫理念。实践证明，扶贫是一种全面性扶贫，不仅仅是收入性减贫，而绿色减贫不仅在经济方面衡量贫困人口水平，还在教育、健康、饮用水、住房、卫生设施等多个方面对贫困人口生活水平进行改善，予以帮扶。从多维度对贫困人群进行测量评定和帮扶，体现了减贫对人类发展和人类需求的全面关注，不但包括了贫困人口的收入水平提高，而且也包括了贫困人口的生计能力、发展能力以及获得与其他人群的平等权利、均等机会和同等的结果。因此，"绿色"就包含了绿色的权利、绿色的机会、绿色的多维需求的同时满足，可见，绿色减贫有利于实现提高人的能力，拓展人的自由这一反贫困的真正目标，是真正以人为本的扶贫方式。第三，绿色减贫是一种可持续扶贫。绿色减贫是在保护环境的条件下既满足当代人的需求，又不损害后代人满足其需求的发展模式，它从以下四个方面体现了可持续发展的理念：①绿色减贫突出了发展的主题。它不是单纯地强调经济增长，而是一种减贫与社会、环境等多项要素结合的发展方式。②绿色减贫强调了发展的可持续性。经济和社会的发展不能超越资源和环境的承载能力，绿色减贫正是基于这样的发展理念，要求经济发展必须在资源和环境的承载力范围之内。③绿色减贫体现了人与人关系的公平性，当代人在发展与消费时应努力做到使后代人有同样的发展机会，同一代人中一部分人的发展不应当损害另一部分人的利益。④绿色减贫还体现了人与自然的协调共生，促进了人与自然的和谐，实现经济发展和人口、资源相协调，坚持走生产发展、生活富裕、生态良好的文明发展道路，也是一种新的发展观和文明观。第四，绿色减贫是中国扶贫方式的升华，是开发式扶贫的深化和提升。其主

---

[1] 刘永富. 打赢全面建成小康社会的扶贫攻坚战. 人民日报，2014-04-09.

要表现在以下方面：①绿色扶贫是在开发扶贫基础上的深化。改革开放后，我国扶贫开发创新探索了开发式扶贫、参与式扶贫、产业化扶贫等多种扶贫模式，集中的特色就是剔除了开发式扶贫中的高消耗、高污染、高投资的弊端带来的隐患。②从扶贫开发"输血"变"造血"功能升华到"造好血"大转换。开发式扶贫的最大功效就在于变单纯的"输血"功能为"造血"功能，激发贫困人口内源动力和积极性，通过主体参加意识增强，从而激发自身的动力机制。而绿色减贫则是将"造血"功能机一部提升到"造好血"新阶段。显然，从造血的功能、力量、纯洁度、健康程度等方面来看，"造好血"都是新的大变革。

3. 绿色减贫度量——中国绿色减贫指数研究

国内外对于绿色发展、绿色增长指数的研究取得不少成果，对减贫和反贫困研究也取得了丰硕成果，但将绿色发展与减贫相结合建立绿色减贫指数的研究，目前尚未见到，因此，绿色减贫指数研究是一项具有一定探索性的创新尝试。其意义就在于：第一，构建中国绿色减贫指数是为政府推动绿色减贫进程提供决策参考的需要。中国集中连片特困地区绿色减贫指数能够全面、客观、科学地描述各个贫困片区的绿色减贫总体水平，并且从各个分项指标的高低中能够得出不同片区的不同特点，从而揭示出各个片区在绿色减贫进程中面临的问题。这一指数的设计不仅是从理念上进行创新，更是对未来绿色减贫工作的一种尝试性的新探索、新举措。第二，构建中国绿色减贫指数是为创新扶贫模式、拓宽扶贫资助渠道提供新思路的需要。除政府扶贫以外，企业扶贫、社会扶贫也在新时期的扶贫攻坚工作中占据越来越重要的地位，是"大扶贫"中不可或缺的部分。然而，在目前的扶贫工作格局中，企业扶贫和社会扶贫所占比重仍然过小，民间扶贫资本不足也是导致扶贫资金紧张的重要原因，这些对减贫效果都存在不小的消极影响。"绿色减贫"则为企业扶贫和社会扶贫提供了新的视角，为产业扶贫开创了一条新道路。中国集中连片特困地区绿色减贫指数指标体系所揭示出的贫困片区在绿色减贫进程中存在的问题和需要突破的方面为企业和社会组织在投资和产业选择的方面提供了参考，为扶贫模式的创新和扩宽扶贫资金来源渠道提供指导。第三，绿色减贫指数是绿色发展指数的应用、发展和检验。绿色发展指数是一个综合性指数，绿色减贫指数则是在绿色发展指数的基础上，根据绿色发展指数理论框架，结合减贫的特点，将绿色发展与减贫相结合构建的一个新指数，是绿色发展指数在减贫领域的应用和发展，也是对绿色发展指数在减贫领域一个检验。但绿色减贫指数又不完全是绿色发展指数，减贫因素的复杂性和特殊性也决定了绿色减贫指数的创新性作用相当明显，目前对此研究还不多，北京师范大学中国扶贫研究中心在长期研究国内外反贫困的基础上，已基本完成了中国绿色减贫指数构建，是扶贫研究的一项新成果，同时也是绿色发展指数研究成功的应用和新进展。

北京师范大学经济与资源管理研究院教授　张琦

绿色发展指数需要特别关注滨海湿地

在中国慈善界的项目中，滨海湿地正在日益引起关注，这代表了一种趋势，也提醒社会需要关注这一重大问题。

根据国际社会的定义，滨海湿地是陆地生态系统和海洋生态系统的交错过渡地带，其下限为海平面以下6米处，上限为大潮线之上与内河流域相连的淡水或半咸水湖沼，包括海水上溯未能抵达的入海河的河段，一般要包括河口、浅海、海滩、盐滩、潮滩、潮沟、泥炭沼泽、沙坝、沙洲、泻湖、红树林、珊瑚礁、海草床、海湾、海堤、海岛等。

关于滨海湿地的功能，人们一般引用美国科学家的一份报告，认为生态系统每公顷每年创造的综合价值达4 052美元，相当于同等面积的热带雨林的2倍，或其他森林的13倍，或草地的17倍，或农田的44倍。在我国，人们通常形象地将湿地比喻为"地球之肾"。

如果翻阅有关资料便不难发现，中国"十一五"期间就有201个湿地保护与恢复工程项目，那个时期就宣布初步形成了湿地保护网络，还会有整体效益。但是，正如近年PM2.5的实际情况发展并不如许多地方宣布的成绩那样理想，滨海湿地的保护实际上面临着严峻挑战，滨海湿地保护的治理体系和治理能力都需要现代化，绿色发展指数需要更进一步地加重滨海湿地的比重。这是因为，一些数据表明：随着中国沿海地区的快速工业化和城镇化，围填海规模巨大，被围填的区域总面积已达13 380平方千米（2008年数据），滨海湿地面积锐减了57%，近海渔业资源量大幅下降，鸟类栖息地消失；海岸利用强度越来越大，海岸线长度减少3 000千米，人工硬化海岸比例由原来的22.7%增加到53.6%；近岸海域海水污染严重。

需要警惕滨海湿地保护的三大误区：一是较大的宏观经济开发规划，放到国家的日程上，宣布是这个战略、那个战略，实际上是在以响亮口号取得破坏湿地的合法性。环保界引以为戒的案例就是，2006年，曹妃甸工业区被列入国家"十一五"发展规划，人们往往将2006年的卫星地图与现在的地图做比较，也许地图比数字更能说明问题。

二是经济发展的指标超出了社会发展指标，人们为了赚钱而不顾湿地的保护。沿海城市的很多海岸线在被整治！结果往往是房地产的过度开发，海景房林立，现在又证明不如预期的那么实用，结果造成双重浪费。即使其他经济开发项目，尽管有一时收入，但比较造成的长期损失，也是得不偿失。所谓土豪，绝不仅仅是狭义的缺乏文化修养的富人，如果一个地方政府完全不顾生态以破坏滨海湿地为代价来从事经济开发，其实是更大的土豪！

三是缺乏适宜的滨海湿地保护机制，好像保护湿地成了中央政府的责任，或者说是林业部门或环保人士的责任，地方政府，特别是基层政府似乎不受到问责的影响。在许多情况下，有关部门与环保人士甚至被放到个别政府的对立面，地方政府甚至以破坏稳定来制止滨海湿地的保护行动。这是一个非常尴尬的机制，有关部门与环保界讲滨海湿地保护，个别地方政府讲政治与社会稳定，强调发展经济为最高原则，结果往往是为经济建设让路。而一些地方的成功经验，并没有得到较大褒奖。

滨海湿地保护关系到中国社会的长远发展，需要采取适宜的方式来解决这一问题。最基本的，应该肯定北京、广东等地的经验，健全立法，制定出有效的规范与标准，使湿地保护有法可依。

同时，也应该改革湿地保护的治理体系，提升治理能力。重大项目恐怕需要通过人民代表大会来认真讨论，真正充分发表不同意见，公开透明，从而促成政府决策的科学化。同时，还要有环保专家与社会组织的参与。

在科学保护方面，也要注意地方和中央两级政府之间的利益差异，推进滨海湿地保护体制的良性转型。例如，解决由围填海所造成的问题，应该在地方和中央使用有区别的解决方案。在全国范围内，可以建立更为严格的执法标准并与深入系统的研究和设计相结合，促成系统的行动；而在地方政府的层面，可以采用试点项目的组合来展示良好的湿地管理经验，使有关地方能够有学习的榜样。

北京师范大学中国公益研究院教授　王振耀

低影响开发与水生态文明建设

低影响开发（low impact development，LID）是一种基于生态的雨洪管理方法，是发达国家新兴的城市规划概念，是20世纪90年代末发展起的暴雨管理和面源污染处理技术。其基本内涵是通过有效的水文设计，综合采用入渗、过滤、蒸发和蓄流等方式减少径流排水量，维持场地开发前后的水文平衡，使开发地区尽量接近于自然的水文循环。

水生态文明是指人类遵循人水和谐理念，以实现水资源可持续利用，支撑经济社会和谐发展，保障生态系统良性循环为主体的人水和谐文化伦理形态，是生态文明的重要部分和基础内容。《水利部关于加快推进水生态文明建设工作的意见》指出，水生态文明建设的指导思想如下：以科学发展观为指导，全面贯彻党的十八大关于生态文明建设的战略部署，把生态文明理念融入水资源开发、利用、治理、配置、节约、保护的各方面和水利规划、建设、管理的各环节，坚持节约优先、保护优先和自然恢复为主的方针，以落实最严格水资源管理制度为核心，通过优化水资源配置、加强水资源节约保护、实施水生态综合治理、加强制度建设等措施，大力推进水生态文明建设，完善水生态保护格局，实现水资源可持续利用，提高生态文明水平。

水生态文明倡导人与自然和谐相处，水生态文明的核心是"和谐"。城市化进程的不断加快、人口的不断增加，对自然环境，尤其是水环境带来了巨大的压力。城市中大量的不透水地面致使地表径流增加、径流速度加快、聚集时间缩短，破坏了原有的水文过程。而低影响开发强调通过源头分散的小型控制设施，维持和保护场地自然水文功能，有效缓解不透水面积增加造成的洪峰流量增加、径流系数增大、面源污染负荷加重的城市雨水管理理念。同时，低影响开发通过绿色屋顶、墙面绿化、雨水花园、下凹式绿地、滨水缓冲带、人工湿地等景观措施，既能有效减少雨水径流和城市热岛效应的不良影响，又具有一定的美学价值，对促进人水和谐具有重要意义。

水资源节约是水生态文明的重中之重，低影响开发技术中对于雨水的收集利用对节约水资源具有重要意义。在传统的城市雨洪管理中，关注的焦点在于如何将雨水尽早地排掉，从建设以防洪为目的的管渠工程将雨水直接排入河流，到修建大量的处理设施集中对雨水进行处理，最后到分散式处理、尽量将雨水就地解决和处理的过程，这些雨洪管理措施会造成雨水资源的大量浪费。而低影响开发强调雨水是一种资源而不是一种废物，不能随项目的开发而随意排放，而要对雨水进行收集净化处理，进行再次利用。雨水的收集利用系统主要包括雨水的收集、雨水的储存及雨水的净化。城市雨水利用途径可分为雨水渗透、雨水径流收集利用、雨水地下水回灌等。雨水经适当的处理后可用做场地喷灌、车辆清洗、道路喷洒、绿化浇灌等城市杂用水，亦可用做空调循环水，还可原位入渗土壤，就近补入景观水体。

水生态保护是水生态文明建设的关键所在。雨水污染的程度与地理位置、气候条件、环境有着紧密联系，某些地区的初期雨水污染程度甚至超过了生活污水，传统排水体制无论是合流制还是分流制都无法很好地避免雨水污染的问题，导致水生态环境进一步恶化。而低影响开发技术采用从源头进行雨水的全过程控制管理，能够有效地去除雨水中的污染物质，保护水生态环境。低影响开发设施按雨水径流过程可分为四类：①上游的雨洪接收设施，主要作用是接收雨洪，进行初级处理；②中游的过滤收集设施，主要作用是通过收集和过滤，在最终处理前分流雨水，处理污染；③下游的渗透处理设施，主要作用是通过渗透方式，将雨水径流导入地下，并通过生物方式处理雨水中的污染物；④贯穿整个过程中的水流控制设施，此类设施贯穿于整个网络之中，使用范围较广，主要作用为减少表面径流和管道排放。低影响开发技术通过对雨水径流的全过程管理，能够有效地去除雨水径流污染，对保护水生态环境具有重要意义。

水生态文明建设与经济建设、社会发展一起，是实现可持续发展的重要保障。党的十八大报告提出要把生态文明建设融入经济建设、政治建设、文化建设、社会建设各方面和全过程，形成"五位一体"。生态文明是物质文明、政治文明、精神文明、社会文明的重要基础和前提，没有良好和安全的生态与环境，其他文明就会失去载体。水资源是人类生存和发展不可或缺的一种宝贵资源，是经济社会可持续发展的重要基础。水生态系统是水资源形成、转化的主要载体。因此，保护好水生态系统、建设水生态文明，是实现经济社会可持续发展的重要保障。然而，城市内涝多发、水环境污染和雨水资源大量流失等已成为制约城市可持续发展的关键问题。低影响开发通过构建雨水源头控制措施、雨水排除管网和雨水集中处理设施，既可以有效地控制降雨径流带来的负面影响，又可以有效地利用雨水资源，从整体上保障城市排水安全，减轻下游防洪压力，控制城市非点源污染，这对建设"绿色城市"、"生态城市"以及城市的可持续发展具有重大意义。

综上所述，低影响开发具有以下几大优点：一是建立起健全的分布式水文网络；二是最大限度地使水渗透，减少径流，达到蓄水泄洪的效果；三是增加景观多样性；四是阻止水体污染物的传播。因此，低影响开发技术对促进水生态文明建设具有十分重要的意义。

北京师范大学水科学研究院教授　王红瑞

完善发展成果评价的核算思考

《中共中央关于全面深化改革若干重大问题的决定》指出：要完善发展成果考核评价体系，纠正单纯以经济增长速度评定政绩的倾向，加大资源消耗、环境损害、生态效益、产能过剩、科技创新、安全生产、新增债务等指标的权重，更加重视劳动就业、居民收入、社会保障、人民健康状况。

当前，我国发展进入新阶段，改革进入攻坚期和深水区。发展中面临的问题也是改革的主要攻坚目标。而需要什么样的发展、如何评价发展水平、如何实现科学发展是各项改革中必须要考虑的问题，其中，发展成果评价处于核心地位。显然，如果发展成果评价体系不能及时完善，相应的发展目标、发展监测和发展实践都将难以落到实处，改革也就无从谈起。因此，要从全面深化改革的角度认识发展成果评价的重要性，要用发展成果评价促进全面深化改革的具体落实。

发展成果评价体系承担着促进全面深化改革和服务宏观管理理念升级的重要使命，但如何建立一套科学完善、务实可用的发展成果考核评价体系却并不容易。可以预见的是，完善发展成果评价体系是一项长期的任务，需要各界人士共同努力。我们认为，做好这项工作，要有重点地加强以下几方面的核算工作。

1. 进一步提高统计数据质量

要进一步完善 GDP 的核算方法，实现 GDP 的统计口径与国际标准全面接轨，拓宽 GDP 核算的基础数据来源，充分利用会计资料、常规报表、普查数据、抽样数据和行政数据等；要逐步完善对资源环境存量和流量的统计，加大对国际上已经成熟的环境核算方法的研究，尽快建立起我国综合环境与经济核算体系；要加大对资本投入、人力资本投入的产出效率的测算，同时对国有企业、个体私营企业的投入产出进行有效的测算；要进一步完善国民收入中初次分配、再次分配的核算方法和范围，提高居民收入水平统计质量。

2. 准确测算潜在的经济增长水平

我们应做好两方面工作，为准确测算潜在的经济增长水平打好基础：一是要构建全口径的失业统计体系。要按国际通行的失业的定义和口径完善居民失业统计体系，同时要将农村劳动力就业、失业及剩余劳动力统计工作纳入失业统计体系。二是要加强价格指数体系的建设。继续提高居民消费价格指数和生产者价格指数发布的及时性和准确性，并逐步补充服务业生产者价格指数和服务贸易价格指数。

3. 改革干部政绩考核体系

要根据潜在经济增长水平把 GDP 增长指标作为一个适度指标来考察，同时加大就业水平、价格增长等约束性指标的权重；在生态环境方面，加大对空气污染、食品安全的考察，建立生态环境损害的终身问责机制；在社会发展方面，加强对教育、卫生、住房和社会保障等方面的行政绩效考察。同时要适当引入主观评价方法，重点反映人民群众关注的民生问题。

4. 加快建立国家统一的核算制度

要以第三次全国经济普查的资料为基础，根据最新国际标准对我国核算方法进行改革，重新核算 2013 年及以前年度各地和国家 GDP 的总量，使之相衔接，并严格按照新的核算准则对今后各年的季度及全国各地 GDP 总量和增速进行核算，为下一步实现全国 GDP 的统一核算打下坚实的基础。

5. 全面应对大数据的挑战

发展成果评价要主动利用互联网上产生的海量的、非结构化的、非标准化的电子数据改善传统的统计工作。要完善网上统计调查名录库，利用大数据的重要载体提高数据收集的工作效率，为发展成果评价服务。

当然，完善发展成果评价还涉及很多方面，如教育、医疗、文化等多方面的核算问题。对此，我们要本着开放的态度，扩展和细化国民经济核算的范围，分阶段有重点地逐步解决。

北京师范大学国民核算研究院教授　宋旭光

以悲天悯人的人文情怀构筑当代绿色生态文明

迄今为止人类历史经历了从早期狩猎、采集的蒙昧蛮荒时代,到创造发明生产工具的农耕文明时代,再到依靠科学技术"勘天役物"和扩大了的人际交往关系满足日益增长需求的近现代工业化、市场化的时代。

人类文化的崛起就其本身而言是对地球上其他生物的一种永恒的威胁。人类特有的创造力使其使用的物质生产资料、享受的生活消费资料始终在朝着不断丰富、不断翻新的方向发展。进入农业时代,由于人工培植,家生作物开始大量侵占野生物种的地盘,刀耕火种,焚烧森林,毁坏草原,开垦土地,已经预示着地球上其他物种趋于灭亡的命运。迈入工业文明后,科学技术的兴起和飞速进步,对自然资源的索取或榨取更是日益加剧,最终导致了资源的枯竭与人类生存环境的恶化。尽管如此,仍然有许多人执迷不悟,他们以人类科学技术智慧无穷尽的进步为理由,认为地球不过是人类的暂居地,广阔无垠的宇宙才是人类的永恒之家。鼓吹在地球资源枯竭、生态环境恶化到不适应人类生存之时,则移居其他星球。他们的世界观中缺乏的是对人类历史进程中人类自身行为的反躬自省。

早期人类依附自然,虽然生活艰辛,物质匮乏,但人们"敬天畏命"。农耕文明时代,创造了更多的社会财富,但也导致了贪欲与社会的分裂对抗。人类在改善自身物质生活状况之时,亦在积极创造精神财富,力求使人与人、物欲与精神、灵与肉统一、和谐,留下了"仁者爱人"以及执著的宗教信仰。这些就是支撑人类社会绵延不绝、薪火传承、延续至今的"天人合一"的宇宙观与"悲天悯人"的人文精神。近现代科学技术的进步,使人类在无限扩大满足人类生理欲望的同时,也无限扩张放大了人类生理欲望本身。理性主义思潮已经成功地把人类中的绝大多数改造成了坚定的物质(消费、享乐)主义者。发展经济、无限制地推进经济增长,使过去人们对自然的敬畏、对信仰的追求全都在物质的消费、享乐的广告的喧嚣声中被淹没、被忽视、被消灭。由此所带来的一方面是物质财富的极大丰富,另一方面是精神情感世界的极度空虚。继续发展下去的物质主义不再是人类文明进步的福音,而是将人类引向灾难。用无生命的自然科学规律指导人类生命组成的社会,驱使人类复归生物的本性,势必将人类重新推回到先前蒙昧的无精神时代的自然状态。

人的需求具有层次性,当物的需求基本满足之后,要及时引导人们转向精神性需求。精神性永远只属于人类所独具的主观能动的目的性,它与人类的自然本性、社会理性的关系是一种永远在螺旋式循环中共同促进的关系,由此才产生了人类文明的进步。我们必须纠正理性主义者把物质主义的进步看做人类文明进步的唯一标尺的偏向性,这种偏向性的错误已经在 20 世纪给人类留下了不可磨灭的痛苦的教训。因此,我们需要审视人类文明的历史进程,才能以悲天悯人的人文情怀构筑当代绿色生态文明、社会文明与精神文明。

西南财经大学经济学院教授　刘方健

第六篇

省、市"绿色体检"表

为详细阐释2012年30个测评省(自治区、直辖市)和38个测评城市的绿色发展水平,本篇介绍了各测评地区绿色发展指数三级指标的数值、排名及2011年和2012年排名变化等,形成了本篇的两部分内容,即省际"绿色体检"表和城市"绿色体检"表。

如何解读省际"绿色体检"表？

  省际"绿色体检"表包含中国绿色发展指数（省际）30个测评省份、60个绿色发展三级指标的序号、指标名称、单位、指标属性、2012年省区测评均值、2012年该省份数值、2011年该省份数值、2012年该省份排名、2011年该省份排名、2011年和2012年排名变化、数据来源及进退脸谱等12项内容。其中，序号、指标名称、单位、指标属性、2012年省区测评均值及数据来源6项内容在每个省际绿色发展"体检"表中都是相同的，反映的是整个中国绿色发展指数（省际）60个绿色发展三级指标的具体情况；2012年该省份数值、2011年该省份数值、2012年该省份排名、2011年该省份排名及2011年和2012年排名变化5项内容在每个表中均不同，反映每个测评省份三级指标的原始数据及其相应的排名、变化。而最后的进退脸谱是根据指标排名变化制作的，若2012年该省份数值排名较2011年有所进步，即给该项指标一个笑脸，以表示鼓励；若2012年该省份指标数值排名较2011年有所退步，则给该项指标一个哭脸，以表示激励；若该项指标排名两年基本没有变化，则无脸谱表示；若该项指标在统计年鉴中没有数据，则用—表示，待日后补全。省际"绿色体检"表全面地反映了每个测评省份在绿色发展各个方面的具体表现。

北京绿色发展"体检"表

序号	指标名称	单位	指标属性	2012年测评均值	2012年北京数值	2011年北京数值	2012年北京排名	2011年北京排名	排名变化	2012年数据来源	进退脸谱
1	人均地区生产总值	元/人	正	44 068.433	87 475.000	81 658.000	2	3	1	中国统计	☺
2	单位地区生产总值能耗	吨标准煤/万元	逆	1.041	0.459	0.459	1	1	0	中国统计	
3	非化石能源消费量占能源消费量的比重		正	—	—	—					
4	单位地区生产总值二氧化碳排放量		逆	—	—	—					
5	单位地区生产总值二氧化硫排放量	吨/万元	逆	0.007	0.001	0.001	1	1	0	中国统计	
6	单位地区生产总值化学需氧量排放量	吨/万元	逆	0.007	0.001	0.001	2	2	0	中国统计	
7	单位地区生产总值氮氧化物排放量	吨/万元	逆	0.007	0.001	0.001	1	1	0	环境年报;中国统计	
8	单位地区生产总值氨氮排放量	吨/万元	逆	0.001	0.000	0.000	1	1	0	环境年报;中国统计	
9	人均城镇生活消费用电	千瓦时/人	逆	338.789	1 226.920	1 112.980	29	29	0	城市	
10	第一产业劳动生产率	万元/人	正	2.034	2.581	2.195	9	11	2	中国统计	☺
11	土地产出率	亿元/千公顷	正	0.320	0.588	0.540	1	1	0	中国统计	
12	节灌率		正	0.532	1.377	1.365	1	1	0	水利;中国统计	
13	有效灌溉面积占耕地面积比重	%	正	55.004	89.577	90.350	2	2	0	中国统计	
14	第二产业劳动生产率	万元/人	正	14.801	18.802	15.163	7	8	1	中国统计	☺
15	单位工业增加值水耗	立方米/元	逆	0.006	0.001	0.002	3	3	0	中国统计	
16	规模以上单位工业增加值能耗		逆	—	—	—					
17	工业固体废物综合利用率	%	正	69.374	78.986	66.519	10	14	4	环境年鉴	☺
18	工业用水重复利用率	%	正	76.227	39.100	47.000	26	25	−1	环境年鉴	☹
19	六大高载能行业产值占工业总产值比重	%	逆	39.737	32.100	29.490	11	8	−3	工业经济	☹
20	第三产业劳动生产率	万元/人	正	8.800	16.785	13.984	2	3	1	中国统计	☺
21	第三产业增加值比重	%	正	40.876	76.456	76.100	1	1	0	中国统计	
22	第三产业就业人员比重	%	正	36.670	75.625	73.983	1	1	0	中国统计	
23	人均水资源量	立方米/人	正	2 356.285	193.239	134.707	28	28	0	中国统计	
24	人均森林面积	公顷/人	正	0.188	0.025	0.026	27	27	0	中国统计	
25	森林覆盖率	%	正	30.630	31.720	31.720	15	15	0	中国统计	
26	自然保护区面积占辖区面积比重	%	正	8.688	7.970	7.970	12	12	0	中国统计	

续表

序号	指标名称	单位	指标属性	2012年测评均值	2012年北京数值	2011年北京数值	2012年北京排名	2011年北京排名	排名变化	2012年数据来源	进退脸谱
27	湿地面积占国土面积的比重	%	正	7.008	1.930	1.93	25	25	0	中国统计	
28	人均活立木总蓄积量	立方米/人	正	10.608	0.624	0.640	28	27	−1	中国统计	☹
29	单位土地面积二氧化碳排放量		逆	—	—	—	—	—			
30	人均二氧化碳排放量		逆	—	—	—	—	—			
31	单位土地面积二氧化硫排放量	吨/平方千米	逆	5.685	5.719	5.965	18	18	0	中国统计;沙漠	
32	人均二氧化硫排放量	吨/人	逆	0.019	0.005	0.005	2	2	0	中国统计	
33	单位土地面积化学需氧量排放量	吨/平方千米	逆	6.499	11.365	11.772	27	27	0	中国统计;沙漠	
34	人均化学需氧量排放量	吨/人	逆	0.019	0.009	0.010	1	1	0	中国统计	
35	单位土地面积氮氧化物排放量	吨/平方千米	逆	7.358	10.816	11.474	26	27	1	中国统计;沙漠;环境年报	☺
36	人均氮氧化物排放量	吨/人	逆	0.020	0.009	0.009	2	2	0	环境年报;中国统计	
37	单位土地面积氨氮排放量	吨/平方千米	逆	0.794	1.248	1.298	27	27	0	中国统计;沙漠;环境年报	
38	人均氨氮排放量	吨/人	逆	0.002	0.001	0.001	1	1	0	环境年报;中国统计	
39	单位耕地面积化肥施用量	万吨/千公顷	逆	0.050	0.059	0.060	20	22	2	中国统计	☺
40	单位耕地面积农药使用量	吨/千公顷	逆	17.537	16.742	16.988	19	19	0	环境年鉴;中国统计	
41	人均公路交通氮氧化物排放量	吨/万人	逆	51.826	39.066	42.984	12	15	3	环境年报;中国统计	☺
42	环境保护支出占财政支出比重	%	正	2.783	3.081	2.912	11	15	4	中国统计	☺
43	环境污染治理投资总额占地区生产总值比重	%	正	1.569	1.916	1.311	9	16	7	环境年鉴;中国统计	☺
44	农村人均改水、改厕的政府投资	元/人	正	47.312	53.279	118.170	10	1	−9	环境年鉴	☹
45	单位耕地面积退耕还林投资完成额	万元/千公顷	正	14.215	0.000	0.000	17	17	0	环境年鉴;中国统计	
46	科教文卫支出占财政支出比重	%	正	28.792	33.268	31.297	4	4	0	中国统计	
47	城市人均绿地面积	公顷/人	正	0.003	0.005	0.005	4	4	0	城市;中国统计	
48	城市用水普及率	%	正	96.695	100.000	100.000	1	1	0	中国统计	
49	城市污水处理率	%	正	85.637	83.200	81.700	25	21	−4	环境年鉴	☹

2014中国绿色发展指数报告

续表

序号	指标名称	单位	指标属性	2012年测评均值	2012年北京数值	2011年北京数值	2012年北京排名	2011年北京排名	排名变化	2012年数据来源	进退脸谱
50	城市生活垃圾无害化处理率	%	正	84.879	99.120	98.240	4	3	−1	中国统计	☹
51	城市每万人拥有公交车辆	标台	正	11.947	23.433	22.383	1	1	0	中国统计	
52	人均城市公共交通运营线路网长度	千米/人	正	0.001	0.002	0.002	4	4	0	中国统计；城市	
53	农村累计已改水受益人口占农村总人口比重	%	正	5.702	0.436	0.436	29	29	0	环境年鉴	
54	建成区绿化覆盖率	%	正	38.656	46.200	45.600	1	2	1	中国统计	☺
55	人均当年新增造林面积	公顷/万人	正	57.751	17.492	10.449	22	25	3	中国统计	☺
56	工业二氧化硫去除率	%	正	64.664	62.801	61.883	22	19	−3	中国统计	☹
57	工业废水化学需氧量去除率	%	正	81.060	89.856	91.247	6	6	0	环境年报；中国统计	
58	工业氮氧化物去除率	%	正	7.230	12.774	10.193	5	5	0	环境年报	
59	工业废水氨氮去除率	%	正	76.514	87.084	86.398	7	10	3	环境年报；中国统计	☺
60	突发环境事件次数	次	逆	18	21	36	24	29	5	中国统计	☺

注：中国统计——《中国统计年鉴2013》；环境年鉴——《中国环境统计年鉴2013》；环境年报——《中国环境统计年报2012》；城市——《中国城市统计年鉴2013》；水利——《中国水利统计年鉴2013》；工业经济——《中国工业经济统计年鉴2013》；沙漠——《中国沙漠及其治理》。

天津绿色发展"体检"表

序号	指标名称	单位	指标属性	2012年测评均值	2012年天津数值	2011年天津数值	2012年天津排名	2011年天津排名	排名变化	2012年数据来源	进退脸谱
1	人均地区生产总值	元/人	正	44 068.433	93 173.000	85 213.000	1	1	0	中国统计	
2	单位地区生产总值能耗	吨标准煤/万元	逆	1.041	0.708	0.708	9	9	0	中国统计	
3	非化石能源消费量占能源消费量的比重		正	—	—	—					
4	单位地区生产总值二氧化碳排放量		逆	—	—	—					
5	单位地区生产总值二氧化硫排放量	吨/万元	逆	0.007	0.002	0.002	5	5	0	中国统计	
6	单位地区生产总值化学需氧量排放量	吨/万元	逆	0.007	0.002	0.002	3	3	0	中国统计	
7	单位地区生产总值氮氧化物排放量	吨/万元	逆	0.007	0.003	0.004	6	6	0	环境年报；中国统计	
8	单位地区生产总值氨氮排放量	吨/万元	逆	0.001	0.000	0.000	2	2	0	环境年报；中国统计	
9	人均城镇生活消费用电	千瓦时/人	逆	338.789	740.721	669.911	28	28	0	城市	
10	第一产业劳动生产率	万元/人	正	2.034	2.377	2.143	12	12	0	中国统计	
11	土地产出率	亿元/千公顷	正	0.320	0.409	0.384	7	7	0	中国统计	
12	节灌率		正	0.532	0.867	0.814	3	4	1	水利；中国统计	☺
13	有效灌溉面积占耕地面积比重	%	正	55.004	76.411	76.628	6	5	−1	中国统计	☹
14	第二产业劳动生产率	万元/人	正	14.801	20.603	22.393	5	3	−2	中国统计	☹
15	单位工业增加值水耗	立方米/元	逆	0.006	0.001	0.001	1	1	0	中国统计	
16	规模以上单位工业增加值能耗		逆	—	—	—					
17	工业固体废物综合利用率	%	正	69.374	99.780	99.829	1	1	0	环境年鉴	
18	工业用水重复利用率	%	正	76.227	96.700	96.300	1	1	0	环境年鉴	
19	六大高载能行业产值占工业总产值比重	%	逆	39.737	33.566	35.924	13	14	1	工业经济	☺
20	第三产业劳动生产率	万元/人	正	8.800	15.634	17.242	3	2	−1	中国统计	☹
21	第三产业增加值比重	%	正	40.876	46.987	46.200	4	4	0	中国统计	
22	第三产业就业人员比重	%	正	36.670	49.932	49.005	3	3	0	中国统计	
23	人均水资源量	立方米/人	正	2 356.285	237.993	115.963	27	29	2	中国统计	☺
24	人均森林面积	公顷/人	正	0.188	0.007	0.007	29	29	0	中国统计	
25	森林覆盖率	%	正	30.630	8.240	8.240	28	28	0	中国统计	
26	自然保护区面积占辖区面积比重	%	正	8.688	8.060	8.060	11	11	0	中国统计	

续表

序号	指标名称	单位	指标属性	2012年测评均值	2012年天津数值	2011年天津数值	2012年天津排名	2011年天津排名	排名变化	2012年数据来源	进退脸谱
27	湿地面积占国土面积的比重	%	正	7.008	14.950	14.950	3	3	0	中国统计	
28	人均活立木总蓄积量	立方米/人	正	10.608	0.196	0.204	29	29	0	中国统计	
29	单位土地面积二氧化碳排放量		逆	—	—	—	—	—	—		
30	人均二氧化碳排放量		逆	—	—	—	—	—	—		
31	单位土地面积二氧化硫排放量	吨/平方千米	逆	5.685	18.840	19.375	29	29	0	中国统计；沙漠	
32	人均二氧化硫排放量	吨/人	逆	0.019	0.016	0.017	18	18	0	中国统计	
33	单位土地面积化学需氧量排放量	吨/平方千米	逆	6.499	19.252	19.789	29	29	0	中国统计；沙漠	
34	人均化学需氧量排放量	吨/人	逆	0.019	0.017	0.018	14	16	2	中国统计	☺
35	单位土地面积氮氧化物排放量	吨/平方千米	逆	7.358	28.045	30.116	29	29	0	中国统计；沙漠；环境年报	
36	人均氮氧化物排放量	吨/人	逆	0.020	0.024	0.027	25	26	1	环境年报；中国统计	☺
37	单位土地面积氨氮排放量	吨/平方千米	逆	0.794	2.133	2.215	29	29	0	中国统计；沙漠；环境年报	
38	人均氨氮排放量	吨/人	逆	0.002	0.002	0.002	15	15	0	环境年报；中国统计	
39	单位耕地面积化肥施用量	万吨/千公顷	逆	0.050	0.055	0.055	18	19	1	中国统计	☺
40	单位耕地面积农药使用量	吨/千公顷	逆	17.537	8.633	8.606	9	11	2	环境年鉴；中国统计	☺
41	人均公路交通氮氧化物排放量	吨/万人	逆	51.826	39.051	40.689	11	11	0	环境年报；中国统计	
42	环境保护支出占财政支出比重	%	正	2.783	1.796	1.795	29	27	−2	中国统计	☹
43	环境污染治理投资总额占地区生产总值比重	%	正	1.569	1.222	1.547	20	11	−9	环境年鉴；中国统计	☹
44	农村人均改水、改厕的政府投资	元/人	正	47.312	8.856	45.107	29	16	−13	环境年鉴	☹
45	单位耕地面积退耕还林投资完成额	万元/千公顷	正	14.215	0.000	0.000	17	17	0	环境年鉴；中国统计	
46	科教文卫支出占财政支出比重	%	正	28.792	27.854	26.876	20	16	−4	中国统计	☹
47	城市人均绿地面积	公顷/人	正	0.003	0.002	0.002	10	10	0	城市；中国统计	
48	城市用水普及率	%	正	96.695	100.000	100.000	1	1	0	中国统计	
49	城市污水处理率	%	正	85.637	88.200	86.800	12	9	−3	环境年鉴	☹

续表

序号	指标名称	单位	指标属性	2012年测评均值	2012年天津数值	2011年天津数值	2012年天津排名	2011年天津排名	排名变化	2012年数据来源	进退脸谱
50	城市生活垃圾无害化处理率	%	正	84.879	99.810	100.000	2	1	−1	中国统计	☹
51	城市每万人拥有公交车辆	标台	正	11.947	17.337	15.187	2	4	2	中国统计	☺
52	人均城市公共交通运营线路网长度	千米/人	正	0.001	0.001	0.001	5	5	0	中国统计；城市	
53	农村累计已改水受益人口占农村总人口比重	%	正	5.702	1.986	2.417	20	20	0	环境年鉴	
54	建成区绿化覆盖率	%	正	38.656	34.880	34.530	26	25	−1	中国统计	☹
55	人均当年新增造林面积	公顷/万人	正	57.751	3.870	5.577	29	29	0	中国统计	
56	工业二氧化硫去除率	%	正	64.664	65.463	61.665	17	21	4	中国统计	☺
57	工业废水化学需氧量去除率	%	正	81.060	79.672	84.590	21	16	−5	环境年报；中国统计	☹
58	工业氮氧化物去除率	%	正	7.230	7.346	2.965	10	17	7	环境年报	☺
59	工业废水氨氮去除率	%	正	76.514	55.284	52.265	28	29	1	环境年报；中国统计	☺
60	突发环境事件次数	次	逆	18	5	1	14	1	−13	中国统计	☹

注：中国统计——《中国统计年鉴2013》；环境年鉴——《中国环境统计年鉴2013》；环境年报——《中国环境统计年报2012》；城市——《中国城市统计年鉴2013》；水利——《中国水利统计年鉴2013》；工业经济——《中国工业经济统计年鉴2013》；沙漠——《中国沙漠及其治理》

河北绿色发展"体检"表

序号	指标名称	单位	指标属性	2012年测评均值	2012年河北数值	2011年河北数值	2012年河北排名	2011年河北排名	排名变化	2012年数据来源	进退脸谱
1	人均地区生产总值	元/人	正	44 068.433	36 584.000	33 969.000	15	14	−1	中国统计	☹
2	单位地区生产总值能耗	吨标准煤/万元	逆	1.041	1.300	1.300	23	23	0	中国统计	
3	非化石能源消费量占能源消费量的比重		正	—	—	—	—	—	—		
4	单位地区生产总值二氧化碳排放量		逆	—	—	—	—	—	—		
5	单位地区生产总值二氧化硫排放量	吨/万元	逆	0.007	0.006	0.007	21	21	0	中国统计	
6	单位地区生产总值化学需氧量排放量	吨/万元	逆	0.007	0.006	0.007	13	13	0	中国统计	
7	单位地区生产总值氮氧化物排放量	吨/万元	逆	0.007	0.008	0.009	23	23	0	环境年报；中国统计	
8	单位地区生产总值氨氮排放量	吨/万元	逆	0.001	0.001	0.001	9	9	0	环境年报；中国统计	
9	人均城镇生活消费用电	千瓦时/人	逆	338.789	97.482	97.183	2	2	0	城市	
10	第一产业劳动生产率	万元/人	正	2.034	2.224	1.998	13	13	0	中国统计	
11	土地产出率	亿元/千公顷	正	0.320	0.352	0.316	12	11	−1	中国统计	☹
12	节灌率		正	0.532	0.646	0.616	11	12	1	水利；中国统计	☺
13	有效灌溉面积占耕地面积比重	%	正	55.004	72.865	72.762	7	8	1	中国统计	☺
14	第二产业劳动生产率	万元/人	正	14.801	10.294	10.172	25	22	−3	中国统计	☹
15	单位工业增加值水耗	立方米/元	逆	0.006	0.002	0.002	6	4	−2	中国统计	☹
16	规模以上单位工业增加值能耗		逆	—	—	—	—	—	—		
17	工业固体废物综合利用率	%	正	69.374	38.092	41.705	30	29	−1	环境年鉴	☹
18	工业用水重复利用率	%	正	76.227	94.300	93.700	4	4	0	环境年鉴	
19	六大高载能行业产值占工业总产值比重	%	逆	39.737	49.581	50.486	24	24	0	工业经济	
20	第三产业劳动生产率	万元/人	正	8.800	7.625	7.499	17	14	−3	中国统计	☹
21	第三产业增加值比重	%	正	40.876	35.314	34.600	23	23	0	中国统计	
22	第三产业就业人员比重	%	正	36.670	30.807	30.359	24	25	1	中国统计	☺
23	人均水资源量	立方米/人	正	2 356.285	324.242	217.748	23	26	3	中国统计	☺
24	人均森林面积	公顷/人	正	0.188	0.057	0.058	24	24	0	中国统计	
25	森林覆盖率	%	正	30.630	22.290	22.290	19	19	0	中国统计	
26	自然保护区面积占辖区面积比重	%	正	8.688	3.610	3.050	28	28	0	中国统计	

续表

序号	指标名称	单位	指标属性	2012年测评均值	2012年河北数值	2011年河北数值	2012年河北排名	2011年河北排名	排名变化	2012年数据来源	进退脸谱
27	湿地面积占国土面积的比重	%	正	7.008	5.820	5.820	12	12	0	中国统计	
28	人均活立木总蓄积量	立方米/人	正	10.608	1.397	1.407	24	24	0	中国统计	
29	单位土地面积二氧化碳排放量		逆	—	—	—					
30	人均二氧化碳排放量		逆	—	—	—					
31	单位土地面积二氧化硫排放量	吨/平方千米	逆	5.685	7.118	7.494	22	22	0	中国统计;沙漠	
32	人均二氧化硫排放量	吨/人	逆	0.019	0.018	0.020	20	20	0	中国统计	
33	单位土地面积化学需氧量排放量	吨/平方千米	逆	6.499	7.160	7.370	21	21	0	中国统计;沙漠	
34	人均化学需氧量排放量	吨/人	逆	0.019	0.019	0.019	20	21	1	中国统计	☺
35	单位土地面积氮氧化物排放量	吨/平方千米	逆	7.358	9.346	9.558	23	23	0	中国统计;沙漠;环境年报	
36	人均氮氧化物排放量	吨/人	逆	0.020	0.024	0.025	26	25	−1	环境年报;中国统计	☹
37	单位土地面积氨氮排放量	吨/平方千米	逆	0.794	0.588	0.607	15	15	0	中国统计;沙漠;环境年报	
38	人均氨氮排放量	吨/人	逆	0.002	0.002	0.002	4	4	0	环境年报;中国统计	
39	单位耕地面积化肥施用量	万吨/千公顷	逆	0.050	0.052	0.052	17	18	1	中国统计	☺
40	单位耕地面积农药使用量	吨/千公顷	逆	17.537	13.428	13.140	14	14	0	环境年鉴;中国统计	
41	人均公路交通氮氧化物排放量	吨/万人	逆	51.826	75.436	77.839	27	27	0	环境年报;中国统计	
42	环境保护支出占财政支出比重	%	正	2.783	3.136	2.982	10	14	4	中国统计	☺
43	环境污染治理投资总额占地区生产总值比重	%	正	1.569	1.829	2.545	10	4	−6	环境年鉴;中国统计	☹
44	农村人均改水、改厕的政府投资	元/人	正	47.312	8.050	9.166	30	30	0	环境年鉴	
45	单位耕地面积退耕还林投资完成额	万元/千公顷	正	14.215	0.000	0.000	17	17	0	环境年鉴;中国统计	
46	科教文卫支出占财政支出比重	%	正	28.792	31.689	29.359	7	8	1	中国统计	☺
47	城市人均绿地面积	公顷/人	正	0.003	0.001	0.001	25	23	−2	城市;中国统计	☹
48	城市用水普及率	%	正	96.695	99.960	100.000	4	1	−3	中国统计	☹
49	城市污水处理率	%	正	85.637	94.300	93.900	3	3	0	环境年鉴	

续表

序号	指标名称	单位	指标属性	2012年测评均值	2012年河北数值	2011年河北数值	2012年河北排名	2011年河北排名	排名变化	2012年数据来源	进退脸谱
50	城市生活垃圾无害化处理率	%	正	84.879	81.390	72.560	22	23	1	中国统计	☺
51	城市每万人拥有公交车辆	标台	正	11.947	11.286	10.441	15	18	3	中国统计	☺
52	人均城市公共交通运营线路网长度	千米/人	正	0.001	0.000	0.000	21	21	0	中国统计;城市	
53	农村累计已改水受益人口占农村总人口比重	%	正	5.702	0.739	0.946	27	26	−1	环境年鉴	☹
54	建成区绿化覆盖率	%	正	38.656	40.980	42.070	9	4	−5	中国统计	☹
55	人均当年新增造林面积	公顷/万人	正	57.751	43.001	39.687	12	14	2	中国统计	☺
56	工业二氧化硫去除率	%	正	64.664	61.680	63.423	23	18	−5	中国统计	☹
57	工业废水化学需氧量去除率	%	正	81.060	89.339	88.918	8	11	3	环境年报;中国统计	☺
58	工业氮氧化物去除率	%	正	7.230	6.400	4.351	16	14	−2	环境年报	☹
59	工业废水氨氮去除率	%	正	76.514	84.002	77.094	13	21	8	环境年报;中国统计	☺
60	突发环境事件次数	次	逆	18	10	16	16	21	5	中国统计	☺

注：中国统计——《中国统计年鉴2013》；环境年鉴——《中国环境统计年鉴2013》；环境年报——《中国环境统计年报2012》；城市——《中国城市统计年鉴2013》；水利——《中国水利统计年鉴2013》；工业经济——《中国工业经济统计年鉴2013》；沙漠——《中国沙漠及其治理》

山西绿色发展"体检"表

序号	指标名称	单位	指标属性	2012年测评均值	2012年山西数值	2011年山西数值	2012年山西排名	2011年山西排名	排名变化	2012年数据来源	进退脸谱
1	人均地区生产总值	元/人	正	44 068.433	33 628.000	31 357.000	19	18	−1	中国统计	☹
2	单位地区生产总值能耗	吨标准煤/万元	逆	1.041	1.762	1.762	28	28	0	中国统计	
3	非化石能源消费量占能源消费量的比重		正	—	—	—	—	—			
4	单位地区生产总值二氧化碳排放量		逆								
5	单位地区生产总值二氧化硫排放量	吨/万元	逆	0.007	0.015	0.017	27	28	1	中国统计	☺
6	单位地区生产总值化学需氧量排放量	吨/万元	逆	0.007	0.005	0.006	11	10	−1	中国统计	
7	单位地区生产总值氮氧化物排放量	吨/万元	逆	0.007	0.014	0.016	28	29	1	环境年报；中国统计	☺
8	单位地区生产总值氨氮排放量	吨/万元	逆	0.001	0.001	0.001	16	16	0	环境年报；中国统计	
9	人均城镇生活消费用电	千瓦时/人	逆	338.789	161.641	146.003	9	9	0	城市	
10	第一产业劳动生产率	万元/人	正	2.034	1.087	1.005	27	27	0	中国统计	
11	土地产出率	亿元/千公顷	正	0.320	0.223	0.202	21	21	0	中国统计	
12	节灌率		正	0.532	0.587	0.652	13	11	−2	水利；中国统计	☹
13	有效灌溉面积占耕地面积比重	%	正	55.004	32.523	32.542	25	25	0	中国统计	
14	第二产业劳动生产率	万元/人	正	14.801	14.475	15.074	12	9	−3	中国统计	☹
15	单位工业增加值水耗	立方米/元	逆	0.006	0.003	0.002	7	6	−1	中国统计	☹
16	规模以上单位工业增加值能耗		逆	—	—	—					
17	工业固体废物综合利用率	%	正	69.374	69.701	57.403	14	20	6	环境年鉴	☺
18	工业用水重复利用率	%	正	76.227	94.400	94.100	3	3	0	环境年鉴	
19	六大高载能行业产值占工业总产值比重	%	逆	39.737	41.539	43.761	19	21	2	工业经济	☺
20	第三产业劳动生产率	万元/人	正	8.800	7.555	6.752	18	18	0	中国统计	
21	第三产业增加值比重	%	正	40.876	38.661	35.200	17	19	2	中国统计	☺
22	第三产业就业人员比重	%	正	36.670	36.484	35.233	12	16	4	中国统计	☺
23	人均水资源量	立方米/人	正	2 356.285	294.980	346.964	24	25	1	中国统计	☺
24	人均森林面积	公顷/人	正	0.188	0.061	0.062	22	22	0	中国统计	
25	森林覆盖率	%	正	30.630	14.120	14.120	23	23	0	中国统计	
26	自然保护区面积占辖区面积比重	%	正	8.688	7.440	7.420	15	14	−1	中国统计	☹

续表

序号	指标名称	单位	指标属性	2012年测评均值	2012年山西数值	2011年山西数值	2012年山西排名	2011年山西排名	排名变化	2012年数据来源	进退脸谱
27	湿地面积占国土面积的比重	%	正	7.008	3.190	3.190	21	21	0	中国统计	
28	人均活立木总蓄积量	立方米/人	正	10.608	2.450	2.462	22	22	0	中国统计	
29	单位土地面积二氧化碳排放量		逆	—	—	—					
30	人均二氧化碳排放量		逆	—	—	—					
31	单位土地面积二氧化硫排放量	吨/平方千米	逆	5.685	8.307	8.928	25	25	0	中国统计；沙漠	
32	人均二氧化硫排放量	吨/人	逆	0.019	0.036	0.039	28	28	0	中国统计	
33	单位土地面积化学需氧量排放量	吨/平方千米	逆	6.499	3.042	3.124	9	9	0	中国统计；沙漠	
34	人均化学需氧量排放量	吨/人	逆	0.019	0.013	0.014	5	5	0	中国统计	
35	单位土地面积氮氧化物排放量	吨/平方千米	逆	7.358	7.938	8.206	22	22	0	中国统计；沙漠；环境年报	
36	人均氮氧化物排放量	吨/人	逆	0.020	0.035	0.036	27	28	1	环境年报；中国统计	☺
37	单位土地面积氨氮排放量	吨/平方千米	逆	0.794	0.363	0.377	12	12	0	中国统计；沙漠；环境年报	
38	人均氨氮排放量	吨/人	逆	0.002	0.002	0.002	5	6	1	环境年报；中国统计	☺
39	单位耕地面积化肥施用量	万吨/千公顷	逆	0.050	0.029	0.028	6	6	0	中国统计	
40	单位耕地面积农药使用量	吨/千公顷	逆	17.537	7.350	6.998	8	8	0	环境年鉴；中国统计	
41	人均公路交通氮氧化物排放量	吨/万人	逆	51.826	72.634	75.456	26	26	0	环境年报；中国统计	
42	环境保护支出占财政支出比重	%	正	2.783	3.195	3.477	8	7	−1	中国统计	☹
43	环境污染治理投资总额占地区生产总值比重	%	正	1.569	2.710	2.211	4	5	1	环境年鉴；中国统计	☺
44	农村人均改水、改厕的政府投资	元/人	正	47.312	27.435	28.103	25	26	1	环境年鉴	☺
45	单位耕地面积退耕还林投资完成额	万元/千公顷	正	14.215	12.341	10.001	13	12	−1	环境年鉴；中国统计	☹
46	科教文卫支出占财政支出比重	%	正	28.792	30.147	27.783	13	13	0	中国统计	
47	城市人均绿地面积	公顷/人	正	0.003	0.001	0.001	23	25	2	城市；中国统计	☺
48	城市用水普及率	%	正	96.695	97.640	97.480	16	15	−1	中国统计	☹
49	城市污水处理率	%	正	85.637	88.000	86.500	13	10	−3	环境年鉴	☹

续表

序号	指标名称	单位	指标属性	2012年测评均值	2012年山西数值	2011年山西数值	2012年山西排名	2011年山西排名	排名变化	2012年数据来源	进退脸谱
50	城市生活垃圾无害化处理率	%	正	84.879	80.250	77.500	23	21	−2	中国统计	☹
51	城市每万人拥有公交车辆	标台	正	11.947	8.473	7.868	29	29	0	中国统计	
52	人均城市公共交通运营线路网长度	千米/人	正	0.001	0.000	0.000	18	18	0	中国统计;城市	
53	农村累计已改水受益人口占农村总人口比重	%	正	5.702	4.513	4.452	15	15	0	环境年鉴	
54	建成区绿化覆盖率	%	正	38.656	38.600	38.290	17	16	−1	中国统计	☹
55	人均当年新增造林面积	公顷/万人	正	57.751	84.081	83.636	7	8	1	中国统计	☺
56	工业二氧化硫去除率	%	正	64.664	67.588	60.952	15	23	8	中国统计	☺
57	工业废水化学需氧量去除率	%	正	81.060	80.409	81.692	19	18	−1	环境年报;中国统计	☹
58	工业氮氧化物去除率	%	正	7.230	6.930	12.681	13	2	−11	环境年报	☹
59	工业废水氨氮去除率	%	正	76.514	91.480	93.977	3	2	−1	环境年报;中国统计	☹
60	突发环境事件次数	次	逆	18	0	11	1	18	17	中国统计	☺

注：中国统计——《中国统计年鉴2013》；环境年鉴——《中国环境统计年鉴2013》；环境年报——《中国环境统计年报2012》；城市——《中国城市统计年鉴2013》；水利——《中国水利统计年鉴2013》；工业经济——《中国工业经济统计年鉴2013》；沙漠——《中国沙漠及其治理》

内蒙古绿色发展"体检"表

序号	指标名称	单位	指标属性	2012年测评均值	2012年内蒙古数值	2011年内蒙古数值	2012年内蒙古排名	2011年内蒙古排名	排名变化	2012年数据来源	进退脸谱
1	人均地区生产总值	元/人	正	44 068.433	63 886.000	57 974.000	5	6	1	中国统计	☺
2	单位地区生产总值能耗	吨标准煤/万元	逆	1.041	1.405	1.405	25	25	0	中国统计	
3	非化石能源消费量占能源消费量的比重		正	—	—	—	—	—	—		
4	单位地区生产总值二氧化碳排放量		逆	—	—	—	—	—	—		
5	单位地区生产总值二氧化硫排放量	吨/万元	逆	0.007	0.012	0.014	25	25	0	中国统计	
6	单位地区生产总值化学需氧量排放量	吨/万元	逆	0.007	0.008	0.009	20	23	3	中国统计	☺
7	单位地区生产总值氮氧化物排放量	吨/万元	逆	0.007	0.013	0.014	27	27	0	环境年报;中国统计	
8	单位地区生产总值氨氮排放量	吨/万元	逆	0.001	0.000	0.001	8	8	0	环境年报;中国统计	
9	人均城镇生活消费用电	千瓦时/人	逆	338.789	250.521	239.128	18	18	0	城市	
10	第一产业劳动生产率	万元/人	正	2.034	2.505	2.284	10	9	−1	中国统计	☹
11	土地产出率	亿元/千公顷	正	0.320	0.164	0.149	30	28	−2	中国统计	☹
12	节灌率		正	0.532	0.861	0.818	4	3	−1	水利;中国统计	☹
13	有效灌溉面积占耕地面积比重	%	正	55.004	43.727	42.987	19	19	0	中国统计	
14	第二产业劳动生产率	万元/人	正	14.801	38.468	37.587	1	1	0	中国统计	
15	单位工业增加值水耗	立方米/元	逆	0.006	0.003	0.003	9	8	−1	中国统计	☹
16	规模以上单位工业增加值能耗		逆	—	—	—	—	—	—		
17	工业固体废物综合利用率	%	正	69.374	45.096	58.094	28	18	−10	环境年鉴	☹
18	工业用水重复利用率	%	正	76.227	85.300	40.500	17	28	11	环境年鉴	☺
19	六大高载能行业产值占工业总产值比重	%	逆	39.737	42.186	42.695	20	20	0	工业经济	
20	第三产业劳动生产率	万元/人	正	8.800	11.977	11.634	7	5	−2	中国统计	☹
21	第三产业增加值比重	%	正	40.876	35.455	34.900	21	20	−1	中国统计	☹
22	第三产业就业人员比重	%	正	36.670	37.198	36.404	10	9	−1	中国统计	
23	人均水资源量	立方米/人	正	2 356.285	2 052.680	1 691.590	13	12	−1	中国统计	☹
24	人均森林面积	公顷/人	正	0.188	0.950	0.954	1	1	0	中国统计	
25	森林覆盖率	%	正	30.630	20.000	20.000	21	21	0	中国统计	
26	自然保护区面积占辖区面积比重	%	正	8.688	11.570	11.670	8	8	0	中国统计	

续表

序号	指标名称	单位	指标属性	2012年测评均值	2012年内蒙古数值	2011年内蒙古数值	2012年内蒙古排名	2011年内蒙古排名	排名变化	2012年数据来源	进退脸谱
27	湿地面积占国土面积的比重	%	正	7.008	3.660	3.660	19	19	0	中国统计	
28	人均活立木总蓄积量	立方米/人	正	10.608	54.651	54.831	1	1	0	中国统计	
29	单位土地面积二氧化碳排放量		逆	—	—	—	—	—			
30	人均二氧化碳排放量		逆	—	—	—	—	—			
31	单位土地面积二氧化硫排放量	吨/平方千米	逆	5.685	1.861	1.894	8	8	0	中国统计；沙漠	
32	人均二氧化硫排放量	吨/人	逆	0.019	0.056	0.057	29	29	0	中国统计	
33	单位土地面积化学需氧量排放量	吨/平方千米	逆	6.499	1.188	1.235	4	4	0	中国统计；沙漠	
34	人均化学需氧量排放量	吨/人	逆	0.019	0.036	0.037	29	29	0	中国统计	
35	单位土地面积氮氧化物排放量	吨/平方千米	逆	7.358	1.907	1.911	7	7	0	中国统计；沙漠；环境年报	
36	人均氮氧化物排放量	吨/人	逆	0.020	0.057	0.057	29	29	0	环境年报；中国统计	
37	单位土地面积氨氮排放量	吨/平方千米	逆	0.794	0.071	0.072	3	3	0	中国统计；沙漠；环境年报	
38	人均氨氮排放量	吨/人	逆	0.002	0.002	0.002	21	22	1	环境年报；中国统计	☺
39	单位耕地面积化肥施用量	万吨/千公顷	逆	0.050	0.026	0.025	5	5	0	中国统计	
40	单位耕地面积农药使用量	吨/千公顷	逆	17.537	4.187	3.424	5	4	-1	环境年鉴；中国统计	☹
41	人均公路交通氮氧化物排放量	吨/万人	逆	51.826	98.842	99.679	28	28	0	环境年报；中国统计	
42	环境保护支出占财政支出比重	%	正	2.783	3.841	3.932	4	5	1	中国统计	☺
43	环境污染治理投资总额占地区生产总值比重	%	正	1.569	2.803	2.757	2	1	-1	环境年鉴；中国统计	☹
44	农村人均改水、改厕的政府投资	元/人	正	47.312	43.810	60.006	14	9	-5	环境年鉴	☹
45	单位耕地面积退耕还林投资完成额	万元/千公顷	正	14.215	45.825	37.077	3	3	0	环境年鉴；中国统计	
46	科教文卫支出占财政支出比重	%	正	28.792	21.386	21.821	29	28	-1	中国统计	☹
47	城市人均绿地面积	公顷/人	正	0.003	0.002	0.002	11	11	0	城市；中国统计	
48	城市用水普及率	%	正	96.695	94.430	91.390	21	29	8	中国统计	☺
49	城市污水处理率	%	正	85.637	85.600	83.900	19	18	-1	环境年鉴	☹

续表

序号	指标名称	单位	指标属性	2012年测评均值	2012年内蒙古数值	2011年内蒙古数值	2012年内蒙古排名	2011年内蒙古排名	排名变化	2012年数据来源	进退脸谱
50	城市生活垃圾无害化处理率	%	正	84.879	91.220	83.470	12	18	6	中国统计	☺
51	城市每万人拥有公交车辆	标台	正	11.947	7.049	7.197	30	30	0	中国统计	
52	人均城市公共交通运营线路网长度	千米/人	正	0.001	0.000	0.000	13	13	0	中国统计；城市	
53	农村累计已改水受益人口占农村总人口比重	%	正	5.702	8.904	8.775	8	10	2	环境年鉴	☺
54	建成区绿化覆盖率	%	正	38.656	36.170	34.090	23	27	4	中国统计	☺
55	人均当年新增造林面积	公顷/万人	正	57.751	314.435	295.460	1	2	1	中国统计	☺
56	工业二氧化硫去除率	%	正	64.664	69.114	70.459	13	8	−5	中国统计	☹
57	工业废水化学需氧量去除率	%	正	81.060	83.122	78.037	14	23	9	环境年报；中国统计	☺
58	工业氮氧化物去除率	%	正	7.230	4.542	2.790	19	18	−1	环境年报	☹
59	工业废水氨氮去除率	%	正	76.514	79.703	73.370	17	23	6	环境年报；中国统计	☺
60	突发环境事件次数	次	逆	18	10	14	16	20	4	中国统计	☺

注：中国统计——《中国统计年鉴2013》；环境年鉴——《中国环境统计年鉴2013》；环境年报——《中国环境统计年报2012》；城市——《中国城市统计年鉴2013》；水利——《中国水利统计年鉴2013》；工业经济——《中国工业经济统计年鉴2013》；沙漠——《中国沙漠及其治理》

辽宁绿色发展"体检"表

序号	指标名称	单位	指标属性	2012年测评均值	2012年辽宁数值	2011年辽宁数值	2012年辽宁排名	2011年辽宁排名	排名变化	2012年数据来源	进退脸谱
1	人均地区生产总值	元/人	正	44 068.433	56 649.000	50 760.000	7	8	1	中国统计	☺
2	单位地区生产总值能耗	吨标准煤/万元	逆	1.041	1.096	1.096	21	21	0	中国统计	
3	非化石能源消费量占能源消费量的比重		正	—	—	—	—	—			
4	单位地区生产总值二氧化碳排放量		逆	—	—	—	—	—			
5	单位地区生产总值二氧化硫排放量	吨/万元	逆	0.007	0.006	0.006	18	18	0	中国统计	
6	单位地区生产总值化学需氧量排放量	吨/万元	逆	0.007	0.007	0.008	15	15	0	中国统计	
7	单位地区生产总值氮氧化物排放量	吨/万元	逆	0.007	0.005	0.006	15	15	0	环境年报；中国统计	
8	单位地区生产总值氨氮排放量	吨/万元	逆	0.001	0.001	0.001	10	10	0	环境年报；中国统计	
9	人均城镇生活消费用电	千瓦时/人	逆	338.789	281.324	270.005	20	20	0	城市	
10	第一产业劳动生产率	万元/人	正	2.034	3.092	2.736	4	4	0	中国统计	
11	土地产出率	亿元/千公顷	正	0.320	0.366	0.315	9	12	3	中国统计	☺
12	节灌率		正	0.532	0.436	0.370	19	19	0	水利；中国统计	
13	有效灌溉面积占耕地面积比重	%	正	55.004	41.584	38.881	20	20	0	中国统计	
14	第二产业劳动生产率	万元/人	正	14.801	20.414	19.736	6	6	0	中国统计	
15	单位工业增加值水耗	立方米/元	逆	0.006	0.002	0.002	5	7	2	中国统计	☺
16	规模以上单位工业增加值能耗		逆	—	—	—	—	—			
17	工业固体废物综合利用率	%	正	69.374	43.482	38.019	29	30	1	环境年鉴	☺
18	工业用水重复利用率	%	正	76.227	92.500	92.700	8	8	0	环境年鉴	
19	六大高载能行业产值占工业总产值比重	%	逆	39.737	38.818	38.345	18	18	0	工业经济	
20	第三产业劳动生产率	万元/人	正	8.800	9.019	8.277	10	10	0	中国统计	
21	第三产业增加值比重	%	正	40.876	38.074	36.700	18	16	−2	中国统计	☹
22	第三产业就业人员比重	%	正	36.670	44.476	43.127	4	4	0	中国统计	
23	人均水资源量	立方米/人	正	2 356.285	1 247.830	673.198	18	21	3	中国统计	☺
24	人均森林面积	公顷/人	正	0.188	0.117	0.117	16	16	0	中国统计	
25	森林覆盖率	%	正	30.630	35.130	35.130	12	12	0	中国统计	
26	自然保护区面积占辖区面积比重	%	正	8.688	12.390	12.830	7	6	−1	中国统计	☹

续表

序号	指标名称	单位	指标属性	2012年测评均值	2012年辽宁数值	2011年辽宁数值	2012年辽宁排名	2011年辽宁排名	排名变化	2012年数据来源	进退脸谱
27	湿地面积占国土面积的比重	%	正	7.008	8.370	8.370	7	7	0	中国统计	
28	人均活立木总蓄积量	立方米/人	正	10.608	4.825	4.831	16	16	0	中国统计	
29	单位土地面积二氧化碳排放量		逆	—	—	—	—	—	—		
30	人均二氧化碳排放量		逆	—	—	—	—	—	—		
31	单位土地面积二氧化硫排放量	吨/平方千米	逆	5.685	7.233	7.694	23	23	0	中国统计；沙漠	
32	人均二氧化硫排放量	吨/人	逆	0.019	0.024	0.026	24	24	0	中国统计	
33	单位土地面积化学需氧量排放量	吨/平方千米	逆	6.499	8.923	9.178	24	24	0	中国统计；沙漠	
34	人均化学需氧量排放量	吨/人	逆	0.019	0.030	0.031	26	27	1	中国统计	☺
35	单位土地面积氮氧化物排放量	吨/平方千米	逆	7.358	7.080	7.261	19	19	0	中国统计；沙漠；环境年报	
36	人均氮氧化物排放量	吨/人	逆	0.020	0.024	0.024	24	24	0	环境年报；中国统计	
37	单位土地面积氨氮排放量	吨/平方千米	逆	0.794	0.735	0.759	19	19	0	中国统计；沙漠；环境年报	
38	人均氨氮排放量	吨/人	逆	0.002	0.002	0.003	27	27	0	环境年报；中国统计	
39	单位耕地面积化肥施用量	万吨/千公顷	逆	0.050	0.036	0.035	9	10	1	中国统计	☺
40	单位耕地面积农药使用量	吨/千公顷	逆	17.537	14.455	13.846	15	15	0	环境年鉴；中国统计	
41	人均公路交通氮氧化物排放量	吨/万人	逆	51.826	63.532	64.230	23	23	0	环境年报；中国统计	
42	环境保护支出占财政支出比重	%	正	2.783	2.046	1.900	25	26	1	中国统计	☺
43	环境污染治理投资总额占地区生产总值比重	%	正	1.569	2.751	1.694	3	9	6	环境年鉴；中国统计	☺
44	农村人均改水、改厕的政府投资	元/人	正	47.312	43.669	46.871	16	14	−2	环境年鉴	☹
45	单位耕地面积退耕还林投资完成额	万元/千公顷	正	14.215	0.000	0.000	17	17	0	环境年鉴；中国统计	
46	科教文卫支出占财政支出比重	%	正	28.792	24.338	22.581	26	26	0	中国统计	
47	城市人均绿地面积	公顷/人	正	0.003	0.003	0.002	8	8	0	城市；中国统计	
48	城市用水普及率	%	正	96.695	98.450	98.360	11	12	1	中国统计	☺
49	城市污水处理率	%	正	85.637	84.600	84.100	21	16	−5	环境年鉴	☹

续表

序号	指标名称	单位	指标属性	2012年测评均值	2012年辽宁数值	2011年辽宁数值	2012年辽宁排名	2011年辽宁排名	排名变化	2012年数据来源	进退脸谱
50	城市生活垃圾无害化处理率	%	正	84.879	87.160	80.450	18	19	1	中国统计	☺
51	城市每万人拥有公交车辆	标台	正	11.947	11.113	11.027	18	16	−2	中国统计	☹
52	人均城市公共交通运营线路网长度	千米/人	正	0.001	0.001	0.000	12	12	0	中国统计；城市	
53	农村累计已改水受益人口占农村总人口比重	%	正	5.702	10.724	12.198	6	6	0	环境年鉴	
54	建成区绿化覆盖率	%	正	38.656	40.170	39.780	11	10	−1	中国统计	☹
55	人均当年新增造林面积	公顷/万人	正	57.751	56.240	56.353	11	13	2	中国统计	☺
56	工业二氧化硫去除率	%	正	64.664	56.179	52.840	26	26	0	中国统计	
57	工业废水化学需氧量去除率	%	正	81.060	79.900	80.089	20	20	0	环境年报；中国统计	
58	工业氮氧化物去除率	%	正	7.230	3.469	2.551	23	19	−4	环境年报	☹
59	工业废水氨氮去除率	%	正	76.514	84.640	85.045	12	11	−1	环境年报；中国统计	☹
60	突发环境事件次数	次	逆	18	15	2	20	6	−14	中国统计	☹

注：中国统计——《中国统计年鉴2013》；环境年鉴——《中国环境统计年鉴2013》；环境年报——《中国环境统计年报2012》；城市——《中国城市统计年鉴2013》；水利——《中国水利统计年鉴2013》；工业经济——《中国工业经济统计年鉴2013》；沙漠——《中国沙漠及其治理》

吉林绿色发展"体检"表

序号	指标名称	单位	指标属性	2012年测评均值	2012年吉林数值	2011年吉林数值	2012年吉林排名	2011年吉林排名	排名变化	2012年数据来源	进退脸谱
1	人均地区生产总值	元/人	正	44 068.433	43 415.000	38 460.000	11	11	0	中国统计	
2	单位地区生产总值能耗	吨标准煤/万元	逆	1.041	0.923	0.923	17	17	0	中国统计	
3	非化石能源消费量占能源消费量的比重		正	—	—	—	—	—			
4	单位地区生产总值二氧化碳排放量		逆	—	—	—	—	—			
5	单位地区生产总值二氧化硫排放量	吨/万元	逆	0.007	0.004	0.005	14	14	0	中国统计	
6	单位地区生产总值化学需氧量排放量	吨/万元	逆	0.007	0.009	0.010	25	25	0	中国统计	
7	单位地区生产总值氮氧化物排放量	吨/万元	逆	0.007	0.006	0.007	17	18	1	环境年报;中国统计	☺
8	单位地区生产总值氨氮排放量	吨/万元	逆	0.001	0.001	0.001	13	13	0	环境年报;中国统计	
9	人均城镇生活消费用电	千瓦时/人	逆	338.789	175.991	204.118	11	16	5	城市	☺
10	第一产业劳动生产率	万元/人	正	2.034	2.497	2.325	11	8	−3	中国统计	☹
11	土地产出率	亿元/千公顷	正	0.320	0.219	0.195	22	22	0	中国统计	
12	节灌率		正	0.532	0.230	0.183	26	26	0	水利;中国统计	
13	有效灌溉面积占耕地面积比重	%	正	55.004	33.460	32.658	24	24	0	中国统计	
14	第二产业劳动生产率	万元/人	正	14.801	23.050	20.918	2	4	2	中国统计	☺
15	单位工业增加值水耗	立方米/元	逆	0.006	0.005	0.005	14	14	0	中国统计	
16	规模以上单位工业增加值能耗		逆	—	—	—	—	—			
17	工业固体废物综合利用率	%	正	69.374	67.597	58.952	16	17	1	环境年鉴	☺
18	工业用水重复利用率	%	正	76.227	76.700	78.100	23	20	−3	环境年鉴	☹
19	六大高载能行业产值占工业总产值比重	%	逆	39.737	24.345	25.074	2	2	0	工业经济	
20	第三产业劳动生产率	万元/人	正	8.800	8.223	7.737	14	11	−3	中国统计	☹
21	第三产业增加值比重	%	正	40.876	34.762	34.800	24	21	−3	中国统计	☹
22	第三产业就业人员比重	%	正	36.670	38.041	36.904	7	7	0	中国统计	
23	人均水资源量	立方米/人	正	2 356.285	1 674.490	1 149.520	15	18	3	中国统计	☺
24	人均森林面积	公顷/人	正	0.188	0.268	0.268	6	7	1	中国统计	☺
25	森林覆盖率	%	正	30.630	38.930	38.930	10	10	0	中国统计	
26	自然保护区面积占辖区面积比重	%	正	8.688	12.430	12.290	6	7	1	中国统计	☺

续表

序号	指标名称	单位	指标属性	2012年测评均值	2012年北京数值	2011年北京数值	2012年北京排名	2011年北京排名	排名变化	2012年数据来源	进退脸谱
27	湿地面积占国土面积的比重	%	正	7.008	6.370	6.370	10	10	0	中国统计	
28	人均活立木总蓄积量	立方米/人	正	10.608	32.084	32.096	4	4	0	中国统计	
29	单位土地面积二氧化碳排放量		逆	—	—	—	—	—			
30	人均二氧化碳排放量		逆	—	—	—	—	—			
31	单位土地面积二氧化硫排放量	吨/平方千米	逆	5.685	2.152	2.203	10	10	0	中国统计；沙漠	
32	人均二氧化硫排放量	吨/人	逆	0.019	0.015	0.015	17	17	0	中国统计	
33	单位土地面积化学需氧量排放量	吨/平方千米	逆	6.499	4.200	4.398	12	12	0	中国统计；沙漠	
34	人均化学需氧量排放量	吨/人	逆	0.019	0.029	0.030	25	25	0	中国统计	
35	单位土地面积氮氧化物排放量	吨/平方千米	逆	7.358	3.071	3.225	11	12	1	中国统计；沙漠；环境年报	☺
36	人均氮氧化物排放量	吨/人	逆	0.020	0.021	0.022	21	22	1	环境年报；中国统计	☺
37	单位土地面积氨氮排放量	吨/平方千米	逆	0.794	0.300	0.310	9	9	0	中国统计；沙漠；环境年报	
38	人均氨氮排放量	吨/人	逆	0.002	0.002	0.002	19	19	0	环境年报；中国统计	
39	单位耕地面积化肥施用量	万吨/千公顷	逆	0.050	0.037	0.035	10	9	−1	中国统计	☹
40	单位耕地面积农药使用量	吨/千公顷	逆	17.537	9.258	8.238	12	10	−2	环境年鉴；中国统计	☹
41	人均公路交通氮氧化物排放量	吨/万人	逆	51.826	64.220	66.739	24	24	0	环境年报；中国统计	
42	环境保护支出占财政支出比重	%	正	2.783	4.607	4.652	1	3	2	中国统计	☺
43	环境污染治理投资总额占地区生产总值比重	%	正	1.569	0.866	0.958	25	24	−1	环境年鉴；中国统计	☹
44	农村人均改水、改厕的政府投资	元/人	正	47.312	37.114	87.692	18	3	−15	环境年鉴	☹
45	单位耕地面积退耕还林投资完成额	万元/千公顷	正	14.215	25.753	20.712	6	8	2	环境年鉴；中国统计	☺
46	科教文卫支出占财政支出比重	%	正	28.792	27.673	24.032	22	24	2	中国统计	☺
47	城市人均绿地面积	公顷/人	正	0.003	0.002	0.002	15	15	0	城市；中国统计	
48	城市用水普及率	%	正	96.695	92.380	92.710	26	24	−2	中国统计	☹
49	城市污水处理率	%	正	85.637	82.400	82.900	26	19	−7	环境年鉴	☹

续表

序号	指标名称	单位	指标属性	2012年测评均值	2012年吉林数值	2011年吉林数值	2012年吉林排名	2011年吉林排名	排名变化	2012年数据来源	进退脸谱
50	城市生活垃圾无害化处理率	%	正	84.879	45.790	49.210	29	28	−1	中国统计	☹
51	城市每万人拥有公交车辆	标台	正	11.947	9.750	9.310	24	24	0	中国统计	
52	人均城市公共交通运营线路网长度	千米/人	正	0.001	0.000	0.000	15	16	1	中国统计；城市	☺
53	农村累计已改水受益人口占农村总人口比重	%	正	5.702	5.933	6.804	12	13	1	环境年鉴	☺
54	建成区绿化覆盖率	%	正	38.656	33.940	34.170	27	26	−1	中国统计	☹
55	人均当年新增造林面积	公顷/万人	正	57.751	10.243	13.255	24	22	−2	中国统计	☹
56	工业二氧化硫去除率	%	正	64.664	37.987	36.178	29	28	−1	中国统计	☹
57	工业废水化学需氧量去除率	%	正	81.060	87.193	87.398	11	13	2	环境年报；中国统计	☺
58	工业氮氧化物去除率	%	正	7.230	2.206	1.967	26	20	−6	环境年报	☹
59	工业废水氨氮去除率	%	正	76.514	74.982	80.535	23	18	−5	环境年报；中国统计	☹
60	突发环境事件次数	次	逆	18	1	2	4	6	2	中国统计	☺

注：中国统计——《中国统计年鉴2013》；环境年鉴——《中国环境统计年鉴2013》；环境年报——《中国环境统计年报2012》；城市——《中国城市统计年鉴2013》；水利——《中国水利统计年鉴2013》；工业经济——《中国工业经济统计年鉴2013》；沙漠——《中国沙漠及其治理》

黑龙江绿色发展"体检"表

序号	指标名称	单位	指标属性	2012年测评均值	2012年黑龙江数值	2011年黑龙江数值	2012年黑龙江排名	2011年黑龙江排名	排名变化	2012年数据来源	进退脸谱
1	人均地区生产总值	元/人	正	44 068.433	35 711.000	32 819.000	17	17	0	中国统计	
2	单位地区生产总值能耗	吨标准煤/万元	逆	1.041	1.042	1.042	20	20	0	中国统计	
3	非化石能源消费量占能源消费量的比重		正	—	—	—	—	—			
4	单位地区生产总值二氧化碳排放量		逆	—	—	—	—	—			
5	单位地区生产总值二氧化硫排放量	吨/万元	逆	0.007	0.004	0.005	13	11	−2	中国统计	☹
6	单位地区生产总值化学需氧量排放量	吨/万元	逆	0.007	0.012	0.014	28	29	1	中国统计	☺
7	单位地区生产总值氮氧化物排放量	吨/万元	逆	0.007	0.007	0.007	18	16	−2	环境年报；中国统计	☹
8	单位地区生产总值氨氮排放量	吨/万元	逆	0.001	0.001	0.001	19	19	0	环境年报；中国统计	
9	人均城镇生活消费用电	千瓦时/人	逆	338.789	207.202	189.654	13	14	1	城市	☺
10	第一产业劳动生产率	万元/人	正	2.034	2.728	2.196	8	10	2	中国统计	☺
11	土地产出率	亿元/千公顷	正	0.320	0.189	0.147	27	29	2	中国统计	☺
12	节灌率		正	0.532	0.689	0.687	10	9	−1	水利；中国统计	☹
13	有效灌溉面积占耕地面积比重	%	正	55.004	40.376	36.624	21	21	0	中国统计	
14	第二产业劳动生产率	万元/人	正	14.801	10.857	18.760	23	7	−16	中国统计	☹
15	单位工业增加值水耗	立方米/元	逆	0.006	0.008	0.010	20	21	1	中国统计	☺
16	规模以上单位工业增加值能耗		逆	—	—	—	—	—			
17	工业固体废物综合利用率	%	正	69.374	73.594	68.788	13	11	−2	环境年鉴	☹
18	工业用水重复利用率	%	正	76.227	58.500	76.400	24	22	−2	环境年鉴	
19	六大高载能行业产值占工业总产值比重	%	逆	39.737	31.056	31.534	9	10	1	工业经济	☺
20	第三产业劳动生产率	万元/人	正	8.800	7.881	7.209	15	15	0	中国统计	
21	第三产业增加值比重	%	正	40.876	40.465	36.200	11	17	6	中国统计	☺
22	第三产业就业人员比重	%	正	36.670	33.333	36.203	21	10	−11	中国统计	☹
23	人均水资源量	立方米/人	正	2 356.285	2 194.610	1 641.970	12	13	1	中国统计	☺
24	人均森林面积	公顷/人	正	0.188	0.503	0.503	3	3	0	中国统计	
25	森林覆盖率	%	正	30.630	42.390	42.390	9	9	0	中国统计	
26	自然保护区面积占辖区面积比重	%	正	8.688	14.850	14.520	4	4	0	中国统计	

续表

序号	指标名称	单位	指标属性	2012年测评均值	2012年黑龙江数值	2011年黑龙江数值	2012年黑龙江排名	2011年黑龙江排名	排名变化	2012年数据来源	进退脸谱
27	湿地面积占国土面积的比重	%	正	7.008	9.490	9.490	5	5	0	中国统计	
28	人均活立木总蓄积量	立方米/人	正	10.608	43.086	43.086	2	2	0	中国统计	
29	单位土地面积二氧化碳排放量		逆	—	—	—	—	—	—		
30	人均二氧化碳排放量		逆	—	—	—	—	—	—		
31	单位土地面积二氧化硫排放量	吨/平方千米	逆	5.685	1.143	1.160	4	4	0	中国统计;沙漠	
32	人均二氧化硫排放量	吨/人	逆	0.019	0.013	0.014	14	14	0	中国统计	
33	单位土地面积化学需氧量排放量	吨/平方千米	逆	6.499	3.330	3.503	11	11	0	中国统计;沙漠	
34	人均化学需氧量排放量	吨/人	逆	0.019	0.039	0.041	30	30	0	中国统计	
35	单位土地面积氮氧化物排放量	吨/平方千米	逆	7.358	1.735	1.742	6	6	0	中国统计;沙漠;环境年报	
36	人均氮氧化物排放量	吨/人	逆	0.020	0.020	0.020	20	20	0	环境年报;中国统计	
37	单位土地面积氨氮排放量	吨/平方千米	逆	0.794	0.206	0.214	6	6	0	中国统计;沙漠;环境年报	
38	人均氨氮排放量	吨/人	逆	0.002	0.002	0.003	25	26	1	环境年报;中国统计	☺
39	单位耕地面积化肥施用量	万吨/千公顷	逆	0.050	0.020	0.019	3	3	0	中国统计	
40	单位耕地面积农药使用量	吨/千公顷	逆	17.537	6.806	6.590	7	7	0	环境年鉴;中国统计	
41	人均公路交通氮氧化物排放量	吨/万人	逆	51.826	66.682	66.862	25	25	0	环境年报;中国统计	
42	环境保护支出占财政支出比重	%	正	2.783	3.306	3.302	7	9	2	中国统计	☺
43	环境污染治理投资总额占地区生产总值比重	%	正	1.569	1.593	1.214	12	18	6	环境年鉴;中国统计	☺
44	农村人均改水、改厕的政府投资	元/人	正	47.312	11.855	19.468	28	29	1	环境年鉴	☺
45	单位耕地面积退耕还林投资完成额	万元/千公顷	正	14.215	46.396	46.273	2	2	0	环境年鉴;中国统计	
46	科教文卫支出占财政支出比重	%	正	28.792	25.320	22.289	25	27	2	中国统计	☺
47	城市人均绿地面积	公顷/人	正	0.003	0.002	0.002	13	12	−1	城市;中国统计	☹
48	城市用水普及率	%	正	96.695	94.140	90.780	23	30	7	中国统计	☺
49	城市污水处理率	%	正	85.637	60.800	57.300	29	30	1	环境年鉴	☺

续表

序号	指标名称	单位	指标属性	2012年测评均值	2012年黑龙江数值	2011年黑龙江数值	2012年黑龙江排名	2011年黑龙江排名	排名变化	2012年数据来源	进退脸谱
50	城市生活垃圾无害化处理率	%	正	84.879	47.580	43.690	28	29	1	中国统计	☺
51	城市每万人拥有公交车辆	标台	正	11.947	11.261	11.135	16	15	−1	中国统计	☹
52	人均城市公共交通运营线路网长度	千米/人	正	0.001	0.000	0.000	17	17	0	中国统计;城市	
53	农村累计已改水受益人口占农村总人口比重	%	正	5.702	1.141	1.411	26	25	−1	环境年鉴	☹
54	建成区绿化覆盖率	%	正	38.656	35.980	36.320	24	24	0	中国统计	
55	人均当年新增造林面积	公顷/万人	正	57.751	42.331	32.283	14	17	3	中国统计	☺
56	工业二氧化硫去除率	%	正	64.664	31.611	26.936	30	29	−1	中国统计	☹
57	工业废水化学需氧量去除率	%	正	81.060	91.546	93.562	4	3	−1	环境年报;中国统计	☹
58	工业氮氧化物去除率	%	正	7.230	1.618	1.129	27	22	−5	环境年报	☹
59	工业废水氨氮去除率	%	正	76.514	82.993	90.976	15	6	−9	环境年报;中国统计	☹
60	突发环境事件次数	次	逆	18	0	5	1	10	9	中国统计	☺

注：中国统计——《中国统计年鉴2013》；环境年鉴——《中国环境统计年鉴2013》；环境年报——《中国环境统计年报2012》；城市——《中国城市统计年鉴2013》；水利——《中国水利统计年鉴2013》；工业经济——《中国工业经济统计年鉴2013》；沙漠——《中国沙漠及其治理》

上海绿色发展"体检"表

序号	指标名称	单位	指标属性	2012年测评均值	2012年上海数值	2011年上海数值	2012年上海排名	2011年上海排名	排名变化	2012年数据来源	进退脸谱
1	人均地区生产总值	元/人	正	44 068.433	85 373.000	82 560.000	3	2	-1	中国统计	☹
2	单位地区生产总值能耗	吨标准煤/万元	逆	1.041	0.618	0.618	5	5	0	中国统计	
3	非化石能源消费量占能源消费量的比重		正	—	—	—	—	—			
4	单位地区生产总值二氧化碳排放量		逆	—	—	—	—	—			
5	单位地区生产总值二氧化硫排放量	吨/万元	逆	0.007	0.001	0.001	2	2	0	中国统计	
6	单位地区生产总值化学需氧量排放量	吨/万元	逆	0.007	0.001	0.001	1	1	0	中国统计	
7	单位地区生产总值氮氧化物排放量	吨/万元	逆	0.007	0.002	0.003	2	2	0	环境年报；中国统计	
8	单位地区生产总值氨氮排放量	吨/万元	逆	0.001	0.000	0.000	3	3	0	环境年报；中国统计	
9	人均城镇生活消费用电	千瓦时/人	逆	338.789	1 316.610	1 237.600	30	30	0	城市	
10	第一产业劳动生产率	万元/人	正	2.034	3.080	3.394	5	1	-4	中国统计	☹
11	土地产出率	亿元/千公顷	正	0.320	0.442	0.412	6	6	0	中国统计	
12	节灌率		正	0.532	0.751	0.746	6	6	0	水利；中国统计	
13	有效灌溉面积占耕地面积比重	%	正	55.004	81.579	81.821	4	3	-1	中国统计	☹
14	第二产业劳动生产率	万元/人	正	14.801	17.750	20.007	9	5	-4	中国统计	☹
15	单位工业增加值水耗	立方米/元	逆	0.006	0.010	0.012	26	27	1	中国统计	☺
16	规模以上单位工业增加值能耗		逆	—	—	—	—	—			
17	工业固体废物综合利用率	%	正	69.374	97.317	96.560	2	2	0	环境年鉴	
18	工业用水重复利用率	%	正	76.227	82.600	82.600	18	17	-1	环境年鉴	☹
19	六大高载能行业产值占工业总产值比重	%	逆	39.737	26.033	26.393	4	5	1	工业经济	☺
20	第三产业劳动生产率	万元/人	正	8.800	19.490	19.164	1	1	0	中国统计	
21	第三产业增加值比重	%	正	40.876	60.447	58.000	2	2	0	中国统计	
22	第三产业就业人员比重	%	正	36.670	56.463	56.321	2	2	0	中国统计	
23	人均水资源量	立方米/人	正	2 356.285	143.404	89.116	30	30	0	中国统计	
24	人均森林面积	公顷/人	正	0.188	0.003	0.003	30	30	0	中国统计	
25	森林覆盖率	%	正	30.630	9.410	9.410	27	27	0	中国统计	
26	自然保护区面积占辖区面积比重	%	正	8.688	5.220	5.220	22	22	0	中国统计	

续表

序号	指标名称	单位	指标属性	2012年测评均值	2012年上海数值	2011年上海数值	2012年上海排名	2011年上海排名	排名变化	2012年数据来源	进退脸谱
27	湿地面积占国土面积的比重	%	正	7.008	53.680	53.680	1	1	0	中国统计	
28	人均活立木总蓄积量	立方米/人	正	10.608	0.116	0.117	30	30	0	中国统计	
29	单位土地面积二氧化碳排放量		逆	—	—	—	—	—			
30	人均二氧化碳排放量		逆	—	—	—	—	—			
31	单位土地面积二氧化硫排放量	吨/平方千米	逆	5.685	27.700	29.142	30	30	0	中国统计；沙漠	
32	人均二氧化硫排放量	吨/人	逆	0.019	0.010	0.010	5	5	0	中国统计	
33	单位土地面积化学需氧量排放量	吨/平方千米	逆	6.499	29.443	30.220	30	30	0	中国统计；沙漠	
34	人均化学需氧量排放量	吨/人	逆	0.019	0.010	0.011	3	3	0	中国统计	
35	单位土地面积氮氧化物排放量	吨/平方千米	逆	7.358	48.746	52.846	30	30	0	中国统计；沙漠；环境年报	
36	人均氮氧化物排放量	吨/人	逆	0.020	0.017	0.019	15	17	2	环境年报；中国统计	☺
37	单位土地面积氨氮排放量	吨/平方千米	逆	0.794	5.755	6.117	30	30	0	中国统计；沙漠；环境年报	
38	人均氨氮排放量	吨/人	逆	0.002	0.002	0.002	17	21	4	环境年报；中国统计	☺
39	单位耕地面积化肥施用量	万吨/千公顷	逆	0.050	0.045	0.049	13	15	2	中国统计	☺
40	单位耕地面积农药使用量	吨/千公顷	逆	17.537	23.844	25.804	23	23	0	环境年鉴；中国统计	
41	人均公路交通氮氧化物排放量	吨/万人	逆	51.826	41.236	42.597	13	14	1	环境年报；中国统计	☺
42	环境保护支出占财政支出比重	%	正	2.783	1.319	1.319	30	30	0	中国统计	
43	环境污染治理投资总额占地区生产总值比重	%	正	1.569	0.664	0.754	29	25	−4	环境年鉴；中国统计	☹
44	农村人均改水、改厕的政府投资	元/人	正	47.312	87.348	87.348	3	5	2	环境年鉴	☺
45	单位耕地面积退耕还林投资完成额	万元/千公顷	正	14.215	0.000	0.000	17	17	0	环境年鉴；中国统计	
46	科教文卫支出占财政支出比重	%	正	28.792	27.826	26.222	21	19	−2	中国统计	☹
47	城市人均绿地面积	公顷/人	正	0.003	0.009	0.009	3	3	0	城市；中国统计	
48	城市用水普及率	%	正	96.695	100.000	100.000	1	1	0	中国统计	
49	城市污水处理率	%	正	85.637	91.300	84.400	7	15	8	环境年鉴	☺

续表

序号	指标名称	单位	指标属性	2012年测评均值	2012年上海数值	2011年上海数值	2012年上海排名	2011年上海排名	排名变化	2012年数据来源	进退脸谱
50	城市生活垃圾无害化处理率	%	正	84.879	83.590	61.040	20	26	6	中国统计	☺
51	城市每万人拥有公交车辆	标台	正	11.947	11.912	11.792	13	12	−1	中国统计	☹
52	人均城市公共交通运营线路网长度	千米/人	正	0.001	0.002	0.002	3	3	0	中国统计；城市	
53	农村累计已改水受益人口占农村总人口比重	%	正	5.702	1.986	2.417	20	20	0	环境年鉴	
54	建成区绿化覆盖率	%	正	38.656	38.290	38.220	19	17	−2	中国统计	☹
55	人均当年新增造林面积	公顷/万人	正	57.751	0.494	0.305	30	30	0	中国统计	
56	工业二氧化硫去除率	%	正	64.664	63.872	61.454	19	22	3	中国统计	☺
57	工业废水化学需氧量去除率	%	正	81.060	91.632	91.465	3	5	2	环境年报；中国统计	☺
58	工业氮氧化物去除率	%	正	7.230	12.457	8.503	6	6	0	环境年报	
59	工业废水氨氮去除率	%	正	76.514	80.815	79.219	16	19	3	环境年报；中国统计	☺
60	突发环境事件次数	次	逆	18	192	197	30	30	0	中国统计	

注：中国统计——《中国统计年鉴2013》；环境年鉴——《中国环境统计年鉴2013》；环境年报——《中国环境统计年报2012》；城市——《中国城市统计年鉴2013》；水利——《中国水利统计年鉴2013》；工业经济——《中国工业经济统计年鉴2013》；沙漠——《中国沙漠及其治理》

江苏绿色发展"体检"表

序号	指标名称	单位	指标属性	2012年测评均值	2012年江苏数值	2011年江苏数值	2012年江苏排名	2011年江苏排名	排名变化	2012年数据来源	进退脸谱
1	人均地区生产总值	元/人	正	44 068.433	68 347.000	62 290.000	4	4	0	中国统计	
2	单位地区生产总值能耗	吨标准煤/万元	逆	1.041	0.600	0.600	4	4	0	中国统计	
3	非化石能源消费量占能源消费量的比重		正	—	—	—	—	—			
4	单位地区生产总值二氧化碳排放量		逆	—	—	—	—	—			
5	单位地区生产总值二氧化硫排放量	吨/万元	逆	0.007	0.002	0.003	7	7	0	中国统计	
6	单位地区生产总值化学需氧量排放量	吨/万元	逆	0.007	0.003	0.003	4	5	1	中国统计	☺
7	单位地区生产总值氮氧化物排放量	吨/万元	逆	0.007	0.003	0.004	7	7	0	环境年报；中国统计	
8	单位地区生产总值氨氮排放量	吨/万元	逆	0.001	0.000	0.000	4	4	0	环境年报；中国统计	
9	人均城镇生活消费用电	千瓦时/人	逆	338.789	325.219	277.573	21	21	0	城市	
10	第一产业劳动生产率	万元/人	正	2.034	3.396	3.215	1	2	1	中国统计	☺
11	土地产出率	亿元/千公顷	正	0.320	0.388	0.345	8	9	1	中国统计	☺
12	节灌率		正	0.532	0.489	0.454	18	18	0	水利；中国统计	
13	有效灌溉面积占耕地面积比重	%	正	55.004	82.491	80.145	3	4	1	中国统计	☺
14	第二产业劳动生产率	万元/人	正	14.801	13.394	12.119	15	14	−1	中国统计	☹
15	单位工业增加值水耗	立方米/元	逆	0.006	0.008	0.009	22	20	−2	中国统计	☹
16	规模以上单位工业增加值能耗		逆	—	—	—	—	—			
17	工业固体废物综合利用率	%	正	69.374	91.373	95.437	5	3	−2	环境年鉴	☹
18	工业用水重复利用率	%	正	76.227	85.800	85.600	16	15	−1	环境年鉴	☹
19	六大高载能行业产值占工业总产值比重	%	逆	39.737	29.833	29.428	7	7	0	工业经济	
20	第三产业劳动生产率	万元/人	正	8.800	13.614	12.173	4	4	0	中国统计	
21	第三产业增加值比重	%	正	40.876	43.505	42.400	8	8	0	中国统计	
22	第三产业就业人员比重	%	正	36.670	36.500	36.100	11	11	0	中国统计	
23	人均水资源量	立方米/人	正	2 356.285	472.007	624.551	22	22	0	中国统计	
24	人均森林面积	公顷/人	正	0.188	0.014	0.014	28	28	0	中国统计	
25	森林覆盖率	%	正	30.630	10.480	10.480	24	24	0	中国统计	
26	自然保护区面积占辖区面积比重	%	正	8.688	4.100	4.080	26	26	0	中国统计	

续表

序号	指标名称	单位	指标属性	2012年测评均值	2012年江苏数值	2011年江苏数值	2012年江苏排名	2011年江苏排名	排名变化	2012年数据来源	进退脸谱
27	湿地面积占国土面积的比重	%	正	7.008	16.320	16.320	2	2	0	中国统计	
28	人均活立木总蓄积量	立方米/人	正	10.608	0.634	0.636	27	28	1	中国统计	☺
29	单位土地面积二氧化碳排放量		逆	—	—	—	—	—	—		
30	人均二氧化碳排放量		逆	—	—	—	—	—	—		
31	单位土地面积二氧化硫排放量	吨/平方千米	逆	5.685	9.293	9.872	27	27	0	中国统计；沙漠	
32	人均二氧化硫排放量	吨/人	逆	0.019	0.013	0.013	12	13	1	中国统计	☺
33	单位土地面积化学需氧量排放量	吨/平方千米	逆	6.499	11.214	11.675	26	26	0	中国统计；沙漠	
34	人均化学需氧量排放量	吨/人	逆	0.019	0.015	0.016	10	11	1	中国统计	☺
35	单位土地面积氮氧化物排放量	吨/平方千米	逆	7.358	13.862	14.387	28	28	0	中国统计；沙漠；环境年报	
36	人均氮氧化物排放量	吨/人	逆	0.020	0.019	0.019	19	19	0	环境年报；中国统计	
37	单位土地面积氨氮排放量	吨/平方千米	逆	0.794	1.435	1.473	28	28	0	中国统计；沙漠；环境年报	
38	人均氨氮排放量	吨/人	逆	0.002	0.002	0.002	16	16	0	环境年报；中国统计	
39	单位耕地面积化肥施用量	万吨/千公顷	逆	0.050	0.069	0.071	26	26	0	中国统计	
40	单位耕地面积农药使用量	吨/千公顷	逆	17.537	17.565	18.158	20	20	0	环境年鉴；中国统计	
41	人均公路交通氮氧化物排放量	吨/万人	逆	51.826	42.855	42.297	14	13	−1	环境年报；中国统计	☹
42	环境保护支出占财政支出比重	%	正	2.783	2.758	2.738	14	16	2	中国统计	☺
43	环境污染治理投资总额占地区生产总值比重	%	正	1.569	1.216	1.172	21	20	−1	环境年鉴；中国统计	☹
44	农村人均改水、改厕的政府投资	元/人	正	47.312	101.657	41.893	2	19	17	环境年鉴	☺
45	单位耕地面积退耕还林投资完成额	万元/千公顷	正	14.215	0.000	0.000	17	17	0	环境年鉴；中国统计	
46	科教文卫支出占财政支出比重	%	正	28.792	30.976	28.502	10	11	1	中国统计	☺
47	城市人均绿地面积	公顷/人	正	0.003	0.003	0.003	6	6	0	城市；中国统计	
48	城市用水普及率	%	正	96.695	99.700	99.580	8	8	0	中国统计	
49	城市污水处理率	%	正	85.637	90.700	89.900	8	7	−1	环境年鉴	☹

续表

序号	指标名称	单位	指标属性	2012年测评均值	2012年江苏数值	2011年江苏数值	2012年江苏排名	2011年江苏排名	排名变化	2012年数据来源	进退脸谱
50	城市生活垃圾无害化处理率	%	正	84.879	95.930	93.770	9	7	-2	中国统计	☹
51	城市每万人拥有公交车辆	标台	正	11.947	13.358	13.212	8	7	-1	中国统计	☹
52	人均城市公共交通运营线路网长度	千米/人	正	0.001	0.001	0.001	10	10	0	中国统计;城市	
53	农村累计已改水受益人口占农村总人口比重	%	正	5.702	1.986	2.417	20	20	0	环境年鉴	
54	建成区绿化覆盖率	%	正	38.656	42.170	42.120	4	3	-1	中国统计	☹
55	人均当年新增造林面积	公顷/万人	正	57.751	7.250	7.267	28	28	0	中国统计	
56	工业二氧化硫去除率	%	正	64.664	74.216	66.292	4	14	10	中国统计	☺
57	工业废水化学需氧量去除率	%	正	81.060	88.827	89.346	9	9	0	环境年报;中国统计	
58	工业氮氧化物去除率	%	正	7.230	15.286	7.030	4	8	4	环境年报	☺
59	工业废水氨氮去除率	%	正	76.514	78.627	81.328	18	17	-1	环境年报;中国统计	☹
60	突发环境事件次数	次	逆	18	77	27	29	26	-3	中国统计	☹

注：中国统计——《中国统计年鉴2013》；环境年鉴——《中国环境统计年鉴2013》；环境年报——《中国环境统计年报2012》；城市——《中国城市统计年鉴2013》；水利——《中国水利统计年鉴2013》；工业经济——《中国工业经济统计年鉴2013》；沙漠——《中国沙漠及其治理》

浙江绿色发展"体检"表

序号	指标名称	单位	指标属性	2012年测评均值	2012年浙江数值	2011年浙江数值	2012年浙江排名	2011年浙江排名	排名变化	2012年数据来源	进退脸谱
1	人均地区生产总值	元/人	正	44 068.433	63 374.000	59 249.000	6	5	−1	中国统计	☹
2	单位地区生产总值能耗	吨标准煤/万元	逆	1.041	0.590	0.590	3	3	0	中国统计	
3	非化石能源消费量占能源消费量的比重		正	—	—	—					
4	单位地区生产总值二氧化碳排放量		逆	—	—	—					
5	单位地区生产总值二氧化硫排放量	吨/万元	逆	0.007	0.002	0.003	6	6	0	中国统计	
6	单位地区生产总值化学需氧量排放量	吨/万元	逆	0.007	0.003	0.003	5	4	−1	中国统计	☹
7	单位地区生产总值氮氧化物排放量	吨/万元	逆	0.007	0.003	0.003	4	4	0	环境年报；中国统计	
8	单位地区生产总值氨氮排放量	吨/万元	逆	0.001	0.000	0.000	5	5	0	环境年报；中国统计	
9	人均城镇生活消费用电	千瓦时/人	逆	338.789	363.791	327.899	22	22	0	城市	
10	第一产业劳动生产率	万元/人	正	2.034	3.155	2.708	2	5	3	中国统计	☺
11	土地产出率	亿元/千公顷	正	0.320	0.529	0.468	4	4	0	中国统计	
12	节灌率		正	0.532	0.738	0.724	7	7	0	水利；中国统计	
13	有效灌溉面积占耕地面积比重	%	正	55.004	76.582	75.841	5	6	1	中国统计	☺
14	第二产业劳动生产率	万元/人	正	14.801	9.236	8.753	27	28	1	中国统计	☺
15	单位工业增加值水耗	立方米/元	逆	0.006	0.004	0.004	10	11	1	中国统计	☺
16	规模以上单位工业增加值能耗		逆	—	—	—					
17	工业固体废物综合利用率	%	正	69.374	91.527	92.038	4	5	1	环境年鉴	☺
18	工业用水重复利用率	%	正	76.227	77.500	76.500	22	21	−1	环境年鉴	☹
19	六大高载能行业产值占工业总产值比重	%	逆	39.737	28.865	28.711	6	6	0	工业经济	
20	第三产业劳动生产率	万元/人	正	8.800	12.259	10.460	6	7	1	中国统计	☺
21	第三产业增加值比重	%	正	40.876	45.236	43.900	7	7	0	中国统计	
22	第三产业就业人员比重	%	正	36.670	34.902	34.566	17	19	2	中国统计	☺
23	人均水资源量	立方米/人	正	2 356.285	2 641.290	1 365.710	11	16	5	中国统计	☺
24	人均森林面积	公顷/人	正	0.188	0.107	0.107	17	17	0	中国统计	
25	森林覆盖率	%	正	30.630	57.410	57.410	3	3	0	中国统计	
26	自然保护区面积占辖区面积比重	%	正	8.688	1.530	1.530	30	30	0	中国统计	

续表

序号	指标名称	单位	指标属性	2012年测评均值	2012年浙江数值	2011年浙江数值	2012年浙江排名	2011年浙江排名	排名变化	2012年数据来源	进退脸谱
27	湿地面积占国土面积的比重	%	正	7.008	7.880	7.880	8	8	0	中国统计	
28	人均活立木总蓄积量	立方米/人	正	10.608	3.539	3.548	19	19	0	中国统计	
29	单位土地面积二氧化碳排放量		逆	—	—	—	—	—			
30	人均二氧化碳排放量		逆	—	—	—	—	—			
31	单位土地面积二氧化硫排放量	吨/平方千米	逆	5.685	5.937	6.281	20	20	0	中国统计；沙漠	
32	人均二氧化硫排放量	吨/人	逆	0.019	0.011	0.012	11	11	0	中国统计	
33	单位土地面积化学需氧量排放量	吨/平方千米	逆	6.499	7.459	7.763	22	22	0	中国统计；沙漠	
34	人均化学需氧量排放量	吨/人	逆	0.019	0.014	0.015	8	8	0	中国统计	
35	单位土地面积氮氧化物排放量	吨/平方千米	逆	7.358	7.674	8.151	21	21	0	中国统计；沙漠；环境年报	
36	人均氮氧化物排放量	吨/人	逆	0.020	0.015	0.016	12	12	0	环境年报；中国统计	
37	单位土地面积氨氮排放量	吨/平方千米	逆	0.794	1.065	1.095	24	24	0	中国统计；沙漠；环境年报	
38	人均氨氮排放量	吨/人	逆	0.002	0.002	0.002	20	18	−2	环境年报；中国统计	☹
39	单位耕地面积化肥施用量	万吨/千公顷	逆	0.050	0.048	0.048	15	14	−1	中国统计	☹
40	单位耕地面积农药使用量	吨/千公顷	逆	17.537	32.732	33.243	26	26	0	环境年鉴；中国统计	
41	人均公路交通氮氧化物排放量	吨/万人	逆	51.826	31.152	30.115	5	5	0	环境年报；中国统计	
42	环境保护支出占财政支出比重	%	正	2.783	1.867	2.033	27	25	−2	中国统计	☹
43	环境污染治理投资总额占地区生产总值比重	%	正	1.569	1.083	0.739	23	26	3	环境年鉴；中国统计	☺
44	农村人均改水、改厕的政府投资	元/人	正	47.312	53.717	54.355	9	11	2	环境年鉴	☺
45	单位耕地面积退耕还林投资完成额	万元/千公顷	正	14.215	0.000	0.000	17	17	0	环境年鉴；中国统计	
46	科教文卫支出占财政支出比重	%	正	28.792	34.694	32.775	1	1	0	中国统计	
47	城市人均绿地面积	公顷/人	正	0.003	0.003	0.002	9	9	0	城市；中国统计	
48	城市用水普及率	%	正	96.695	99.880	99.840	6	6	0	中国统计	
49	城市污水处理率	%	正	85.637	87.500	85.100	16	13	−3	环境年鉴	☹

续表

序号	指标名称	单位	指标属性	2012年测评均值	2012年浙江数值	2011年浙江数值	2012年浙江排名	2011年浙江排名	排名变化	2012年数据来源	进退脸谱
50	城市生活垃圾无害化处理率	%	正	84.879	98.970	96.430	5	4	-1	中国统计	☹
51	城市每万人拥有公交车辆	标台	正	11.947	13.958	13.551	5	5	0	中国统计	
52	人均城市公共交通运营线路网长度	千米/人	正	0.001	0.001	0.001	8	8	0	中国统计；城市	
53	农村累计已改水受益人口占农村总人口比重	%	正	5.702	1.942	1.966	23	23	0	环境年鉴	
54	建成区绿化覆盖率	%	正	38.656	39.860	38.390	12	14	2	中国统计	☺
55	人均当年新增造林面积	公顷/万人	正	57.751	8.030	7.420	26	27	1	中国统计	☺
56	工业二氧化硫去除率	%	正	64.664	71.817	71.836	7	6	-1	中国统计	☹
57	工业废水化学需氧量去除率	%	正	81.060	92.383	92.837	2	4	2	环境年报；中国统计	☺
58	工业氮氧化物去除率	%	正	7.230	12.047	7.703	7	7	0	环境年报	
59	工业废水氨氮去除率	%	正	76.514	85.798	83.737	9	13	4	环境年报；中国统计	☺
60	突发环境事件次数	次	逆	18	23	31	25	27	2	中国统计	☺

注：中国统计——《中国统计年鉴2013》；环境年鉴——《中国环境统计年鉴2013》；环境年报——《中国环境统计年报2012》；城市——《中国城市统计年鉴2013》；水利——《中国水利统计年鉴2013》；工业经济——《中国工业经济统计年鉴2013》；沙漠——《中国沙漠及其治理》

安徽绿色发展"体检"表

序号	指标名称	单位	指标属性	2012年测评均值	2012年安徽数值	2011年安徽数值	2012年安徽排名	2011年安徽排名	排名变化	2012年数据来源	进退脸谱
1	人均地区生产总值	元/人	正	44 068.433	28 792.000	25 659.000	26	26	0	中国统计	
2	单位地区生产总值能耗	吨标准煤/万元	逆	1.041	0.754	0.754	10	10	0	中国统计	
3	非化石能源消费量占能源消费量的比重		正	—	—	—					
4	单位地区生产总值二氧化碳排放量		逆	—	—	—					
5	单位地区生产总值二氧化硫排放量	吨/万元	逆	0.007	0.004	0.005	11	10	−1	中国统计	☹
6	单位地区生产总值化学需氧量排放量	吨/万元	逆	0.007	0.007	0.008	19	19	0	中国统计	
7	单位地区生产总值氮氧化物排放量	吨/万元	逆	0.007	0.007	0.008	21	21	0	环境年报；中国统计	
8	单位地区生产总值氨氮排放量	吨/万元	逆	0.001	0.001	0.001	23	23	0	环境年报；中国统计	
9	人均城镇生活消费用电	千瓦时/人	逆	338.789	143.702	124.593	6	5	−1	城市	☹
10	第一产业劳动生产率	万元/人	正	2.034	1.392	1.285	25	24	−1	中国统计	☹
11	土地产出率	亿元/千公顷	正	0.320	0.208	0.190	24	23	−1	中国统计	☹
12	节灌率		正	0.532	0.246	0.238	24	24	0	水利；中国统计	
13	有效灌溉面积占耕地面积比重	%	正	55.004	62.565	61.912	14	14	0	中国统计	
14	第二产业劳动生产率	万元/人	正	14.801	8.766	7.655	30	30	0	中国统计	
15	单位工业增加值水耗	立方米/元	逆	0.006	0.012	0.013	28	28	0	中国统计	
16	规模以上单位工业增加值能耗		逆	—	—	—	—	—			
17	工业固体废物综合利用率	%	正	69.374	85.393	81.635	8	7	−1	环境年鉴	☹
18	工业用水重复利用率	%	正	76.227	95.800	95.600	2	2	0	环境年鉴	
19	六大高载能行业产值占工业总产值比重	%	逆	39.737	31.982	33.141	10	11	1	工业经济	☺
20	第三产业劳动生产率	万元/人	正	8.800	3.689	3.742	30	30	0	中国统计	
21	第三产业增加值比重	%	正	40.876	32.701	32.500	29	28	−1	中国统计	☹
22	第三产业就业人员比重	%	正	36.670	37.280	35.999	9	12	3	中国统计	☺
23	人均水资源量	立方米/人	正	2 356.285	1 172.630	1 010.090	19	19	0	中国统计	
24	人均森林面积	公顷/人	正	0.188	0.060	0.060	23	23	0	中国统计	
25	森林覆盖率	%	正	30.630	26.060	26.060	18	18	0	中国统计	
26	自然保护区面积占辖区面积比重	%	正	8.688	3.760	3.760	27	27	0	中国统计	

续表

序号	指标名称	单位	指标属性	2012年测评均值	2012年安徽数值	2011年安徽数值	2012年安徽排名	2011年安徽排名	排名变化	2012年数据来源	进退脸谱
27	湿地面积占国土面积的比重	%	正	7.008	4.730	4.730	16	16	0	中国统计	
28	人均活立木总蓄积量	立方米/人	正	10.608	2.715	2.724	21	21	0	中国统计	
29	单位土地面积二氧化碳排放量		逆	—	—	—	—	—	—		
30	人均二氧化碳排放量		逆	—	—	—	—	—	—		
31	单位土地面积二氧化硫排放量	吨/平方千米	逆	5.685	3.708	3.779	15	15	0	中国统计；沙漠	
32	人均二氧化硫排放量	吨/人	逆	0.019	0.009	0.009	4	4	0	中国统计	
33	单位土地面积化学需氧量排放量	吨/平方千米	逆	6.499	6.596	6.804	20	20	0	中国统计；沙漠	
34	人均化学需氧量排放量	吨/人	逆	0.019	0.015	0.016	12	12	0	中国统计	
35	单位土地面积氮氧化物排放量	吨/平方千米	逆	7.358	6.575	6.845	18	18	0	中国统计；沙漠；环境年报	
36	人均氮氧化物排放量	吨/人	逆	0.020	0.015	0.016	13	14	1	环境年报；中国统计	☺
37	单位土地面积氨氮排放量	吨/平方千米	逆	0.794	0.757	0.784	21	22	1	中国统计；沙漠；环境年报	☺
38	人均氨氮排放量	吨/人	逆	0.002	0.002	0.002	13	13	0	环境年报；中国统计	
39	单位耕地面积化肥施用量	万吨/千公顷	逆	0.050	0.058	0.058	19	20	1	中国统计	☺
40	单位耕地面积农药使用量	吨/千公顷	逆	17.537	20.373	20.501	21	21	0	环境年鉴；中国统计	
41	人均公路交通氮氧化物排放量	吨/万人	逆	51.826	36.611	38.173	10	10	0	环境年报；中国统计	
42	环境保护支出占财政支出比重	%	正	2.783	2.412	2.481	19	17	-2	中国统计	☹
43	环境污染治理投资总额占地区生产总值比重	%	正	1.569	1.918	1.748	8	8	0	环境年鉴；中国统计	
44	农村人均改水、改厕的政府投资	元/人	正	47.312	32.614	36.580	22	22	0	环境年鉴	
45	单位耕地面积退耕还林投资完成额	万元/千公顷	正	14.215	0.000	0.000	17	17	0	环境年鉴；中国统计	
46	科教文卫支出占财政支出比重	%	正	28.792	30.416	29.710	11	6	-5	中国统计	☹
47	城市人均绿地面积	公顷/人	正	0.003	0.001	0.001	22	21	-1	城市；中国统计	☹
48	城市用水普及率	%	正	96.695	98.020	96.550	13	16	3	中国统计	☺
49	城市污水处理率	%	正	85.637	94.500	91.100	2	5	3	环境年鉴	☺

续表

序号	指标名称	单位	指标属性	2012年测评均值	2012年安徽数值	2011年安徽数值	2012年安徽排名	2011年安徽排名	排名变化	2012年数据来源	进退脸谱
50	城市生活垃圾无害化处理率	%	正	84.879	91.140	86.990	13	15	2	中国统计	☺
51	城市每万人拥有公交车辆	标台	正	11.947	10.137	9.744	21	23	2	中国统计	☺
52	人均城市公共交通运营线路网长度	千米/人	正	0.001	0.000	0.000	30	30	0	中国统计；城市	
53	农村累计已改水受益人口占农村总人口比重	%	正	5.702	3.121	3.537	16	17	1	环境年鉴	☺
54	建成区绿化覆盖率	%	正	38.656	38.800	39.470	15	11	-4	中国统计	☹
55	人均当年新增造林面积	公顷/万人	正	57.751	7.325	7.653	27	26	-1	中国统计	☹
56	工业二氧化硫去除率	%	正	64.664	78.206	79.036	2	2	0	中国统计	
57	工业废水化学需氧量去除率	%	正	81.060	87.359	87.898	10	12	2	环境年报；中国统计	☺
58	工业氮氧化物去除率	%	正	7.230	7.202	1.701	12	21	9	环境年报	☺
59	工业废水氨氮去除率	%	正	76.514	75.260	90.876	21	7	-14	环境年报；中国统计	☹
60	突发环境事件次数	次	逆	18	20	12	22	19	-3	中国统计	☹

注：中国统计——《中国统计年鉴2013》；环境年鉴——《中国环境统计年鉴2013》；环境年报——《中国环境统计年报2012》；城市——《中国城市统计年鉴2013》；水利——《中国水利统计年鉴2013》；工业经济——《中国工业经济统计年鉴2013》；沙漠——《中国沙漠及其治理》

福建绿色发展"体检"表

序号	指标名称	单位	指标属性	2012年测评均值	2012年福建数值	2011年福建数值	2012年福建排名	2011年福建排名	排名变化	2012年数据来源	进退脸谱
1	人均地区生产总值	元/人	正	44 068.433	52 763.000	47 377.000	9	9	0	中国统计	
2	单位地区生产总值能耗	吨标准煤/万元	逆	1.041	0.644	0.644	6	6	0	中国统计	
3	非化石能源消费量占能源消费量的比重		正	—	—	—					
4	单位地区生产总值二氧化碳排放量		逆	—	—	—					
5	单位地区生产总值二氧化硫排放量	吨/万元	逆	0.007	0.002	0.003	8	8	0	中国统计	
6	单位地区生产总值化学需氧量排放量	吨/万元	逆	0.007	0.004	0.005	7	7	0	中国统计	
7	单位地区生产总值氮氧化物排放量	吨/万元	逆	0.007	0.003	0.004	5	5	0	环境年报;中国统计	
8	单位地区生产总值氨氮排放量	吨/万元	逆	0.001	0.001	0.001	12	11	−1	环境年报;中国统计	☹
9	人均城镇生活消费用电	千瓦时/人	逆	338.789	369.424	330.548	23	23	0	城市	
10	第一产业劳动生产率	万元/人	正	2.034	2.755	2.511	7	7	0	中国统计	
11	土地产出率	亿元/千公顷	正	0.320	0.558	0.497	2	2	0	中国统计	
12	节灌率		正	0.532	0.605	0.566	12	13	1	水利;中国统计	☺
13	有效灌溉面积占耕地面积比重	%	正	55.004	72.815	72.737	8	9	1	中国统计	☺
14	第二产业劳动生产率	万元/人	正	14.801	10.582	10.396	24	21	−3	中国统计	☹
15	单位工业增加值水耗	立方米/元	逆	0.006	0.009	0.011	23	23	0	中国统计	
16	规模以上单位工业增加值能耗		逆	—	—	—					
17	工业固体废物综合利用率	%	正	69.374	89.210	68.494	6	12	6	环境年鉴	☺
18	工业用水重复利用率	%	正	76.227	86.100	90.000	15	12	−3	环境年鉴	☹
19	六大高载能行业产值占工业总产值比重	%	逆	39.737	26.635	25.471	5	3	−2	工业经济	☹
20	第三产业劳动生产率	万元/人	正	8.800	8.532	8.531	11	9	−2	中国统计	☹
21	第三产业增加值比重	%	正	40.876	39.271	39.200	15	11	−4	中国统计	☹
22	第三产业就业人员比重	%	正	36.670	36.200	35.921	13	13	0	中国统计	
23	人均水资源量	立方米/人	正	2 356.285	4 047.780	2 090.520	6	8	2	中国统计	☺
24	人均森林面积	公顷/人	正	0.188	0.205	0.206	10	10	0	中国统计	
25	森林覆盖率	%	正	30.630	63.100	63.100	1	1	0	中国统计	
26	自然保护区面积占辖区面积比重	%	正	8.688	3.110	2.960	29	29	0	中国统计	

续表

序号	指标名称	单位	指标属性	2012年测评均值	2012年福建数值	2011年福建数值	2012年福建排名	2011年福建排名	排名变化	2012年数据来源	进退脸谱
27	湿地面积占国土面积的比重	%	正	7.008	3.650	3.650	20	20	0	中国统计	
28	人均活立木总蓄积量	立方米/人	正	10.608	14.201	14.308	7	7	0	中国统计	
29	单位土地面积二氧化碳排放量		逆	—	—	—	—	—			
30	人均二氧化碳排放量		逆	—	—	—	—	—			
31	单位土地面积二氧化硫排放量	吨/平方千米	逆	5.685	2.994	3.138	11	11	0	中国统计;沙漠	
32	人均二氧化硫排放量	吨/人	逆	0.019	0.010	0.010	7	7	0	中国统计	
33	单位土地面积化学需氧量排放量	吨/平方千米	逆	6.499	5.322	5.479	16	16	0	中国统计;沙漠	
34	人均化学需氧量排放量	吨/人	逆	0.019	0.018	0.018	18	19	1	中国统计	☺
35	单位土地面积氮氧化物排放量	吨/平方千米	逆	7.358	3.767	3.987	15	15	0	中国统计;沙漠;环境年报	
36	人均氮氧化物排放量	吨/人	逆	0.020	0.013	0.013	9	9	0	环境年报;中国统计	
37	单位土地面积氨氮排放量	吨/平方千米	逆	0.794	0.751	0.769	20	20	0	中国统计;沙漠;环境年报	
38	人均氨氮排放量	吨/人	逆	0.002	0.002	0.003	28	28	0	环境年报;中国统计	
39	单位耕地面积化肥施用量	万吨/千公顷	逆	0.050	0.091	0.091	30	30	0	中国统计	
40	单位耕地面积农药使用量	吨/千公顷	逆	17.537	43.490	43.813	29	29	0	环境年鉴;中国统计	
41	人均公路交通氮氧化物排放量	吨/万人	逆	51.826	27.828	27.144	4	3	−1	环境年报;中国统计	☹
42	环境保护支出占财政支出比重	%	正	2.783	1.864	1.726	28	29	1	中国统计	☺
43	环境污染治理投资总额占地区生产总值比重	%	正	1.569	1.129	1.130	22	22	0	环境年鉴;中国统计	
44	农村人均改水、改厕的政府投资	元/人	正	47.312	46.846	44.942	12	17	5	环境年鉴	☺
45	单位耕地面积退耕还林投资完成额	万元/千公顷	正	14.215	0.000	0.000	17	17	0	环境年鉴;中国统计	
46	科教文卫支出占财政支出比重	%	正	28.792	32.323	29.223	6	9	3	中国统计	☺
47	城市人均绿地面积	公顷/人	正	0.003	0.002	0.001	16	16	0	城市;中国统计	
48	城市用水普及率	%	正	96.695	99.130	99.110	9	10	1	中国统计	☺
49	城市污水处理率	%	正	85.637	85.600	85.300	19	12	−7	环境年鉴	☹

续表

序号	指标名称	单位	指标属性	2012年测评均值	2012年福建数值	2011年福建数值	2012年福建排名	2011年福建排名	排名变化	2012年数据来源	进退脸谱
50	城市生活垃圾无害化处理率	%	正	84.879	96.420	94.550	8	6	－2	中国统计	☹
51	城市每万人拥有公交车辆	标台	正	11.947	12.160	11.857	12	11	－1	中国统计	☹
52	人均城市公共交通运营线路网长度	千米/人	正	0.001	0.000	0.000	16	15	－1	中国统计；城市	☹
53	农村累计已改水受益人口占农村总人口比重	%	正	5.702	5.769	7.290	13	12	－1	环境年鉴	☹
54	建成区绿化覆盖率	%	正	38.656	42.030	41.390	6	7	1	中国统计	☺
55	人均当年新增造林面积	公顷/万人	正	57.751	26.257	57.392	18	12	－6	中国统计	☹
56	工业二氧化硫去除率	%	正	64.664	63.922	60.187	18	24	6	中国统计	☺
57	工业废水化学需氧量去除率	%	正	81.060	90.459	90.863	5	7	2	环境年报；中国统计	☺
58	工业氮氧化物去除率	%	正	7.230	12.015	11.750	8	3	－5	环境年报	☹
59	工业废水氨氮去除率	%	正	76.514	83.739	82.841	14	16	2	环境年报；中国统计	☺
60	突发环境事件次数	次	逆	18	4	8	10	14	4	中国统计	☺

注：中国统计——《中国统计年鉴2013》；环境年鉴——《中国环境统计年鉴2013》；环境年报——《中国环境统计年报2012》；城市——《中国城市统计年鉴2013》；水利——《中国水利统计年鉴2013》；工业经济——《中国工业经济统计年鉴2013》；沙漠——《中国沙漠及其治理》

江西绿色发展"体检"表

序号	指标名称	单位	指标属性	2012年测评均值	2012年江西数值	2011年江西数值	2012年江西排名	2011年江西排名	排名变化	2012年数据来源	进退脸谱
1	人均地区生产总值	元/人	正	44 068.433	28 800.000	26 150.000	25	24	−1	中国统计	☹
2	单位地区生产总值能耗	吨标准煤/万元	逆	1.041	0.651	0.651	7	7	0	中国统计	
3	非化石能源消费量占能源消费量的比重		正	—	—	—	—	—			
4	单位地区生产总值二氧化碳排放量		逆	—	—	—	—	—			
5	单位地区生产总值二氧化硫排放量	吨/万元	逆	0.007	0.006	0.007	19	19	0	中国统计	
6	单位地区生产总值化学需氧量排放量	吨/万元	逆	0.007	0.008	0.009	22	21	−1	中国统计	☹
7	单位地区生产总值氮氧化物排放量	吨/万元	逆	0.007	0.006	0.007	16	17	1	环境年报；中国统计	☺
8	单位地区生产总值氨氮排放量	吨/万元	逆	0.001	0.001	0.001	26	26	0	环境年报；中国统计	
9	人均城镇生活消费用电	千瓦时/人	逆	338.789	110.277	93.308	3	1	−2	城市	☹
10	第一产业劳动生产率	万元/人	正	2.034	1.776	1.601	17	17	0	中国统计	
11	土地产出率	亿元/千公顷	正	0.320	0.182	0.167	28	27	−1	中国统计	
12	节灌率		正	0.532	0.211	0.182	27	27	0	水利；中国统计	
13	有效灌溉面积占耕地面积比重	%	正	55.004	67.457	66.063	10	12	2	中国统计	☺
14	第二产业劳动生产率	万元/人	正	14.801	8.926	8.830	28	26	−2	中国统计	☹
15	单位工业增加值水耗	立方米/元	逆	0.006	0.010	0.011	25	24	−1	中国统计	☹
16	规模以上单位工业增加值能耗		逆	—	—	—	—	—			
17	工业固体废物综合利用率	%	正	69.374	54.527	55.443	23	22	−1	环境年鉴	☹
18	工业用水重复利用率	%	正	76.227	91.300	67.800	12	23	11	环境年鉴	☺
19	六大高载能行业产值占工业总产值比重	%	逆	39.737	46.009	49.255	22	23	1	工业经济	☺
20	第三产业劳动生产率	万元/人	正	8.800	4.926	4.743	29	27	−2	中国统计	☹
21	第三产业增加值比重	%	正	40.876	34.644	33.500	26	26	0	中国统计	
22	第三产业就业人员比重	%	正	36.670	36.099	35.489	14	15	1	中国统计	☺
23	人均水资源量	立方米/人	正	2 356.285	4 836.010	2 319.110	2	7	5	中国统计	☺
24	人均森林面积	公顷/人	正	0.188	0.216	0.217	8	8	0	中国统计	
25	森林覆盖率	%	正	30.630	58.320	58.320	2	2	0	中国统计	
26	自然保护区面积占辖区面积比重	%	正	8.688	7.550	7.140	13	15	2	中国统计	☺

续表

序号	指标名称	单位	指标属性	2012年测评均值	2012年江西数值	2011年江西数值	2012年江西排名	2011年江西排名	排名变化	2012年数据来源	进退脸谱
27	湿地面积占国土面积的比重	%	正	7.008	5.990	5.990	11	11	0	中国统计	
28	人均活立木总蓄积量	立方米/人	正	10.608	10.001	10.036	9	9	0	中国统计	
29	单位土地面积二氧化碳排放量		逆	—	—	—	—	—	—		
30	人均二氧化碳排放量		逆	—	—	—	—	—	—		
31	单位土地面积二氧化硫排放量	吨/平方千米	逆	5.685	3.401	3.500	14	13	−1	中国统计；沙漠	☹
32	人均二氧化硫排放量	吨/人	逆	0.019	0.013	0.013	13	12	−1	中国统计	☹
33	单位土地面积化学需氧量排放量	吨/平方千米	逆	6.499	4.484	4.601	13	13	0	中国统计；沙漠	
34	人均化学需氧量排放量	吨/人	逆	0.019	0.017	0.017	15	15	0	中国统计	
35	单位土地面积氮氧化物排放量	吨/平方千米	逆	7.358	3.458	3.669	14	14	0	中国统计；沙漠；环境年报	
36	人均氮氧化物排放量	吨/人	逆	0.020	0.013	0.014	10	10	0	环境年报；中国统计	
37	单位土地面积氨氮排放量	吨/平方千米	逆	0.794	0.546	0.560	14	14	0	中国统计；沙漠；环境年报	
38	人均氨氮排放量	吨/人	逆	0.002	0.002	0.002	18	17	−1	环境年报；中国统计	☹
39	单位耕地面积化肥施用量	万吨/千公顷	逆	0.050	0.050	0.050	16	16	0	中国统计	
40	单位耕地面积农药使用量	吨/千公顷	逆	17.537	35.518	35.208	27	27	0	环境年鉴；中国统计	
41	人均公路交通氮氧化物排放量	吨/万人	逆	51.826	49.282	48.282	20	19	−1	环境年报；中国统计	☹
42	环境保护支出占财政支出比重	%	正	2.783	2.216	1.727	23	28	5	中国统计	☺
43	环境污染治理投资总额占地区生产总值比重	%	正	1.569	2.441	2.061	5	6	1	环境年鉴；中国统计	☺
44	农村人均改水、改厕的政府投资	元/人	正	47.312	36.944	32.606	19	24	5	环境年鉴	☺
45	单位耕地面积退耕还林投资完成额	万元/千公顷	正	14.215	0.000	0.000	17	17	0	环境年鉴；中国统计	
46	科教文卫支出占财政支出比重	%	正	28.792	30.256	28.870	12	10	−2	中国统计	☹
47	城市人均绿地面积	公顷/人	正	0.003	0.001	0.001	24	24	0	城市；中国统计	
48	城市用水普及率	%	正	96.695	97.670	97.940	15	14	−1	中国统计	☹
49	城市污水处理率	%	正	85.637	84.300	85.100	22	13	−9	环境年鉴	☹

续表

序号	指标名称	单位	指标属性	2012年测评均值	2012年江西数值	2011年江西数值	2012年江西排名	2011年江西排名	排名变化	2012年数据来源	进退脸谱
50	城市生活垃圾无害化处理率	%	正	84.879	89.050	88.270	15	14	−1	中国统计	☹
51	城市每万人拥有公交车辆	标台	正	11.947	10.009	9.783	23	21	−2	中国统计	☹
52	人均城市公共交通运营线路网长度	千米/人	正	0.001	0.000	0.000	22	22	0	中国统计；城市	
53	农村累计已改水受益人口占农村总人口比重	%	正	5.702	12.467	13.520	4	4	0	环境年鉴	
54	建成区绿化覆盖率	%	正	38.656	45.950	46.810	2	1	−1	中国统计	☹
55	人均当年新增造林面积	公顷/万人	正	57.751	30.836	36.762	17	15	−2	中国统计	☹
56	工业二氧化硫去除率	%	正	64.664	77.626	74.656	3	4	1	中国统计	☺
57	工业废水化学需氧量去除率	%	正	81.060	79.104	79.064	22	21	−1	环境年报；中国统计	☹
58	工业氮氧化物去除率	%	正	7.230	3.610	5.226	22	11	−11	环境年报	☹
59	工业废水氨氮去除率	%	正	76.514	75.503	76.272	20	22	2	环境年报；中国统计	☺
60	突发环境事件次数	次	逆	18	1	8	4	14	10	中国统计	☺

注：中国统计——《中国统计年鉴2013》；环境年鉴——《中国环境统计年鉴2013》；环境年报——《中国环境统计年报2012》；城市——《中国城市统计年鉴2013》；水利——《中国水利统计年鉴2013》；工业经济——《中国工业经济统计年鉴2013》；沙漠——《中国沙漠及其治理》

山东绿色发展"体检"表

序号	指标名称	单位	指标属性	2012年测评均值	2012年山东数值	2011年山东数值	2012年山东排名	2011年山东排名	排名变化	2012年数据来源	进退脸谱
1	人均地区生产总值	元/人	正	44 068.433	51 768.000	47 335.000	10	10	0	中国统计	
2	单位地区生产总值能耗	吨标准煤/万元	逆	1.041	0.855	0.855	13	13	0	中国统计	
3	非化石能源消费量占能源消费量的比重		正	—	—	—	—	—	—		
4	单位地区生产总值二氧化碳排放量		逆	—	—	—	—	—	—		
5	单位地区生产总值二氧化硫排放量	吨/万元	逆	0.007	0.004	0.005	12	13	1	中国统计	☺
6	单位地区生产总值化学需氧量排放量	吨/万元	逆	0.007	0.005	0.005	9	9	0	中国统计	
7	单位地区生产总值氮氧化物排放量	吨/万元	逆	0.007	0.004	0.005	12	11	−1	环境年报;中国统计	☹
8	单位地区生产总值氨氮排放量	吨/万元	逆	0.001	0.000	0.000	6	6	0	环境年报;中国统计	
9	人均城镇生活消费用电	千瓦时/人	逆	338.789	181.819	164.634	12	12	0	城市	
10	第一产业劳动生产率	万元/人	正	2.034	1.955	1.885	15	15	0	中国统计	
11	土地产出率	亿元/千公顷	正	0.320	0.364	0.354	10	8	−2	中国统计	☹
12	节灌率		正	0.532	0.506	0.480	17	16	−1	水利;中国统计	☹
13	有效灌溉面积占耕地面积比重	%	正	55.004	67.304	66.356	11	10	−1	中国统计	☹
14	第二产业劳动生产率	万元/人	正	14.801	11.617	11.932	17	15	−2	中国统计	☹
15	单位工业增加值水耗	立方米/元	逆	0.006	0.001	0.001	2	2	0	中国统计	
16	规模以上单位工业增加值能耗		逆	—	—	—	—	—	—		
17	工业固体废物综合利用率	%	正	69.374	93.076	93.677	3	4	1	环境年鉴	☺
18	工业用水重复利用率	%	正	76.227	92.500	93.300	8	5	−3	环境年鉴	
19	六大高载能行业产值占工业总产值比重	%	逆	39.737	33.331	33.939	12	12	0	工业经济	
20	第三产业劳动生产率	万元/人	正	8.800	9.455	8.911	8	8	0	中国统计	
21	第三产业增加值比重	%	正	40.876	39.981	38.300	13	13	0	中国统计	
22	第三产业就业人员比重	%	正	36.670	32.667	32.201	23	22	−1	中国统计	☹
23	人均水资源量	立方米/人	正	2 356.285	283.926	361.646	25	23	−2	中国统计	☹
24	人均森林面积	公顷/人	正	0.188	0.026	0.026	26	26	0	中国统计	
25	森林覆盖率	%	正	30.630	16.720	16.720	22	22	0	中国统计	
26	自然保护区面积占辖区面积比重	%	正	8.688	4.710	4.800	24	24	0	中国统计	

续表

序号	指标名称	单位	指标属性	2012年测评均值	2012年山东数值	2011年山东数值	2012年山东排名	2011年山东排名	排名变化	2012年数据来源	进退脸谱
27	湿地面积占国土面积的比重	%	正	7.008	11.720	11.720	4	4	0	中国统计	
28	人均活立木总蓄积量	立方米/人	正	10.608	0.891	0.895	26	26	0	中国统计	
29	单位土地面积二氧化碳排放量		逆	—	—	—	—	—			
30	人均二氧化碳排放量		逆	—	—	—	—	—			
31	单位土地面积二氧化硫排放量	吨/平方千米	逆	5.685	11.130	11.630	28	28	0	中国统计；沙漠	
32	人均二氧化硫排放量	吨/人	逆	0.019	0.018	0.019	19	19	0	中国统计	
33	单位土地面积化学需氧量排放量	吨/平方千米	逆	6.499	12.227	12.617	28	28	0	中国统计；沙漠	
34	人均化学需氧量排放量	吨/人	逆	0.019	0.020	0.021	23	23	0	中国统计	
35	单位土地面积氮氧化物排放量	吨/平方千米	逆	7.358	11.067	11.394	27	26	−1	中国统计；沙漠；环境年报	☹
36	人均氮氧化物排放量	吨/人	逆	0.020	0.018	0.019	17	16	−1	环境年报；中国统计	☹
37	单位土地面积氨氮排放量	吨/平方千米	逆	0.794	1.073	1.100	25	25	0	中国统计；沙漠；环境年报	
38	人均氨氮排放量	吨/人	逆	0.002	0.002	0.002	10	11	1	环境年报；中国统计	☺
39	单位耕地面积化肥施用量	万吨/千公顷	逆	0.050	0.063	0.063	24	23	−1	中国统计	☹
40	单位耕地面积农药使用量	吨/千公顷	逆	17.537	21.550	21.930	22	22	0	环境年鉴；中国统计	
41	人均公路交通氮氧化物排放量	吨/万人	逆	51.826	48.510	50.515	19	20	1	环境年报；中国统计	☺
42	环境保护支出占财政支出比重	%	正	2.783	2.615	2.278	16	22	6	中国统计	☺
43	环境污染治理投资总额占地区生产总值比重	%	正	1.569	1.478	1.354	14	13	−1	环境年鉴；中国统计	☹
44	农村人均改水、改厕的政府投资	元/人	正	47.312	40.856	31.342	17	25	8	环境年鉴	☺
45	单位耕地面积退耕还林投资完成额	万元/千公顷	正	14.215	0.000	0.000	17	17	0	环境年鉴；中国统计	
46	科教文卫支出占财政支出比重	%	正	28.792	33.431	32.156	2	2	0	中国统计	
47	城市人均绿地面积	公顷/人	正	0.003	0.002	0.002	14	14	0	城市；中国统计	
48	城市用水普及率	%	正	96.695	99.850	99.740	7	7	0	中国统计	
49	城市污水处理率	%	正	85.637	94.200	93.200	4	4	0	环境年鉴	

续表

序号	指标名称	单位	指标属性	2012年测评均值	2012年山东数值	2011年山东数值	2012年山东排名	2011年山东排名	排名变化	2012年数据来源	进退脸谱
50	城市生活垃圾无害化处理率	%	正	84.879	98.060	92.540	6	8	2	中国统计	☺
51	城市每万人拥有公交车辆	标台	正	11.947	12.759	12.414	10	10	0	中国统计	
52	人均城市公共交通运营线路网长度	千米/人	正	0.001	0.000	0.000	14	14	0	中国统计；城市	
53	农村累计已改水受益人口占农村总人口比重	%	正	5.702	0.009	0.083	30	30	0	环境年鉴	
54	建成区绿化覆盖率	%	正	38.656	42.120	41.510	5	6	1	中国统计	☺
55	人均当年新增造林面积	公顷/万人	正	57.751	20.490	22.786	20	21	1	中国统计	☺
56	工业二氧化硫去除率	%	正	64.664	69.155	72.530	12	5	−7	中国统计	☹
57	工业废水化学需氧量去除率	%	正	81.060	95.023	95.058	1	2	1	环境年报；中国统计	☺
58	工业氮氧化物去除率	%	正	7.230	4.562	0.941	18	23	5	环境年报	☺
59	工业废水氨氮去除率	%	正	76.514	90.741	91.080	4	5	1	环境年报；中国统计	☺
60	突发环境事件次数	次	逆	18	3	8	8	14	6	中国统计	☺

注：中国统计——《中国统计年鉴2013》；环境年鉴——《中国环境统计年鉴2013》；环境年报——《中国环境统计年报2012》；城市——《中国城市统计年鉴2013》；水利——《中国水利统计年鉴2013》；工业经济——《中国工业经济统计年鉴2013》；沙漠——《中国沙漠及其治理》

河南绿色发展"体检"表

序号	指标名称	单位	指标属性	2012年测评均值	2012年河南数值	2011年河南数值	2012年河南排名	2011年河南排名	排名变化	2012年数据来源	进退脸谱
1	人均地区生产总值	元/人	正	44 068.433	31 499.000	28 661.000	23	23	0	中国统计	
2	单位地区生产总值能耗	吨标准煤/万元	逆	1.041	0.895	0.895	15	15	0	中国统计	
3	非化石能源消费量占能源消费量的比重		正	—	—	—	—	—			
4	单位地区生产总值二氧化碳排放量		逆	—	—	—	—	—			
5	单位地区生产总值二氧化硫排放量	吨/万元	逆	0.007	0.005	0.006	17	17	0	中国统计	
6	单位地区生产总值化学需氧量排放量	吨/万元	逆	0.007	0.006	0.007	12	12	0	中国统计	
7	单位地区生产总值氮氧化物排放量	吨/万元	逆	0.007	0.007	0.008	19	19	0	环境年报；中国统计	
8	单位地区生产总值氨氮排放量	吨/万元	逆	0.001	0.001	0.001	15	15	0	环境年报；中国统计	
9	人均城镇生活消费用电	千瓦时/人	逆	338.789	123.087	108.959	5	3	−2	城市	☹
10	第一产业劳动生产率	万元/人	正	2.034	1.423	1.305	24	23	−1	中国统计	☹
11	土地产出率	亿元/千公顷	正	0.320	0.278	0.252	18	18	0	中国统计	
12	节灌率		正	0.532	0.327	0.314	23	23	0	水利；中国统计	
13	有效灌溉面积占耕地面积比重	%	正	55.004	65.675	64.978	13	13	0	中国统计	
14	第二产业劳动生产率	万元/人	正	14.801	8.840	8.555	29	29	0	中国统计	
15	单位工业增加值水耗	立方米/元	逆	0.006	0.004	0.004	11	9	−2	中国统计	☹
16	规模以上单位工业增加值能耗		逆	—	—	—	—	—			
17	工业固体废物综合利用率	%	正	69.374	76.046	75.230	11	10	−1	环境年鉴	☹
18	工业用水重复利用率	%	正	76.227	93.300	92.800	5	6	1	环境年鉴	☺
19	六大高载能行业产值占工业总产值比重	%	逆	39.737	38.013	38.001	17	17	0	工业经济	
20	第三产业劳动生产率	万元/人	正	8.800	5.363	4.916	25	25	0	中国统计	
21	第三产业增加值比重	%	正	40.876	30.939	29.700	30	30	0	中国统计	
22	第三产业就业人员比重	%	正	36.670	27.676	27.025	28	28	0	中国统计	
23	人均水资源量	立方米/人	正	2 356.285	282.577	349.025	26	24	−2	中国统计	☹
24	人均森林面积	公顷/人	正	0.188	0.036	0.036	25	25	0	中国统计	
25	森林覆盖率	%	正	30.630	20.160	20.160	20	20	0	中国统计	
26	自然保护区面积占辖区面积比重	%	正	8.688	4.400	4.400	25	25	0	中国统计	

续表

序号	指标名称	单位	指标属性	2012年测评均值	2012年河南数值	2011年河南数值	2012年河南排名	2011年河南排名	排名变化	2012年数据来源	进退脸谱
27	湿地面积占国土面积的比重	%	正	7.008	3.740	3.740	18	18	0	中国统计	
28	人均活立木总蓄积量	立方米/人	正	10.608	1.919	1.923	23	23	0	中国统计	
29	单位土地面积二氧化碳排放量		逆	—	—	—					
30	人均二氧化碳排放量		逆	—	—	—					
31	单位土地面积二氧化硫排放量	吨/平方千米	逆	5.685	7.708	8.279	24	24	0	中国统计；沙漠	
32	人均二氧化硫排放量	吨/人	逆	0.019	0.014	0.015	15	15	0	中国统计	
33	单位土地面积化学需氧量排放量	吨/平方千米	逆	6.499	8.418	8.679	23	23	0	中国统计；沙漠	
34	人均化学需氧量排放量	吨/人	逆	0.019	0.015	0.015	9	9	0	中国统计	
35	单位土地面积氮氧化物排放量	吨/平方千米	逆	7.358	9.822	10.061	24	24	0	中国统计；沙漠；环境年报	
36	人均氮氧化物排放量	吨/人	逆	0.020	0.017	0.018	16	15	−1	环境年报；中国统计	☹
37	单位土地面积氨氮排放量	吨/平方千米	逆	0.794	0.905	0.929	23	23	0	中国统计；沙漠；环境年报	
38	人均氨氮排放量	吨/人	逆	0.002	0.002	0.002	6	5	−1	环境年报；中国统计	☹
39	单位耕地面积化肥施用量	万吨/千公顷	逆	0.050	0.086	0.085	28	28	0	中国统计	
40	单位耕地面积农药使用量	吨/千公顷	逆	17.537	16.185	16.243	18	18	0	环境年鉴；中国统计	
41	人均公路交通氮氧化物排放量	吨/万人	逆	51.826	53.365	53.054	21	21	0	环境年报；中国统计	
42	环境保护支出占财政支出比重	%	正	2.783	2.186	2.250	24	23	−1	中国统计	☹
43	环境污染治理投资总额占地区生产总值比重	%	正	1.569	0.708	0.606	28	30	2	环境年鉴；中国统计	☺
44	农村人均改水、改厕的政府投资	元/人	正	47.312	29.808	26.736	24	28	4	环境年鉴	☺
45	单位耕地面积退耕还林投资完成额	万元/千公顷	正	14.215	1.689	0.300	16	16	0	环境年鉴；中国统计	
46	科教文卫支出占财政支出比重	%	正	28.792	33.392	31.368	3	3	0	中国统计	
47	城市人均绿地面积	公顷/人	正	0.003	0.001	0.001	30	30	0	城市；中国统计	
48	城市用水普及率	%	正	96.695	91.760	92.640	30	25	−5	中国统计	☹
49	城市污水处理率	%	正	85.637	87.800	89.000	14	8	−6	环境年鉴	☹

续表

序号	指标名称	单位	指标属性	2012年测评均值	2012年河南数值	2011年河南数值	2012年河南排名	2011年河南排名	排名变化	2012年数据来源	进退脸谱
50	城市生活垃圾无害化处理率	%	正	84.879	86.400	84.420	19	17	-2	中国统计	☹
51	城市每万人拥有公交车辆	标台	正	11.947	8.600	8.683	28	28	0	中国统计	
52	人均城市公共交通运营线路网长度	千米/人	正	0.001	0.000	0.000	29	28	-1	中国统计；城市	☹
53	农村累计已改水受益人口占农村总人口比重	%	正	5.702	1.702	0.750	24	27	3	环境年鉴	☺
54	建成区绿化覆盖率	%	正	38.656	36.900	36.640	22	22	0	中国统计	
55	人均当年新增造林面积	公顷/万人	正	57.751	24.294	25.300	19	20	1	中国统计	☺
56	工业二氧化硫去除率	%	正	64.664	63.206	64.660	21	17	-4	中国统计	☹
57	工业废水化学需氧量去除率	%	正	81.060	89.854	90.410	7	8	1	环境年报；中国统计	☺
58	工业氮氧化物去除率	%	正	7.230	4.906	0.415	17	27	10	环境年报	☺
59	工业废水氨氮去除率	%	正	76.514	75.089	83.136	22	14	-8	环境年报；中国统计	☹
60	突发环境事件次数	次	逆	18	14	25	19	23	4	中国统计	☺

注：中国统计——《中国统计年鉴2013》；环境年鉴——《中国环境统计年鉴2013》；环境年报——《中国环境统计年报2012》；城市——《中国城市统计年鉴2013》；水利——《中国水利统计年鉴2013》；工业经济——《中国工业经济统计年鉴2013》；沙漠——《中国沙漠及其治理》

湖北绿色发展"体检"表

序号	指标名称	单位	指标属性	2012年测评均值	2012年湖北数值	2011年湖北数值	2012年湖北排名	2011年湖北排名	排名变化	2012年数据来源	进退脸谱
1	人均地区生产总值	元/人	正	44 068.433	38 572.000	34 197.000	13	13	0	中国统计	
2	单位地区生产总值能耗	吨标准煤/万元	逆	1.041	0.912	0.912	16	16	0	中国统计	
3	非化石能源消费量占能源消费量的比重		正	—	—	—	—	—			
4	单位地区生产总值二氧化碳排放量		逆	—	—	—	—	—			
5	单位地区生产总值二氧化硫排放量	吨/万元	逆	0.007	0.004	0.005	9	9	0	中国统计	
6	单位地区生产总值化学需氧量排放量	吨/万元	逆	0.007	0.007	0.008	14	14	0	中国统计	
7	单位地区生产总值氮氧化物排放量	吨/万元	逆	0.007	0.004	0.005	10	10	0	环境年报；中国统计	
8	单位地区生产总值氨氮排放量	吨/万元	逆	0.001	0.001	0.001	21	21	0	环境年报；中国统计	
9	人均城镇生活消费用电	千瓦时/人	逆	338.789	221.572	195.533	16	15	−1	城市	☹
10	第一产业劳动生产率	万元/人	正	2.034	1.718	1.977	18	14	−4	中国统计	☹
11	土地产出率	亿元/千公顷	正	0.320	0.308	0.287	15	14	−1	中国统计	☹
12	节灌率		正	0.532	0.194	0.180	28	28	0	水利；中国统计	
13	有效灌溉面积占耕地面积比重	%	正	55.004	54.649	52.651	15	15	0	中国统计	
14	第二产业劳动生产率	万元/人	正	14.801	14.417	11.693	13	17	4	中国统计	☺
15	单位工业增加值水耗	立方米/元	逆	0.006	0.012	0.014	29	29	0	中国统计	
16	规模以上单位工业增加值能耗		逆	—	—	—	—	—			
17	工业固体废物综合利用率	%	正	69.374	75.378	79.081	12	8	−4	环境年鉴	☹
18	工业用水重复利用率	%	正	76.227	87.000	85.700	14	14	0	环境年鉴	
19	六大高载能行业产值占工业总产值比重	%	逆	39.737	34.309	35.523	14	13	−1	工业经济	☹
20	第三产业劳动生产率	万元/人	正	8.800	6.595	5.773	21	20	−1	中国统计	☹
21	第三产业增加值比重	%	正	40.876	36.892	36.900	19	15	−4	中国统计	☹
22	第三产业就业人员比重	%	正	36.670	34.350	33.300	19	21	2	中国统计	☺
23	人均水资源量	立方米/人	正	2 356.285	1 410.970	1 319.130	17	17	0	中国统计	
24	人均森林面积	公顷/人	正	0.188	0.100	0.101	18	18	0	中国统计	
25	森林覆盖率	%	正	30.630	31.140	31.140	17	17	0	中国统计	
26	自然保护区面积占辖区面积比重	%	正	8.688	5.140	5.160	23	23	0	中国统计	

续表

序号	指标名称	单位	指标属性	2012年测评均值	2012年湖北数值	2011年湖北数值	2012年湖北排名	2011年湖北排名	排名变化	2012年数据来源	进退脸谱
27	湿地面积占国土面积的比重	%	正	7.008	4.990	4.990	15	15	0	中国统计	
28	人均活立木总蓄积量	立方米/人	正	10.608	4.001	4.016	18	18	0	中国统计	
29	单位土地面积二氧化碳排放量		逆	—	—	—	—	—			
30	人均二氧化碳排放量		逆	—	—	—	—	—			
31	单位土地面积二氧化硫排放量	吨/平方千米	逆	5.685	3.348	3.581	13	14	1	中国统计；沙漠	☺
32	人均二氧化硫排放量	吨/人	逆	0.019	0.011	0.012	9	10	1	中国统计	☺
33	单位土地面积化学需氧量排放量	吨/平方千米	逆	6.499	5.845	5.943	18	18	0	中国统计；沙漠	
34	人均化学需氧量排放量	吨/人	逆	0.019	0.019	0.019	21	20	−1	中国统计	☹
35	单位土地面积氮氧化物排放量	吨/平方千米	逆	7.358	3.443	3.602	13	13	0	中国统计；沙漠；环境年报	
36	人均氮氧化物排放量	吨/人	逆	0.020	0.011	0.012	5	6	1	环境年报；中国统计	☺
37	单位土地面积氨氮排放量	吨/平方千米	逆	0.794	0.694	0.706	18	18	0	中国统计；沙漠；环境年报	
38	人均氨氮排放量	吨/人	逆	0.002	0.002	0.002	24	24	0	环境年报；中国统计	
39	单位耕地面积化肥施用量	万吨/千公顷	逆	0.050	0.076	0.076	27	27	0	中国统计	
40	单位耕地面积农药使用量	吨/千公顷	逆	17.537	29.914	29.914	24	24	0	环境年鉴；中国统计	
41	人均公路交通氮氧化物排放量	吨/万人	逆	51.826	32.393	31.341	7	7	0	环境年报；中国统计	
42	环境保护支出占财政支出比重	%	正	2.783	2.543	3.145	17	12	−5	中国统计	☹
43	环境污染治理投资总额占地区生产总值比重	%	正	1.569	1.283	1.323	17	15	−2	环境年鉴；中国统计	☹
44	农村人均改水、改厕的政府投资	元/人	正	47.312	26.524	45.560	26	15	−11	环境年鉴	☹
45	单位耕地面积退耕还林投资完成额	万元/千公顷	正	14.215	7.470	6.662	15	14	−1	环境年鉴；中国统计	☹
46	科教文卫支出占财政支出比重	%	正	28.792	29.715	25.717	14	21	7	中国统计	☺
47	城市人均绿地面积	公顷/人	正	0.003	0.001	0.001	18	19	1	城市；中国统计	☺
48	城市用水普及率	%	正	96.695	98.240	98.250	12	13	1	中国统计	☺
49	城市污水处理率	%	正	85.637	87.100	86.500	17	10	−7	环境年鉴	☹

续表

序号	指标名称	单位	指标属性	2012年测评均值	2012年湖北数值	2011年湖北数值	2012年湖北排名	2011年湖北排名	排名变化	2012年数据来源	进退脸谱
50	城市生活垃圾无害化处理率	%	正	84.879	71.510	61.020	26	27	1	中国统计	☺
51	城市每万人拥有公交车辆	标台	正	11.947	11.255	11.172	17	14	−3	中国统计	☹
52	人均城市公共交通运营线路网长度	千米/人	正	0.001	0.000	0.000	19	19	0	中国统计；城市	
53	农村累计已改水受益人口占农村总人口比重	%	正	5.702	10.873	14.066	5	3	−2	环境年鉴	☹
54	建成区绿化覆盖率	%	正	38.656	38.860	38.350	14	15	1	中国统计	☺
55	人均当年新增造林面积	公顷/万人	正	57.751	34.426	33.896	15	16	1	中国统计	☺
56	工业二氧化硫去除率	%	正	64.664	72.329	68.038	5	10	5	中国统计	☺
57	工业废水化学需氧量去除率	%	正	81.060	77.062	98.355	24	1	−23	环境年报；中国统计	☹
58	工业氮氧化物去除率	%	正	7.230	3.198	3.343	24	16	−8	环境年报	☹
59	工业废水氨氮去除率	%	正	76.514	58.827	65.910	27	25	−2	环境年报；中国统计	☹
60	突发环境事件次数	次	逆	18	4	7	10	12	2	中国统计	☺

注：中国统计——《中国统计年鉴2013》；环境年鉴——《中国环境统计年鉴2013》；环境年报——《中国环境统计年报2012》；城市——《中国城市统计年鉴2013》；水利——《中国水利统计年鉴2013》；工业经济——《中国工业经济统计年鉴2013》；沙漠——《中国沙漠及其治理》

湖南绿色发展"体检"表

序号	指标名称	单位	指标属性	2012年测评均值	2012年湖南数值	2011年湖南数值	2012年湖南排名	2011年湖南排名	排名变化	2012年数据来源	进退脸谱
1	人均地区生产总值	元/人	正	44 068.433	33 480.000	29 880.000	20	20	0	中国统计	
2	单位地区生产总值能耗	吨标准煤/万元	逆	1.041	0.894	0.894	14	14	0	中国统计	
3	非化石能源消费量占能源消费量的比重		正	—	—	—	—	—			
4	单位地区生产总值二氧化碳排放量		逆	—	—	—	—	—			
5	单位地区生产总值二氧化硫排放量	吨/万元	逆	0.007	0.004	0.005	10	12	2	中国统计	☺
6	单位地区生产总值化学需氧量排放量	吨/万元	逆	0.007	0.008	0.009	21	22	1	中国统计	☺
7	单位地区生产总值氮氧化物排放量	吨/万元	逆	0.007	0.004	0.005	9	9	0	环境年报；中国统计	
8	单位地区生产总值氨氮排放量	吨/万元	逆	0.001	0.001	0.001	28	28	0	环境年报；中国统计	
9	人均城镇生活消费用电	千瓦时/人	逆	338.789	161.298	144.509	8	8	0	城市	
10	第一产业劳动生产率	万元/人	正	2.034	1.794	1.559	16	18	2	中国统计	☺
11	土地产出率	亿元/千公顷	正	0.320	0.312	0.285	14	15	1	中国统计	☺
12	节灌率		正	0.532	0.131	0.121	29	29	0	水利；中国统计	
13	有效灌溉面积占耕地面积比重	%	正	55.004	71.668	72.899	9	7	−2	中国统计	☹
14	第二产业劳动生产率	万元/人	正	14.801	11.169	10.440	21	20	−1	中国统计	☹
15	单位工业增加值水耗	立方米/元	逆	0.006	0.011	0.011	27	25	−2	中国统计	☹
16	规模以上单位工业增加值能耗		逆	—	—	—	—	—			
17	工业固体废物综合利用率	%	正	69.374	63.923	66.914	18	13	−5	环境年鉴	☹
18	工业用水重复利用率	%	正	76.227	35.300	42.300	27	27	0	环境年鉴	
19	六大高载能行业产值占工业总产值比重	%	逆	39.737	36.246	36.697	15	15	0	工业经济	
20	第三产业劳动生产率	万元/人	正	8.800	6.187	5.653	23	21	−2	中国统计	☹
21	第三产业增加值比重	%	正	40.876	39.016	38.300	16	13	−3	中国统计	☹
22	第三产业就业人员比重	%	正	36.670	34.870	34.768	18	17	−1	中国统计	☹
23	人均水资源量	立方米/人	正	2 356.285	3 005.680	1 711.930	9	11	2	中国统计	☺
24	人均森林面积	公顷/人	正	0.188	0.143	0.144	15	15	0	中国统计	
25	森林覆盖率	%	正	30.630	44.760	44.760	8	8	0	中国统计	
26	自然保护区面积占辖区面积比重	%	正	8.688	6.070	5.900	18	19	1	中国统计	☺

续表

序号	指标名称	单位	指标属性	2012年测评均值	2012年湖南数值	2011年湖南数值	2012年湖南排名	2011年湖南排名	排名变化	2012年数据来源	进退脸谱
27	湿地面积占国土面积的比重	%	正	7.008	5.790	5.790	13	13	0	中国统计	
28	人均活立木总蓄积量	立方米/人	正	10.608	5.750	5.788	15	15	0	中国统计	
29	单位土地面积二氧化碳排放量		逆	—	—	—	—	—			
30	人均二氧化碳排放量		逆	—	—	—	—	—			
31	单位土地面积二氧化硫排放量	吨/平方千米	逆	5.685	3.044	3.236	12	12	0	中国统计;沙漠	
32	人均二氧化硫排放量	吨/人	逆	0.019	0.010	0.010	6	6	0	中国统计	
33	单位土地面积化学需氧量排放量	吨/平方千米	逆	6.499	5.964	6.161	19	19	0	中国统计;沙漠	
34	人均化学需氧量排放量	吨/人	逆	0.019	0.019	0.020	22	22	0	中国统计	
35	单位土地面积氮氧化物排放量	吨/平方千米	逆	7.358	2.866	3.146	9	11	2	中国统计;沙漠;环境年报	☺
36	人均氮氧化物排放量	吨/人	逆	0.020	0.009	0.010	3	3	0	环境年报;中国统计	
37	单位土地面积氨氮排放量	吨/平方千米	逆	0.794	0.762	0.779	22	21	−1	中国统计;沙漠;环境年报	☹
38	人均氨氮排放量	吨/人	逆	0.002	0.002	0.003	26	25	−1	环境年报;中国统计	☹
39	单位耕地面积化肥施用量	万吨/千公顷	逆	0.050	0.066	0.064	25	24	−1	中国统计	☹
40	单位耕地面积农药使用量	吨/千公顷	逆	17.537	32.454	31.781	25	25	0	环境年鉴;中国统计	
41	人均公路交通氮氧化物排放量	吨/万人	逆	51.826	26.375	25.978	2	2	0	环境年报;中国统计	
42	环境保护支出占财政支出比重	%	正	2.783	2.657	2.422	15	20	5	中国统计	☺
43	环境污染治理投资总额占地区生产总值比重	%	正	1.569	0.859	0.647	26	28	2	环境年鉴;中国统计	☺
44	农村人均改水、改厕的政府投资	元/人	正	47.312	31.745	27.164	23	27	4	环境年鉴	☺
45	单位耕地面积退耕还林投资完成额	万元/千公顷	正	14.215	0.000	0.000	17	17	0	环境年鉴;中国统计	
46	科教文卫支出占财政支出比重	%	正	28.792	29.241	25.120	16	23	7	中国统计	☺
47	城市人均绿地面积	公顷/人	正	0.003	0.001	0.001	29	27	−2	城市;中国统计	☹
48	城市用水普及率	%	正	96.695	96.420	95.680	18	19	1	中国统计	☺
49	城市污水处理率	%	正	85.637	85.800	82.800	18	20	2	环境年鉴	☺

续表

序号	指标名称	单位	指标属性	2012年测评均值	2012年湖南数值	2011年湖南数值	2012年湖南排名	2011年湖南排名	排名变化	2012年数据来源	进退脸谱
50	城市生活垃圾无害化处理率	%	正	84.879	95.010	86.350	10	16	6	中国统计	☺
51	城市每万人拥有公交车辆	标台	正	11.947	10.378	10.358	19	19	0	中国统计	
52	人均城市公共交通运营线路网长度	千米/人	正	0.001	0.000	0.000	25	23	−2	中国统计；城市	☹
53	农村累计已改水受益人口占农村总人口比重	%	正	5.702	10.330	11.401	7	7	0	环境年鉴	
54	建成区绿化覆盖率	%	正	38.656	37.010	36.840	21	21	0	中国统计	
55	人均当年新增造林面积	公顷/万人	正	57.751	61.089	61.134	10	10	0	中国统计	
56	工业二氧化硫去除率	%	正	64.664	66.623	66.017	16	15	−1	中国统计	☹
57	工业废水化学需氧量去除率	%	正	81.060	76.108	70.920	25	26	1	环境年报；中国统计	☺
58	工业氮氧化物去除率	%	正	7.230	20.385	4.735	1	13	12	环境年报	☺
59	工业废水氨氮去除率	%	正	76.514	61.236	58.663	25	26	1	环境年报；中国统计	☺
60	突发环境事件次数	次	逆	18	3	9	8	17	9	中国统计	☺

注：中国统计——《中国统计年鉴2013》；环境年鉴——《中国环境统计年鉴2013》；环境年报——《中国环境统计年报2012》；城市——《中国城市统计年鉴2013》；水利——《中国水利统计年鉴2013》；工业经济——《中国工业经济统计年鉴2013》；沙漠——《中国沙漠及其治理》

广东绿色发展"体检"表

序号	指标名称	单位	指标属性	2012年测评均值	2012年广东数值	2011年广东数值	2012年广东排名	2011年广东排名	排名变化	2012年数据来源	进退脸谱
1	人均地区生产总值	元/人	正	44 068.433	54 095.000	50 807.000	8	7	-1	中国统计	☹
2	单位地区生产总值能耗	吨标准煤/万元	逆	1.041	0.563	0.563	2	2	0	中国统计	
3	非化石能源消费量占能源消费量的比重		正	—	—	—	—	—			
4	单位地区生产总值二氧化碳排放量		逆	—	—	—	—	—			
5	单位地区生产总值二氧化硫排放量	吨/万元	逆	0.007	0.002	0.002	3	4	1	中国统计	☺
6	单位地区生产总值化学需氧量排放量	吨/万元	逆	0.007	0.004	0.004	6	6	0	中国统计	
7	单位地区生产总值氮氧化物排放量	吨/万元	逆	0.007	0.003	0.003	3	3	0	环境年报；中国统计	
8	单位地区生产总值氨氮排放量	吨/万元	逆	0.001	0.000	0.001	7	7	0	环境年报；中国统计	
9	人均城镇生活消费用电	千瓦时/人	逆	338.789	626.599	565.568	27	27	0	城市	
10	第一产业劳动生产率	万元/人	正	2.034	2.001	1.831	14	16	2	中国统计	☺
11	土地产出率	亿元/千公顷	正	0.320	0.482	0.447	5	5	0	中国统计	
12	节灌率		正	0.532	0.117	0.113	30	30	0	水利；中国统计	
13	有效灌溉面积占耕地面积比重	%	正	55.004	66.218	66.172	12	11	-1	中国统计	☹
14	第二产业劳动生产率	万元/人	正	14.801	11.001	11.639	22	18	-4	中国统计	☹
15	单位工业增加值水耗	立方米/元	逆	0.006	0.005	0.006	13	15	2	中国统计	☺
16	规模以上单位工业增加值能耗		逆	—	—	—	—	—			
17	工业固体废物综合利用率	%	正	69.374	87.142	87.519	7	6	-1	环境年鉴	☹
18	工业用水重复利用率	%	正	76.227	90.100	86.200	13	13	0	环境年鉴	
19	六大高载能行业产值占工业总产值比重	%	逆	39.737	22.555	22.249	1	1	0	工业经济	
20	第三产业劳动生产率	万元/人	正	8.800	13.113	11.254	5	6	1	中国统计	☺
21	第三产业增加值比重	%	正	40.876	46.470	45.300	6	6	0	中国统计	
22	第三产业就业人员比重	%	正	36.670	34.158	33.669	20	20	0	中国统计	
23	人均水资源量	立方米/人	正	2 356.285	1 921.000	1 404.820	14	15	1	中国统计	☺
24	人均森林面积	公顷/人	正	0.188	0.082	0.083	20	20	0	中国统计	
25	森林覆盖率	%	正	30.630	49.440	49.440	6	6	0	中国统计	
26	自然保护区面积占辖区面积比重	%	正	8.688	6.730	6.730	17	17	0	中国统计	

续表

序号	指标名称	单位	指标属性	2012年测评均值	2012年广东数值	2011年广东数值	2012年广东排名	2011年广东排名	排名变化	2012年数据来源	进退脸谱
27	湿地面积占国土面积的比重	%	正	7.008	7.860	7.860	9	9	0	中国统计	
28	人均活立木总蓄积量	立方米/人	正	10.608	3.036	3.062	20	20	0	中国统计	
29	单位土地面积二氧化碳排放量		逆	—	—	—					
30	人均二氧化碳排放量		逆	—	—	—					
31	单位土地面积二氧化硫排放量	吨/平方千米	逆	5.685	4.445	4.715	17	17	0	中国统计；沙漠	
32	人均二氧化硫排放量	吨/人	逆	0.019	0.008	0.008	3	3	0	中国统计	
33	单位土地面积化学需氧量排放量	吨/平方千米	逆	6.499	10.027	10.480	25	25	0	中国统计；沙漠	
34	人均化学需氧量排放量	吨/人	逆	0.019	0.017	0.018	17	17	0	中国统计	
35	单位土地面积氮氧化物排放量	吨/平方千米	逆	7.358	7.249	7.720	20	20	0	中国统计；沙漠；环境年报	
36	人均氮氧化物排放量	吨/人	逆	0.020	0.012	0.013	8	8	0	环境年报；中国统计	
37	单位土地面积氨氮排放量	吨/平方千米	逆	0.794	1.246	1.284	26	26	0	中国统计；沙漠；环境年报	
38	人均氨氮排放量	吨/人	逆	0.002	0.002	0.002	22	23	1	环境年报；中国统计	☺
39	单位耕地面积化肥施用量	万吨/千公顷	逆	0.050	0.087	0.085	29	29	0	中国统计	
40	单位耕地面积农药使用量	吨/千公顷	逆	17.537	40.229	40.301	28	28	0	环境年鉴；中国统计	
41	人均公路交通氮氧化物排放量	吨/万人	逆	51.826	45.721	45.795	16	17	1	环境年报；中国统计	☺
42	环境保护支出占财政支出比重	%	正	2.783	3.187	3.466	9	8	−1	中国统计	☹
43	环境污染治理投资总额占地区生产总值比重	%	正	1.569	0.456	0.625	30	29	−1	环境年鉴；中国统计	☹
44	农村人均改水、改厕的政府投资	元/人	正	47.312	34.486	36.432	21	23	2	环境年鉴	☺
45	单位耕地面积退耕还林投资完成额	万元/千公顷	正	14.215	0.000	0.000	17	17	0	环境年鉴；中国统计	
46	科教文卫支出占财政支出比重	%	正	28.792	32.360	30.333	5	5	0	中国统计	
47	城市人均绿地面积	公顷/人	正	0.003	0.005	0.005	5	5	0	城市；中国统计	
48	城市用水普及率	%	正	96.695	97.620	98.390	17	11	−6	中国统计	☹
49	城市污水处理率	%	正	85.637	88.300	79.100	11	23	12	环境年鉴	☺

续表

序号	指标名称	单位	指标属性	2012年测评均值	2012年广东数值	2011年广东数值	2012年广东排名	2011年广东排名	排名变化	2012年数据来源	进退脸谱
50	城市生活垃圾无害化处理率	%	正	84.879	79.110	72.120	24	24	0	中国统计	
51	城市每万人拥有公交车辆	标台	正	11.947	13.424	12.898	7	8	1	中国统计	☺
52	人均城市公共交通运营线路网长度	千米/人	正	0.001	0.001	0.001	6	6	0	中国统计；城市	
53	农村累计已改水受益人口占农村总人口比重	%	正	5.702	2.085	2.469	19	19	0	环境年鉴	
54	建成区绿化覆盖率	%	正	38.656	41.230	41.100	7	8	1	中国统计	☺
55	人均当年新增造林面积	公顷/万人	正	57.751	10.191	11.981	25	24	−1	中国统计	☹
56	工业二氧化硫去除率	%	正	64.664	70.135	65.059	10	16	6	中国统计	☺
57	工业废水化学需氧量去除率	%	正	81.060	83.806	85.350	13	14	1	环境年报；中国统计	☺
58	工业氮氧化物去除率	%	正	7.230	16.586	11.742	2	4	2	环境年报	☺
59	工业废水氨氮去除率	%	正	76.514	70.401	73.364	24	24	0	环境年报；中国统计	
60	突发环境事件次数	次	逆	18	23	26	25	25	0	中国统计	

注：中国统计——《中国统计年鉴2013》；环境年鉴——《中国环境统计年鉴2013》；环境年报——《中国环境统计年报2012》；城市——《中国城市统计年鉴2013》；水利——《中国水利统计年鉴2013》；工业经济——《中国工业经济统计年鉴2013》；沙漠——《中国沙漠及其治理》

广西绿色发展"体检"表

序号	指标名称	单位	指标属性	2012年测评均值	2012年广西数值	2011年广西数值	2012年广西排名	2011年广西排名	排名变化	2012年数据来源	进退脸谱
1	人均地区生产总值	元/人	正	44 068.433	27 952.000	25 326.000	27	27	0	中国统计	
2	单位地区生产总值能耗	吨标准煤/万元	逆	1.041	0.800	0.800	11	11	0	中国统计	
3	非化石能源消费量占能源消费量的比重		正	—	—	—	—	—			
4	单位地区生产总值二氧化碳排放量		逆	—	—	—	—	—			
5	单位地区生产总值二氧化硫排放量	吨/万元	逆	0.007	0.005	0.006	16	16	0	中国统计	
6	单位地区生产总值化学需氧量排放量	吨/万元	逆	0.007	0.008	0.009	24	24	0	中国统计	
7	单位地区生产总值氮氧化物排放量	吨/万元	逆	0.007	0.005	0.006	14	14	0	环境年报；中国统计	
8	单位地区生产总值氨氮排放量	吨/万元	逆	0.001	0.001	0.001	24	25	1	环境年报；中国统计	☺
9	人均城镇生活消费用电	千瓦时/人	逆	338.789	162.061	154.040	10	10	0	城市	
10	第一产业劳动生产率	万元/人	正	2.034	1.426	1.305	23	22	−1	中国统计	☹
11	土地产出率	亿元/千公顷	正	0.320	0.283	0.267	17	16	−1	中国统计	☹
12	节灌率		正	0.532	0.507	0.476	16	17	1	水利；中国统计	☺
13	有效灌溉面积占耕地面积比重	%	正	55.004	36.545	36.259	22	22	0	中国统计	
14	第二产业劳动生产率	万元/人	正	14.801	11.550	9.608	19	24	5	中国统计	☺
15	单位工业增加值水耗	立方米/元	逆	0.006	0.010	0.011	24	26	2	中国统计	☺
16	规模以上单位工业增加值能耗		逆	—	—	—	—	—			
17	工业固体废物综合利用率	%	正	69.374	67.416	57.704	17	19	2	环境年鉴	☺
18	工业用水重复利用率	%	正	76.227	93.200	92.400	6	9	3	环境年鉴	☺
19	六大高载能行业产值占工业总产值比重	%	逆	39.737	42.880	42.158	21	19	−2	工业经济	☹
20	第三产业劳动生产率	万元/人	正	8.800	5.857	5.114	24	23	−1	中国统计	☹
21	第三产业增加值比重	%	正	40.876	35.407	34.100	22	24	2	中国统计	☺
22	第三产业就业人员比重	%	正	36.670	27.709	27.556	27	26	−1	中国统计	☹
23	人均水资源量	立方米/人	正	2 356.285	4 476.040	2 917.390	3	5	2	中国统计	☺
24	人均森林面积	公顷/人	正	0.188	0.268	0.270	7	6	−1	中国统计	☹
25	森林覆盖率	%	正	30.630	52.710	52.710	4	4	0	中国统计	
26	自然保护区面积占区辖区面积比重	%	正	8.688	5.980	5.980	19	18	−1	中国统计	☹

2014 中国绿色发展指数报告

续表

序号	指标名称	单位	指标属性	2012年测评均值	2012年广西数值	2011年广西数值	2012年广西排名	2011年广西排名	排名变化	2012年数据来源	进退脸谱
27	湿地面积占国土面积的比重	%	正	7.008	2.760	2.760	23	23	0	中国统计	
28	人均活立木总蓄积量	立方米/人	正	10.608	10.905	10.992	8	8	0	中国统计	
29	单位土地面积二氧化碳排放量		逆	—	—	—	—	—	—		
30	人均二氧化碳排放量		逆	—	—	—	—	—	—		
31	单位土地面积二氧化硫排放量	吨/平方千米	逆	5.685	2.122	2.193	9	9	0	中国统计；沙漠	
32	人均二氧化硫排放量	吨/人	逆	0.019	0.011	0.011	10	9	−1	中国统计	☹
33	单位土地面积化学需氧量排放量	吨/平方千米	逆	6.499	3.285	3.339	10	10	0	中国统计；沙漠	
34	人均化学需氧量排放量	吨/人	逆	0.019	0.017	0.017	16	14	−2	中国统计	☹
35	单位土地面积氮氧化物排放量	吨/平方千米	逆	7.358	2.097	2.079	8	8	0	中国统计；沙漠；环境年报	
36	人均氮氧化物排放量	吨/人	逆	0.020	0.011	0.011	4	4	0	环境年报；中国统计	
37	单位土地面积氨氮排放量	吨/平方千米	逆	0.794	0.348	0.353	11	11	0	中国统计；沙漠；环境年报	
38	人均氨氮排放量	吨/人	逆	0.002	0.002	0.002	12	12	0	环境年报；中国统计	
39	单位耕地面积化肥施用量	万吨/千公顷	逆	0.050	0.059	0.058	21	21	0	中国统计	
40	单位耕地面积农药使用量	吨/千公顷	逆	17.537	16.072	15.703	17	17	0	环境年鉴；中国统计	
41	人均公路交通氮氧化物排放量	吨/万人	逆	51.826	31.946	30.824	6	6	0	环境年报；中国统计	
42	环境保护支出占财政支出比重	%	正	2.783	2.010	2.118	26	24	−2	中国统计	☹
43	环境污染治理投资总额占地区生产总值比重	%	正	1.569	1.461	1.378	15	12	−3	环境年鉴；中国统计	☹
44	农村人均改水、改厕的政府投资	元/人	正	47.312	78.141	75.279	5	7	2	环境年鉴	☺
45	单位耕地面积退耕还林投资完成额	万元/千公顷	正	14.215	0.000	0.000	17	17	0	环境年鉴；中国统计	
46	科教文卫支出占财政支出比重	%	正	28.792	31.178	29.682	9	7	−2	中国统计	☹
47	城市人均绿地面积	公顷/人	正	0.003	0.001	0.001	19	18	−1	城市；中国统计	☹
48	城市用水普及率	%	正	96.695	95.300	93.910	20	22	2	中国统计	☺
49	城市污水处理率	%	正	85.637	87.800	64.100	14	28	14	环境年鉴	☺

续表

序号	指标名称	单位	指标属性	2012年测评均值	2012年广西数值	2011年广西数值	2012年广西排名	2011年广西排名	排名变化	2012年数据来源	进退脸谱
50	城市生活垃圾无害化处理率	%	正	84.879	98.000	95.490	7	5	−2	中国统计	☹
51	城市每万人拥有公交车辆	标台	正	11.947	9.176	8.901	25	25	0	中国统计	
52	人均城市公共交通运营线路网长度	千米/人	正	0.001	0.000	0.000	28	29	1	中国统计；城市	☺
53	农村累计已改水受益人口占农村总人口比重	%	正	5.702	2.934	3.239	17	18	1	环境年鉴	☺
54	建成区绿化覆盖率	%	正	38.656	37.500	37.350	20	20	0	中国统计	
55	人均当年新增造林面积	公顷/万人	正	57.751	31.924	31.942	16	18	2	中国统计	☺
56	工业二氧化硫去除率	%	正	64.664	72.152	75.302	6	3	−3	中国统计	☹
57	工业废水化学需氧量去除率	%	正	81.060	83.013	81.694	15	17	2	环境年报；中国统计	☺
58	工业氮氧化物去除率	%	正	7.230	7.220	0.556	11	26	15	环境年报	☺
59	工业废水氨氮去除率	%	正	76.514	86.995	84.632	8	12	4	环境年报；中国统计	☺
60	突发环境事件次数	次	逆	18	20	31	22	27	5	中国统计	☺

注：中国统计——《中国统计年鉴2013》；环境年鉴——《中国环境统计年鉴2013》；环境年报——《中国环境统计年报2012》；城市——《中国城市统计年鉴2013》；水利——《中国水利统计年鉴2013》；工业经济——《中国工业经济统计年鉴2013》；沙漠——《中国沙漠及其治理》

海南绿色发展"体检"表

序号	指标名称	单位	指标属性	2012年测评均值	2012年海南数值	2011年海南数值	2012年海南排名	2011年海南排名	排名变化	2012年数据来源	进退脸谱
1	人均地区生产总值	元/人	正	44 068.433	32 377.000	28 898.000	22	22	0	中国统计	
2	单位地区生产总值能耗	吨标准煤/万元	逆	1.041	0.692	0.692	8	8	0	中国统计	
3	非化石能源消费量占能源消费量的比重		正	—	—	—					
4	单位地区生产总值二氧化碳排放量		逆	—	—	—					
5	单位地区生产总值二氧化硫排放量	吨/万元	逆	0.007	0.002	0.002	4	3	−1	中国统计	☹
6	单位地区生产总值化学需氧量排放量	吨/万元	逆	0.007	0.010	0.011	27	26	−1	中国统计	☹
7	单位地区生产总值氮氧化物排放量	吨/万元	逆	0.007	0.005	0.005	13	13	0	环境年报；中国统计	
8	单位地区生产总值氨氮排放量	吨/万元	逆	0.001	0.001	0.001	29	29	0	环境年报；中国统计	
9	人均城镇生活消费用电	千瓦时/人	逆	338.789	613.660	540.301	26	25	−1	城市	☹
10	第一产业劳动生产率	万元/人	正	2.034	3.122	2.949	3	3	0	中国统计	
11	土地产出率	亿元/千公顷	正	0.320	0.539	0.478	3	3	0	中国统计	
12	节灌率		正	0.532	0.525	0.510	15	14	−1	水利；中国统计	☹
13	有效灌溉面积占耕地面积比重	%	正	55.004	35.292	34.022	23	23	0	中国统计	
14	第二产业劳动生产率	万元/人	正	14.801	14.122	13.195	14	12	−2	中国统计	☹
15	单位工业增加值水耗	立方米/元	逆	0.006	0.007	0.008	17	18	1	中国统计	☺
16	规模以上单位工业增加值能耗		逆	—	—	—					
17	工业固体废物综合利用率	%	正	69.374	61.658	47.743	20	27	7	环境年鉴	☺
18	工业用水重复利用率	%	正	76.227	81.200	66.900	20	24	4	环境年鉴	☺
19	六大高载能行业产值占工业总产值比重	%	逆	39.737	57.055	58.769	27	27	0	工业经济	
20	第三产业劳动生产率	万元/人	正	8.800	7.174	6.573	20	19	−1	中国统计	☹
21	第三产业增加值比重	%	正	40.876	46.910	45.500	5	5	0	中国统计	
22	第三产业就业人员比重	%	正	36.670	40.072	39.090	5	5	0	中国统计	
23	人均水资源量	立方米/人	正	2 356.285	4 130.760	5 545.590	4	2	−2	中国统计	☹
24	人均森林面积	公顷/人	正	0.188	0.199	0.201	12	12	0	中国统计	
25	森林覆盖率	%	正	30.630	51.980	51.980	5	5	0	中国统计	
26	自然保护区面积占辖区面积比重	%	正	8.688	6.970	6.970	16	16	0	中国统计	

续表

序号	指标名称	单位	指标属性	2012年测评均值	2012年海南数值	2011年海南数值	2012年海南排名	2011年海南排名	排名变化	2012年数据来源	进退脸谱
27	湿地面积占国土面积的比重	%	正	7.008	9.130	9.130	6	6	0	中国统计	
28	人均活立木总蓄积量	立方米/人	正	10.608	8.957	9.051	11	11	0	中国统计	
29	单位土地面积二氧化碳排放量		逆	—	—	—	—	—			
30	人均二氧化碳排放量		逆	—	—	—	—	—			
31	单位土地面积二氧化硫排放量	吨/平方千米	逆	5.685	0.966	0.921	3	3	0	中国统计；沙漠	
32	人均二氧化硫排放量	吨/人	逆	0.019	0.004	0.004	1	1	0	中国统计	
33	单位土地面积化学需氧量排放量	吨/平方千米	逆	6.499	5.582	5.655	17	17	0	中国统计；沙漠	
34	人均化学需氧量排放量	吨/人	逆	0.019	0.022	0.023	24	24	0	中国统计	
35	单位土地面积氮氧化物排放量	吨/平方千米	逆	7.358	2.925	2.698	10	9	−1	中国统计；沙漠；环境年报	☹
36	人均氮氧化物排放量	吨/人	逆	0.020	0.012	0.011	7	5	−2	环境年报；中国统计	☹
37	单位土地面积氨氮排放量	吨/平方千米	逆	0.794	0.636	0.642	16	16	0	中国统计；沙漠；环境年报	
38	人均氨氮排放量	吨/人	逆	0.002	0.003	0.003	29	29	0	环境年报；中国统计	
39	单位耕地面积化肥施用量	万吨/千公顷	逆	0.050	0.063	0.066	23	25	2	中国统计	☺
40	单位耕地面积农药使用量	吨/千公顷	逆	17.537	54.483	64.403	30	30	0	环境年鉴；中国统计	
41	人均公路交通氮氧化物排放量	吨/万人	逆	51.826	35.399	33.954	8	8	0	环境年报；中国统计	
42	环境保护支出占财政支出比重	%	正	2.783	2.329	3.078	22	13	−9	中国统计	☹
43	环境污染治理投资总额占地区生产总值比重	%	正	1.569	1.565	1.110	13	23	10	环境年鉴；中国统计	☺
44	农村人均改水、改厕的政府投资	元/人	正	47.312	116.754	87.650	1	4	3	环境年鉴	☺
45	单位耕地面积退耕还林投资完成额	万元/千公顷	正	14.215	19.758	21.750	10	6	−4	环境年鉴；中国统计	☹
46	科教文卫支出占财政支出比重	%	正	28.792	27.484	26.194	23	20	−3	中国统计	☹
47	城市人均绿地面积	公顷/人	正	0.003	0.023	0.023	1	1	0	城市；中国统计	
48	城市用水普及率	%	正	96.695	97.740	96.090	14	17	3	中国统计	☺
49	城市污水处理率	%	正	85.637	75.300	73.100	28	26	−2	环境年鉴	☹

续表

序号	指标名称	单位	指标属性	2012年测评均值	2012年海南数值	2011年海南数值	2012年海南排名	2011年海南排名	排名变化	2012年数据来源	进退脸谱
50	城市生活垃圾无害化处理率	%	正	84.879	99.910	91.350	1	9	8	中国统计	☺
51	城市每万人拥有公交车辆	标台	正	11.947	11.596	10.761	14	17	3	中国统计	☺
52	人均城市公共交通运营线路网长度	千米/人	正	0.001	0.003	0.002	2	2	0	中国统计；城市	
53	农村累计已改水受益人口占农村总人口比重	%	正	5.702	2.925	3.731	18	16	−2	环境年鉴	☹
54	建成区绿化覆盖率	%	正	38.656	41.190	41.810	8	5	−3	中国统计	☹
55	人均当年新增造林面积	公顷/万人	正	57.751	20.108	12.503	21	23	2	中国统计	☺
56	工业二氧化硫去除率	%	正	64.664	71.232	70.314	9	9	0	中国统计	
57	工业废水化学需氧量去除率	%	正	81.060	86.494	88.931	12	10	−2	环境年报；中国统计	☹
58	工业氮氧化物去除率	%	正	7.230	16.132	27.408	3	1	−2	环境年报	☹
59	工业废水氨氮去除率	%	正	76.514	59.904	57.680	26	27	1	环境年报；中国统计	☺
60	突发环境事件次数	次	逆	18	2	1	7	1	−6	中国统计	☹

注：中国统计——《中国统计年鉴2013》；环境年鉴——《中国环境统计年鉴2013》；环境年报——《中国环境统计年报2012》；城市——《中国城市统计年鉴2013》；水利——《中国水利统计年鉴2013》；工业经济——《中国工业经济统计年鉴2013》；沙漠——《中国沙漠及其治理》

重庆绿色发展"体检"表

序号	指标名称	单位	指标属性	2012年测评均值	2012年重庆数值	2011年重庆数值	2012年重庆排名	2011年重庆排名	排名变化	2012年数据来源	进退脸谱
1	人均地区生产总值	元/人	正	44 068.433	38 914.000	34 500.000	12	12	0	中国统计	
2	单位地区生产总值能耗	吨标准煤/万元	逆	1.041	0.953	0.953	18	18	0	中国统计	
3	非化石能源消费量占能源消费量的比重		正	—	—	—	—	—			
4	单位地区生产总值二氧化碳排放量		逆	—	—	—	—	—			
5	单位地区生产总值二氧化硫排放量	吨/万元	逆	0.007	0.006	0.007	20	20	0	中国统计	
6	单位地区生产总值化学需氧量排放量	吨/万元	逆	0.007	0.004	0.005	8	8	0	中国统计	
7	单位地区生产总值氮氧化物排放量	吨/万元	逆	0.007	0.004	0.005	11	12	1	环境年报；中国统计	☺
8	单位地区生产总值氨氮排放量	吨/万元	逆	0.001	0.001	0.001	11	12	1	环境年报；中国统计	☺
9	人均城镇生活消费用电	千瓦时/人	逆	338.789	270.652	263.101	19	19	0	城市	
10	第一产业劳动生产率	万元/人	正	2.034	1.571	1.365	21	21	0	中国统计	
11	土地产出率	亿元/千公顷	正	0.320	0.242	0.220	19	19	0	中国统计	
12	节灌率		正	0.532	0.246	0.236	25	25	0	水利；中国统计	
13	有效灌溉面积占耕地面积比重	%	正	55.004	31.440	30.988	27	27	0	中国统计	
14	第二产业劳动生产率	万元/人	正	14.801	14.690	11.713	11	16	5	中国统计	☺
15	单位工业增加值水耗	立方米/元	逆	0.006	0.008	0.010	19	22	3	中国统计	☺
16	规模以上单位工业增加值能耗		逆	—	—	—	—	—			
17	工业固体废物综合利用率	%	正	69.374	82.472	78.357	9	9	0	环境年鉴	
18	工业用水重复利用率	%	正	76.227	30.800	30.800	28	29	1	环境年鉴	☺
19	六大高载能行业产值占工业总产值比重	%	逆	39.737	24.356	26.315	3	4	1	工业经济	☺
20	第三产业劳动生产率	万元/人	正	8.800	7.442	5.517	19	22	3	中国统计	☺
21	第三产业增加值比重	%	正	40.876	39.392	36.200	14	17	3	中国统计	☺
22	第三产业就业人员比重	%	正	36.670	37.830	37.219	8	6	−2	中国统计	☹
23	人均水资源量	立方米/人	正	2 356.285	1 626.500	1 773.300	16	10	−6	中国统计	☹
24	人均森林面积	公顷/人	正	0.188	0.097	0.098	19	19	0	中国统计	
25	森林覆盖率	%	正	30.630	34.850	34.850	13	13	0	中国统计	
26	自然保护区面积占辖区面积比重	%	正	8.688	10.320	10.322	10	10	0	中国统计	

续表

序号	指标名称	单位	指标属性	2012年测评均值	2012年重庆数值	2011年重庆数值	2012年重庆排名	2011年重庆排名	排名变化	2012年数据来源	进退脸谱
27	湿地面积占国土面积的比重	%	正	7.008	0.520	0.520	29	29	0	中国统计	
28	人均活立木总蓄积量	立方米/人	正	10.608	4.687	4.729	17	17	0	中国统计	
29	单位土地面积二氧化碳排放量		逆	—	—	—	—	—	—		
30	人均二氧化碳排放量		逆	—	—	—	—	—	—		
31	单位土地面积二氧化硫排放量	吨/平方千米	逆	5.685	6.865	7.134	21	21	0	中国统计；沙漠	
32	人均二氧化硫排放量	吨/人	逆	0.019	0.019	0.020	21	21	0	中国统计	
33	单位土地面积化学需氧量排放量	吨/平方千米	逆	6.499	4.896	5.066	14	14	0	中国统计；沙漠	
34	人均化学需氧量排放量	吨/人	逆	0.019	0.014	0.014	6	6	0	中国统计	
35	单位土地面积氮氧化物排放量	吨/平方千米	逆	7.358	4.651	4.894	17	17	0	中国统计；沙漠；环境年报	
36	人均氮氧化物排放量	吨/人	逆	0.020	0.013	0.014	11	11	0	环境年报；中国统计	
37	单位土地面积氨氮排放量	吨/平方千米	逆	0.794	0.649	0.669	17	17	0	中国统计；沙漠；环境年报	
38	人均氨氮排放量	吨/人	逆	0.002	0.002	0.002	14	14	0	环境年报；中国统计	
39	单位耕地面积化肥施用量	万吨/千公顷	逆	0.050	0.043	0.043	12	12	0	中国统计	
40	单位耕地面积农药使用量	吨/千公顷	逆	17.537	8.712	9.090	10	12	2	环境年鉴；中国统计	☺
41	人均公路交通氮氧化物排放量	吨/万人	逆	51.826	36.177	35.829	9	9	0	环境年报；中国统计	
42	环境保护支出占财政支出比重	%	正	2.783	4.224	3.922	2	6	4	中国统计	☺
43	环境污染治理投资总额占地区生产总值比重	%	正	1.569	1.638	2.589	11	3	−8	环境年鉴；中国统计	☹
44	农村人均改水、改厕的政府投资	元/人	正	47.312	16.884	60.136	27	8	−19	环境年鉴	☹
45	单位耕地面积退耕还林投资完成额	万元/千公顷	正	14.215	24.131	13.874	7	9	2	环境年鉴；中国统计	☺
46	科教文卫支出占财政支出比重	%	正	28.792	23.039	20.177	27	30	3	中国统计	☺
47	城市人均绿地面积	公顷/人	正	0.003	0.001	0.001	17	17	0	城市；中国统计	
48	城市用水普及率	%	正	96.695	93.840	93.410	24	23	−1	中国统计	☹
49	城市污水处理率	%	正	85.637	90.100	94.600	9	1	−8	环境年鉴	☹

续表

序号	指标名称	单位	指标属性	2012年测评均值	2012年重庆数值	2011年重庆数值	2012年重庆排名	2011年重庆排名	排名变化	2012年数据来源	进退脸谱
50	城市生活垃圾无害化处理率	%	正	84.879	99.280	99.550	3	2	−1	中国统计	☹
51	城市每万人拥有公交车辆	标台	正	11.947	8.997	8.796	26	26	0	中国统计	
52	人均城市公共交通运营线路网长度	千米/人	正	0.001	0.000	0.000	20	20	0	中国统计；城市	
53	农村累计已改水受益人口占农村总人口比重	%	正	5.702	5.146	5.185	14	14	0	环境年鉴	
54	建成区绿化覆盖率	%	正	38.656	42.940	40.180	3	9	6	中国统计	☺
55	人均当年新增造林面积	公顷/万人	正	57.751	70.332	84.307	8	7	−1	中国统计	☹
56	工业二氧化硫去除率	%	正	64.664	60.343	66.570	25	12	−13	中国统计	☹
57	工业废水化学需氧量去除率	%	正	81.060	82.934	77.746	16	24	8	环境年报；中国统计	☺
58	工业氮氧化物去除率	%	正	7.230	0.320	0.865	29	24	−5	环境年报	☹
59	工业废水氨氮去除率	%	正	76.514	89.101	88.844	5	9	4	环境年报；中国统计	☺
60	突发环境事件次数	次	逆	18	25	18	28	22	−6	中国统计	☹

注：中国统计——《中国统计年鉴2013》；环境年鉴——《中国环境统计年鉴2013》；环境年报——《中国环境统计年报2012》；城市——《中国城市统计年鉴2013》；水利——《中国水利统计年鉴2013》；工业经济——《中国工业经济统计年鉴2013》；沙漠——《中国沙漠及其治理》。

四川绿色发展"体检"表

序号	指标名称	单位	指标属性	2012年测评均值	2012年四川数值	2011年四川数值	2012年四川排名	2011年四川排名	排名变化	2012年数据来源	进退脸谱
1	人均地区生产总值	元/人	正	44 068.433	29 608.000	26 133.000	24	25	1	中国统计	☺
2	单位地区生产总值能耗	吨标准煤/万元	逆	1.041	0.997	0.997	19	19	0	中国统计	
3	非化石能源消费量占能源消费量的比重		正	—	—	—	—	—	—		
4	单位地区生产总值二氧化碳排放量		逆	—	—	—	—	—	—		
5	单位地区生产总值二氧化硫排放量	吨/万元	逆	0.007	0.005	0.006	15	15	0	中国统计	
6	单位地区生产总值化学需氧量排放量	吨/万元	逆	0.007	0.007	0.008	16	16	0	中国统计	
7	单位地区生产总值氮氧化物排放量	吨/万元	逆	0.007	0.004	0.004	8	8	0	环境年报；中国统计	
8	单位地区生产总值氨氮排放量	吨/万元	逆	0.001	0.001	0.001	20	20	0	环境年报；中国统计	
9	人均城镇生活消费用电	千瓦时/人	逆	338.789	158.042	139.922	7	7	0	城市	
10	第一产业劳动生产率	万元/人	正	2.034	1.634	1.426	20	20	0	中国统计	
11	土地产出率	亿元/千公顷	正	0.320	0.286	0.257	16	17	1	中国统计	☺
12	节灌率		正	0.532	0.532	0.506	14	15	1	水利；中国统计	☺
13	有效灌溉面积占耕地面积比重	%	正	55.004	44.770	43.729	17	17	0	中国统计	
14	第二产业劳动生产率	万元/人	正	14.801	10.093	9.329	26	25	−1	中国统计	☹
15	单位工业增加值水耗	立方米/元	逆	0.006	0.005	0.007	15	16	1	中国统计	☺
16	规模以上单位工业增加值能耗		逆	—	—	—	—	—	—		
17	工业固体废物综合利用率	%	正	69.374	45.894	47.319	27	28	1	环境年鉴	☺
18	工业用水重复利用率	%	正	76.227	81.000	80.200	21	19	−2	环境年鉴	☹
19	六大高载能行业产值占工业总产值比重	%	逆	39.737	29.997	30.760	8	9	1	工业经济	☺
20	第三产业劳动生产率	万元/人	正	8.800	5.309	4.339	27	29	2	中国统计	☺
21	第三产业增加值比重	%	正	40.876	34.526	33.400	27	27	0	中国统计	
22	第三产业就业人员比重	%	正	36.670	32.800	32.000	22	23	1	中国统计	☺
23	人均水资源量	立方米/人	正	2 356.285	3 587.160	2 782.850	8	6	−2	中国统计	☹
24	人均森林面积	公顷/人	正	0.188	0.205	0.206	9	9	0	中国统计	
25	森林覆盖率	%	正	30.630	34.310	34.310	14	14	0	中国统计	
26	自然保护区面积占辖区面积比重	%	正	8.688	18.540	18.583	2	2	0	中国统计	

续表

序号	指标名称	单位	指标属性	2012年测评均值	2012年四川数值	2011年四川数值	2012年四川排名	2011年四川排名	排名变化	2012年数据来源	进退脸谱
27	湿地面积占国土面积的比重	%	正	7.008	1.980	1.980	24	24	0	中国统计	
28	人均活立木总蓄积量	立方米/人	正	10.608	20.895	20.963	5	5	0	中国统计	
29	单位土地面积二氧化碳排放量		逆	—	—	—	—	—			
30	人均二氧化碳排放量		逆	—	—	—	—	—			
31	单位土地面积二氧化硫排放量	吨/平方千米	逆	5.685	1.786	1.863	7	7	0	中国统计；沙漠	
32	人均二氧化硫排放量	吨/人	逆	0.019	0.011	0.011	8	8	0	中国统计	
33	单位土地面积化学需氧量排放量	吨/平方千米	逆	6.499	2.621	2.690	7	7	0	中国统计；沙漠	
34	人均化学需氧量排放量	吨/人	逆	0.019	0.016	0.016	13	13		中国统计	
35	单位土地面积氮氧化物排放量	吨/平方千米	逆	7.358	1.361	1.394	3	3	0	中国统计；沙漠；环境年报	
36	人均氮氧化物排放量	吨/人	逆	0.020	0.008	0.008	1	1	0	环境年报；中国统计	
37	单位土地面积氨氮排放量	吨/平方千米	逆	0.794	0.291	0.297	8	8	0	中国统计；沙漠；环境年报	
38	人均氨氮排放量	吨/人	逆	0.002	0.002	0.002	11	10	−1	环境年报；中国统计	☹
39	单位耕地面积化肥施用量	万吨/千公顷	逆	0.050	0.043	0.042	11	11	0	中国统计	
40	单位耕地面积农药使用量	吨/千公顷	逆	17.537	10.142	10.410	13	13	0	环境年鉴；中国统计	
41	人均公路交通氮氧化物排放量	吨/万人	逆	51.826	26.041	24.772	1	1	0	环境年报；中国统计	
42	环境保护支出占财政支出比重	%	正	2.783	2.494	2.477	18	18	0	中国统计	
43	环境污染治理投资总额占地区生产总值比重	%	正	1.569	0.747	0.666	27	27	0	环境年鉴；中国统计	
44	农村人均改水、改厕的政府投资	元/人	正	47.312	45.079	49.961	13	13	0	环境年鉴	
45	单位耕地面积退耕还林投资完成额	万元/千公顷	正	14.215	40.838	35.252	4	4	0	环境年鉴；中国统计	
46	科教文卫支出占财政支出比重	%	正	28.792	29.308	25.470	15	22	7	中国统计	☺
47	城市人均绿地面积	公顷/人	正	0.003	0.001	0.001	26	26	0	城市；中国统计	
48	城市用水普及率	%	正	96.695	92.040	91.830	29	27	−2	中国统计	☹
49	城市污水处理率	%	正	85.637	83.600	78.300	24	24	0	环境年鉴	

— 301 —

续表

序号	指标名称	单位	指标属性	2012年测评均值	2012年四川数值	2011年四川数值	2012年四川排名	2011年四川排名	排名变化	2012年数据来源	进退脸谱
50	城市生活垃圾无害化处理率	%	正	84.879	88.290	88.430	17	13	-4	中国统计	☹
51	城市每万人拥有公交车辆	标台	正	11.947	13.336	12.603	9	9	0	中国统计	
52	人均城市公共交通运营线路网长度	千米/人	正	0.001	0.000	0.000	24	25	1	中国统计；城市	☺
53	农村累计已改水受益人口占农村总人口比重	%	正	5.702	14.236	15.328	3	2	-1	环境年鉴	☹
54	建成区绿化覆盖率	%	正	38.656	38.690	38.210	16	18	2	中国统计	☺
55	人均当年新增造林面积	公顷/万人	正	57.751	13.910	31.305	23	19	-4	中国统计	☹
56	工业二氧化硫去除率	%	正	64.664	60.609	58.328	24	25	1	中国统计	☺
57	工业废水化学需氧量去除率	%	正	81.060	82.320	85.180	17	15	-2	环境年报；中国统计	☹
58	工业氮氧化物去除率	%	正	7.230	6.748	5.119	14	12	-2	环境年报	☹
59	工业废水氨氮去除率	%	正	76.514	85.455	91.581	10	4	-6	环境年报；中国统计	☹
60	突发环境事件次数	次	逆	18	16	25	21	23	2	中国统计	☺

注：中国统计——《中国统计年鉴2013》；环境年鉴——《中国环境统计年鉴2013》；环境年报——《中国环境统计年报2012》；城市——《中国城市统计年鉴2013》；水利——《中国水利统计年鉴2013》；工业经济——《中国工业经济统计年鉴2013》；沙漠——《中国沙漠及其治理》

贵州绿色发展"体检"表

序号	指标名称	单位	指标属性	2012年测评均值	2012年贵州数值	2011年贵州数值	2012年贵州排名	2011年贵州排名	排名变化	2012年数据来源	进退脸谱
1	人均地区生产总值	元/人	正	44 068.433	19 710.000	16 413.000	30	30	0	中国统计	
2	单位地区生产总值能耗	吨标准煤/万元	逆	1.041	1.714	1.714	27	27	0	中国统计	
3	非化石能源消费量占能源消费量的比重		正	—	—	—	—	—			
4	单位地区生产总值二氧化碳排放量		逆	—	—	—	—	—			
5	单位地区生产总值二氧化硫排放量	吨/万元	逆	0.007	0.022	0.026	29	29	0	中国统计	
6	单位地区生产总值化学需氧量排放量	吨/万元	逆	0.007	0.007	0.008	17	18	1	中国统计	☺
7	单位地区生产总值氮氧化物排放量	吨/万元	逆	0.007	0.012	0.013	26	26	0	环境年报；中国统计	
8	单位地区生产总值氨氮排放量	吨/万元	逆	0.001	0.001	0.001	22	22	0	环境年报；中国统计	
9	人均城镇生活消费用电	千瓦时/人	逆	338.789	238.741	207.023	17	17	0	城市	
10	第一产业劳动生产率	万元/人	正	2.034	0.748	0.609	30	30		中国统计	
11	土地产出率	亿元/千公顷	正	0.320	0.167	0.131	29	30	1	中国统计	☺
12	节灌率		正	0.532	0.332	0.330	22	22		水利；中国统计	
13	有效灌溉面积占耕地面积比重	%	正	55.004	27.079	26.781	30	30	0	中国统计	
14	第二产业劳动生产率	万元/人	正	14.801	11.796	8.763	16	27	11	中国统计	☺
15	单位工业增加值水耗	立方米/元	逆	0.006	0.018	0.019	30	30	0	中国统计	
16	规模以上单位工业增加值能耗		逆	—	—	—	—	—			
17	工业固体废物综合利用率	%	正	69.374	61.761	52.843	19	24	5	环境年鉴	☺
18	工业用水重复利用率	%	正	76.227	81.800	85.000	19	16	-3	环境年鉴	☹
19	六大高载能行业产值占工业总产值比重	%	逆	39.737	48.325	47.955	23	22	-1	工业经济	☹
20	第三产业劳动生产率	万元/人	正	8.800	8.404	7.513	12	12	0	中国统计	
21	第三产业增加值比重	%	正	40.876	47.908	48.800	3	3	0	中国统计	
22	第三产业就业人员比重	%	正	36.670	21.836	21.338	30	30	0	中国统计	
23	人均水资源量	立方米/人	正	2 356.285	2 801.820	1 802.110	10	9	-1	中国统计	☹
24	人均森林面积	公顷/人	正	0.188	0.160	0.161	14	14	0	中国统计	
25	森林覆盖率	%	正	30.630	31.610	31.610	16	16	0	中国统计	
26	自然保护区面积占辖区面积比重	%	正	8.688	5.410	5.407	21	21	0	中国统计	

— 303 —

续表

序号	指标名称	单位	指标属性	2012年测评均值	2012年贵州数值	2011年贵州数值	2012年贵州排名	2011年贵州排名	排名变化	2012年数据来源	进退脸谱
27	湿地面积占国土面积的比重	%	正	7.008	0.450	0.450	30	30	0	中国统计	
28	人均活立木总蓄积量	立方米/人	正	10.608	8.011	8.047	13	13	0	中国统计	
29	单位土地面积二氧化碳排放量		逆	—	—	—	—	—			
30	人均二氧化碳排放量		逆	—	—	—	—	—			
31	单位土地面积二氧化硫排放量	吨/平方千米	逆	5.685	5.910	6.269	19	19	0	中国统计；沙漠	
32	人均二氧化硫排放量	吨/人	逆	0.019	0.030	0.032	26	26	0	中国统计	
33	单位土地面积化学需氧量排放量	吨/平方千米	逆	6.499	1.890	1.943	6	6	0	中国统计；沙漠	
34	人均化学需氧量排放量	吨/人	逆	0.019	0.010	0.010	2	2	0	中国统计	
35	单位土地面积氮氧化物排放量	吨/平方千米	逆	7.358	3.199	3.140	12	10	−2	中国统计；沙漠；环境年报	☹
36	人均氮氧化物排放量	吨/人	逆	0.020	0.016	0.016	14	13	−1	环境年报；中国统计	☹
37	单位土地面积氨氮排放量	吨/平方千米	逆	0.794	0.220	0.226	7	7	0	中国统计；沙漠；环境年报	
38	人均氨氮排放量	吨/人	逆	0.002	0.001	0.001	2	2	0	环境年报；中国统计	
39	单位耕地面积化肥施用量	万吨/千公顷	逆	0.050	0.022	0.021	4	4	0	中国统计	
40	单位耕地面积农药使用量	吨/千公顷	逆	17.537	3.222	3.226	3	3	0	环境年鉴；中国统计	
41	人均公路交通氮氧化物排放量	吨/万人	逆	51.826	27.753	27.189	3	4	1	环境年报；中国统计	☺
42	环境保护支出占财政支出比重	%	正	2.783	2.385	2.465	20	19	−1	中国统计	☹
43	环境污染治理投资总额占地区生产总值比重	%	正	1.569	1.006	1.138	24	21	−3	环境年鉴；中国统计	☹
44	农村人均改水、改厕的政府投资	元/人	正	47.312	49.605	42.786	11	18	7	环境年鉴	☺
45	单位耕地面积退耕还林投资完成额	万元/千公顷	正	14.215	14.139	5.232	12	15	3	环境年鉴；中国统计	☺
46	科教文卫支出占财政支出比重	%	正	28.792	28.319	26.990	18	15	−3	中国统计	☹
47	城市人均绿地面积	公顷/人	正	0.003	0.001	0.001	21	22	1	城市；中国统计	☺
48	城市用水普及率	%	正	96.695	92.070	91.550	28	28	0	中国统计	
49	城市污水处理率	%	正	85.637	91.400	90.700	6	6	0	环境年鉴	

续表

序号	指标名称	单位	指标属性	2012年测评均值	2012年贵州数值	2011年贵州数值	2012年贵州排名	2011年贵州排名	排名变化	2012年数据来源	进退脸谱
50	城市生活垃圾无害化处理率	%	正	84.879	91.920	88.560	11	12	1	中国统计	☺
51	城市每万人拥有公交车辆	标台	正	11.947	8.804	8.705	27	27	0	中国统计	
52	人均城市公共交通运营线路网长度	千米/人	正	0.001	0.000	0.000	27	26	−1	中国统计；城市	☹
53	农村累计已改水受益人口占农村总人口比重	%	正	5.702	8.457	8.843	9	9	0	环境年鉴	
54	建成区绿化覆盖率	%	正	38.656	32.800	32.310	28	28	0	中国统计	
55	人均当年新增造林面积	公顷/万人	正	57.751	42.488	58.267	13	11	−2	中国统计	☹
56	工业二氧化硫去除率	%	正	64.664	68.132	66.469	14	13	−1	中国统计	☹
57	工业废水化学需氧量去除率	%	正	81.060	64.689	66.698	27	27	0	环境年报；中国统计	
58	工业氮氧化物去除率	%	正	7.230	2.910	0.167	25	28	3	环境年报	☺
59	工业废水氨氮去除率	%	正	76.514	93.051	95.651	2	1	−1	环境年报；中国统计	☹
60	突发环境事件次数	次	逆	18	4	7	10	12	2	中国统计	☺

注：中国统计——《中国统计年鉴2013》；环境年鉴——《中国环境统计年鉴2013》；环境年报——《中国环境统计年报2012》；城市——《中国城市统计年鉴2013》；水利——《中国水利统计年鉴2013》；工业经济——《中国工业经济统计年鉴2013》；沙漠——《中国沙漠及其治理》

云南绿色发展"体检"表

序号	指标名称	单位	指标属性	2012年测评均值	2012年云南数值	2011年云南数值	2012年云南排名	2011年云南排名	排名变化	2012年数据来源	进退脸谱
1	人均地区生产总值	元/人	正	44 068.433	22 195.000	19 265.000	28	29	1	中国统计	☺
2	单位地区生产总值能耗	吨标准煤/万元	逆	1.041	1.162	1.162	22	22	0	中国统计	
3	非化石能源消费量占能源消费量的比重		正	—	—	—					
4	单位地区生产总值二氧化碳排放量		逆	—	—	—					
5	单位地区生产总值二氧化硫排放量	吨/万元	逆	0.007	0.009	0.010	23	22	−1	中国统计	☹
6	单位地区生产总值化学需氧量排放量	吨/万元	逆	0.007	0.007	0.008	18	17	−1	中国统计	☹
7	单位地区生产总值氮氧化物排放量	吨/万元	逆	0.007	0.007	0.008	20	20	0	环境年报；中国统计	
8	单位地区生产总值氨氮排放量	吨/万元	逆	0.001	0.001	0.001	17	18	1	环境年报；中国统计	☺
9	人均城镇生活消费用电	千瓦时/人	逆	338.789	212.317	158.764	15	11	−4	城市	☹
10	第一产业劳动生产率	万元/人	正	2.034	0.993	0.838	28	28	0	中国统计	
11	土地产出率	亿元/千公顷	正	0.320	0.202	0.169	25	26	1	中国统计	☺
12	节灌率		正	0.532	0.373	0.360	21	21	0	水利；中国统计	
13	有效灌溉面积占耕地面积比重	%	正	55.004	27.633	26.914	29	29	0	中国统计	
14	第二产业劳动生产率	万元/人	正	14.801	11.585	9.989	18	23	5	中国统计	☺
15	单位工业增加值水耗	立方米/元	逆	0.006	0.008	0.009	21	19	−2	中国统计	☹
16	规模以上单位工业增加值能耗		逆	—	—	—					
17	工业固体废物综合利用率	%	正	69.374	49.495	50.349	26	26	0	环境年鉴	
18	工业用水重复利用率	%	正	76.227	28.400	82.000	29	18	−11	环境年鉴	☹
19	六大高载能行业产值占工业总产值比重	%	逆	39.737	53.581	56.438	25	26	1	工业经济	☺
20	第三产业劳动生产率	万元/人	正	8.800	5.158	4.790	28	26	−2	中国统计	☹
21	第三产业增加值比重	%	正	40.876	41.086	41.600	10	9	−1	中国统计	
22	第三产业就业人员比重	%	正	36.670	29.726	27.499	25	27	2	中国统计	☺
23	人均水资源量	立方米/人	正	2 356.285	3 637.910	3 206.530	7	4	−3	中国统计	☹
24	人均森林面积	公顷/人	正	0.188	0.390	0.393	4	4	0	中国统计	
25	森林覆盖率	%	正	30.630	47.500	47.500	7	7	0	中国统计	
26	自然保护区面积占辖区面积比重	%	正	8.688	7.450	7.770	14	13	−1	中国统计	☹

续表

序号	指标名称	单位	指标属性	2012年测评均值	2012年云南数值	2011年云南数值	2012年云南排名	2011年云南排名	排名变化	2012年数据来源	进退脸谱
27	湿地面积占国土面积的比重	%	正	7.008	0.610	0.610	28	28	0	中国统计	
28	人均活立木总蓄积量	立方米/人	正	10.608	36.750	36.974	3	3	0	中国统计	
29	单位土地面积二氧化碳排放量		逆	—	—	—	—	—			
30	人均二氧化碳排放量		逆	—	—	—	—	—			
31	单位土地面积二氧化硫排放量	吨/平方千米	逆	5.685	1.754	1.804	6	5	-1	中国统计；沙漠	☹
32	人均二氧化硫排放量	吨/人	逆	0.019	0.014	0.015	16	16	0	中国统计	
33	单位土地面积化学需氧量排放量	吨/平方千米	逆	6.499	1.432	1.448	5	5	0	中国统计；沙漠	
34	人均化学需氧量排放量	吨/人	逆	0.019	0.012	0.012	4	4	0	中国统计	
35	单位土地面积氮氧化物排放量	吨/平方千米	逆	7.358	1.421	1.431	5	5	0	中国统计；沙漠；环境年报	
36	人均氮氧化物排放量	吨/人	逆	0.020	0.012	0.012	6	7	1	环境年报；中国统计	☺
37	单位土地面积氨氮排放量	吨/平方千米	逆	0.794	0.153	0.155	5	5	0	中国统计；沙漠；环境年报	
38	人均氨氮排放量	吨/人	逆	0.002	0.001	0.001	3	3	0	环境年报；中国统计	
39	单位耕地面积化肥施用量	万吨/千公顷	逆	0.050	0.035	0.033	7	7	0	中国统计	
40	单位耕地面积农药使用量	吨/千公顷	逆	17.537	9.112	7.931	11	9	-2	环境年鉴；中国统计	☹
41	人均公路交通氮氧化物排放量	吨/万人	逆	51.826	43.723	42.076	15	12	-3	环境年报；中国统计	☹
42	环境保护支出占财政支出比重	%	正	2.783	2.830	3.272	13	11	-2	中国统计	☹
43	环境污染治理投资总额占地区生产总值比重	%	正	1.569	1.284	1.340	16	14	-2	环境年鉴；中国统计	☹
44	农村人均改水、改厕的政府投资	元/人	正	47.312	35.839	41.720	20	20	0	环境年鉴	
45	单位耕地面积退耕还林投资完成额	万元/千公顷	正	14.215	21.766	12.638	9	11	2	环境年鉴；中国统计	☺
46	科教文卫支出占财政支出比重	%	正	28.792	29.011	27.090	17	14	-3	中国统计	☹
47	城市人均绿地面积	公顷/人	正	0.003	0.001	0.001	20	20	0	城市；中国统计	
48	城市用水普及率	%	正	96.695	94.320	95.090	22	21	-1	中国统计	☹
49	城市污水处理率	%	正	85.637	94.700	94.600	1	1	0	环境年鉴	

续表

序号	指标名称	单位	指标属性	2012年测评均值	2012年云南数值	2011年云南数值	2012年云南排名	2011年云南排名	排名变化	2012年数据来源	进退脸谱
50	城市生活垃圾无害化处理率	%	正	84.879	82.700	74.130	21	22	1	中国统计	☺
51	城市每万人拥有公交车辆	标台	正	11.947	10.247	10.064	20	20	0	中国统计	
52	人均城市公共交通运营线路网长度	千米/人	正	0.001	0.001	0.001	11	11	0	中国统计；城市	
53	农村累计已改水受益人口占农村总人口比重	%	正	5.702	14.496	12.503	2	5	3	环境年鉴	☺
54	建成区绿化覆盖率	%	正	38.656	39.300	38.730	13	12	-1	中国统计	☹
55	人均当年新增造林面积	公顷/万人	正	57.751	117.218	134.301	4	4	0	中国统计	
56	工业二氧化硫去除率	%	正	64.664	71.414	71.234	8	7	-1	中国统计	☹
57	工业废水化学需氧量去除率	%	正	81.060	74.671	76.844	26	25	-1	环境年报；中国统计	
58	工业氮氧化物去除率	%	正	7.230	3.623	0.587	21	25	4	环境年报	☺
59	工业废水氨氮去除率	%	正	76.514	94.419	93.082	1	3	2	环境年报；中国统计	☺
60	突发环境事件次数	次	逆	18	1	1	4	1	-3	中国统计	☹

注：中国统计——《中国统计年鉴2013》；环境年鉴——《中国环境统计年鉴2013》；环境年报——《中国环境统计年报2012》；城市——《中国城市统计年鉴2013》；水利——《中国水利统计年鉴2013》；工业经济——《中国工业经济统计年鉴2013》；沙漠——《中国沙漠及其治理》

陕西绿色发展"体检"表

序号	指标名称	单位	指标属性	2012年测评均值	2012年陕西数值	2011年陕西数值	2012年陕西排名	2011年陕西排名	排名变化	2012年数据来源	进退脸谱
1	人均地区生产总值	元/人	正	44 068.433	38 564.000	33 464.000	14	15	1	中国统计	☺
2	单位地区生产总值能耗	吨标准煤/万元	逆	1.041	0.846	0.846	12	12	0	中国统计	
3	非化石能源消费量占能源消费量的比重		正	—	—	—	—	—	—		
4	单位地区生产总值二氧化碳排放量		逆	—	—	—	—	—	—		
5	单位地区生产总值二氧化硫排放量	吨/万元	逆	0.007	0.008	0.010	22	23	1	中国统计	☺
6	单位地区生产总值化学需氧量排放量	吨/万元	逆	0.007	0.005	0.006	10	11	1	中国统计	☺
7	单位地区生产总值氮氧化物排放量	吨/万元	逆	0.007	0.008	0.009	22	22	0	环境年报;中国统计	
8	单位地区生产总值氨氮排放量	吨/万元	逆	0.001	0.001	0.001	14	14	0	环境年报;中国统计	
9	人均城镇生活消费用电	千瓦时/人	逆	338.789	212.226	188.474	14	13	−1	城市	☹
10	第一产业劳动生产率	万元/人	正	2.034	1.691	1.453	19	19	0	中国统计	
11	土地产出率	亿元/千公顷	正	0.320	0.360	0.325	11	10	−1	中国统计	
12	节灌率		正	0.532	0.690	0.676	9	10	1	水利;中国统计	☺
13	有效灌溉面积占耕地面积比重	%	正	55.004	31.533	31.463	26	26	0	中国统计	
14	第二产业劳动生产率	万元/人	正	14.801	18.287	12.929	8	13	5	中国统计	☺
15	单位工业增加值水耗	立方米/元	逆	0.006	0.002	0.002	4	5	1	中国统计	☺
16	规模以上单位工业增加值能耗		逆	—	—	—	—	—	—		
17	工业固体废物综合利用率	%	正	69.374	61.289	59.933	21	16	−5	环境年鉴	☹
18	工业用水重复利用率	%	正	76.227	91.900	92.800	10	6	−4	环境年鉴	
19	六大高载能行业产值占工业总产值比重	%	逆	39.737	37.571	36.718	16	16	0	工业经济	
20	第三产业劳动生产率	万元/人	正	8.800	9.043	6.924	9	17	8	中国统计	☺
21	第三产业增加值比重	%	正	40.876	34.660	34.800	25	21	−4	中国统计	
22	第三产业就业人员比重	%	正	36.670	29.491	31.569	26	24	−2	中国统计	
23	人均水资源量	立方米/人	正	2 356.285	1 041.910	1 616.560	20	14	−6	中国统计	☹
24	人均森林面积	公顷/人	正	0.188	0.205	0.205	11	11	0	中国统计	
25	森林覆盖率	%	正	30.630	37.260	37.260	11	11	0	中国统计	
26	自然保护区面积占辖区面积比重	%	正	8.688	5.650	5.700	20	20	0	中国统计	

续表

序号	指标名称	单位	指标属性	2012年测评均值	2012年陕西数值	2011年陕西数值	2012年陕西排名	2011年陕西排名	排名变化	2012年数据来源	进退脸谱
27	湿地面积占国土面积的比重	%	正	7.008	1.420	1.420	26	26	0	中国统计	
28	人均活立木总蓄积量	立方米/人	正	10.608	9.631	9.658	10	10	0	中国统计	
29	单位土地面积二氧化碳排放量		逆	—	—	—	—	—			
30	人均二氧化碳排放量		逆	—	—	—	—	—			
31	单位土地面积二氧化硫排放量	吨/平方千米	逆	5.685	4.332	4.707	16	16	0	中国统计;沙漠	
32	人均二氧化硫排放量	吨/人	逆	0.019	0.023	0.025	23	23	0	中国统计	
33	单位土地面积化学需氧量排放量	吨/平方千米	逆	6.499	2.753	2.863	8	8	0	中国统计;沙漠	
34	人均化学需氧量排放量	吨/人	逆	0.019	0.014	0.015	7	7	0	中国统计	
35	单位土地面积氮氧化物排放量	吨/平方千米	逆	7.358	4.149	4.270	16	16	0	中国统计;沙漠;环境年报	
36	人均氮氧化物排放量	吨/人	逆	0.020	0.022	0.022	22	23	1	环境年报;中国统计	☺
37	单位土地面积氨氮排放量	吨/平方千米	逆	0.794	0.318	0.325	10	10	0	中国统计;沙漠;环境年报	
38	人均氨氮排放量	吨/人	逆	0.002	0.002	0.002	8	8	0	环境年报;中国统计	
39	单位耕地面积化肥施用量	万吨/千公顷	逆	0.050	0.059	0.051	22	17	−5	中国统计	☹
40	单位耕地面积农药使用量	吨/千公顷	逆	17.537	3.198	3.064	2	2	0	环境年鉴;中国统计	
41	人均公路交通氮氧化物排放量	吨/万人	逆	51.826	47.267	47.829	18	18	0	环境年报;中国统计	
42	环境保护支出占财政支出比重	%	正	2.783	2.832	3.280	12	10	−2	中国统计	☹
43	环境污染治理投资总额占地区生产总值比重	%	正	1.569	1.250	1.225	19	17	−2	环境年鉴;中国统计	☹
44	农村人均改水、改厕的政府投资	元/人	正	47.312	67.872	59.585	6	10	4	环境年鉴	☺
45	单位耕地面积退耕还林投资完成额	万元/千公顷	正	14.215	34.814	23.672	5	5	0	环境年鉴;中国统计	
46	科教文卫支出占财政支出比重	%	正	28.792	31.662	27.888	8	12	4	中国统计	☺
47	城市人均绿地面积	公顷/人	正	0.003	0.001	0.001	27	28	1	城市;中国统计	☺
48	城市用水普及率	%	正	96.695	96.150	95.720	19	18	−1	中国统计	☹
49	城市污水处理率	%	正	85.637	88.500	84.000	10	17	7	环境年鉴	☺

续表

序号	指标名称	单位	指标属性	2012年测评均值	2012年陕西数值	2011年陕西数值	2012年陕西排名	2011年陕西排名	排名变化	2012年数据来源	进退脸谱
50	城市生活垃圾无害化处理率	%	正	84.879	88.490	90.270	16	10	-6	中国统计	☹
51	城市每万人拥有公交车辆	标台	正	11.947	15.579	15.592	4	3	-1	中国统计	☹
52	人均城市公共交通运营线路网长度	千米/人	正	0.001	0.000	0.000	23	24	1	中国统计；城市	☺
53	农村累计已改水受益人口占农村总人口比重	%	正	5.702	18.131	18.131	1	1	0	环境年鉴	
54	建成区绿化覆盖率	%	正	38.656	40.360	38.680	10	13	3	中国统计	☺
55	人均当年新增造林面积	公顷/万人	正	57.751	85.459	87.125	6	6	0	中国统计	
56	工业二氧化硫去除率	%	正	64.664	63.295	61.736	20	20	0	中国统计	
57	工业废水化学需氧量去除率	%	正	81.060	80.610	80.942	18	19	1	环境年报；中国统计	☺
58	工业氮氧化物去除率	%	正	7.230	10.972	6.309	9	9	0	环境年报	
59	工业废水氨氮去除率	%	正	76.514	78.082	78.551	19	20	1	环境年报；中国统计	☺
60	突发环境事件次数	次	逆	18	23	2	25	6	-19	中国统计	☹

注：中国统计——《中国统计年鉴2013》；环境年鉴——《中国环境统计年鉴2013》；环境年报——《中国环境统计年报2012》；城市——《中国城市统计年鉴2013》；水利——《中国水利统计年鉴2013》；工业经济——《中国工业经济统计年鉴2013》；沙漠——《中国沙漠及其治理》

甘肃绿色发展"体检"表

序号	指标名称	单位	指标属性	2012年测评均值	2012年甘肃数值	2011年甘肃数值	2012年甘肃排名	2011年甘肃排名	排名变化	2012年数据来源	进退脸谱
1	人均地区生产总值	元/人	正	44 068.433	21 978.000	19 595.000	29	28	−1	中国统计	☹
2	单位地区生产总值能耗	吨标准煤/万元	逆	1.041	1.402	1.402	24	24	0	中国统计	
3	非化石能源消费量占能源消费量的比重		正	—	—	—	—	—			
4	单位地区生产总值二氧化碳排放量		逆	—	—	—	—	—			
5	单位地区生产总值二氧化硫排放量	吨/万元	逆	0.007	0.014	0.017	26	27	1	中国统计	☺
6	单位地区生产总值化学需氧量排放量	吨/万元	逆	0.007	0.009	0.011	26	27	1	中国统计	☺
7	单位地区生产总值氮氧化物排放量	吨/万元	逆	0.007	0.011	0.013	25	25	0	环境年报；中国统计	
8	单位地区生产总值氨氮排放量	吨/万元	逆	0.001	0.001	0.001	27	27	0	环境年报；中国统计	
9	人均城镇生活消费用电	千瓦时/人	逆	338.789	120.370	120.217	4	4	0	城市	
10	第一产业劳动生产率	万元/人	正	2.034	0.857	0.822	29	29	0	中国统计	
11	土地产出率	亿元/千公顷	正	0.320	0.240	0.207	20	20	0	中国统计	
12	节灌率		正	0.532	0.715	0.693	8	8	0	水利；中国统计	
13	有效灌溉面积占耕地面积比重	%	正	55.004	27.852	27.729	28	28	0	中国统计	
14	第二产业劳动生产率	万元/人	正	14.801	11.189	10.621	20	19	−1	中国统计	☹
15	单位工业增加值水耗	立方米/元	逆	0.006	0.008	0.007	18	17	−1	中国统计	
16	规模以上单位工业增加值能耗		逆	—	—	—	—	—			
17	工业固体废物综合利用率	%	正	69.374	53.860	51.226	24	25	1	环境年鉴	☺
18	工业用水重复利用率	%	正	76.227	92.800	92.200	7	10	3	环境年鉴	☺
19	六大高载能行业产值占工业总产值比重	%	逆	39.737	66.444	67.608	30	30	0	工业经济	
20	第三产业劳动生产率	万元/人	正	8.800	6.426	4.710	22	28	6	中国统计	☺
21	第三产业增加值比重	%	正	40.876	40.169	39.100	12	12	0	中国统计	
22	第三产业就业人员比重	%	正	36.670	23.910	23.310	29	29	0	中国统计	
23	人均水资源量	立方米/人	正	2 356.285	1 038.360	945.367	21	20	−1	中国统计	☹
24	人均森林面积	公顷/人	正	0.188	0.182	0.183	13	13	0	中国统计	
25	森林覆盖率	%	正	30.630	10.420	10.420	25	25	0	中国统计	
26	自然保护区面积占辖区面积比重	%	正	8.688	16.170	16.170	3	3	0	中国统计	

续表

序号	指标名称	单位	指标属性	2012年测评均值	2012年甘肃数值	2011年甘肃数值	2012年甘肃排名	2011年甘肃排名	排名变化	2012年数据来源	进退脸谱
27	湿地面积占国土面积的比重	%	正	7.008	2.800	2.800	22	22	0	中国统计	
28	人均活立木总蓄积量	立方米/人	正	10.608	8.422	8.466	12	12	0	中国统计	
29	单位土地面积二氧化碳排放量		逆	—	—	—	—	—			
30	人均二氧化碳排放量		逆	—	—	—	—	—			
31	单位土地面积二氧化硫排放量	吨/平方千米	逆	5.685	1.703	1.856	5	6	1	中国统计；沙漠	☺
32	人均二氧化硫排放量	吨/人	逆	0.019	0.022	0.024	22	22	0	中国统计	
33	单位土地面积化学需氧量排放量	吨/平方千米	逆	6.499	1.158	1.180	3	3	0	中国统计；沙漠	
34	人均化学需氧量排放量	吨/人	逆	0.019	0.015	0.015	11	10	−1	中国统计	☹
35	单位土地面积氮氧化物排放量	吨/平方千米	逆	7.358	1.408	1.431	4	4	0	中国统计；沙漠；环境年报	
36	人均氮氧化物排放量	吨/人	逆	0.020	0.018	0.019	18	18	0	环境年报；中国统计	
37	单位土地面积氨氮排放量	吨/平方千米	逆	0.794	0.122	0.127	4	4	0	中国统计；沙漠；环境年报	
38	人均氨氮排放量	吨/人	逆	0.002	0.002	0.002	7	7	0	环境年报；中国统计	
39	单位耕地面积化肥施用量	万吨/千公顷	逆	0.050	0.020	0.019	2	2	0	中国统计	
40	单位耕地面积农药使用量	吨/千公顷	逆	17.537	15.830	14.685	16	16	0	环境年鉴；中国统计	
41	人均公路交通氮氧化物排放量	吨/万人	逆	51.826	45.848	44.120	17	16	−1	环境年报；中国统计	☹
42	环境保护支出占财政支出比重	%	正	2.783	3.496	4.745	6	2	−4	中国统计	☹
43	环境污染治理投资总额占地区生产总值比重	%	正	1.569	2.149	1.187	7	19	12	环境年鉴；中国统计	☺
44	农村人均改水、改厕的政府投资	元/人	正	47.312	43.809	53.499	15	12	−3	环境年鉴	☹
45	单位耕地面积退耕还林投资完成额	万元/千公顷	正	14.215	23.148	21.174	8	7	−1	环境年鉴；中国统计	☹
46	科教文卫支出占财政支出比重	%	正	28.792	28.267	26.451	19	18	−1	中国统计	☹
47	城市人均绿地面积	公顷/人	正	0.003	0.001	0.001	28	29	1	城市；中国统计	☺
48	城市用水普及率	%	正	96.695	92.770	92.500	25	26	1	中国统计	☺
49	城市污水处理率	%	正	85.637	75.400	68.800	27	27	0	环境年鉴	

续表

序号	指标名称	单位	指标属性	2012年测评均值	2012年甘肃数值	2011年甘肃数值	2012年甘肃排名	2011年甘肃排名	排名变化	2012年数据来源	进退脸谱
50	城市生活垃圾无害化处理率	%	正	84.879	41.680	41.700	30	30	0	中国统计	
51	城市每万人拥有公交车辆	标台	正	11.947	10.044	9.762	22	22	0	中国统计	
52	人均城市公共交通运营线路网长度	千米/人	正	0.001	0.000	0.000	26	27	1	中国统计；城市	☺
53	农村累计已改水受益人口占农村总人口比重	%	正	5.702	7.768	10.345	11	8	−3	环境年鉴	☹
54	建成区绿化覆盖率	%	正	38.656	30.020	27.850	30	30	0	中国统计	
55	人均当年新增造林面积	公顷/万人	正	57.751	68.977	74.083	9	9	0	中国统计	
56	工业二氧化硫去除率	%	正	64.664	82.993	79.778	1	1	0	中国统计	
57	工业废水化学需氧量去除率	%	正	81.060	55.235	58.653	29	29	0	环境年报；中国统计	
58	工业氮氧化物去除率	%	正	7.230	4.101	3.584	20	15	−5	环境年报	☹
59	工业废水氨氮去除率	%	正	76.514	26.450	46.575	30	30	0	环境年报；中国统计	
60	突发环境事件次数	次	逆	18	8	4	15	9	−6	中国统计	☹

注：中国统计——《中国统计年鉴2013》；环境年鉴——《中国环境统计年鉴2013》；环境年报——《中国环境统计年报2012》；城市——《中国城市统计年鉴2013》；水利——《中国水利统计年鉴2013》；工业经济——《中国工业经济统计年鉴2013》；沙漠——《中国沙漠及其治理》

青海绿色发展"体检"表

序号	指标名称	单位	指标属性	2012年测评均值	2012年青海数值	2011年青海数值	2012年青海排名	2011年青海排名	排名变化	2012年数据来源	进退脸谱
1	人均地区生产总值	元/人	正	44 068.433	33 181.000	29 522.000	21	21	0	中国统计	
2	单位地区生产总值能耗	吨标准煤/万元	逆	1.041	2.081	2.081	29	29	0	中国统计	
3	非化石能源消费量占能源消费量的比重		正	—	—	—	—	—			
4	单位地区生产总值二氧化碳排放量		逆	—	—	—	—	—			
5	单位地区生产总值二氧化硫排放量	吨/万元	逆	0.007	0.012	0.014	24	24	0	中国统计	
6	单位地区生产总值化学需氧量排放量	吨/万元	逆	0.007	0.008	0.009	23	20	−3	中国统计	☹
7	单位地区生产总值氮氧化物排放量	吨/万元	逆	0.007	0.010	0.011	24	24	0	环境年报；中国统计	
8	单位地区生产总值氨氮排放量	吨/万元	逆	0.001	0.001	0.001	18	17	−1	环境年报；中国统计	☹
9	人均城镇生活消费用电	千瓦时/人	逆	338.789	474.558	378.981	24	24	0	城市	
10	第一产业劳动生产率	万元/人	正	2.034	1.493	1.265	22	25	3	中国统计	☺
11	土地产出率	亿元/千公顷	正	0.320	0.211	0.188	23	24	1	中国统计	☺
12	节灌率		正	0.532	0.386	0.369	20	20	0	水利；中国统计	
13	有效灌溉面积占耕地面积比重	%	正	55.004	46.372	46.372	16	16	0	中国统计	
14	第二产业劳动生产率	万元/人	正	14.801	14.723	13.900	10	11	1	中国统计	☺
15	单位工业增加值水耗	立方米/元	逆	0.006	0.003	0.004	8	10	2	中国统计	☺
16	规模以上单位工业增加值能耗		逆	—	—	—	—	—			
17	工业固体废物综合利用率	%	正	69.374	55.532	56.462	22	21	−1	环境年鉴	☹
18	工业用水重复利用率	%	正	76.227	48.100	46.800	25	26	1	环境年鉴	☺
19	六大高载能行业产值占工业总产值比重	%	逆	39.737	65.203	66.346	29	29	0	工业经济	
20	第三产业劳动生产率	万元/人	正	8.800	5.318	4.961	26	24	−2	中国统计	☹
21	第三产业增加值比重	%	正	40.876	32.969	32.300	28	29	1	中国统计	☺
22	第三产业就业人员比重	%	正	36.670	39.016	36.700	6	8	2	中国统计	☺
23	人均水资源量	立方米/人	正	2 356.285	15 687.200	12 956.800	1	1	0	中国统计	
24	人均森林面积	公顷/人	正	0.188	0.575	0.580	2	2	0	中国统计	
25	森林覆盖率	%	正	30.630	4.570	4.570	29	29	0	中国统计	
26	自然保护区面积占辖区面积比重	%	正	8.688	30.210	30.210	1	1	0	中国统计	

续表

序号	指标名称	单位	指标属性	2012年测评均值	2012年青海数值	2011年青海数值	2012年青海排名	2011年青海排名	排名变化	2012年数据来源	进退脸谱
27	湿地面积占国土面积的比重	%	正	7.008	5.720	5.720	14	14	0	中国统计	
28	人均活立木总蓄积量	立方米/人	正	10.608	7.701	7.768	14	14	0	中国统计	
29	单位土地面积二氧化碳排放量		逆	—	—	—	—	—			
30	人均二氧化碳排放量		逆	—	—	—	—	—			
31	单位土地面积二氧化硫排放量	吨/平方千米	逆	5.685	0.239	0.244	1	1	0	中国统计；沙漠	
32	人均二氧化硫排放量	吨/人	逆	0.019	0.027	0.028	25	25	0	中国统计	
33	单位土地面积化学需氧量排放量	吨/平方千米	逆	6.499	0.161	0.161	1	1	0	中国统计；沙漠	
34	人均化学需氧量排放量	吨/人	逆	0.019	0.018	0.018	19	18	−1	中国统计	☹
35	单位土地面积氮氧化物排放量	吨/平方千米	逆	7.358	0.196	0.193	1	1	0	中国统计；沙漠；环境年报	
36	人均氮氧化物排放量	吨/人	逆	0.020	0.022	0.022	23	21	−2	环境年报；中国统计	☹
37	单位土地面积氨氮排放量	吨/平方千米	逆	0.794	0.015	0.015	1	1	0	中国统计；沙漠；环境年报	
38	人均氨氮排放量	吨/人	逆	0.002	0.002	0.002	9	9	0	环境年报；中国统计	
39	单位耕地面积化肥施用量	万吨/千公顷	逆	0.050	0.017	0.015	1	1	0	中国统计	
40	单位耕地面积农药使用量	吨/千公顷	逆	17.537	3.326	3.676	4	5	1	环境年鉴；中国统计	☺
41	人均公路交通氮氧化物排放量	吨/万人	逆	51.826	56.898	56.031	22	22	0	环境年报；中国统计	
42	环境保护支出占财政支出比重	%	正	2.783	3.795	4.316	5	4	−1	中国统计	☹
43	环境污染治理投资总额占地区生产总值比重	%	正	1.569	1.273	1.568	18	10	−8	环境年鉴；中国统计	☹
44	农村人均改水、改厕的政府投资	元/人	正	47.312	66.330	37.385	7	21	14	环境年鉴	☺
45	单位耕地面积退耕还林投资完成额	万元/千公顷	正	14.215	82.827	76.636	1	1	0	环境年鉴；中国统计	
46	科教文卫支出占财政支出比重	%	正	28.792	22.261	20.221	28	29	1	中国统计	☺
47	城市人均绿地面积	公顷/人	正	0.003	0.002	0.002	12	13	1	城市；中国统计	☺
48	城市用水普及率	%	正	96.695	99.900	99.860	5	5	0	中国统计	
49	城市污水处理率	%	正	85.637	60.400	61.000	30	29	−1	环境年鉴	☹

续表

序号	指标名称	单位	指标属性	2012年测评均值	2012年青海数值	2011年青海数值	2012年青海排名	2011年青海排名	排名变化	2012年数据来源	进退脸谱
50	城市生活垃圾无害化处理率	%	正	84.879	89.210	89.460	14	11	−3	中国统计	☹
51	城市每万人拥有公交车辆	标台	正	11.947	16.596	16.935	3	2	−1	中国统计	☹
52	人均城市公共交通运营线路网长度	千米/人	正	0.001	0.001	0.001	7	7	0	中国统计；城市	
53	农村累计已改水受益人口占农村总人口比重	%	正	5.702	1.571	1.502	25	24	−1	环境年鉴	☹
54	建成区绿化覆盖率	%	正	38.656	32.500	31.060	29	29	0	中国统计	
55	人均当年新增造林面积	公顷/万人	正	57.751	237.693	313.820	2	1	−1	中国统计	☹
56	工业二氧化硫去除率	%	正	64.664	43.007	38.077	28	27	−1	中国统计	☹
57	工业废水化学需氧量去除率	%	正	81.060	49.812	44.709	30	30	0	环境年报；中国统计	
58	工业氮氧化物去除率	%	正	7.230	0.028	0.000	30	30	0	环境年报	
59	工业废水氨氮去除率	%	正	76.514	32.199	53.170	29	28	−1	环境年报；中国统计	☹
60	突发环境事件次数	次	逆	18	4	1	10	1	−9	中国统计	☹

注：中国统计——《中国统计年鉴2013》；环境年鉴——《中国环境统计年鉴2013》；环境年报——《中国环境统计年报2012》；城市——《中国城市统计年鉴2013》；水利——《中国水利统计年鉴2013》；工业经济——《中国工业经济统计年鉴2013》；沙漠——《中国沙漠及其治理》

宁夏绿色发展"体检"表

序号	指标名称	单位	指标属性	2012年测评均值	2012年宁夏数值	2011年宁夏数值	2012年宁夏排名	2011年宁夏排名	排名变化	2012年数据来源	进退脸谱
1	人均地区生产总值	元/人	正	44 068.433	36 394.000	33 043.000	16	16	0	中国统计	
2	单位地区生产总值能耗	吨标准煤/万元	逆	1.041	2.279	2.279	30	30	0	中国统计	
3	非化石能源消费量占能源消费量的比重		正	—	—	—	—	—			
4	单位地区生产总值二氧化碳排放量		逆	—	—	—	—	—			
5	单位地区生产总值二氧化硫排放量	吨/万元	逆	0.007	0.029	0.033	30	30	0	中国统计	
6	单位地区生产总值化学需氧量排放量	吨/万元	逆	0.007	0.016	0.019	30	30	0	中国统计	
7	单位地区生产总值氮氧化物排放量	吨/万元	逆	0.007	0.033	0.037	30	30	0	环境年报；中国统计	
8	单位地区生产总值氨氮排放量	吨/万元	逆	0.001	0.001	0.001	30	30	0	环境年报；中国统计	
9	人均城镇生活消费用电	千瓦时/人	逆	338.789	49.085	138.663	1	6	5	城市	☺
10	第一产业劳动生产率	万元/人	正	2.034	1.197	1.250	26	26	0	中国统计	
11	土地产出率	亿元/千公顷	正	0.320	0.194	0.177	26	25	−1	中国统计	☹
12	节灌率		正	0.532	0.769	0.810	5	5	0	水利；中国统计	
13	有效灌溉面积占耕地面积比重	%	正	55.004	44.383	43.140	18	18	0	中国统计	
14	第二产业劳动生产率	万元/人	正	14.801	20.648	14.917	4	10	6	中国统计	☺
15	单位工业增加值水耗	立方米/元	逆	0.006	0.006	0.005	16	13	−3	中国统计	☹
16	规模以上单位工业增加值能耗		逆	—	—	—	—	—			
17	工业固体废物综合利用率	%	正	69.374	69.031	61.244	15	15	0	环境年鉴	
18	工业用水重复利用率	%	正	76.227	91.800	91.000	11	11	0	环境年鉴	
19	六大高载能行业产值占工业总产值比重	%	逆	39.737	64.823	61.765	28	28	0	工业经济	
20	第三产业劳动生产率	万元/人	正	8.800	8.239	7.512	13	13	0	中国统计	
21	第三产业增加值比重	%	正	40.876	41.965	41.000	9	10	1	中国统计	☺
22	第三产业就业人员比重	%	正	36.670	34.978	34.747	16	18	2	中国统计	☺
23	人均水资源量	立方米/人	正	2 356.285	168.035	137.691	29	27	−2	中国统计	☹
24	人均森林面积	公顷/人	正	0.188	0.079	0.080	21	21	0	中国统计	
25	森林覆盖率	%	正	30.630	9.840	9.840	26	26	0	中国统计	
26	自然保护区面积占辖区面积比重	%	正	8.688	10.340	10.340	9	9	0	中国统计	

续表

序号	指标名称	单位	指标属性	2012年测评均值	2012年宁夏数值	2011年宁夏数值	2012年宁夏排名	2011年宁夏排名	排名变化	2012年数据来源	进退脸谱
27	湿地面积占国土面积的比重	%	正	7.008	3.850	3.850	17	17	0	中国统计	
28	人均活立木总蓄积量	立方米/人	正	10.608	0.967	0.979	25	25	0	中国统计	
29	单位土地面积二氧化碳排放量		逆	—	—	—	—	—			
30	人均二氧化碳排放量		逆	—	—	—	—	—			
31	单位土地面积二氧化硫排放量	吨/平方千米	逆	5.685	8.946	9.029	26	26	0	中国统计；沙漠	
32	人均二氧化硫排放量	吨/人	逆	0.019	0.063	0.065	30	30	0	中国统计	
33	单位土地面积化学需氧量排放量	吨/平方千米	逆	6.499	5.017	5.141	15	15	0	中国统计；沙漠	
34	人均化学需氧量排放量	吨/人	逆	0.019	0.035	0.037	28	28	0	中国统计	
35	单位土地面积氮氧化物排放量	吨/平方千米	逆	7.358	10.019	10.080	25	25	0	中国统计；沙漠；环境年报	
36	人均氮氧化物排放量	吨/人	逆	0.020	0.071	0.072	30	30	0	环境年报；中国统计	
37	单位土地面积氨氮排放量	吨/平方千米	逆	0.794	0.384	0.396	13	13	0	中国统计；沙漠；环境年报	
38	人均氨氮排放量	吨/人	逆	0.002	0.003	0.003	30	30	0	环境年报；中国统计	
39	单位耕地面积化肥施用量	万吨/千公顷	逆	0.050	0.036	0.035	8	8	0	中国统计	
40	单位耕地面积农药使用量	吨/千公顷	逆	17.537	2.475	2.432	1	1	0	环境年鉴；中国统计	
41	人均公路交通氮氧化物排放量	吨/万人	逆	51.826	114.748	109.462	29	29	0	环境年报；中国统计	
42	环境保护支出占财政支出比重	%	正	2.783	4.092	4.991	3	1	-2	中国统计	☹
43	环境污染治理投资总额占地区生产总值比重	%	正	1.569	2.379	2.730	6	2	-4	环境年鉴；中国统计	☹
44	农村人均改水、改厕的政府投资	元/人	正	47.312	79.756	103.407	4	2	-2	环境年鉴	☹
45	单位耕地面积退耕还林投资完成额	万元/千公顷	正	14.215	15.564	13.825	11	10	-1	环境年鉴；中国统计	☹
46	科教文卫支出占财政支出比重	%	正	28.792	20.431	23.504	30	25	-5	中国统计	☹
47	城市人均绿地面积	公顷/人	正	0.003	0.003	0.003	7	7	0	城市；中国统计	
48	城市用水普及率	%	正	96.695	92.300	95.450	27	20	-7	中国统计	☹
49	城市污水处理率	%	正	85.637	93.400	80.200	5	22	17	环境年鉴	☺

续表

序号	指标名称	单位	指标属性	2012年测评均值	2012年宁夏数值	2011年宁夏数值	2012年宁夏排名	2011年宁夏排名	排名变化	2012年数据来源	进退脸谱
50	城市生活垃圾无害化处理率	%	正	84.879	70.640	66.950	27	25	-2	中国统计	☹
51	城市每万人拥有公交车辆	标台	正	11.947	12.464	11.239	11	13	2	中国统计	☺
52	人均城市公共交通运营线路网长度	千米/人	正	0.001	0.001	0.001	9	9	0	中国统计；城市	
53	农村累计已改水受益人口占农村总人口比重	%	正	5.702	0.519	0.703	28	28	0	环境年鉴	
54	建成区绿化覆盖率	%	正	38.656	38.370	37.450	18	19	1	中国统计	☺
55	人均当年新增造林面积	公顷/万人	正	57.751	147.382	142.215	3	3	0	中国统计	
56	工业二氧化硫去除率	%	正	64.664	69.863	67.978	11	11	0	中国统计	
57	工业废水化学需氧量去除率	%	正	81.060	78.808	78.165	23	22	-1	环境年报；中国统计	☹
58	工业氮氧化物去除率	%	正	7.230	6.636	5.648	15	10	-5	环境年报	☹
59	工业废水氨氮去除率	%	正	76.514	88.108	89.813	6	8	2	环境年报；中国统计	☺
60	突发环境事件次数	次	逆	18	0	1	1	1	0	中国统计	

注：中国统计——《中国统计年鉴2013》；环境年鉴——《中国环境统计年鉴2013》；环境年报——《中国环境统计年报2012》；城市——《中国城市统计年鉴2013》；水利——《中国水利统计年鉴2013》；工业经济——《中国工业经济统计年鉴2013》；沙漠——《中国沙漠及其治理》

新疆绿色发展"体检"表

序号	指标名称	单位	指标属性	2012年测评均值	2012年新疆数值	2011年新疆数值	2012年新疆排名	2011年新疆排名	排名变化	2012年数据来源	进退脸谱
1	人均地区生产总值	元/人	正	44 068.433	33 796.000	30 087.000	18	19	1	中国统计	☺
2	单位地区生产总值能耗	吨标准煤/万元	逆	1.041	1.631	1.631	26	26	0	中国统计	
3	非化石能源消费量占能源消费量的比重		正	—	—	—	—	—			
4	单位地区生产总值二氧化碳排放量		逆	—	—	—	—	—			
5	单位地区生产总值二氧化硫排放量	吨/万元	逆	0.007	0.015	0.016	28	26	−2	中国统计	☹
6	单位地区生产总值化学需氧量排放量	吨/万元	逆	0.007	0.013	0.014	29	28	−1	中国统计	☹
7	单位地区生产总值氮氧化物排放量	吨/万元	逆	0.007	0.015	0.016	29	28	−1	环境年报；中国统计	☹
8	单位地区生产总值氨氮排放量	吨/万元	逆	0.001	0.001	0.001	25	24	−1	环境年报；中国统计	☹
9	人均城镇生活消费用电	千瓦时/人	逆	338.789	566.752	558.355	25	26	1	城市	☺
10	第一产业劳动生产率	万元/人	正	2.034	2.762	2.531	6	6	0	中国统计	
11	土地产出率	亿元/千公顷	正	0.320	0.327	0.289	13	13	0	中国统计	
12	节灌率		正	0.532	0.869	0.835	2	2	0	水利；中国统计	
13	有效灌溉面积占耕地面积比重	%	正	55.004	97.685	94.181	1	1	0	中国统计	
14	第二产业劳动生产率	万元/人	正	14.801	22.700	23.998	3	2	−1	中国统计	☹
15	单位工业增加值水耗	立方米/元	逆	0.006	0.004	0.004	12	12	0	中国统计	
16	规模以上单位工业增加值能耗		逆	—	—	—	—	—			
17	工业固体废物综合利用率	%	正	69.374	51.561	54.378	25	23	−2	环境年鉴	☹
18	工业用水重复利用率	%	正	76.227	11.000	12.500	30	30	0	环境年鉴	
19	六大高载能行业产值占工业总产值比重	%	逆	39.737	54.890	53.519	26	25	−1	工业经济	☹
20	第三产业劳动生产率	万元/人	正	8.800	7.715	7.049	16	16	0	中国统计	
21	第三产业增加值比重	%	正	40.876	36.017	34.000	20	25	5	中国统计	☺
22	第三产业就业人员比重	%	正	36.670	35.665	35.705	15	14	−1	中国统计	☹
23	人均水资源量	立方米/人	正	2 356.285	4 055.510	4 031.340	5	3	−2	中国统计	☹
24	人均森林面积	公顷/人	正	0.188	0.296	0.300	5	5	0	中国统计	
25	森林覆盖率	%	正	30.630	4.020	4.020	30	30	0	中国统计	
26	自然保护区面积占辖区面积比重	%	正	8.688	12.950	12.950	5	5	0	中国统计	

续表

序号	指标名称	单位	指标属性	2012年测评均值	2012年新疆数值	2011年新疆数值	2012年新疆排名	2011年新疆排名	排名变化	2012年数据来源	进退脸谱
27	湿地面积占国土面积的比重	%	正	7.008	0.860	0.860	27	27	0	中国统计	
28	人均活立木总蓄积量	立方米/人	正	10.608	15.189	15.355	6	6	0	中国统计	
29	单位土地面积二氧化碳排放量		逆	—	—	—	—	—	—		
30	人均二氧化碳排放量		逆	—	—	—	—	—	—		
31	单位土地面积二氧化硫排放量	吨/平方千米	逆	5.685	0.836	0.802	2	2	0	中国统计；沙漠	
32	人均二氧化硫排放量	吨/人	逆	0.019	0.036	0.035	27	27	0	中国统计	
33	单位土地面积化学需氧量排放量	吨/平方千米	逆	6.499	0.714	0.707	2	2	0	中国统计；沙漠	
34	人均化学需氧量排放量	吨/人	逆	0.019	0.031	0.031	27	26	−1	中国统计	☹
35	单位土地面积氮氧化物排放量	吨/平方千米	逆	7.358	0.861	0.793	2	2	0	中国统计；沙漠；环境年报	
36	人均氮氧化物排放量	吨/人	逆	0.020	0.037	0.034	28	27	−1	环境年报；中国统计	☹
37	单位土地面积氨氮排放量	吨/平方千米	逆	0.794	0.050	0.049	2	2	0	中国统计；沙漠；环境年报	
38	人均氨氮排放量	吨/人	逆	0.002	0.002	0.002	23	20	−3	环境年报；中国统计	☹
39	单位耕地面积化肥施用量	万吨/千公顷	逆	0.050	0.047	0.045	14	13	−1	中国统计	☹
40	单位耕地面积农药使用量	吨/千公顷	逆	17.537	4.812	4.689	6	6	0	环境年鉴；中国统计	
41	人均公路交通氮氧化物排放量	吨/万人	逆	51.826	134.198	130.379	30	30	0	环境年报；中国统计	
42	环境保护支出占财政支出比重	%	正	2.783	2.357	2.349	21	21	0	中国统计	
43	环境污染治理投资总额占地区生产总值比重	%	正	1.569	3.399	2.008	1	7	6	环境年鉴；中国统计	☺
44	农村人均改水、改厕的政府投资	元/人	正	47.312	62.662	81.603	8	6	−2	环境年鉴	☹
45	单位耕地面积退耕还林投资完成额	万元/千公顷	正	14.215	9.979	6.875	14	13	−1	环境年鉴；中国统计	☹
46	科教文卫支出占财政支出比重	%	正	28.792	26.506	26.543	24	17	−7	中国统计	☹
47	城市人均绿地面积	公顷/人	正	0.003	0.017	0.016	2	2	0	城市；中国统计	
48	城市用水普及率	%	正	96.695	99.130	99.170	9	9	0	中国统计	
49	城市污水处理率	%	正	85.637	84.300	77.000	22	25	3	环境年鉴	☺

续表

序号	指标名称	单位	指标属性	2012年测评均值	2012年新疆数值	2011年新疆数值	2012年新疆排名	2011年新疆排名	排名变化	2012年数据来源	进退脸谱
50	城市生活垃圾无害化处理率	%	正	84.879	78.740	79.480	25	20	−5	中国统计	☹
51	城市每万人拥有公交车辆	标台	正	11.947	13.909	13.461	6	6	0	中国统计	
52	人均城市公共交通运营线路网长度	千米/人	正	0.001	0.003	0.003	1	1	0	中国统计；城市	
53	农村累计已改水受益人口占农村总人口比重	%	正	5.702	8.216	8.455	10	11	1	环境年鉴	☺
54	建成区绿化覆盖率	%	正	38.656	35.880	36.640	25	22	−3	中国统计	☹
55	人均当年新增造林面积	公顷/万人	正	57.751	94.673	98.733	5	5	0	中国统计	
56	工业二氧化硫去除率	%	正	64.664	53.339	26.846	27	30	3	中国统计	☺
57	工业废水化学需氧量去除率	%	正	81.060	60.566	66.372	28	28	0	环境年报；中国统计	
58	工业氮氧化物去除率	%	正	7.230	0.685	0.018	28	29	1	环境年报	☺
59	工业废水氨氮去除率	%	正	76.514	85.449	83.038	11	15	4	环境年报；中国统计	☺
60	突发环境事件次数	次	逆	18	13	6	18	11	−7	中国统计	☹

注：中国统计——《中国统计年鉴2013》；环境年鉴——《中国环境统计年鉴2013》；环境年报——《中国环境统计年报2012》；城市——《中国城市统计年鉴2013》；水利——《中国水利统计年鉴2013》；工业经济——《中国工业经济统计年鉴2013》；沙漠——《中国沙漠及其治理》

如何解读城市"绿色体检"表?

　　城市"绿色体检"表包含中国绿色发展指数(城市)38个测评城市44个绿色发展三级指标的序号、指标名称、单位、口径、指标属性、2012年该城市测评均值、2012年该城市数值、2011年该城市数值、2012年该城市排名、2011年该城市排名、2011年和2012年排名变化、数据来源及进退脸谱13项内容。其中,序号、指标名称、单位、口径、指标属性、2012年该城市测评均值及数据来源7项内容在每个城市绿色发展"体检"表中都是相同的,反映的是整个中国绿色发展指数(城市)44个绿色发展三级指标的具体情况;2012年该城市指标数值、2011年该城市指标数值、2012年该城市指标排名、2011年该城市指标排名及前后两年排名变化5项内容在每个表中均不同,反映每个测评城市三级指标的原始数据及其相应的排名、变化;而最后的进退脸谱是根据指标排名变化制作的,若2012年指标数值排名较2011年有所进步,即给该项指标一个笑脸,以表示鼓励;若2012年指标数值排名较2011年有所退步,则给该项指标一个哭脸,以表示激励;若该项指标排名两年基本没有变化,则无脸谱表示;若该项指标在统计年鉴中没有数据,则用—表示,待日后补全。城市"绿色体检"表全面地反映了每个测评城市在绿色发展各个方面的具体表现。

北京市绿色发展"体检"表

序号	指标名称	单位	口径	指标属性	2012年测评均值	2012年北京数值	2011年北京数值	2012年北京排名	2011年北京排名	排名变化	2012年数据来源	进退脸谱
1	人均地区生产总值	元/人	全市	正	56 972.840	87 475.000	81 658.000	14	13	-1	区域经济	☹
2	单位地区生产总值能耗	吨/万元	全市	逆	0.936	0.133	0.139	4	18	14	区域经济；城市	☺
3	人均城镇生活消费用电	千瓦时/人	全市	逆	421.958	1 226.920	1 112.980	95	95	0	城市	
4	单位地区生产总值二氧化碳排放量			逆	—	—	—					
5	单位地区生产总值二氧化硫排放量	吨/亿元	全市	逆	60.907	6.911	7.738	5	4	-1	区域经济；环境年报2012	☹
6	单位地区生产总值化学需氧量排放量	吨/亿元	全市	逆	25.221	7.508	8.427	7	6	-1	区域经济；环境年报2012	☹
7	单位地区生产总值氮氧化物排放量	吨/亿元	全市	逆	47.862	7.145	8.104	7	6	-1	区域经济；环境年报2012	☹
8	单位地区生产总值氨氮排放量	吨/亿元	全市	逆	3.906	1.113	1.265	4	3	-1	区域经济；环境年报2012	☹
9	第一产业劳动生产率	万元/人	全市	正	756.662	61.306	48.755	92	93	1	区域经济；城市	☺
10	第二产业劳动生产率	万元/人	全市	正	44.579	24.411	23.653	87	90	3	区域经济；城市	☺
11	单位工业增加值水耗	万吨/万元	全市	逆	233.379	104.623	155.091	34	42	8	区域经济；环境年报2012	☺
12	单位工业增加值能耗		全市	逆	—	—	—	—	—			
13	工业固体废物综合利用率	%	全市	正	80.222	78.960	66.500	68	75	7	环境年报2012	☺
14	工业用水重复利用率	%	全市	正	81.943	94.320	95.545	19	8	-11	环境年报2012	☹
15	第三产业劳动生产率	万元/人	全市	正	36.407	25.652	24.490	68	63	-5	区域经济；城市	☹
16	第三产业增加值比重	%	全市	正	39.655	76.460	76.070	1	1	0	城市	
17	第三产业就业人员比重	%	全市	正	47.331	76.432	75.447	1	1	0	区域经济	
18	人均水资源量	立方米/人	全市	正	1 244.514	306.748	211.452	76	85	9	环境年报2012；城市	☺
19	单位土地面积二氧化碳排放量			逆	—	—	—					
20	人均二氧化碳排放量			逆	—	—	—					

续表

序号	指标名称	单位	口径	指标属性	2012年测评均值	2012年北京数值	2011年北京数值	2012年北京排名	2011年北京排名	排名变化	2012年数据来源	进退脸谱
21	单位土地面积二氧化硫排放量	吨/平方千米	全市	逆	9.424	5.717	5.944	36	36	0	环境年报2012；城市	
22	人均二氧化硫排放量	吨/万人	全市	逆	256.223	72.855	76.930	11	12	1	环境年报2012；城市	☺
23	单位土地面积化学需氧量排放量	吨/平方千米	全市	逆	5.523	6.211	6.472	76	76	0	环境年报2012；城市	
24	人均化学需氧量排放量	吨/万人	全市	逆	99.608	79.154	83.772	34	34	0	环境年报2012；城市	
25	单位土地面积氮氧化物排放量	吨/平方千米	全市	逆	8.762	5.910	6.224	46	45	−1	环境年报2012；城市	☹
26	人均氮氧化物排放量	吨/万人	全市	逆	205.128	75.321	80.562	21	18	−3	环境年报2012；城市	☹
27	单位土地面积氨氮排放量	吨/平方千米	全市	逆	0.882	0.921	0.972	76	75	−1	环境年报2012；城市	☹
28	人均氨氮排放量	吨/万人	全市	逆	16.558	11.737	12.577	38	41	3	环境年报2012；城市	☺
29	空气质量达到二级以上天数占全年比重	%	市辖区	正	92.614	76.990	78.300	99	97	−2	环境保护部数据	☹
30	首要污染物可吸入颗粒物天数占全年比重	%	市辖区	逆	71.737	76.438	78.630	54	67	13	环境保护部数据	☺
31	可吸入细颗粒物浓度(PM2.5)年均值		市辖区	正	—	—	—	—	—		环境空气质量标准	
32	环境保护支出占财政支出比重	%	全市	正	3.042	3.081	2.777	38	13	−25	统计；城市	☹
33	城市环境基础设施建设投资占全市固定资产投资比重	%	全市	正	0.010	0.049	—	4	—		城市建设；统计	
34	科教文卫支出占财政支出比重	%	全市	正	30.384	33.268	31.218	28	28	0	统计；区域经济；城市	
35	人均绿地面积	平方米	市辖区	正	26.119	48.821	1 267.900	10	3	−7	城市	☹
36	建成区绿化覆盖率	%	市辖区	正	40.808	46.200	45.600	6	9	3	城市建设	☺
37	用水普及率	%	市辖区	正	98.280	100.000	100.000	1	1	0	城市建设	

续表

序号	指标名称	单位	口径	指标属性	2012年测评均值	2012年北京数值	2011年北京数值	2012年北京排名	2011年北京排名	排名变化	2012年数据来源	进退脸谱
38	城市生活污水处理率	%	市辖区	正	88.913	83.160	81.680	84	76	−8	城市建设	☹
39	生活垃圾无害化处理率	%	市辖区	正	92.800	99.120	98.240	51	57	6	城市建设	☺
40	万人拥有公交车辆	辆	市辖区	正	11.053	18.060	17.920	6	5	−1	城市	☹
41	工业二氧化硫去除率	%	全市	正	61.876	62.685	62.112	56	51	−5	环境年报2012	☹
42	工业废水化学需氧量去除率	%	全市	正	82.576	89.856	91.248	26	25	−1	环境年报2012	☹
43	工业氮氧化物去除率	%	全市	正	8.635	13.265	10.891	21	12	−9	环境年报2012	☹
44	工业废水氨氮去除率	%	全市	正	72.465	87.084	86.405	20	28	8	环境年报2012	☺

注：区域经济——《中国区域经济统计年鉴2013》；城市——《中国城市统计年鉴2013》；统计——《中国统计年鉴2013》；城市建设——《中国城市建设统计年鉴2012》；环境年报2012——《中国环境统计年报2012》；环境年鉴——《中国环境统计年鉴2013》；环境保护部数据——环境保护部数据中心

天津市绿色发展"体检"表

序号	指标名称	单位	口径	指标属性	2012年测评均值	2012年天津数值	2011年天津数值	2012年天津排名	2011年天津排名	排名变化	2012年数据来源	进退脸谱
1	人均地区生产总值	元/人	全市	正	56 972.840	93 173.000	85 213.000	11	11	0	区域经济	
2	单位地区生产总值能耗	吨/万元	全市	逆	0.936	0.797	0.840	54	76	22	区域经济；城市	☺
3	人均城镇生活消费用电	千瓦时/人	全市	逆	421.958	740.721	669.911	89	89	0	城市	
4	单位地区生产总值二氧化碳排放量			逆	—	—	—	—	—	—		
5	单位地区生产总值二氧化硫排放量	吨/亿元	全市	逆	60.907	21.802	25.532	27	26	-1	区域经济；环境年报2012	☹
6	单位地区生产总值化学需氧量排放量	吨/亿元	全市	逆	25.221	11.179	13.345	20	20	0	区域经济；环境年报2012	
7	单位地区生产总值氮氧化物排放量	吨/亿元	全市	逆	47.862	27.243	33.656	39	41	2	区域经济；环境年报2012	☺
8	单位地区生产总值氨氮排放量	吨/亿元	全市	逆	3.906	1.888	2.253	16	17	1	区域经济；环境年报2012	☺
9	第一产业劳动生产率	万元/人	全市	正	756.662	298.435	243.290	55	60	5	区域经济；城市	☺
10	第二产业劳动生产率	万元/人	全市	正	44.579	41.587	46.391	51	40	-11	区域经济；城市	☹
11	单位工业增加值水耗	万吨/万元	全市	逆	233.379	164.569	195.090	50	55	5	区域经济；环境年报2012	☺
12	单位工业增加值能耗		全市	逆	—	—	—	—	—	—		
13	工业固体废物综合利用率	%	全市	正	80.222	99.620	99.500	5	4	-1	环境年报2012	☹
14	工业用水重复利用率	%	全市	正	81.943	95.971	96.083	5	4	-1	环境年报2012	☹
15	第三产业劳动生产率	万元/人	全市	正	36.407	51.413	48.104	16	18	2	区域经济；城市	☺
16	第三产业增加值比重	%	全市	正	39.655	46.990	46.160	23	23	0	城市	
17	第三产业就业人员比重	%	全市	正	47.331	43.547	40.934	64	76	12	区域经济	☺
18	人均水资源量	立方米/人	全市	正	1 244.514	330.921	155.244	72	91	19	环境年报2012；城市	☺
19	单位土地面积二氧化碳排放量			逆	—	—	—	—	—	—		
20	人均二氧化碳排放量			逆	—	—	—	—	—	—		

续表

序号	指标名称	单位	口径	指标属性	2012年测评均值	2012年天津数值	2011年天津数值	2012年天津排名	2011年天津排名	排名变化	2012年数据来源	进退脸谱
21	单位土地面积二氧化硫排放量	吨/平方千米	全市	逆	9.424	19.085	19.639	93	92	−1	环境年报2012；城市	☹
22	人均二氧化硫排放量	吨/万人	全市	逆	256.223	225.613	233.127	68	67	−1	环境年报2012；城市	☹
23	单位土地面积化学需氧量排放量	吨/平方千米	全市	逆	5.523	9.785	10.265	89	89	0	环境年报2012；城市	
24	人均化学需氧量排放量	吨/万人	全市	逆	99.608	115.679	121.850	72	73	1	环境年报2012；城市	☺
25	单位土地面积氮氧化物排放量	吨/平方千米	全市	逆	8.762	23.848	25.888	94	96	2	环境年报2012；城市	☺
26	人均氮氧化物排放量	吨/万人	全市	逆	205.128	281.913	307.305	80	79	−1	环境年报2012；城市	☹
27	单位土地面积氨氮排放量	吨/平方千米	全市	逆	0.882	1.652	1.733	91	90	−1	环境年报2012；城市	☹
28	人均氨氮排放量	吨/万人	全市	逆	16.558	19.534	20.572	80	81	1	环境年报2012；城市	☺
29	空气质量达到二级以上天数占全年比重	%	市辖区	正	92.614	83.840	87.910	94	80	−14	环境保护部数据	☹
30	首要污染物可吸入颗粒物天数占全年比重	%	市辖区	逆	71.737	76.712	72.329	55	51	−4	环境保护部数据	☹
31	可吸入细颗粒物浓度(PM2.5)年均值		市辖区	正	—	—	—	—	—		环境空气质量标准	
32	环境保护支出占财政支出比重	%	全市	正	3.042	1.796	1.774	84	32	−52	统计；城市	☹
33	城市环境基础设施建设投资占全市固定资产投资比重	%	全市	正	0.010	0.012	—	26	—		城市建设；统计	
34	科教文卫支出占财政支出比重	%	全市	正	30.384	27.854	26.824	73	60	−13	统计；区域经济；城市	☹
35	人均绿地面积	平方米	市辖区	正	26.119	22.436	990.700	29	7	−22	城市	☹
36	建成区绿化覆盖率	%	市辖区	正	40.808	34.880	34.530	98	95	−3	城市建设	☹
37	用水普及率	%	市辖区	正	98.280	100.000	100.000	1	1	0	城市建设	

续表

序号	指标名称	单位	口径	指标属性	2012年测评均值	2012年天津数值	2011年天津数值	2012年天津排名	2011年天津排名	排名变化	2012年数据来源	进退脸谱
38	城市生活污水处理率	%	市辖区	正	88.913	88.240	86.750	63	58	−5	城市建设	☹
39	生活垃圾无害化处理率	%	市辖区	正	92.800	99.810	100.000	49	1	−48	城市建设	☹
40	万人拥有公交车辆	辆	市辖区	正	11.053	10.280	9.420	41	54	13	城市	☺
41	工业二氧化硫去除率	%	全市	正	61.876	65.468	61.658	48	56	8	环境年报2012	☺
42	工业废水化学需氧量去除率	%	全市	正	82.576	79.672	84.590	74	55	−19	环境年报2012	☹
43	工业氮氧化物去除率	%	全市	正	8.635	7.071	3.226	38	34	−4	环境年报2012	☹
44	工业废水氨氮去除率	%	全市	正	72.465	55.291	52.264	81	87	6	环境年报2012	☺

注：区域经济——《中国区域经济统计年鉴2013》；城市——《中国城市统计年鉴2013》；统计——《中国统计年鉴2013》；城市建设——《中国城市建设统计年鉴2012》；环境年报2012——《中国环境统计年报2012》；环境年鉴——《中国环境统计年鉴2013》；环境保护部数据——环境保护部数据中心

石家庄市绿色发展"体检"表

序号	指标名称	单位	口径	指标属性	2012年测评均值	2012年石家庄数值	2011年石家庄数值	2012年石家庄排名	2011年石家庄排名	排名变化	2012年数据来源	进退脸谱
1	人均地区生产总值	元/人	全市	正	56 972.840	43 552.000	39 919.000	65	62	−3	区域经济	☹
2	单位地区生产总值能耗	吨/万元	全市	逆	0.936	0.754	0.163	51	20	−31	区域经济；城市	☹
3	人均城镇生活消费用电	千瓦时/人	全市	逆	421.958	150.426	182.482	27	35	8	城市	☺
4	单位地区生产总值二氧化碳排放量			逆	—	—	—					
5	单位地区生产总值二氧化硫排放量	吨/亿元	全市	逆	60.907	48.093	58.249	57	58	1	区域经济；环境年报2012	☺
6	单位地区生产总值化学需氧量排放量	吨/亿元	全市	逆	25.221	13.272	15.569	27	28	1	区域经济；环境年报2012	☺
7	单位地区生产总值氮氧化物排放量	吨/亿元	全市	逆	47.862	54.012	61.329	71	67	−4	区域经济；环境年报2012	☹
8	单位地区生产总值氨氮排放量	吨/亿元	全市	逆	3.906	2.353	2.698	25	23	−2	区域经济；环境年报2012	☹
9	第一产业劳动生产率	万元/人	全市	正	756.662	1 349.790	1 012.200	24	24	0	区域经济；城市	
10	第二产业劳动生产率	万元/人	全市	正	44.579	69.521	65.960	12	13	1	区域经济；城市	☺
11	单位工业增加值水耗	万吨/万元	全市	逆	233.379	367.899	371.494	78	77	−1	区域经济；环境年报2012	☹
12	单位工业增加值能耗		全市	逆	—	—	—					
13	工业固体废物综合利用率	%	全市	正	80.222	49.470	91.900	86	41	−45	环境年报2012	☹
14	工业用水重复利用率	%	全市	正	81.943	93.561	93.705	26	21	−5	环境年报2012	☹
15	第三产业劳动生产率	万元/人	全市	正	36.407	32.757	30.713	45	46	1	区域经济；城市	☺
16	第三产业增加值比重	%	全市	正	39.655	40.160	40.070	48	44	−4	城市	☹
17	第三产业就业人员比重	%	全市	正	47.331	62.263	63.550	6	7	1	区域经济	☺
18	人均水资源量	立方米/人	全市	正	1 244.514	197.343	177.205	87	88	1	环境年报2012；城市	☺
19	单位土地面积二氧化碳排放量			逆	—	—	—					
20	人均二氧化碳排放量			逆	—	—	—					

续表

序号	指标名称	单位	口径	指标属性	2012年测评均值	2012年石家庄数值	2011年石家庄数值	2012年石家庄排名	2011年石家庄排名	排名变化	2012年数据来源	进退脸谱
21	单位土地面积二氧化硫排放量	吨/平方千米	全市	逆	9.424	11.919	13.076	72	75	3	环境年报2012；城市	☺
22	人均二氧化硫排放量	吨/万人	全市	逆	256.223	188.652	208.652	57	65	8	环境年报2012；城市	☺
23	单位土地面积化学需氧量排放量	吨/平方千米	全市	逆	5.523	3.289	3.495	45	46	1	环境年报2012；城市	☺
24	人均化学需氧量排放量	吨/万人	全市	逆	99.608	52.061	55.769	10	11	1	环境年报2012；城市	☺
25	单位土地面积氮氧化物排放量	吨/平方千米	全市	逆	8.762	13.386	13.768	80	79	－1	环境年报2012；城市	☹
26	人均氮氧化物排放量	吨/万人	全市	逆	205.128	211.869	219.685	70	70	0	环境年报2012；城市	☺
27	单位土地面积氨氮排放量	吨/平方千米	全市	逆	0.882	0.583	0.606	51	50	－1	环境年报2012；城市	☹
28	人均氨氮排放量	吨/万人	全市	逆	16.558	9.231	9.665	15	16	1	环境年报2012；城市	☺
29	空气质量达到二级以上天数占全年比重	%	市辖区	正	92.614	88.490	87.640	80	82	2	环境保护部数据	☺
30	首要污染物可吸入颗粒物天数占全年比重	%	市辖区	逆	71.737	73.425	83.562	46	81	35	环境保护部数据	☺
31	可吸入细颗粒物浓度(PM2.5)年均值		市辖区	正	—	—	—	—	—		环境空气质量标准	
32	环境保护支出占财政支出比重	%	全市	正	3.042	3.120	1.105	37	63	26	统计；城市	☺
33	城市环境基础设施建设投资占全市固定资产投资比重	%	全市	正	0.010	0.009	—	35	—		城市建设；统计	☺
34	科教文卫支出占财政支出比重	%	全市	正	30.384	35.613	33.963	14	14	0	统计；区域经济；城市	
35	人均绿地面积	平方米	市辖区	正	26.119	8.825	993.200	76	5	－71	城市	☹
36	建成区绿化覆盖率	%	市辖区	正	40.808	41.020	47.120	47	6	－41	城市建设	☹
37	用水普及率	%	市辖区	正	98.280	100.000	100.000	1	1	0	城市建设	

续表

序号	指标名称	单位	口径	指标属性	2012年测评均值	2012年石家庄数值	2011年石家庄数值	2012年石家庄排名	2011年石家庄排名	排名变化	2012年数据来源	进退脸谱
38	城市生活污水处理率	%	市辖区	正	88.913	95.860	95.460	16	12	−4	城市建设	☹
39	生活垃圾无害化处理率	%	市辖区	正	92.800	94.540	100.000	70	1	−69	城市建设	☹
40	万人拥有公交车辆	辆	市辖区	正	11.053	16.990	19.240	12	4	−8	城市	☹
41	工业二氧化硫去除率	%	全市	正	61.876	74.476	69.315	16	31	15	环境年报2012	☺
42	工业废水化学需氧量去除率	%	全市	正	82.576	89.704	84.574	28	56	28	环境年报2012	☺
43	工业氮氧化物去除率	%	全市	正	8.635	5.830	0.922	46	55	9	环境年报2012	☺
44	工业废水氨氮去除率	%	全市	正	72.465	67.202	67.429	65	69	4	环境年报2012	☺

注：区域经济——《中国区域经济统计年鉴2013》；城市——《中国城市统计年鉴2013》；统计——《中国统计年鉴2013》；城市建设——《中国城市建设统计年鉴2012》；环境年报2012——《中国环境统计年报2012》；环境年鉴——《中国环境统计年鉴2013》；环境保护部数据——环境保护部数据中心

太原市绿色发展"体检"表

序号	指标名称	单位	口径	指标属性	2012年测评均值	2012年太原数值	2011年太原数值	2012年太原排名	2011年太原排名	排名变化	2012年数据来源	进退脸谱
1	人均地区生产总值	元/人	全市	正	56 972.840	54 440.000	49 292.000	48	47	-1	区域经济	☹
2	单位地区生产总值能耗	吨/万元	全市	逆	0.936	1.600	1.519	84	92	8	区域经济;城市	☺
3	人均城镇生活消费用电	千瓦时/人	全市	逆	421.958	638.314	586.105	81	83	2	城市	☺
4	单位地区生产总值二氧化碳排放量		全市	逆	—	—	—	—	—	—	—	
5	单位地区生产总值二氧化硫排放量	吨/亿元	全市	逆	60.907	76.783	89.861	78	75	-3	区域经济;环境年报2012	☹
6	单位地区生产总值化学需氧量排放量	吨/亿元	全市	逆	25.221	9.535	10.905	14	12	-2	区域经济;环境年报2012	☹
7	单位地区生产总值氮氧化物排放量	吨/亿元	全市	逆	47.862	65.350	78.226	84	86	2	区域经济;环境年报2012	☺
8	单位地区生产总值氨氮排放量	吨/亿元	全市	逆	3.906	2.162	3.151	20	38	18	区域经济;环境年报2012	☺
9	第一产业劳动生产率	万元/人	全市	正	756.662	124.207	102.576	88	84	-4	区域经济;城市	☹
10	第二产业劳动生产率	万元/人	全市	正	44.579	20.685	22.360	94	91	-3	区域经济;城市	☹
11	单位工业增加值水耗	万吨/万元	全市	逆	233.379	541.847	662.919	96	99	3	区域经济;环境年报2012	☺
12	单位工业增加值能耗		全市	逆	—	—	—	—	—	—	—	
13	工业固体废物综合利用率	%	全市	正	80.222	53.770	53.000	85	84	-1	环境年报2012	☹
14	工业用水重复利用率	%	全市	正	81.943	95.968	96.500	6	3	-3	环境年报2012	☹
15	第三产业劳动生产率	万元/人	全市	正	36.407	28.654	26.474	58	60	2	区域经济;城市	☺
16	第三产业增加值比重	%	全市	正	39.655	53.640	52.740	9	10	1	城市	☺
17	第三产业就业人员比重	%	全市	正	47.331	43.712	49.308	63	43	-20	区域经济	☹
18	人均水资源量	立方米/人	全市	正	1 244.514	138.320	141.081	96	96	0	环境年报2012;城市	☹
19	单位土地面积二氧化碳排放量			逆	—	—	—	—	—	—	—	
20	人均二氧化碳排放量			逆	—	—	—	—	—	—	—	

续表

序号	指标名称	单位	口径	指标属性	2012年测评均值	2012年太原数值	2011年太原数值	2012年太原排名	2011年太原排名	排名变化	2012年数据来源	进退脸谱
21	单位土地面积二氧化硫排放量	吨/平方千米	全市	逆	9.424	19.073	20.201	92	93	1	环境年报2012；城市	☺
22	人均二氧化硫排放量	吨/万人	全市	逆	256.223	364.193	385.828	84	86	2	环境年报2012；城市	☺
23	单位土地面积化学需氧量排放量	吨/平方千米	全市	逆	5.523	2.368	2.451	30	30	0	环境年报2012；城市	
24	人均化学需氧量排放量	吨/万人	全市	逆	99.608	45.223	46.820	5	5	0	环境年报2012；城市	
25	单位土地面积氮氧化物排放量	吨/平方千米	全市	逆	8.762	16.233	17.586	86	86	0	环境年报2012；城市	
26	人均氮氧化物排放量	吨/万人	全市	逆	205.128	309.962	335.872	82	83	1	环境年报2012；城市	☺
27	单位土地面积氨氮排放量	吨/平方千米	全市	逆	0.882	0.537	0.708	46	57	11	环境年报2012；城市	☺
28	人均氨氮排放量	吨/万人	全市	逆	16.558	10.254	13.531	23	47	24	环境年报2012；城市	☺
29	空气质量达到二级以上天数占全年比重	%	市辖区	正	92.614	89.040	84.340	76	93	17	环境保护部数据	☺
30	首要污染物可吸入颗粒物天数占全年比重	%	市辖区	逆	71.737	54.247	55.069	15	15	0	环境保护部数据	
31	可吸入细颗粒物浓度(PM2.5)年均值		市辖区	正	—	—	—				环境空气质量标准	
32	环境保护支出占财政支出比重	%	全市	正	3.042	4.685	1.803	13	29	16	统计；城市	☺
33	城市环境基础设施建设投资占全市固定资产投资比重	%	全市	正	0.010	0.066	—	2	—		城市建设；统计	
34	科教文卫支出占财政支出比重	%	全市	正	30.384	30.834	29.063	46	44	-2	统计；区域经济；城市	☹
35	人均绿地面积	平方米	市辖区	正	26.119	28.998	365.300	21	68	47	城市	☺
36	建成区绿化覆盖率	%	市辖区	正	40.808	39.070	38.010	70	79	9	城市建设	☺
37	用水普及率	%	市辖区	正	98.280	100.000	100.000	1	1	0	城市建设	

续表

序号	指标名称	单位	口径	指标属性	2012年测评均值	2012年太原数值	2011年太原数值	2012年太原排名	2011年太原排名	排名变化	2012年数据来源	进退脸谱
38	城市生活污水处理率	%	市辖区	正	88.913	84.500	84.000	80	70	−10	城市建设	☹
39	生活垃圾无害化处理率	%	市辖区	正	92.800	100.000	100.000	1	1	0	城市建设	
40	万人拥有公交车辆	辆	市辖区	正	11.053	10.750	9.440	38	53	15	城市	☺
41	工业二氧化硫去除率	%	全市	正	61.876	73.145	69.318	24	30	6	环境年报2012	☺
42	工业废水化学需氧量去除率	%	全市	正	82.576	83.514	89.758	58	32	−26	环境年报2012	☹
43	工业氮氧化物去除率	%	全市	正	8.635	5.405	10.236	48	13	−35	环境年报2012	☹
44	工业废水氨氮去除率	%	全市	正	72.465	70.853	76.176	61	58	−3	环境年报2012	☹

注：区域经济——《中国区域经济统计年鉴2013》；城市——《中国城市统计年鉴2013》；统计——《中国统计年鉴2013》；城市建设——《中国城市建设统计年鉴2012》；环境年报2012——《中国环境统计年报2012》；环境年鉴——《中国环境统计年鉴2013》；环境保护部数据——环境保护部数据中心

呼和浩特市绿色发展"体检"表

序号	指标名称	单位	口径	指标属性	2012年测评均值	2012年呼和浩特数值	2011年呼和浩特数值	2012年呼和浩特排名	2011年呼和浩特排名	排名变化	2012年数据来源	进退脸谱
1	人均地区生产总值	元/人	全市	正	56 972.840	83 906.000	75 266.000	17	19	2	区域经济	☺
2	单位地区生产总值能耗	吨/万元	全市	逆	0.936	1.413	1.498	77	89	12	区域经济；城市	☺
3	人均城镇生活消费用电量	千瓦时/人	全市	逆	421.958	558.708	562.806	79	82	3	城市	☺
4	单位地区生产总值二氧化碳排放量			逆	—	—	—	—	—			
5	单位地区生产总值二氧化硫排放量	吨/亿元	全市	逆	60.907	54.652	65.339	62	61	−1	区域经济；环境年报2012	☹
6	单位地区生产总值化学需氧量排放量	吨/亿元	全市	逆	25.221	14.393	15.591	31	29	−2	区域经济；环境年报2012	☹
7	单位地区生产总值氮氧化物排放量	吨/亿元	全市	逆	47.862	85.991	97.700	91	91	0	区域经济；环境年报2012	☹
8	单位地区生产总值氨氮排放量	吨/亿元	全市	逆	3.906	1.819	1.987	15	14	−1	区域经济；环境年报2012	☹
9	第一产业劳动生产率	万元/人	全市	正	756.662	241.040	299.836	67	50	−17	区域经济；城市	☹
10	第二产业劳动生产率	万元/人	全市	正	44.579	80.878	86.860	2	2	0	区域经济；城市	
11	单位工业增加值水耗	万吨/万元	全市	逆	233.379	149.397	180.913	46	48	2	区域经济；环境年报2012	☺
12	单位工业增加值能耗		全市	逆	—	—	—	—	—			
13	工业固体废物综合利用率	%	全市	正	80.222	35.740	40.200	93	92	−1	环境年报2012	☹
14	工业用水重复利用率	%	全市	正	81.943	91.261	91.383	36	35	−1	环境年报2012	☹
15	第三产业劳动生产率	万元/人	全市	正	36.407	66.939	56.742	7	9	2	区域经济；城市	☺
16	第三产业增加值比重	%	全市	正	39.655	58.680	58.690	5	4	−1	城市	☹
17	第三产业就业人员比重	%	全市	正	47.331	67.581	70.025	2	2	0	区域经济	
18	人均水资源量	立方米/人	全市	正	1 244.514	542.340	517.425	52	59	7	环境年报2012；城市	☺
19	单位土地面积二氧化碳排放量			逆	—	—	—	—	—			
20	人均二氧化碳排放量			逆	—	—	—	—	—			

续表

序号	指标名称	单位	口径	指标属性	2012年测评均值	2012年呼和浩特数值	2011年呼和浩特数值	2012年呼和浩特排名	2011年呼和浩特排名	排名变化	2012年数据来源	进退脸谱
21	单位土地面积二氧化硫排放量	吨/平方千米	全市	逆	9.424	5.959	6.424	38	40	2	环境年报2012；城市	☺
22	人均二氧化硫排放量	吨/万人	全市	逆	256.223	453.950	485.565	90	90	0	环境年报2012；城市	☺
23	单位土地面积化学需氧量排放量	吨/平方千米	全市	逆	5.523	1.569	1.533	12	11	−1	环境年报2012；城市	☹
24	人均化学需氧量排放量	吨/万人	全市	逆	99.608	119.548	115.864	75	70	−5	环境年报2012；城市	☹
25	单位土地面积氮氧化物排放量	吨/平方千米	全市	逆	8.762	9.376	9.606	70	66	−4	环境年报2012；城市	☹
26	人均氮氧化物排放量	吨/万人	全市	逆	205.128	714.260	726.050	98	99	1	环境年报2012；城市	☺
27	单位土地面积氨氮排放量	吨/平方千米	全市	逆	0.882	0.198	0.195	7	7	0	环境年报2012；城市	☺
28	人均氨氮排放量	吨/万人	全市	逆	16.558	15.111	14.768	61	58	−3	环境年报2012；城市	☹
29	空气质量达到二级以上天数占全年比重	%	市辖区	正	92.614	95.340	95.050	36	33	−3	环境保护部数据	☹
30	首要污染物可吸入颗粒物天数占全年比重	%	市辖区	逆	71.737	64.384	49.041	26	5	−21	环境保护部数据	☹
31	可吸入细颗粒物浓度(PM2.5)年均值		市辖区	正	—	—	—				环境空气质量标准	
32	环境保护支出占财政支出比重	%	全市	正	3.042	4.128	0.206	18	98	80	统计；城市	☺
33	城市环境基础设施建设投资占全市固定资产投资比重	%	全市	正	0.010	0.030	—	6	—		城市建设；统计	
34	科教文卫支出占财政支出比重	%	全市	正	30.384	20.716	18.587	98	100	2	统计；区域经济；城市	☺
35	人均绿地面积	平方米	市辖区	正	26.119	31.419	230.900	19	84	65	城市	☺
36	建成区绿化覆盖率	%	市辖区	正	40.808	36.060	36.000	92	91	−1	城市建设	☹
37	用水普及率	%	市辖区	正	98.280	98.630	99.900	68	47	−21	城市建设	☹

续表

序号	指标名称	单位	口径	指标属性	2012年测评均值	2012年呼和浩特数值	2011年呼和浩特数值	2012年呼和浩特排名	2011年呼和浩特排名	排名变化	2012年数据来源	进退脸谱
38	城市生活污水处理率	%	市辖区	正	88.913	80.030	73.410	90	89	-1	城市建设	☹
39	生活垃圾无害化处理率	%	市辖区	正	92.800	98.170	97.990	57	58	1	城市建设	☺
40	万人拥有公交车辆	辆	市辖区	正	11.053	18.530	13.660	4	21	17	城市	☺
41	工业二氧化硫去除率	%	全市	正	61.876	74.649	72.208	15	21	6	环境年报2012	☺
42	工业废水化学需氧量去除率	%	全市	正	82.576	80.182	82.382	68	66	-2	环境年报2012	☹
43	工业氮氧化物去除率	%	全市	正	8.635	0.000	0.000	77	60	-17	环境年报2012	☹
44	工业废水氨氮去除率	%	全市	正	72.465	72.874	86.191	57	30	-27	环境年报2012	☹

注：区域经济——《中国区域经济统计年鉴2013》；城市——《中国城市统计年鉴2013》；统计——《中国统计年鉴2013》；城市建设——《中国城市建设统计年鉴2012》；环境年报2012——《中国环境统计年报2012》；环境年鉴——《中国环境统计年鉴2013》；环境保护部数据——环境保护部数据中心

沈阳市绿色发展"体检"表

序号	指标名称	单位	口径	指标属性	2012年测评均值	2012年沈阳数值	2011年沈阳数值	2012年沈阳排名	2011年沈阳排名	排名变化	2012年数据来源	进退脸谱
1	人均地区生产总值	元/人	全市	正	56 972.840	80 480.000	72 648.000	20	20	0	区域经济	
2	单位地区生产总值能耗	吨/万元	全市	逆	0.936	0.247	0.176	7	21	14	区域经济；城市	☺
3	人均城镇生活消费用电	千瓦时/人	全市	逆	421.958	553.492	519.533	78	78	0	城市	
4	单位地区生产总值二氧化碳排放量			逆	—	—	—	—	—			
5	单位地区生产总值二氧化硫排放量	吨/亿元	全市	逆	60.907	19.917	21.814	21	17	−4	区域经济；环境年报2012	☹
6	单位地区生产总值化学需氧量排放量	吨/亿元	全市	逆	25.221	8.408	11.160	12	14	2	区域经济；环境年报2012	☺
7	单位地区生产总值氮氧化物排放量	吨/亿元	全市	逆	47.862	15.212	16.390	14	14	0	区域经济；环境年报2012	
8	单位地区生产总值氨氮排放量	吨/亿元	全市	逆	3.906	2.813	3.214	38	40	2	区域经济；环境年报2012	☺
9	第一产业劳动生产率	万元/人	全市	正	756.662	373.018	286.215	50	52	2	区域经济；城市	☺
10	第二产业劳动生产率	万元/人	全市	正	44.579	73.908	70.871	9	9	0	区域经济；城市	
11	单位工业增加值水耗	万吨/万元	全市	逆	233.379	44.112	48.234	14	10	−4	区域经济；环境年报2012	☹
12	单位工业增加值能耗		全市	逆	—	—	—	—	—			
13	工业固体废物综合利用率	%	全市	正	80.222	95.190	93.800	35	35	0	环境年报2012	
14	工业用水重复利用率	%	全市	正	81.943	88.686	88.906	52	44	−8	环境年报2012	☹
15	第三产业劳动生产率	万元/人	全市	正	36.407	38.850	36.285	35	32	−3	区域经济；城市	☹
16	第三产业增加值比重	%	全市	正	39.655	43.990	44.120	31	26	−5	城市	☹
17	第三产业就业人员比重	%	全市	正	47.331	60.533	62.657	12	9	−3	区域经济	☹
18	人均水资源量	立方米/人	全市	正	1 244.514	523.559	289.795	53	73	20	环境年报2012；城市	☺
19	单位土地面积二氧化碳排放量			逆	—	—	—	—	—			
20	人均二氧化碳排放量			逆	—							

续表

序号	指标名称	单位	口径	指标属性	2012年测评均值	2012年沈阳数值	2011年沈阳数值	2012年沈阳排名	2011年沈阳排名	排名变化	2012年数据来源	进退脸谱
21	单位土地面积二氧化硫排放量	吨/平方千米	全市	逆	9.424	8.568	8.531	52	49	−3	环境年报2012；城市	☹
22	人均二氧化硫排放量	吨/万人	全市	逆	256.223	153.674	153.545	42	42	0	环境年报2012；城市	
23	单位土地面积化学需氧量排放量	吨/平方千米	全市	逆	5.523	3.617	4.365	48	57	9	环境年报2012；城市	☺
24	人均化学需氧量排放量	吨/万人	全市	逆	99.608	64.875	78.553	21	32	11	环境年报2012；城市	☺
25	单位土地面积氮氧化物排放量	吨/平方千米	全市	逆	8.762	6.544	6.410	49	48	−1	环境年报2012；城市	☹
26	人均氮氧化物排放量	吨/万人	全市	逆	205.128	117.375	115.363	41	34	−7	环境年报2012；城市	☹
27	单位土地面积氨氮排放量	吨/平方千米	全市	逆	0.882	1.210	1.257	83	82	−1	环境年报2012；城市	☹
28	人均氨氮排放量	吨/万人	全市	逆	16.558	21.707	22.625	84	84	0	环境年报2012；城市	
29	空气质量达到二级以上天数占全年比重	%	市辖区	正	92.614	90.140	90.930	68	58	−10	环境保护部数据	☹
30	首要污染物可吸入颗粒物天数占全年比重	%	市辖区	逆	71.737	69.041	77.260	39	62	23	环境保护部数据	☺
31	可吸入细颗粒物浓度(PM2.5)年均值		市辖区	正	—	—	—	—	—		环境空气质量标准	
32	环境保护支出占财政支出比重	%	全市	正	3.042	2.781	1.539	53	44	−9	统计；城市	☹
33	城市环境基础设施建设投资占全市固定资产投资比重	%	全市	正	0.010	0.027	—	8	—		城市建设；统计	
34	科教文卫支出占财政支出比重	%	全市	正	30.384	25.293	24.825	88	76	−12	统计；区域经济；城市	☹
35	人均绿地面积	平方米	市辖区	正	26.119	39.291	721.200	12	21	9	城市	☺
36	建成区绿化覆盖率	%	市辖区	正	40.808	42.220	42.000	29	34	5	城市建设	☺
37	用水普及率	%	市辖区	正	98.280	100.000	100.000	1	1	0	城市建设	

续表

序号	指标名称	单位	口径	指标属性	2012年测评均值	2012年沈阳数值	2011年沈阳数值	2012年沈阳排名	2011年沈阳排名	排名变化	2012年数据来源	进退脸谱
38	城市生活污水处理率	%	市辖区	正	88.913	87.110	86.200	69	63	−6	城市建设	☹
39	生活垃圾无害化处理率	%	市辖区	正	92.800	100.000	100.000	1	1	0	城市建设	
40	万人拥有公交车辆	辆	市辖区	正	11.053	10.020	9.900	46	48	2	城市	☺
41	工业二氧化硫去除率	%	全市	正	61.876	52.101	49.198	82	76	−6	环境年报2012	☹
42	工业废水化学需氧量去除率	%	全市	正	82.576	80.058	80.077	70	77	7	环境年报2012	☺
43	工业氮氧化物去除率	%	全市	正	8.635	1.220	0.000	73	60	−13	环境年报2012	☹
44	工业废水氨氮去除率	%	全市	正	72.465	51.746	85.567	89	33	−56	环境年报2012	☹

注：区域经济——《中国区域经济统计年鉴2013》；城市——《中国城市统计年鉴2013》；统计——《中国统计年鉴2013》；城市建设——《中国城市建设统计年鉴2012》；环境年报2012——《中国环境统计年报2012》；环境年鉴——《中国环境统计年鉴2013》；环境保护部数据——环境保护部数据中心

大连市绿色发展"体检"表

序号	指标名称	单位	口径	指标属性	2012年测评均值	2012年大连数值	2011年大连数值	2012年大连排名	2011年大连排名	排名变化	2012年数据来源	进退脸谱
1	人均地区生产总值	元/人	全市	正	56 972.840	102 922.000	91 295.000	9	9	0	区域经济	
2	单位地区生产总值能耗	吨/万元	全市	逆	0.936	0.294	0.259	11	33	22	区域经济；城市	☺
3	人均城镇生活消费用电	千瓦时/人	全市	逆	421.958	454.430	417.675	70	71	1	城市	☺
4	单位地区生产总值二氧化碳排放量			逆	—	—	—	—	—			
5	单位地区生产总值二氧化硫排放量	吨/亿元	全市	逆	60.907	23.025	28.372	30	30	0	区域经济；环境年报2012	
6	单位地区生产总值化学需氧量排放量	吨/亿元	全市	逆	25.221	14.370	15.889	30	31	1	区域经济；环境年报2012	☺
7	单位地区生产总值氮氧化物排放量	吨/亿元	全市	逆	47.862	20.818	22.186	28	22	−6	区域经济；环境年报2012	☹
8	单位地区生产总值氨氮排放量	吨/亿元	全市	逆	3.906	1.940	2.222	17	16	−1	区域经济；环境年报2012	☹
9	第一产业劳动生产率	万元/人	全市	正	756.662	537.345	403.796	44	45	1	区域经济；城市	☺
10	第二产业劳动生产率	万元/人	全市	正	44.579	63.774	61.666	17	18	1	区域经济；城市	☺
11	单位工业增加值水耗	万吨/万元	全市	逆	233.379	35.225	63.456	10	17	7	区域经济；环境年报2012	☺
12	单位工业增加值能耗		全市	逆	—	—	—	—	—			
13	工业固体废物综合利用率	%	全市	正	80.222	95.560	96.100	33	24	−9	环境年报2012	☹
14	工业用水重复利用率	%	全市	正	81.943	11.696	5.578	100	100	0	环境年报2012	
15	第三产业劳动生产率	万元/人	全市	正	36.407	55.229	51.992	12	11	−1	区域经济；城市	☹
16	第三产业增加值比重	%	全市	正	39.655	41.650	41.470	38	40	2	城市	☺
17	第三产业就业人员比重	%	全市	正	47.331	47.681	47.778	50	50	0	区域经济	
18	人均水资源量	立方米/人	全市	正	1 244.514	1 215.980	653.447	35	47	12	环境年报2012；城市	☺
19	单位土地面积二氧化碳排放量			逆	—	—	—	—	—			
20	人均二氧化碳排放量			逆	—	—	—	—	—			

续表

序号	指标名称	单位	口径	指标属性	2012年测评均值	2012年大连数值	2011年大连数值	2012年大连排名	2011年大连排名	排名变化	2012年数据来源	进退脸谱
21	单位土地面积二氧化硫排放量	吨/平方千米	全市	逆	9.424	10.415	11.635	67	69	2	环境年报2012；城市	☺
22	人均二氧化硫排放量	吨/万人	全市	逆	256.223	222.184	249.018	67	70	3	环境年报2012；城市	☺
23	单位土地面积化学需氧量排放量	吨/平方千米	全市	逆	5.523	6.500	6.516	79	77	−2	环境年报2012；城市	☹
24	人均化学需氧量排放量	吨/万人	全市	逆	99.608	138.666	139.453	85	83	−2	环境年报2012；城市	☹
25	单位土地面积氮氧化物排放量	吨/平方千米	全市	逆	8.762	9.416	9.098	71	64	−7	环境年报2012；城市	☹
26	人均氮氧化物排放量	吨/万人	全市	逆	205.128	200.887	194.729	68	62	−6	环境年报2012；城市	☹
27	单位土地面积氨氮排放量	吨/平方千米	全市	逆	0.882	0.877	0.911	73	73	0	环境年报2012；城市	
28	人均氨氮排放量	吨/万人	全市	逆	16.558	18.716	19.504	77	78	1	环境年报2012；城市	☺
29	空气质量达到二级以上天数占全年比重	%	市辖区	正	92.614	96.160	96.980	27	20	−7	环境保护部数据	☹
30	首要污染物可吸入颗粒物天数占全年比重	%	市辖区	逆	71.737	45.480	52.877	10	8	−2	环境保护部数据	☹
31	可吸入细颗粒物浓度(PM2.5)年均值		市辖区	正	—	—	—	—	—		环境空气质量标准	
32	环境保护支出占财政支出比重	%	全市	正	3.042	1.138	1.074	100	68	−32	统计；城市	☹
33	城市环境基础设施建设投资占全市固定资产投资比重	%	全市	正	0.010	0.003	—	84			城市建设；统计	
34	科教文卫支出占财政支出比重	%	全市	正	30.384	24.738	23.508	90	84	−6	统计；区域经济；城市	☹
35	人均绿地面积	平方米	市辖区	正	26.119	30.964	587.500	20	37	17	城市	☺
36	建成区绿化覆盖率	%	市辖区	正	40.808	44.680	45.170	13	10	−3	城市建设	☹
37	用水普及率	%	市辖区	正	98.280	100.000	100.000	1	1	0	城市建设	

续表

序号	指标名称	单位	口径	指标属性	2012年测评均值	2012年大连数值	2011年大连数值	2012年大连排名	2011年大连排名	排名变化	2012年数据来源	进退脸谱
38	城市生活污水处理率	%	市辖区	正	88.913	95.100	95.050	20	18	−2	城市建设	☹
39	生活垃圾无害化处理率	%	市辖区	正	92.800	100.000	100.000	1	1	0	城市建设	
40	万人拥有公交车辆	辆	市辖区	正	11.053	16.620	17.130	16	7	−9	城市	☹
41	工业二氧化硫去除率	%	全市	正	61.876	47.914	35.610	88	92	4	环境年报2012	☺
42	工业废水化学需氧量去除率	%	全市	正	82.576	77.509	74.866	80	87	7	环境年报2012	☺
43	工业氮氧化物去除率	%	全市	正	8.635	4.132	5.882	58	24	−34	环境年报2012	☹
44	工业废水氨氮去除率	%	全市	正	72.465	76.063	73.571	49	61	12	环境年报2012	☺

注：区域经济——《中国区域经济统计年鉴2013》；城市——《中国城市统计年鉴2013》；统计——《中国统计年鉴2013》；城市建设——《中国城市建设统计年鉴2012》；环境年报2012——《中国环境统计年报2012》；环境年鉴——《中国环境统计年鉴2013》；环境保护部数据——环境保护部数据中心

长春市绿色发展"体检"表

序号	指标名称	单位	口径	指标属性	2012年测评均值	2012年长春数值	2011年长春数值	2012年长春排名	2011年长春排名	排名变化	2012年数据来源	进退脸谱
1	人均地区生产总值	元/人	全市	正	56 972.840	58 691.000	52 649.000	37	36	−1	区域经济	☹
2	单位地区生产总值能耗	吨/万元	全市	逆	0.936	0.322	0.252	16	31	15	区域经济；城市	☺
3	人均城镇生活消费用电	千瓦时/人	全市	逆	421.958	238.451	340.650	46	64	18	城市	☺
4	单位地区生产总值二氧化碳排放量			逆	—	—	—					
5	单位地区生产总值二氧化硫排放量	吨/亿元	全市	逆	60.907	19.068	21.343	18	15	−3	区域经济；环境年报2012	☹
6	单位地区生产总值化学需氧量排放量	吨/亿元	全市	逆	25.221	10.696	12.232	19	18	−1	区域经济；环境年报2012	☹
7	单位地区生产总值氮氧化物排放量	吨/亿元	全市	逆	47.862	24.113	26.447	34	28	−6	区域经济；环境年报2012	☹
8	单位地区生产总值氨氮排放量	吨/亿元	全市	逆	3.906	2.084	2.389	19	19	0	区域经济；环境年报2012	
9	第一产业劳动生产率	万元/人	全市	正	756.662	273.353	226.656	60	61	1	区域经济；城市	☺
10	第二产业劳动生产率	万元/人	全市	正	44.579	59.107	55.525	24	27	3	区域经济；城市	☺
11	单位工业增加值水耗	万吨/万元	全市	逆	233.379	99.905	97.248	33	27	−6	区域经济；环境年报2012	☹
12	单位工业增加值能耗		全市	逆	—	—	—					
13	工业固体废物综合利用率	%	全市	正	80.222	99.790	99.400	4	6	2	环境年报2012	☺
14	工业用水重复利用率	%	全市	正	81.943	90.515	90.784	42	38	−4	环境年报2012	☹
15	第三产业劳动生产率	万元/人	全市	正	36.407	32.117	29.507	48	49	1	区域经济；城市	☺
16	第三产业增加值比重	%	全市	正	39.655	41.460	40.470	41	43	2	城市	☺
17	第三产业就业人员比重	%	全市	正	47.331	59.282	58.757	14	17	3	区域经济	☺
18	人均水资源量	立方米/人	全市	正	1 244.514	481.101	302.248	57	72	15	环境年报2012；城市	☺
19	单位土地面积二氧化碳排放量			逆	—	—	—					
20	人均二氧化碳排放量			逆	—	—	—					

如何解读城市"绿色体检"表？

续表

序号	指标名称	单位	口径	指标属性	2012年测评均值	2012年长春数值	2011年长春数值	2012年长春排名	2011年长春排名	排名变化	2012年数据来源	进退脸谱
21	单位土地面积二氧化硫排放量	吨/平方千米	全市	逆	9.424	3.708	3.705	20	20	0	环境年报2012；城市	
22	人均二氧化硫排放量	吨/万人	全市	逆	256.223	100.606	100.413	22	21	−1	环境年报2012；城市	☹
23	单位土地面积化学需氧量排放量	吨/平方千米	全市	逆	5.523	2.080	2.124	25	25	0	环境年报2012；城市	
24	人均化学需氧量排放量	吨/万人	全市	逆	99.608	56.431	57.548	14	13	−1	环境年报2012；城市	☹
25	单位土地面积氮氧化物排放量	吨/平方千米	全市	逆	8.762	4.688	4.591	38	33	−5	环境年报2012；城市	☹
26	人均氮氧化物排放量	吨/万人	全市	逆	205.128	127.222	124.425	43	40	−3	环境年报2012；城市	☹
27	单位土地面积氨氮排放量	吨/平方千米	全市	逆	0.882	0.405	0.415	32	34	2	环境年报2012；城市	☺
28	人均氨氮排放量	吨/万人	全市	逆	16.558	10.998	11.240	31	29	−2	环境年报2012；城市	☹
29	空气质量达到二级以上天数占全年比重	%	市辖区	正	92.614	92.600	94.510	54	38	−16	环境保护部数据	☹
30	首要污染物可吸入颗粒物天数占全年比重	%	市辖区	逆	71.737	78.082	86.849	59	90	31	环境保护部数据	☺
31	可吸入细颗粒物浓度(PM2.5)年均值		市辖区	正	—	—	—				环境空气质量标准	
32	环境保护支出占财政支出比重	%	全市	正	3.042	4.619	3.803	14	7	−7	统计；城市	☹
33	城市环境基础设施建设投资占全市固定资产投资比重	%	全市	正	0.010	0.005	—	62			城市建设；统计	
34	科教文卫支出占财政支出比重	%	全市	正	30.384	27.811	22.276	75	89	14	统计；区域经济；城市	☺
35	人均绿地面积	平方米	市辖区	正	26.119	17.130	760.300	42	18	−24	城市	☹
36	建成区绿化覆盖率	%	市辖区	正	40.808	35.090	36.330	97	88	−9	城市建设	☹
37	用水普及率	%	市辖区	正	98.280	99.700	99.700	55	55	0	城市建设	

续表

序号	指标名称	单位	口径	指标属性	2012年测评均值	2012年长春数值	2011年长春数值	2012年长春排名	2011年长春排名	排名变化	2012年数据来源	进退脸谱
38	城市生活污水处理率	%	市辖区	正	88.913	86.150	87.260	72	56	−16	城市建设	☹
39	生活垃圾无害化处理率	%	市辖区	正	92.800	84.470	79.120	91	94	3	城市建设	☺
40	万人拥有公交车辆	辆	市辖区	正	11.053	12.600	12.260	29	28	−1	城市	☹
41	工业二氧化硫去除率	%	全市	正	61.876	48.473	41.026	86	89	3	环境年报2012	☺
42	工业废水化学需氧量去除率	%	全市	正	82.576	95.691	95.517	2	6	4	环境年报2012	☺
43	工业氮氧化物去除率	%	全市	正	8.635	5.941	6.061	45	23	−22	环境年报2012	☹
44	工业废水氨氮去除率	%	全市	正	72.465	88.416	91.928	19	14	−5	环境年报2012	☹

注：区域经济——《中国区域经济统计年鉴2013》；城市——《中国城市统计年鉴2013》；统计——《中国统计年鉴2013》；城市建设——《中国城市建设统计年鉴2012》；环境年报2012——《中国环境统计年报2012》；环境年鉴——《中国环境统计年鉴2013》；环境保护部数据——环境保护部数据中心

哈尔滨市绿色发展"体检"表

序号	指标名称	单位	口径	指标属性	2012年测评均值	2012年哈尔滨数值	2011年哈尔滨数值	2012年哈尔滨排名	2011年哈尔滨排名	排名变化	2012年数据来源	进退脸谱
1	人均地区生产总值	元/人	全市	正	56 972.840	45 810.000	42 736.000	59	54	−5	区域经济	☹
2	单位地区生产总值能耗	吨/万元	全市	逆	0.936	1.073	1.040	68	81	13	区域经济；城市	☺
3	人均城镇生活消费用电	千瓦时/人	全市	逆	421.958	295.768	286.981	54	55	1	城市	☺
4	单位地区生产总值二氧化碳排放量			逆	—	—	—	—	—			
5	单位地区生产总值二氧化硫排放量	吨/亿元	全市	逆	60.907	26.545	31.627	36	36	0	区域经济；环境年报2012	
6	单位地区生产总值化学需氧量排放量	吨/亿元	全市	逆	25.221	25.165	28.620	58	57	−1	区域经济；环境年报2012	☹
7	单位地区生产总值氮氧化物排放量	吨/亿元	全市	逆	47.862	26.191	29.689	36	35	−1	区域经济；环境年报2012	☹
8	单位地区生产总值氨氮排放量	吨/亿元	全市	逆	3.906	3.898	4.392	60	60	0	区域经济；环境年报2012	
9	第一产业劳动生产率	万元/人	全市	正	756.662	68.117	70.041	91	91	0	区域经济；城市	
10	第二产业劳动生产率	万元/人	全市	正	44.579	34.546	34.795	66	69	3	区域经济；城市	☺
11	单位工业增加值水耗	万吨/万元	全市	逆	233.379	173.679	194.851	54	54	0	区域经济；环境年报2012	
12	单位工业增加值能耗		全市	逆	—	—	—	—	—			
13	工业固体废物综合利用率	%	全市	正	80.222	84.200	84.200	63	58	−5	环境年报2012	☹
14	工业用水重复利用率	%	全市	正	81.943	94.329	91.914	18	33	15	环境年报2012	☺
15	第三产业劳动生产率	万元/人	全市	正	36.407	30.087	27.006	54	56	2	区域经济；城市	☺
16	第三产业增加值比重	%	全市	正	39.655	52.840	50.630	12	13	1	城市	☺
17	第三产业就业人员比重	%	全市	正	47.331	58.426	60.195	18	14	−4	区域经济	☹
18	人均水资源量	立方米/人	全市	正	1 244.514	921.280	1 150.920	39	29	−10	环境年报2012；城市	☹
19	单位土地面积二氧化碳排放量			逆	—	—	—	—	—			
20	人均二氧化碳排放量			逆	—	—	—	—	—			

— 349 —

续表

序号	指标名称	单位	口径	指标属性	2012年测评均值	2012年哈尔滨数值	2011年哈尔滨数值	2012年哈尔滨排名	2011年哈尔滨排名	排名变化	2012年数据来源	进退脸谱
21	单位土地面积二氧化硫排放量	吨/平方千米	全市	逆	9.424	2.125	2.301	11	9	−2	环境年报2012；城市	☹
22	人均二氧化硫排放量	吨/万人	全市	逆	256.223	113.505	123.040	29	29	0	环境年报2012；城市	☹
23	单位土地面积化学需氧量排放量	吨/平方千米	全市	逆	5.523	2.014	2.083	22	24	2	环境年报2012；城市	☺
24	人均化学需氧量排放量	吨/万人	全市	逆	99.608	107.605	111.345	65	64	−1	环境年报2012；城市	☹
25	单位土地面积氮氧化物排放量	吨/平方千米	全市	逆	8.762	2.096	2.160	15	14	−1	环境年报2012；城市	☹
26	人均氮氧化物排放量	吨/万人	全市	逆	205.128	111.994	115.501	39	35	−4	环境年报2012；城市	☹
27	单位土地面积氨氮排放量	吨/平方千米	全市	逆	0.882	0.312	0.320	20	21	1	环境年报2012；城市	☺
28	人均氨氮排放量	吨/万人	全市	逆	16.558	16.670	17.089	69	68	−1	环境年报2012；城市	☹
29	空气质量达到二级以上天数占全年比重	%	市辖区	正	92.614	87.120	86.810	87	87	0	环境保护部数据	☹
30	首要污染物可吸入颗粒物天数占全年比重	%	市辖区	逆	71.737	93.425	91.507	96	93	−3	环境保护部数据	☹
31	可吸入细颗粒物浓度(PM2.5)年均值		市辖区	正	—	—	—	—	—		环境空气质量标准	
32	环境保护支出占财政支出比重	%	全市	正	3.042	1.613	0.878	88	77	−11	统计；城市	☹
33	城市环境基础设施建设投资占全市固定资产投资比重	%	全市	正	0.010	0.007	—	46	—		城市建设；统计	
34	科教文卫支出占财政支出比重	%	全市	正	30.384	28.365	25.739	68	67	−1	统计；区域经济；城市	☹
35	人均绿地面积	平方米	市辖区	正	26.119	13.265	992.600	62	6	−56	城市	☹
36	建成区绿化覆盖率	%	市辖区	正	40.808	37.020	37.920	88	80	−8	城市建设	☹
37	用水普及率	%	市辖区	正	98.280	100.000	92.170	1	92	91	城市建设	☺

续表

序号	指标名称	单位	口径	指标属性	2012年测评均值	2012年哈尔滨数值	2011年哈尔滨数值	2012年哈尔滨排名	2011年哈尔滨排名	排名变化	2012年数据来源	进退脸谱
38	城市生活污水处理率	%	市辖区	正	88.913	91.620	73.940	42	88	46	城市建设	☺
39	生活垃圾无害化处理率	%	市辖区	正	92.800	85.300	79.730	88	93	5	城市建设	☺
40	万人拥有公交车辆	辆	市辖区	正	11.053	11.530	11.440	33	33	0	城市	
41	工业二氧化硫去除率	%	全市	正	61.876	45.446	36.170	91	91	0	环境年报2012	
42	工业废水化学需氧量去除率	%	全市	正	82.576	95.560	95.107	4	10	6	环境年报2012	☺
43	工业氮氧化物去除率	%	全市	正	8.635	6.667	2.885	41	35	−6	环境年报2012	☹
44	工业废水氨氮去除率	%	全市	正	72.465	70.441	82.623	62	42	−20	环境年报2012	☹

注：区域经济——《中国区域经济统计年鉴2013》；城市——《中国城市统计年鉴2013》；统计——《中国统计年鉴2013》；城市建设——《中国城市建设统计年鉴2012》；环境年报2012——《中国环境统计年报2012》；环境年鉴——《中国环境统计年鉴2013》；环境保护部数据——环境保护部数据中心

上海市绿色发展"体检"表

序号	指标名称	单位	口径	指标属性	2012年测评均值	2012年上海数值	2011年上海数值	2012年上海排名	2011年上海排名	排名变化	2012年数据来源	进退脸谱
1	人均地区生产总值	元/人	全市	正	56 972.840	85 373.000	82 560.000	15	12	−3	区域经济	☹
2	单位地区生产总值能耗	吨/万元	全市	逆	0.936	0.637	0.679	38	70	32	区域经济；城市	☺
3	人均城镇生活消费用电	千瓦时/人	全市	逆	421.958	1 316.610	1 237.600	96	96	0	城市	
4	单位地区生产总值二氧化碳排放量			逆	—	—	—	—	—			
5	单位地区生产总值二氧化硫排放量	吨/亿元	全市	逆	60.907	15.415	14.462	12	9	−3	区域经济；环境年报2012	☹
6	单位地区生产总值化学需氧量排放量	吨/亿元	全市	逆	25.221	11.423	12.615	22	19	−3	区域经济；环境年报2012	☹
7	单位地区生产总值氮氧化物排放量	吨/亿元	全市	逆	47.862	17.058	20.263	19	19	0	区域经济；环境年报2012	
8	单位地区生产总值氨氮排放量	吨/亿元	全市	逆	3.906	2.448	2.808	30	25	−5	区域经济；环境年报2012	☹
9	第一产业劳动生产率	万元/人	全市	正	756.662	97.186	84.993	90	88	−2	区域经济；城市	☹
10	第二产业劳动生产率	万元/人	全市	正	44.579	31.219	40.876	74	53	−21	区域经济；城市	☹
11	单位工业增加值水耗	万吨/万元	全市	逆	233.379	114.087	113.626	39	32	−7	区域经济；环境年报2012	☹
12	单位工业增加值能耗		全市	逆	—	—	—	—				
13	工业固体废物综合利用率	%	全市	正	80.222	97.340	96.500	19	21	2	环境年报2012	☺
14	工业用水重复利用率	%	全市	正	81.943	90.509	89.705	43	40	−3	环境年报2012	☹
15	第三产业劳动生产率	万元/人	全市	正	36.407	44.587	44.630	24	21	−3	区域经济；城市	☹
16	第三产业增加值比重	%	全市	正	39.655	60.450	58.050	4	5	1	城市	☺
17	第三产业就业人员比重	%	全市	正	47.331	50.569	53.523	44	31	−13	区域经济	☹
18	人均水资源量	立方米/人	全市	正	1 244.514	238.196	146.348	85	94	9	环境年报2012；城市	☺
19	单位土地面积二氧化碳排放量			逆	—	—	—	—	—			
20	人均二氧化碳排放量			逆	—	—	—	—	—			

续表

序号	指标名称	单位	口径	指标属性	2012年测评均值	2012年上海数值	2011年上海数值	2012年上海排名	2011年上海排名	排名变化	2012年数据来源	进退脸谱
21	单位土地面积二氧化硫排放量	吨/平方千米	全市	逆	9.424	43.352	37.833	100	99	−1	环境年报2012；城市	☹
22	人均二氧化硫排放量	吨/万人	全市	逆	256.223	193.124	169.417	60	47	−13	环境年报2012；城市	☹
23	单位土地面积化学需氧量排放量	吨/平方千米	全市	逆	5.523	32.124	33.001	98	98	0	环境年报2012；城市	
24	人均化学需氧量排放量	吨/万人	全市	逆	99.608	143.103	147.777	89	87	−2	环境年报2012；城市	☹
25	单位土地面积氮氧化物排放量	吨/平方千米	全市	逆	8.762	47.971	53.009	100	100	0	环境年报2012；城市	
26	人均氮氧化物排放量	吨/万人	全市	逆	205.128	213.700	237.377	71	73	2	环境年报2012；城市	☺
27	单位土地面积氨氮排放量	吨/平方千米	全市	逆	0.882	6.885	7.346	100	100	0	环境年报2012；城市	
28	人均氨氮排放量	吨/万人	全市	逆	16.558	30.671	32.896	92	93	1	环境年报2012；城市	☺
29	空气质量达到二级以上天数占全年比重	%	市辖区	正	92.614	93.700	92.310	48	49	1	环境保护部数据	☺
30	首要污染物可吸入颗粒物天数占全年比重	%	市辖区	逆	71.737	58.630	63.288	19	25	6	环境保护部数据	☺
31	可吸入细颗粒物浓度(PM2.5)年均值		市辖区	正	—	—	—				环境空气质量标准	
32	环境保护支出占财政支出比重	%	全市	正	3.042	1.319	1.270	98	50	−48	统计；城市	☹
33	城市环境基础设施建设投资占全市固定资产投资比重	%	全市	正	0.010	0.012	—	21	—		城市建设；统计	
34	科教文卫支出占财政支出比重	%	全市	正	30.384	27.826	26.189	74	63	−11	统计；区域经济；城市	☹
35	人均绿地面积	平方米	市辖区	正	26.119	87.271	1 415.800	7	2	−5	城市	☹
36	建成区绿化覆盖率	%	市辖区	正	40.808	38.290	38.220	77	74	−3	城市建设	☹
37	用水普及率	%	市辖区	正	98.280	100.000	100.000	1	1	0	城市建设	

续表

序号	指标名称	单位	口径	指标属性	2012年测评均值	2012年上海数值	2011年上海数值	2012年上海排名	2011年上海排名	排名变化	2012年数据来源	进退脸谱
38	城市生活污水处理率	%	市辖区	正	88.913	91.290	84.420	44	69	25	城市建设	☺
39	生活垃圾无害化处理率	%	市辖区	正	92.800	83.590	61.040	92	96	4	城市建设	☺
40	万人拥有公交车辆	辆	市辖区	正	11.053	12.290	12.280	31	27	−4	城市	☹
41	工业二氧化硫去除率	%	全市	正	61.876	55.121	61.468	73	57	−16	环境年报2012	☹
42	工业废水化学需氧量去除率	%	全市	正	82.576	91.632	91.465	20	24	4	环境年报2012	☺
43	工业氮氧化物去除率	%	全市	正	8.635	12.308	8.403	23	17	−6	环境年报2012	☹
44	工业废水氨氮去除率	%	全市	正	72.465	80.815	79.215	40	49	9	环境年报2012	☺

注：区域经济——《中国区域经济统计年鉴2013》；城市——《中国城市统计年鉴2013》；统计——《中国统计年鉴2013》；城市建设——《中国城市建设统计年鉴2012》；环境年报2012——《中国环境统计年报2012》；环境年鉴——《中国环境统计年鉴2013》；环境保护部数据——环境保护部数据中心

南京市绿色发展"体检"表

序号	指标名称	单位	口径	指标属性	2012年测评均值	2012年南京数值	2011年南京数值	2012年南京排名	2011年南京排名	排名变化	2012年数据来源	进退脸谱
1	人均地区生产总值	元/人	全市	正	56 972.840	88 525.000	76 263.000	13	16	3	区域经济	☺
2	单位地区生产总值能耗	吨/万元	全市	逆	0.936	0.622	0.667	37	69	32	区域经济；城市	☺
3	人均城镇生活消费用电	千瓦时/人	全市	逆	421.958	878.684	780.805	92	92	0	城市	
4	单位地区生产总值二氧化碳排放量			逆	—	—	—	—	—			
5	单位地区生产总值二氧化硫排放量	吨/亿元	全市	逆	60.907	21.428	24.936	25	25	0	区域经济；环境年报2012	
6	单位地区生产总值化学需氧量排放量	吨/亿元	全市	逆	25.221	15.662	18.783	33	33	0	区域经济；环境年报2012	
7	单位地区生产总值氮氧化物排放量	吨/亿元	全市	逆	47.862	21.646	29.627	29	34	5	区域经济；环境年报2012	☺
8	单位地区生产总值氨氮排放量	吨/亿元	全市	逆	3.906	2.729	3.122	36	35	−1	区域经济；环境年报2012	☹
9	第一产业劳动生产率	万元/人	全市	正	756.662	402.304	395.855	48	46	−2	区域经济；城市	☹
10	第二产业劳动生产率	万元/人	全市	正	44.579	45.261	42.947	39	47	8	区域经济；城市	☺
11	单位工业增加值水耗	万吨/万元	全市	逆	233.379	293.586	370.176	70	76	6	区域经济；环境年报2012	☺
12	单位工业增加值能耗		全市	逆	—	—	—	—	—			
13	工业固体废物综合利用率	%	全市	正	80.222	92.000	85.200	45	56	11	环境年报2012	☺
14	工业用水重复利用率	%	全市	正	81.943	74.798	64.750	81	80	−1	环境年报2012	☹
15	第三产业劳动生产率	万元/人	全市	正	36.407	52.797	47.516	15	19	4	区域经济；城市	☺
16	第三产业增加值比重	%	全市	正	39.655	53.400	52.400	11	11	0	城市	
17	第三产业就业人员比重	%	全市	正	47.331	51.404	50.183	41	42	1	区域经济	☺
18	人均水资源量	立方米/人	全市	正	1 244.514	423.437	567.793	63	55	−8	环境年报2012；城市	☹
19	单位土地面积二氧化碳排放量			逆	—	—	—	—	—			
20	人均二氧化碳排放量			逆	—	—	—	—	—			

续表

序号	指标名称	单位	口径	指标属性	2012年测评均值	2012年南京数值	2011年南京数值	2012年南京排名	2011年南京排名	排名变化	2012年数据来源	进退脸谱
21	单位土地面积二氧化硫排放量	吨/平方千米	全市	逆	9.424	18.481	19.254	90	91	1	环境年报2012；城市	☺
22	人均二氧化硫排放量	吨/万人	全市	逆	256.223	190.987	199.916	59	61	2	环境年报2012；城市	☺
23	单位土地面积化学需氧量排放量	吨/平方千米	全市	逆	5.523	13.508	14.503	94	95	1	环境年报2012；城市	☺
24	人均化学需氧量排放量	吨/万人	全市	逆	99.608	139.590	150.584	87	88	1	环境年报2012；城市	☺
25	单位土地面积氮氧化物排放量	吨/平方千米	全市	逆	8.762	18.669	22.876	88	91	3	环境年报2012；城市	☺
26	人均氮氧化物排放量	吨/万人	全市	逆	205.128	192.924	237.520	64	74	10	环境年报2012；城市	☺
27	单位土地面积氨氮排放量	吨/平方千米	全市	逆	0.882	2.354	2.411	94	94	0	环境年报2012；城市	☺
28	人均氨氮排放量	吨/万人	全市	逆	16.558	24.322	25.033	90	88	−2	环境年报2012；城市	☹
29	空气质量达到二级以上天数占全年比重	%	市辖区	正	92.614	86.580	86.810	90	87	−3	环境保护部数据	☹
30	首要污染物可吸入颗粒物天数占全年比重	%	市辖区	逆	71.737	88.767	82.466	87	79	−8	环境保护部数据	☹
31	可吸入细颗粒物浓度(PM2.5)年均值		市辖区	正	—	—	—				环境空气质量标准	
32	环境保护支出占财政支出比重	%	全市	正	3.042	2.054	1.465	75	45	−30	统计；城市	☹
33	城市环境基础设施建设投资占全市固定资产投资比重	%	全市	正	0.010	0.012	—	24			城市建设；统计	
34	科教文卫支出占财政支出比重	%	全市	正	30.384	29.390	25.620	61	68	7	统计；区域经济；城市	☺
35	人均绿地面积	平方米	市辖区	正	26.119	129.584	634.400	3	33	30	城市	☺
36	建成区绿化覆盖率	%	市辖区	正	40.808	44.020	44.420	15	14	−1	城市建设	☹
37	用水普及率	%	市辖区	正	98.280	100.000	100.000	1	1	0	城市建设	

续表

序号	指标名称	单位	口径	指标属性	2012年测评均值	2012年南京数值	2011年南京数值	2012年南京排名	2011年南京排名	排名变化	2012年数据来源	进退脸谱
38	城市生活污水处理率	%	市辖区	正	88.913	94.600	95.160	25	17	-8	城市建设	☹
39	生活垃圾无害化处理率	%	市辖区	正	92.800	90.420	86.600	79	83	4	城市建设	☺
40	万人拥有公交车辆	辆	市辖区	正	11.053	11.280	11.440	34	33	-1	城市	☹
41	工业二氧化硫去除率	%	全市	正	61.876	87.754	66.310	3	41	38	环境年报2012	☺
42	工业废水化学需氧量去除率	%	全市	正	82.576	87.460	88.876	44	38	-6	环境年报2012	☹
43	工业氮氧化物去除率	%	全市	正	8.635	26.506	16.667	7	7	0	环境年报2012	
44	工业废水氨氮去除率	%	全市	正	72.465	91.125	90.983	11	15	4	环境年报2012	☺

注：区域经济——《中国区域经济统计年鉴2013》；城市——《中国城市统计年鉴2013》；统计——《中国统计年鉴2013》；城市建设——《中国城市建设统计年鉴2012》；环境年报2012——《中国环境统计年报2012》；环境年鉴——《中国环境统计年鉴2013》；环境保护部数据——环境保护部数据中心。

苏州市绿色发展"体检"表

序号	指标名称	单位	口径	指标属性	2012年测评均值	2012年苏州数值	2011年苏州数值	2012年苏州排名	2011年苏州排名	排名变化	2012年数据来源	进退脸谱
1	人均地区生产总值	元/人	全市	正	56 972.840	114 029.000	102 129.000	6	6	0	区域经济	
2	单位地区生产总值能耗	吨/万元	全市	逆	0.936	0.531	0.082	33	9	−24	区域经济；城市	☹
3	人均城镇生活消费用电	千瓦时/人	全市	逆	421.958	707.199	505.797	87	76	−11	城市	☹
4	单位地区生产总值二氧化碳排放量			逆	—	—	—	—	—	—		
5	单位地区生产总值二氧化硫排放量	吨/亿元	全市	逆	60.907	19.490	22.459	20	19	−1	区域经济；环境年报2012	☹
6	单位地区生产总值化学需氧量排放量	吨/亿元	全市	逆	25.221	7.553	9.135	8	9	1	区域经济；环境年报2012	☺
7	单位地区生产总值氮氧化物排放量	吨/亿元	全市	逆	47.862	22.368	27.189	30	31	1	区域经济；环境年报2012	☺
8	单位地区生产总值氨氮排放量	吨/亿元	全市	逆	3.906	1.503	1.715	11	10	−1	区域经济；环境年报2012	☹
9	第一产业劳动生产率	万元/人	全市	正	756.662	1 696.350	1 225.860	13	17	4	区域经济；城市	☺
10	第二产业劳动生产率	万元/人	全市	正	44.579	68.960	62.849	13	16	3	区域经济；城市	☺
11	单位工业增加值水耗	万吨/万元	全市	逆	233.379	156.033	180.272	48	47	−1	区域经济；环境年报2012	☹
12	单位工业增加值能耗		全市	逆	—	—	—	—	—	—		
13	工业固体废物综合利用率	%	全市	正	80.222	94.700	97.900	39	14	−25	环境年报2012	☹
14	工业用水重复利用率	%	全市	正	81.943	89.011	88.885	50	45	−5	环境年报2012	☹
15	第三产业劳动生产率	万元/人	全市	正	36.407	136.405	123.707	1	1	0	区域经济；城市	
16	第三产业增加值比重	%	全市	正	39.655	44.240	42.750	30	33	3	城市	☺
17	第三产业就业人员比重	%	全市	正	47.331	29.839	28.584	95	94	−1	区域经济	☹
18	人均水资源量	立方米/人	全市	正	1 244.514	454.095	697.063	60	43	−17	环境年报2012；城市	☹
19	单位土地面积二氧化碳排放量			逆	—	—	—	—	—	—		
20	人均二氧化碳排放量			逆	—	—	—	—	—	—		

续表

序号	指标名称	单位	口径	指标属性	2012年测评均值	2012年苏州数值	2011年苏州数值	2012年苏州排名	2011年苏州排名	排名变化	2012年数据来源	进退脸谱
21	单位土地面积二氧化硫排放量	吨/平方千米	全市	逆	9.424	21.701	22.713	96	95	−1	环境年报2012；城市	☹
22	人均二氧化硫排放量	吨/万人	全市	逆	256.223	285.537	301.236	80	78	−2	环境年报2012；城市	☹
23	单位土地面积化学需氧量排放量	吨/平方千米	全市	逆	5.523	8.410	9.239	86	87	1	环境年报2012；城市	☺
24	人均化学需氧量排放量	吨/万人	全市	逆	99.608	110.652	122.528	68	75	7	环境年报2012；城市	☺
25	单位土地面积氮氧化物排放量	吨/平方千米	全市	逆	8.762	24.906	27.497	97	97	0	环境年报2012；城市	
26	人均氮氧化物排放量	吨/万人	全市	逆	205.128	327.703	364.683	84	85	1	环境年报2012；城市	☺
27	单位土地面积氨氮排放量	吨/平方千米	全市	逆	0.882	1.674	1.735	92	91	−1	环境年报2012；城市	☹
28	人均氨氮排放量	吨/万人	全市	逆	16.558	22.026	23.005	85	85	0	环境年报2012；城市	
29	空气质量达到二级以上天数占全年比重	%	市辖区	正	92.614	92.600	91.760	54	53	−1	环境保护部数据	☹
30	首要污染物可吸入颗粒物天数占全年比重	%	市辖区	逆	71.737	76.164	79.726	53	70	17	环境保护部数据	☺
31	可吸入细颗粒物浓度(PM2.5)年均值		市辖区	正	—	—	—				环境空气质量标准	
32	环境保护支出占财政支出比重	%	全市	正	3.042	3.754	1.002	23	72	49	统计；城市	☺
33	城市环境基础设施建设投资占全市固定资产投资比重	%	全市	正	0.010	0.004	—	73	—		城市建设；统计	
34	科教文卫支出占财政支出比重	%	全市	正	30.384	29.414	25.841	60	65	5	统计；区域经济；城市	☺
35	人均绿地面积	平方米	市辖区	正	26.119	32.404	640.000	18	32	14	城市	☺
36	建成区绿化覆盖率	%	市辖区	正	40.808	41.890	42.200	38	29	−9	城市建设	☹
37	用水普及率	%	市辖区	正	98.280	100.000	100.000	1	1	0	城市建设	

续表

序号	指标名称	单位	口径	指标属性	2012年测评均值	2012年苏州数值	2011年苏州数值	2012年苏州排名	2011年苏州排名	排名变化	2012年数据来源	进退脸谱
38	城市生活污水处理率	%	市辖区	正	88.913	91.850	90.290	40	42	2	城市建设	☺
39	生活垃圾无害化处理率	%	市辖区	正	92.800	100.000	100.000	1	1	0	城市建设	
40	万人拥有公交车辆	辆	市辖区	正	11.053	13.340	14.940	25	16	−9	城市	☹
41	工业二氧化硫去除率	%	全市	正	61.876	68.542	66.954	37	38	1	环境年报2012	☺
42	工业废水化学需氧量去除率	%	全市	正	82.576	89.691	89.096	29	35	6	环境年报2012	☺
43	工业氮氧化物去除率	%	全市	正	8.635	16.929	3.320	15	33	18	环境年报2012	☺
44	工业废水氨氮去除率	%	全市	正	72.465	75.608	79.652	50	48	−2	环境年报2012	☹

注：区域经济——《中国区域经济统计年鉴2013》；城市——《中国城市统计年鉴2013》；统计——《中国统计年鉴2013》；城市建设——《中国城市建设统计年鉴2012》；环境年报2012——《中国环境统计年报2012》；环境年鉴——《中国环境统计年鉴2013》；环境保护部数据——环境保护部数据中心

杭州市绿色发展"体检"表

序号	指标名称	单位	口径	指标属性	2012年测评均值	2012年杭州数值	2011年杭州数值	2012年杭州排名	2011年杭州排名	排名变化	2012年数据来源	进退脸谱
1	人均地区生产总值	元/人	全市	正	56 972.840	111 758.000	101 370.000	7	7	0	区域经济	
2	单位地区生产总值能耗	吨/万元	全市	逆	0.936	0.314	0.234	14	29	15	区域经济；城市	☺
3	人均城镇生活消费用电	千瓦时/人	全市	逆	421.958	911.314	801.379	93	93	0	城市	
4	单位地区生产总值二氧化碳排放量			逆	—	—	—	—	—			
5	单位地区生产总值二氧化硫排放量	吨/亿元	全市	逆	60.907	13.677	15.926	11	10	−1	区域经济；环境年报2012	☹
6	单位地区生产总值化学需氧量排放量	吨/亿元	全市	逆	25.221	11.816	13.680	23	23	0	区域经济；环境年报2012	
7	单位地区生产总值氮氧化物排放量	吨/亿元	全市	逆	47.862	11.887	14.351	10	11	1	区域经济；环境年报2012	☺
8	单位地区生产总值氨氮排放量	吨/亿元	全市	逆	3.906	1.576	1.775	12	11	−1	区域经济；环境年报2012	☹
9	第一产业劳动生产率	万元/人	全市	正	756.662	1 759.380	1 527.550	11	13	2	区域经济；城市	☺
10	第二产业劳动生产率	万元/人	全市	正	44.579	23.824	24.551	88	88	0	区域经济；城市	
11	单位工业增加值水耗	万吨/万元	全市	逆	233.379	116.363	131.423	42	39	−3	区域经济；环境年报2012	☹
12	单位工业增加值能耗		全市	逆	—	—	—	—	—			
13	工业固体废物综合利用率	%	全市	正	80.222	91.770	92.700	49	40	−9	环境年报2012	☹
14	工业用水重复利用率	%	全市	正	81.943	80.459	79.313	71	69	−2	环境年报2012	☹
15	第三产业劳动生产率	万元/人	全市	正	36.407	32.313	30.616	47	47	0	区域经济；城市	
16	第三产业增加值比重	%	全市	正	39.655	50.940	49.270	14	15	1	城市	☺
17	第三产业就业人员比重	%	全市	正	47.331	44.966	45.112	59	63	4	区域经济	☺
18	人均水资源量	立方米/人	全市	正	1 244.514	3 169.480	1 974.260	8	14	6	环境年报2012；城市	☺
19	单位土地面积二氧化碳排放量			逆	—	—	—	—	—			
20	人均二氧化碳排放量			逆	—	—	—	—	—			

— 361 —

续表

序号	指标名称	单位	口径	指标属性	2012年测评均值	2012年杭州数值	2011年杭州数值	2012年杭州排名	2011年杭州排名	排名变化	2012年数据来源	进退脸谱
21	单位土地面积二氧化硫排放量	吨/平方千米	全市	逆	9.424	5.231	5.588	29	32	3	环境年报2012；城市	☺
22	人均二氧化硫排放量	吨/万人	全市	逆	256.223	124.350	133.938	32	31	−1	环境年报2012；城市	☹
23	单位土地面积化学需氧量排放量	吨/平方千米	全市	逆	5.523	4.519	4.800	60	59	−1	环境年报2012；城市	☹
24	人均化学需氧量排放量	吨/万人	全市	逆	99.608	107.432	115.049	63	69	6	环境年报2012；城市	☺
25	单位土地面积氮氧化物排放量	吨/平方千米	全市	逆	8.762	4.546	5.035	36	38	2	环境年报2012；城市	☺
26	人均氮氧化物排放量	吨/万人	全市	逆	205.128	108.079	120.695	35	39	4	环境年报2012；城市	☺
27	单位土地面积氨氮排放量	吨/平方千米	全市	逆	0.882	0.603	0.623	52	53	1	环境年报2012；城市	☺
28	人均氨氮排放量	吨/万人	全市	逆	16.558	14.333	14.926	58	60	2	环境年报2012；城市	☺
29	空气质量达到二级以上天数占全年比重	%	市辖区	正	92.614	91.780	91.210	60	56	−4	环境保护部数据	☹
30	首要污染物可吸入颗粒物天数占全年比重	%	市辖区	逆	71.737	78.630	81.918	61	76	15	环境保护部数据	☺
31	可吸入细颗粒物浓度(PM2.5)年均值		市辖区	正	—	—	—	—	—		环境空气质量标准	
32	环境保护支出占财政支出比重	%	全市	正	3.042	2.054	0.988	74	74	0	统计；城市	
33	城市环境基础设施建设投资占全市固定资产投资比重	%	全市	正	0.010	0.004	—	75	—		城市建设；统计	
34	科教文卫支出占财政支出比重	%	全市	正	30.384	33.560	31.319	26	27	1	统计；区域经济；城市	☺
35	人均绿地面积	平方米	市辖区	正	26.119	23.846	692.400	26	26	0	城市	
36	建成区绿化覆盖率	%	市辖区	正	40.808	40.070	40.040	60	59	−1	城市建设	☹
37	用水普及率	%	市辖区	正	98.280	100.000	100.000	1	1	0	城市建设	

续表

序号	指标名称	单位	口径	指标属性	2012年测评均值	2012年杭州数值	2011年杭州数值	2012年杭州排名	2011年杭州排名	排名变化	2012年数据来源	进退脸谱
38	城市生活污水处理率	%	市辖区	正	88.913	95.490	95.470	19	11	−8	城市建设	☹
39	生活垃圾无害化处理率	%	市辖区	正	92.800	100.000	100.000	1	1	0	城市建设	
40	万人拥有公交车辆	辆	市辖区	正	11.053	16.730	17.130	14	7	−7	城市	☹
41	工业二氧化硫去除率	%	全市	正	61.876	46.802	44.578	89	84	−5	环境年报2012	☹
42	工业废水化学需氧量去除率	%	全市	正	82.576	96.458	96.624	1	1	0	环境年报2012	
43	工业氮氧化物去除率	%	全市	正	8.635	1.316	1.190	71	51	−20	环境年报2012	☹
44	工业废水氨氮去除率	%	全市	正	72.465	84.467	86.702	30	27	−3	环境年报2012	☹

注：区域经济——《中国区域经济统计年鉴2013》；城市——《中国城市统计年鉴2013》；统计——《中国统计年鉴2013》；城市建设——《中国城市建设统计年鉴2012》；环境年报2012——《中国环境统计年报2012》；环境年鉴——《中国环境统计年鉴2013》；环境保护部数据——环境保护部数据中心

宁波市绿色发展"体检"表

序号	指标名称	单位	口径	指标属性	2012年测评均值	2012年宁波数值	2011年宁波数值	2012年宁波排名	2011年宁波排名	排名变化	2012年数据来源	进退脸谱
1	人均地区生产总值	元/人	全市	正	56 972.840	114 065.000	105 334.000	5	5	0	区域经济	
2	单位地区生产总值能耗	吨/万元	全市	逆	0.936	0.442	0.381	28	45	17	区域经济；城市	☺
3	人均城镇生活消费用电	千瓦时/人	全市	逆	421.958	514.604	454.117	72	73	1	城市	☺
4	单位地区生产总值二氧化碳排放量			逆	—							
5	单位地区生产总值二氧化硫排放量	吨/亿元	全市	逆	60.907	28.787	32.740	37	38	1	区域经济；环境年报2012	☺
6	单位地区生产总值化学需氧量排放量	吨/亿元	全市	逆	25.221	9.874	11.175	16	15	−1	区域经济；环境年报2012	☹
7	单位地区生产总值氮氧化物排放量	吨/亿元	全市	逆	47.862	46.404	53.458	61	63	2	区域经济；环境年报2012	☺
8	单位地区生产总值氨氮排放量	吨/亿元	全市	逆	3.906	2.176	2.419	21	20	−1	区域经济；环境年报2012	☹
9	第一产业劳动生产率	万元/人	全市	正	756.662	2 983.560	2 041.840	3	7	4	区域经济；城市	☺
10	第二产业劳动生产率	万元/人	全市	正	44.579	29.895	31.850	78	76	−2	区域经济；城市	☹
11	单位工业增加值水耗	万吨/万元	全市	逆	233.379	386.783	367.592	82	74	−8	区域经济；环境年报2012	☹
12	单位工业增加值能耗		全市	逆	—							
13	工业固体废物综合利用率	%	全市	正	80.222	91.590	89.800	51	50	−1	环境年报2012	
14	工业用水重复利用率	%	全市	正	81.943	51.446	36.289	93	91	−2	环境年报2012	☹
15	第三产业劳动生产率	万元/人	全市	正	36.407	50.376	48.407	18	17	−1	区域经济；城市	☹
16	第三产业增加值比重	%	全市	正	39.655	42.490	40.510	34	42	8	城市	☺
17	第三产业就业人员比重	%	全市	正	47.331	32.982	31.094	92	92	0	区域经济	
18	人均水资源量	立方米/人	全市	正	1 244.514	2 117.450	999.652	18	34	16	环境年报2012；城市	☺
19	单位土地面积二氧化碳排放量			逆	—							
20	人均二氧化碳排放量			逆	—							

续表

序号	指标名称	单位	口径	指标属性	2012年测评均值	2012年宁波数值	2011年宁波数值	2012年宁波排名	2011年宁波排名	排名变化	2012年数据来源	进退脸谱
21	单位土地面积二氧化硫排放量	吨/平方千米	全市	逆	9.424	14.959	15.826	84	87	3	环境年报2012；城市	☺
22	人均二氧化硫排放量	吨/万人	全市	逆	256.223	254.433	270.068	74	72	−2	环境年报2012；城市	☹
23	单位土地面积化学需氧量排放量	吨/平方千米	全市	逆	5.523	5.131	5.402	65	65	0	环境年报2012；城市	
24	人均化学需氧量排放量	吨/万人	全市	逆	99.608	87.267	92.180	45	46	1	环境年报2012；城市	☺
25	单位土地面积氮氧化物排放量	吨/平方千米	全市	逆	8.762	24.113	25.840	95	95	0	环境年报2012；城市	
26	人均氮氧化物排放量	吨/万人	全市	逆	205.128	410.140	440.974	88	90	2	环境年报2012；城市	☺
27	单位土地面积氨氮排放量	吨/平方千米	全市	逆	0.882	1.131	1.169	81	80	−1	环境年报2012；城市	☹
28	人均氨氮排放量	吨/万人	全市	逆	16.558	19.234	19.956	78	80	2	环境年报2012；城市	☺
29	空气质量达到二级以上天数占全年比重	%	市辖区	正	92.614	93.970	88.460	41	75	34	环境保护部数据	☺
30	首要污染物可吸入颗粒物天数占全年比重	%	市辖区	逆	71.737	69.589	78.904	40	69	29	环境保护部数据	☺
31	可吸入细颗粒物浓度(PM2.5)年均值		市辖区	正	—	—	—	—	—		环境空气质量标准	
32	环境保护支出占财政支出比重	%	全市	正	3.042	1.385	0.973	95	75	−20	统计；城市	☹
33	城市环境基础设施建设投资占全市固定资产投资比重	%	全市	正	0.010	0.002	—	89	—		城市建设；统计	
34	科教文卫支出占财政支出比重	%	全市	正	30.384	29.364	26.749	62	61	−1	统计；区域经济；城市	☹
35	人均绿地面积	平方米	市辖区	正	26.119	18.522	575.200	37	39	2	城市	☺
36	建成区绿化覆盖率	%	市辖区	正	40.808	38.230	38.130	78	77	−1	城市建设	☹
37	用水普及率	%	市辖区	正	98.280	100.000	100.000	1	1	0	城市建设	

序号	指标名称	单位	口径	指标属性	2012年测评均值	2012年宁波数值	2011年宁波数值	2012年宁波排名	2011年宁波排名	排名变化	2012年数据来源	进退脸谱
38	城市生活污水处理率	%	市辖区	正	88.913	88.140	86.850	64	57	−7	城市建设	☹
39	生活垃圾无害化处理率	%	市辖区	正	92.800	100.000	100.000	1	1	0	城市建设	
40	万人拥有公交车辆	辆	市辖区	正	11.053	17.890	16.720	8	10	2	城市	☺
41	工业二氧化硫去除率	%	全市	正	61.876	85.448	86.436	6	2	−4	环境年报2012	☹
42	工业废水化学需氧量去除率	%	全市	正	82.576	92.220	93.135	18	14	−4	环境年报2012	☹
43	工业氮氧化物去除率	%	全市	正	8.635	13.553	13.652	20	9	−11	环境年报2012	☹
44	工业废水氨氮去除率	%	全市	正	72.465	96.688	95.711	5	8	3	环境年报2012	☺

注：区域经济——《中国区域经济统计年鉴2013》；城市——《中国城市统计年鉴2013》；统计——《中国统计年鉴2013》；城市建设——《中国城市建设统计年鉴2012》；环境年报2012——《中国环境统计年报2012》；环境年鉴——《中国环境统计年鉴2013》；环境保护部数据——环境保护部数据中心

合肥市绿色发展"体检"表

序号	指标名称	单位	口径	指标属性	2012年测评均值	2012年合肥数值	2011年合肥数值	2012年合肥排名	2011年合肥排名	排名变化	2012年数据来源	进退脸谱
1	人均地区生产总值	元/人	全市	正	56 972.840	55 182.000	48 540.000	47	49	2	区域经济	☺
2	单位地区生产总值能耗	吨/万元	全市	逆	0.936	0.294	0.641	12	67	55	区域经济；城市	☺
3	人均城镇生活消费用电	千瓦时/人	全市	逆	421.958	367.271	322.147	64	63	−1	城市	☹
4	单位地区生产总值二氧化碳排放量			逆	—	—	—	—	—	—		
5	单位地区生产总值二氧化硫排放量	吨/亿元	全市	逆	60.907	19.064	23.149	17	23	6	区域经济；环境年报2012	☺
6	单位地区生产总值化学需氧量排放量	吨/亿元	全市	逆	25.221	22.840	27.281	51	55	4	区域经济；环境年报2012	☺
7	单位地区生产总值氮氧化物排放量	吨/亿元	全市	逆	47.862	31.400	39.723	48	46	−2	区域经济；环境年报2012	☹
8	单位地区生产总值氨氮排放量	吨/亿元	全市	逆	3.906	2.918	3.688	41	52	11	区域经济；环境年报2012	☺
9	第一产业劳动生产率	万元/人	全市	正	756.662	1 527.000	1 601.690	14	12	−2	区域经济；城市	☹
10	第二产业劳动生产率	万元/人	全市	正	44.579	40.068	47.972	55	35	−20	区域经济；城市	☹
11	单位工业增加值水耗	万吨/万元	全市	逆	233.379	171.586	184.525	53	51	−2	区域经济；环境年报2012	☹
12	单位工业增加值能耗		全市	逆	—	—	—	—	—	—		
13	工业固体废物综合利用率	%	全市	正	80.222	93.950	93.800	40	35	−5	环境年报2012	☹
14	工业用水重复利用率	%	全市	正	81.943	93.910	92.339	23	30	7	环境年报2012	☺
15	第三产业劳动生产率	万元/人	全市	正	36.407	33.290	33.516	42	38	−4	区域经济；城市	☹
16	第三产业增加值比重	%	全市	正	39.655	39.170	39.220	55	49	−6	城市	☹
17	第三产业就业人员比重	%	全市	正	47.331	44.103	48.128	61	48	−13	区域经济	☹
18	人均水资源量	立方米/人	全市	正	1 244.514	437.526	401.502	62	66	4	环境年报2012；城市	☺
19	单位土地面积二氧化碳排放量			逆	—	—	—	—	—	—		
20	人均二氧化碳排放量			逆	—	—	—	—	—	—		

— 367 —

续表

序号	指标名称	单位	口径	指标属性	2012年测评均值	2012年合肥数值	2011年合肥数值	2012年合肥排名	2011年合肥排名	排名变化	2012年数据来源	进退脸谱
21	单位土地面积二氧化硫排放量	吨/平方千米	全市	逆	9.424	4.203	4.492	23	25	2	环境年报2012；城市	☺
22	人均二氧化硫排放量	吨/万人	全市	逆	256.223	67.820	72.771	9	10	1	环境年报2012；城市	☺
23	单位土地面积化学需氧量排放量	吨/平方千米	全市	逆	5.523	5.035	5.294	63	64	1	环境年报2012；城市	☺
24	人均化学需氧量排放量	吨/万人	全市	逆	99.608	81.255	85.760	36	37	1	环境年报2012；城市	☺
25	单位土地面积氮氧化物排放量	吨/平方千米	全市	逆	8.762	6.922	7.709	53	55	2	环境年报2012；城市	☺
26	人均氮氧化物排放量	吨/万人	全市	逆	205.128	111.704	124.872	37	41	4	环境年报2012；城市	☺
27	单位土地面积氨氮排放量	吨/平方千米	全市	逆	0.882	0.643	0.716	59	59	0	环境年报2012；城市	☺
28	人均氨氮排放量	吨/万人	全市	逆	16.558	10.382	11.594	25	32	7	环境年报2012；城市	☺
29	空气质量达到二级以上天数占全年比重	%	市辖区	正	92.614	90.410	83.240	66	96	30	环境保护部数据	☺
30	首要污染物可吸入颗粒物天数占全年比重	%	市辖区	逆	71.737	87.397	86.301	84	87	3	环境保护部数据	☺
31	可吸入细颗粒物浓度(PM2.5)年均值		市辖区	正	—	—	—				环境空气质量标准	
32	环境保护支出占财政支出比重	%	全市	正	3.042	3.420	1.288	32	49	17	统计；城市	☺
33	城市环境基础设施建设投资占全市固定资产投资比重	%	全市	正	0.010	0.004	—	69	—		城市建设；统计	
34	科教文卫支出占财政支出比重	%	全市	正	30.384	28.068	25.510	70	70	0	统计；区域经济；城市	☺
35	人均绿地面积	平方米	市辖区	正	26.119	18.530	705.600	36	24	−12	城市	☹
36	建成区绿化覆盖率	%	市辖区	正	40.808	39.920	43.410	62	16	−46	城市建设	☹
37	用水普及率	%	市辖区	正	98.280	99.760	99.730	53	54	1	城市建设	☺

如何解读城市"绿色体检"表？

续表

序号	指标名称	单位	口径	指标属性	2012年测评均值	2012年合肥数值	2011年合肥数值	2012年合肥排名	2011年合肥排名	排名变化	2012年数据来源	进退脸谱
38	城市生活污水处理率	%	市辖区	正	88.913	98.700	99.830	7	1	-6	城市建设	☹
39	生活垃圾无害化处理率	%	市辖区	正	92.800	100.000	100.000	1	1	0	城市建设	
40	万人拥有公交车辆	辆	市辖区	正	11.053	16.670	16.130	15	12	-3	城市	☹
41	工业二氧化硫去除率	%	全市	正	61.876	53.498	48.958	79	77	-2	环境年报2012	☹
42	工业废水化学需氧量去除率	%	全市	正	82.576	88.938	87.258	32	49	17	环境年报2012	☺
43	工业氮氧化物去除率	%	全市	正	8.635	8.140	1.124	36	53	17	环境年报2012	☺
44	工业废水氨氮去除率	%	全市	正	72.465	89.602	97.609	15	3	-12	环境年报2012	☹

注：区域经济——《中国区域经济统计年鉴2013》；城市——《中国城市统计年鉴2013》；统计——《中国统计年鉴2013》；城市建设——《中国城市建设统计年鉴2012》；环境年报2012——《中国环境统计年报2012》；环境年鉴——《中国环境统计年鉴2013》；环境保护部数据——环境保护部数据中心

福州市绿色发展"体检"表

序号	指标名称	单位	口径	指标属性	2012年测评均值	2012年福州数值	2011年福州数值	2012年福州排名	2011年福州排名	排名变化	2012年数据来源	进退脸谱
1	人均地区生产总值	元/人	全市	正	56 972.840	58 202.000	52 152.000	39	40	1	区域经济	☺
2	单位地区生产总值能耗	吨/万元	全市	逆	0.936	0.585	0.025	35	1	−34	区域经济；城市	☹
3	人均城镇生活消费用电	千瓦时/人	全市	逆	421.958	526.897	514.272	75	77	2	城市	☺
4	单位地区生产总值二氧化碳排放量			逆	—	—	—	—	—			
5	单位地区生产总值二氧化硫排放量	吨/亿元	全市	逆	60.907	21.988	29.331	28	34	6	区域经济；环境年报2012	☺
6	单位地区生产总值化学需氧量排放量	吨/亿元	全市	逆	25.221	20.478	22.608	47	42	−5	区域经济；环境年报2012	☹
7	单位地区生产总值氮氧化物排放量	吨/亿元	全市	逆	47.862	24.730	32.514	35	37	2	区域经济；环境年报2012	☺
8	单位地区生产总值氨氮排放量	吨/亿元	全市	逆	3.906	2.771	3.124	37	37	0	区域经济；环境年报2012	
9	第一产业劳动生产率	万元/人	全市	正	756.662	835.750	467.755	33	40	7	区域经济；城市	☺
10	第二产业劳动生产率	万元/人	全市	正	44.579	22.254	25.295	90	87	−3	区域经济；城市	☹
11	单位工业增加值水耗	万吨/万元	全市	逆	233.379	35.617	35.643	11	7	−4	区域经济；环境年报2012	☹
12	单位工业增加值能耗		全市	逆	—	—	—	—	—			
13	工业固体废物综合利用率	%	全市	正	80.222	90.000	89.800	56	50	−6	环境年报2012	☹
14	工业用水重复利用率	%	全市	正	81.943	74.270	67.019	82	79	−3	环境年报2012	☹
15	第三产业劳动生产率	万元/人	全市	正	36.407	38.890	35.108	34	35	1	区域经济；城市	☺
16	第三产业增加值比重	%	全市	正	39.655	45.840	45.500	25	24	−1	城市	☹
17	第三产业就业人员比重	%	全市	正	47.331	35.934	37.487	85	84	−1	区域经济	☹
18	人均水资源量	立方米/人	全市	正	1 244.514	1 917.680	1 192.840	24	28	4	环境年报2012；城市	☺
19	单位土地面积二氧化碳排放量			逆								
20	人均二氧化碳排放量			逆	—	—	—	—	—			

续表

序号	指标名称	单位	口径	指标属性	2012年测评均值	2012年福州数值	2011年福州数值	2012年福州排名	2011年福州排名	排名变化	2012年数据来源	进退脸谱
21	单位土地面积二氧化硫排放量	吨/平方千米	全市	逆	9.424	5.932	7.058	37	41	4	环境年报2012；城市	☺
22	人均二氧化硫排放量	吨/万人	全市	逆	256.223	118.816	142.390	31	37	6	环境年报2012；城市	☺
23	单位土地面积化学需氧量排放量	吨/平方千米	全市	逆	5.523	5.524	5.441	72	66	−6	环境年报2012；城市	☹
24	人均化学需氧量排放量	吨/万人	全市	逆	99.608	110.656	109.752	69	62	−7	环境年报2012；城市	☹
25	单位土地面积氮氧化物排放量	吨/平方千米	全市	逆	8.762	6.671	7.825	52	57	5	环境年报2012；城市	☺
26	人均氮氧化物排放量	吨/万人	全市	逆	205.128	133.633	157.845	47	53	6	环境年报2012；城市	☺
27	单位土地面积氨氮排放量	吨/平方千米	全市	逆	0.882	0.748	0.752	65	62	−3	环境年报2012；城市	☹
28	人均氨氮排放量	吨/万人	全市	逆	16.558	14.975	15.168	60	61	1	环境年报2012；城市	☺
29	空气质量达到二级以上天数占全年比重	％	市辖区	正	92.614	99.450	98.630	10	13	3	环境保护部数据	☺
30	首要污染物可吸入颗粒物天数占全年比重	％	市辖区	逆	71.737	56.986	68.767	18	42	24	环境保护部数据	☺
31	可吸入细颗粒物浓度(PM2.5)年均值		市辖区	正	—	—	—	—	—		环境空气质量标准	
32	环境保护支出占财政支出比重	％	全市	正	3.042	1.603	0.801	89	80	−9	统计；城市	☹
33	城市环境基础设施建设投资占全市固定资产投资比重	％	全市	正	0.010	0.006	—	51	—		城市建设；统计	
34	科教文卫支出占财政支出比重	％	全市	正	30.384	34.309	29.478	21	38	17	统计；区域经济；城市	☺
35	人均绿地面积	平方米	市辖区	正	26.119	13.676	647.700	60	31	−29	城市	☹
36	建成区绿化覆盖率	％	市辖区	正	40.808	40.600	40.500	52	48	−4	城市建设	☹
37	用水普及率	％	市辖区	正	98.280	99.370	99.260	62	64	2	城市建设	☺

续表

序号	指标名称	单位	口径	指标属性	2012年测评均值	2012年福州数值	2011年福州数值	2012年福州排名	2011年福州排名	排名变化	2012年数据来源	进退脸谱
38	城市生活污水处理率	%	市辖区	正	88.913	84.700	84.580	79	68	−11	城市建设	☹
39	生活垃圾无害化处理率	%	市辖区	正	92.800	98.230	99.940	56	52	−4	城市建设	☹
40	万人拥有公交车辆	辆	市辖区	正	11.053	18.130	16.420	5	11	6	城市	☺
41	工业二氧化硫去除率	%	全市	正	61.876	65.971	66.544	46	40	−6	环境年报2012	☹
42	工业废水化学需氧量去除率	%	全市	正	82.576	93.646	96.338	13	2	−11	环境年报2012	☹
43	工业氮氧化物去除率	%	全市	正	8.635	22.321	22.727	10	5	−5	环境年报2012	☹
44	工业废水氨氮去除率	%	全市	正	72.465	78.100	70.552	47	67	20	环境年报2012	☺

注：区域经济——《中国区域经济统计年鉴2013》；城市——《中国城市统计年鉴2013》；统计——《中国统计年鉴2013》；城市建设——《中国城市建设统计年鉴2012》；环境年报2012——《中国环境统计年报2012》；环境年鉴——《中国环境统计年鉴2013》；环境保护部数据——环境保护部数据中心

厦门市绿色发展"体检"表

序号	指标名称	单位	口径	指标属性	2012年测评均值	2012年厦门数值	2011年厦门数值	2012年厦门排名	2011年厦门排名	排名变化	2012年数据来源	进退脸谱
1	人均地区生产总值	元/人	全市	正	56 972.840	77 340.000	70 832.000	23	23	0	区域经济	
2	单位地区生产总值能耗	吨/万元	全市	逆	0.936	0.536	0.551	34	56	22	区域经济；城市	☺
3	人均城镇生活消费用电	千瓦时/人	全市	逆	421.958	2 007.190	1 863.730	99	99	0	城市	
4	单位地区生产总值二氧化碳排放量			逆	—	—	—					
5	单位地区生产总值二氧化硫排放量	吨/亿元	全市	逆	60.907	7.783	8.942	6	6	0	区域经济；环境年报2012	
6	单位地区生产总值化学需氧量排放量	吨/亿元	全市	逆	25.221	12.451	15.280	25	27	2	区域经济；环境年报2012	☺
7	单位地区生产总值氮氧化物排放量	吨/亿元	全市	逆	47.862	5.396	8.285	5	7	2	区域经济；环境年报2012	☺
8	单位地区生产总值氨氮排放量	吨/亿元	全市	逆	3.906	2.605	3.074	34	33	−1	区域经济；环境年报2012	☹
9	第一产业劳动生产率	万元/人	全市	正	756.662	107.660	94.923	89	85	−4	区域经济；城市	☹
10	第二产业劳动生产率	万元/人	全市	正	44.579	16.871	17.892	99	98	−1	区域经济；城市	☹
11	单位工业增加值水耗	万吨/万元	全市	逆	233.379	69.225	166.111	21	44	23	区域经济；环境年报2012	☺
12	单位工业增加值能耗		全市	逆	—	—	—					
13	工业固体废物综合利用率	%	全市	正	80.222	95.980	91.500	28	43	15	环境年报2012	☺
14	工业用水重复利用率	%	全市	正	81.943	91.960	39.736	35	90	55	环境年报2012	☺
15	第三产业劳动生产率	万元/人	全市	正	36.407	42.952	40.374	28	27	−1	区域经济；城市	☹
16	第三产业增加值比重	%	全市	正	39.655	50.330	47.950	15	20	5	城市	☺
17	第三产业就业人员比重	%	全市	正	47.331	29.750	28.308	96	95	−1	区域经济	☹
18	人均水资源量	立方米/人	全市	正	1 244.514	687.974	527.641	44	58	14	环境年报2012；城市	☺
19	单位土地面积二氧化碳排放量			逆	—	—	—					
20	人均二氧化碳排放量			逆	—	—	—					

续表

序号	指标名称	单位	口径	指标属性	2012年测评均值	2012年厦门数值	2011年厦门数值	2012年厦门排名	2011年厦门排名	排名变化	2012年数据来源	进退脸谱
21	单位土地面积二氧化硫排放量	吨/平方千米	全市	逆	9.424	12.086	12.388	73	72	-1	环境年报2012；城市	☹
22	人均二氧化硫排放量	吨/万人	全市	逆	256.223	101.074	106.656	24	22	-2	环境年报2012；城市	☹
23	单位土地面积化学需氧量排放量	吨/平方千米	全市	逆	5.523	19.336	21.169	97	97	0	环境年报2012；城市	☹
24	人均化学需氧量排放量	吨/万人	全市	逆	99.608	161.702	182.256	94	98	4	环境年报2012；城市	☺
25	单位土地面积氮氧化物排放量	吨/平方千米	全市	逆	8.762	8.380	11.477	64	74	10	环境年报2012；城市	☺
26	人均氮氧化物排放量	吨/万人	全市	逆	205.128	70.074	98.818	18	26	8	环境年报2012；城市	☺
27	单位土地面积氨氮排放量	吨/平方千米	全市	逆	0.882	4.045	4.259	97	97	0	环境年报2012；城市	☹
28	人均氨氮排放量	吨/万人	全市	逆	16.558	33.829	36.669	94	96	2	环境年报2012；城市	☺
29	空气质量达到二级以上天数占全年比重	%	市辖区	正	92.614	100.000	99.450	1	7	6	环境保护部数据	☺
30	首要污染物可吸入颗粒物天数占全年比重	%	市辖区	逆	71.737	50.959	63.562	12	26	14	环境保护部数据	☺
31	可吸入细颗粒物浓度(PM2.5)年均值		市辖区	正	—	—	—	—	—		环境空气质量标准	
32	环境保护支出占财政支出比重	%	全市	正	3.042	2.243	1.759	71	34	-37	统计；城市	☹
33	城市环境基础设施建设投资占全市固定资产投资比重	%	全市	正	0.010	0.011	—	27	—		城市建设；统计	
34	科教文卫支出占财政支出比重	%	全市	正	30.384	24.878	25.267	89	74	-15	统计；区域经济；城市	☹
35	人均绿地面积	平方米	市辖区	正	26.119	90.064	182.700	6	89	83	城市	☺
36	建成区绿化覆盖率	%	市辖区	正	40.808	41.760	40.640	39	46	7	城市建设	☺
37	用水普及率	%	市辖区	正	98.280	100.000	100.000	1	1	0	城市建设	

续表

序号	指标名称	单位	口径	指标属性	2012年测评均值	2012年厦门数值	2011年厦门数值	2012年厦门排名	2011年厦门排名	排名变化	2012年数据来源	进退脸谱
38	城市生活污水处理率	%	市辖区	正	88.913	90.700	90.400	47	41	-6	城市建设	☹
39	生活垃圾无害化处理率	%	市辖区	正	92.800	99.000	98.320	54	56	2	城市建设	☺
40	万人拥有公交车辆	辆	市辖区	正	11.053	20.390	20.350	2	2	0	城市	
41	工业二氧化硫去除率	%	全市	正	61.876	62.948	65.454	53	43	-10	环境年报2012	☹
42	工业废水化学需氧量去除率	%	全市	正	82.576	94.595	94.182	8	13	5	环境年报2012	☺
43	工业氮氧化物去除率	%	全市	正	8.635	48.000	41.935	2	1	-1	环境年报2012	☹
44	工业废水氨氮去除率	%	全市	正	72.465	64.168	87.786	69	21	-48	环境年报2012	☹

注：区域经济——《中国区域经济统计年鉴2013》；城市——《中国城市统计年鉴2013》；统计——《中国统计年鉴2013》；城市建设——《中国城市建设统计年鉴2012》；环境年报2012——《中国环境统计年报2012》；环境年鉴——《中国环境统计年鉴2013》；环境保护部数据——环境保护部数据中心

南昌市绿色发展"体检"表

序号	指标名称	单位	口径	指标属性	2012年测评均值	2012年南昌数值	2011年南昌数值	2012年南昌排名	2011年南昌排名	排名变化	2012年数据来源	进退脸谱
1	人均地区生产总值	元/人	全市	正	56 972.840	58 715.000	53 023.000	36	34	−2	区域经济	☹
2	单位地区生产总值能耗	吨/万元	全市	逆	0.936	0.643	0.477	40	49	9	区域经济；城市	☺
3	人均城镇生活消费用电	千瓦时/人	全市	逆	421.958	362.818	313.741	63	60	−3	城市	☹
4	单位地区生产总值二氧化碳排放量			逆	—	—	—	—	—			
5	单位地区生产总值二氧化硫排放量	吨/亿元	全市	逆	60.907	17.515	16.124	15	12	−3	区域经济；环境年报2012	☹
6	单位地区生产总值化学需氧量排放量	吨/亿元	全市	逆	25.221	20.779	24.964	48	50	2	区域经济；环境年报2012	☺
7	单位地区生产总值氮氧化物排放量	吨/亿元	全市	逆	47.862	9.937	12.095	9	9	0	区域经济；环境年报2012	
8	单位地区生产总值氨氮排放量	吨/亿元	全市	逆	3.906	3.098	3.496	48	47	−1	区域经济；环境年报2012	☹
9	第一产业劳动生产率	万元/人	全市	正	756.662	144.304	90.248	82	87	5	区域经济；城市	☺
10	第二产业劳动生产率	万元/人	全市	正	44.579	32.077	37.959	72	61	−11	区域经济；城市	☹
11	单位工业增加值水耗	万吨/万元	全市	逆	233.379	52.067	48.769	17	11	−6	区域经济；环境年报2012	☹
12	单位工业增加值能耗		全市	逆	—	—	—	—	—			
13	工业固体废物综合利用率	%	全市	正	80.222	98.700	98.300	12	10	−2	环境年报2012	☹
14	工业用水重复利用率	%	全市	正	81.943	76.247	75.245	75	74	−1	环境年报2012	☹
15	第三产业劳动生产率	万元/人	全市	正	36.407	28.981	26.681	57	59	2	区域经济；城市	☺
16	第三产业增加值比重	%	全市	正	39.655	38.650	36.250	56	57	1	城市	☺
17	第三产业就业人员比重	%	全市	正	47.331	42.560	42.732	67	70	3	区域经济	☺
18	人均水资源量	立方米/人	全市	正	1 244.514	947.750	961.676	38	36	−2	环境年报2012；城市	☹
19	单位土地面积二氧化碳排放量			逆	—	—	—	—	—			
20	人均二氧化碳排放量			逆	—	—	—	—	—			

如何解读城市"绿色体检"表？

续表

序号	指标名称	单位	口径	指标属性	2012年测评均值	2012年南昌数值	2011年南昌数值	2012年南昌排名	2011年南昌排名	排名变化	2012年数据来源	进退脸谱
21	单位土地面积二氧化硫排放量	吨/平方千米	全市	逆	9.424	5.970	4.885	39	27	−12	环境年报2012；城市	☹
22	人均二氧化硫排放量	吨/万人	全市	逆	256.223	86.475	71.801	17	9	−8	环境年报2012；城市	☹
23	单位土地面积化学需氧量排放量	吨/平方千米	全市	逆	5.523	7.083	7.564	83	82	−1	环境年报2012；城市	☹
24	人均化学需氧量排放量	吨/万人	全市	逆	99.608	102.593	111.170	57	63	6	环境年报2012；城市	☺
25	单位土地面积氮氧化物排放量	吨/平方千米	全市	逆	8.762	3.387	3.664	28	27	−1	环境年报2012；城市	☹
26	人均氮氧化物排放量	吨/万人	全市	逆	205.128	49.061	53.860	7	8	1	环境年报2012；城市	☺
27	单位土地面积氨氮排放量	吨/平方千米	全市	逆	0.882	1.056	1.059	80	79	−1	环境年报2012；城市	☹
28	人均氨氮排放量	吨/万人	全市	逆	16.558	15.297	15.570	63	64	1	环境年报2012；城市	☺
29	空气质量达到二级以上天数占全年比重	％	市辖区	正	92.614	90.140	95.050	68	33	−35	环境保护部数据	☹
30	首要污染物可吸入颗粒物天数占全年比重	％	市辖区	逆	71.737	76.986	76.438	56	59	3	环境保护部数据	☺
31	可吸入细颗粒物浓度(PM2.5)年均值		市辖区	正	—	—	—				环境空气质量标准	
32	环境保护支出占财政支出比重	％	全市	正	3.042	1.323	1.082	97	65	−32	统计；城市	☹
33	城市环境基础设施建设投资占全市固定资产投资比重	％	全市	正	0.010	0.022	—	13	—		城市建设；统计	
34	科教文卫支出占财政支出比重	％	全市	正	30.384	29.709	28.532	56	50	−6	统计；区域经济；城市	☹
35	人均绿地面积	平方米	市辖区	正	26.119	17.116	503.600	44	51	7	城市	☺
36	建成区绿化覆盖率	％	市辖区	正	40.808	43.000	42.960	22	21	−1	城市建设	☹
37	用水普及率	％	市辖区	正	98.280	98.900	99.700	66	55	−11	城市建设	☹

— 377 —

续表

序号	指标名称	单位	口径	指标属性	2012年测评均值	2012年南昌数值	2011年南昌数值	2012年南昌排名	2011年南昌排名	排名变化	2012年数据来源	进退脸谱
38	城市生活污水处理率	%	市辖区	正	88.913	89.660	89.010	57	48	−9	城市建设	☹
39	生活垃圾无害化处理率	%	市辖区	正	92.800	100.000	100.000	1	1	0	城市建设	
40	万人拥有公交车辆	辆	市辖区	正	11.053	16.880	14.150	13	20	7	城市	☺
41	工业二氧化硫去除率	%	全市	正	61.876	50.602	63.158	84	49	−35	环境年报2012	☹
42	工业废水化学需氧量去除率	%	全市	正	82.576	87.861	87.940	42	43	1	环境年报2012	☺
43	工业氮氧化物去除率	%	全市	正	8.635	0.000	0.000	77	60	−17	环境年报2012	☹
44	工业废水氨氮去除率	%	全市	正	72.465	83.467	83.747	33	40	7	环境年报2012	☺

注：区域经济——《中国区域经济统计年鉴2013》；城市——《中国城市统计年鉴2013》；统计——《中国统计年鉴2013》；城市建设——《中国城市建设统计年鉴2012》；环境年报2012——《中国环境统计年报2012》；环境年鉴——《中国环境统计年鉴2013》；环境保护部数据——环境保护部数据中心

济南市绿色发展"体检"表

序号	指标名称	单位	口径	指标属性	2012年测评均值	2012年济南数值	2011年济南数值	2012年济南排名	2011年济南排名	排名变化	2012年数据来源	进退脸谱
1	人均地区生产总值	元/人	全市	正	56 972.840	69 444.000	64 310.000	26	27	1	区域经济	☺
2	单位地区生产总值能耗	吨/万元	全市	逆	0.936	0.870	0.910	58	78	20	区域经济；城市	☺
3	人均城镇生活消费用电	千瓦时/人	全市	逆	421.958	550.192	494.473	76	75	−1	城市	☹
4	单位地区生产总值二氧化碳排放量			逆	—	—	—	—	—			
5	单位地区生产总值二氧化硫排放量	吨/亿元	全市	逆	60.907	26.304	30.265	35	35	0	区域经济；环境年报2012	
6	单位地区生产总值化学需氧量排放量	吨/亿元	全市	逆	25.221	9.585	11.816	15	16	1	区域经济；环境年报2012	☺
7	单位地区生产总值氮氧化物排放量	吨/亿元	全市	逆	47.862	19.443	21.793	25	21	−4	区域经济；环境年报2012	☹
8	单位地区生产总值氨氮排放量	吨/亿元	全市	逆	3.906	1.494	1.805	9	12	3	区域经济；环境年报2012	☺
9	第一产业劳动生产率	万元/人	全市	正	756.662	1 873.480	1 699.000	8	11	3	区域经济；城市	☺
10	第二产业劳动生产率	万元/人	全市	正	44.579	29.792	29.725	79	82	3	区域经济；城市	☺
11	单位工业增加值水耗	万吨/万元	全市	逆	233.379	162.989	194.154	49	53	4	区域经济；环境年报2012	☺
12	单位工业增加值能耗		全市	逆	—	—	—	—	—			
13	工业固体废物综合利用率	%	全市	正	80.222	99.830	99.200	2	7	5	环境年报2012	☺
14	工业用水重复利用率	%	全市	正	81.943	95.184	95.111	14	11	−3	环境年报2012	☹
15	第三产业劳动生产率	万元/人	全市	正	36.407	36.246	34.016	36	37	1	区域经济；城市	☺
16	第三产业增加值比重	%	全市	正	39.655	54.390	53.090	8	8	0	城市	
17	第三产业就业人员比重	%	全市	正	47.331	51.163	53.941	43	28	−15	区域经济	☹
18	人均水资源量	立方米/人	全市	正	1 244.514	288.735	288.735	79	74	−5	环境年报2012；城市	☹
19	单位土地面积二氧化碳排放量			逆	—	—	—	—	—			
20	人均二氧化碳排放量			逆	—	—	—	—	—			

续表

序号	指标名称	单位	口径	指标属性	2012年测评均值	2012年济南数值	2011年济南数值	2012年济南排名	2011年济南排名	排名变化	2012年数据来源	进退脸谱
21	单位土地面积二氧化硫排放量	吨/平方千米	全市	逆	9.424	14.002	14.713	82	85	3	环境年报2012；城市	☺
22	人均二氧化硫排放量	吨/万人	全市	逆	256.223	188.342	198.722	56	60	4	环境年报2012；城市	☺
23	单位土地面积化学需氧量排放量	吨/平方千米	全市	逆	5.523	5.102	5.744	64	70	6	环境年报2012；城市	☺
24	人均化学需氧量排放量	吨/万人	全市	逆	99.608	68.631	77.582	25	29	4	环境年报2012；城市	☺
25	单位土地面积氮氧化物排放量	吨/平方千米	全市	逆	8.762	10.350	10.594	74	70	−4	环境年报2012；城市	☹
26	人均氮氧化物排放量	吨/万人	全市	逆	205.128	139.215	143.094	49	47	−2	环境年报2012；城市	☹
27	单位土地面积氨氮排放量	吨/平方千米	全市	逆	0.882	0.795	0.878	69	69	0	环境年报2012；城市	☺
28	人均氨氮排放量	吨/万人	全市	逆	16.558	10.698	11.855	26	36	10	环境年报2012；城市	☺
29	空气质量达到二级以上天数占全年比重	%	市辖区	正	92.614	89.040	87.640	76	82	6	环境保护部数据	☺
30	首要污染物可吸入颗粒物天数占全年比重	%	市辖区	逆	71.737	92.877	93.973	95	97	2	环境保护部数据	☺
31	可吸入细颗粒物浓度(PM2.5)年均值		市辖区	正	—	—	—	—	—		环境空气质量标准	
32	环境保护支出占财政支出比重	%	全市	正	3.042	2.556	1.652	60	37	−23	统计；城市	☹
33	城市环境基础设施建设投资占全市固定资产投资比重	%	全市	正	0.010	0.012	—	23			城市建设；统计	
34	科教文卫支出占财政支出比重	%	全市	正	30.384	29.647	27.918	57	54	−3	统计；区域经济；城市	☹
35	人均绿地面积	平方米	市辖区	正	26.119	20.314	605.400	34	36	2	城市	☺
36	建成区绿化覆盖率	%	市辖区	正	40.808	38.000	37.050	81	86	5	城市建设	☺
37	用水普及率	%	市辖区	正	98.280	100.000	100.000	1	1	0	城市建设	

续表

序号	指标名称	单位	口径	指标属性	2012年测评均值	2012年济南数值	2011年济南数值	2012年济南排名	2011年济南排名	排名变化	2012年数据来源	进退脸谱
38	城市生活污水处理率	%	市辖区	正	88.913	97.290	94.400	9	23	14	城市建设	☺
39	生活垃圾无害化处理率	%	市辖区	正	92.800	91.980	98.470	76	55	−21	城市建设	☹
40	万人拥有公交车辆	辆	市辖区	正	11.053	13.370	11.940	24	29	5	城市	☺
41	工业二氧化硫去除率	%	全市	正	61.876	63.666	56.917	50	67	17	环境年报2012	☺
42	工业废水化学需氧量去除率	%	全市	正	82.576	93.193	92.887	16	16	0	环境年报2012	
43	工业氮氧化物去除率	%	全市	正	8.635	4.706	3.488	53	32	−21	环境年报2012	☹
44	工业废水氨氮去除率	%	全市	正	72.465	97.434	97.095	4	4	0	环境年报2012	

注：区域经济——《中国区域经济统计年鉴2013》；城市——《中国城市统计年鉴2013》；统计——《中国统计年鉴2013》；城市建设——《中国城市建设统计年鉴2012》；环境年报2012——《中国环境统计年报2012》；环境年鉴——《中国环境统计年鉴2013》；环境保护部数据——环境保护部数据中心

青岛市绿色发展"体检"表

序号	指标名称	单位	口径	指标属性	2012年测评均值	2012年青岛数值	2011年青岛数值	2012年青岛排名	2011年青岛排名	排名变化	2012年数据来源	进退脸谱
1	人均地区生产总值	元/人	全市	正	56 972.840	82 680.000	75 546.000	19	18	-1	区域经济	☹
2	单位地区生产总值能耗	吨/万元	全市	逆	0.936	0.264	0.201	8	23	15	区域经济;城市	☺
3	人均城镇生活消费用电	千瓦时/人	全市	逆	421.958	412.409	360.643	67	66	-1	城市	☹
4	单位地区生产总值二氧化碳排放量			逆	—	—	—	—	—			
5	单位地区生产总值二氧化硫排放量	吨/亿元	全市	逆	60.907	15.544	17.784	13	14	1	区域经济;环境年报2012	☺
6	单位地区生产总值化学需氧量排放量	吨/亿元	全市	逆	25.221	5.225	6.287	4	3	-1	区域经济;环境年报2012	☹
7	单位地区生产总值氮氧化物排放量	吨/亿元	全市	逆	47.862	12.108	13.909	11	10	-1	区域经济;环境年报2012	☹
8	单位地区生产总值氨氮排放量	吨/亿元	全市	逆	3.906	1.082	1.276	3	4	1	区域经济;环境年报2012	☺
9	第一产业劳动生产率	万元/人	全市	正	756.662	1 351.710	747.268	23	31	8	区域经济;城市	☺
10	第二产业劳动生产率	万元/人	全市	正	44.579	43.778	40.980	45	52	7	区域经济;城市	☺
11	单位工业增加值水耗	万吨/万元	全市	逆	233.379	49.979	53.191	16	13	-3	区域经济;环境年报2012	☹
12	单位工业增加值能耗		全市	逆	—	—	—	—	—			
13	工业固体废物综合利用率	%	全市	正	80.222	95.900	97.300	29	17	-12	环境年报2012	☹
14	工业用水重复利用率	%	全市	正	81.943	81.941	80.701	65	67	2	环境年报2012	☺
15	第三产业劳动生产率	万元/人	全市	正	36.407	70.418	64.486	5	5	0	区域经济;城市	☺
16	第三产业增加值比重	%	全市	正	39.655	48.960	47.740	18	21	3	城市	☺
17	第三产业就业人员比重	%	全市	正	47.331	39.971	38.913	79	83	4	区域经济	☺
18	人均水资源量	立方米/人	全市	正	1 244.514	166.655	273.464	92	76	-16	环境年报2012;城市	☹
19	单位土地面积二氧化碳排放量			逆	—	—	—	—	—			
20	人均二氧化碳排放量			逆	—	—	—	—	—			

续表

序号	指标名称	单位	口径	指标属性	2012年测评均值	2012年青岛数值	2011年青岛数值	2012年青岛排名	2011年青岛排名	排名变化	2012年数据来源	进退脸谱
21	单位土地面积二氧化硫排放量	吨/平方千米	全市	逆	9.424	9.075	9.388	57	56	−1	环境年报2012;城市	☹
22	人均二氧化硫排放量	吨/万人	全市	逆	256.223	129.715	134.718	35	32	−3	环境年报2012;城市	☹
23	单位土地面积化学需氧量排放量	吨/平方千米	全市	逆	5.523	3.050	3.318	41	42	1	环境年报2012;城市	☺
24	人均化学需氧量排放量	吨/万人	全市	逆	99.608	43.603	47.621	4	6	2	环境年报2012;城市	☺
25	单位土地面积氮氧化物排放量	吨/平方千米	全市	逆	8.762	7.069	7.342	54	52	−2	环境年报2012;城市	☹
26	人均氮氧化物排放量	吨/万人	全市	逆	205.128	101.043	105.361	30	30	0	环境年报2012;城市	
27	单位土地面积氨氮排放量	吨/平方千米	全市	逆	0.882	0.632	0.674	57	56	−1	环境年报2012;城市	☹
28	人均氨氮排放量	吨/万人	全市	逆	16.558	9.032	9.669	14	17	3	环境年报2012;城市	☺
29	空气质量达到二级以上天数占全年比重	%	市辖区	正	92.614	93.700	91.480	48	54	6	环境保护部数据	☺
30	首要污染物可吸入颗粒物天数占全年比重	%	市辖区	逆	71.737	53.425	68.493	14	41	27	环境保护部数据	☺
31	可吸入细颗粒物浓度(PM2.5)年均值		市辖区	正	—	—	—				环境空气质量标准	
32	环境保护支出占财政支出比重	%	全市	正	3.042	2.503	1.008	63	71	8	统计;城市	☺
33	城市环境基础设施建设投资占全市固定资产投资比重	%	全市	正	0.010	0.016	—	18	—		城市建设;统计	
34	科教文卫支出占财政支出比重	%	全市	正	30.384	27.293	25.833	79	66	−13	统计;区域经济;城市	☹
35	人均绿地面积	平方米	市辖区	正	26.119	27.957	765.000	23	16	−7	城市	☹
36	建成区绿化覆盖率	%	市辖区	正	40.808	44.700	44.690	12	13	1	城市建设	☺
37	用水普及率	%	市辖区	正	98.280	100.000	100.000	1	1	0	城市建设	

续表

序号	指标名称	单位	口径	指标属性	2012年测评均值	2012年青岛数值	2011年青岛数值	2012年青岛排名	2011年青岛排名	排名变化	2012年数据来源	进退脸谱
38	城市生活污水处理率	%	市辖区	正	88.913	91.340	96.690	43	9	−34	城市建设	☹
39	生活垃圾无害化处理率	%	市辖区	正	92.800	100.000	100.000	1	1	0	城市建设	
40	万人拥有公交车辆	辆	市辖区	正	11.053	14.830	19.560	20	3	−17	城市	☹
41	工业二氧化硫去除率	%	全市	正	61.876	73.025	70.079	25	29	4	环境年报2012	☺
42	工业废水化学需氧量去除率	%	全市	正	82.576	91.204	91.757	22	22	0	环境年报2012	
43	工业氮氧化物去除率	%	全市	正	8.635	21.053	0.000	11	60	49	环境年报2012	☺
44	工业废水氨氮去除率	%	全市	正	72.465	86.585	93.538	24	13	−11	环境年报2012	☹

注：区域经济——《中国区域经济统计年鉴2013》；城市——《中国城市统计年鉴2013》；统计——《中国统计年鉴2013》；城市建设——《中国城市建设统计年鉴2012》；环境年报2012——《中国环境统计年报2012》；环境年鉴——《中国环境统计年鉴2013》；环境保护部数据——环境保护部数据中心

郑州市绿色发展"体检"表

序号	指标名称	单位	口径	指标属性	2012年测评均值	2012年郑州数值	2011年郑州数值	2012年郑州排名	2011年郑州排名	排名变化	2012年数据来源	进退脸谱
1	人均地区生产总值	元/人	全市	正	56 972.840	62 054.000	56 855.000	32	31	-1	区域经济	☹
2	单位地区生产总值能耗	吨/万元	全市	逆	0.936	0.530	0.132	32	17	-15	区域经济；城市	☹
3	人均城镇生活消费用电	千瓦时/人	全市	逆	421.958	525.372	467.368	74	74	0	城市	
4	单位地区生产总值二氧化碳排放量			逆	—	—	—					
5	单位地区生产总值二氧化硫排放量	吨/亿元	全市	逆	60.907	37.415	32.577	46	37	-9	区域经济；环境年报2012	☹
6	单位地区生产总值化学需氧量排放量	吨/亿元	全市	逆	25.221	10.611	13.535	18	22	4	区域经济；环境年报2012	☺
7	单位地区生产总值氮氧化物排放量	吨/亿元	全市	逆	47.862	38.325	41.863	54	49	-5	区域经济；环境年报2012	☹
8	单位地区生产总值氨氮排放量	吨/亿元	全市	逆	3.906	2.387	2.840	27	26	-1	区域经济；环境年报2012	☹
9	第一产业劳动生产率	万元/人	全市	正	756.662	678.095	612.372	39	35	-4	区域经济；城市	☹
10	第二产业劳动生产率	万元/人	全市	正	44.579	37.807	46.731	60	38	-22	区域经济；城市	☹
11	单位工业增加值水耗	万吨/万元	全市	逆	233.379	119.388	121.904	44	33	-11	区域经济；环境年报2012	☹
12	单位工业增加值能耗		全市	逆	—	—	—					
13	工业固体废物综合利用率	%	全市	正	80.222	78.300	73.500	71	70	-1	环境年报2012	☹
14	工业用水重复利用率	%	全市	正	81.943	90.626	91.315	41	36	-5	环境年报2012	☹
15	第三产业劳动生产率	万元/人	全市	正	36.407	34.319	32.435	41	41	0	区域经济；城市	
16	第三产业增加值比重	%	全市	正	39.655	40.980	39.640	44	46	2	城市	☺
17	第三产业就业人员比重	%	全市	正	47.331	42.403	46.715	69	57	-12	区域经济	☹
18	人均水资源量	立方米/人	全市	正	1 244.514	183.894	179.641	91	87	-4	环境年报2012；城市	☹
19	单位土地面积二氧化碳排放量			逆	—	—	—					
20	人均二氧化碳排放量			逆								

续表

序号	指标名称	单位	口径	指标属性	2012年测评均值	2012年郑州数值	2011年郑州数值	2012年郑州排名	2011年郑州排名	排名变化	2012年数据来源	进退脸谱
21	单位土地面积二氧化硫排放量	吨/平方千米	全市	逆	9.424	20.231	15.700	94	86	−8	环境年报2012；城市	☹
22	人均二氧化硫排放量	吨/万人	全市	逆	256.223	197.484	155.369	62	45	−17	环境年报2012；城市	☹
23	单位土地面积化学需氧量排放量	吨/平方千米	全市	逆	5.523	5.738	6.523	74	78	4	环境年报2012；城市	☺
24	人均化学需氧量排放量	吨/万人	全市	逆	99.608	56.008	64.550	13	20	7	环境年报2012；城市	☺
25	单位土地面积氮氧化物排放量	吨/平方千米	全市	逆	8.762	20.723	20.175	90	89	−1	环境年报2012；城市	☹
26	人均氮氧化物排放量	吨/万人	全市	逆	205.128	202.288	199.657	69	64	−5	环境年报2012；城市	☹
27	单位土地面积氨氮排放量	吨/平方千米	全市	逆	0.882	1.291	1.369	85	85	0	环境年报2012；城市	
28	人均氨氮排放量	吨/万人	全市	逆	16.558	12.598	13.545	45	48	3	环境年报2012；城市	☺
29	空气质量达到二级以上天数占全年比重	%	市辖区	正	92.614	87.670	87.090	84	86	2	环境保护部数据	☺
30	首要污染物可吸入颗粒物天数占全年比重	%	市辖区	逆	71.737	86.575	83.836	82	83	1	环境保护部数据	☺
31	可吸入细颗粒物浓度(PM2.5)年均值		市辖区	正	—	—	—				环境空气质量标准	
32	环境保护支出占财政支出比重	%	全市	正	3.042	2.008	1.295	78	48	−30	统计；城市	☹
33	城市环境基础设施建设投资占全市固定资产投资比重	%	全市	正	0.010	0.005	—	60	—		城市建设；统计	
34	科教文卫支出占财政支出比重	%	全市	正	30.384	27.999	25.097	71	75	4	统计；区域经济；城市	☺
35	人均绿地面积	平方米	市辖区	正	26.119	16.751	752.400	46	19	−27	城市	☹
36	建成区绿化覆盖率	%	市辖区	正	40.808	36.080	35.130	91	93	2	城市建设	☺
37	用水普及率	%	市辖区	正	98.280	100.000	100.000	1	1	0	城市建设	

续表

序号	指标名称	单位	口径	指标属性	2012年测评均值	2012年郑州数值	2011年郑州数值	2012年郑州排名	2011年郑州排名	排名变化	2012年数据来源	进退脸谱
38	城市生活污水处理率	%	市辖区	正	88.913	95.820	98.080	17	5	−12	城市建设	☹
39	生活垃圾无害化处理率	%	市辖区	正	92.800	89.750	89.710	81	77	−4	城市建设	☹
40	万人拥有公交车辆	辆	市辖区	正	11.053	9.450	9.950	54	47	−7	城市	☹
41	工业二氧化硫去除率	%	全市	正	61.876	52.120	45.050	81	82	1	环境年报2012	☺
42	工业废水化学需氧量去除率	%	全市	正	82.576	79.525	82.103	75	67	−8	环境年报2012	☹
43	工业氮氧化物去除率	%	全市	正	8.635	18.182	0.000	13	60	47	环境年报2012	☺
44	工业废水氨氮去除率	%	全市	正	72.465	59.337	62.870	75	76	1	环境年报2012	☺

注：区域经济——《中国区域经济统计年鉴2013》；城市——《中国城市统计年鉴2013》；统计——《中国统计年鉴2013》；城市建设——《中国城市建设统计年鉴2012》；环境年报2012——《中国环境统计年报2012》；环境年鉴——《中国环境统计年鉴2013》；环境保护部数据——环境保护部数据中心

武汉市绿色发展"体检"表

序号	指标名称	单位	口径	指标属性	2012年测评均值	2012年武汉数值	2011年武汉数值	2012年武汉排名	2011年武汉排名	排名变化	2012年数据来源	进退脸谱
1	人均地区生产总值	元/人	全市	正	56 972.840	79 482.000	68 315.000	21	25	4	区域经济	☺
2	单位地区生产总值能耗	吨/万元	全市	逆	0.936	0.997	0.885	65	77	12	区域经济；城市	☺
3	人均城镇生活消费用电	千瓦时/人	全市	逆	421.958	768.491	685.921	90	90	0	城市	
4	单位地区生产总值二氧化碳排放量			逆	—	—	—	—	—			
5	单位地区生产总值二氧化硫排放量	吨/亿元	全市	逆	60.907	18.935	22.873	16	21	5	区域经济；环境年报2012	☺
6	单位地区生产总值化学需氧量排放量	吨/亿元	全市	逆	25.221	20.185	24.160	45	47	2	区域经济；环境年报2012	☺
7	单位地区生产总值氮氧化物排放量	吨/亿元	全市	逆	47.862	19.225	24.208	23	25	2	区域经济；环境年报2012	☺
8	单位地区生产总值氨氮排放量	吨/亿元	全市	逆	3.906	2.633	3.123	35	36	1	区域经济；环境年报2012	☺
9	第一产业劳动生产率	万元/人	全市	正	756.662	762.557	333.950	34	48	14	区域经济；城市	☺
10	第二产业劳动生产率	万元/人	全市	正	44.579	38.717	34.614	58	70	12	区域经济；城市	☺
11	单位工业增加值水耗	万吨/万元	全市	逆	233.379	243.055	276.157	62	63	1	区域经济；环境年报2012	☺
12	单位工业增加值能耗		全市	逆	—	—	—	—	—			
13	工业固体废物综合利用率	%	全市	正	80.222	95.050	96.100	37	24	−13	环境年报2012	☹
14	工业用水重复利用率	%	全市	正	81.943	80.819	81.021	69	66	−3	环境年报2012	☹
15	第三产业劳动生产率	万元/人	全市	正	36.407	42.368	36.973	30	31	1	区域经济；城市	☺
16	第三产业增加值比重	%	全市	正	39.655	47.890	48.940	21	16	−5	城市	☹
17	第三产业就业人员比重	%	全市	正	47.331	47.198	47.631	52	52	0	区域经济	
18	人均水资源量	立方米/人	全市	正	1 244.514	581.201	600.962	50	52	2	环境年报2012；城市	☺
19	单位土地面积二氧化碳排放量			逆	—	—	—	—	—			
20	人均二氧化碳排放量			逆	—	—	—	—	—			

续表

序号	指标名称	单位	口径	指标属性	2012年测评均值	2012年武汉数值	2011年武汉数值	2012年武汉排名	2011年武汉排名	排名变化	2012年数据来源	进退脸谱
21	单位土地面积二氧化硫排放量	吨/平方千米	全市	逆	9.424	12.455	13.506	78	81	3	环境年报2012；城市	☺
22	人均二氧化硫排放量	吨/万人	全市	逆	256.223	128.310	137.885	33	34	1	环境年报2012；城市	☺
23	单位土地面积化学需氧量排放量	吨/平方千米	全市	逆	5.523	13.278	14.266	93	94	1	环境年报2012；城市	☺
24	人均化学需氧量排放量	吨/万人	全市	逆	99.608	136.784	145.644	84	86	2	环境年报2012；城市	☺
25	单位土地面积氮氧化物排放量	吨/平方千米	全市	逆	8.762	12.646	14.294	78	80	2	环境年报2012；城市	☺
26	人均氮氧化物排放量	吨/万人	全市	逆	205.128	130.280	145.933	45	49	4	环境年报2012；城市	☺
27	单位土地面积氨氮排放量	吨/平方千米	全市	逆	0.882	1.732	1.844	93	92	−1	环境年报2012；城市	☹
28	人均氨氮排放量	吨/万人	全市	逆	16.558	17.842	18.825	73	75	2	环境年报2012；城市	☺
29	空气质量达到二级以上天数占全年比重	%	市辖区	正	92.614	87.950	83.790	82	94	12	环境保护部数据	☺
30	首要污染物可吸入颗粒物天数占全年比重	%	市辖区	逆	71.737	84.384	81.644	76	74	−2	环境保护部数据	☹
31	可吸入细颗粒物浓度(PM2.5)年均值		市辖区	正	—	—	—	—	—		环境空气质量标准	
32	环境保护支出占财政支出比重	%	全市	正	3.042	1.794	4.731	85	5	−80	统计；城市	☹
33	城市环境基础设施建设投资占全市固定资产投资比重	%	全市	正	0.010	0.025	—	9			城市建设；统计	
34	科教文卫支出占财政支出比重	%	全市	正	30.384	25.432	21.612	86	93	7	统计；区域经济；城市	☺
35	人均绿地面积	平方米	市辖区	正	26.119	20.786	832.000	33	11	−22	城市	☹
36	建成区绿化覆盖率	%	市辖区	正	40.808	38.190	37.590	79	83	4	城市建设	☺
37	用水普及率	%	市辖区	正	98.280	100.000	100.000	1	1	0	城市建设	

2014 中国绿色发展指数报告

续表

序号	指标名称	单位	口径	指标属性	2012年测评均值	2012年武汉数值	2011年武汉数值	2012年武汉排名	2011年武汉排名	排名变化	2012年数据来源	进退脸谱
38	城市生活污水处理率	%	市辖区	正	88.913	88.780	94.970	60	20	-40	城市建设	☹
39	生活垃圾无害化处理率	%	市辖区	正	92.800	95.110	90.240	67	74	7	城市建设	☺
40	万人拥有公交车辆	辆	市辖区	正	11.053	14.380	14.490	21	17	-4	城市	☹
41	工业二氧化硫去除率	%	全市	正	61.876	60.131	60.932	61	58	-3	环境年报2012	☹
42	工业废水化学需氧量去除率	%	全市	正	82.576	87.871	88.115	41	42	1	环境年报2012	☺
43	工业氮氧化物去除率	%	全市	正	8.635	5.357	0.826	49	56	7	环境年报2012	☺
44	工业废水氨氮去除率	%	全市	正	72.465	62.089	61.430	73	78	5	环境年报2012	☺

注：区域经济——《中国区域经济统计年鉴2013》；城市——《中国城市统计年鉴2013》；统计——《中国统计年鉴2013》；城市建设——《中国城市建设统计年鉴2012》；环境年报2012——《中国环境统计年报2012》；环境年鉴——《中国环境统计年鉴2013》；环境保护部数据——环境保护部数据中心

长沙市绿色发展"体检"表

序号	指标名称	单位	口径	指标属性	2012年测评均值	2012年长沙数值	2011年长沙数值	2012年长沙排名	2011年长沙排名	排名变化	2012年数据来源	进退脸谱
1	人均地区生产总值	元/人	全市	正	56 972.840	89 903.000	79 530.000	12	14	2	区域经济	☺
2	单位地区生产总值能耗	吨/万元	全市	逆	0.936	0.130	0.074	3	7	4	区域经济；城市	☺
3	人均城镇生活消费用电	千瓦时/人	全市	逆	421.958	705.780	639.102	86	88	2	城市	☺
4	单位地区生产总值二氧化碳排放量			逆	—	—	—	—	—			
5	单位地区生产总值二氧化硫排放量	吨/亿元	全市	逆	60.907	5.904	8.016	3	5	2	区域经济；环境年报2012	☺
6	单位地区生产总值化学需氧量排放量	吨/亿元	全市	逆	25.221	18.821	22.082	37	39	2	区域经济；环境年报2012	☺
7	单位地区生产总值氮氧化物排放量	吨/亿元	全市	逆	47.862	5.297	6.289	4	3	−1	区域经济；环境年报2012	☹
8	单位地区生产总值氨氮排放量	吨/亿元	全市	逆	3.906	2.313	2.697	23	22	−1	区域经济；环境年报2012	☹
9	第一产业劳动生产率	万元/人	全市	正	756.662	2 017.110	2 433.800	6	4	−2	区域经济；城市	☹
10	第二产业劳动生产率	万元/人	全市	正	44.579	61.411	57.962	21	25	4	区域经济；城市	☺
11	单位工业增加值水耗	万吨/万元	全市	逆	233.379	5.404	5.611	2	2	0	区域经济；环境年报2012	
12	单位工业增加值能耗		全市	逆	—	—	—	—	—			
13	工业固体废物综合利用率	%	全市	正	80.222	91.480	98.400	52	9	−43	环境年报2012	☹
14	工业用水重复利用率	%	全市	正	81.943	37.727	30.260	95	95	0	环境年报2012	
15	第三产业劳动生产率	万元/人	全市	正	36.407	39.401	36.015	33	33	0	区域经济；城市	
16	第三产业增加值比重	%	全市	正	39.655	39.610	39.580	51	47	−4	城市	☹
17	第三产业就业人员比重	%	全市	正	47.331	52.854	51.776	33	36	3	区域经济	☺
18	人均水资源量	立方米/人	全市	正	1244.514	1841.790	984.695	25	35	10	环境年报2012；城市	☺
19	单位土地面积二氧化碳排放量			逆	—	—	—	—	—			
20	人均二氧化碳排放量			逆								

续表

序号	指标名称	单位	口径	指标属性	2012年测评均值	2012年长沙数值	2011年长沙数值	2012年长沙排名	2011年长沙排名	排名变化	2012年数据来源	进退脸谱
21	单位土地面积二氧化硫排放量	吨/平方千米	全市	逆	9.424	1.995	2.397	8	10	2	环境年报2012；城市	☺
22	人均二氧化硫排放量	吨/万人	全市	逆	256.223	35.796	43.355	2	3	1	环境年报2012；城市	☺
23	单位土地面积化学需氧量排放量	吨/平方千米	全市	逆	5.523	6.361	6.604	77	79	2	环境年报2012；城市	☺
24	人均化学需氧量排放量	吨/万人	全市	逆	99.608	114.116	119.427	71	72	1	环境年报2012；城市	☺
25	单位土地面积氮氧化物排放量	吨/平方千米	全市	逆	8.762	1.790	1.881	12	12	0	环境年报2012；城市	☺
26	人均氮氧化物排放量	吨/万人	全市	逆	205.128	32.118	34.014	5	4	−1	环境年报2012；城市	☹
27	单位土地面积氨氮排放量	吨/平方千米	全市	逆	0.882	0.782	0.806	67	68	1	环境年报2012；城市	☺
28	人均氨氮排放量	吨/万人	全市	逆	16.558	14.022	14.585	57	56	−1	环境年报2012；城市	☹
29	空气质量达到二级以上天数占全年比重	%	市辖区	正	92.614	90.680	93.410	65	45	−20	环境保护部数据	☹
30	首要污染物可吸入颗粒物天数占全年比重	%	市辖区	逆	71.737	81.096	78.356	67	66	−1	环境保护部数据	☹
31	可吸入细颗粒物浓度(PM2.5)年均值		市辖区	正	—	—	—				环境空气质量标准	
32	环境保护支出占财政支出比重	%	全市	正	3.042	2.955	1.344	45	47	2	统计；城市	☺
33	城市环境基础设施建设投资占全市固定资产投资比重	%	全市	正	0.010	0.007	—	43	—		城市建设；统计	
34	科教文卫支出占财政支出比重	%	全市	正	30.384	27.523	22.700	76	88	12	统计；区域经济；城市	☺
35	人均绿地面积	平方米	市辖区	正	26.119	14.110	653.400	58	29	−29	城市	☹
36	建成区绿化覆盖率	%	市辖区	正	40.808	37.980	36.970	82	87	5	城市建设	☺
37	用水普及率	%	市辖区	正	98.280	99.980	99.980	46	44	−2	城市建设	☹

续表

序号	指标名称	单位	口径	指标属性	2012年测评均值	2012年长沙数值	2011年长沙数值	2012年长沙排名	2011年长沙排名	排名变化	2012年数据来源	进退脸谱
38	城市生活污水处理率	%	市辖区	正	88.913	99.430	96.910	4	8	4	城市建设	☺
39	生活垃圾无害化处理率	%	市辖区	正	92.800	100.000	100.000	1	1	0	城市建设	
40	万人拥有公交车辆	辆	市辖区	正	11.053	12.670	12.300	28	26	−2	城市	☹
41	工业二氧化硫去除率	%	全市	正	61.876	62.127	64.865	57	46	−11	环境年报2012	☹
42	工业废水化学需氧量去除率	%	全市	正	82.576	61.948	58.152	96	97	1	环境年报2012	☺
43	工业氮氧化物去除率	%	全市	正	8.635	56.250	33.333	1	4	3	环境年报2012	☺
44	工业废水氨氮去除率	%	全市	正	72.465	52.751	33.190	87	97	10	环境年报2012	☺

注：区域经济——《中国区域经济统计年鉴2013》；城市——《中国城市统计年鉴2013》；统计——《中国统计年鉴2013》；城市建设——《中国城市建设统计年鉴2012》；环境年报2012——《中国环境统计年报2012》；环境年鉴——《中国环境统计年鉴2013》；环境保护部数据——环境保护部数据中心

广州市绿色发展"体检"表

序号	指标名称	单位	口径	指标属性	2012年测评均值	2012年广州数值	2011年广州数值	2012年广州排名	2011年广州排名	排名变化	2012年数据来源	进退脸谱
1	人均地区生产总值	元/人	全市	正	56 972.840	105 909.000	97 588.000	8	8	0	区域经济	
2	单位地区生产总值能耗	吨/万元	全市	逆	0.936	0.506	0.533	30	52	22	区域经济;城市	☺
3	人均城镇生活消费用电	千瓦时/人	全市	逆	421.958	1 576.070	1 440.770	98	98	0	城市	
4	单位地区生产总值二氧化碳排放量			逆	—	—	—	—	—			
5	单位地区生产总值二氧化硫排放量	吨/亿元	全市	逆	60.907	5.926	6.497	4	3	−1	区域经济;环境年报2012	☹
6	单位地区生产总值化学需氧量排放量	吨/亿元	全市	逆	25.221	11.261	13.379	21	21	0	区域经济;环境年报2012	
7	单位地区生产总值氮氧化物排放量	吨/亿元	全市	逆	47.862	4.882	7.064	3	5	2	区域经济;环境年报2012	☺
8	单位地区生产总值氨氮排放量	吨/亿元	全市	逆	3.906	1.671	1.917	13	13	0	区域经济;环境年报2012	
9	第一产业劳动生产率	万元/人	全市	正	756.662	712.533	430.611	38	43	5	区域经济;城市	☺
10	第二产业劳动生产率	万元/人	全市	正	44.579	32.443	36.868	71	66	−5	区域经济;城市	☹
11	单位工业增加值水耗	万吨/万元	全市	逆	233.379	20.830	127.824	6	37	31	区域经济;环境年报2012	☺
12	单位工业增加值能耗		全市	逆								
13	工业固体废物综合利用率	%	全市	正	80.222	94.800	94.800	38	30	−8	环境年报2012	☹
14	工业用水重复利用率	%	全市	正	81.943	62.291	50.380	90	88	−2	环境年报2012	☹
15	第三产业劳动生产率	万元/人	全市	正	36.407	49.883	49.725	19	15	−4	区域经济;城市	☹
16	第三产业增加值比重	%	全市	正	39.655	63.590	61.510	3	3	0	城市	
17	第三产业就业人员比重	%	全市	正	47.331	54.505	53.936	26	29	3	区域经济	☺
18	人均水资源量	立方米/人	全市	正	1 244.514	1 143.600	1 143.600	37	30	−7	环境年报2012;城市	☹
19	单位土地面积二氧化碳排放量			逆	—	—	—	—	—			
20	人均二氧化碳排放量			逆	—	—	—	—	—			

续表

序号	指标名称	单位	口径	指标属性	2012年测评均值	2012年广州数值	2011年广州数值	2012年广州排名	2011年广州排名	排名变化	2012年数据来源	进退脸谱
21	单位土地面积二氧化硫排放量	吨/平方千米	全市	逆	9.424	9.465	9.391	60	57	-3	环境年报2012；城市	☹
22	人均二氧化硫排放量	吨/万人	全市	逆	256.223	85.976	86.146	16	14	-2	环境年报2012；城市	☹
23	单位土地面积化学需氧量排放量	吨/平方千米	全市	逆	5.523	17.986	19.337	95	96	1	环境年报2012；城市	☺
24	人均化学需氧量排放量	吨/万人	全市	逆	99.608	163.374	177.387	97	97	0	环境年报2012；城市	
25	单位土地面积氮氧化物排放量	吨/平方千米	全市	逆	8.762	7.797	10.211	58	69	11	环境年报2012；城市	☺
26	人均氮氧化物排放量	吨/万人	全市	逆	205.128	70.825	93.665	19	22	3	环境年报2012；城市	☺
27	单位土地面积氨氮排放量	吨/平方千米	全市	逆	0.882	2.669	2.771	95	95	0	环境年报2012；城市	
28	人均氨氮排放量	吨/万人	全市	逆	16.558	24.245	25.419	89	89	0	环境年报2012；城市	
29	空气质量达到二级以上天数占全年比重	%	市辖区	正	92.614	98.360	98.630	16	13	-3	环境保护部数据	☹
30	首要污染物可吸入颗粒物天数占全年比重	%	市辖区	逆	71.737	65.480	64.384	31	28	-3	环境保护部数据	☹
31	可吸入细颗粒物浓度(PM2.5)年均值		市辖区	正	—	—	—				环境空气质量标准	
32	环境保护支出占财政支出比重	%	全市	正	3.042	1.431	1.200	94	54	-40	统计；城市	☹
33	城市环境基础设施建设投资占全市固定资产投资比重	%	全市	正	0.010	0.006	—	55	—		城市建设；统计	
34	科教文卫支出占财政支出比重	%	全市	正	30.384	28.127	27.104	69	56	-13	统计；区域经济；城市	☹
35	人均绿地面积	平方米	市辖区	正	26.119	159.511	810.400	2	12	10	城市	☺
36	建成区绿化覆盖率	%	市辖区	正	40.808	40.500	40.300	54	52	-2	城市建设	☹
37	用水普及率	%	市辖区	正	98.280	99.700	99.700	55	55	0	城市建设	

续表

序号	指标名称	单位	口径	指标属性	2012年测评均值	2012年广州数值	2011年广州数值	2012年广州排名	2011年广州排名	排名变化	2012年数据来源	进退脸谱
38	城市生活污水处理率	%	市辖区	正	88.913	82.730	79.430	85	83	−2	城市建设	☹
39	生活垃圾无害化处理率	%	市辖区	正	92.800	80.380	81.360	94	89	−5	城市建设	☹
40	万人拥有公交车辆	辆	市辖区	正	11.053	18.010	17.500	7	6	−1	城市	☹
41	工业二氧化硫去除率	%	全市	正	61.876	84.475	84.889	7	5	−2	环境年报2012	☹
42	工业废水化学需氧量去除率	%	全市	正	82.576	86.344	92.615	46	17	−29	环境年报2012	☹
43	工业氮氧化物去除率	%	全市	正	8.635	41.667	35.652	4	3	−1	环境年报2012	☹
44	工业废水氨氮去除率	%	全市	正	72.465	59.009	77.711	76	56	−20	环境年报2012	☹

注：区域经济——《中国区域经济统计年鉴2013》；城市——《中国城市统计年鉴2013》；统计——《中国统计年鉴2013》；城市建设——《中国城市建设统计年鉴2012》；环境年报2012——《中国环境统计年报2012》；环境年鉴——《中国环境统计年鉴2013》；环境保护部数据——环境保护部数据中心

深圳市绿色发展"体检"表

序号	指标名称	单位	口径	指标属性	2012年测评均值	2012年深圳数值	2011年深圳数值	2012年深圳排名	2011年深圳排名	排名变化	2012年数据来源	进退脸谱
1	人均地区生产总值	元/人	全市	正	56 972.840	123 247.000	110 421.000	2	3	1	区域经济	☺
2	单位地区生产总值能耗	吨/万元	全市	逆	0.936	0.074	0.107	2	13	11	区域经济；城市	☺
3	人均城镇生活消费用电	千瓦时/人	全市	逆	421.958	3 754.520	3 445.710	100	100	0	城市	
4	单位地区生产总值二氧化碳排放量			逆	—	—	—	—	—			
5	单位地区生产总值二氧化硫排放量	吨/亿元	全市	逆	60.907	0.926	1.033	1	1	0	区域经济；环境年报2012	
6	单位地区生产总值化学需氧量排放量	吨/亿元	全市	逆	25.221	7.322	8.759	6	8	2	区域经济；环境年报2012	☺
7	单位地区生产总值氮氧化物排放量	吨/亿元	全市	逆	47.862	2.766	3.476	2	2	0	区域经济；环境年报2012	
8	单位地区生产总值氨氮排放量	吨/亿元	全市	逆	3.906	1.134	1.339	5	5	0	区域经济；环境年报2012	
9	第一产业劳动生产率	万元/人	全市	正	756.662	37.059	24.717	97	98	1	区域经济；城市	☺
10	第二产业劳动生产率	万元/人	全市	正	44.579	40.226	38.419	54	58	4	区域经济；城市	☺
11	单位工业增加值水耗	万吨/万元	全市	逆	233.379	4.382	4.003	1	1	0	区域经济；环境年报2012	
12	单位工业增加值能耗		全市	逆	—	—	—	—	—			
13	工业固体废物综合利用率	%	全市	正	80.222	78.380	96.000	70	26	−44	环境年报2012	☹
14	工业用水重复利用率	%	全市	正	81.943	28.235	28.587	97	97	0	环境年报2012	
15	第三产业劳动生产率	万元/人	全市	正	36.407	55.838	51.719	11	12	1	区域经济；城市	☺
16	第三产业增加值比重	%	全市	正	39.655	55.650	53.500	7	7	0	城市	
17	第三产业就业人员比重	%	全市	正	47.331	47.895	47.021	48	56	8	区域经济	☺
18	人均水资源量	立方米/人	全市	正	1 244.514	584.233	537.572	49	57	8	环境年报2012；城市	☺
19	单位土地面积二氧化碳排放量			逆	—	—	—	—	—			
20	人均二氧化碳排放量			逆	—	—	—	—	—			

续表

序号	指标名称	单位	口径	指标属性	2012年测评均值	2012年深圳数值	2011年深圳数值	2012年深圳排名	2011年深圳排名	排名变化	2012年数据来源	进退脸谱
21	单位土地面积二氧化硫排放量	吨/平方千米	全市	逆	9.424	5.188	5.265	28	30	2	环境年报2012;城市	☺
22	人均二氧化硫排放量	吨/万人	全市	逆	256.223	37.203	40.416	3	2	−1	环境年报2012;城市	☹
23	单位土地面积化学需氧量排放量	吨/平方千米	全市	逆	5.523	41.040	44.628	100	100	0	环境年报2012;城市	
24	人均化学需氧量排放量	吨/万人	全市	逆	99.608	294.284	342.578	99	100	1	环境年报2012;城市	☺
25	单位土地面积氮氧化物排放量	吨/平方千米	全市	逆	8.762	15.505	17.713	83	87	4	环境年报2012;城市	☺
26	人均氮氧化物排放量	吨/万人	全市	逆	205.128	111.177	135.973	36	43	7	环境年报2012;城市	☺
27	单位土地面积氨氮排放量	吨/平方千米	全市	逆	0.882	6.355	6.821	99	99	0	环境年报2012;城市	
28	人均氨氮排放量	吨/万人	全市	逆	16.558	45.572	52.362	99	99	0	环境年报2012;城市	
29	空气质量达到二级以上天数占全年比重	%	市辖区	正	92.614	99.730	99.180	7	11	4	环境保护部数据	☺
30	首要污染物可吸入颗粒物天数占全年比重	%	市辖区	逆	71.737	42.466	53.699	4	11	7	环境保护部数据	☺
31	可吸入细颗粒物浓度(PM2.5)年均值		市辖区	正	—	—	—	—	—		环境空气质量标准	
32	环境保护支出占财政支出比重	%	全市	正	3.042	6.871	6.131	2	2	0	统计;城市	
33	城市环境基础设施建设投资占全市固定资产投资比重	%	全市	正	0.010	0.004	—	63	—		城市建设;统计	
34	科教文卫支出占财政支出比重	%	全市	正	30.384	29.552	24.647	58	79	21	统计;区域经济;城市	☺
35	人均绿地面积	平方米	市辖区	正	26.119	346.947	259.500	1	81	80	城市	☺
36	建成区绿化覆盖率	%	市辖区	正	40.808	45.060	45.050	10	11	1	城市建设	☺
37	用水普及率	%	市辖区	正	98.280	100.000	100.000	1	1	0	城市建设	

续表

序号	指标名称	单位	口径	指标属性	2012年测评均值	2012年深圳数值	2011年深圳数值	2012年深圳排名	2011年深圳排名	排名变化	2012年数据来源	进退脸谱
38	城市生活污水处理率	%	市辖区	正	88.913	96.100	95.460	15	12	-3	城市建设	☹
39	生活垃圾无害化处理率	%	市辖区	正	92.800	95.130	95.000	66	64	-2	城市建设	☹
40	万人拥有公交车辆	辆	市辖区	正	11.053	103.770	110.520	1	1	0	城市	
41	工业二氧化硫去除率	%	全市	正	61.876	73.386	75.610	20	15	-5	环境年报2012	☹
42	工业废水化学需氧量去除率	%	全市	正	82.576	83.734	83.120	55	63	8	环境年报2012	☺
43	工业氮氧化物去除率	%	全市	正	8.635	11.765	5.405	25	27	2	环境年报2012	☺
44	工业废水氨氮去除率	%	全市	正	72.465	79.682	80.557	42	47	5	环境年报2012	☺

注：区域经济——《中国区域经济统计年鉴2013》；城市——《中国城市统计年鉴2013》；统计——《中国统计年鉴2013》；城市建设——《中国城市建设统计年鉴2012》；环境年报2012——《中国环境统计年报2012》；环境年鉴——《中国环境统计年鉴2013》；环境保护部数据——环境保护部数据中心

珠海市绿色发展"体检"表

序号	指标名称	单位	口径	指标属性	2012年测评均值	2012年珠海数值	2011年珠海数值	2012年珠海排名	2011年珠海排名	排名变化	2012年数据来源	进退脸谱
1	人均地区生产总值	元/人	全市	正	56 972.840	95 471.000	89 794.000	10	10	0	区域经济	
2	单位地区生产总值能耗	吨/万元	全市	逆	0.936	0.512	0.537	31	53	22	区域经济；城市	☺
3	人均城镇生活消费用电	千瓦时/人	全市	逆	421.958	1 520.890	1 411.810	97	97	0	城市	
4	单位地区生产总值二氧化碳排放量			逆	—	—	—	—	—			
5	单位地区生产总值二氧化硫排放量	吨/亿元	全市	逆	60.907	22.388	25.628	29	27	−2	区域经济；环境年报2012	☹
6	单位地区生产总值化学需氧量排放量	吨/亿元	全市	逆	25.221	23.769	19.065	54	34	−20	区域经济；环境年报2012	☹
7	单位地区生产总值氮氧化物排放量	吨/亿元	全市	逆	47.862	37.133	42.967	52	51	−1	区域经济；环境年报2012	☹
8	单位地区生产总值氨氮排放量	吨/亿元	全市	逆	3.906	3.584	2.912	54	28	−26	区域经济；环境年报2012	☹
9	第一产业劳动生产率	万元/人	全市	正	756.662	53.452	49.728	93	92	−1	区域经济；城市	☹
10	第二产业劳动生产率	万元/人	全市	正	44.579	16.813	16.674	100	99	−1	区域经济；城市	☹
11	单位工业增加值水耗	万吨/万元	全市	逆	233.379	60.975	54.770	19	14	−5	区域经济；环境年报2012	☹
12	单位工业增加值能耗		全市	逆	—							
13	工业固体废物综合利用率	%	全市	正	80.222	96.360	97.000	24	18	−6	环境年报2012	☹
14	工业用水重复利用率	%	全市	正	81.943	74.927	74.171	80	75	−5	环境年报2012	☹
15	第三产业劳动生产率	万元/人	全市	正	36.407	35.640	32.656	37	40	3	区域经济；城市	☺
16	第三产业增加值比重	%	全市	正	39.655	45.780	42.990	26	32	6	城市	☺
17	第三产业就业人员比重	%	全市	正	47.331	30.379	27.985	94	96	2	区域经济	☺
18	人均水资源量	立方米/人	全市	正	1 244.514	1 712.140	1 290.320	28	25	−3	环境年报2012；城市	☹
19	单位土地面积二氧化碳排放量			逆								
20	人均二氧化碳排放量			逆	—							

续表

序号	指标名称	单位	口径	指标属性	2012年测评均值	2012年珠海数值	2011年珠海数值	2012年珠海排名	2011年珠海排名	排名变化	2012年数据来源	进退脸谱
21	单位土地面积二氧化硫排放量	吨/平方千米	全市	逆	9.424	17.634	18.866	88	90	2	环境年报2012；城市	☺
22	人均二氧化硫排放量	吨/万人	全市	逆	256.223	283.838	306.262	79	79	0	环境年报2012；城市	
23	单位土地面积化学需氧量排放量	吨/平方千米	全市	逆	5.523	18.722	14.034	96	93	−3	环境年报2012；城市	☹
24	人均化学需氧量排放量	吨/万人	全市	逆	99.608	301.355	227.826	100	99	−1	环境年报2012；城市	☹
25	单位土地面积氮氧化物排放量	吨/平方千米	全市	逆	8.762	29.248	31.630	99	98	−1	环境年报2012；城市	☹
26	人均氮氧化物排放量	吨/万人	全市	逆	205.128	470.781	513.454	93	93	0	环境年报2012；城市	
27	单位土地面积氨氮排放量	吨/平方千米	全市	逆	0.882	2.823	2.144	96	93	−3	环境年报2012；城市	☹
28	人均氨氮排放量	吨/万人	全市	逆	16.558	45.438	34.800	98	94	−4	环境年报2012；城市	☹
29	空气质量达到二级以上天数占全年比重	%	市辖区	正	92.614	100.000	100.000	1	1	0	环境保护部数据	
30	首要污染物可吸入颗粒物天数占全年比重	%	市辖区	逆	71.737	35.343	44.657	3	4	1	环境保护部数据	☺
31	可吸入细颗粒物浓度(PM2.5)年均值		市辖区	正	—	—	—				环境空气质量标准	
32	环境保护支出占财政支出比重	%	全市	正	3.042	5.944	10.916	4	1	−3	统计；城市	☹
33	城市环境基础设施建设投资占全市固定资产投资比重	%	全市	正	0.010	0.009	—	33	—		城市建设；统计	
34	科教文卫支出占财政支出比重	%	全市	正	30.384	29.992	25.525	53	69	16	统计；区域经济；城市	☺
35	人均绿地面积	平方米	市辖区	正	26.119	72.484	105.400	8	96	88	城市	☺
36	建成区绿化覆盖率	%	市辖区	正	40.808	52.150	51.260	1	2	1	城市建设	☺
37	用水普及率	%	市辖区	正	98.280	99.690	99.700	57	55	−2	城市建设	☹

续表

序号	指标名称	单位	口径	指标属性	2012年测评均值	2012年珠海数值	2011年珠海数值	2012年珠海排名	2011年珠海排名	排名变化	2012年数据来源	进退脸谱
38	城市生活污水处理率	%	市辖区	正	88.913	86.550	86.030	71	65	−6	城市建设	☹
39	生活垃圾无害化处理率	%	市辖区	正	92.800	100.000	100.000	1	1	0	城市建设	
40	万人拥有公交车辆	辆	市辖区	正	11.053	17.580	14.340	10	18	8	城市	☺
41	工业二氧化硫去除率	%	全市	正	61.876	66.499	70.094	42	28	−14	环境年报2012	☹
42	工业废水化学需氧量去除率	%	全市	正	82.576	79.980	90.395	71	29	−42	环境年报2012	☹
43	工业氮氧化物去除率	%	全市	正	8.635	0.000	1.818	77	43	−34	环境年报2012	☹
44	工业废水氨氮去除率	%	全市	正	72.465	58.698	58.699	77	82	5	环境年报2012	☺

注：区域经济——《中国区域经济统计年鉴2013》；城市——《中国城市统计年鉴2013》；统计——《中国统计年鉴2013》；城市建设——《中国城市建设统计年鉴2012》；环境年报2012——《中国环境统计年报2012》；环境年鉴——《中国环境统计年鉴2013》；环境保护部数据——环境保护部数据中心

南宁市绿色发展"体检"表

序号	指标名称	单位	口径	指标属性	2012年测评均值	2012年南宁数值	2011年南宁数值	2012年南宁排名	2011年南宁排名	排名变化	2012年数据来源	进退脸谱
1	人均地区生产总值	元/人	全市	正	56 972.840	37 016.000	31 173.000	77	80	3	区域经济	☺
2	单位地区生产总值能耗	吨/万元	全市	逆	0.936	0.319	0.116	15	14	−1	区域经济；城市	☹
3	人均城镇生活消费用电	千瓦时/人	全市	逆	421.958	358.995	319.364	62	62	0	城市	
4	单位地区生产总值二氧化碳排放量			逆	—	—	—	—	—			
5	单位地区生产总值二氧化硫排放量	吨/亿元	全市	逆	60.907	23.814	27.676	31	29	−2	区域经济；环境年报2012	☹
6	单位地区生产总值化学需氧量排放量	吨/亿元	全市	逆	25.221	52.248	66.823	92	96	4	区域经济；环境年报2012	☺
7	单位地区生产总值氮氧化物排放量	吨/亿元	全市	逆	47.862	19.429	17.064	24	16	−8	区域经济；环境年报2012	☹
8	单位地区生产总值氨氮排放量	吨/亿元	全市	逆	3.906	5.491	7.162	83	87	4	区域经济；环境年报2012	☺
9	第一产业劳动生产率	万元/人	全市	正	756.662	201.850	191.863	74	68	−6	区域经济；城市	☹
10	第二产业劳动生产率	万元/人	全市	正	44.579	34.257	34.230	67	72	5	区域经济；城市	☺
11	单位工业增加值水耗	万吨/万元	全市	逆	233.379	170.780	247.447	52	60	8	区域经济；环境年报2012	☺
12	单位工业增加值能耗		全市	逆	—	—	—	—	—			
13	工业固体废物综合利用率	%	全市	正	80.222	91.200	89.900	54	48	−6	环境年报2012	☹
14	工业用水重复利用率	%	全市	正	81.943	85.423	82.830	61	64	3	环境年报2012	☺
15	第三产业劳动生产率	万元/人	全市	正	36.407	24.601	22.082	72	75	3	区域经济；城市	☺
16	第三产业增加值比重	%	全市	正	39.655	48.720	48.670	20	18	−2	城市	☹
17	第三产业就业人员比重	%	全市	正	47.331	61.885	63.290	7	8	1	区域经济	☺
18	人均水资源量	立方米/人	全市	正	1 244.514	2 024.000	1 992.030	21	13	−8	环境年报2012；城市	☹
19	单位土地面积二氧化碳排放量			逆	—	—	—	—	—			
20	人均二氧化碳排放量			逆	—	—	—	—	—			

续表

序号	指标名称	单位	口径	指标属性	2012年测评均值	2012年南宁数值	2011年南宁数值	2012年南宁排名	2011年南宁排名	排名变化	2012年数据来源	进退脸谱
21	单位土地面积二氧化硫排放量	吨/平方千米	全市	逆	9.424	1.781	1.843	6	6	0	环境年报2012;城市	
22	人均二氧化硫排放量	吨/万人	全市	逆	256.223	55.262	57.439	8	8	0	环境年报2012,城市	
23	单位土地面积化学需氧量排放量	吨/平方千米	全市	逆	5.523	3.907	4.449	51	58	7	环境年报2012;城市	☺
24	人均化学需氧量排放量	吨/万人	全市	逆	99.608	121.244	138.685	76	82	6	环境年报2012;城市	☺
25	单位土地面积氮氧化物排放量	吨/平方千米	全市	逆	8.762	1.453	1.136	8	5	−3	环境年报2012;城市	☹
26	人均氮氧化物排放量	吨/万人	全市	逆	205.128	45.085	35.414	6	5	−1	环境年报2012;城市	☹
27	单位土地面积氨氮排放量	吨/平方千米	全市	逆	0.882	0.411	0.477	34	37	3	环境年报2012;城市	☺
28	人均氨氮排放量	吨/万人	全市	逆	16.558	12.743	14.863	48	59	11	环境年报2012;城市	☺
29	空气质量达到二级以上天数占全年比重	%	市辖区	正	92.614	96.160	96.150	27	27	0	环境保护部数据	
30	首要污染物可吸入颗粒物天数占全年比重	%	市辖区	逆	71.737	59.178	61.096	20	22	2	环境保护部数据	☺
31	可吸入细颗粒物浓度(PM2.5)年均值		市辖区	正	—	—	—	—	—		环境空气质量标准	
32	环境保护支出占财政支出比重	%	全市	正	3.042	1.460	0.685	93	83	−10	统计;城市	☹
33	城市环境基础设施建设投资占全市固定资产投资比重	%	全市	正	0.010	0.004	—	70	—		城市建设;统计	
34	科教文卫支出占财政支出比重	%	全市	正	30.384	29.816	29.608	54	37	−17	统计;区域经济;城市	☹
35	人均绿地面积	平方米	市辖区	正	26.119	57.027	709.400	9	22	13	城市	☺
36	建成区绿化覆盖率	%	市辖区	正	40.808	42.000	41.250	33	39	6	城市建设	☺
37	用水普及率	%	市辖区	正	98.280	95.380	93.520	86	87	1	城市建设	☺

续表

序号	指标名称	单位	口径	指标属性	2012年测评均值	2012年南宁数值	2011年南宁数值	2012年南宁排名	2011年南宁排名	排名变化	2012年数据来源	进退脸谱
38	城市生活污水处理率	%	市辖区	正	88.913	94.790	64.640	24	93	69	城市建设	☺
39	生活垃圾无害化处理率	%	市辖区	正	92.800	100.000	100.000	1	1	0	城市建设	
40	万人拥有公交车辆	辆	市辖区	正	11.053	10.140	9.810	43	49	6	城市	☺
41	工业二氧化硫去除率	%	全市	正	61.876	72.409	43.860	28	85	57	环境年报2012	☺
42	工业废水化学需氧量去除率	%	全市	正	82.576	90.123	89.224	24	34	10	环境年报2012	☺
43	工业氮氧化物去除率	%	全市	正	8.635	11.429	0.000	28	60	32	环境年报2012	☺
44	工业废水氨氮去除率	%	全市	正	72.465	54.844	40.716	82	93	11	环境年报2012	☺

注：区域经济——《中国区域经济统计年鉴2013》；城市——《中国城市统计年鉴2013》；统计——《中国统计年鉴2013》；城市建设——《中国城市建设统计年鉴2012》；环境年报2012——《中国环境统计年报2012》；环境年鉴——《中国环境统计年鉴2013》；环境保护部数据——环境保护部数据中心

海口市绿色发展"体检"表

序号	指标名称	单位	口径	指标属性	2012年测评均值	2012年海口数值	2011年海口数值	2012年海口排名	2011年海口排名	排名变化	2012年数据来源	进退脸谱
1	人均地区生产总值	元/人	全市	正	56 972.840	38 634.000	35 338.000	74	70	−4	区域经济	☹
2	单位地区生产总值能耗	吨/万元	全市	逆	0.936	0.036	0.617	1	61	60	区域经济；城市	☺
3	人均城镇生活消费用电	千瓦时/人	全市	逆	421.958	514.815	429.560	73	72	−1	城市	☹
4	单位地区生产总值二氧化碳排放量			逆	—	—	—	—	—			
5	单位地区生产总值二氧化硫排放量	吨/亿元	全市	逆	60.907	2.869	3.150	2	2	0	区域经济；环境年报2012	
6	单位地区生产总值化学需氧量排放量	吨/亿元	全市	逆	25.221	8.203	11.024	11	13	2	区域经济；环境年报2012	☺
7	单位地区生产总值氮氧化物排放量	吨/亿元	全市	逆	47.862	0.046	0.094	1	1	0	区域经济；环境年报2012	
8	单位地区生产总值氨氮排放量	吨/亿元	全市	逆	3.906	4.998	5.405	77	72	−5	区域经济；环境年报2012	☹
9	第一产业劳动生产率	万元/人	全市	正	756.662	7.348	13.945	100	100	0	区域经济；城市	
10	第二产业劳动生产率	万元/人	全市	正	44.579	21.029	18.778	91	97	6	区域经济；城市	☺
11	单位工业增加值水耗	万吨/万元	全市	逆	233.379	31.500	29.929	8	6	−2	区域经济；环境年报2012	☹
12	单位工业增加值能耗		全市	逆	—	—	—	—	—			
13	工业固体废物综合利用率	%	全市	正	80.222	89.000	90.200	59	47	−12	环境年报2012	☹
14	工业用水重复利用率	%	全市	正	81.943	71.845	59.086	83	84	1	环境年报2012	☺
15	第三产业劳动生产率	万元/人	全市	正	36.407	20.620	19.988	85	83	−2	区域经济；城市	☹
16	第三产业增加值比重	%	全市	正	39.655	68.540	68.370	2	2	0	城市	
17	第三产业就业人员比重	%	全市	正	47.331	61.072	61.482	9	11	2	区域经济	☺
18	人均水资源量	立方米/人	全市	正	1 244.514	134.778	109.765	97	98	1	环境年报2012；城市	☺
19	单位土地面积二氧化碳排放量			逆	—	—	—	—	—			
20	人均二氧化碳排放量			逆	—	—	—	—	—			

如何解读城市"绿色体检"表？

续表

序号	指标名称	单位	口径	指标属性	2012年测评均值	2012年海口数值	2011年海口数值	2012年海口排名	2011年海口排名	排名变化	2012年数据来源	进退脸谱
21	单位土地面积二氧化硫排放量	吨/平方千米	全市	逆	9.424	0.873	0.877	3	3	0	环境年报2012；城市	
22	人均二氧化硫排放量	吨/万人	全市	逆	256.223	12.420	12.522	1	1	0	环境年报2012；城市	
23	单位土地面积化学需氧量排放量	吨/平方千米	全市	逆	5.523	2.496	3.069	32	40	8	环境年报2012；城市	☺
24	人均化学需氧量排放量	吨/万人	全市	逆	99.608	35.515	43.827	2	3	1	环境年报2012；城市	☺
25	单位土地面积氮氧化物排放量	吨/平方千米	全市	逆	8.762	0.014	0.026	1	1	0	环境年报2012；城市	
26	人均氮氧化物排放量	吨/万人	全市	逆	205.128	0.198	0.372	1	1	0	环境年报2012；城市	
27	单位土地面积氨氮排放量	吨/平方千米	全市	逆	0.882	1.521	1.505	89	88	-1	环境年报2012；城市	☹
28	人均氨氮排放量	吨/万人	全市	逆	16.558	21.640	21.489	83	82	-1	环境年报2012；城市	☹
29	空气质量达到二级以上天数占全年比重	%	市辖区	正	92.614	100.000	100.000	1	1	0	环境保护部数据	
30	首要污染物可吸入颗粒物天数占全年比重	%	市辖区	逆	71.737	13.699	27.671	1	2	1	环境保护部数据	☺
31	可吸入细颗粒物浓度(PM2.5)年均值		市辖区	正	—	—	—	—	—	—	环境空气质量标准	
32	环境保护支出占财政支出比重	%	全市	正	3.042	2.583	3.585	58	9	-49	统计；城市	☹
33	城市环境基础设施建设投资占全市固定资产投资比重	%	全市	正	0.010	0.034	—	5	—	—	城市建设；统计	
34	科教文卫支出占财政支出比重	%	全市	正	30.384	30.109	28.923	52	46	-6	统计；区域经济；城市	☹
35	人均绿地面积	平方米	市辖区	正	26.119	28.765	161.400	22	91	69	城市	☺
36	建成区绿化覆盖率	%	市辖区	正	40.808	42.000	42.010	33	33	0	城市建设	
37	用水普及率	%	市辖区	正	98.280	99.980	99.340	46	61	15	城市建设	☺

续表

序号	指标名称	单位	口径	指标属性	2012年测评均值	2012年海口数值	2011年海口数值	2012年海口排名	2011年海口排名	排名变化	2012年数据来源	进退脸谱
38	城市生活污水处理率	%	市辖区	正	88.913	88.100	87.810	65	53	−12	城市建设	☹
39	生活垃圾无害化处理率	%	市辖区	正	92.800	100.000	100.000	1	1	0	城市建设	
40	万人拥有公交车辆	辆	市辖区	正	11.053	10.050	8.670	45	62	17	城市	☺
41	工业二氧化硫去除率	%	全市	正	61.876	8.300	0.000	99	100	1	环境年报2012	☺
42	工业废水化学需氧量去除率	%	全市	正	82.576	67.120	85.149	91	53	−38	环境年报2012	☹
43	工业氮氧化物去除率	%	全市	正	8.635	0.000	0.000	77	60	−17	环境年报2012	☹
44	工业废水氨氮去除率	%	全市	正	72.465	52.647	77.784	88	55	−33	环境年报2012	☹

注：区域经济——《中国区域经济统计年鉴2013》；城市——《中国城市统计年鉴2013》；统计——《中国统计年鉴2013》；城市建设——《中国城市建设统计年鉴2012》；环境年报2012——《中国环境统计年报2012》；环境年鉴——《中国环境统计年鉴2013》；环境保护部数据——环境保护部数据中心

重庆市绿色发展"体检"表

序号	指标名称	单位	口径	指标属性	2012年测评均值	2012年重庆数值	2011年重庆数值	2012年重庆排名	2011年重庆排名	排名变化	2012年数据来源	进退脸谱
1	人均地区生产总值	元/人	全市	正	56 972.840	38 914.000	34 500.000	72	74	2	区域经济	☺
2	单位地区生产总值能耗	吨/万元	全市	逆	0.936	1.146	0.987	72	80	8	区域经济；城市	☺
3	人均城镇生活消费用电	千瓦时/人	全市	逆	421.958	270.652	263.101	50	51	1	城市	☺
4	单位地区生产总值二氧化碳排放量			逆	—	—	—	—	—			
5	单位地区生产总值二氧化硫排放量	吨/亿元	全市	逆	60.907	69.736	82.280	72	74	2	区域经济；环境年报2012	☺
6	单位地区生产总值化学需氧量排放量	吨/亿元	全市	逆	25.221	34.401	40.510	79	79	0	区域经济；环境年报2012	
7	单位地区生产总值氮氧化物排放量	吨/亿元	全市	逆	47.862	34.140	41.915	50	50	0	区域经济；环境年报2012	
8	单位地区生产总值氨氮排放量	吨/亿元	全市	逆	3.906	4.975	5.790	76	79	3	区域经济；环境年报2012	☺
9	第一产业劳动生产率	万元/人	全市	正	756.662	622.523	524.547	41	38	−3	区域经济；城市	☹
10	第二产业劳动生产率	万元/人	全市	正	44.579	23.100	41.672	89	50	−39	区域经济；城市	☹
11	单位工业增加值水耗	万吨/万元	全市	逆	233.379	153.930	206.773	47	57	10	区域经济；环境年报2012	☺
12	单位工业增加值能耗		全市	逆	—	—	—	—	—			
13	工业固体废物综合利用率	%	全市	正	80.222	81.650	77.800	65	67	2	环境年报2012	☺
14	工业用水重复利用率	%	全市	正	81.943	75.407	73.305	77	77	0	环境年报2012	
15	第三产业劳动生产率	万元/人	全市	正	36.407	15.208	26.685	99	58	−41	区域经济；城市	☹
16	第三产业增加值比重	%	全市	正	39.655	39.390	36.200	53	59	6	城市	☺
17	第三产业就业人员比重	%	全市	正	47.331	52.539	48.357	35	46	11	区域经济	☺
18	人均水资源量	立方米/人	全市	正	1 244.514	1 429.270	1 551.520	33	18	−15	环境年报2012；城市	☹
19	单位土地面积二氧化碳排放量			逆	—	—	—	—	—			
20	人均二氧化碳排放量			逆	—	—	—	—	—			

续表

序号	指标名称	单位	口径	指标属性	2012年测评均值	2012年重庆数值	2011年重庆数值	2012年重庆排名	2011年重庆排名	排名变化	2012年数据来源	进退脸谱
21	单位土地面积二氧化硫排放量	吨/平方千米	全市	逆	9.424	6.819	7.082	44	42	-2	环境年报2012；城市	☹
22	人均二氧化硫排放量	吨/万人	全市	逆	256.223	169.266	176.863	50	52	2	环境年报2012；城市	☺
23	单位土地面积化学需氧量排放量	吨/平方千米	全市	逆	5.523	3.364	3.487	46	45	-1	环境年报2012；城市	☹
24	人均化学需氧量排放量	吨/万人	全市	逆	99.608	83.500	87.076	39	38	-1	环境年报2012；城市	☹
25	单位土地面积氮氧化物排放量	吨/平方千米	全市	逆	8.762	3.338	3.608	26	25	-1	环境年报2012；城市	☹
26	人均氮氧化物排放量	吨/万人	全市	逆	205.128	82.865	90.097	23	21	-2	环境年报2012；城市	☹
27	单位土地面积氨氮排放量	吨/平方千米	全市	逆	0.882	0.486	0.498	40	40	0	环境年报2012；城市	
28	人均氨氮排放量	吨/万人	全市	逆	16.558	12.076	12.445	40	40	0	环境年报2012；城市	
29	空气质量达到二级以上天数占全年比重	%	市辖区	正	92.614	92.880	88.740	52	68	16	环境保护部数据	☺
30	首要污染物可吸入颗粒物天数占全年比重	%	市辖区	逆	71.737	84.384	79.726	76	70	-6	环境保护部数据	☹
31	可吸入细颗粒物浓度(PM2.5)年均值		市辖区	正	—	—	—	—	—		环境空气质量标准	
32	环境保护支出占财政支出比重	%	全市	正	3.042	4.224	1.226	16	52	36	统计；城市	☺
33	城市环境基础设施建设投资占全市固定资产投资比重	%	全市	正	0.010	0.009		29	—		城市建设；统计	
34	科教文卫支出占财政支出比重	%	全市	正	30.384	23.039	19.468	94	99	5	统计；区域经济；城市	☺
35	人均绿地面积	平方米	市辖区	正	26.119	14.133	3316.600	56	1	-55	城市	☹
36	建成区绿化覆盖率	%	市辖区	正	40.808	42.940	40.180	23	55	32	城市建设	☺
37	用水普及率	%	市辖区	正	98.280	93.840	93.410	90	88	-2	城市建设	☹

续表

序号	指标名称	单位	口径	指标属性	2012年测评均值	2012年重庆数值	2011年重庆数值	2012年重庆排名	2011年重庆排名	排名变化	2012年数据来源	进退脸谱
38	城市生活污水处理率	%	市辖区	正	88.913	90.070	94.620	54	21	−33	城市建设	☹
39	生活垃圾无害化处理率	%	市辖区	正	92.800	99.280	99.550	50	53	3	城市建设	☺
40	万人拥有公交车辆	辆	市辖区	正	11.053	4.420	4.420	92	92	0	城市	
41	工业二氧化硫去除率	%	全市	正	61.876	60.328	66.583	60	39	−21	环境年报2012	☹
42	工业废水化学需氧量去除率	%	全市	正	82.576	82.934	77.746	61	79	18	环境年报2012	☺
43	工业氮氧化物去除率	%	全市	正	8.635	0.366	0.676	76	58	−18	环境年报2012	☹
44	工业废水氨氮去除率	%	全市	正	72.465	89.101	88.843	17	18	1	环境年报2012	☺

注：区域经济——《中国区域经济统计年鉴2013》；城市——《中国城市统计年鉴2013》；统计——《中国统计年鉴2013》；城市建设——《中国城市建设统计年鉴2012》；环境年报2012——《中国环境统计年报2012》；环境年鉴——《中国环境统计年鉴2013》；环境保护部数据——环境保护部数据中心

成都市绿色发展"体检"表

序号	指标名称	单位	口径	指标属性	2012年测评均值	2012年成都数值	2011年成都数值	2012年成都排名	2011年成都排名	排名变化	2012年数据来源	进退脸谱
1	人均地区生产总值	元/人	全市	正	56 972.840	57 624.000	49 438.000	41	46	5	区域经济	☺
2	单位地区生产总值能耗	吨/万元	全市	逆	0.936	0.741	0.566	47	57	10	区域经济；城市	☺
3	人均城镇生活消费用电	千瓦时/人	全市	逆	421.958	421.126	402.588	68	70	2	城市	☺
4	单位地区生产总值二氧化碳排放量		全市	逆	—	—	—	—	—			
5	单位地区生产总值二氧化硫排放量	吨/亿元	全市	逆	60.907	10.196	10.819	7	7	0	区域经济；环境年报2012	
6	单位地区生产总值化学需氧量排放量	吨/亿元	全市	逆	25.221	20.286	23.891	46	46	0	区域经济；环境年报2012	
7	单位地区生产总值氮氧化物排放量	吨/亿元	全市	逆	47.862	9.820	11.100	8	8	0	区域经济；环境年报2012	
8	单位地区生产总值氨氮排放量	吨/亿元	全市	逆	3.906	2.441	3.015	29	31	2	区域经济；环境年报2012	☺
9	第一产业劳动生产率	万元/人	全市	正	756.662	1 698.050	1 487.910	12	14	2	区域经济；城市	☺
10	第二产业劳动生产率	万元/人	全市	正	44.579	33.515	31.346	69	78	9	区域经济；城市	☺
11	单位工业增加值水耗	万吨/万元	全市	逆	233.379	65.193	69.152	20	19	−1	区域经济；环境年报2012	☹
12	单位工业增加值能耗		全市	逆	—	—	—	—	—			
13	工业固体废物综合利用率	%	全市	正	80.222	98.650	98.800	13	8	−5	环境年报2012	☹
14	工业用水重复利用率	%	全市	正	81.943	89.305	87.086	48	52	4	环境年报2012	☺
15	第三产业劳动生产率	万元/人	全市	正	36.407	43.261	40.949	26	26	0	区域经济；城市	
16	第三产业增加值比重	%	全市	正	39.655	49.460	49.360	17	14	−3	城市	☹
17	第三产业就业人员比重	%	全市	正	47.331	45.721	44.757	54	64	10	区域经济	☺
18	人均水资源量	立方米/人	全市	正	1 244.514	701.960	574.378	43	54	11	环境年报2012；城市	☺
19	单位土地面积二氧化碳排放量		全市	逆	—	—	—	—	—			
20	人均二氧化碳排放量			逆	—	—	—	—	—			

续表

序号	指标名称	单位	口径	指标属性	2012年测评均值	2012年成都数值	2011年成都数值	2012年成都排名	2011年成都排名	排名变化	2012年数据来源	进退脸谱
21	单位土地面积二氧化硫排放量	吨/平方千米	全市	逆	9.424	5.041	4.730	27	26	-1	环境年报2012；城市	☹
22	人均二氧化硫排放量	吨/万人	全市	逆	256.223	52.301	49.586	7	5	-2	环境年报2012；城市	☹
23	单位土地面积化学需氧量排放量	吨/平方千米	全市	逆	5.523	10.030	10.444	90	90	0	环境年报2012；城市	☹
24	人均化学需氧量排放量	吨/万人	全市	逆	99.608	104.060	109.493	61	61	0	环境年报2012；城市	☹
25	单位土地面积氮氧化物排放量	吨/平方千米	全市	逆	8.762	4.855	4.852	40	36	-4	环境年报2012；城市	☹
26	人均氮氧化物排放量	吨/万人	全市	逆	205.128	50.374	50.869	9	7	-2	环境年报2012；城市	☹
27	单位土地面积氨氮排放量	吨/平方千米	全市	逆	0.882	1.207	1.318	82	83	1	环境年报2012；城市	☺
28	人均氨氮排放量	吨/万人	全市	逆	16.558	12.521	13.816	44	50	6	环境年报2012；城市	☺
29	空气质量达到二级以上天数占全年比重	%	市辖区	正	92.614	80.270	88.190	97	78	-19	环境保护部数据	☹
30	首要污染物可吸入颗粒物天数占全年比重	%	市辖区	逆	71.737	91.781	85.480	94	86	-8	环境保护部数据	☹
31	可吸入细颗粒物浓度(PM2.5)年均值		市辖区	正	—	—	—	—	—		环境空气质量标准	
32	环境保护支出占财政支出比重	%	全市	正	3.042	1.579	0.991	91	73	-18	统计；城市	☹
33	城市环境基础设施建设投资占全市固定资产投资比重	%	全市	正	0.010	0.001	—	96			城市建设；统计	
34	科教文卫支出占财政支出比重	%	全市	正	30.384	26.706	23.120	83	87	4	统计；区域经济；城市	☺
35	人均绿地面积	平方米	市辖区	正	26.119	15.851	1156.200	49	4	-45	城市	☹
36	建成区绿化覆盖率	%	市辖区	正	40.808	39.380	39.150	68	65	-3	城市建设	☹
37	用水普及率	%	市辖区	正	98.280	98.260	98.170	72	71	-1	城市建设	☹

续表

序号	指标名称	单位	口径	指标属性	2012年测评均值	2012年成都数值	2011年成都数值	2012年成都排名	2011年成都排名	排名变化	2012年数据来源	进退脸谱
38	城市生活污水处理率	%	市辖区	正	88.913	92.150	90.020	38	45	7	城市建设	☺
39	生活垃圾无害化处理率	%	市辖区	正	92.800	100.000	100.000	1	1	0	城市建设	
40	万人拥有公交车辆	辆	市辖区	正	11.053	17.850	13.190	9	23	14	城市	☺
41	工业二氧化硫去除率	%	全市	正	61.876	53.500	53.097	78	70	−8	环境年报2012	☹
42	工业废水化学需氧量去除率	%	全市	正	82.576	79.926	84.116	72	59	−13	环境年报2012	☹
43	工业氮氧化物去除率	%	全市	正	8.635	6.557	10.938	43	11	−32	环境年报2012	☹
44	工业废水氨氮去除率	%	全市	正	72.465	81.004	83.615	39	41	2	环境年报2012	☺

注：区域经济——《中国区域经济统计年鉴2013》；城市——《中国城市统计年鉴2013》；统计——《中国统计年鉴2013》；城市建设——《中国城市建设统计年鉴2012》；环境年报2012——《中国环境统计年报2012》；环境年鉴——《中国环境统计年鉴2013》；环境保护部数据——环境保护部数据中心

贵阳市绿色发展"体检"表

序号	指标名称	单位	口径	指标属性	2012年测评均值	2012年贵阳数值	2011年贵阳数值	2012年贵阳排名	2011年贵阳排名	排名变化	2012年数据来源	进退脸谱
1	人均地区生产总值	元/人	全市	正	56 972.840	38 673.000	31 712.000	73	77	4	区域经济	☺
2	单位地区生产总值能耗	吨/万元	全市	逆	0.936	0.936	0.622	61	62	1	区域经济；城市	☺
3	人均城镇生活消费用电	千瓦时/人	全市	逆	421.958	1 025.410	943.887	94	94	0	城市	
4	单位地区生产总值二氧化碳排放量			逆	—	—	—					
5	单位地区生产总值二氧化硫排放量	吨/亿元	全市	逆	60.907	71.257	96.558	74	80	6	区域经济；环境年报2012	☺
6	单位地区生产总值化学需氧量排放量	吨/亿元	全市	逆	25.221	23.581	28.672	53	58	5	区域经济；环境年报2012	☺
7	单位地区生产总值氮氧化物排放量	吨/亿元	全市	逆	47.862	17.901	27.077	20	30	10	区域经济；环境年报2012	☺
8	单位地区生产总值氨氮排放量	吨/亿元	全市	逆	3.906	3.031	3.646	44	51	7	区域经济；环境年报2012	☺
9	第一产业劳动生产率	万元/人	全市	正	756.662	390.703	250.200	49	58	9	区域经济；城市	☺
10	第二产业劳动生产率	万元/人	全市	正	44.579	16.890	15.797	98	100	2	区域经济；城市	☺
11	单位工业增加值水耗	万吨/万元	全市	逆	233.379	258.957	278.805	65	64	−1	区域经济；环境年报2012	☹
12	单位工业增加值能耗		全市	逆	—	—	—					
13	工业固体废物综合利用率	%	全市	正	80.222	59.100	56.300	83	82	−1	环境年报2012	☹
14	工业用水重复利用率	%	全市	正	81.943	96.623	95.061	3	12	9	环境年报2012	☺
15	第三产业劳动生产率	万元/人	全市	正	36.407	24.904	20.363	71	81	10	区域经济；城市	☺
16	第三产业增加值比重	%	全市	正	39.655	53.560	53.050	10	9	−1	城市	☹
17	第三产业就业人员比重	%	全市	正	47.331	45.691	47.230	55	55	0	区域经济	
18	人均水资源量	立方米/人	全市	正	1 244.514	0.120	1 340.610	100	22	−78	环境年报2012；城市	☹
19	单位土地面积二氧化碳排放量			逆	—	—	—					
20	人均二氧化碳排放量			逆	—	—	—					

续表

序号	指标名称	单位	口径	指标属性	2012年测评均值	2012年贵阳数值	2011年贵阳数值	2012年贵阳排名	2011年贵阳排名	排名变化	2012年数据来源	进退脸谱
21	单位土地面积二氧化硫排放量	吨/平方千米	全市	逆	9.424	12.298	14.378	75	84	9	环境年报2012；城市	☺
22	人均二氧化硫排放量	吨/万人	全市	逆	256.223	263.261	308.369	76	80	4	环境年报2012；城市	☺
23	单位土地面积化学需氧量排放量	吨/平方千米	全市	逆	5.523	4.070	4.269	54	56	2	环境年报2012；城市	☺
24	人均化学需氧量排放量	吨/万人	全市	逆	99.608	87.121	91.567	44	44	0	环境年报2012；城市	☺
25	单位土地面积氮氧化物排放量	吨/平方千米	全市	逆	8.762	3.089	4.032	22	30	8	环境年报2012；城市	☺
26	人均氮氧化物排放量	吨/万人	全市	逆	205.128	66.134	86.474	15	19	4	环境年报2012；城市	☺
27	单位土地面积氨氮排放量	吨/平方千米	全市	逆	0.882	0.523	0.543	45	44	−1	环境年报2012；城市	☹
28	人均氨氮排放量	吨/万人	全市	逆	16.558	11.197	11.643	35	34	−1	环境年报2012；城市	☹
29	空气质量达到二级以上天数占全年比重	%	市辖区	正	92.614	95.890	95.600	29	31	2	环境保护部数据	☺
30	首要污染物可吸入颗粒物天数占全年比重	%	市辖区	逆	71.737	61.918	70.137	25	47	22	环境保护部数据	☺
31	可吸入细颗粒物浓度(PM2.5)年均值		市辖区	正	—	—	—				环境空气质量标准	
32	环境保护支出占财政支出比重	%	全市	正	3.042	3.657	2.068	26	22	−4	统计；城市	☹
33	城市环境基础设施建设投资占全市固定资产投资比重	%	全市	正	0.010	0.002	—	90	—		城市建设；统计	
34	科教文卫支出占财政支出比重	%	全市	正	30.384	27.153	27.098	80	57	−23	统计；区域经济；城市	☹
35	人均绿地面积	平方米	市辖区	正	26.119	18.396	374.600	38	65	27	城市	☺
36	建成区绿化覆盖率	%	市辖区	正	40.808	40.470	42.130	55	32	−23	城市建设	☹
37	用水普及率	%	市辖区	正	98.280	94.490	89.350	88	97	9	城市建设	☺

续表

序号	指标名称	单位	口径	指标属性	2012年测评均值	2012年贵阳数值	2011年贵阳数值	2012年贵阳排名	2011年贵阳排名	排名变化	2012年数据来源	进退脸谱
38	城市生活污水处理率	%	市辖区	正	88.913	95.070	95.270	21	15	−6	城市建设	☹
39	生活垃圾无害化处理率	%	市辖区	正	92.800	95.680	93.900	64	66	2	城市建设	☺
40	万人拥有公交车辆	辆	市辖区	正	11.053	10.240	10.290	42	43	1	城市	☺
41	工业二氧化硫去除率	%	全市	正	61.876	58.434	76.836	66	12	−54	环境年报2012	☹
42	工业废水化学需氧量去除率	%	全市	正	82.576	63.476	71.607	94	91	−3	环境年报2012	☹
43	工业氮氧化物去除率	%	全市	正	8.635	11.539	0.000	27	60	33	环境年报2012	☺
44	工业废水氨氮去除率	%	全市	正	72.465	81.578	81.722	36	45	9	环境年报2012	☺

注：区域经济——《中国区域经济统计年鉴2013》；城市——《中国城市统计年鉴2013》；统计——《中国统计年鉴2013》；城市建设——《中国城市建设统计年鉴2012》；环境年报2012——《中国环境统计年报2012》；环境年鉴——《中国环境统计年鉴2013》；环境保护部数据——环境保护部数据中心

昆明市绿色发展"体检"表

序号	指标名称	单位	口径	指标属性	2012年测评均值	2012年昆明数值	2011年昆明数值	2012年昆明排名	2011年昆明排名	排名变化	2012年数据来源	进退脸谱
1	人均地区生产总值	元/人	全市	正	56 972.840	46 256.000	38 831.000	55	63	8	区域经济	☺
2	单位地区生产总值能耗	吨/万元	全市	逆	0.936	0.701	0.120	42	15	−27	区域经济；城市	☹
3	人均城镇生活消费用电	千瓦时/人	全市	逆	421.958	856.889	619.459	91	87	−4	城市	☹
4	单位地区生产总值二氧化碳排放量			逆	—	—	—					
5	单位地区生产总值二氧化硫排放量	吨/亿元	全市	逆	60.907	47.198	49.618	54	52	−2	区域经济；环境年报2012	☹
6	单位地区生产总值化学需氧量排放量	吨/亿元	全市	逆	25.221	4.219	7.572	2	4	2	区域经济；环境年报2012	☺
7	单位地区生产总值氮氧化物排放量	吨/亿元	全市	逆	47.862	28.239	33.578	40	40	0	区域经济；环境年报2012	☺
8	单位地区生产总值氨氮排放量	吨/亿元	全市	逆	3.906	2.024	2.379	18	18	0	区域经济；环境年报2012	☺
9	第一产业劳动生产率	万元/人	全市	正	756.662	312.078	179.638	53	71	18	区域经济；城市	☺
10	第二产业劳动生产率	万元/人	全市	正	44.579	26.738	26.481	85	86	1	区域经济；城市	☺
11	单位工业增加值水耗	万吨/万元	全市	逆	233.379	234.916	254.933	60	61	1	区域经济；环境年报2012	☺
12	单位工业增加值能耗		全市	逆								
13	工业固体废物综合利用率	%	全市	正	80.222	43.290	43.100	91	90	−1	环境年报2012	☹
14	工业用水重复利用率	%	全市	正	81.943	92.600	91.660	32	34	2	环境年报2012	☺
15	第三产业劳动生产率	万元/人	全市	正	36.407	23.306	20.142	76	82	6	区域经济；城市	☺
16	第三产业增加值比重	%	全市	正	39.655	48.930	48.400	19	19	0	城市	☺
17	第三产业就业人员比重	%	全市	正	47.331	54.405	55.310	27	24	−3	区域经济	☹
18	人均水资源量	立方米/人	全市	正	1 244.514	420.375	423.177	64	64	0	环境年报2012；城市	☹
19	单位土地面积二氧化碳排放量			逆	—	—	—					
20	人均二氧化碳排放量			逆	—	—	—					

续表

序号	指标名称	单位	口径	指标属性	2012年测评均值	2012年昆明数值	2011年昆明数值	2012年昆明排名	2011年昆明排名	排名变化	2012年数据来源	进退脸谱
21	单位土地面积二氧化硫排放量	吨/平方千米	全市	逆	9.424	5.644	5.200	35	29	-6	环境年报2012；城市	☹
22	人均二氧化硫排放量	吨/万人	全市	逆	256.223	218.071	202.260	66	62	-4	环境年报2012；城市	☹
23	单位土地面积化学需氧量排放量	吨/平方千米	全市	逆	5.523	0.505	0.794	3	6	3	环境年报2012；城市	☺
24	人均化学需氧量排放量	吨/万人	全市	逆	99.608	19.495	30.867	1	1	0	环境年报2012，城市	
25	单位土地面积氮氧化物排放量	吨/平方千米	全市	逆	8.762	3.377	3.519	27	22	-5	环境年报2012；城市	☹
26	人均氮氧化物排放量	吨/万人	全市	逆	205.128	130.473	136.879	46	45	-1	环境年报2012；城市	☹
27	单位土地面积氨氮排放量	吨/平方千米	全市	逆	0.882	0.242	0.249	12	13	1	环境年报2012；城市	☺
28	人均氨氮排放量	吨/万人	全市	逆	16.558	9.352	9.700	18	18	0	环境年报2012；城市	
29	空气质量达到二级以上天数占全年比重	%	市辖区	正	92.614	99.730	100.000	7	1	-6	环境保护部数据	☹
30	首要污染物可吸入颗粒物天数占全年比重	%	市辖区	逆	71.737	65.206	62.466	30	23	-7	环境保护部数据	☹
31	可吸入细颗粒物浓度(PM2.5)年均值		市辖区	正	—	—	—	—	—		环境空气质量标准	
32	环境保护支出占财政支出比重	%	全市	正	3.042	5.667	1.207	7	53	46	统计；城市	☺
33	城市环境基础设施建设投资占全市固定资产投资比重	%	全市	正	0.010	0.004	—	71	—		城市建设；统计	
34	科教文卫支出占财政支出比重	%	全市	正	30.384	25.577	23.332	85	85	0	统计；区域经济；城市	
35	人均绿地面积	平方米	市辖区	正	26.119	23.858	540.200	25	46	21	城市	☺
36	建成区绿化覆盖率	%	市辖区	正	40.808	44.470	42.400	14	28	14	城市建设	☺
37	用水普及率	%	市辖区	正	98.280	93.370	94.730	91	83	-8	城市建设	☹

续表

序号	指标名称	单位	口径	指标属性	2012年测评均值	2012年昆明数值	2011年昆明数值	2012年昆明排名	2011年昆明排名	排名变化	2012年数据来源	进退脸谱
38	城市生活污水处理率	%	市辖区	正	88.913	99.060	99.420	6	2	−4	城市建设	☹
39	生活垃圾无害化处理率	%	市辖区	正	92.800	84.590	79.970	90	92	2	城市建设	☺
40	万人拥有公交车辆	辆	市辖区	正	11.053	17.170	17.020	11	9	−2	城市	☹
41	工业二氧化硫去除率	%	全市	正	61.876	65.569	74.384	47	17	−30	环境年报2012	☹
42	工业废水化学需氧量去除率	%	全市	正	82.576	83.929	88.966	54	37	−17	环境年报2012	☹
43	工业氮氧化物去除率	%	全市	正	8.635	0.000	1.351	77	49	−28	环境年报2012	☹
44	工业废水氨氮去除率	%	全市	正	72.465	84.341	94.082	31	12	−19	环境年报2012	☹

注：区域经济——《中国区域经济统计年鉴2013》；城市——《中国城市统计年鉴2013》；统计——《中国统计年鉴2013》；城市建设——《中国城市建设统计年鉴2012》；环境年报2012——《中国环境统计年报2012》；环境年鉴——《中国环境统计年鉴2013》；环境保护部数据——环境保护部数据中心

西安市绿色发展"体检"表

序号	指标名称	单位	口径	指标属性	2012年测评均值	2012年西安数值	2011年西安数值	2012年西安排名	2011年西安排名	排名变化	2012年数据来源	进退脸谱
1	人均地区生产总值	元/人	全市	正	56 972.840	51 166.000	45 475.000	51	51	0	区域经济	
2	单位地区生产总值能耗	吨/万元	全市	逆	0.936	0.158	0.121	5	16	11	区域经济；城市	☺
3	人均城镇生活消费用电	千瓦时/人	全市	逆	421.958	660.285	594.985	83	85	2	城市	☺
4	单位地区生产总值二氧化碳排放量			逆	—	—	—					
5	单位地区生产总值二氧化硫排放量	吨/亿元	全市	逆	60.907	32.649	40.478	41	42	1	区域经济；环境年报2012	☺
6	单位地区生产总值化学需氧量排放量	吨/亿元	全市	逆	25.221	27.327	33.814	62	70	8	区域经济；环境年报2012	☺
7	单位地区生产总值氮氧化物排放量	吨/亿元	全市	逆	47.862	16.823	19.962	18	18	0	区域经济；环境年报2012	
8	单位地区生产总值氨氮排放量	吨/亿元	全市	逆	3.906	3.858	4.363	59	59	0	区域经济；环境年报2012	
9	第一产业劳动生产率	万元/人	全市	正	756.662	535.863	449.714	45	41	−4	区域经济；城市	☹
10	第二产业劳动生产率	万元/人	全市	正	44.579	27.553	27.626	84	84	0	区域经济；城市	
11	单位工业增加值水耗	万吨/万元	全市	逆	233.379	43.560	36.892	13	8	−5	区域经济；环境年报2012	☹
12	单位工业增加值能耗		全市	逆	—	—	—					
13	工业固体废物综合利用率	%	全市	正	80.222	95.900	97.600	29	15	−14	环境年报2012	☹
14	工业用水重复利用率	%	全市	正	81.943	68.289	47.116	88	89	1	环境年报2012	☺
15	第三产业劳动生产率	万元/人	全市	正	36.407	25.067	23.333	70	71	1	区域经济；城市	☺
16	第三产业增加值比重	%	全市	正	39.655	52.420	51.600	13	12	−1	城市	☹
17	第三产业就业人员比重	%	全市	正	47.331	55.945	58.293	23	18	−5	区域经济	☹
18	人均水资源量	立方米/人	全市	正	1 244.514	387.202	390.448	67	68	1	环境年报2012；城市	☺
19	单位土地面积二氧化碳排放量			逆	—	—	—					
20	人均二氧化碳排放量			逆	—	—	—					

续表

序号	指标名称	单位	口径	指标属性	2012年测评均值	2012年西安数值	2011年西安数值	2012年西安排名	2011年西安排名	排名变化	2012年数据来源	进退脸谱
21	单位土地面积二氧化硫排放量	吨/平方千米	全市	逆	9.424	10.253	11.370	66	67	1	环境年报2012;城市	☺
22	人均二氧化硫排放量	吨/万人	全市	逆	256.223	130.537	145.971	36	38	2	环境年报2012;城市	☺
23	单位土地面积化学需氧量排放量	吨/平方千米	全市	逆	5.523	8.582	9.498	88	88	0	环境年报2012;城市	☺
24	人均化学需氧量排放量	吨/万人	全市	逆	99.608	109.260	121.942	66	74	8	环境年报2012;城市	☺
25	单位土地面积氮氧化物排放量	吨/平方千米	全市	逆	8.762	5.283	5.607	44	43	−1	环境年报2012;城市	☹
26	人均氮氧化物排放量	吨/万人	全市	逆	205.128	67.264	71.987	16	15	−1	环境年报2012;城市	☹
27	单位土地面积氨氮排放量	吨/平方千米	全市	逆	0.882	1.212	1.226	84	81	−3	环境年报2012;城市	☹
28	人均氨氮排放量	吨/万人	全市	逆	16.558	15.425	15.735	64	65	1	环境年报2012;城市	☺
29	空气质量达到二级以上天数占全年比重	%	市辖区	正	92.614	83.840	83.520	94	95	1	环境保护部数据	☺
30	首要污染物可吸入颗粒物天数占全年比重	%	市辖区	逆	71.737	93.973	89.315	97	92	−5	环境保护部数据	☹
31	可吸入细颗粒物浓度(PM2.5)年均值		市辖区	正	—	—	—	—	—		环境空气质量标准	
32	环境保护支出占财政支出比重	%	全市	正	3.042	2.367	1.034	68	70	2	统计;城市	☺
33	城市环境基础设施建设投资占全市固定资产投资比重	%	全市	正	0.010	0.006	—	54	—		城市建设;统计	
34	科教文卫支出占财政支出比重	%	全市	正	30.384	28.370	24.707	67	77	10	统计;区域经济;城市	☺
35	人均绿地面积	平方米	市辖区	正	26.119	17.118	787.300	43	14	−29	城市	☹
36	建成区绿化覆盖率	%	市辖区	正	40.808	42.000	41.150	33	41	8	城市建设	☺
37	用水普及率	%	市辖区	正	98.280	100.000	100.000	1	1	0	城市建设	

续表

序号	指标名称	单位	口径	指标属性	2012年测评均值	2012年西安数值	2011年西安数值	2012年西安排名	2011年西安排名	排名变化	2012年数据来源	进退脸谱
38	城市生活污水处理率	%	市辖区	正	88.913	90.100	86.550	53	59	6	城市建设	☺
39	生活垃圾无害化处理率	%	市辖区	正	92.800	94.720	97.640	69	59	−10	城市建设	☹
40	万人拥有公交车辆	辆	市辖区	正	11.053	13.430	13.460	23	22	−1	城市	☹
41	工业二氧化硫去除率	%	全市	正	61.876	51.987	43.023	83	87	4	环境年报2012	☺
42	工业废水化学需氧量去除率	%	全市	正	82.576	78.005	76.853	79	81	2	环境年报2012	☺
43	工业氮氧化物去除率	%	全市	正	8.635	10.638	0.000	30	60	30	环境年报2012	☺
44	工业废水氨氮去除率	%	全市	正	72.465	74.919	85.754	52	32	−20	环境年报2012	☹

注：区域经济——《中国区域经济统计年鉴2013》；城市——《中国城市统计年鉴2013》；统计——《中国统计年鉴2013》；城市建设——《中国城市建设统计年鉴2012》；环境年报2012——《中国环境统计年报2012》；环境年鉴——《中国环境统计年鉴2013》；环境保护部数据——环境保护部数据中心

兰州市绿色发展"体检"表

序号	指标名称	单位	口径	指标属性	2012年测评均值	2012年兰州数值	2011年兰州数值	2012年兰州排名	2011年兰州排名	排名变化	2012年数据来源	进退脸谱
1	人均地区生产总值	元/人	全市	正	56 972.840	43 175.000	37 570.000	66	66	0	区域经济	
2	单位地区生产总值能耗	吨/万元	全市	逆	0.936	1.846	1.296	92	86	−6	区域经济;城市	☹
3	人均城镇生活消费用电	千瓦时/人	全市	逆	421.958	368.843	370.294	65	68	3	城市	☺
4	单位地区生产总值二氧化碳排放量			逆	—	—	—					
5	单位地区生产总值二氧化硫排放量	吨/亿元	全市	逆	60.907	63.109	91.603	68	78	10	区域经济;环境年报2012	☺
6	单位地区生产总值化学需氧量排放量	吨/亿元	全市	逆	25.221	32.506	42.860	75	85	10	区域经济;环境年报2012	☺
7	单位地区生产总值氮氧化物排放量	吨/亿元	全市	逆	47.862	66.709	71.631	85	81	−4	区域经济;环境年报2012	☹
8	单位地区生产总值氨氮排放量	吨/亿元	全市	逆	3.906	6.238	8.414	89	94	5	区域经济;环境年报2012	☺
9	第一产业劳动生产率	万元/人	全市	正	756.662	262.059	266.667	62	53	−9	区域经济;城市	☹
10	第二产业劳动生产率	万元/人	全市	正	44.579	29.663	26.875	81	85	4	区域经济;城市	☺
11	单位工业增加值水耗	万吨/万元	全市	逆	233.379	114.294	40.038	40	9	−31	区域经济;环境年报2012	☹
12	单位工业增加值能耗		全市	逆	—	—	—					
13	工业固体废物综合利用率	%	全市	正	80.222	99.000	92.800	9	39	30	环境年报2012	☺
14	工业用水重复利用率	%	全市	正	81.943	68.399	36.161	87	92	5	环境年报2012	☺
15	第三产业劳动生产率	万元/人	全市	正	36.407	27.718	24.317	62	64	2	区域经济;城市	☺
16	第三产业增加值比重	%	全市	正	39.655	49.530	48.780	16	17	1	城市	☺
17	第三产业就业人员比重	%	全市	正	47.331	52.525	52.492	36	35	−1	区域经济	☹
18	人均水资源量	立方米/人	全市	正	1 244.514	10 185.500	10 154.000	1	1	0	环境年报2012;城市	
19	单位土地面积二氧化碳排放量			逆	—	—	—					
20	人均二氧化碳排放量			逆	—	—	—					

续表

序号	指标名称	单位	口径	指标属性	2012年测评均值	2012年兰州数值	2011年兰州数值	2012年兰州排名	2011年兰州排名	排名变化	2012年数据来源	进退脸谱
21	单位土地面积二氧化硫排放量	吨/平方千米	全市	逆	9.424	6.259	8.011	41	47	6	环境年报2012；城市	☺
22	人均二氧化硫排放量	吨/万人	全市	逆	256.223	254.045	324.168	73	81	8	环境年报2012；城市	☺
23	单位土地面积化学需氧量排放量	吨/平方千米	全市	逆	5.523	3.224	3.748	44	47	3	环境年报2012；城市	☺
24	人均化学需氧量排放量	吨/万人	全市	逆	99.608	130.852	151.675	81	89	8	环境年报2012；城市	☺
25	单位土地面积氮氧化物排放量	吨/平方千米	全市	逆	8.762	6.616	6.265	51	46	−5	环境年报2012；城市	☹
26	人均氮氧化物排放量	吨/万人	全市	逆	205.128	268.536	253.491	78	77	−1	环境年报2012；城市	☹
27	单位土地面积氨氮排放量	吨/平方千米	全市	逆	0.882	0.619	0.736	56	61	5	环境年报2012；城市	☺
28	人均氨氮排放量	吨/万人	全市	逆	16.558	25.111	29.776	91	91	0	环境年报2012；城市	
29	空气质量达到二级以上天数占全年比重	%	市辖区	正	92.614	73.970	66.760	100	100	0	环境保护部数据	
30	首要污染物可吸入颗粒物天数占全年比重	%	市辖区	逆	71.737	94.794	93.973	99	97	−2	环境保护部数据	☹
31	可吸入细颗粒物浓度(PM2.5)年均值		市辖区	正	—	—	—	—	—		环境空气质量标准	
32	环境保护支出占财政支出比重	%	全市	正	3.042	3.881	2.688	19	14	−5	统计；城市	☹
33	城市环境基础设施建设投资占全市固定资产投资比重	%	全市	正	0.010	0.018	—	15	—		城市建设；统计	
34	科教文卫支出占财政支出比重	%	全市	正	30.384	31.966	32.644	36	21	−15	统计；区域经济；城市	☹
35	人均绿地面积	平方米	市辖区	正	26.119	16.498	323.400	47	73	26	城市	☺
36	建成区绿化覆盖率	%	市辖区	正	40.808	30.010	25.080	100	99	−1	城市建设	☹
37	用水普及率	%	市辖区	正	98.280	93.930	94.610	89	84	−5	城市建设	☹

续表

序号	指标名称	单位	口径	指标属性	2012年测评均值	2012年兰州数值	2011年兰州数值	2012年兰州排名	2011年兰州排名	排名变化	2012年数据来源	进退脸谱
38	城市生活污水处理率	%	市辖区	正	88.913	67.730	58.700	98	96	-2	城市建设	☹
39	生活垃圾无害化处理率	%	市辖区	正	92.800	0.000	41.700	99	99	0	城市建设	
40	万人拥有公交车辆	辆	市辖区	正	11.053	13.050	10.340	26	42	16	城市	☺
41	工业二氧化硫去除率	%	全市	正	61.876	55.601	51.309	72	74	2	环境年报2012	☺
42	工业废水化学需氧量去除率	%	全市	正	82.576	79.854	87.272	73	48	-25	环境年报2012	☹
43	工业氮氧化物去除率	%	全市	正	8.635	12.500	4.762	22	29	7	环境年报2012	☺
44	工业废水氨氮去除率	%	全市	正	72.465	50.151	64.259	91	74	-17	环境年报2012	☹

注：区域经济——《中国区域经济统计年鉴2013》；城市——《中国城市统计年鉴2013》；统计——《中国统计年鉴2013》；城市建设——《中国城市建设统计年鉴2012》；环境年报2012——《中国环境统计年报2012》；环境年鉴——《中国环境统计年鉴2013》；环境保护部数据——环境保护部数据中心

西宁市绿色发展"体检"表

序号	指标名称	单位	口径	指标属性	2012年测评均值	2012年西宁数值	2011年西宁数值	2012年西宁排名	2011年西宁排名	排名变化	2012年数据来源	进退脸谱
1	人均地区生产总值	元/人	全市	正	56 972.840	38 034.000	34 743.000	75	71	−4	区域经济	☹
2	单位地区生产总值能耗	吨/万元	全市	逆	0.936	1.605	1.375	86	88	2	区域经济；城市	☺
3	人均城镇生活消费用电	千瓦时/人	全市	逆	421.958	474.558	378.981	71	69	−2	城市	☹
4	单位地区生产总值二氧化碳排放量			逆	—	—	—					
5	单位地区生产总值二氧化硫排放量	吨/亿元	全市	逆	60.907	122.820	140.705	89	89	0	区域经济；环境年报2012	
6	单位地区生产总值化学需氧量排放量	吨/亿元	全市	逆	25.221	50.276	57.861	90	90	0	区域经济；环境年报2012	
7	单位地区生产总值氮氧化物排放量	吨/亿元	全市	逆	47.862	79.039	92.416	89	88	−1	区域经济；环境年报2012	☹
8	单位地区生产总值氨氮排放量	吨/亿元	全市	逆	3.906	6.529	7.267	91	88	−3	区域经济；环境年报2012	☹
9	第一产业劳动生产率	万元/人	全市	正	756.662	207.800	189.034	71	70	−1	区域经济；城市	☹
10	第二产业劳动生产率	万元/人	全市	正	44.579	28.811	31.229	82	79	−3	区域经济；城市	☹
11	单位工业增加值水耗	万吨/万元	全市	逆	233.379	373.425	411.056	80	81	1	区域经济；环境年报2012	☺
12	单位工业增加值能耗		全市	逆	—	—	—					
13	工业固体废物综合利用率	%	全市	正	80.222	97.630	96.800	18	19	1	环境年报2012	☺
14	工业用水重复利用率	%	全市	正	81.943	92.753	92.686	28	29	1	环境年报2012	☺
15	第三产业劳动生产率	万元/人	全市	正	36.407	20.838	18.637	84	87	3	区域经济；城市	☺
16	第三产业增加值比重	%	全市	正	39.655	44.700	43.080	28	31	3	城市	☺
17	第三产业就业人员比重	%	全市	正	47.331	53.011	55.460	32	23	−9	区域经济	☹
18	人均水资源量	立方米/人	全市	正	1 244.514	770.667	687.624	42	44	2	环境年报2012；城市	☺
19	单位土地面积二氧化碳排放量			逆	—	—	—					
20	人均二氧化碳排放量			逆	—	—	—					

续表

序号	指标名称	单位	口径	指标属性	2012年测评均值	2012年西宁数值	2011年西宁数值	2012年西宁排名	2011年西宁排名	排名变化	2012年数据来源	进退脸谱
21	单位土地面积二氧化硫排放量	吨/平方千米	全市	逆	9.424	10.210	10.172	65	63	−2	环境年报2012；城市	☹
22	人均二氧化硫排放量	吨/万人	全市	逆	256.223	395.467	351.510	86	83	−3	环境年报2012；城市	☹
23	单位土地面积化学需氧量排放量	吨/平方千米	全市	逆	5.523	4.180	4.183	57	55	−2	环境年报2012；城市	☹
24	人均化学需氧量排放量	吨/万人	全市	逆	99.608	161.884	144.549	95	85	−10	环境年报2012；城市	☹
25	单位土地面积氮氧化物排放量	吨/平方千米	全市	逆	8.762	6.571	6.681	50	49	−1	环境年报2012；城市	☹
26	人均氮氧化物排放量	吨/万人	全市	逆	205.128	254.497	230.875	77	71	−6	环境年报2012；城市	☹
27	单位土地面积氨氮排放量	吨/平方千米	全市	逆	0.882	0.543	0.525	47	43	−4	环境年报2012；城市	☹
28	人均氨氮排放量	吨/万人	全市	逆	16.558	21.023	18.155	81	72	−9	环境年报2012；城市	☹
29	空气质量达到二级以上天数占全年比重	%	市辖区	正	92.614	86.580	86.540	90	90	0	环境保护部数据	
30	首要污染物可吸入颗粒物天数占全年比重	%	市辖区	逆	71.737	88.493	92.603	86	95	9	环境保护部数据	☺
31	可吸入细颗粒物浓度(PM2.5)年均值		市辖区	正	—	—	—				环境空气质量标准	
32	环境保护支出占财政支出比重	%	全市	正	3.042	4.180	5.367	17	3	−14	统计；城市	☹
33	城市环境基础设施建设投资占全市固定资产投资比重	%	全市	正	0.010	0.005	—	56	—		城市建设；统计	
34	科教文卫支出占财政支出比重	%	全市	正	30.384	32.381	24.417	34	80	46	统计；区域经济；城市	☺
35	人均绿地面积	平方米	市辖区	正	26.119	13.896	221.800	59	86	27	城市	☺
36	建成区绿化覆盖率	%	市辖区	正	40.808	37.490	37.130	86	85	−1	城市建设	☹
37	用水普及率	%	市辖区	正	98.280	99.990	99.970	45	45	0	城市建设	

续表

序号	指标名称	单位	口径	指标属性	2012年测评均值	2012年西宁数值	2011年西宁数值	2012年西宁排名	2011年西宁排名	排名变化	2012年数据来源	进退脸谱
38	城市生活污水处理率	%	市辖区	正	88.913	71.180	71.040	97	90	-7	城市建设	☹
39	生活垃圾无害化处理率	%	市辖区	正	92.800	92.520	92.290	74	70	-4	城市建设	☹
40	万人拥有公交车辆	辆	市辖区	正	11.053	20.350	14.320	3	19	16	城市	☺
41	工业二氧化硫去除率	%	全市	正	61.876	46.710	41.463	90	88	-2	环境年报2012	☹
42	工业废水化学需氧量去除率	%	全市	正	82.576	35.024	41.784	99	100	1	环境年报2012	☺
43	工业氮氧化物去除率	%	全市	正	8.635	0.000	0.000	77	60	-17	环境年报2012	☹
44	工业废水氨氮去除率	%	全市	正	72.465	44.613	78.831	96	51	-45	环境年报2012	☹

注：区域经济——《中国区域经济统计年鉴2013》；城市——《中国城市统计年鉴2013》；统计——《中国统计年鉴2013》；城市建设——《中国城市建设统计年鉴2012》；环境年报2012——《中国环境统计年报2012》；环境年鉴——《中国环境统计年鉴2013》；环境保护部数据——环境保护部数据中心

银川市绿色发展"体检"表

序号	指标名称	单位	口径	指标属性	2012年测评均值	2012年银川数值	2011年银川数值	2012年银川排名	2011年银川排名	排名变化	2012年数据来源	进退脸谱
1	人均地区生产总值	元/人	全市	正	56 972.840	56 528.000	48 964.000	43	48	5	区域经济	☺
2	单位地区生产总值能耗	吨/万元	全市	逆	0.936	2.057	0.520	96	50	−46	区域经济;城市	☹
3	人均城镇生活消费用电	千瓦时/人	全市	逆	421.958	311.819	311.819	57	59	2	城市	☺
4	单位地区生产总值二氧化碳排放量			逆	—	—	—	—	—			
5	单位地区生产总值二氧化硫排放量	吨/亿元	全市	逆	60.907	161.224	131.001	94	88	−6	区域经济;环境年报2012	☹
6	单位地区生产总值化学需氧量排放量	吨/亿元	全市	逆	25.221	30.535	35.303	71	72	1	区域经济;环境年报2012	☺
7	单位地区生产总值氮氧化物排放量	吨/亿元	全市	逆	47.862	110.350	110.643	95	93	−2	区域经济;环境年报2012	☹
8	单位地区生产总值氨氮排放量	吨/亿元	全市	逆	3.906	8.411	9.446	96	96	0	区域经济;环境年报2012	☹
9	第一产业劳动生产率	万元/人	全市	正	756.662	43.922	38.884	95	94	−1	区域经济;城市	☹
10	第二产业劳动生产率	万元/人	全市	正	44.579	44.014	37.318	44	65	21	区域经济;城市	☺
11	单位工业增加值水耗	万吨/万元	全市	逆	233.379	310.602	329.814	71	71	0	区域经济;环境年报2012	
12	单位工业增加值能耗		全市	逆	—	—	—	—	—			
13	工业固体废物综合利用率	%	全市	正	80.222	81.180	83.800	66	59	−7	环境年报2012	☹
14	工业用水重复利用率	%	全市	正	81.943	90.788	87.613	40	48	8	环境年报2012	☺
15	第三产业劳动生产率	万元/人	全市	正	36.407	27.977	26.882	60	57	−3	区域经济;城市	☹
16	第三产业增加值比重	%	全市	正	39.655	41.790	42.000	37	37	0	城市	
17	第三产业就业人员比重	%	全市	正	47.331	55.088	50.830	24	39	15	区域经济	☺
18	人均水资源量	立方米/人	全市	正	1 244.514	123.922	81.745	98	100	2	环境年报2012;城市	☺
19	单位土地面积二氧化碳排放量			逆	—	—	—	—	—			
20	人均二氧化碳排放量			逆	—	—	—	—	—			

续表

序号	指标名称	单位	口径	指标属性	2012年测评均值	2012年银川数值	2011年银川数值	2012年银川排名	2011年银川排名	排名变化	2012年数据来源	进退脸谱
21	单位土地面积二氧化硫排放量	吨/平方千米	全市	逆	9.424	12.339	8.912	76	50	−26	环境年报2012;城市	☹
22	人均二氧化硫排放量	吨/万人	全市	逆	256.223	676.114	501.109	94	91	−3	环境年报2012;城市	☹
23	单位土地面积化学需氧量排放量	吨/平方千米	全市	逆	5.523	2.337	2.402	29	29	0	环境年报2012;城市	
24	人均化学需氧量排放量	吨/万人	全市	逆	99.608	128.055	135.042	80	80	0	环境年报2012;城市	
25	单位土地面积氮氧化物排放量	吨/平方千米	全市	逆	8.762	8.445	7.527	66	54	−12	环境年报2012;城市	☹
26	人均氮氧化物排放量	吨/万人	全市	逆	205.128	462.769	423.234	92	88	−4	环境年报2012;城市	☹
27	单位土地面积氨氮排放量	吨/平方千米	全市	逆	0.882	0.644	0.643	60	54	−6	环境年报2012;城市	☹
28	人均氨氮排放量	吨/万人	全市	逆	16.558	35.271	36.135	96	95	−1	环境年报2012;城市	☹
29	空气质量达到二级以上天数占全年比重	%	市辖区	正	92.614	90.140	91.210	68	56	−12	环境保护部数据	☹
30	首要污染物可吸入颗粒物天数占全年比重	%	市辖区	逆	71.737	82.192	86.575	70	89	19	环境保护部数据	☺
31	可吸入细颗粒物浓度(PM2.5)年均值		市辖区	正	—	—	—				环境空气质量标准	
32	环境保护支出占财政支出比重	%	全市	正	3.042	3.027	1.773	41	33	−8	统计;城市	☹
33	城市环境基础设施建设投资占全市固定资产投资比重	%	全市	正	0.010	0.004	—	64	—		城市建设;统计	
34	科教文卫支出占财政支出比重	%	全市	正	30.384	17.621	20.264	100	96	−4	统计;区域经济;城市	☹
35	人均绿地面积	平方米	市辖区	正	26.119	34.341	160.500	17	92	75	城市	☺
36	建成区绿化覆盖率	%	市辖区	正	40.808	41.680	42.190	42	30	−12	城市建设	
37	用水普及率	%	市辖区	正	98.280	92.080	99.450	95	59	−36	城市建设	☹

续表

序号	指标名称	单位	口径	指标属性	2012年测评均值	2012年银川数值	2011年银川数值	2012年银川排名	2011年银川排名	排名变化	2012年数据来源	进退脸谱
38	城市生活污水处理率	%	市辖区	正	88.913	100.000	92.000	1	33	32	城市建设	☺
39	生活垃圾无害化处理率	%	市辖区	正	92.800	92.710	59.800	73	97	24	城市建设	☺
40	万人拥有公交车辆	辆	市辖区	正	11.053	16.110	15.570	17	13	−4	城市	☹
41	工业二氧化硫去除率	%	全市	正	61.876	70.789	71.591	31	23	−8	环境年报2012	☹
42	工业废水化学需氧量去除率	%	全市	正	82.576	91.460	90.625	21	27	6	环境年报2012	☺
43	工业氮氧化物去除率	%	全市	正	8.635	15.730	5.634	18	26	8	环境年报2012	☺
44	工业废水氨氮去除率	%	全市	正	72.465	95.497	96.238	6	6	0	环境年报2012	

注：区域经济——《中国区域经济统计年鉴2013》；城市——《中国城市统计年鉴2013》；统计——《中国统计年鉴2013》；城市建设——《中国城市建设统计年鉴2012》；环境年报2012——《中国环境统计年报2012》；环境年鉴——《中国环境统计年鉴2013》；环境保护部数据——环境保护部数据中心

乌鲁木齐市绿色发展"体检"表

序号	指标名称	单位	口径	指标属性	2012年测评均值	2012年乌鲁木齐数值	2011年乌鲁木齐数值	2012年乌鲁木齐排名	2011年乌鲁木齐排名	排名变化	2012年数据来源	进退脸谱
1	人均地区生产总值	元/人	全市	正	56 972.840	59 576.000	52 649.000	35	36	1	区域经济	☺
2	单位地区生产总值能耗	吨/万元	全市	逆	0.936	1.217	1.321	75	87	12	区域经济；城市	☺
3	人均城镇生活消费用电	千瓦时/人	全市	逆	421.958	552.693	561.812	77	81	4	城市	☺
4	单位地区生产总值二氧化碳排放量			逆	—	—	—	—	—			
5	单位地区生产总值二氧化硫排放量	吨/亿元	全市	逆	60.907	78.553	109.446	79	85	6	区域经济；环境年报2012	☺
6	单位地区生产总值化学需氧量排放量	吨/亿元	全市	逆	25.221	14.119	17.652	29	32	3	区域经济；环境年报2012	☺
7	单位地区生产总值氮氧化物排放量	吨/亿元	全市	逆	47.862	77.904	89.912	88	87	−1	区域经济；环境年报2012	☹
8	单位地区生产总值氨氮排放量	吨/亿元	全市	逆	3.906	3.845	5.060	57	69	12	区域经济；环境年报2012	☺
9	第一产业劳动生产率	万元/人	全市	正	756.662	22.642	18.766	99	99	0	区域经济；城市	
10	第二产业劳动生产率	万元/人	全市	正	44.579	35.285	38.115	65	60	−5	区域经济；城市	☹
11	单位工业增加值水耗	万吨/万元	全市	逆	233.379	526.018	567.008	94	94	0	区域经济；环境年报2012	
12	单位工业增加值能耗		全市	逆	—	—	—	—	—			
13	工业固体废物综合利用率	%	全市	正	80.222	88.950	80.900	60	63	3	环境年报2012	☺
14	工业用水重复利用率	%	全市	正	81.943	93.319	92.882	27	28	1	环境年报2012	☺
15	第三产业劳动生产率	万元/人	全市	正	36.407	30.733	27.602	51	53	2	区域经济；城市	☺
16	第三产业增加值比重	%	全市	正	39.655	57.390	53.780	6	6	0	城市	
17	第三产业就业人员比重	%	全市	正	47.331	60.790	59.767	10	15	5	区域经济	☺
18	人均水资源量	立方米/人	全市	正	1 244.514	384.239	406.174	68	65	−3	环境年报2012；城市	☹
19	单位土地面积二氧化碳排放量			逆	—	—	—	—	—			
20	人均二氧化碳排放量			逆	—	—	—	—	—			

续表

序号	指标名称	单位	口径	指标属性	2012年测评均值	2012年乌鲁木齐数值	2011年乌鲁木齐数值	2012年乌鲁木齐排名	2011年乌鲁木齐排名	排名变化	2012年数据来源	进退脸谱
21	单位土地面积二氧化硫排放量	吨/平方千米	全市	逆	9.424	8.439	10.024	51	59	8	环境年报2012；城市	☺
22	人均二氧化硫排放量	吨/万人	全市	逆	256.223	458.817	561.361	91	93	2	环境年报2012；城市	☺
23	单位土地面积化学需氧量排放量	吨/平方千米	全市	逆	5.523	1.517	1.617	11	12	1	环境年报2012；城市	☺
24	人均化学需氧量排放量	吨/万人	全市	逆	99.608	82.467	90.537	38	42	4	环境年报2012；城市	☺
25	单位土地面积氮氧化物排放量	吨/平方千米	全市	逆	8.762	8.369	8.235	63	59	−4	环境年报2012；城市	☹
26	人均氮氧化物排放量	吨/万人	全市	逆	205.128	455.032	461.170	91	92	1	环境年报2012；城市	☺
27	单位土地面积氨氮排放量	吨/平方千米	全市	逆	0.882	0.413	0.463	35	36	1	环境年报2012；城市	☺
28	人均氨氮排放量	吨/万人	全市	逆	16.558	22.456	25.954	86	90	4	环境年报2012；城市	☺
29	空气质量达到二级以上天数占全年比重	%	市辖区	正	92.614	79.730	75.550	98	99	1	环境保护部数据	☺
30	首要污染物可吸入颗粒物天数占全年比重	%	市辖区	逆	71.737	89.315	80.548	89	72	−17	环境保护部数据	☹
31	可吸入细颗粒物浓度(PM2.5)年均值		市辖区	正	—	—	—	—	—		环境空气质量标准	
32	环境保护支出占财政支出比重	%	全市	正	3.042	5.807	3.684	6	8	2	统计；城市	☺
33	城市环境基础设施建设投资占全市固定资产投资比重	%	全市	正	0.010	0.091	—	1	—		城市建设；统计	
34	科教文卫支出占财政支出比重	%	全市	正	30.384	23.761	23.680	93	82	−11	统计；区域经济；城市	☹
35	人均绿地面积	平方米	市辖区	正	26.119	92.161	246.200	4	82	78	城市	☺
36	建成区绿化覆盖率	%	市辖区	正	40.808	37.000	36.160	89	90	1	城市建设	☺
37	用水普及率	%	市辖区	正	98.280	99.950	99.940	49	46	−3	城市建设	☹

续表

序号	指标名称	单位	口径	指标属性	2012年测评均值	2012年乌鲁木齐数值	2011年乌鲁木齐数值	2012年乌鲁木齐排名	2011年乌鲁木齐排名	排名变化	2012年数据来源	进退脸谱
38	城市生活污水处理率	%	市辖区	正	88.913	84.750	80.180	78	80	2	城市建设	☺
39	生活垃圾无害化处理率	%	市辖区	正	92.800	91.430	82.160	77	88	11	城市建设	☺
40	万人拥有公交车辆	辆	市辖区	正	11.053	15.540	15.320	18	14	−4	城市	☹
41	工业二氧化硫去除率	%	全市	正	61.876	54.249	40.826	75	90	15	环境年报2012	☺
42	工业废水化学需氧量去除率	%	全市	正	82.576	87.240	83.072	45	64	19	环境年报2012	☺
43	工业氮氧化物去除率	%	全市	正	8.635	0.000	0.000	77	60	−17	环境年报2012	☹
44	工业废水氨氮去除率	%	全市	正	72.465	98.418	96.217	1	7	6	环境年报2012	☺

注：区域经济——《中国区域经济统计年鉴2013》；城市——《中国城市统计年鉴2013》；统计——《中国统计年鉴2013》；城市建设——《中国城市建设统计年鉴2012》；环境年报2012——《中国环境统计年报2012》；环境年鉴——《中国环境统计年鉴2013》；环境保护部数据——环境保护部数据中心

克拉玛依市绿色发展"体检"表

序号	指标名称	单位	口径	指标属性	2012年测评均值	2012年克拉玛依数值	2011年克拉玛依数值	2012年克拉玛依排名	2011年克拉玛依排名	排名变化	2012年数据来源	进退脸谱
1	人均地区生产总值	元/人	全市	正	56 972.840	135 018.000	129 105.000	1	1	0	区域经济	
2	单位地区生产总值能耗	吨/万元	全市	逆	0.936	1.983	1.945	93	97	4	区域经济；城市	☺
3	人均城镇生活消费用电	千瓦时/人	全市	逆	421.958	661.326	535.782	84	79	−5	城市	☹
4	单位地区生产总值二氧化碳排放量			逆	—	—	—	—	—			
5	单位地区生产总值二氧化硫排放量	吨/亿元	全市	逆	60.907	73.889	78.119	77	68	−9	区域经济；环境年报2012	☹
6	单位地区生产总值化学需氧量排放量	吨/亿元	全市	逆	25.221	4.191	3.743	1	1	0	区域经济；环境年报2012	
7	单位地区生产总值氮氧化物排放量	吨/亿元	全市	逆	47.862	52.076	40.614	68	47	−21	区域经济；环境年报2012	☹
8	单位地区生产总值氨氮排放量	吨/亿元	全市	逆	3.906	0.273	0.239	1	1	0	区域经济；环境年报2012	
9	第一产业劳动生产率	万元/人	全市	正	756.662	264.000	166.000	61	75	14	区域经济；城市	☺
10	第二产业劳动生产率	万元/人	全市	正	44.579	53.394	60.236	31	21	−10	区域经济；城市	☹
11	单位工业增加值水耗	万吨/万元	全市	逆	233.379	343.557	325.938	76	70	−6	区域经济；环境年报2012	☹
12	单位工业增加值能耗		全市	逆	—	—	—	—	—			
13	工业固体废物综合利用率	%	全市	正	80.222	99.520	77.100	8	68	60	环境年报2012	☺
14	工业用水重复利用率	%	全市	正	81.943	96.055	96.577	4	2	−2	环境年报2012	☹
15	第三产业劳动生产率	万元/人	全市	正	36.407	21.091	19.092	83	85	2	区域经济；城市	☺
16	第三产业增加值比重	%	全市	正	39.655	11.470	10.150	100	100	0	城市	
17	第三产业就业人员比重	%	全市	正	47.331	23.030	26.823	97	97	0	区域经济	
18	人均水资源量	立方米/人	全市	正	1 244.514	297.082	392.175	77	67	−10	环境年报2012；城市	☹
19	单位土地面积二氧化碳排放量			逆	—	—	—	—	—			
20	人均二氧化碳排放量			逆	—	—	—	—	—			

如何解读城市"绿色体检"表？

续表

序号	指标名称	单位	口径	指标属性	2012年测评均值	2012年克拉玛依数值	2011年克拉玛依数值	2012年克拉玛依排名	2011年克拉玛依排名	排名变化	2012年数据来源	进退脸谱
21	单位土地面积二氧化硫排放量	吨/平方千米	全市	逆	9.424	6.249	6.233	40	38	-2	环境年报2012；城市	☹
22	人均二氧化硫排放量	吨/万人	全市	逆	256.223	1 281.990	1 278.650	98	98	0	环境年报2012；城市	
23	单位土地面积化学需氧量排放量	吨/平方千米	全市	逆	5.523	0.354	0.299	2	2	0	环境年报2012；城市	
24	人均化学需氧量排放量	吨/万人	全市	逆	99.608	72.706	61.263	28	18	-10	环境年报2012；城市	☹
25	单位土地面积氮氧化物排放量	吨/平方千米	全市	逆	8.762	4.404	3.240	35	19	-16	环境年报2012；城市	☹
26	人均氮氧化物排放量	吨/万人	全市	逆	205.128	903.528	664.775	99	98	-1	环境年报2012；城市	☹
27	单位土地面积氨氮排放量	吨/平方千米	全市	逆	0.882	0.023	0.019	1	1	0	环境年报2012；城市	
28	人均氨氮排放量	吨/万人	全市	逆	16.558	4.743	3.907	1	1	0	环境年报2012；城市	
29	空气质量达到二级以上天数占全年比重	%	市辖区	正	92.614	98.360	96.980	16	20	4	环境保护部数据	☺
30	首要污染物可吸入颗粒物天数占全年比重	%	市辖区	逆	71.737	67.945	69.315	36	44	8	环境保护部数据	☺
31	可吸入细颗粒物浓度(PM2.5)年均值		市辖区	正	—	—	—				环境空气质量标准	
32	环境保护支出占财政支出比重	%	全市	正	3.042	3.526	3.371	28	11	-17	统计；城市	☹
33	城市环境基础设施建设投资占全市固定资产投资比重	%	全市	正	0.010	0.024	—	10	—		城市建设；统计	
34	科教文卫支出占财政支出比重	%	全市	正	30.384	38.802	38.373	6	5	-1	统计；区域经济；城市	☹
35	人均绿地面积	平方米	市辖区	正	26.119	91.300	37.700	5	100	95	城市	☺
36	建成区绿化覆盖率	%	市辖区	正	40.808	42.920	42.910	24	22	-2	城市建设	☹
37	用水普及率	%	市辖区	正	98.280	100.000	100.000	1	1	0	城市建设	

— 437 —

2014 中国绿色发展指数报告

续表

序号	指标名称	单位	口径	指标属性	2012年测评均值	2012年克拉玛依数值	2011年克拉玛依数值	2012年克拉玛依排名	2011年克拉玛依排名	排名变化	2012年数据来源	进退脸谱
38	城市生活污水处理率	%	市辖区	正	88.913	92.470	92.160	36	31	−5	城市建设	☹
39	生活垃圾无害化处理率	%	市辖区	正	92.800	98.640	97.080	55	62	7	城市建设	☺
40	万人拥有公交车辆	辆	市辖区	正	11.053	12.510	11.770	30	30	0	城市	
41	工业二氧化硫去除率	%	全市	正	61.876	88.487	5.882	2	99	97	环境年报2012	☺
42	工业废水化学需氧量去除率	%	全市	正	82.576	89.569	86.651	31	50	19	环境年报2012	☺
43	工业氮氧化物去除率	%	全市	正	8.635	0.000	0.000	77	60	−17	环境年报2012	☹
44	工业废水氨氮去除率	%	全市	正	72.465	78.416	81.312	46	46	0	环境年报2012	

注：区域经济——《中国区域经济统计年鉴2013》；城市——《中国城市统计年鉴2013》；统计——《中国统计年鉴2013》；城市建设——《中国城市建设统计年鉴2012》；环境年报2012——《中国环境统计年报2012》；环境年鉴——《中国环境统计年鉴2013》；环境保护部数据——环境保护部数据中心

附 录

永州

附录一

省际绿色发展指数测算指标解释及数据来源

1. 人均地区生产总值

GDP 是指按市场价格计算的一个国家（或地区）所有常住单位在一定时期内生产活动的最终成果。对于一个地区来说，其称为地区生产总值或地区 GDP。计算公式为

$$人均地区生产总值 = \frac{地区生产总值}{(上年年末总人口数 + 当年年末总人口数)/2}$$

资料来源：国家统计局. 中国统计年鉴 2011~2013. 北京：中国统计出版社，2011~2013.

2. 单位地区生产总值能耗

能源消费总量是指一定时期内全国（地区）各行业和居民生活所消费的各种能源的核算能源消费总量指标。能源消费总量分为三部分，即终端能源消费量、能源加工转换损失量和损失量。

单位地区生产总值能耗是指一定时期内该地区能源消费总量与地区生产总值的比值，反映的是该地区每增加一单位地区生产总值所带来的能源使用的增加量。计算公式为

$$单位地区生产总值能耗 = \frac{能源消费总量}{地区生产总值}$$

资料来源：国家统计局. 中国统计年鉴 2013. 北京：中国统计出版社，2013.

3. 非化石能源消费量占能源消费量的比重

非化石能源是指除煤炭、石油和天然气之外的其他能源。

非化石能源消费量占能源消费量的比重是指非化石能源消费量在能源消费总量中所占的比重。计算公式为

$$非化石能源消费量占能源消费量的比重 = \frac{非化石能源消费总量}{能源消费总量} \times 100\%$$

资料来源：无数列表。

4. 单位地区生产总值二氧化碳排放量

单位地区生产总值二氧化碳排放量是指一定时期内某地区二氧化碳排放量与地区生产总值的比值。计算公式为

$$单位地区生产总值二氧化碳排放量 = \frac{二氧化碳排放量}{地区生产总值}$$

资料来源：无数列表。

5. 单位地区生产总值二氧化硫排放量

二氧化硫（SO_2）排放量分为工业二氧化硫排放量和生活及其他二氧化硫排放量。其中，工业二氧化硫排放量是指报告期内企业在燃料燃烧和生产工艺过程中向大气排放的二氧化硫总量。计算公式为

$$工业二氧化硫排放量 = 燃料燃烧过程中二氧化硫排放量 + 生产工艺过程中二氧化硫排放量$$

生活及其他二氧化硫排放量是以生活及其他煤炭消费量和其含硫量为基础计算的。计算公式为

生活及其他二氧化硫排放量＝生活及其他煤炭消费量×0.8×2

单位地区生产总值二氧化硫排放量是指一定时期内某地区二氧化硫排放量与地区生产总值的比值。计算公式为

$$单位地区生产总值二氧化硫排放量=\frac{二氧化硫排放量}{地区生产总值}$$

资料来源：国家统计局．中国统计年鉴2011～2013．北京：中国统计出版社，2011～2013．

6. 单位地区生产总值化学需氧量排放量

化学需氧量（COD）是指用化学氧化剂氧化水中有机污染物时所需的氧量。化学需氧量值越高，表示水中有机污染物污染越重。化学需氧量排放量主要来自工业废水和生活污水。其中，生活污水中化学需氧量排放量是指城镇居民每年排放的生活污水中的化学需氧量的量，用人均系数法测算。测算公式为

$$城镇生活污水中化学需氧量排放量=城镇生活污水中化学需氧量产生系数\times 市镇非农业人口\times 365$$

单位地区生产总值化学需氧量排放量是指一定时期内该地区化学需氧量排放量与地区生产总值的比值。计算公式为

$$单位地区生产总值化学需氧量排放量=\frac{化学需氧量排放量}{地区生产总值}$$

资料来源：国家统计局．中国统计年鉴2011～2013．北京：中国统计出版社，2011～2013．

7. 单位地区生产总值氮氧化物排放量

单位地区生产总值氮氧化物排放量是指一定时期内该地区氮氧化物排放量与地区生产总值的比值。计算公式为

$$单位地区生产总值氮氧化物排放量=\frac{氮氧化物排放量}{地区生产总值}$$

资料来源：国家统计局．中国统计年鉴2011～2013．北京，中国统计出版社，2011～2013；环境保护部．中国环境统计年报2012．北京：中国环境科学出版社，2013．

8. 单位地区生产总值氨氮排放量

单位地区生产总值氨氮排放量是指一定时期内该地区氨氮排放量与地区生产总值的比值。计算公式为

$$单位地区生产总值氮氧化物排放量=\frac{氨氮排放量}{地区生产总值}$$

资料来源：国家统计局．中国统计年鉴2011～2013．北京，中国统计出版社，2011～2013；环境保护部．中国环境统计年报2012．北京：中国环境科学出版社，2013．

9. 人均城镇生活消费用电

计算公式为

$$人均城镇生活消费用电=\frac{城镇生活消费用电}{城市年平均人口}$$

资料来源：国家统计局．中国城市统计年鉴2013．北京：中国统计出版社，2013．

10. 第一产业劳动生产率

第一产业劳动生产率是指一定时期内第一产业增加值与第一产业年平均就业人员数的比值。计算公式为

$$第一产业劳动生产率=\frac{第一产业增加值}{(上年年末第一产业就业人员数+当年年末第一产业就业人员数)/2}$$

资料来源：国家统计局．中国统计年鉴2013．北京：中国统计出版社，2013；国家统计局．中国城市统计年鉴2011～2013．北京：中国统计出版社，2011～2013．

11. 土地产出率

土地产出率是指一定时期内该地区种植业产值与农作物播种面积的比值。计算公式为

$$土地产出率 = \frac{种植业总产值}{农作物播种面积}$$

资料来源：国家统计局. 中国统计年鉴 2013. 北京：中国统计出版社，2013.

12. 节水灌溉面积占有效灌溉面积的比重

有效灌溉面积是指具有一定的水源，地块比较平整，灌溉工程或设备已经配套，在一般年景下，当年能够进行正常灌溉的耕地面积。在一般情况下，有效灌溉面积应等于灌溉工程或设备已经配备，能够进行正常灌溉的水田和水浇地面积之和。节水灌溉面积占有效灌溉面积的比重是反映我国耕地抗旱能力的一个重要指标。计算公式为

$$节水灌溉面积占有效灌溉面积的比重 = \frac{节水灌溉面积}{有效灌溉面积} \times 100\%$$

资料来源：国家统计局. 中国统计年鉴 2013. 北京：中国统计出版社，2013；水利部. 中国水利统计年鉴 2013. 北京：中国水利水电出版社，2013.

13. 有效灌溉面积占耕地面积比重

有效灌溉面积是指具有一定的水源，地块比较平整，灌溉工程或设备已经配套，在一般年景下，当年能够进行正常灌溉的耕地面积。在一般情况下，有效灌溉面积应等于灌溉工程或设备已经配备，能够进行正常灌溉的水田和水浇地面积之和。有效灌溉面积是反映我国耕地抗旱能力的一个重要指标。

耕地面积是指经过开垦用以种植农作物并经常进行耕耘的土地面积，包括种有作物的土地面积、休闲地、新开荒地和抛荒未满三年的土地面积。

资料来源：国家统计局. 中国统计年鉴 2013. 北京：中国统计出版社，2013.

14. 第二产业劳动生产率

第二产业劳动生产率是指一定时期内第二产业增加值与第二产业年平均就业人员数的比值。计算公式为

$$第二产业劳动生产率 = \frac{第二产业增加值}{(上年年末第二产业就业人员数 + 当年年末第二产业就业人员数)/2}$$

资料来源：国家统计局. 中国城市统计年鉴 2011～2013. 北京：中国统计出版社，2011～2013.

15. 单位工业增加值水耗

工业增加值是指工业企业在报告期内以货币形式表现的工业生产活动的最终成果。

工业用水量是指工矿企业在生产过程中用于制造、加工、冷却、空调、净化、洗涤等方面的用水量，按新水取用量计，不包括企业内部的重复利用水量。

单位工业增加值水耗是指一定时期内工业用水量与工业增加值的比值。计算公式为

$$单位工业增加值水耗 = \frac{工业用水量}{工业增加值}$$

资料来源：国家统计局. 中国统计年鉴 2013. 北京：中国统计出版社，2013；国家统计局. 中国区域经济统计年鉴 2005～2013. 北京：中国统计出版社，2005～2013.

16. 规模以上单位工业增加值能耗

规模以上单位工业增加值能耗指的是规模以上工业企业能源使用量与规模以上工业增加值的比值。计算公式为

$$规模以上工业增加值能耗 = \frac{规模以上工业企业能源使用量}{规模以上工业增加值}$$

资料来源：无数列表。

17. 工业固体废物综合利用率

工业固体废物综合利用率是指工业固体废物综合利用量占工业固体废物产生量（包括综合利用往年贮存量）的百分比。计算公式为

$$工业固体废物综合利用率 = \frac{工业固体废物综合利用量}{工业固体废物产生量 + 综合利用往年贮存量} \times 100\%$$

其中，工业固体废物产生量是指报告期内企业在生产过程中产生的固体状、半固体状和高浓度液体状废弃物的总量，包括危险废物、冶炼废渣、粉煤灰、炉渣、煤矸石、尾矿、放射性废物和其他废物等，不包括矿山开采的剥离废石和掘进废石（煤矸石和呈酸性或碱性的废石除外）。酸性或碱性废石是指采掘的废石的流经水、雨淋水的pH值小于4或pH值大于10.5者。工业固体废物综合利用量是指报告期内企业通过回收、加工、循环、交换等方式，从固体废物中提取或者使其转化为可以利用的资源、能源和其他原材料的固体废物量（包括当年利用往年的工业固体废物贮存量），如用做农业肥料、生产建筑材料、筑路等。综合利用量由原产生固体废物的单位统计。

资料来源：国家统计局，环境保护部. 中国环境统计年鉴2013. 北京：中国统计出版社，2013.

18. 工业用水重复利用率

工业用水重复利用率是指在一定时期内，生产过程中使用的重复利用水量与总用水量之比。计算公式为

$$工业用水重复利用率 = \frac{重复利用水量}{生产中使用的新水量 + 重复利用水量} \times 100\%$$

资料来源：国家统计局，环境保护部. 中国环境统计年鉴2013. 北京：中国统计出版社，2013.

19. 六大高载能行业产值占工业总产值比重

六大高载能行业产值占工业总产值比重是指规模以上工业中六大高载能行业产值占全部工业总产值的百分比。

工业总产值是指以货币形式表现的，工业企业在一定时期内生产的工业最终产品或提供工业性劳务活动的总价值量。它反映一定时间内工业生产的总规模和总水平。

六大高载能行业产值是指一定时期内石油加工、炼焦及核燃料加工业总产值，化学原料及化学制品制造业总产值，非金属矿物制品业总产值，黑色金属冶炼及压延加工业总产值，有色金属冶炼及压延加工业总产值，电力热力的生产和供应业总产值之和。

资料来源：国家统计局. 中国工业经济统计年鉴2013. 北京：中国统计出版社，2013.

20. 第三产业劳动生产率

第三产业劳动生产率是指一定时期内第三产业增加值与第三产业年平均就业人员数的比值。计算公式为

$$第三产业劳动生产率 = \frac{第三产业增加值}{(上年年末第三产业就业人员数 + 当年年末第三产业就业人员数)/2}$$

资料来源：国家统计局. 中国城市统计年鉴2011～2013. 北京：中国统计出版社，2011～2013.

21. 第三产业增加值比重

第三产业增加值比重是指报告期内第三产业增加值占地区生产总值的百分比。计算公式为

$$第三产业增加值比重 = \frac{第三产业增加值}{地区生产总值} \times 100\%$$

资料来源：国家统计局. 中国统计年鉴2013. 北京：中国统计出版社，2013.

22. 第三产业就业人员比重

第三产业就业人员比重是指报告期内第三产业就业人员占全部产业就业人员的百分比。计算公式为

$$第三产业就业人员比重 = \frac{第三产业就业人员}{全部产业就业人员} \times 100\%$$

资料来源：国家统计局．中国城市统计年鉴 2013．北京：中国统计出版社，2013．

23. 人均水资源量

水资源总量是指评价区内降水形成的地表和地下产水总量，即地表产流量与降水入渗补给地下水量之和，不包括过境水量。

人均水资源量是指一定时期内一个地区个人平均拥有的地表和地下产水总量。计算公式为

$$人均水资源量 = 该地区的水资源总量 / 该地区总人数$$

资料来源：国家统计局．中国统计年鉴 2013．北京：中国统计出版社，2013．

24. 人均森林面积

森林面积是指由乔木树种构成，郁闭度 0.2 以上（含 0.2）的林地或冠幅宽度 10 米以上的林带的面积，即有林地面积。森林面积包括天然起源和人工起源的针叶林面积、阔叶林面积、针阔混交林面积和竹林面积，不包括灌木林地面积和疏林地面积。

人均森林面积是指一定时期内一个地区个人平均拥有的有林地面积。计算公式为

$$人均森林面积 = 该地区森林面积 / 该地区总人数$$

资料来源：国家统计局．中国统计年鉴 2013．北京：中国统计出版社，2013．

25. 森林覆盖率

森林覆盖率是指一个国家（或地区）森林面积占土地面积的百分比。在计算森林覆盖率时，森林面积包括郁闭度 0.20 以上的乔木林地面积和竹林地面积、国家特别规定的灌木林地面积、农田林网以及四旁（村旁、路旁、水旁、宅旁）林木的覆盖面积。森林覆盖率表明一个国家或地区森林资源的丰富程度和生态平衡状况，是反映林业生产发展水平的主要指标。

$$森林覆盖率 = \frac{森林面积}{土地总面积} \times 100\% + \frac{灌木林地面积}{土地总面积} \times 100\% + \frac{农田林网占地面积}{土地总面积} \times 100\% + \frac{四旁树占地面积}{土地总面积} \times 100\%$$

资料来源：国家统计局．中国统计年鉴 2013．北京：中国统计出版社，2013．

26. 自然保护区面积占辖区面积比重

自然保护区是指对有代表性的自然生态系统、珍稀濒危野生动植物物种的天然分布区、水源涵养区、有特殊意义的自然历史遗迹等保护对象所在的陆地、陆地水体或海域，依法划出一定面积进行特殊保护和管理的区域。以县及县以上各级人民政府正式批准建立的自然保护区为准（包括"六五"以前由部门或"革命委员会"批准且现仍存在的自然保护区），风景名胜区、文物保护区不计在内。

自然保护区面积占辖区面积比重的计算公式为

$$自然保护区面积占辖区面积比重 = \frac{自然保护区面积}{辖区面积} \times 100\%$$

资料来源：国家统计局．中国统计年鉴 2013．北京：中国统计出版社，2013．

27. 湿地面积占国土面积比重

湿地是指天然或人工、长久或暂时性的沼泽地、泥炭地或水域地带，包括静止或流动、淡水、半咸水、咸水体，低潮时水深不超过 6 米的水域以及海岸地带地区的珊瑚滩和海草床、滩涂、红树林、河口、河流、淡水沼泽、沼泽森林、湖泊、盐沼及盐湖。计算公式为

$$湿地面积占国土面积比重 = \frac{湿地面积}{国土面积} \times 100\%$$

资料来源：国家统计局．中国统计年鉴 2013．北京：中国统计出版社，2013．

28. 人均活立木总蓄积量

活立木总蓄积量是指一定范围内土地上全部树木蓄积的总量，包括森林蓄积、疏林蓄积、散生木蓄积和四旁树蓄积。计算公式为

$$人均活立木总蓄积量 = \frac{活立木总蓄积量}{年末总人口}$$

资料来源：国家统计局. 中国统计年鉴2013. 北京：中国统计出版社，2013.

29. 单位土地面积二氧化碳排放量

土地调查面积是指行政区域内的土地调查总面积，包括农用地、建设用地和未利用地。
单位土地面积二氧化碳排放量的计算公式为

$$单位土地面积二氧化碳排放量 = \frac{二氧化碳排放量}{土地调查面积}$$

资料来源：无数列表。

30. 人均二氧化碳排放量

人均二氧化碳排放量的计算公式为

$$人均二氧化碳排放量 = \frac{当年二氧化碳排放量}{年平均人口}$$

资料来源：无数列表。

31. 单位土地面积二氧化硫排放量

单位土地面积二氧化硫排放量的计算公式为

$$单位土地面积二氧化硫排放量 = \frac{二氧化硫排放量}{土地调查面积 - 沙漠及戈壁总面积}$$

资料来源：国家统计局. 中国统计年鉴2013. 北京：中国统计出版社，2013；吴正. 中国沙漠及其治理. 北京：科学出版社，2009.

32. 人均二氧化硫排放量

人均二氧化硫排放量的计算公式为

$$人均二氧化硫排放量 = \frac{当年二氧化硫排放量}{(上年年末总人口数 + 当年年末总人口数)/2}$$

资料来源：国家统计局. 中国统计年鉴2011~2013. 北京：中国统计出版社，2011~2013.

33. 单位土地面积化学需氧量排放量

单位土地面积化学需氧量排放量的计算公式为

$$单位土地面积化学需氧量排放量 = \frac{化学需氧量排放量}{土地调查面积 - 沙漠及戈壁总面积}$$

资料来源：国家统计局. 中国统计年鉴2013. 北京：中国统计出版社，2013；吴正. 中国沙漠及其治理. 北京：科学出版社，2009.

34. 人均化学需氧量排放量

人均化学需氧量排放量的计算公式为

$$人均化学需氧量排放量 = \frac{当年化学需氧量排放量}{(上年年末总人口数 + 当年年末总人口数)/2}$$

资料来源：国家统计局. 中国统计年鉴2011~2013. 北京：中国统计出版社，2011~2013.

35. 单位土地面积氮氧化物排放量

单位土地面积氮氧化物排放量的计算公式为

$$\text{单位土地面积氮氧化物排放量} = \frac{\text{氮氧化物排放量}}{\text{土地调查面积} - \text{沙漠及戈壁总面积}}$$

资料来源：环境保护部．中国环境统计年报 2012．北京：中国环境科学出版社，2013；国家统计局．中国统计年鉴 2013．北京：中国统计出版社，2013；吴正．中国沙漠及其治理．北京：科学出版社，2009．

36. 人均氮氧化物排放量

人均氮氧化物排放量的计算公式为

$$\text{人均氮氧化物排放量} = \frac{\text{当年氮氧化物排放量}}{(\text{上年年末总人口数} + \text{当年年末总人口数})/2}$$

资料来源：环境保护部．中国环境统计年报 2012．北京：中国环境科学出版社，2013；国家统计局．中国统计年鉴 2011~2013．北京：中国统计出版社，2011~2013．

37. 单位土地面积氨氮排放量

单位土地面积氨氮排放量的计算公式为

$$\text{单位土地面积氨氮排放量} = \frac{\text{氨氮排放量}}{\text{土地调查面积} - \text{沙漠及戈壁总面积}}$$

资料来源：环境保护部．中国环境统计年报 2012．北京：中国环境科学出版社，2013；国家统计局．中国统计年鉴 2013．北京：中国统计出版社，2013；吴正．中国沙漠及其治理．北京：科学出版社，2009．

38. 人均氨氮排放量

人均氨氮排放量的计算公式为

$$\text{人均氨氮排放量} = \frac{\text{当年氨氮排放量}}{(\text{上年年末总人口数} + \text{当年年末总人口数})/2}$$

资料来源：环境保护部．中国环境统计年报 2012．北京：中国环境科学出版社，2013；国家统计局．中国统计年鉴 2011~2013．北京：中国统计出版社，2011~2013．

39. 单位耕地面积化肥施用量

农用化肥施用量是指本年内实际用于农业生产的化肥数量，包括氮肥、磷肥、钾肥和复合肥。化肥施用量要求按折纯量计算数量。折纯量是指把氮肥、磷肥、钾肥分别按含氮、含五氧化二磷、含氧化钾的百分之百成分进行折算后的数量。复合肥按其所含主要成分折算。计算公式为

$$\text{折纯量} = \text{实物量} \times \text{某种化肥有效成分含量的百分比}$$

耕地面积是指经过开垦用以种植农作物并经常进行耕耘的土地面积，包括种有作物的土地面积、休闲地、新开荒地和抛荒未满三年的土地面积。单位耕地面积化肥施用量的计算公式为

$$\text{单位耕地面积化肥施用量} = \frac{\text{化肥施用量}}{\text{耕地面积}}$$

资料来源：国家统计局．中国统计年鉴 2013．北京：中国统计出版社，2013．

40. 单位耕地面积农药使用量

单位耕地面积农药使用量是指在一定时期内单位耕地面积上的农药使用量。计算公式为

$$\text{单位耕地面积农药使用量} = \frac{\text{农药使用量}}{\text{耕地面积}}$$

资料来源：国家统计局，环境保护部．中国环境统计年鉴 2013．北京：中国统计出版社，2013；国家统计局．中国统计年鉴 2013．北京：中国统计出版社，2013．

41. 人均公路交通氮氧化物排放量

人均公路交通氮氧化物排放量的计算公式为

$$\text{人均公路交通氮氧化物排放量} = \frac{\text{公路机动车氮氧化物排放量}}{(\text{上年年末总人口数} + \text{当年年末总人口数})/2}$$

资料来源：国家统计局．中国统计年鉴 2011~2013．北京：中国统计出版社，2011~2013；环境保护部．中国环境统计年报 2012．北京：中国环境科学出版社，2013．

42. 环境保护支出占财政支出比重

环境保护支出是指政府用于环境保护的支出,包括环境保护管理事务支出、环境监测与监察支出、污染治理支出、自然生态保护支出、天然林保护工程支出、退耕还林支出、风沙荒漠治理支出、退牧还草支出,以及已垦草原退耕还草、能源节约利用、污染减排、可再生能源和资源综合利用等支出。环境保护支出占财政支出比重是指环境保护支出占财政支出的百分比。计算公式为

$$环境保护支出占财政支出比重 = \frac{环境保护支出}{财政支出} \times 100\%$$

资料来源:国家统计局. 中国统计年鉴 2013. 北京:中国统计出版社,2013.

43. 环境污染治理投资总额占地区生产总值比重

环境污染治理投资总额是指在工业污染源治理和城市环境基础设施建设的资金投入中,用于形成固定资产的资金,包括工业污染源治理投资和"三同时"项目环保投资,以及城市环境基础设施建设所投入的资金。

环境污染治理投资总额占地区生产总值比重是指环境污染治理投资总额与地区生产总值的比值。计算公式为

$$环境污染治理投资总额占地区生产总值比重 = \frac{环境污染治理投资}{地区生产总值} \times 100\%$$

资料来源:国家统计局,环境保护部. 中国环境统计年鉴 2013. 北京:中国统计出版社,2013;国家统计局. 中国统计年鉴 2013. 北京:中国统计出版社,2013.

44. 农村人均改水、改厕的政府投资

农村人口是指居住和生活在县城(不含)以下的乡镇、村的人口。农村人均改水、改厕的政府投资的计算公式为

$$农村人均改水、改厕的政府投资 = \frac{农村改水投资 + 农村改厕投资}{(上年年末乡村总人口数 + 当年年末乡村总人口数)/2}$$

资料来源:国家统计局,环境保护部. 中国环境统计年鉴 2013. 北京:中国统计出版社,2013.

45. 单位耕地面积退耕还林投资完成额

单位耕地面积退耕还林投资完成额的计算公式为

$$单位耕地面积退耕还林投资完成额 = \frac{林业投资完成额}{耕地面积}$$

资料来源:国家统计局,环境保护部. 中国环境统计年鉴 2013. 北京:中国统计出版社,2013;国家统计局. 中国统计年鉴 2013. 北京:中国统计出版社,2013.

46. 科教文卫支出占财政支出比重

科学技术支出是指用于科学技术方面的支出,包括科学技术管理事务、基础研究、应用研究、技术研究与开发、科技条件与服务、社会科学、科学技术普及、科技交流与合作等。

教育支出是指政府的教育事务支出,包括教育行政管理、学前教育、小学教育、初中教育、普通高中教育、普通高等教育、初等职业教育、中专教育、技校教育、职业高中教育、高等职业教育、广播电视教育、留学生教育、特殊教育、干部继续教育、教育机关服务等。

文化体育与传媒支出是指政府在文化、文物、体育、广播影视、新闻出版等方面的支出。

医疗卫生支出是指政府用于医疗卫生方面的支出,包括医疗卫生管理事务支出、医疗服务支出、医疗保障支出、疾病预防控制支出、卫生监督支出、妇幼保健支出、农村卫生支出等。

科教文卫支出占财政支出比重的计算公式为

科教文卫支出占财政支出比重=[(科学技术支出+教育支出+文化体育与传媒支出+医疗卫生支出)

/地方财政一般预算内支出]×100%

资料来源：国家统计局. 中国统计年鉴 2013. 北京：中国统计出版社，2013.

47. 城市人均绿地面积

绿地面积是指报告期末用做绿化的各种绿地面积，包括公园绿地、单位附属绿地、居住区绿地、生产绿地、防护绿地和风景林地的总面积。计算公式为

$$人均绿地面积 = \frac{城市绿地面积}{城市年平均人口}$$

资料来源：国家统计局. 中国统计年鉴 2013. 北京：中国统计出版社，2013；国家统计局. 中国城市统计年鉴 2013. 北京：中国统计出版社，2013.

48. 城市用水普及率

城市用水普及率是指城市用水人口数与城市人口总数的比率。计算公式为

$$城市用水普及率 = \frac{城市用水人口数}{城市人口总数} \times 100\%$$

资料来源：国家统计局. 中国统计年鉴 2013. 北京：中国统计出版社，2013.

49. 城市污水处理率

城市污水处理率是指城市污水处理量占城市污水排放量的比重。计算公式为

$$城市污水处理率 = \frac{城市污水处理量}{城市污水排放量} \times 100\%$$

资料来源：国家统计局，环境保护部. 中国环境统计年鉴 2013. 北京：中国统计出版社，2013.

50. 城市生活垃圾无害化处理率

城市生活垃圾无害化处理率是指报告期内生活垃圾无害化处理量与生活垃圾产生量的比值。在统计上，由于生活垃圾产生量不易取得，可用清运量代替。计算公式为

$$生活垃圾无害化处理率 = \frac{生活垃圾无害化处理量}{生活垃圾产生量} \times 100\%$$

资料来源：国家统计局. 中国统计年鉴 2013. 北京：中国统计出版社，2013.

51. 城市每万人拥有公交车辆

城市每万人拥有公交车辆是指报告期内城市每万人拥有的不同类型的运营车辆按统一的标准折算成的营运车辆数。计算公式为

$$城市每万人拥有公交车辆 = \frac{公共交通运营车辆数}{城市人口总数} \times 100\%$$

资料来源：国家统计局. 中国统计年鉴 2013. 北京：中国统计出版社，2013.

52. 人均城市公共交通运营线路网长度

人均城市公共交通运营线路网长度是指每人拥有的城市公共交通运营线路网长度。计算公式为

$$人均城市公共交通运营线路网长度 = \frac{城市公共交通运营线路路网长度}{城市年平均人口}$$

资料来源：国家统计局. 中国统计年鉴 2013. 北京：中国统计出版社，2013；国家统计局. 中国城市统计年鉴 2013. 北京：中国统计出版社，2013.

53. 农村累计已改水受益人口占农村总人口比重

累计已改水受益人口是指各种改水形式的受益人口。农村人口指居住和生活在县城（不含）以下的乡镇、村的人口。

$$农村累计已改水受益人口占农村总人口比重=\frac{农村累计已改水受益人口}{农村总人口}$$

资料来源：国家统计局，环境保护部．中国环境统计年鉴2013．北京：中国统计出版社，2013．

54. 建成区绿化覆盖率

建成区绿化覆盖率是指城市建成区绿地面积占建成区面积的百分比。

建成区绿地面积是指报告期末建成区用做园林和绿化的各种绿地面积，包括公园绿地、生产绿地、防护绿地、附属绿地和其他绿地的面积。

资料来源：国家统计局．中国统计年鉴2013．北京：中国统计出版社，2013．

55. 人均当年新增造林面积

造林是指在宜林荒山荒地、宜林沙荒地、无立木林地、疏林地和退耕地等其他宜林地上通过人工措施形成或恢复森林、林木、灌木林的过程。人均当年新增造林面积计算公式为

$$人均当年新增造林面积=\frac{当年造林总面积}{(上年年末总人口数+当年年末总人口数)/2}$$

资料来源：国家统计局．中国统计年鉴2011～2013．北京：中国统计出版社，2011～2013．

56. 工业二氧化硫去除率

工业二氧化硫排放量是指报告期内企业在燃料燃烧和生产工艺过程中向大气排放的二氧化硫总量。工业二氧化硫去除量是指燃料燃烧和生产工艺废气经过各种废气治理设施处理后，去除的二氧化硫量。

工业二氧化硫去除率是工业二氧化硫去除量占工业二氧化硫排放量和工业二氧化硫去除量总和的比重。计算公式为

$$工业二氧化硫去除率=\frac{工业二氧化硫去除量}{工业二氧化硫去除量+工业二氧化硫排放量}\times 100\%$$

资料来源：国家统计局，环境保护部．中国环境统计年报2012．北京：中国统计出版社，2013；国家统计局，环境保护部．中国环境统计年鉴2013．北京：中国统计出版社，2013．

57. 工业废水化学需氧量去除率

工业废水化学需氧量去除率是工业废水化学需氧量去除量占工业废水化学需氧量排放量和工业废水化学需氧量去除量之和的比重。计算公式为

$$工业废水化学需氧量去除率=[工业废水化学需氧量去除量/(工业废水化学需氧量去除量\\ +工业废水化学需氧量排放量)]\times 100\%$$

资料来源：国家统计局，环境保护部．中国环境统计年报2012．北京：中国统计出版社，2013；国家统计局，环境保护部．中国环境统计年鉴2013．北京：中国统计出版社，2013．

58. 工业氮氧化物去除率

工业氮氧化物排放量是指工业生产过程中排入大气的氮氧化物量。工业氮氧化物去除量是指工业生产过程中的废气经过各种废气治理设施处理后，去除的氮氧化物量。

工业氮氧化物去除率是指工业氮氧化物去除量占工业氮氧化物排放量和工业氮氧化物去除量之和的比重。计算公式为

$$工业氮氧化物去除率=\frac{工业氮氧化物去除量}{工业氮氧化物去除量+工业氮氧化物排放量}\times 100\%$$

资料来源：国家统计局，环境保护部．中国环境统计年报2012．北京：中国统计出版社，2013．

59. 工业废水氨氮去除率

工业废水氨氮去除率是指工业废水氨氮去除量占工业废水氨氮排放量和工业废水氨氮去除量之和的比重。计算公式为

$$工业废水氨氮去除率 = \frac{工业废水氨氮去除量}{工业废水氨氮去除量 + 工业废水氨氮排放量} \times 100\%$$

资料来源：国家统计局，环境保护部. 中国环境统计年报2012. 北京：中国统计出版社，2013；国家统计局，环境保护部. 中国环境统计年鉴2013. 北京：中国统计出版社，2013.

60. 突发环境事件次数

突发环境事件是指由于违反环境保护法规的经济、社会活动与行为，以及意外因素的影响或不可抗拒的自然灾害等，环境受到污染，国家重点保护的野生动植物、自然保护区受到破坏，人体健康受到危害，社会经济和人民财产受到损失，造成不良社会影响的突发性事件。

资料来源：国家统计局. 中国统计年鉴2013. 北京：中国统计出版社，2013.

附录二

城市绿色发展指数测算指标解释及数据来源

1. 人均地区生产总值

地区生产总值(或地区 GDP)是指按市场价格计算的一个国家(或地区)所有常住单位在一定时期内生产活动的最终成果。计算公式为

$$人均地区生产总值 = \frac{地区生产总值}{年平均人口}$$

资料来源：国家统计局. 中国区域经济统计年鉴 2013. 北京：中国统计出版社，2013.

2. 单位地区生产总值能耗

能源消费总量是指一定时期内一个国家(或地区)各行业和居民生活消费的各种能源的总和。单位地区生产总值能耗是指一定时期内该地区每生产一个单位的地区生产总值所消耗的能源。计算公式为

$$单位地区生产总值能耗 = \frac{能源消费总量}{地区生产总值}$$

资料来源：国家统计局. 中国区域经济统计年鉴 2013. 北京：中国统计出版社，2013；国家统计局. 中国城市统计年鉴 2013. 北京：中国统计出版社，2013.

3. 人均城镇生活消费用电

人均城镇生活消费用电是指一定时期内某地区城镇居民生活消费用电量与年平均人口的比值。计算公式为

$$人均城镇生活消费用电 = \frac{城镇生活消费用电量}{年平均人口}$$

资料来源：国家统计局. 中国城市统计年鉴 2013. 北京：中国统计出版社，2013.

4. 单位地区生产总值二氧化碳排放量

单位地区生产总值二氧化碳排放量是指一定时期内某地区二氧化碳排放量与地区生产总值的比值。计算公式为

$$单位地区生产总值二氧化碳排放量 = \frac{二氧化碳排放量}{地区生产总值}$$

资料来源：无数列表。

5. 单位地区生产总值二氧化硫排放量

二氧化硫排放量分为工业二氧化硫排放量和生活及其他二氧化硫排放量。其中，工业二氧化硫排放量是指报告期内企业在燃料燃烧和生产工艺过程中排入大气的二氧化硫总量。计算公式为

$$工业二氧化硫排放量 = 燃料燃烧过程中二氧化硫排放量 + 生产工艺过程中二氧化硫排放量$$

生活及其他二氧化硫排放量是以生活及其他煤炭消费量和其含硫量为基础而计算的。计算公式为

生活及其他二氧化硫排放量＝生活及其他煤炭排放量×含硫量×0.8×2

单位地区生产总值二氧化硫排放量是指一定时期内某地区二氧化硫排放量与地区生产总值的比值。计算公式为

$$单位地区生产总值二氧化硫排放量 = \frac{二氧化硫排放量}{地区生产总值}$$

资料来源：国家统计局．中国区域经济统计年鉴2013．北京：中国统计出版社，2013；环境保护部．中国环境统计年报2012．北京：中国环境科学出版社，2013．

6. 单位地区生产总值化学需氧量排放量

化学需氧量（COD）是指用化学氧化剂氧化水中有机污染物时所需的氧量。化学需氧量值越高，表示水中有机污染物污染越重。化学需氧量排放量主要来自工业废水和生活污水。其中，生活污水中化学需氧量排放量是指城镇居民每年排放的生活污水中的化学需氧量的量，用人均系数法测算。测算公式为

$$城镇生活污水中化学需氧量排放量 = 城镇生活污水中化学需氧量产生系数 \times 市镇非农业人口 \times 365$$

单位地区生产总值化学需氧量排放量是指一定时期内该地区化学需氧量排放量与地区生产总值的比值。计算公式为

$$单位地区生产总值化学需氧量排放量 = \frac{化学需氧量排放量}{地区生产总值}$$

资料来源：国家统计局．中国区域经济统计年鉴2013．北京：中国统计出版社，2013；环境保护部．中国环境统计年报2012．北京：中国环境科学出版社，2013．

7. 单位地区生产总值氮氧化物排放量

氮氧化物排放量是指报告期内排入大气的氮氧化物量。

单位地区生产总值氮氧化物排放量是指一定时期内该地区氮氧化物排放量与地区生产总值的比值。计算公式为

$$单位地区生产总值氮氧化物排放量 = \frac{氮氧化物排放量}{地区生产总值}$$

资料来源：国家统计局．中国区域经济统计年鉴2013．北京：中国统计出版社，2013；环境保护部．中国环境统计年报2012．北京：中国环境科学出版社，2013．

8. 单位地区生产总值氨氮排放量

氨氮排放量是指报告期内企业排出的工业废水和城镇生活污水中所含氨氮的纯重量。

单位地区生产总值氨氮排放量是指一定时期内该地区氨氮排放量与地区生产总值的比值。计算公式为

$$单位地区生产总值氨氮排放量 = \frac{氨氮排放量}{地区生产总值}$$

资料来源：国家统计局．中国区域经济统计年鉴2013．北京：中国统计出版社，2013；环境保护部．中国环境统计年报2012．北京：中国环境科学出版社，2013．

9. 第一产业劳动生产率

第一产业劳动生产率是指一定时期内第一产业增加值与第一产业年平均就业人员数的比值。计算公式为

$$第一产业劳动生产率 = \frac{第一产业增加值}{(上年年末第一产业就业人员数 + 当年年末第一产业就业人员数)/2}$$

资料来源：国家统计局．中国城市统计年鉴2013．北京：中国统计出版社，2013；国家统计局．中国区域经济统计年鉴2013．北京：中国统计出版社，2013．

10. 第二产业劳动生产率

第二产业劳动生产率是指一定时期内第二产业增加值与第二产业年平均就业人员数的比值。计算公式为

$$第二产业劳动生产率 = \frac{第二产业增加值}{(上年年末第二产业就业人员数 + 当年年末第二产业就业人员数)/2}$$

资料来源：国家统计局．中国城市统计年鉴 2012~2013. 北京：中国统计出版社，2012~2013；国家统计局．中国区域经济统计年鉴 2013. 北京：中国统计出版社，2013

11. 单位工业增加值水耗

单位工业增加值水耗是指一定时期内，一个国家（或地区）每生产一个单位的工业增加值所消耗的水量。其中，工业增加值是指工业企业在报告期内以货币形式表现的工业生产活动的最终成果。工业用水量是指报告期内企业厂区里用于生产和生活的水量，它等于新鲜用水量与重复用水量之和。单位工业增加值水耗计算公式为

$$单位工业增加值水耗 = \frac{工业用水量}{工业增加值}$$

资料来源：国家统计局．中国区域经济统计年鉴 2013. 北京：中国统计出版社，2013；环境保护部．中国环境统计年报 2012. 北京：中国环境科学出版社，2013.

12. 单位工业增加值能耗

单位工业增加值能耗是指一定时期内，一个国家（或地区）每生产一个单位的工业增加值所消耗的能源。计算公式为

$$单位工业增加值能耗 = \frac{工业能源消费量}{工业增加值}$$

资料来源：国家统计局．中国区域经济统计年鉴 2013. 北京：中国统计出版社，2013；国家统计局．中国统计年鉴 2013. 北京：中国统计出版社，2013.

13. 工业固体废物综合利用率

工业固体废物综合利用率是指工业固体废物综合利用量占工业固体废物产生量（包括综合利用往年贮存量）的百分比。计算公式为

$$工业固体废物利用率 = \frac{工业固体废物综合利用量}{工业固体废物产生量 + 综合利用往年贮存量} \times 100\%$$

其中，工业固体废物产生量是指报告期内企业在生产过程中产生的固体状、半固体状和高浓度液体状废弃物的总量，包括危险废物、冶炼废渣、粉煤灰、炉渣、煤矸石、尾矿、放射性废物和其他废物等，不包括矿山开采的剥离废石和掘进废石（煤矸石和呈酸性或碱性的废石除外）。酸性或碱性废石是指所采掘的废石的流经水、雨淋水的 pH 值小于 4 或 pH 值大于 10.5 者。工业固体废物综合利用量是指报告期内企业通过回收、加工、循环、交换等方式，从固体废物中提取或者使其转化为可以利用的资源、能源和其他原材料的固体废物量（包括当年利用往年的工业固体废物贮存量），如用做农业肥料、生产建筑材料、筑路等。综合利用量由原产生固体废物的单位统计。

资料来源：环境保护部．中国环境统计年报 2012. 北京：中国环境科学出版社，2013.

14. 工业用水重复利用率

工业用水量是指报告期内企业厂区内用于生产和生活的水量，它等于新鲜用水量与重复用水量之和。其中，新鲜用水量是指报告期内企业厂区用于生产和生活的新鲜水量（生活用水单独计量，且生活污水不与生活废水混排的除外），它等于企业从城市自来水取用的水量和企业自备水用量之和。重复用水量是指报告期内企业用水中重复再利用的水量，包括循环使用、一水多用和窜级使用的水量（含经处理后回用量）。

工业用水重复利用率是指在一定时期内，生产过程中使用的重复用水量与工业用水量之比。计算公式为

$$工业用水重复利用率 = \frac{重复用水量}{新鲜用水量 + 重复用水量} \times 100\%$$

资料来源：环境保护部．中国环境统计年报 2012．北京：中国环境科学出版社，2013．

15. 第三产业劳动生产率

第三产业劳动生产率是指一定时期内某地区第三产业增加值与第三产业年平均就业人员数的比值。计算公式为

$$第三产业劳动生产率 = \frac{第三产业增加值}{(上年年末第三产业就业人员数 + 当年年末第三产业就业人员数)/2}$$

资料来源：国家统计局．中国城市统计年鉴 2012~2013．北京：中国统计出版社，2012~2013；国家统计局．中国区域经济统计年鉴 2013．北京：中国统计出版社，2013．

16. 第三产业增加值比重

第三产业增加值比重是指报告期内某地区第三产业增加值占地区生产总值的比重。

资料来源：国家统计局．中国城市统计年鉴 2013．北京：中国统计出版社，2013．

17. 第三产业就业人员比重

第三产业就业人员比重是指报告期内第三产业就业人员占全部产业就业人员的百分比。

资料来源：国家统计局．中国城市统计年鉴 2012~2013．北京：中国统计出版社，2012~2013．

18. 人均水资源量

人均水资源量是指一定时期内一个地区个人平均拥有的水资源总量。其中，一定区域的水资源总量是指当地降水形成的地表和地下产水量，即地表径流量与降水入渗补给量之和，不包括过境水量。

资料来源：环境保护部．中国环境统计年报 2012．北京：中国环境科学出版社，2013；国家统计局．中国城市统计年鉴 2013．北京：中国统计出版社，2013．

19. 单位土地面积二氧化碳排放量

单位土地面积二氧化碳排放量的计算公式为

$$单位土地面积二氧化碳排放量 = \frac{二氧化碳排放量}{行政区域土地面积}$$

资料来源：无数列表。

20. 人均二氧化碳排放量

人均二氧化碳排放量的计算公式为

$$人均二氧化碳排放量 = \frac{二氧化碳排放量}{年平均人口}$$

资料来源：无数列表。

21. 单位土地面积二氧化硫排放量

行政区域土地面积是指该行政区划内的全部土地面积（包括水面面积）。计算土地面积以行政区划分为准。

单位土地面积二氧化硫排放量的计算公式为

$$单位土地面积二氧化硫排放量 = \frac{二氧化硫排放量}{行政区域土地面积}$$

资料来源：环境保护部．中国环境统计年报 2012．北京：中国环境科学出版社，2013；国家统计局．中国城市统计年鉴 2013．北京：中国统计出版社，2013．

22. 人均二氧化硫排放量

人均二氧化硫排放量的计算公式为

$$人均二氧化硫排放量 = \frac{二氧化硫排放量}{行政区域土地面积}$$

资料来源：环境保护部. 中国环境统计年报 2011. 北京：中国环境科学出版社，2012；国家统计局. 中国城市统计年鉴 2013. 北京：中国统计出版社，2013.

23. 单位土地面积化学需氧量排放量

单位土地面积化学需氧量排放量的计算公式为

$$单位土地面积化学需氧量排放量 = \frac{化学需氧量排放量}{行政区域土地面积}$$

资料来源：环境保护部. 中国环境统计年报 2012. 北京：中国环境科学出版社，2013；国家统计局. 中国城市统计年鉴 2013. 北京：中国统计出版社，2013.

24. 人均化学需氧量排放量

人均化学需氧量排放量的计算公式为

$$人均化学需氧量排放量 = \frac{化学需氧量排放量}{年平均人口}$$

资料来源：环境保护部. 中国环境统计年报 2012. 北京：中国环境科学出版社，2013；国家统计局. 中国城市统计年鉴 2013. 北京：中国统计出版社，2013.

25. 单位土地面积氮氧化物排放量

单位土地面积氮氧化物排放量的计算公式为

$$单位土地面积氮氧化物排放量 = \frac{氮氧化物排放量}{行政区域土地面积}$$

资料来源：环境保护部. 中国环境统计年报 2012. 北京：中国环境科学出版社，2013；国家统计局. 中国城市统计年鉴 2013. 北京：中国统计出版社，2013.

26. 人均氮氧化物排放量

人均氮氧化物排放量的计算公式为

$$人均氮氧化物排放量 = \frac{氮氧化物排放量}{年平均人口}$$

资料来源：环境保护部. 中国环境统计年报 2012. 北京：中国环境科学出版社，2013；国家统计局. 中国城市统计年鉴 2013. 北京：中国统计出版社，2013.

27. 单位土地面积氨氮排放量

单位土地面积氨氮排放量的计算公式为

$$单位土地面积氨氮排放量 = \frac{氨氮排放量}{行政区域土地面积}$$

资料来源：环境保护部. 中国环境统计年报 2012. 北京：中国环境科学出版社，2013；国家统计局. 中国城市统计年鉴 2013. 北京：中国统计出版社，2013.

28. 人均氨氮排放量

人均氨氮排放量的计算公式为

$$人均氨氮排放量 = \frac{氨氮排放量}{年平均人口}$$

资料来源：环境保护部. 中国环境统计年报 2012. 北京：中国环境科学出版社，2013；国家统计局. 中国城市统计年鉴 2013. 北京：中国统计出版社，2013.

29. 空气质量达到二级以上天数占全年比重

空气污染指数(air pollution index，API)是根据环境空气质量标准和各项污染物对人体健康和生态环境的影响来确定污染指数的分级及相应的污染物浓度值的指标。我国目前采用的空气污染指数(即 API 值)分为五个等级，API 值小于等于 50，说明空气质量为优，相当于国家空气质量一级标准，符合自然保护区、风景名胜区和其他需要特殊保护地区的空气质量要求；API 值大于 50 且小于等于 100，表明空气质量良好，相当于国家空气质量二级标准；API 值大于 100 且小于等于 200，表明空气质量为轻度污染，相当于国家空气质量三级标准；API 值大于 200 表明空气质量差，称为中度污染，为国家空气质量四级标准；API 大于 300 表明空气质量极差，已严重污染。

空气质量达到二级以上天数占全年比重是指该行政区域内空气污染指数达到二级以上天数与全年总天数的比值。

资料来源：环境保护部数据中心，http://datacenter.mep.gov.cn/.

30. 首要污染物可吸入颗粒物天数占全年比重

首要污染物是指污染最重的污染物，目前在测的三大污染物为二氧化硫、二氧化氮和可吸入颗粒物。可吸入颗粒物是指粒径在 0.1～100 微米，不易在重力作用下沉降到地面，能在空气中长期飘浮的颗粒物。

首要污染物可吸入颗粒物天数占全年比重是指该行政区域内首要污染物为可吸入颗粒物的天数与全年总天数的比值。

资料来源：环境保护部数据中心，http://datacenter.mep.gov.cn/.

31. 可吸入细颗粒物浓度(PM2.5)年均值

细颗粒物(PM2.5)是指环境空气中空气动力学当量直径小于等于 2.5 微米的颗粒物。

可吸入细颗粒物浓度(PM2.5)年均值是指一个日历年内各日可吸入细颗粒物浓度(PM2.5)平均浓度的算术平均值。

资料来源：环境保护部，国家质量监督检验检疫总局. 中华人民共和国国家标准——环境空气质量标准. 北京：中国环境科学出版社，2012.

32. 环境保护支出占财政支出比重

环境保护支出是指政府财政用于环境保护的支出，包括环境保护管理事务支出，环境监测与监察支出，污染治理支出，自然生态保护支出，天然林保护工程支出，退耕还林支出，风沙荒漠治理支出，退牧还草支出，已垦草原退耕还草、能源节约利用、污染减排、可再生能源和资源综合利用等支出。

环境保护支出占财政支出比重是指环境保护支出占财政支出的百分比。计算公式为

$$环境保护支出占财政支出比重 = \frac{环境保护支出}{地方财政一般预算内支出} \times 100\%$$

资料来源：国家统计局. 中国统计年鉴 2013. 北京：中国统计出版社，2013.

33. 城市环境基础设施建设投资占全市固定资产投资比重

城市环境基础设施建设投资是指用于城市燃气、集中供热、排水、园林绿化、市容环境卫生等环境基础设施建设的投资完成总额。

固定资产投资包含原口径的城镇固定资产投资加上农村企事业组织项目投资，该口径自 2011 年起开始使用。城镇固定资产投资是指城镇各种登记注册类型的企业、事业、行政单位及个体户进行的计划总投资 50 万元及 50 万元以上的建设项目投资；农村企事业组织项目投资是指发生在农村区域范围内的非农户固定资产投资项目完成的投资。

城市环境基础设施建设投资占全市固定资产投资比重的计算公式为

$$城市环境基础设施建设投资占全市固定资产投资比重 = \frac{城市环境基础设施建设投资}{全市固定资产投资} \times 100\%$$

资料来源：住房和城乡建设部. 中国城市建设统计年鉴2012. 北京：中国计划出版社，2013；国家统计局. 中国城市统计年鉴2013. 北京：中国统计出版社，2013.

34. 科教文卫支出占财政支出比重

科学技术支出是指政府用于科学技术方面的支出，包括科学技术管理事务、基础研究、应用研究、技术研究与开发、科技条件与服务、社会科学、科学技术普及、科技交流与合作等。

教育支出是指政府教育事务支出，包括教育行政管理、学前教育、小学教育、初中教育、普通高中教育、普通高等教育、初等职业教育、中专教育、技校教育、职业高中教育、高等职业教育、广播电视教育、留学生教育、特殊教育、干部继续教育、教育机关服务等。

文化体育与传媒支出是指政府在文化、文物、体育、广播影视、新闻出版等方面的支出。

医疗卫生支出是指政府医疗卫生方面的支出，包括医疗卫生管理事务支出、医疗服务支出、医疗保障支出、疾病预防控制支出、卫生监督支出、妇幼保健支出、农村卫生支出等。

科教文卫支出占财政支出比重的计算公式为

$$科教文卫支出占财政支出比重 = [(科学技术支出 + 教育支出 + 文化体育与传媒支出 + 医疗卫生支出) / 地方财政一般预算内支出] \times 100\%$$

资料来源：国家统计局. 中国统计年鉴2013. 北京：中国统计出版社，2013；国家统计局. 中国区域经济统计年鉴2013. 北京：中国统计出版社，2013；国家统计局. 中国城市统计年鉴2013. 北京：中国统计出版社，2013.

35. 人均绿地面积

绿地面积是指报告期末用做绿化的各种绿地面积，包括公园绿地、单位附属绿地、居住区绿地、生产绿地、防护绿地和风景林地的总面积。人均绿地面积的计算公式为

$$人均绿地面积 = \frac{绿地面积}{市辖区常住人口}$$

资料来源：国家统计局. 中国城市统计年鉴2013. 北京：中国统计出版社，2013.

36. 建成区绿化覆盖率

建成区绿化覆盖率是指报告期末建成区内绿化覆盖面积与区域面积的比率。计算公式为

$$建成区绿化覆盖率 = \frac{建成区绿化覆盖面积}{建成区面积} \times 100\%$$

资料来源：住房和城乡建设部. 中国城市建设统计年鉴2012. 北京：中国计划出版社，2013.

37. 用水普及率

用水普及率是指城市用水人口数与城市人口总数的比率。计算公式为

$$用水普及率 = \frac{城市用水人口数}{城市人口总数} \times 100\%$$

资料来源：住房和城乡建设部. 中国城市建设统计年鉴2012. 北京：中国计划出版社，2013.

38. 城镇生活污水处理率

城镇生活污水处理率是指报告期内城镇生活污水处理量占城镇生活污水产生量的百分比。计算公式为

$$城镇生活污水处理率 = \frac{城镇生活污水处理量}{城镇生活污水产生量} \times 100\%$$

资料来源：住房和城乡建设部. 中国城市建设统计年鉴2012. 北京：中国计划出版社，2013.

39. 生活垃圾无害化处理率

生活垃圾无害化处理率是指报告期内生活垃圾无害化处理量与生活垃圾产生量的比值。在统计

上，由于生活垃圾产生量不易取得，可用清运量代替。计算公式为

$$生活垃圾无害化处理率 = \frac{生活垃圾无害化处理量}{生活垃圾产生量} \times 100\%$$

资料来源：住房和城乡建设部．中国城市建设统计年鉴 2012．北京：中国计划出版社，2013．

40. 每万人拥有公交车辆

每万人拥有公交车辆是指报告期末市辖区内每万人平均拥有的不同类型的运营车辆数。计算公式为

$$每万人拥有公交车辆 = \frac{公共交通运营车辆数}{市辖区常住人口数}$$

资料来源：国家统计局．中国城市统计年鉴 2013．北京：中国统计出版社，2013．

41. 工业二氧化硫去除率

二氧化硫排放量是指报告期内企业在燃料燃烧和生产工艺过程中向大气排放的二氧化硫总量。

二氧化硫去除量是指燃料燃烧和生产工艺废气经过各种废气治理设施处理后去除的二氧化硫总量。

工业二氧化硫去除率是指工业二氧化硫去除量占工业二氧化硫排放量和工业二氧化硫去除量总和的比重。计算公式为

$$工业二氧化硫去除率 = \frac{工业二氧化硫去除量}{工业二氧化硫去除量 + 工业二氧化硫排放量} \times 100\%$$

资料来源：环境保护部．中国环境统计年报 2012．北京：中国环境科学出版社，2013．

42. 工业废水化学需氧量去除率

工业废水中化学需氧量去除量是指报告期内企业生产过程中排出的废水，经过各种水治理设施处理后，除去废水中所含化学需氧量的纯重量。

工业废水中化学需氧量排放量是指报告期内企业排出的工业废水中所含污染物本身的纯重量。

工业废水化学需氧量去除率是指工业废水中化学需氧量去除量占工业废水中化学需氧量排放量和工业废水中化学需氧量去除量总和的比重。计算公式为

工业废水化学需氧量去除率＝[工业废水中化学需氧量去除量/(工业废水中化学需氧量去除量＋工业废水中化学需氧量排放量)]×100%

资料来源：环境保护部．中国环境统计年报 2012．北京：中国环境科学出版社，2013．

43. 工业氮氧化物去除率

氮氧化物排放量是指报告期内企业排入大气的氮氧化物量。

氮氧化物去除量是指报告期内企业利用各种废气治理设施去除的氮氧化物量。

工业氮氧化物去除率是指工业氮氧化物去除量占工业氮氧化物排放量和工业氮氧化物去除量总和的比重。计算公式为

$$工业氮氧化物去除率 = \frac{工业氮氧化物去除量}{工业氮氧化物去除量 + 工业氮氧化物排放量} \times 100\%$$

资料来源：环境保护部．中国环境统计年报 2012．北京：中国环境科学出版社，2013．

44. 工业废水氨氮去除率

工业废水中氨氮去除量是指报告期内企业生产过程中排出的废水，经过各种水治理设施处理后，除去废水中所含氨氮本身的纯重量。

工业废水中氨氮排放量是指报告期内企业排出的工业废水中所含氨氮本身的纯重量。

工业废水氨氮去除率是指工业废水氨氮去除量占工业废水氨氮排放量和工业废水氨氮去除量总

和的比重。计算公式为

$$工业氨氮去除率 = \frac{工业废水中氨氮去除量}{工业废水中氨氮去除量 + 工业废水中氨氮排放量} \times 100\%$$

资料来源：环境保护部. 中国环境统计年报 2012. 北京：中国环境科学出版社，2013.

参考文献

北京师范大学经济与资源管理研究院.2008.2008中国市场经济发展报告.北京：北京师范大学出版社.
北京师范大学经济与资源管理研究院，西南财经大学发展研究院.2014.2014人类绿色发展报告.北京：北京师范大学出版社.
北京师范大学科学发展观与经济可持续发展研究基地，西南财经大学绿色经济与经济可持续发展研究基地，国家统计局中国经济景气监测中心.2010.2010中国绿色发展指数年度报告——省际比较.北京：北京师范大学出版社.
北京师范大学科学发展观与经济可持续发展研究基地，西南财经大学绿色经济与经济可持续发展研究基地，国家统计局中国经济景气监测中心.2011.2011中国绿色发展指数报告——区域比较.北京：北京师范大学出版社.
北京师范大学科学发展观与经济可持续发展研究基地，西南财经大学绿色经济与经济可持续发展研究基地，国家统计局中国经济景气监测中心.2012.2012中国绿色发展指数报告——区域比较.北京：北京师范大学出版社.
北京师范大学科学发展观与经济可持续发展研究基地，西南财经大学绿色经济与经济可持续发展研究基地，国家统计局中国经济景气监测中心.2013.2013中国绿色发展指数报告——区域比较.北京：北京师范大学出版社.
蔡昉，都阳，王美艳.2008.经济发展方式转变与节能减排内在动力.经济研究，(6)：4~11.
曹荣湘.2010.全球大变暖：气候经济、政治与伦理.北京：社会科学文献出版社.
国家环境保护总局.2005.全国生态现状调查与评估·综合卷.北京：中国环境科学出版社.
国家统计局，环境保护部.2009~2013.中国环境统计年鉴2009~2013.北京：中国统计出版社.
国家统计局城市社会经济调查司.2013.中国城市统计年鉴2013.北京：中国统计出版社.
国家统计局工业统计司.2013.中国工业经济统计年鉴2013.北京：中国统计出版社.
国家统计局国民经济综合统计司.2009.新中国六十年统计资料汇编.北京：中国统计出版社.
国家统计局国民经济综合统计司.2013.中国区域经济统计年鉴2013.北京：中国统计出版社.
国家统计局.2009~2013.中国统计年鉴2009~2013.北京：中国统计出版社.
环境保护部.2013.中国环境统计年报2012.北京：中国环境科学出版社.
吉登斯A.2009.气候变化的政治.曹荣湘译.北京：社会科学文献出版社.
经济合作与发展组织.2007.环境绩效评估：中国.曹东，等译.北京：中国环境科学出版社.
卡恩M E.2008.绿色城市.孟凡玲译.北京：中信出版社.
科学技术部社会发展科技司，中国21世纪议程管理中心.2011.绿色发展与科技创新.北京：科学出版社.
李建平，李闽榕，王金南.2011.中国省域环境竞争力发展报告2009~2010.北京：社会科学文献出版社.
李克强.2012.协调推进城镇化是实现现代化的重大战略选择.行政管理改革，(11)：4~10.
李晓西.2009.中国：新的发展观.北京：中国经济出版社.
李晓西，林卫斌.2013."五指合拳"——应对世界新变化的中国能源战略.北京：人民出版社.
李晓西，张生玲，汪连海，等.2009.新世纪中国经济报告.北京：中国经济出版社.
厉以宁.2005.经济增长方式转变为何缓慢.价格理论与实践，(3)：21.
联合国环境规划署.2011.迈向绿色经济：通往可持续发展和消除贫困的各种途径——面向决策者的综合报告.
联合国开发计划署.2002.中国人类发展报告2002：绿色发展，必选之路.北京：中国财政经济出版社.
马胜杰，姚晓艳.2009.中国循环经济综合评价研究.北京：中国经济出版社.
牛文元.2007.中国可持续发展总论.北京：科学出版社.
邱寿丰.2009.探索循环经济规划之道：循环经济规划的生态效率方法及应用.上海：同济大学出版社.
世界银行.2011.2011年世界发展指标.王辉，等译.北京：中国财政经济出版社.
首都科技发展战略研究院.2012.2012首都科技创新发展报告.北京：科学出版社.
水利部.2013.中国水利统计年鉴2013.北京：中国水利水电出版社.
司建楠.2014-01-21.加快推进工业转型　着力提质增效升级.中国工业报.
唐宇红.2008.联合国环境规划署(UNEP)的角色演进.环境科学与管理，(5)：186~194.
田红娜.2009.中国资源型城市创新体系营建.北京：经济科学出版社.
王金南，蒋洪强，曹东，等.2009.绿色国民经济核算.北京：中国环境科学出版社.
王秋艳.2009.中国绿色发展报告.北京：中国时代经济出版社.

吴敬琏.2006.中国增长模式抉择.上海：远东出版社.
吴正.2009.中国沙漠及其治理.北京：科学出版社.
谢文蕙，邓卫.1996.城市经济学.北京：清华大学出版社.
严耕.2011.中国省域生态文明建设评价报告ECI 2011.北京：社会科学文献出版社.
杨东平.2010.中国环境发展报告2010.北京：社会科学文献出版社.
姚伊乐，李军.2014-03-11.提高森林生态补偿标准.中国环境报.
曾少军.2010.碳减排：中国经验——基于清洁发展机制的考察.北京：社会科学文献出版社.
张高丽.2013.大力推进生态文明 努力建设美丽中国.求是，(24)：3~11.
张坤民，潘家华，崔大鹏.2008.低碳经济论.北京：中国环境科学出版社.
张录强.2007.广义循环经济的生态学基础——自然科学与社会科学的整合.北京：人民出版社.
张庆丰，克鲁克斯R.2012.迈向环境可持续的未来：中华人民共和国国家环境分析.北京：中国财政经济出版社.
张世钢.2012.联合国环境规划署的前世今生.世界环境，(5)：22~23.
赵峥.2011.中国城市化与金融支持.北京：商务印书馆.
赵峥.2012-09-14.城市绿色发展亟需评估体系转型.中国社会科学报.
赵峥，倪鹏飞.2012.我国城镇化可持续发展：失衡问题与均衡路径.学习与实践，(8)：5~10.
中国城市科学研究会.2009.中国低碳生态城市发展战略.北京：中国城市出版社.
中国发展研究基金会.2010.中国发展报告2010——促进人的发展的中国新型城市化战略.北京：人民出版社.
中国环境与发展国际合作委员会秘书处.2010.绿色转型，科学发展的战略思考：中国环境与发展国际合作委员会2007~2009政策研究成果.北京：中国环境科学出版社.
中国科学院可持续发展战略研究组.2012.2012中国可持续发展战略报告——全球视野下的中国可持续发展.北京：科学出版社.
中国科学院可持续发展战略研究组.2013.2013中国可持续发展战略报告：未来10年的生态文明之路.北京：科学出版社.
中国人民大学气候变化与低碳经济研究所.2010.低碳经济：中国用行动告诉哥本哈根.北京：石油工业出版社.
中国社会科学院《城镇化质量评估与提升路径研究》创新项目组.2013.中国城镇化质量综合评价报告.
住房和城乡建设部.2013.中国城市建设统计年鉴2012.北京：中国城市建设出版社.

Asian Development Bank, Institute for Global Environmental Strategies. 2008. Towards Resource-Efficient Economies in Asia and the Pacific.

Banker R D, Charnes A, Cooper W W. 1984. Some models for estimating technical and scale inefficiencies in data envelopment analysis. Management Science, 30(9): 1078~1092.

Beatley T. 2000. Green Urbanism: Learning from European Cities. Washington, DC: Island Press.

Charnes A, Cooper W W, Golany B, et al. 1985. Foundations of data envelopment analysis for Pareto-Koopmans efficient empirical production functions. Journal of Econometrics, 30(1~2): 91~107.

Charnes A, Cooper W W, Rhodes E. 1978. Measuring the efficiency of decision making units. European Journal of Operational Research, 2: 429~444.

Charnes A, Cooper W W, Wei Q L. 1989. Cone ratio data envelopment analysis and multi-objective programming. International Journal of Systems Science, 20(7): 1099~1118.

Chung Y H, Färe R, Grosskopf S. 1997. Productivity and undesirable outputs: a directional distance function approach. Journal of Environmental Management, 51: 229~240.

Cobb C, Halstead T, Rowe J. 1995. If the GDP is up, why is America down? The Atlantic Monthly, 276(4): 59~78.

Crafts N F R. 1997. The human development index and changes in standards of living: some historical comparisons. European Review of Economic History, (1): 299~332.

Daly H, Cobb Jr J. 1989. For the Common Good: Redirecting the Economy Toward Community, the Environment, and a Sustainable Future. Boston: Beacon Press.

Donovan N, Halpem D. 2002. Life satisfaction: the state of knowledge and implications for government. United Kingdom Treasury Paper.

Fukuyama H, Weber W L. 2009. A directional slacks-based measure of technical inefficiency. Socio-Economic Planning

Sciences, 43(4): 274~287.

Goldsmith E. 1972. A Blueprint for Survival. London: Ecosystems Ltd.

Hadwen S, Palmer L J. 1922. Reindeer in Alaska. USDA Bulletin, No. 1089.

Hall B, Kerr M L. 1991. 1991-1992 Green Index: A State-by-State Guide to the Nation's Environmental Health. Washington, DC: Island Press.

Harris J M, Kennedy S. 1999. Carrying capacity in agriculture: global and regional issues. Ecological Economics, 29(3): 443~461.

Lawn P A. 2003. A theoretical foundation to support the index of sustainable economic welfare (ISEW), genuine progress indicator (GPI), and other related indexes. Ecological Economics, 44(1): 105~118.

Leipert C. 1987. A critical appraisal of gross national product: the measurement of net national welfare and environmental accounting. Journal of Economics Issues, 21(1): 357~373.

Nicholson-Lord D. 2003. Green Cities and Why We Need Them. London: New Economics Foundation.

Northam R M. 1979. Urban Geography(2nd ed). New York: John Wiley & Sons.

OECD. 1998. Eco-efficiency. Organisation for Economic Cooperation and Development, Paris.

Ree W E. 1992. Ecological footprint and appropriated carrying capacity: what urban economics leaves out. Environment and Urbanization, 4(2): 121~130.

Rijsberman M A, van de ven Frans H M. 2000. Different approaches to assessment of design and management of sustainable urban water system. Environment Impact Assessment Review, 20(3): 333~345.

The World Bank · Development Research Center of the State Council, the People's Republic of China. 2012. China 2030: building a modern, harmonious, and creative high-income society.

Tone K. 2001. A slacks based measure of efficiency in data envelopment analysis. European Journal of Operational Research, 130: 498~509.

United Nations Department of Economic and Social Affairs. 2012. National sustainable development strategies: the global picture, unpublished briefing note.

United Nations Environment Programme. 2008. Planning for change-guidelines for national programmes on sustainable consumption and production.

United Nations Environment Programme. 2011. Towards a green economy: pathways to sustainable development and poverty eradication.

United Nations Industrial Development Organization. 2009. Energy and climate change: greening the industrial agenda.

United Nations Industrial Development Organization. 2010a. A greener footprint for industry: opportunities and challenges of sustainable industrial development.

United Nations Industrial Development Organization. 2010b. Joint UNIDO-UNEP programme on resource efficient and cleaner production in developing and transition countries.

United Nations Industrial Development Organization. 2011a. Enterprise benefits from resource efficient and cleaner production: successes from Kenya/Peru/Sri Lanka.

United Nations Industrial Development Organization. 2011b. Industrial policy for prosperity: United Nations Industrial Development Organization's strategic support.

United Nations Industrial Development Organization. 2011c. Policy framework for supporting the greening of industries.

United Nations Industrial Development Organization. 2011d. United Nations Industrial Development Organization green industry: policies for supporting green industry.

United Nations Industrial Development Organization, United Nations Environment Programme. 2010a. Good organization, management and governance practices: a primer for providers of services in Resource Efficient and Cleaner Production (RECP).

United Nations Industrial Development Organization, United Nations Environment Programme. 2010b. Taking stock and moving forward: the UNIDO-UNEP National Cleaner Production Centres.

United Nations Industrial Development Organization, United Nations Environment Programme. 2011. Enterprise-level indicators for resource productivity and pollution intensity: a primer for small and medium sized enterprises.

各章主要执笔人

部分	章数	撰稿人
总论		李晓西、潘建成
第一篇	第一章	施发启、青正、胡可征
	第二章	江明清、刘杨
	第三章	赵军利、王矗、王赫楠
	第四章	林永生
第二篇	第五章	王有捐、罗佳、岳鸿飞
	第六章	毛玉如、杨栋
	第七章	陈小龙、石翊龙
	第八章	赵峥
第三篇	第九章	潘建成、赵军利、贾德刚
	第十章	潘建成、赵军利、贾德刚
第四篇	第十一章	李晓西、荣婷婷等
	第十二章	刘一萌
	第十三章	宋涛
	第十四章	蔡宁
	第十五章	张亮亮
第五篇	专家论坛	辜胜阻、盛馥来、王圳、刘学敏、张琦、王振耀、王红瑞、宋旭光、刘方健
第六篇	省际"绿色体检"表	施发启、江明清、刘杨、青正、王矗、岳鸿飞
	城市"绿色体检"表	王有捐、毛玉如、陈小龙、石翊龙、王赫楠、罗佳、杨栋、胡可征
附录	附录一	施发启、江明清、刘杨、青正、王矗、岳鸿飞
	附录二	王有捐、毛玉如、陈小龙、石翊龙、王赫楠、罗佳、杨栋、胡可征

后　记

　　绿色发展研究任务既艰巨又光荣，推进绿色发展是我们这一代人的责任和使命。在北京师范大学、西南财经大学和国家统计局中国经济景气监测中心三家单位支持下，由笔者和潘建成主任主编的《2014中国绿色发展指数报告——区域比较》已列入国家自然科学基金重点项目，在报告即将出版之际，在此感谢社会各界对本报告的大力支持。

　　首先，感谢国家统计局马建堂局长为本报告欣然作序。同时，北京师范大学刘川生书记、董奇校长，西南财经大学赵德武书记、张宗益校长多次肯定《中国绿色发展指数报告——区域比较》的研究成果，鼓励信任，再次为本书作序，推动我们不断进步。感谢国家统计局、北京师范大学、西南财经大学领导对本课题研究的大力支持！感谢所有参与本项研究的合作单位、协作与支持单位！

　　其次，感谢著名经济学家厉以宁教授、张卓元教授，中国行政体制改革研究会魏礼群会长，中央财经领导小组办公室陈锡文副主任，第十二届全国人民代表大会财政经济委员会辜胜阻副主任委员，环境保护部潘岳副部长，中国环境与发展国际合作委员会徐庆华副秘书长，中国发展研究基金会卢迈秘书长等25位国内经济、资源、生态、环境领域资深专家的专业评审。专家们的热情肯定与宝贵建议让我们受益匪浅，推动了报告的不断进步与完善。

　　感谢为"专家论坛"做贡献的教授和专家！他们分别是：联合国环境规划署高级经济师盛馥来先生，联合国工业发展组织亚太局专家王圳先生，北京师范大学资源学院刘学敏教授，北京师范大学中国公益研究院王振耀教授，北京师范大学水科学研究院王红瑞教授，北京师范大学国民核算研究院宋旭光教授，西南财经大学经济学院刘方健教授等。专家教授们为中国的绿色发展建言献策，提出了有科学价值的观点与分析，为本报告的编写做出了贡献。

　　感谢国家统计局中国经济景气监测中心潘建成副主任，国家统计局王有捐副司长、施发启处长、赵军利处长、江明清处长、陈小龙处长，以及环境保护部毛玉如处长等专家，他们认真审核与确定指标的增减、修改，提供数据，参与各章的定稿，合作高效而顺利。国家统计局中国经济景气监测中心贾德刚等参与了城市绿色发展公众满意度调查的组织实施及数据处理等工作，在此一并表示感谢。

　　北京师范大学经济与资源管理研究院的老师积极支持和参与中国绿色发展指数课题研究，他们分别赴北京密云县、延庆县和顺义区进行了调研，了解北京"美丽乡村"建设和农村地区绿色发展情况，他们是张琦教授、韩晶教授、张江雪副教授、赵峥老师、林永生老师、刘一萌老师、邵晖老师、荣婷婷老师、宋涛老师、范丽娜老师、杨柳老师和王赫楠老师。其中，有的老师或参加了"专家论坛"，或根据本报告的需要编写了新的章节。在调研考察中，我们得到北京市科学技术委员会和北京市农村工作委员会，以及各区县的农业委员会、发展和改革委员会、旅游发展委员会、生态文明办、农业局、农业服务中心、水务局、市政市容管理委员会、环境保护局、园林绿化局、文物局等部门负责人、部分乡镇负责人和村民代表的大力支持，在此笔者由衷地向他们表示感谢。

　　这里还要指出，课题协调人赵军利处长、赵峥老师、林永生老师协调各方、组织会议，在测算写作过程中提出了重要的建议；荣婷婷老师组织协调北京"美丽乡村"考察与调研，与各调研组及各地相关部门交流沟通，发挥了重要作用。笔者的研究生团队全程参与课题的研究，他们在指标完善、指数测算、评审稿排版送审等方面贡献良多、进步很快，在此向他们表示感谢。刘杨博士作为测算小组组长，在2013年测算小组组长蔡宁博士的协助下，组织、协调测算小组的数据录入、试算等工作，高效地完成了任务。石翊龙博士、王赫楠硕士、青正硕士、杨栋硕士、王蠹硕士、罗佳硕士、岳鸿飞硕士、胡可征硕士在研究过程中参与了指标选取与测算、送审稿校稿排版、评审专家联系等多方面的工作，发挥了非常重要的作用。他们在研究过程中表现出来的认真态度，让笔者感到欣慰。

在这里，笔者还要感谢负责管理课题经费的王颖老师、晏凌老师和朱春辉老师，她们认真细致的工作为项目的后勤提供了保障。感谢参与课题会议组织协调、评审稿送审的范世涛老师、张亮亮等十余位老师与研究生。

最后，感谢科学出版社对我们的大力支持。出版社经管法分社副社长马跃老师、责任编辑李莉老师等高度重视本课题，悉心安排报告的出版与推广工作，并推荐报告参与相关评比。

对于中国的绿色发展指数研究，由于主客观条件的限制，我们的研究还有很多不足之处，希望各位领导、专家、学者能够批评指正，以共同推进中国绿色发展指数研究，为实现中国的可持续发展做出贡献。

2014 年 8 月 5 日